ARNOLD SCHÖNBERG

13. September 1874 – 13. Juli 1951

Arnold Schönberg
Gedenkausstellung
1974

Redaktion: Ernst Hilmar

Universal Edition

ISBN 3-7024-0010-9
UE 26212

Gesamtherstellung: Styria, Buch- und Offsetdruckerei, 8750 Judenburg

Als die Stadt Wien Arnold Schönberg zum 50. Geburtstag im Rahmen einer kleinen Ausstellung mit einer Feier ehrte, fielen die Worte, daß „Wien Arnold Schönberg mit Stolz zu den Wienern zähle“.

Fünfzig Jahre später hat Wien es sich zur Aufgabe gemacht, Schönberg, der als Begründer der „Zweiten Wiener Schule“ der Musikgeschichte des 20. Jahrhunderts die entscheidendsten Impulse gegeben hat, erstmals mit einer umfassenden Dokumentation über sein Leben und Werk zu würdigen.

Schönberg kommt aus der Zeit des ungeheuren geistigen Aufbruchs um die Jahrhundertwende. Mit Künstlern wie Gustav Klimt, Oskar Kokoschka, Alfred Roller, Literaten wie Karl Kraus, Peter Altenberg, Hermann Bahr, Architekten wie Adolf Loos u. a. verband ihn die Idee, ein neues Ausdrucksideal und eine zeitgemäße Ausdrucksform zu finden. Doch man verstand ihn so wenig wie Kokoschka und andere. Und die Musik war die empfindlichste Seite und Wien glaubte nur an das, was sich bewährt hatte: die gute alte Tradition. Schönberg stand gleichfalls von Achtung erfüllt vor dieser großen Tradition. In Mozart, Beethoven, Brahms sah er seine Vorbilder und die Jugend, die zu ihm kam, um von ihm die „Moderne“ zu lernen, führte er immer wieder dorthin, wo sie alles, was sie suchte, finden konnte: im Studium der Werke der alten Meister und im besonderen der Wiener Klassik. Schönberg sah sich nur als Fortsetzer dieser Tradition und er fand andere Mittel und eine neue Art des musikalischen Ausdrucks. Musik zu schreiben und Musik auch in ihrer unmittelbarsten Form, im Zusammenspiel, auszuüben, war ihm ein grundsätzliches Anliegen. Und als man ihm später in der amerikanischen Emigration berichtete, daß in Europa seine Methode der *Komposition mit 12 nur aufeinander bezogenen Tönen* vom Komponistennachwuchs eifrig nachgeahmt wurde, war seine erste Frage: Aber schreiben sie denn auch M u s i k ?

Schönberg ist nicht populär im üblichen Sinne des Wortes geworden. Seine ausgeprägte Persönlichkeit und die intellektuell wirkende Art seiner Kompositionen standen dem im Wege. Umsomehr schloß er sich auch vom großen Publikum ab und öffnete sich nur einem kleinen Kreis von Schülern und Verständigen. Und doch haben gerade in seinem kleinen privaten Kreis Ereignisse von historischer Tragweite stattgefunden: so beispielsweise in der Gründung des „Vereins für musikalische Privataufführungen“, zu dem Kritik nicht zugelassen war und in dem eine neue und vorbildliche Art der musikalischen Interpretation praktiziert wurde.

Sonst aber zeigte Schönberg sich oft abweisend, wenig umgänglich und so ist uns auch heute – sehr entstellt – sein Bild überliefert. Im Grunde aber trügt es, und es sollte gelingen, Schönberg heute anders als mit unüberlegten Vorurteilen zu sehen. Denn wie sehr er selbst darunter zu leiden hatte, hat er mit folgenden Worten wissen lassen: Meine lange Einsamkeit hat mich wehrlos gegen Liebenswürdigkeit gemacht. Aber es ist doch leicht zu erraten, daß ein Mann, der auf alle Erfolge und Bequemlichkeiten des Lebens verzichtet hat, aus einem weniger elastischen Material bestehen muß, als der flüchtige Augenschein vortäuscht.

Abschließend möchte ich als Bürgermeister der Stadt Wien allen jenen Dank aussprechen, die zum Gelingen dieser Gedenkausstellung beigetragen haben. Überblickt man die Liste der öffentlichen und privaten in- und ausländischen Leihgeber, darf die Vermutung zur Gewißheit werden, daß dieses Anliegen der Stadt Wien großen Widerhall gefunden hat und auch weiterhin finden wird und so hoffe ich, daß der Ausstellung der erwartete Erfolg beschieden sein wird. Meiner Freude darf ich auch darüber Ausdruck geben, daß von seiten ausländischer Institutionen Bemühungen im Gange sind, diese Dokumentation auch für andere Museen, Galerien u. dgl. zu erwerben.

Wien, am 16. März 1974

Leopold Gratz
Bürgermeister

Seit vielen Jahren versucht die Stadt Wien neben den großen Künstlerpersönlichkeiten und Schaffensperioden vergangener Tage auch die geistigen Väter der Moderne, Menschen, deren Werk noch unmittelbar in unsere Gegenwart wirkt, in großen Ausstellungen zu präsentieren. In diesem Bestreben wurden die Bahnbrecher der modernen Malerei von van Gogh über Picasso bis zu Schiele und Kokoschka einem großen Publikum nahegebracht.

Der hundertste Geburtstag von Arnold Schönberg ist für die Stadt Wien Anlaß, den Mann, der als Begründer der Wiener Schule der Musik des 20. Jahrhunderts gelten darf, und ein Werk vorzustellen. Zu Lebzeiten – vor allem in seinen Wiener Jahren – wurde Schönberg leidenschaftlich verehrt und leidenschaftlich angegriffen. Diese – auch international gesehen – erste umfassende Präsentation des Menschen und seines Wollens soll es heute, da sein Bild kaum mehr von der „Parteien Haß und Gunst" verzerrt ist, ermöglichen, zu sehen, welch eminente Bedeutung das Schaffen Schönbergs für die gesamte neue Musik bis in unsere Tage hat.

Es braucht nicht betont zu werden, daß es sehr viel Zeit und Mühe gekostet hat, diese Ausstellung zustande zu bringen. Mein Dank als Kulturstadtrat von Wien gilt daher neben den mit der Vorbereitung betrauten wissenschaftlichen Fachbeamten vor allem den zahlreichen privaten und öffentlichen Leihgebern des In- und Auslandes, die mit ihrer Bereitwilligkeit erst die Ausstellung in diesem Umfang ermöglicht haben.

Wir hoffen, daß damit Arnold Schönberg, dieser große Sohn unserer Stadt, dieser nicht mehr wegzudenkende kompromißlose Wegbereiter der Kunst des 20. Jahrhunderts und damit unserer unmittelbaren musikalischen Gegenwart auch einem weiten Kreis interessierter Menschen nähergebracht wird. Möge der Ausstellung der verdiente Erfolg beschieden sein!

Gertrude Fröhlich-Sandner
Vizebürgermeister

Die Wiener Stadtbibliothek mit ihrer weit über die Grenzen unseres Landes international angesehenen Musiksammlung hat es in diesem an Jubiläen so reichen Jahr 1974 übernommen, des 100. Geburtstages von Arnold Schönberg, der — nach eigener Aussage — der Wiener Musiktradition so entscheidende Anregungen für sein schöpferisches Werk verdankt, mit einer Großausstellung zu gedenken.

Wien wieder dankt es Arnold Schönberg, daß die entscheidenden Anregungen für die Musik des zwanzigsten Jahrhunderts mit der Gründung der „Zweiten Wiener Schule“ durch ihn von hier ausgegangen sind.

Als Direktor der Wiener Stadtbibliothek danke ich allen Stellen und Persönlichkeiten der Stadtverwaltung, insbesondere dem Kultur- und Finanzbereich, die das Werden der Ausstellung erst ermöglichten. Ich danke allen öffentlichen und privaten Sammlungen und Leihgebern, den Erben Schönbergs, Frau Nuria Nono-Schönberg und ihren Brüdern Ronald und Lawrence Schönberg und ich danke besonders meinen Mitarbeitern aus der Wiener Stadtbibliothek, Herrn Bibliotheksoberkommissär Dr. Ernst Hilmar, dessen persönliches Engagement und dessen Einsatz beispielhaft war, Herrn Bibliotheksoberkommissär abs. jur. Herwig Würtz und Herrn Bibliotheksoberkommissär Dr. Walter Obermaier, die klaglos zusammenarbeiteten, damit diese Ausstellung in würdiger Form, dem bedeutenden Anlaß gerecht werdend, zustandekommen konnte.

Möge der Arnold-Schönberg-Ausstellung jener große Erfolg zuteil werden, den sie vom geistigen Inhalt und der optischen und akustischen Präsentation her verdient.

Mag. Dr. Franz Patzer

Direktor der Wiener Stadtbibliothek

Inhalt

Vorwort

Eine Vorrede des Herausgebers mit einem Dank zu beginnen, ist zweifellos ungewöhnlich, aber angebracht. Denn diese Dokumentation hätte nicht zustandekommen können, wenn man nicht von öffentlicher und privater Seite die nötige Bereitwilligkeit gezeigt hätte.

Und mit Freude konnte festgestellt werden, daß vielerorts diese Freude auch geteilt wurde. So gelang es, Schwierigkeiten, die sich einem derartigen Unternehmen von Haus aus entgegenstellen, umso leichter aus dem Weg zu räumen. Wenn nun hier mit der Aufzählung von Namen begonnen wird, so erscheint die Reihenfolge vielleicht teilweise etwas willkürlich, aber niemand wird daran Anstoß nehmen wollen. Dank gebührt allen und er wird allen mit besonderem Nachdruck ausgesprochen.

Die Ausstellung wäre ein Torso geworden, hätten nicht Nuria Nono-Schönberg, Lawrence und Ronald Schönberg von Anfang an eine Beteiligung ins Auge gefaßt. Darüber hinaus haben sie aber dem Herausgeber in selten großzügiger Weise Einblick in den Nachlaß Schönbergs nehmen lassen und ihm bei der Auswahl der Exponate (im besonderen Bilder und Handschriften) volle Freiheit eingeräumt. Zudem wurden von ihnen immer wieder Sonderleistungen wie Beschaffung von Kopien (Filme und Tonbänder) verlangt, die sie bereitwilligst durchführten. Besonderer Dank gilt auch Frau Annie Knize, New York, die das berühmte Porträt von Kokoschka der Ausstellung zur Verfügung gestellt hat, und in diesem Zusammenhang soll auch Frau Margit Rederer, Zürich, für das Porträt von Oppenheimer und Frau Alice Kaplan, New York, für das Webern-Porträt und schließlich Will Schaber, New York, für Porträt-Studien aus dem Dolbin-Nachlaß gedankt werden. Der Dank gilt auch den Berliner Sammlungen, namentlich Herrn Dr. Rudolf Elvers von der Staatsbibliothek (Preußischer Kulturbesitz), Herrn Dr. Huder vom Archiv der Akademie der Künste, Herrn Dr. Karl-Heinz Köhler von der Staatsbibliothek DDR und Herrn Professor Dr. Rudolf Stephan, die die Ausstellung mit Leihgaben bestückten. Auch der Bayerischen Staatsbibliothek und der Lenbach-Galerie in München soll hier gedankt werden.

Der andere große Teil der Exponate kommt aus Wien. Die Österreichische Nationalbibliothek (Musiksammlung, Handschriftensammlung, Bildarchiv), ferner das Haus-, Hof- und Staatsarchiv, Allgemeine Verwaltungsarchiv, Kriegsarchiv stellten nennenswerte Leihgaben, darunter bisher noch wenig beachtete Schriftzeugnisse zur Verfügung.

In großzügiger Weise hat die Universal Edition dieses Vorhaben unterstützt. Der überwiegende Teil der Notenmanuskripte von der Hand Schönbergs kommt aus deren Besitz. Mit Bildmaterial hat dankenswerterweise auch das Historische Museum der Stadt Wien ausgeholfen.

Besonderer Dank muß den privaten Leihgebern gesagt werden, die zum Teil nicht genannt werden wollten. Wenn auch ungenannt, soll ihnen an dieser Stelle versichert werden, wie wertvoll sich ihre Hilfe erwiesen hat. Namentlich darf hier noch Frau Helene Berg angeführt werden, die sich in uneigennütziger Weise große Mühe gemacht hat, den Nachlaß Bergs auf ausstellenswerte Objekte durchzusehen und dem Verfasser Einsicht in die Korrespondenz Schönberg-Berg hat nehmen lassen. Auch Herr Erich Alban Berg soll hier erwähnt werden, und im besonderen Hans Swarowsky, der über Leihgaben hinaus mit wertvollen Hinweisen diente. Ein bislang unbekanntes Porträt von der Hand Schönbergs hat Frau Dr. Eva Stahl als Leihgabe angeboten und aus der Autographen-Sammlung von Wolf-Dietrich Hassfurther hat der Herausgeber wertvolle Objekte auswählen dürfen.

Und nicht zuletzt dankt der Herausgeber seinen Mitarbeitern und den Verantwortlichen, die die Durchführung der Ausstellung ermöglichten. Direktor Dr. Robert Waißenberger, Historische Museen der Stadt Wien, hat das Kapitel „Die Bilder" verfaßt, Dr. Walter Obermaier war bei den Korrekturen behilflich und legte das Register an. Aber auch allen Mitarbeitern in der Wiener Stadtbibliothek, allen voran Professor Dr. Fritz Racek, der stets mit Rat zur Seite stand, sei an dieser Stelle herzlich gedankt.

Schließlich ist ganz besonderer Erwähnung der beiden Direktoren der Wiener Stadtbibliothek zu tun: Direktor Dr. Albert Mitringer leitete die Ausstellung in die Wege, brachte die Idee zur Verwirklichung und Direktor Dr. Franz Patzer war mit großer und verständnisvoller Umsicht um die Durchführung bemüht.

Dem eigentlichen Katalogteil werden fachliche Beiträge vorangestellt, die in erster Linie dokumentarischen Charakter haben. Vor allem wurden hiezu Themen gewählt, die im Katalog aufscheinen, aber dort nicht mit der nötigen Breite und Ausführlichkeit behandelt werden können. Abgesehen von einer Zeitdokumentation aus Wiener Sicht sind hier erstmals ausführlichere Berichte und Statistiken der beiden Vereine für musikalische Privataufführungen (Wien, Prag) abgedruckt. Untersuchungen über Schönberg als Lehrer und — eine Besonderheit in Schönbergs Entwicklung — als Maler sind weitere nennenswerte Beiträge. Teilweise sind es Ansätze zu einer Untersuchung, weil hier die dokumentarische Seite im Vordergrund steht, aber gerade diese Ansätze müssen einmal gegeben werden und sollen zu weiteren Arbeiten anregen. Neben rein historischen Fakten die wesentlichen Seiten der Schönbergschen Begabung zu beleuchten, war Aufgabe des ersten Teiles des Kataloges: Der Komponist (mit einer Zusammenfassung zu seiner Oper Moses und Aron), der Lehrer, Theoretiker und Musikschriftsteller (in einer Betrachtung von „Style and Idea") und der Maler. Angesichts der Fülle der im Rahmen der Ausstellung gezeigten Arbeiten von der Hand Schönbergs war auch ein Beitrag über seine Arbeitsweise eine Sache, die sich anbot.

Der Katalogteil folgt dem chronologischen Ablauf. Die Beschreibung der Bilder, deren Entstehungszeit zum überwiegenden Teil in die Jahre von 1908 bis 1911 fällt, ist jedoch zusammengefaßt. Inhaltliche Zusammenfassung hat sich auch dort ergeben, wo bei einem zitierten Werk zu einem späteren Zeitpunkt sich Nennenswertes ereignet hat oder beispielsweise Komposition und Bearbeitung (Arrangement) zeitlich auseinanderliegen. Parallel laufende historische Fakten, wie sie in Schönbergs zweiter Berliner Zeit begegnen, wo auch Wien — in einem bestimmten Kreis — im Hinblick auf Aufführungen Schönbergscher Werke erhöhte Aktivität entwickelte, werden in eigenen Kapiteln behandelt. Im Gesamtablauf läßt sich Schönbergs Werdegang in drei große Perioden gliedern: Wien — Berlin — und die amerikanische Zeit. In den einzelnen Kapiteln wird teilweise auch eine Zusammenfassung nach äußeren Ereignissen, Lehr- und Kompositionstätigkeit angestrebt. Den einzelnen Abschnitten sind Schönbergsche Originalzitate vorangesetzt.

Bei der Redaktion wurden die Originalzitate, auf denen bei der Beschreibung der Exponate die Betonung liegt, und auch Titel kursiv gesetzt. Schönberg, der oft genug zu seiner Umgebung, zu seinem Werk und zu seiner Tätigkeit Stellung bezogen hat, sollte auch selbst ausführlich zu Wort kommen. Literaturnachweise sind jeweils dann ausführlich zitiert, wenn sie zum erstenmal im Katalogteil aufscheinen, später nur noch in abgekürzter Form. Bei Briefzitaten, die von den Veröffentlichungen von Erwin Stein, Josef Rufer u. a. her noch nicht bekannt sind, wird jeweils die Bibliothek oder Sammlung angeführt, in der die Originale beim Zeitpunkt der Einsichtnahme verwahrt wurden.

Ernst Hilmar

VERZEICHNIS DER LEIHGEBER:

Sammlung der Familie Ronald und Lawrence Schönberg, Nuria Nono-Schönberg (Nachlaß Arnold Schönberg), Los Angeles
University of California at Los Angeles
Privatsammlung Clara Steuermann, Cleveland
Pierpont Morgan Library, New York
Sammlung Fred Dolbin (Nachlaß), New York
Privatsammlung Alice Kaplan, New York
Privatsammlung Annie Knize, New York
Library of Congress, Washington
Akademie der Künste, Berlin
Landesbildstelle, Berlin
Staatsbibliothek (Preußischer Kulturbesitz) - Bildarchiv, Berlin
Staatsbibliothek (Preußischer Kulturbesitz) - Musiksammlung, Berlin
Privatsammlung Prof. Dr. Rudolf Stephan, Berlin
Deutsche Staatsbibliothek - Musiksammlung, Berlin, DDR
Richard-Strauss-Archiv, Garmisch-Partenkirchen
Bayerische Staatsbibliothek - Musiksammlung, München
Städtische Galerie im Lenbach-Haus, München
Privatsammlung Jörg Polzin, München
Privatsammlung Margit Rederer, Zürich
Allgemeines Verwaltungsarchiv, Wien
Archiv der Denkmäler der Tonkunst in Österreich, Wien
Archiv der Gesellschaft der Musikfreunde, Wien
Archiv des Landes und der Stadt Wien
Archiv der Wiener Philharmoniker
Bundesrealgymnasium, Wien II, Vereinsgasse
Druckerei Waldheim-Eberle, Wien
Evangelisches Pfarramt (AB), Wien (Innere Stadt)
Graphische Sammlung Albertina, Wien
Haus-, Hof- und Staatsarchiv, Wien
Historisches Museum der Stadt Wien
Kriegsarchiv, Wien
Österreichische Galerie im Oberen Belvedere, Wien
Österreichische Nationalbibliothek - Bildarchiv
Österreichische Nationalbibliothek - Druckschriftensammlung
Österreichische Nationalbibliothek - Handschriftensammlung
Österreichische Nationalbibliothek - Kartensammlung
Österreichische Nationalbibliothek - Musiksammlung
Plan- und Schriftenkammer der Stadt Wien (Magistratsabteilung 20)
Universal Edition, Wien
Universitätsbibliothek, Wien
Wiener Stadtbibliothek - Druckschriftensammlung
Wiener Stadtbibliothek - Handschriftensammlung
Wiener Stadtbibliothek - Musiksammlung
Privatsammlung Herta Apostel, Wien
Privatsammlung Liesbeth Arnold, Wien
Privatsammlung Erich Alban Berg, Wien
Privatsammlung Helene Berg, Wien
Privatsammlung Dr. Fritz Eckert, Alland/NÖ.
Privatsammlung Georg Eisler, Wien
Autographen-Sammlung Wolfdietrich Hassfurther, Wien
Internationale Schönberg-Gesellschaft, Wien
Privatsammlung Robert Keldorfer, Klagenfurt
Privatsammlung Fritz Heinrich Klein, Linz
Privatsammlung Kitty Makart, Wien
Privatsammlung Dr. Walter Obermaier, Wien
Privatsammlung Dr. Eva Stahl, Wien
Privatsammlung Prof. Hans Swarowsky, Wien
Privatsammlung Lotte Tobisch-Labotyn, Wien
Privatsammlung Johann Trauneck, Wien
Galerie Würthle, Wien
Privatsammlungen in London und Wien

Hans Swarowsky

Zur Einführung

Aus dem Wort: *Du sollst nicht, du mußt,* und aus dem anderen: *Vorwurf der Unlogik – nichts ist schlimmer als das,* aus der Feststellung, der Künstler tue nichts, *was andre für schön halten, sondern nur, was ihm notwendig ist* und schließlich aus dem Bekenntnis: *... daß ich ohne Inspiration keine zehn Takte schreiben kann,* spricht ein Künstler, dessen freie Erfindung einem inneren Zwang zum logisch Notwendigen folgte, ein Musiker, dessen schöpferische Phantasie im Lichte der gedanklichen Überschaubarkeit strahlte, ein Mann von Feuer und Geist: Arnold Schönberg.

Er stand am Ende einer Musikentwicklung, die die Beziehung auf einen Grundton als Kennzeichnung musikalischer Zusammenhänge noch gelten ließ, nicht ohne die vom Grundton abhängigen Stufen in solchem Maße zu versetzen und auszuweiten, daß sie gelegentlich zur einigenden Schlußkadenz sozusagen zusammengezwungen werden mußten. Schubert, Schumann und Brahms taten erste Schritte. Wagners Prinzip der nahtlosen Durchkomposition seiner Opern forderte eine Häufung von Modulationen unter reichlicher Verwendung mehrdeutiger Akkorde und Bruckner adaptierte diesen Alterationsstil einer ganz neuen Art von Symphonik, die auch eine neue innere Ordnung der kontrapunktisierenden Stimmen aufweist. Mahlers leidenschaftliche Art, sich durch das Mittel der Musik in zutiefst persönlicher Weise mit der Welt auseinanderzusetzen, entsprach seine schier endlos getönte Palette aller musikalisch ausdrückbaren Empfindungen, zu deren Darstellung ihm eine erweiterte, manchmal scheinbar gesprengte, doch immer noch faßbar den alten Tonalitätsgesetzen verpflichtete Form diente. Die Selbstherrschaft der Dissonanz war nun schon weit vorgetrieben. Im *Lied von der Erde* findet Mahler für den Ausdruck irdischer Unendlichkeit kein konsonantes Gebilde mehr, er läßt sein „ewig . . . ewig . . ." in einem offenen Klang verhauchen. Schönberg war ihm schon zuvorgekommen. Er hat in ahnungsvoller Hellhörigkeit die Grenzen der klassischen, von Bach künstlerisch fixierten Tonalität überschritten, um dem Hörer ein neues Gefühl von Positivismus der Dissonanz zu geben. Neue Mittel der Werksdisposition zur Kennzeichnung innerformaler Gliederung und zur Erweckung des Schlußgefühls mußten erfunden werden, da die alte Kadenz ausgedient hatte; ein neuer Grad vertikalen und horizontalen Zusammenhörens mußte erreicht werden.

Unbekümmert um Lob oder Tadel schritt Schönberg aus seiner ersten künstlerischen Periode in diese zweite, voll von Inspiration, mit hellwachem, scharfem Intellekt. Solcher neugewonnenen Freiheit der Wahl gewann er schließlich später wieder ein Gesetz ab, jenes der Komposition mit 12 aufeinander bezogenen Tönen, das seinem weiteren Schaffen – durchaus untheoretisch – als Grundlage einer neuen Art zu schreiben (denn mehr ist es nicht) diente: *Meine Werke sind Zwölfton-K o m p o s i t i o n e n und nicht Z w ö l f t o n -Kompositionen.* Bei all dem, was Folkloristen, Impressionisten, Neo-Klassizisten und Neo-Romantiker gleichzeitig unternommen haben, um den Zeichen der Zeit genüge zu leisten, bleibt doch Schönbergs Gedanke der einzige aus dem Material der Musik erdachte, aus dem Leben des Tones heraus entwikkelte, somit der einzig logische, essentielle. Die Menschen freilich gingen nicht mit, und man darf es ihnen nicht verargen. Schönbergs Musik mangelt die „Gefälligkeit“ in weitestem Sinne und es ist nicht jedermanns Sache, für deren Verlust einen Tausch mit der Vergeistigung einzugehen. Und dennoch: wer den unbeschreiblichen, in lauten Zurufen sich äußernden Jubel nach der Januar-Vorstellung von *Moses und Aron* an der Wiener Oper, durch alle „Sitzkategorien“ hindurch, erlebt hat, wird sich fragen müssen, ob solche Zustimmung nur der Leistung der Mitgestaltenden gegolten hat, oder ob nicht vielmehr die Erregung, die vom Werk ausging, Ursache solchen Feuers der Begeisterung war.

Auf gleicher Höhe wie der Schöpfer Schönberg steht der Lehrer. Wie hätte es bei solcher Gabe intensiven musikalischen Denkens auch anders sein können! Er lehrte wie Plato, im Dialog. Er ließ den Schüler Wahrheiten stückweise finden und ließ ihn so zu „Regeln“ kommen. Er vermied es, Regeln von vornherein aufzustellen, denen erst dann eine Begründung folgte. Er schätzte am Schüler nur dessen eigene Denkresultate, Stück für Stück holte er aus ihm heraus, indem er das musikalische Denken als solches ihm beibrachte, ohne schon erforschte Ergebnisse einfach durch Aufzählung bekanntzumachen. Sichtlich war es Platos große Hebammenkunst, die ihm zum Vorbild gedient hatte. Er erzog zum *Unterscheidungsvermögen zwischen Wert und Unwert,* er vermittelte *ein Wissen von den elementaren Grundlagen künstlerischer Werturteile,* für ihn kam *als Analyse nur eine solche in Betracht, die den Gedanken heraushebt und seine Darstellung und Durchführung zeigt*. Was i s t und nicht w i e e s g e m a c h t ist, sollte zum Vorschein kommen.

Mit unglaublicher Lebendigkeit und sprechender Gestik formulierte er seine Aussage. Seine Sprache war klar, oft überraschend knapp, geistreich-witzig, mitunter unbarmherzig im Vergleichen und diente auch im Adjektivischen immer der Darstellung des Wesentlichen. Der Redende überfiel den Hörenden und ließ ihn nicht mehr los. In solcher Aktion hat ihn Kokoschka in seinem unübertrefflichen Gemälde verewigt.

Der lebensvolle, immer dialogträchtige Stil seiner Bücher legt Zeugnis ab für die Art seines Gesprächs. Seine Harmonielehre, von Franz Schmidt hochgeschätzt und als Lehrbuch an der Musikakademie verwendet, erhebt sich in den Rang eines deutschen Sprachdenkmals.

Wir, die ganz wenigen, die aus Schönbergs Wiener Zeit übrigblieben, und alle, die nach uns kamen und ihm freundlich sind, dürfen heute die Verse aus dem Gedicht, das Alban Berg dem Meister 1934 zum 60. Geburtstag in die Fremde nachsandte, zitieren:

(sie) ist sich des ewigen Werts
noch kaum bewußt, diese deutsche und
österreichische Heimat.
Umso stolzer jedoch
wird diese Heimat ein Jahr,
Nämlich: eintausendneunhundertund-
vierundsiebzig feiern,
Gläubig hoffend und das
liebend, was heut' sie verkennt.

Heinz Schöny

Schönberg genealogisch betrachtet

Das Unternehmen, durch genealogische Untersuchungen dem Phänomen Arnold Schönberg näherzukommen, die Herkunft seiner unbezweifelbaren musikalischen Begabung zu eruieren, muß nach dem derzeitigen Stand der Forschung als ungelöst zurückgestellt bleiben. Während in fast allen Fällen genealogischer Feststellungen von Einzelheiten über die Herkunft von Komponisten zusätzliche Argumente für eine musikalisch-schöpferische Fähigkeit gefunden werden können – sei es, daß Musiker oder (meist musikalisch tätige) Lehrer unter den Vorfahren sind, oder Ahnenverwandtschaften mit anderen Musikern entdeckt werden –, gelang dies bisher bei Schönberg nicht. Da aber Arnold Schönbergs Bruder Heinrich als Sänger hervorgetreten ist, steht offenbar die musikalische Begabung nicht allein. Freilich ist Schönbergs musikschöpferische Begabung nicht konventioneller Art, sondern ging neue Wege.

Es geht hier aber nicht um musiktheoretische Darlegungen, sondern um nüchterne Daten, soweit sie den diesbezüglichen Quellen entnommen werden können. Die Quellenlage hierzu ist nun allerdings recht ungünstig, indem nicht nur, von Wien aus gesehen, das Forschungsgebiet im Ausland liegt (Ungarn und Tschechoslowakei), sondern auch das urkundlich-amtliche Material der Israelitischen Kultusgemeinden (IKG) in diesen Ländern lückenhaft und schwieriger erreichbar ist. Auch die einschlägige Literatur, an sich verhältnismäßig reichlich, und die in Wiener Archiven befindlichen Fachkarteien ergeben wenig.

Der dankenswerterweise von Fritz Racek[1] publizierte, als Quelle an sich unbezweifelbare Volkszählungsbogen von 1880 bringt Daten zu den Eltern Schönberg, stimmt aber merkwürdigerweise nicht in allen Einzelheiten mit den Aufgeboten der Kultusgemeinde Wien-Leopoldstadt[2] überein. In diesen findet sich das Aufgebot von Samuel Schönberg und Pauline Nachod, den Eltern des Komponisten, und hat folgenden Wortlaut:

17. März (1872) 12 ½ Samuel Schönberg Kaufmann aus Szécsény Sohn d. H. Abraham und Fr. Theresia geb Löwy 15. Sept. 1838 II, Taborstr. 4 Pauline Nachod aus Preßburg, Tochter d. H. Josef und d. Fr. Karoline geb. Jontow. 8. März 1848. II Taborstraße 4.

Aufgebotsz. u. Deleg. Pressburg 2. März 1872

Als Herkunftsort der Mutter ist eindeutig Preßburg angegeben und man muß, kennt man kein anderes Dokument, annehmen, es wäre auch der Geburtsort. Auf Grund des Volkszählungsbogens steht aber Prag als Geburtsort fest, wo die Nachforschungen im Gegensatz zu Preßburg zum Ziele führten. Offenbar war die Braut vorübergehend (vor ihrer Hochzeit) in Preßburg und dorthin aus Prag gekommen. Aus der Flüchtigkeit der Eintragung des Aufgebotes (Abkürzungen, fehlende Interpunktionen) ergibt sich eben auch die Unklarheit über den Geburtsort; jener des Bräutigams ist richtig

---

[1] F. Racek, Wo wurde Arnold Schönberg geboren? In: Österr. Musikzeitschrift, 28. Jg. (1973), Heft 2, S. 77 f., bes. S. 79.

[2] Archiv der Stadt und des Landes Wien, Sign. B 33/1.

und stimmt mit dem Volkzählungsbogen überein, dessen Angabe über das Geburtsdatum des Samuel Schönberg (20. 9. 1838) deshalb mehr Glauben zu schenken sein wird als jener des Aufgebotes (15. 9. 1838).

Daß die Schönbergs über Preßburg nach Wien kamen, beweist die Eheschließung eines jüngeren Bruders von Samuel Schönberg, Ignaz, geb. Juli 1842 (vermutlich Szécsény), der Kaufmann aus (nicht: in!) Preßburg genannt wird. Er heiratete am 26. 5. 1872 eine Charlotte Weiß, geb. 19. 1. 1849. Beider Schönbergs Vater Abraham wird 1842 als in Preßburg ansässig erwähnt und wird dort wie auch seine Frau gestorben sein. Szécsény liegt im ehemaligen Komitat Nograd nördlich von Budapest bei Vac (Waitzen) nahe an der (tschecho-)slowakischen Grenze. Nähere Angaben zu weiteren Mitgliedern dieser Schönberg fanden sich bisher nicht; es ist auf Grund des Namens anzunehmen, daß sie aus einem deutschen Ort Schönberg dorthingekommen sind, vielleicht aus dem mährischen oder schlesischen Schönberg. Der Name der Großmutter Arnold Schönbergs, Löwy, ist häufig, die in Frage kommende Linie daher nicht leicht zu ermitteln. Paul Diamant legte schon 1964 Wert darauf, daß sich diese Löwy eigentlich Lövy schrieben[3].

Wesentlich besser sind wir über die mütterlichen Vorfahren des Komponisten unterrichtet. Über die Nachod und Jontef (auch Jontow) in Prag gibt es einige Quellen, die Vorfahren wie Verwandte erfassen ließen[4]. Der in der Verkündigung von 1872 genannte Josef Nachod erhält *laut hohem k. k. Gub. Dek. Nr. 29969 d. 845 Mag. Dek. v. 16. Juni 1845 Zahl 30862 die Bewilligung zur Aufstellung des Ehehimmels in die väterliche Familienstelle N. Ch. 1878 mit Karoline Jontef*[5] und daran schließen sich folgende Daten:

Josef Gabriel Nachod, Gastwirt, geb. 12. 2. 1813, Ehefrau Karoline, geb. 1820 Prag; Sohn Heinrich, geb. 10. 5. 1847, heiratete nach Wien 11. 11. 1877[6]*, Sohn Gottlieb, geb. 30. 11. 1849, Sohn Friedrich geb. 2. 1. 1851, heiratet 10. 9. 1881 Wien Eisenschütz Josefa*[7]*, Tochter Klara geb. 8. 6. 1846, Tochter Pauline, geb. 1848*[8]*, Tochter Anna, geb. 1853.* – Aus welcher Familie Josef Gabriel, das Oberhaupt dieser Familie, stammte, ist bisher nicht bekannt; möglicherweise ist er der Sohn eines Daniel Moses Nachod, geb. 1795, verheiratet mit einer Karoline Taussig. Laut Kartei Portheim[9] gibt es noch frühere Familien Nachod in Prag, die Vorfahren des Josef Gabriel sein könnten: ein Handelsmann Moses Nachod (1767 – 9. 7. 1825), ein Handelsmann Koppelmann Nachod (1758 – 1. 2. 1829), ein Schullehrer Benedikt Nachod (1744 – 7. 2. 1818). Daneben wird ein zweiter Stamm Nachod angeführt, der den Beruf eines Federnhändlers vererbte: Samuel Nachod (1734 – 17. 5. 1816, verh. mit Sara, 1774 – 10. 9. 1819) und deren Sohn

3 Schreiben vom 17. 11. 1964 an den Verf.

4 An dieser Stelle sei Frau Emilia Adamczykova in Prag für ihre selbstlosen wie erfolgreichen Nachforschungen bestens gedankt.

5 Familienbogen, Kreis V. Hauptviertel Judenstadt Prag (Staatsarchiv in Prag, Akten der IKG).

6 Trauung IKG Wien-Leopoldstadt mit Hermine Eisenschitz.

7 Vermutlich Schwester der in Anm. 6 genannten Hermine E.

8 Arnold Schönbergs Mutter.

9 Die Kartei von Max Portheim befindet sich in der Stadtbibliothek, Wien. In ihr sind eine Fülle von Einzelangaben aus der Josephinischen Zeit erfaßt.

Aaron Nachod (1776 – 1832), der einen Sohn Israel (geb. 1805, Dr. d. Chirurgie) und zwei Töchter Eva und Judith hatte. Alles zusammen Familien, bei denen jedenfalls intellektuelle Begabungen sichtbar werden.

Weniger ausführlich sind die Angaben über die Jontef in Prag. Die Großmutter von Mutterseite Arnold Schönbergs, Karoline, geb. 1820, finden wir auf dem Wohnungsbogen des Josef Nachod (siehe oben), in dessen Haus die Familie Jakob Jontef-Hutter wohnt: Jakob, Hutfärber, 1786 – 1835, und seine Frau Franziska, geb. 1791, deren Sohn Isak (geb. 23. 7. 1827, Warensensal) und deren Töchter Karoline (geb. 1820, leider ohne genaue Daten), Anna (geb. 1829, verh. 1848 Joachim Emanuel Jontef-Hutter, Schneidermeister, geb. 25. 6. 1817, gest. 30. 8. 1870 Wien!) und Eleonore (geb. 1825, verh. 1849 Hermann Samuel Greger). Jakob Jontef-Hutter ist möglicherweise Sohn eines Isak Jontow, Hutputzer (1747 bis 31. 1. 1823 Prag).

Die Ahnenliste von Arnold Schönberg zeigt mithin derzeit folgendes Bild:

1. Schönberg Arnold Franz Walter, geb. 13. 9. 1874, Wien, Brigittenau C. N. 393 Obere Donaustraße (XX, Obere Donaustraße 5), evang. A. B. 21. 3. 1898, gest. 13. 7. 1951 Los Angeles (USA);
   verh. I: 18. 10. 1901 Wien (evang. Pf.-A.) Mathilde Zemlinsky[10], geb. 7. 9. 1877, evang. A. B. 23. 3. 1898, gest. 18. 10. 1923 Wien.
   verh. II: 28. 8. 1924, Mödling (evang. Pf.-A.) Gertrud Kolisch, geb. 11. 7. 1898, Karlsbad, gest. 14. 2. 1967 Los Angeles.

Eltern:

2. Schönberg Samuel, Kaufmann (1874 Schuhwarenfabrikant, 1880 Inkasso-Geschäftsinhaber) in Wien, geb. 20. 9. 1838 Szécsény (Ungarn), gest. 31. 12. 1890 Wien (II, Taborstraße 32), verh. 17. 3. 1872 Wien (IKG Leopoldstadt).

3. Nachod Pauline, geb. 7. 4. 1848 Prag, gest. ? 10. 1921 Berlin.

Großeltern:

4. Schönberg Abraham, Kaufmann (?) in Szécsény, dann in Preßburg (Ungarn, jetzt Bratislava, CSSR), gest. nach 1842 daselbst, verh. vor 1838.

5. Lövy Theresia, . . .

6. Nachod Josef Gabriel, Gastwirt in Prag, geb. 12. 2. 1813 (Prag), gest. nach 1853 (Prag), verh. 16. 6. 1845 Prag.

7. Jontef (Jontow) Karoline, geb. . . . 1820 Prag, gest. nach 1853.

Urgroßeltern:

14. Jontef-Hutter Jakob, Hutfärber in Prag, geb. . . . 1786 (Prag), gest. 1835 (Prag), verh. vor 1820.

15. . . . Franziska, geb. . . . 1791 . . . gest. nach 1829 (Prag).

---

[10] Schwester des Komponisten und Dirigenten Alexander von Zemlinsky (1871 — 1949).

Walter Obermaier

Dokumente aus Schönbergs Wiener Zeit – Ein Versuch zur geistigen Topographie Wiens im ersten Viertel des 20. Jahrhunderts

Diese Dokumentation ist nur ein Versuch. Vollständigkeit konnte und sollte nicht erreicht werden. Die Fülle bedeutender Personen, die um, mit und gegen Schönberg in Wien lebten, zwang zur Auswahl; Auswahl bedeutet immer auch Subjektivität. Es wurde daher auf eine Interpretation der Texte verzichtet – Wertung und Zusammenschau bleiben dem Leser überlassen.

Vier Bereiche sollten vor allem angesprochen werden: die Reichshaupt- und Residenzstadt Wien, die Situation der Kunst (und nicht etwa nur der Musik), der Weltkrieg und das Nachkriegs-Wien. Eine Korrektur mag gestattet sein: die Charakterisierung des geistigen Klimas Wiens scheint einseitig negativ und von Bitterkeit erfüllt zu sein. Die Beteiligten begriffen es so und artikulierten dies immer wieder. Dem steht – rückblickend – entgegen, daß gerade das erste Jahrzehnt dieses Jahrhunderts auf allen geistigen Gebieten einen unerhörten Aufbruch brachte: Mahler und Schönberg, Freud und Wittgenstein, Klimt und Kokoschka, Wagner und Loos, Secession, Wiener Werkstätte, Bahr, Werfel, Kraus sind nur einige Namen und Begriffe, die für eine Vielzahl stehen und gleichzeitig Synonym für eine geistige Neuorientierung sind. Über alle Hindernisse hinweg muß Wien all dem irgendeine Möglichkeit, Gestalt anzunehmen, geboten haben. Daß Neues nur von einer relativ kleinen Gruppe aufgeschlossener und vorurteilsfrei denkfähiger Menschen von der ersten Stunde an mitvollzogen werden kann und mit breitester Verständnislosigkeit zu kämpfen hat, mag man bedauern, doch ist es ein allgemeines Faktum. Das Urteil der im Kampfe befindlichen ist daher ehrlich, aber von jener Subjektivität, die dem künstlerisch Schaffenden eignet. Vor diesem psychologischen Hintergrund muß es verstanden werden; zu beachten ist es als Mahnruf auch über den aktuellen Anlaß hinaus.

Im September 1903 kam Arnold Schönberg nach zweijährigem Berlin-Aufenthalt nach Wien zurück und fand eine Situation vor, die – seit seinem Abgang kaum verändert – der gleichzeitig nach Wien kommende Paul Stefan so sah:[1]

---

1 Paul Stefan, Das Grab in Wien. Eine Chronik 1903 — 1911. Berlin 1913, S. 13 — 15. — Über das Buch schrieb Ludwig Ullmann in seiner Rezension: „Das Grab in Wien. Das ist die Wiener Einsamkeit, die Herbstluft, die rauhe Luft von Spott, Wortwitz und tödlicher Lässigkeit, die Scham vor den Empfindungen, das Gehenlassen, die Kunst des ‚Es sich richten können', die Wurstigkeit, die Verzweiflung an sich selbst. Eigenschaften, in die etwa das Wiener Temperament zerfällt, wenn man ihm die paar sympathischen Seiten abzieht. Stefan sieht nur die ersteren. Mit Recht. Denn sie sind die stärkeren. Und Stefan hat die Beweise der Tatsachen für sich, den vertriebenen Mahler und den ausgepfiffenen Schönberg, den verlachten Kokoschka und den aus der Universitätsaula hinausprotestierten Klimt, den krankgehetzten Adolf Lors (sic!)." (Der Ruf. Ein Flugblatt an junge Menschen. Wien — Leipzig. 5. Heft, Oktober 1913. S. 52). — Als Ergänzung zu der zitierten Textstelle sei darauf hingewiesen, daß Josef Reiter (1862 — 1939) ein Komponist war, für dessen Förderung 1899 der Josef-Reiter-Verein gegründet worden war. Max Jentsch (1855 — 1918) war ein norddeutscher Klaviervirtuose und Liederkomponist, der von 1894 bis etwa 1914 in Wien wirkte.

Die Dichter, die einst das junge Wien umschlossen hatte, waren durch ihren Berliner Verlag, durch Berliner Theater bekannt geworden. Noch immer wurden die Stücke der Hofmannsthal, Beer-Hofmann, Schnitzler in Berlin zuerst gegeben, in Wien auch später nicht. Unseren Schauspielhäusern schienen sie häufig nicht sicher genug, und die großen Blätter berichteten ungünstig über die Experimente da draußen. Von den Bewegungen im Reich, von Berlin, von München, von Paris erfuhr man überhaupt nicht viel und zumeist durch verständnislose Entstellungen besonders vernünftiger oder besonders witziger Korrespondenten. Auch für die Musikaufführungen und ihr Programm war der Geschmack eines überlebten Feuilletonismus maßgebend. Die Reihe der Bösen begann schon mit Liszt; die Zahl der Guten war mit Brahms vollendet. Bruckner: ein Kampfwort. Seine Symphonien waren zwar endlich, von Gustav Mahler, sogar in die Philharmonischen Konzerte gebracht worden; und der junge Konzertverein unter Löwe widmete ihm in seinen billigen, als Erlösung von der philharmonischen Alleinherrschaft begrüßten Abenden die eifrigste Pflege. Aber wie ungern ließen es die Mächtigen geschehen! Um Hugo Wolf mühte sich ein eigener Verein, auch um den Menschen, der im Irrenhaus unheilbar siechte. Von seinen Liedern wollten Sänger nichts wissen. Jüngere wie Joseph Reiter und Jentsch hatten Gemeinden. Schönberg war in Berlin, Zemlinsky und Artur Bodansky dirigierten Operetten, nur nicht die gräßlichen, die seither Mode geworden sind. Es gab viele Konzerte. Neues brachten sie selten. Nur die Quartettabende von Arnold Rosé wagten sich damit hervor. Sie wurden gemieden, und es dauerte lange, ehe sie in Gunst kamen. Aber eine Heimat hatte der Musiker damals, die Hofoper. Da konnte man sich Abend für Abend um billiges Geld, wenn man sich lange genug „angestellt" und im Sturm die Treppen zur Galerie genommen hatte, auf „unnumerierten Plätzen" (die es heute nicht mehr gibt) oder auf Stufen sitzend, wohl auch stehend, erquicken. Denn dieses Theater leitete Gustav Mahler.

Auf ihn muß man weisen, wenn die Frage gestellt wird, ob wir denn damals zu keinem aufsehen konnten, ob es denn keinen gab, um dessen willen es sich lohnte, in dieser Stadt zu leben, keinen, der Führer gewesen wäre. Es gab Führer. Manche nannten die jüngeren Dichter, manche Bahr, den unermüdlichen, immer gläubigen, immer wegebahnenden, manche seinen Gegner Kraus, einen hinreißenden Schriftsteller, von dem man jede Zeile lesen mußte, sobald man erst eine gelesen hatte, manche Klimt, manche Otto Wagner.

Dieses Wien, dem Paul Stefan ein zorniger, wohl einseitiger, sicher auch hoffnungsvoller[2], auf jeden Fall aber wissender Kritiker war, war ihm wie allen geistig Regen jener Tage ein immer wieder reflektiertes Problem[3].

Es ist kein Zweifel: man beschäftigt sich mit Wien . . . Hier ist ein Problem im Hintergrunde, ein Problem nicht nur der Wiener, sondern der deutschen, vielleicht der europäischen Kultur . . .

---

2 Im April 1913 schreibt er in der Vorrede zu „Das Grab in Wien" a. a. O.: „Das Buch führt an ein Grab. Aber es entsagt nicht der Erwartung."

3 Paul Stefan, Einiges zum Problem „Wien". In: Erdgeist, Wien, 3. Jg., 17. Heft (3. 10. 1908), S. 654 und 656.

Nun gibt es aber hier viele, und ihre Zahl wächst, denen bei all dem Getue gar nicht mehr wohl ist.

. . . es sind Menschen, die nicht nur für sich, sondern auch für Wien etwas w o l l e n . . .

Ich vermisse ihre Schilderung in den meisten Büchern über Wien. Die Sezession, der akademisch-dramatische Verein, die Vereinigung schaffender Tonkünstler, der Ansorgeverein, der Volksbildungsverein, das Volksheim, das Settlement, die Zentralstelle für Wohnungsreform sind von solchen Leuten gegründet worden. Man sieht dergleichen hier nicht allzu gern... Das Neue wird verhöhnt, in die Lächerlichkeit und, wenn irgend möglich, hinausgetrieben. Man sagt dann bei uns, wir hätten eine aktive geistige Handelsbilanz. Das klingt schön und die Patrioten können stolz sein. Und so liegt diese wichtige und bedeutende Millionenstadt da, in künstlerischer, von oben bis unten „beförderter" Abgeschlossenheit und ist kein Mittelpunkt, ist vielen keine Heimat . . .

Egon Friedell untersuchte die *Wiener Kultur* näher[4]:

Wien. Man hat sich daran gewöhnt, diese Stadt mit dem Begriff „alte Kultur" zu assoziieren und sich vorzustellen, sie bilde in unserer modernen Welt eine Art Enklave jener versunkenen Lebensschönheit, nach der so viele Menschen sich zurücksehnen. Darauf ließe sich nun zunächst erwidern: selbst zugegeben, daß Wien auf einer ästhetisch höheren Stufe steht, daß die Menschen dort freier, leichtbeschwingter, anmutiger, „griechischer" leben, daß die Schönheit dort einen größeren Raum in der allgemeinen Ökonomie des Daseins einnimmt — müßte infolgedessen Wien die höhere Kultur haben?

Es gibt nur eine einzige Kultur, mit der wir rechnen dürfen: die um 1910. Alles andere ist Selbstbetrug. Wir dürfen nur fragen: haben wir heute schon eine Kultur, die unserer Zeit entspricht, eine Kultur, die nicht im Widerspruch steht mit Automobil, Torpedoboot, Bogenlampe, Untergrundbahn? Ja oder nein? Jede andere Fragestellung wäre feig und unehrlich . . .

Ob die Wiener einmal kunstsinnig gewesen sind, mag der Historiker feststellen; heute ist jedenfalls nichts mehr davon zu spüren. Man mache einen Gang durch die Stadt und betrachte die Denkmäler, die in der letzten Zeit entstanden sind, man beobachte die Möbel, auf denen der Wiener sitzt, die neuen Häuser, in denen er wohnt, die Restaurants und Cafés, die er besucht, und man gestehe, daß die (in einer modernen Großstadt wahrscheinlich unvermeidliche) Geschmacklosigkeit in Wien bloß pauvrer und in kleinerem Stil betrieben wird als in Berlin . . .

Der wirkliche Künstler aber hat in Wien niemals Verständnis gefunden. Wie es Beethoven und Grillparzer in Wien gegangen ist, hat Hermann Bahr in

---

[4] Egon Friedell, Ecce Poeta, Berlin 1912. S. 258—262. — Über Friedell urteilt Bertha Zuckerkandl: „Er hatte das Pech und das Glück, Österreicher zu sein. Pech, weil das österreichische Genie es nie verstanden hat, sich Geltung zu verschaffen. Glück, weil es für Originalität, für Einzigartigkeit, für das freie Wachstum eines ungehemmt pittoresken Wesens keinen reicheren Nährboden gegeben hat als Österreich." (Bertha Zuckerkandl, Österreich intim. Erinnerungen 1892—1942. Hg. von Reinhard Federmann. Frankfurt/M. — Berlin — Wien 1970. S 97).

einer Monographie über Wien, die wohl für lange Zeit endgiltig bleiben wird, ausführlich gezeigt. Was Wagner in Wien erlebt hat, kann man bei Chamberlain nachlesen. Es ist noch niemals einem, der etwas will und etwas kann, in Wien anders gegangen . . .

All dies wurde den um neue Wege ringenden Künstlern, Malern, Architekten und Musikern am offenkundigsten. Adolf Loos und Otto Wagner wurden gleichermaßen verlacht, Peter Altenberg war das beliebte Ziel bürgerlichen Spottes, Klimts Fresken für die Universität entfachten einen Sturm, der sogar das Abgeordnetenhaus erreichte, Schiele und vor allem Kokoschka wurden vom „kunstsinnigen" Publikum brüsk zurückgewiesen und während man es bei Gustav Mahler im günstigeren Fall noch mit der verärgerten Frage bewenden sein ließ, warum ein begabter Dirigent Fragwürdiges komponieren müsse, wuchs sich fast jedes Konzert mit Werken Schönbergs zu einem echten Skandal aus, wobei es sogar zu Tätlichkeiten, gerichtlichen Klagen und ähnlichen Begleiterscheinungen kam[5].

Die Betroffenen selbst meldeten sich immer wieder — wenn auch vielfach ungehört — zu Wort. Inmitten selbstbewußtester Bautätigkeit verbunden mit im Namen des „Fortschritts" begangenen schwerwiegenden Eingriffen in die Substanz der Stadt, ertönt 1909 Ludwig Tesars Aufruf *Hört, Wiener!*[6]:

Korrekt sind sie, korrekt — du widerliches Wort — die Musterbauten des Ringes, das gotische Rathaus, das hellenistische Parlament, die renaissancistische Universität — Sammelsurien uneigener Stammbuchverse, die, aus der heimatlichen Schönheit gerissen, hilflos zusammengereckt sind. Taucht zweimal eine gute Seele unter euch auf, so roht ihr sie wieder, wie die Oper durch den Heinrichshof . . .

Und wenig später urteilt Adolf Loos[7]:

In Wien verschandeln die architekten die stadt, ohne von der polizei dazu veranlaßt zu werden. Aus freien stücken. Alle größe ist dadurch aus der stadt verschwunden. Wenn ich mich bei der oper aufstelle und zum Schwarzenbergplatz hinunterblicke, so habe ich das intensive gefühl: Wien! Wien, die millionenstadt, Wien, die metropole eines großen reiches. Wenn ich aber die zinshäuser am stubenring betrachte, so habe ich nur ein gefühl: fünfstöckiges Mährisch-Ostrau.

Ein *chinesischer Revolutionär* wiederum meldet in einem *Geheimbericht* die Situation des musikalischen Wien nach Peking[8]:

Wien ist aber auch die Musikhauptstadt der Welt. Mein gelernter Österreicher führte mich. Wir reisten auf den Zentralfriedhof, wo in der Tat die größten Komponisten des österreichischen Erdteils, ja sogar mehrere aus Europa begraben sind. Als wir nach zwei Tagen von dieser Reise zurückkehrten, führte er mich zu einigen leerstehenden Häusern. In einem hatte früher

---

5 Vgl. dazu Kat. Nr. 247.

6 Erdgeist, 4. Jg., 10. Heft (13. 3. 1909), S. 359 — 361.

7 Adolf Loos, Heimatkunst (1914), in: Adolf Loos, Trotzdem. 1900 — 1930. (Schriften 2. Band), Innsbruck 1931. S. 134.

8 Geheimbericht eines chinesischen Revolutionärs über seine Reise nach Österreich. Berechtigte Übersetzung von Paul Stefan. In: Der Ruf a. a. O., 1. Heft (Februar 1912), S. 66.

der Komponist Schönberg, in dem anderen der Dirigent Zemlinsky, im dritten der Hofkapellmeister Walter gewohnt. Sie waren aber ausgewandert. An einer Ruine zeigte man mir zwischen ungeheuren Reklametafeln eine Inschrift, nach der dort einst Schubert geboren war und der Schubertbund gesungen hatte. Auf einem sehr schönen Friedhof lag ein großer Musiker der jüngsten Vergangenheit, der gestorben war, weil er in diesem Erdteil, am Rande der böhmischen Wüste, geboren war und in Wien gewirkt hatte. Indessen sammelte man bereits, um ihm ein Denkmal zu errichten, und man führte sogar seine Werke auf. Daß aber auch Lebende, wenn sie nur liebenswürdig sind, nicht vergessen werden, sah ich in einem Mittagskonzert, in dem die vornehmste Gesellschaft wiederholt auf die Uhr schaute, ob es denn noch nicht Zeit zum Diner sei. Einige waren darüber eingeschlafen.

Dagegen berührt der Brief Richard Dehmels, mit dem er die Einstellung seiner Mitarbeit bei der *Neuen Freien Presse* ankündigt, ein äußerlicher scheinendes Problem künstlerischer Existenz in Wien. Trotzdem ist dem *in alter Bockbeinigkeit* geschriebenen Brief, der mit der Bemerkung schließt: *Wir armen Kapitalisten des Geistes müssen alle für unsre leibliche Notdurft irgendeinen Lakaiendienst verrichten, wenn wir uns nicht aufs Betteln verlegen wollen* eine gewisse über den Anlaß hinausreichende Bitterkeit anzumerken[9]:

Eure Administration legt auf meine Mitarbeit weniger Wert . . . Das vorletzte Mal schickte sie mir blos die Hälfte des ausbedungenen Honorars; legte mir dann auf meine Reklamation hin etwas zu, ließ sich's aber gefallen, daß ich ihr 20 M schenkte. Das letzte Mal wollte sie dasselbe Rabattgeschäft machen, und ich mußte wieder erst reklamieren, eh ich das volle Honorar bekam; . . . An reiche Pfennigfuchser immerfort Mahnbriefe schreiben, geht mir wirklich gegen den Geschmack; es kommt mir ohnehin erbärmlich genug vor, daß ich meine Gedichte verschachern muß. Nun, das muß heute mehr oder weniger jeder Dichter; aber daß er obendrein noch wie ein Schnorrer behandelt wird, das ist – da hat Karl Kraus vollkommen Recht – tatsächlich blos in Österreich möglich.

Was Kunst wirklich ist und soll und welchem „Maß" sich der Künstler verpflichtet weiß, wurde immer neu reflektiert. Bereits in den Anfangsjahren dieses Jahrhunderts sah es Bertha Zuckerkandl, in deren Salon die führenden Köpfe der Zeit verkehrten, so[10]:

Sie (i. e. die Künstler) arbeiten an der Bildung unseren ethischen Besitzstandes, indem sie, durch feinste Empfindsamkeit geleitet, gedankliche Umwertungen schaffen. Eine große Vornehmheit in der Beurteilung aller sozialen Erscheinungen ist ihnen zu eigen und führt sie zu Erkenntnissen, die weitab

---

[9] Brief an den Feuilletonisten der Neuen Freien Presse, Dr. Franz Servaes. Bankenese/Hamburg, 21. 4. 1913. Wiener Stadtbibliothek H. I. N. 137.677.
Zu diesem Brief — wie zu allen im folgenden zitierten Handschriften — sei bemerkt, daß Orthographie und Zeichensetzung dem Original folgen. Einzig offensichtliche Flüchtigkeitsfehler wurden ohne gesonderten Vermerk korrigiert. Desgleichen wurden gängige Abbreviaturen aufgelöst.

[10] Bertha Zuckerkandl, Minne (November 1902), in: Bertha Zuckerkandl, Zeitkunst, Wien 1901 — 1907. Wien — Leipzig 1908, S. 47. — Bertha Zuckerkandl (1863 — 1945), die Tochter des berühmten Journalisten Moriz Szeps und Gattin des Anatomen Emil Zuckerkandl, war selbst journalistisch tätig und veröffentlichte auch drei Bücher.

liegen von allen Begriffen, die Gewöhnung, Gedankenlosigkeit, Gleichgültigkeit und mangelndes Interesse für die Durchgeistigung gewisser Fragen selbst bei den Gebildeten gezeitigt hat. So streben die Künstler jetzt nicht nur nach rein ästhetischen Lösungen, auch die Ethik der Zeiterscheinungen beschäftigt sie.

1907 kommt sie dann nochmals auf das spezielle Problem der Kunst als „res publica“ zu sprechen: die Verantwortung des Staates der Kunst gegenüber und das Ungenügen der aktuellen (österreichischen und speziell Wiener) Situation[11]:

Denn der Staat, welcher die Agenden übernahm, die einst Fürsten, mit königlichem Kunstsinn begabt, verwalteten, Mäzene, die, Seite an Seite mit dem schaffenden Zeitkünstler, der Zeit voranschritten – dieser Staat hat wohl Kunstförderung und Kunstschutz in sein Programm aufgenommen, ist aber über eine engherzige und verständnislose administrative Organisierung einer Kunstkontrollstation nicht hinausgekommen. Die Beamten, welche über Richtung und Beseelung des Kunstunterrichtes zu entscheiden haben oder über die Gestaltung offizieller Ausstellungsfragen oder über die staatliche Ankaufsverwendung des Kunstbudgets – sie sind genau demselben Juristenmaterial entnommen, das Ackerbau-, Handels- oder Finanzakten zu erledigt hat. Fast immer ist daher die Besetzung der Kunstreferentenposten eine Verlegenheit für das Unterrichtsministerium . . .

Nach solchem Zuschnitt wird überall die Kunst vom Staat verwaltet und die höchst unwürdigen, traurigen Zustände öffentlicher Kunstpflege rühren eben aus dem vollständigen Mißverstehen dieser Aufgabe her. Der Staat protegiert eine offizielle Kunst und konterminiert eine individualistische, freie Kunst.

Wurde so einerseits der staatliche Apparat kritisiert, so kam das Publikum nicht besser weg. Karl Kraus ist ihm ein ätzender Kritiker[12]:

Publikum in jeder Form macht mir Verdruß, ich meide die Konzertsäle, und wenn sich in einem solchen wirklich einmal Leute drängen, denen man an der schwergebeugten Nase ansieht, daß sie den Hingang der Kultur betrauern, Männer, deren Bart noch die Linse von vorgestern trägt, deren Gilet aber aus Sammet und Sehnsüchten komponiert ist, weiter, denen man das Haupt des Jochanaan unter der Bedingung geben möchte, daß sie nicht tanzen, – dann bin ichs auch nicht zufrieden! Ja, ich hasse die Häßlichkeit einer genießenden Menge, die nach dem stickigen Geschäftstag die verschlossenen Jalousien des Gemütes öffnen, um Kunstluft hereinzulassen. Aber der ästhetische Mißwachs, der sich an den Pforten der Kultur drängt, treibt mich in die Flucht. Mir wird schon totenübel, wenn ich um elf Uhr abends durch die Augustinerstraße gehe und die Nachklänge einer Wagneroper aus dem Wigelaweia des Ganges und der Hände einer zum Fraß strömenden Begeisterung heraushöre, was steht mir erst bevor, wenn Herr Richard Strauß seine Versteher findet? Man glaubt gar nicht, wie viele Häßlichkeit die angestrengte Beschäftigung mit der Schönheit erzeugt!

---

[11] Bertha Zuckerkandl, Von den definitiven Provisorien (Jänner 1907), ebd., S. 175 ff.

[12] Karl Kraus, Literatur (März 1909), in: Karl Kraus, Literatur und Lüge, Wien — Leipzig 1929, S. 42 f.

Peter Altenberg, über den Egon Friedell urteilt: er ist *nun einer von jenen wenigen gewesen, die in unserer Zeit noch immer so dichteten, als ob das Dichten gar kein Beruf wäre. Er dichtete, dichtete ununterbrochen, bei Tag und bei Nacht, im Traum und im Wachen, im Gehen, Stehen, Sitzen und Liegen*[13], ein Mann, dem die essayistische Form zur selbstverständlichen Ausdrucksweise geworden war, notierte über Kunst und Kunstwerk[14]:

Die Kunst ist Individualismus, und der Individualismus ist eine zerstörende, zersetzende Kraft. Darin liegt seine ungeheure Bedeutung. Denn was er zu zerstören, zu zersetzen sucht, ist die armselige Eintönigkeit des Typus, die Sklaverei der Gewohnheit, die Tyrannei der Sitte und die Erniedrigung der Menschen auf die Stufe „Maschine".

Thatsächlich benutzt das Publikum die Klassiker eines Landes als Mittel, den Fortschritt in der Kunst zu verhindern. Sie degradiren die Klassiker zu Autoritäten. Sie benutzen sie als Knüppel, um den freien Ausdruck der Schönheit in neuen bisher unbekannten Formen zu verhindern. Sie fragen jeden Schriftsteller, weshalb er denn nicht wie Der oder Jener schreibe, jeden Maler, weshalb er denn nicht wie Der oder Jener male. Sie vergessen die Thatsache, daß Jeder, der etwas dieser Art täte, dadurch bereits aufhöre, ein Künstler zu sein!

Je vollständiger ein empfänglicher Betrachter eines Kunstwerkes seine eigenen albernen Ansichten, seine eigenen thörichten Vorurtheile, seine eigenen dummen Ideen über das, was die Kunst sein soll und nicht sein soll, unterdrücken kann, umso geeigneter ist er, das Kunstwerk zu verstehen und zu würdigen. Denn die Ideen über die Kunst sind doch naturgemäß aus dem genommen, was die Kunst eben bis zu diesem Augenblick gewesen ist, während das neue Kunstwerk eben dadurch schön ist, daß es ist, was die Kunst bis dahin nie gewesen ist, und wer es mit dem Maaßstabe des Vergangenen mißt, legt einen Maaßstab an, auf dessen Überwindung gerade seine Vollkommenheit beruht.

Zusammenfassend stellt Paul Stefan einmal mehr fest[15]:

Die zukunftverheißende Kunst ist unbeliebt. Zwar einem, der gestorben ist, verzeiht man manches (Fall Mahler). Der darf sogar als „Attraktion" einer Musikwoche Fremde ködern helfen. Aber die Lebenden! Die Vertreibung Schönbergs war ein böses Zeichen. Gewiß, man hatte eine Dozentur für ihn. Aber keine Bezüge, keine Preise, keine Mittel. Anderswo schafft man Platz für das Genie. Bei uns ebnet man ihm den Weg zur Fremde . . .

Aufführungen neuer Musik müssen mit Opfern und Einzeichnungen zusammen gebracht werden. Mit Künsten und Kniffen muß man Gönner für Maler finden, die weder Stiefelröhren noch historische Schwarten kitschen . . . Einer, Oskar Kokoschka, dessen Werke in Europa in öffentlichen Galerien zu sehen sind, versuchte es als Zeichenlehrer an einer Mittelschule, sein Brot zu verdienen. Eine weise Behörde verbot es der Schule, angeblich eines

---

13 Egon Friedell a. a. O., S. 133 f.

14 Peter Altenberg, eigenhändiges Manuskript. Wiener Stadtbibliothek H. I. N. 160.482.

15 Paul Stefan, Frühling, in: Der Ruf a. a. O., 2. Heft (März 1912), S. 4 f.

mangelnden Befähigungsnachweises wegen, der in diesem ewigen Greislerstaat mehr gilt als Lehrerfolge, von denen man bald mehr erfahren wird; in Wirklichkeit, weil ein hochmögender Herr den Vortrag Kokoschkas im Akademischen Verband nicht hatte verstehen können.

Von „oben" kommt das Beispiel und alle Gutgesinnten beeilen sich, es nachzuahmen. Öffentliche Gebäude werden mit Fassaden beklebt. Otto Wagner ist von Aufträgen der „Gesellschaft" von vorneherein ausgeschlossen. Adolf Loos wird von „Interessenten" (wie man so schön sagt), schikaniert, Josef Hoffmann für die römische Leistung beschimpft. Daß Klimt, wie sichs gebührte, in der Österreichischen Ausstellung einen Raum hatte, konnte die „Heimat" dem Regierungskommissär lange nicht verzeihen.

Daß Klimt stellvertretend für die moderne österreichische Malerei schlechthin steht, die Secession nicht erwähnt wird, ist kein Zufall. 1905 trat Klimt an der Spitze prominenter Künstler (u. a. Otto Wagner, Josef Hoffmann, Carl Moll, Kolo Moser, Emil Orlik, Alfred Roller) aus der Secession aus, die damit ihrer progressivsten Kräfte beraubt war[16].

Früher als Bastarde geächtet, gehören sie jetzt zu den regierenden Geschlechtern. Aufgenommen im Bestande der gesellschaftlichen Organisationen, eingereiht in den Kreis der repräsentativen Stände, sind sie Emporkömmlinge, die sich beeilen, ihren Rang in der offiziellen Welt einzunehmen. Sie gehen den Weg aller Erfüllungen. Sie werden, sobald sie geworden sind, ein anderes. So wie Erstrebtes, das zur Tat, Erkämpftes, das zu Besitz, so wie Hoffnungen, die zu Wirklichkeit sich wandeln . . .

Wirklich Neues boten auf verschiedenen künstlerischen Gebieten vor allem zwei Institutionen: die Galerie Miethke und der Kunstsalon Heller. Miethke vermittelte dem Wiener Publikum die Kenntnis des Werkes exemplarischer Maler der in- und ausländischen Modernen: 1904 mit der großen Munch-Ausstellung, 1905 wurde mit Romako ein bis heute zu wenig bekannter österreichischer Maler erstmals gewürdigt, 1906 konnte man bei Miethke eine van-Gogh-Ausstellung sehen und 1910 kam der junge Egon Schiele an die Reihe. Carl Moll war der künstlerische Berater Miethkes, bei dem sich auch Faistauer 1913 an einer Kollektivausstellung beteiligte und Schönberg seine Gemälde zeigen wollte, wozu es allerdings nicht kam[17].

Der Kunstsalon Heller, der an eine Buchhandlung angeschlossen war, präsentierte neben Werken der Malerei mit Vorliebe Literarisches und brachte auch Thomas Mann auf die Wiener Kulturszene[18].

Thomas Mann trat kürzlich in dem intimen Raum des Kunstsalons Heller zum ersten Male vor das Wiener Publikum und las ein Kapitel aus seinem neuen Roman „Königliche Hoheit". Seine elegante Erscheinung, nicht minder seine etwas preziöse Art zu sprechen eignen sich ganz besonders für die vornehme, ein wenig gezierte Welt dieses Romanes.

---

16 Bertha Zuckerkandl, Von Sezession zu Sezession (Januar 1907), in Zeitkunst a. a. O., S. 147.

17 Vgl. dazu Kat. Nr. 133, 134.

18 Erdgeist, 3. Jg., 26. Heft (5. 12. 1908), S. 1016.

Daß die Bemühungen dieser engagierten Männer auch bei Leuten auf Unverständnis stießen, die etwa auf politischem Gebiet durchaus zu den wegweisenden Gestalten ihrer Zeit zählten, beweist ein Brief, den Viktor Adler 1909 an Arthur Roessler sandte, der die Weihnachtsausstellung des Kunstsalons Heller in der *Arbeiter-Zeitung* besprechen wollte[19]:

Ihr heutiger Artikel nötigt mich zu einer kleinen Bemerkung. Ihren von uns sehr geschätzten Kunstberichten haben Sie diesmal eine Notiz über den „Kunstsalon Heller" folgen lassen, die nicht wie gewöhnlich eine „Ausstellung", wie sie der betriebsame Herr im Dienste seines Geschäfts veranstaltet, sondern einfach seine Weihnachtsetalagen zum Gegenstande hat. Vermutlich haben Sie über die künstlerischen Bemühungen des „Kunstsalons Heller" eine andere Meinung als ich, das ist selbstverständlich Ihr gutes Recht, gestatten Sie aber, daß ich dem Empfinden Ausdruck gebe, daß es etwas Widerwärtigeres, Aufdringlicheres in Wien nicht giebt, als diese Methode die „Kunst" zum Mittel ordinärsten Kundenfangs zu machen, wie sie dieser „Kunstsalon" überhaupt darstellt, Aber, wenn das Geschäft Heller in der Maske der „Kunstausstellung" kommt, muß man wol oder übel — stets wird mir übel — sich das gefallen lassen. Auch noch Geschäftsreklamen zu bringen, dazu sind wir aber nicht verpflichtet, wenn der „Kunstsalon" ohne Maske auftritt.

Ein halbes Jahr später las auch eine der faszinierendsten Persönlichkeiten dieser Zeit erstmals in Wien vor: Karl Kraus. Mirko Jelusic berichtete darüber in *Der Sturm*[20]*:*

Am 3. Mai hielt Karl Kraus zum ersten Mal in Wien eine Vorlesung aus eigenen Schriften.

Die ganz exzeptionelle Bedeutung des Herausgebers der „Fackel" an dieser Stelle darzulegen, hieße Eulen nach Athen tragen. Wer den „Sturm" liest, kennt auch Karl Kraus, kennt seine unübertreffliche Sprachkunst, sein unheimliches Temperament und seine noch unheimlichere Treffsicherheit; weiß, daß Kraus der erste Satiriker Oesterreichs ist, umjubelt von fanatischen Anhängern und gefürchtet von seinen Gegnern, denen keine andere Waffe gegen seine wuchtigen Angriffe, seinen schneidenden Hohn, seine zermalmende Verachtung zu Gebote steht, als ein starres, ununterbrochenes, impotentes Schweigen ... Daß dieses Schweigen nutzlos ist, bewies die Vorlesung. Der Saal war überfüllt, als Karl Kraus mit einigen raschen Schritten das Podium betrat und nach einer knappen Verbeugung zu lesen begann.

Der Ausdruck der scharfen Züge ist kühl, spöttisch, überlegen. Und bevor Kraus zu sprechen beginnt, weiß man schon, daß seine Stimme klar und scharf ist.

Kraus las zuerst ein bisher unveröffentlichtes Essay „Heine und die Folgen", in dem er den verderblichen Einfluß Heines auf Lyrik und Journalistik nach-

---

19 Brief vom 9. 12. 1909. Wiener Stadtbibliothek H. I. N. 150.434. — Arthur Roessler (1877 bis 1955), Kunstkritiker der Arbeiter-Zeitung, war einer der engagiertesten Kunstkenner seiner Zeit und hat sich u. a. sehr für den noch kaum bekannten Schiele eingesetzt.

20 Die vom Akademischen Verband für Literatur und Musik veranstaltete Vorlesung fand am 3. 5. 1910 um 19.30 Uhr im Festsaal des Ingenieur- und Architekten-Vereines, Wien I., Eschenbachgasse 9, statt und wurde wegen des großen Erfolges wiederholt. — Der Bericht von Mirko Jelusic in: Der Sturm. Wochenschrift für Kultur und Künste. Berlin — Wien, Nr. 12 (19. 10. 1910), S. 94.

wies. Heine habe es seinen Nachfolgern allzu leicht gemacht, den Esprit in ihren Feuilletons leuchten zu lassen – auf Kosten des Geistes.

Dann las Kraus „Die chinesische Mauer“ ... Kraus arbeitet hier mit den einfachsten Mitteln und beweist dadurch seine große Künstlerschaft. Außerordentlich fesselnd war es, den Vorlesenden zu beobachten. Wie sein Gesicht starr und drohend wurde; wie seine Schultern sich raubtierartig hoben; wie seine Rechte in kurzen Rucken über den Tisch zuckte, sich ballte, sich um eine unsichtbare Gurgel zu krallen schien, den Niagara von Worten gestaltete, der auf die atemlos horchenden Menschen niederbrauste ...

Alles in allem: ein außerordentlicher Abend, getrübt nur durch den beschämenden Gedanken, daß man es so lange versäumte, die Schönheit Krausscher Sprachkunst verbunden mit der Schönheit Krausscher Sprechkunst auf sich wirken zu lassen. Denn nicht Kraus ist schuld, daß dies seine erste Vorlesung in Wien war, sondern Wien.

Karl Kraus, unnachsichtiger Kämpfer für die Reinheit der Sprache und treffsicherer Kritiker seiner Zeit, wurde gleichermaßen vergöttert und abgelehnt. Niemand geringerer als Else Lasker-Schüler nannte ihn anläßlich dieser ersten Wiener Vorlesung einen *Papst*[21]. Für Georg Trakl war er[22] *. . . weißer Hohepriester der Wahrheit* und Adolf Loos war überzeugt[23]: *Seine Stimme wird durch die kommenden Jahrhunderte dringen, bis sie gehört wird.*

Dagegen sah Franz Blei, engagierter Literaturkritiker und Kulturhistoriker, im *Fackelkraus ... eine Antinatur,* die *die Stimme von Propheten und Dichtern* nachahmt. *Die Stimmen anderer Menschen hinwieder, um sie zu verhöhnen und zu vernichten*[24]. Franz Werfel aber, der in seiner auf Karl Kraus zielenden *Metaphysik des Drehs nicht über, nicht gegen, sondern zu Karl Kraus gesprochen* haben will, nennt Kraus den *Ekel, den die öffentliche Meinung vor sich selbst empfindet,* den gesamten *Selbsthaß jener Welt, die er gestaltet und bekämpft.* Für ihn ist er *der Zauberer Karl Kraus, der tragische Alb, der nicht weiß vom Menschen und der Welt, und die Wirklichkeit seiner Zeitungs-Zeit und Welt nur vom Hörensagen und aus Kindertagen kennt*[25].

Diese Worte fielen bereits mitten im Ersten Weltkrieg, einem Krieg, der als nicht enden wollendes Völkerschlachten das Leben der Menschen veränderte, neue Voraussetzungen für ein „Nachher“ schuf und die Künstler in eine Atmosphäre des Schreckens und des Patriotismus, des Sinn-Suchens und des Abscheus, auf jeden Fall aber des Überwindens und intellektuellen Verarbeitens tauchte. Anton Wildgans, in dessen Brust der Widerstreit zwischen der Überzeugung der Notwendigkeit dieses Waffenganges für die Donaumonarchie mit dem Mitleid für den geschändeten Menschen hüben und drüben der Linien tobte, und der deswegen – wiewohl als „patriotisch“ eingestuft – Schwierig-

---

21 Ebd. S. 90.

22 Georg Trakl, Karl Kraus. In: Der Brenner, hg. von Ludwig von Ficker, 3. Jg., 8. Heft (15. 6. 1913), S. 840.

23 Ebd. S. 841.

24 Franz Blei, Das große Bestiarium der Literatur, 6. — 8. Aufl., Berlin 1924, S. 30.

25 Franz Werfel, Karl Kraus. Eine Erklärung. In: Selbstwehr, Nr. 20 (Prag, 15. 5. 1917).

keiten mit der Zensur hatte, schrieb wenige Wochen nach Ausbruch des Krieges an Gustinus Ambrosi[26]:

Dann kam der Krieg und seine Erschütterungen. Man lebte anfangs wie in einer dumpfen Hypnose, fand kein Verhältnis zu dem Ungeheuerlichen, das über Nacht so manche ethischen Träume hinwegfegte. Mitten aus allen künstlerischen Plänen herausgeschleudert, an den übermächtigen Tag wie Prometheus an den Felsen angekettet, angeschmiedet, war man dem Geier brutalen Geschehens ausgeliefert, der an den wehrlosen Eingeweiden nagte. Das Gehirn verödete anfangs. Alles Vorherige schien seinen Sinn verloren zu haben und nach der großen Sündflut war kein Festes abzusehen. Langsam, ganz allmählich tauchte Neuland aus dem Meere von Blut, Klippen, die der Geist mit den Taten und Werken der eigenen Zukunft bevölkerte, erst nur träumend, allmählich begrifflicher, klarer, und formend. Heute weiß ich so ziemlich, was es nachher zu tun geben wird. Es wird vielleicht nicht mehr genügen, nur Künstler zu sein. Oder: die Kunst von gestern und heute noch wird nicht mehr genügen — dann nicht mehr genügen. Und auch die Ethik, die Religion werden nicht mehr s o genügen, wie sie bisher das fünfte Rad am Wagen waren.

Neben einer nur am obrigkeitlichen Wohlgefallen orientierten „Heldendichtung", die das fragwürdige Wort des Horaz „Dulce et decorum est pro patria mori[27]" in tönende Verse zu gießen suchte, gab es andere, wie Franz Werfel und Alfons Petzold, denen schon in der ersten Stunde das Leid den Blick auf Süße und Ehrenhaftigkeit des Heldentodes verdunkelte[28].

Dem Sehenden tritt der Krieg auch im unberührten Hinterland vor Augen und formt Denken und Werk. Anton Faistauer, der der Neukunstgruppe in Wien angehörte, die 1909 erstmals in der Galerie Pisko ausstellte, drückt dies in seinen Briefen aus[29]:

Der Krieg wäre hier beinah zu vergessen, da die Natur so unerhört eigene Geräusche und Gesichte hat, ... daß das andere alles Mühe hat im Mythos nebenbei vorhanden zu sein. Wohl wirkt er, der Krieg, deshalb eine weit größere Traurigkeit. Er wird als Sage empfangen und ergreift den Menschen und verwandelt ihn zu unsagbarer Klage. Das Gesicht der kleinen Menschenseele gerät aus den Fugen und das Feuer der Liebe loht durch das Salz des Schmerzes zu bunter ingrimmiger Flamme auf. Sie decken sich dann mit den alltäglichen Seufzern zu, dieser bösen aschfarbenen Tünche der Öffentlichkeit. Dieses Bild verwirrter Liebe beherrscht das ganze Land. Es ist resignierte Panik.

In der Mitte des Krieges wurde es stiller um die immer wieder artikulierte Erwartung eines Neuen, das der blutigen Veränderung Sinn geben könnte.

---

26 Anton Wildgans, Ein Leben in Briefen. Hg. von Lilly Wildgans. Wien 1947. Bd. 1, S. 372.

27 Carm. lib. III, 2, 13. — Wieviel Horaz selbst von seinem Ausspruch hielt, mag man seiner Haltung in der Schlacht von Philippi (42 v. Chr.) entnehmen: er floh.

28 Franz Werfel, Der Krieg (August 1914). In: Das lyrische Werk, hg. von Adolf D. Klarmann, Frankfurt/M. 1967, S. 162.
Alfons Petzold, Die Erde und der Krieg. In: Alfons Petzold, Krieg, Wien 1914, S. 11.

29 Brief an Arthur Roessler, 7. 5. 1915. Wiener Stadtbibliothek H. I. N. 148.413.

Der Trott des Kriegsalltags schien jede Hoffnung zu lähmen. Trakl war gleich zu Beginn an diesem Krieg zugrunde gegangen, Faistauer wurde zum Landsturm eingezogen, auch Schönberg diente beim Militär. Der junge expressionistische Dichter Hans Kaltneker meinte in Wien die Resignation über die Fortdauer des Unfaßbaren, das zur Gewohnheit geworden war, mit Händen greifen zu können[30]:

Etwas so ganz eigenes hat ein solcher Sonntagnachmittag. Der kümmerliche, so schwer erkaufte Friede dieser Tausende Menschen, Mit-Menschen, – in dieser ganzen, großen Stadt, ihr unfrohes, unbefreites – nicht Auf, nur – Ausatmen, die viele falsche Lustigkeit, die nicht aus sich heraus lacht, sondern nur, weil man am Sonntag zufällig Zeit hat, lustig zu sein, und es eigentlich schade ist, diese Zeit nicht auszunutzen, – und das viele Klavierspiel so vieler Alleingelassener – das alles dringt ein wenig beklemmend, ein wenig auch beruhigend auf die Nerven ein, – man fühlt eigenes Trauriges aufgehen in einem Meer fremder Traurigkeiten, fühlt sich selber allein zu Hause gelassen in allen Zimmern der Welt, sitzend an allen schlechtest gespielten Klavieren aller vierten Stockwerke der Erde und mit allen in die Küche eingesperrten Hunden heulend, – und wird bald müd und möchte früher schlafen gehen als sonst!

Aus dem immer wieder ausgesprochenen Grauen des Krieges bricht immer häufiger die Bitte um Frieden hervor.

Zwei allzulange Jahre später ist es fast so weit. Der Weltkrieg nähert sich in völliger Erschöpfung seinem Ende. Schon im letzten Jahr waren die Reste des hohlen Pathos seiner Fassade von ihm abgeblättert[31].

Der blutige Unflat, der seit dreieinhalb Jahren über den Planeten spült, hat viel Urväterhausrat weggeschwemmt . . .

Die Zukunft jedoch, so hören wir's, wird um so schöner sein.

Muß schöner sein; „damit die furchtbaren Opfer nicht umsonst gebracht worden sind".

Die Kultur wird blühen. Daß sie blühe, wurden ein paar Millionen Menschen zum Ackerdünger einrückend gemacht.

Sie starben, auf daß kommende Geschlechter schön und gut leben.

Aber das ist eine verfluchte Lüge.

Sie starben überhaupt nicht „auf daß".

Sie starben, weil man sie nicht leben ließ.

Vieles hatte sich geändert, manches war neu geworden, aber das Erträumte, Ersehnte, Erwartete war es wohl kaum. Auch Wien, die Hauptstadt des untergehenden Reiches und dann der mehr entstandenen als geschaffenen Republik, – bot sie sich den geistig Schaffenden wesentlich verändert dar? Oskar Kokoschka schreibt seine Antwort Anfang 1918 an Egon Schiele[32]:

30 Brief an die Burgschauspielerin Else Wohlgemuth vom 10. 12. 1916. In: Hans Kaltneker, Gerichtet! Gerettet! Eingeleitet und ausgewählt von Hellmuth Himmel, Graz — Wien 1959, S. 24 f.

31 Der Friede. Wochenschrift für Politik, Volkswirtschaft und Literatur. Wien, 1. Bd., Nr. 1 (26. 1. 1918), S. 17.

32 Dresden, 6. 1. 1918. Wiener Stadtbibliothek H. I. N. 109.837.

... theile ich Ihnen höflichst mit, daß ich ... mich doch an keiner Ausstellung in Wien betheiligen werde, wie ich es schon seit vielen Jahren gehalten habe. Da ich kein Anzeichen besitze, daß sich die Gesinnung der Kreise, die sich dort mit Kunst beschäftigen, meiner Arbeit gegenüber so gebessert hätte, daß ich Lust hätte, auch nur mit dem Geringsten meiner Arbeit mich dort jemals wieder heimisch zu fühlen.

Etwas später präzisiert er dann[33]:

Zweck meiner Abstinenz ist eben, daß sich die Wiener Öffentlichkeit mit mir so wenig beschäftigen möge, wie ich mich mit dieser. Also auch nicht im negativen Sinn! Ich brauche Ruhe dringend, die ich nur dann bekomme, wenn man mich in Wien so vergißt, wie ich beginne, meine üblen Erfahrungen dort zu vergessen.

Auch Anton Wildgans, der in Wien kaum Ablehnung erfahren hatte, dem Wien *Musik der Kindheit* und *liebe Stadt* bedeutete, schreibt einem Bekannten[34]:

Sie wissen nicht, was es heißt, in Wien und Österreich geistig leben zu wollen! Man dünkt sich in eine Polsterzelle gesperrt. Da drinnen mögen Sie sich heiser rufen, mögen sie Purzelbäume schlagen. Es dringt kein Laut hinaus, kein Schatten Ihrer Bewegung fällt hinaus ... Dabei wären diese Menschen berufen, die glücklichste Synthese darzustellen. Wären von Natur aus begabt, Echtes vom Schwindel zu unterscheiden, sich nichts vormachen zu lassen, und sind dennoch dazu verflucht, es beim Schwindel bewenden zu lassen ... Talente schießen empor wie die Pilze, aber nur um exportiert zu werden, wenn sie daheim nicht zugrundegehen wollen. So ist es in diesem dennoch über alles geliebten Lande!

Drei Monate später finden sich in einem Schreiben an Max Mell die Worte[35]:

Ich für meinen Teil bin so weit, daß ich — falls ich in Österreich, speziell in Wien, irgendeinen sogenannten „Erfolg" habe — daß ich gegen mich selbst mißtrauisch werde und mich frage: ist es so österreichisch, was ich da geleistet habe?

Mit Gustav Klimt ist in diesem letzten Kriegsjahr der Mittelpunkt und die stete Hoffnung des geistigen Wien zu Grabe getragen worden[36].

Gustav Klimt ist tot. Dem herrlichen Künstler und herrlichen Menschen soll hier noch Dank und Liebe bezeigt werden. Bis die „journalistische Notwendigkeit" hiezu vorüber. Durch Klimts Hinscheiden wird diese arme Stadt um ein beträchtliches ärmer. Von seinem Da-sein ging ein Hauch belebender Wärme, der die Luft reiner, sauerstoffreicher, leichter atembar machte. Er war der natürliche oberste Patron alles Neuen, Kühnen, Ungewöhnlichen.

---

33 Brief an Egon Schiele, Dresden, 16. 1. 1918. KLEINES ARCHIV / PROF. JARY. — Herrn Prof. Jary sei an dieser Stelle für die freundliche Überlassung einer Kopie des Briefes gedankt.

34 Brief an Dr. Karl Wolff vom 8. 2. 1918. In: Anton Wildgans, Ein Leben in Briefen a. a. O., Bd. 2, S. 57 f.

35 Brief vom 2. 5. 1918, ebd. S. 68.

36 Der Friede a. a. O., 1. Bd., Nr. 3 (9. 2. 1918), S. 72.

In den Revolutionen und Pseudorevolutionen politischer Natur, die im Gefolge des Krieges überall ausbrechen, werden nun oft auch in der Kunst revolutionäre Töne – die bei vielen immer schon latent vorhanden waren – offen ausgesprochen.

Dabei war es alles andere als selbstverständlich, daß ein kompromißloser Neuerer in seinem Schaffen auch gesellschaftspolitisch radikal oder bloß fortschrittlich sein müsse. Noch Jahrzehnte nach dem Ende des alten Österreich kritisierte der Schönberg-Schüler Hanns Eisler aus marxistischer Sicht das Verhalten seines verehrten Lehrers in dieser Zeit[37].

Er war ein Kleinbürger in Reinkultur, wie er selten vorkommt ... Und wenn die Arbeiter, so sagte er 1918, sich eine neue Regierung machen wollen, so war er dagegen, weil, wie er sagte, er sich an die Habsburger gewöhnt hat, und das andere wären doch Emporkömmlinge ... Er glaubte, es wäre brillant, sich gegen den Strom der Revolution zu wenden; er, der große Neuerer der Musik, wollte auf dem Gebiet der Politik konservativ sein. Einer seiner Schüler, Dr. Polnauer, ... der Schönberg grenzenlos verehrte, war stolz auf seine Fähigkeiten, dem Arbeitergesangverein gut singen beizubringen, daß er Schönberg zwei Ehrenkarten gab mit der Bitte, das Konzert zu besuchen. Schönberg fragte: „Wo ist dieses Konzert?" Polnauer: „In der Hofburg". Schönberg (zornig): „Wissen's, Herr Polnauer, in die Hofburg laß i mir vo Ihna net einladen, da laß ich mi nur vo Seiner Majestät einladen".

Hingegen erklärte Franz Werfel zur selben Zeit vor Arbeitern in Davos, wohin er eingeladen worden war[38]:

Was sich heute Kunst nennt, ist das schillernde Fettauge auf der kapitalistischen Suppe. Jenes bürgerliche Publikum, von dem ich sprach, jene unbefriedigten Frauen, Müßiggänger, Halbkranken fühlen sich ja in ihrem Schmutz wohl, möchten beileibe aus ihrem träge erträglichen Zustand nicht heraus, und das revolutionäre Fuchteln ihrer Künstler, das sie beklatschen, ist nichts anderes als Spiegelfechterei eines bösen Gewissens, das nicht daran denkt, aus dem Sumpf aufzutauchen ...

Eine große Kunst, menschentröstend und erkenntnisbringend, wird nur dann entstehen können, wenn die Künstler aus einer großen wirklichen Gemeinschaft der Menschen wachsen.

Da aber liegt der große Fehler in der Entwicklung des west- und mitteleuropäischen Sozialismus. Der Sozialismus ... sank zur politischen Partei hinab, er wollte nicht mehr Kampf sein um Verwirklichung der Menschenliebe und Gerechtigkeit, – da erniedrigte er sich zum bloßen Klassenkampf, zum Kampf um Lohnaufbesserungen, zum unbewußten Kampf um den Aufstieg in die bürgerliche Klasse.

Daß Kunst auch Bewußtsein verändern will, daß sie sich oft nicht selbst genügen oder im rein ästhetischen Anspruch verharren will, sondern sich als

---

37 Hanns Eisler, Notizen zu Dr. Faustus, 1951. In: Hanns Eisler, Materialien zu einer Dialektik der Musik. Reclams Universal-Bibliothek 538, Leipzig 1973, S. 207 f. — Der Vorfall hat sich im Jahr 1919 ereignet.

38 Europäische Hefte 26 (11. 10. 1934). Maschinschriftliche Abschrift in der Wiener Stadtbibliothek.

Anruf zur Neubesinnung versteht und sozial wirksam werden möchte[39], wird auch im neuen Österreich nicht gerne gesehen. Hermann Bahr notiert Ende 1918 in sein Tagebuch[40]:

Im alten Österreich hat man sich um Dichter und Denker nicht viel gekümmert . . . Jetzt aber wird Werfel, die reinste Stimme dieses Landes, unser größter Dichter, alle Augenblick zur Polizei zitiert. Man beschuldigt ihn, Kommunist zu sein. Ist es verboten, kommunistisch gesinnt zu sein? Seit wann ist es überhaupt verboten, gesinnt zu sein?

Auch Anton Faistauer findet die neue Atmosphäre in Wien alles andere als erfrischend. Mit Bezugnahme auf den vergangenen Krieg schreibt er[41]:

Die Grenzen waren gesperrt, die Luft wurde dick und modrig . . . War die Konjunktur im Kriege schon sehr günstig für den Kitsch, so stieg sie hernach ins Aschgraue.

Das war für Faistauer auch Grund genug, nach dem Krieg nicht sofort nach Wien zu kommen und er begründete dies in einem Brief aus München an Arthur Roessler[42]:

Ich kann und möchte auch nicht gerne nach Wien kommen. Nicht, daß ich mich heraußen ganz besonders wohl fühlte, vielmehr ist es der Wunsch von Wien loszukommen. Mein letzter Aufenthalt in Wien hat mir recht deutlich die Verworrenheit des künstlerischen Wien gezeigt und ich glaube, daß in einem bolschewikischen München leichter auszuhalten wäre als in dieser gänzlich korrumpierten schleimigen Metropole. Auch für meine Arbeit sehe ich mir dort gar keine Möglichkeit der Weiterung, weil ich nicht auf eine zugespitzte geistreiche sondern auf eine tiefere Entwicklung losgehe. Der Weg eines ernstlich modernen Künstlers läuft in Wien auf sensationell sensitive, überkultivierte Geistigkeit hinaus. Meine Anlage ist gar nicht darnach und so sehr ich fühle daß meine Malerei nach Entwicklung schreit und drängt, so weiß ich recht gut daß das Milieu Wien mir meine Entwicklung vorenthält.

Ich habe den Wienerplatz gerne, denn ich bin dort irgendwie beheimatet und er war nicht ungütig gegen mich. So würde ich immer gerne eine Verbindung mit Wien behalten und hoffe, daß mir meine Freunde Treue behalten werden, wie ich es tun will.

Im gleichen Jahr 1919 schreibt – wie zur Bestätigung des Gesagten – die *Reichspost* zum *Problem Schönberg*[43]:

Wenn einmal in der Kunst an Stelle der Schönheit die klangliche Häßlichkeit auf den Thron gesetzt wird, dann wird Schönberg zweifellos der Beethoven

---

39 So spricht Felix Salten von „dieser Jugend aus dem Kriege, die begeistert ins Feld zog oder fanatisch dem Verbrechen und dem Wahnsinn des Massenmordes widersprach . . ., die in den Schützengräben umkam, die aus Hurrapatriotismus und Kadavergehorsam zu wild revolutionärer Weltanschauung erwachte". Felix Salten, Hans Kaltneker. In: Hans Kaltneker, Dichtungen und Dramen. Hg. von Paul Zsolnay. Berlin — Wien — Leipzig 1925, S. 9.

40 Eintragung vom 24. 11. 1918. In: Hermann Bahr, Tagebücher 2 (1918). Wien — Innsbruck — München 1919, S. 291.

41 Anton Faistauer, Österreichische Malerei. In: Der Merker, Wien. 11. Jg., Heft 10/11 (1. 6. 1920), S. 285.

42 21. 4. 1919. Wiener Stadtbibliothek H. I. N. 148.420.

43 Reichspost, 23. 5. 1919, S. 8.

der neuen Musik und wenn für verworfene Musiker eine eigene Höllenabteilung existieren sollte, so dürfte dort Tag und Nacht die neue Schönbergmusik erschallen. Und es gibt Menschen, die diesen Mißklängen frenetisch zujubeln! ... Das Betrübende an der Sache aber ist und bleibt die unheilvolle Wirkung, die diese von Schönberg ins Extrem geleitete Richtung auf unseren Künstlernachwuchs ausübt und das gesunde Empfinden von Hunderten langsam zu vergiften droht. Die Jugend ist nur allzu geneigt, kritiklos allem Ungewöhnlichen zuzujubeln. Die von diesen giftigen Treibhausprodukten überreizten Nerven werden für feinere und natürliche Kunsteindrücke mit der Zeit vollständig abgestumpft ...

Dreimal wehe einer Kunst, die sich auf solchen Wegen bewegt!

1921 kommt es auch bei der Aufführung von Arthur Schnitzlers *Reigen* in den Wiener Kammerspielen zu – gelenkten – Skandalszenen, die erst durch das Eingreifen der Polizei und die Selbsthilfe des Bühnenpersonals – man spritzte von der Bühne Wasser ins Publikum – beendet werden konnten. Wiederum war – wie einst bei Schönbergkonzerten – ein „kunstbeflissenes" Publikum auf die Barrikaden gestiegen. Ein Zeitungsbericht vermerkte dazu[44]:

Es mag ruhig einer späteren, im Materiellen wie im Geistigen glücklicheren Zeit vorbehalten bleiben, die „Frage", ob der „Reigen" auf die Bühne gehört, zu entscheiden. So sehr man die wüsten Ausschreitungen, die gestern begangen wurden, im Interesse des guten Rufes unserer Stadt verurteilen muß, höher, als irgend ein künstlerisches Interesse steht die Notwendigkeit, inmitten der schweren Not der Zeit Konflikte nicht fortdauern zu lassen, die ohne ein nennenswertes Opfer an geistigen Gütern vermieden werden können. Die „Reigen"-Affäre war, so unbedeutend sie an sich sein mag, ein ernstes Symptom unserer öffentlichen Zerrüttung.

1924 entschloß man sich – nicht zuletzt um den Usancen bei „runden" Geburtstagen gerecht zu werden – Schönberg auch offiziell durch die Stadt Wien zu ehren. Die Presse schloß sich an[45]:

Arnold Schönberg: Der Name wirkte einmal wie Trompetenruf und Kampfansage. Heute, an seinem fünfzigsten Geburtstag, steht Schönberg nach leidvollem Ringen, nach einem Leben voll tiefer Demütigungen und herber Enttäuschungen am Ziel. Der Not entwuchsen Flügel und der Widerstand fanatisierte Freunde und Anhänger, deren Applaus immer vernehmlicher die Mißfallensbezeugungen einer rückständigen Welt übertönte. Der Künstler Schönberg mag nur dem inneren Zwange, der Stimme des Dämons gehorcht haben. Sein Menschentum aber war Liebe und Haß, an Liebe und Haß hat sich auch sein Erfolg emporgerankt. Bis er, der sich nach dem Sextett und den Gurreliedern bewußt und gewaltsam von allen bisher in Geltung gewesenen Schönheitsbegriffen und Idealen losriß, um stolz von der Gegenwart weg in die Zukunft zu weisen, eigentlich ein Gegenwartsmusiker geworden ist. Man führt ihn allenthalben auf, man fördert seine Schüler, er hat seine Biographen

---

44 Illustriertes Wiener Extrablatt, 17. 2. 1921, Abendausgabe, S. 1.

45 Josef Reitler in Neue Freie Presse, 13. 9. 1924, Morgenblatt, S. 1 f. Reitler (1883 – 1948), Direktor des Neuen Wiener Konservatoriums, war seit 1907 Musikkritiker der Neuen Freien Presse.

und, wie nur irgendeiner der anerkannten Meister unserer Tage, seine unbedingte Gefolgschaft in Tagespresse und Fachliteratur. Und mag auch gerade Wien, die alte Musikstadt, nur zögernd und kritisch wägend mitgegangen sein; hier wie überall wird niemand bestreiten, daß Schönberg der Initiator und der überragende Führer der radikal-modernen Bewegung ist . . .

Zu Schönberg führt kein Kompromiß. Aber das Fluidum, das von seiner Geistigkeit, dem Bezwingenden seiner Persönlichkeit ausgeht, ist in dieser Stadt zu spüren. Möge Arnold Schönberg, ob er der Musiker der Zukunft ist oder nicht, an seinem fünfzigsten Geburtstag nur die Freuden der allmächtigen Gegenwart erfahren.

Mochte das Fluidum spürbar geworden sein oder nicht – die Freude, die Schönberg von gutmeinenden Kritikern gewünscht wurde, wurde ihm zuteil. Am 19. 9. 1925 konnte das *Neue Wiener Journal* seinen Lesern melden[46]: *Aus Berlin wird uns telegraphiert: Komponist Arnold Schönberg wurde zum 1. Oktober als Vorsteher der Meisterklasse für musikalische Komposition an der Akademie der Künste in Berlin berufen. Er wird dort neben den beiden Meisterschulvorstehern Dr. Schumann und Dr. Pfitzner tätig sein.*

Es ist wieder einmal bezeichnend, daß ein Künstler von der Bedeutung Schönbergs nicht dauernd an Wien gebunden wurde.

Dem gibt es eigentlich kaum mehr etwas hinzuzufügen. Höchstens die Tatsache, daß Arnold Schönberg einen Journalisten dieses Blattes, der ihn interviewen wollte, mit den Worten abwies[47]:

„. . . es ist mein dringendes Bedürfnis, von Wien so unbeachtet zu scheiden, wie ich es in der Zeit gewesen bin, die ich hier zugebracht habe. Ich wünsche keine Anklagen, keine Angriffe, keine Verteidigung, keine Reklame, keinen Triumpf!

nur: Ruhe!"

---

46 Neues Wiener Journal, 19. 9. 1925, S. 12.

47 Brief vom 26. 9. 1925 an die Redaktion des Neuen Wiener Journals. In: Arnold Schönberg, Briefe. Ausgew. und hg. von Erwin Stein. Mainz 1958, S. 118.

H. H. Stuckenschmidt

Schönbergs Berliner Jahre 1926 – 1933[1]

In einem herzlichen Brief vom 17. September 1925 gab der Preußische Minister für Wirtschaft, Kunst und Volksbildung, Carl Heinrich Becker, seiner lebhaften Freude Ausdruck, daß die Verhandlungen mit dem Adressaten, Arnold Schönberg, wegen seiner Berufung als Vorsteher einer Meisterklasse für musikalische Komposition bei der Akademie der Künste zum Ziel geführt hatten. Er stützte sich dabei auf die Vereinbarung, die sein Musikreferent Leo Kestenberg am 28. August in Wien mit Schönberg getroffen hatte und die von beiden unterzeichnet worden war. Vom 1. Oktober 1925 an war Schönberg verpflichtet, fünf Jahre lang (bis 30. September 1930) die Meisterschule zu verwalten, d. h. jährlich sechs Monate in Berlin zu lehren, wobei Unterrichtszeit und Form des Unterrichts ihm überlassen waren. Für diese vorerst vertragsmäßige (also nicht etatsmäßige) Stellung stand ihm die Amtsbezeichnung „Professor“ und ein Gehalt von 16.800.– bis 18.000.– Mark zu. Im Falle außereuropäischer Konzert- oder Vortragsreisen, die ihn an der Erfüllung der Vertragspflichten hinderten, sollte er bestrebt sein, die versäumte Zeit im folgenden Lehrjahr nachzuholen.

Nach der Wiener Unterredung mit Kestenberg fuhr Schönberg nach Venedig, um die Aufführung seiner *Serenade op. 24* am 27. September auf dem Musikfest der Internationalen Gesellschaft für Neue Musik vorzubereiten. Am 24. September wieder in Wien, fragte er bei Kestenberg an, ob er sich am 1. Oktober vorstellen müsse. In der Antwort vom 2. Oktober heißt es: *Es ist durchaus nicht nötig, daß Sie Ihre Arbeit jetzt unterbrechen, um nach Berlin zu kommen. Es genügt vollkommen, wenn Sie etwa Ende November oder Anfang Dezember hierher kommen. Es wäre allerdings recht erwünscht, wenn Sie mir bald mitteilen könnten, wann wir Sie hier erwarten sollen. Auch müßte die Akademie verständigt werden, wann Sie mit dem Unterricht zu beginnen wünschen. Es wäre immerhin denkbar, daß der Präsident der Akademie Ihnen für den von Ihnen angekündigten Besuch einen Termin nennt, der mit Ihren Absichten kollidiert.*

Schönberg, der es nicht eilig hatte, die komfortable Wohnung von Frau Henriette Kolisch in der Wiedner Hauptstraße Nr. 18 zu verlassen, wo er mit seiner jungen Frau wohnte, bekam Anfang November eine Blinddarmentzündung und mußte im Rudolfsspital operiert werden. Erst Anfang Jänner traf Schönberg in Berlin ein. In der Pension Bavaria am Steinplatz in Charlottenburg mietete er zwei Zimmer, wo in der Folge auch der Unterricht stattfand. Das Wohnungsproblem machte den Schönbergs lange Zeit viel Sorge. Da die Pension Bavaria zu teuer war, zogen sie im Oktober 1927 in drei möblierte Zimmer in der Kantstraße 4, dann zu einer Frau Cohn am Kurfürstendamm 203. In dieser Angelegenheit bat Schönberg die Akademie am 8. Februar 1928 um Beihilfe. Er müsse für drei schlecht möblierte Zimmer mehr als ein Drittel

---

[1] Für den Beitrag wurden die Akte und Briefe ausgewertet, die im Archiv der Akademie der Künste in Berlin verwahrt werden. Ferner war auch die persönliche Bekanntschaft des Verf. mit Schönberg Quelle für hier abgedruckte Mitteilungen.

seines Gehaltes bezahlen, außerdem monatlich 55 Mark an den Spediteur, wo seine Möbel lagerten. Da in der Akademie keine Bibliothek sei, müsse er immer wieder mit großen Unkosten seine eigenen Bücher und Noten aufstellen lassen.

Die erste eigene Wohnung fanden die Schönbergs am 1. Juni 1928 in Neu-Westend, Nußbaumallee 17. Sie hatte den Nachteil, sehr weit vom Zentrum entfernt zu liegen. Am 1. Juli 1930 übersiedelten sie in eine schöne, geräumige und bequem gelegene Wohnung am Nürnberger Platz 3, wo sie bis zum 17. Mai 1933 blieben.

Von den ehemaligen Schülern war Josef Rufer 1925 nach Berlin übersiedelt. Er stand dem Meister vom ersten Tage seiner Ankunft an helfend zur Verfügung und Schönberg erwirkte seine Immatrikulierung vom 1. April 1926 an. Gleichzeitig übertrug er ihm, wie aus einer Aktennotiz von Alexander Amersdorffer ersichtlich ist, die Funktion eines Assistenten, der einen Teil des Unterrichts für ihn erteilte. Bei Amersdorffer, dem administrativen Leiter der Musiksektion in der Akademie, hatte Schönberg am 15. Jänner seinen Antrittsbesuch gemacht, um über den Beginn seiner Tätigkeit zu sprechen. Am 30. Jänner fand eine Sitzung des Senats der Musiksektion statt. Der Vorsitzende, Georg Schumann, eröffnete sie mit der Begrüßung Schönbergs, der zum erstenmal einer Sitzung beiwohnte. Erschienen waren außerdem Waldemar von Baußnern (seit 1923 ständiger 2. Sekretär der Akademie), Robert Kahn, Franz Schreker, Max Seiffert, Otto Taubmann und Carl Thiel. Verhandelt wurde über den Beethovenpreis (der seit 1927 an Komponisten verliehen wurde) und Urtextausgaben, namentlich der Werke von Wilhelm Friedemann Bach.

Zur Ergänzung seiner Personalakte schickte Schönberg im Februar der Akademie eine Abschrift des Briefes, in dem ihm die Accademia S. Cecilia in Rom mitgeteilt hatte, er sei am 6. Dezember 1925 zum Ehrenmitglied ernannt worden. Am 27. Mai erfolgte seine Vereidigung auf die Preußische Verfassung. Schönberg war durch die Berufung an die Akademie preußischer Staatsangehöriger geworden.

Aus Wien war ihm Winfried Zillig (1905 – 1963) als Privatschüler nach Berlin gefolgt. Am 19. Jänner nahm Schönberg ihn in die Meisterschule auf und erwirkte seine Zulassung zur Immatrikulation, die sofort – vom 1. Jänner 1926 bis 31. Dezember 1929 – erfolgte. Die nächsten von ihm zur Immatrikulation bestimmten Schüler waren Walter Goehr (1903 – 1960) am 26. Jänner, Walter Gronostay (1906 – 1937) am 1. März, Adolphe Weiss am 5. März, Robert Gerhard-Castells (1896 – 1970) am 16. März und Josef Smigrod (der sich später Allan Gray nannte) am 21. März 1926. Gerhard-Castells war aus Barcelona 1923 als Privatschüler Schönbergs nach Wien gekommen und ihm auch nach Berlin gefolgt.

Im Dezember meldeten sich fünf weitere Schüler, die probeweise für ein Semester aufgenommen wurden: Charilaos Perpessa, Myroslaw Spiller, Leo Weiss, Johannes Moenck und Max Walter. Am 29. September hatte die staatlich anerkannte Privatlehrerin für Klavier, Theorie und Komposition, Gertrud Fuhrmann, den Kultusminister gebeten, in Schönbergs Unterricht hospitieren zu dürfen. *Ich möchte mich gern weiterbilden, besonders die neueste „atonale“*

Musik und ihre Entwicklung kennen lernen zum Nutzen der mir anvertrauten Schüler, lautete die Begründung. Schönberg wurde von der Akademie ersucht, dazu Stellung zu nehmen. Seine Antwort vom 17. Dezember 1926 kennzeichnet ihn und seine Überzeugungen in exemplarischer Weise:

1. *Vor allem liegt hier ein Irrtum vor: ich unterrichte nicht „atonale Musik" – sondern: Musik.*

   Es ist allerhöchste Zeit, atonale Musik noch nicht zu unterrichten! Es wäre nur von Übel, wenn man es täte, dagegen ist es notwendig, anständig componieren zu lehren!

2. *Im Allgemeinen bezwecke ich bei meinem Unterricht weniger Belehrung, als Unterweisung, deshalb ziehe ich vor hier nur Hörer zu haben, die Gelegenheit finden werden, von der gegebenen Unterweisung praktischen Gebrauch zu machen: Komponisten also; oder wenigstens solche, bei denen man hoffen darf, daß sie es noch werden können.*

3. *Aber ich habe nichts dagegen, daß – ausnahmsweise – jemand, also auch Frl. Fuhrmann, bei solchen rein theoretischen Kursen hospitiert, die ich für meine Schüler von Fall zu Fall abhalte.*

Gertrud Fuhrmann erhielt am 25. Jänner 1927 positiven Bescheid.

Den Sommer verbrachten Schönbergs von Juli bis Oktober in Pörtschach in Kärnten mit einem kurzen Intermezzo Mitte August in Dubrovnik.

An Kompositionen entstanden 1926 der Anhang der *Chorsatiren op. 28,* Teile der *Suite op. 29* und der Anfang der *Variationen für Orchester op. 31.* Im Juni und Juli schrieb Schönberg Skizzen und erste Entwürfe zu dem Drama *Der biblische Weg.* Damit begann die Reihe der Arbeiten an Texten, die sich mit jüdischen und alttestamentarischen Fragen beschäftigten, vor allem an dem 1928 geschriebenen Libretto *Moses und Aron.*

1927 kamen einige neue Schüler wie Marc Blitzstein (1905 – 1964), Alfred Keller (geb. 1907), Peter Schacht, Hansjörg Dammert (geb. 1909) und Nikolaus Skalkottas (1904 – 1943). Schönberg war bis zum 2. Juni in Berlin und widmete sich seinen Pflichten als Lehrer und Mitglied des Akademie-Senats mit großer Intensität. Über die Rechte der Meisterschüler kam es zu einer Meinungsverschiedenheit mit Hans Pfitzner, der seine Meisterklasse von Schondorf in Bayern aus betreute. Schönberg formulierte am 16. März 1927:

Gegenüber dem Standpunkt des Herrn Prof. Dr. Pfitzner erlaube ich mir die Ansicht zu vertreten, daß es mit dem Begriff „Schüler einer Meisterklasse" durchaus nicht unvereinbar ist, auch noch anderweitigen musikalischen Unterricht zu nehmen. Soweit er in seinem Hauptfach, der Komposition, trotz „vollendeter musikalischer Ausbildung" noch weiter bildungsbedürftig sein darf, mindestens ebenso weit muß er es doch auch in seinen N e b e n f ä c h e r n sein dürfen. Zudem ist ja nicht die Meisterschaft des Schülers dasjenige, was der Meisterklasse ihren Namen und Rang gibt, sondern die Meisterschaft des Lehrers.

Und im Hinblick auf Kapellmeister- und Dirigentenschulung: *Es wäre den Schülern der Meisterklassen die Inskribierung zu Nebenfächern in der Hochschule zu gestatten; sie hätten dafür ein entsprechendes Schulgeld zu bezah-*

len; in berücksichtigenswerten Fällen erhalten sie zu diesem Zweck von der Akademie Unterstützungsbeiträge.

Gegenüber der von der Direktion der Staatlichen Hochschule für Musik vorgeschlagenen „näheren Verbindung zur Hochschule" erlaube ich mir zu bemerken, daß eine solche vielleicht nicht in Einklang zu bringen wäre mit der Selbständigkeit und Unabhängigkeit, welche den Vorstehern der Meisterklassen bisher gewährt wurde.

Hauptwerk des Jahres 1972 war das im Auftrage von Elizabeth Sprague-Coolidge komponierte und der amerikanischen Mäzenin gewidmete *Dritte Streichquartett op. 30.* Die Datierungen reichen vom 3. Februar bis zum 8. März.

Zu den wichtigen literarischen Arbeiten gehörte der Vortrag *Probleme der Harmonie,* den Schönberg am 19. Jänner 1927 in der Akademie hielt; unter den Zuhörern waren Alban und Helene Berg, die zu Erich Kleibers neuer Einstudierung des „Wozzeck" nach Berlin gekommen waren.

Ende Juni fuhren Schönbergs wieder nach Pörtschach, wo sie 1926 mit Schrekers zusammengetroffen waren. Dieses Mal waren Wassily Kandinsky und seine Frau Nina dort und die Freundschaft aus den Jahren vor dem Ersten Weltkrieg erneuerte sich. Der Akademie teilte Schönberg aus der Sommerfrische seine Bedenken gegen die Verpflichtung von Kunst- und Musikstudenten zur Teilnahme an Leibesübungen mit. Besser als solcher Zwang wirke der Ehrgeiz, gute Sportmannschaften zu stellen.

In Wien, wo in großem Freundeskreis Schönbergs 53. Geburtstag gefeiert wurde, brachte das Kolisch-Quartett am 19. September 1927 das *Streichquartett op. 30* in Gegenwart von Elizabeth Sprague-Coolidge zur Uraufführung. Anfang Oktober kamen Schönbergs nach Berlin zurück, wo Kurse bis Anfang Dezember abgehalten wurden. Dann ging es zur Uraufführung der *Suite op. 29* nach Paris, wo Adolf Loos sie erwartete und in seine Lieblings-Restaurants führte. Weihnachten und Neujahr verlebten sie in Cannes.

Im Februar begann wieder die Arbeit in Berlin. Wohnungssorgen belästigten Schönberg. Doch auch für die Existenzsorgen seiner Schüler hatte er stets ein offenes Ohr. So befürwortete er am 23. April 1928 Unterstützungen für Zillig, Gerhard-Castells, Gronostay und Smigrod, in den folgenden Jahren immer wieder Freistellen oder Zuwendungen an fast alle Teilnehmer seiner Kurse. Zur Aufführung der *Glücklichen Hand* am 24. März in Breslau hielt Schönberg einen Vortrag; die Wiedergabe in Herbert Grafs Regie unter Leitung von Fritz Cortolezis war vorzüglich.

Gleich nach Einrichtung der Wohnung in der Nußbaumallee reisten Schönbergs am 2. Juni nach Wien und von dort an die Riviera, wo in Roquebrune die Orchestervariationen beendet wurden. Die milde Luft war heilsam für Schönbergs Asthma und er beurlaubte sich bei der Akademie für ein halbes Jahr; die Rückkehr verzögerte sich bis zum 6. März 1929. In der Zwischenzeit meldeten sich neue Schüler, darunter der Siebenbürger Norbert von Hannenheim (1898 – 1942) und mit einem Empfehlungsbrief Alexander Glasunows die Russin Natalie Prawossudowitsch.

Die Uraufführung der *Variationen für Orchester op. 31* durch Wilhelm Furtwängler und die Berliner Philharmoniker am 2. Dezember 1928 mußte Schönberg ebenso versäumen wie die Senatssitzung am 2. Jänner 1929. Zur Wahl neuer Mitglieder schlug er schriftlich Alexander von Zemlinsky, Heinz Tiessen und Kurt Weill sowie die „Auswärtigen" Alban Berg, Josef Hauer, Heinrich Kaminski, Ernst Křenek und Anton Webern vor.

In Roquebrune arbeitete er an der Oper *Von heute auf morgen* nach dem Libretto, das Gertrud Schönberg unter dem Pseudonym Max Blonda geschrieben hatte; die Komposition war am 1. Jänner beendet. Da die Universal Edition in Wien und später der Verlag Bote & Bock Schönbergs hohe Honorarforderung für das Werk nicht erfüllten, ließ er es auf eigene Kosten drucken und durch den in Verlagsdingen völlig unerfahrenen Benno Balan in Berlin ausliefern.

Einen späten Urlaub verbrachten Schönbergs zusammen mit Rudolf Kolisch in Katwijk. Am 20. September waren sie wieder in Berlin, das sie aber wegen Schönbergs Asthma schon Mitte November wieder verlassen mußten. In Monte Carlo wurde Weihnachten und Neujahr gefeiert. Ende Jänner 1930 ging es nach Frankfurt zur Uraufführung der neuen Oper *Von heute auf morgen,* die am 2. Februar unter der Leitung von Hans Wilhelm Steinberg stattfand. Am 27. Februar dirigierte Schönberg in der Funkstunde die Berliner Erstaufführung der Oper mit Margot Hinnenberg-Lefèbre und Gerhard Pechner in den Hauptpartien.

Die folgenden drei Wochen waren dem Unterricht gewidmet. Am 12. März war eine Akademiesitzung, in der er wieder Unterstützung für seine Schüler erwirkte. Einige neue waren darunter: Rudolf Goehr, Helmut Rothweiler und Fried Walter.

Um diese Zeit wurden die *6 Stücke für Männerchor op. 35* auf eigene Texte vollendet, die Bote & Bock erwarben. Im April und Mai waren Schönbergs in Baden-Baden, wo sie Franz Lehár trafen. Anläßlich der Berliner Festwochen brachte die Krolloper (Staatsoper am Platz der Republik) am 7. Juni *Erwartung* (unter A. v. Zemlinsky) und *Die glückliche Hand* (unter O. Klemperer) heraus.

Nach dem Umzug in die neue Wohnung Nürnberger Platz 3 am 1. Juli fuhren Schönbergs ins Tessin nach Lugano-Besso. Hier wurde am 17. Juli die Komposition von *Moses und Aron* begonnen, und im Oktober in Meran fortgesetzt.

Über Wien und Prag erfolgte die Heimreise nach Berlin, wo Schönberg Ende Oktober mit einer Grippe ankam. Er brauchte lange, sich davon zu erholen und die Schüler warteten vergeblich; erst am 13. November begann wieder der Unterricht. Sogar der Uraufführung der *Begleitungsmusik zu einer Lichtspielszene op. 34* am 6. November unter Otto Klemperer mußte er fernbleiben.

Erich Schmid, ein Schweizer Schüler, war neu aufgenommen worden, von dem Schönberg in Frankfurt eine Klaviersonate gehört hatte.

Zu Weihnachten kamen Franz und Maria Schreker sowie Margot Hinnenberg-Lefèbre, mit der Schönberg am 9. Jänner 1931 in London die *Erwartung* mit großem Erfolg aufführte. Am 21. Jänner hielt er — wieder in Berlin — im Hochschulsaal einen Vortrag über Probleme der modernen Musik. Weitere literarische Arbeiten waren ein Aufsatz *Nationale Musik* und die Analyse der

Orchestervariationen anläßlich der Frankfurter Aufführung am 24. März unter Hans Rosbaud. Für 30. März war im Berliner Rundfunk eine Diskussion mit den Kritikern Heinrich Strobel und Eberhard Preußner angesetzt, in der es um die Frage der Verständlichkeit der Schönbergschen Musik ging und die Schönberg mit dem Satz beschloß: *Wem unser Herrgott die Bestimmung gegeben hat, Unpopuläres zu sagen, dem hat er die Fähigkeiten verliehen, sich damit abzufinden, daß es immer die Anderen sind, die verstanden werden*[2].

Von Mai bis September waren Schönbergs in Territet am Genfer See, wo weiter an *Moses und Aron* gearbeitet wurde. Am 14. Juli war der erste Akt beendet. Ein Akademiekonzert mit Werken seiner Schüler und die Aufführung der *Gurrelieder* unter Franz Schreker in der Hochschule in Berlin versäumte Schönberg. Er korrespondierte mit Fritz Stiedry, der ihn über Berlin auf dem Laufenden hielt, und mit Gertruds Schwester Mitzi Seligmann.

Wegen des starken Asthmas konnten die Kurse am 1. Oktober nicht fortgesetzt werden. Schönberg fuhr nach Barcelona und bat die Akademie um verlängerten Urlaub. Der Aufenthalt zog sich bis zum Mai 1932 hin, was zu Schwierigkeiten führte: Am 24. März 1932 schrieb Amersdorffer einen dringlichen Brief, Schönberg solle beim Minister Urlaub erbitten und ärztliche Atteste schicken. Da wegen der Notverordnungen und Sparmaßnahmen in Preußen ein scharfer Wind wehe, müsse er im eigenen Interesse eine klare Situation schaffen. Schüler hätten für das Wintersemester bezahlt und keinen Unterricht bekommen. Das Gehalt dürfe bei längerer Abwesenheit nur eine gewisse Zeit lang ausbezahlt werden. Schönberg befolgte die Ratschläge, war sich jedoch über die politische Situation nicht klar. Er arbeitete weiter. Im Februar schrieb er für die Uraufführung der *Lieder für Gesang und Orchester op. 22* in Frankfurt unter Rosbaud eine Analyse des 1913 – 1916 komponierten Werkes. Am 10. März beendete er die Komposition des zweiten *Moses und Aron*-Aktes.

Gertrud Schönberg war schwanger. Am 7. Mai wurde eine Tochter, Nuria, geboren. Am 1. Juni flog die kleine Familie nach Stuttgart; am 2. war sie in der Wohnung am Nürnberger Platz.

An neuen Schülern hatten sich Karl Alfred Deutsch und der Studienassessor Fritz Reich angemeldet. Schönbergs führten in der geräumigen Wohnung ein geselliges Leben. Außer Schrekers und Stiedrys gehörten der Arzt Dr. Otto Wolfsohn, Gertruds Geschwister Rudolf Kolisch und Mitzi Seligmann, Schönbergs Schwester Ottilie und ihr Mann Oskar Felix, meine Frau (Margot Hinnenberg-Lefèbre) und ich zu den häufigen Gästen. Dem Schachmeister Emanuel Lasker verheimlichte Schönberg seine Erfindung eines „Überschachs" mit hundert Feldern für vier Spieler, dessen Figuren er während des Unterrichts bisweilen schnitzte[3]. Außer Schach wurde viel Tennis und – in einem besonderen Zimmer der Wohnung – Pingpong gespielt.

Im Sommer ordnete Schönberg sein literarisches Werk, zahllose Veröffentlichungen und Manuskripte, deren Gesamtumfang er in einem Brief an Alban Berg auf 1500 Seiten schätzte[4].

---

2 Ein Typoskript der Diskussion befindet sich im Schönberg-Nachlaß in Los Angeles.

3 Vgl. Kat. Nr. 507.

4 Arnold Schönberg, Briefe. Ausgewählt und herausgegeben von E. Stein. Mainz 1958, S. 182.

An den Sitzungen in der Akademie nahm Schönberg gelegentlich teil, so am 27. Juni, zusammen mit Amersdorffer, Paul Graener, Paul Juon, Robert Kahn, Wilhelm Kempff, Hans Joachim Moser, Emil Nikolaus von Reznicek, Max von Schillings, Georg Schumann, Heinz Tiessen, Max Trapp und Kurt von Wolfurt. Mit dem Verleger Balan kam es im September zum endgültigen Bruch, so daß dieser das restliche Material der Oper *Von heute auf morgen* an die Universal Edition liefern mußte. Im Oktober führte das Kolisch-Quartett mit stürmischem Erfolg das *Streichquartett op. 10* auf; das Sopransolo sang Margot Hinnenberg-Lefèbre.

In den Analysen-Kursen, die Schönberg für einen Kreis von Schülern und Hospitanten hielt, gab es neben Fachgesprächen immer häufiger politische Diskussionen. Die wachsende Macht der Nationalsozialisten nahm Schönberg, wie er an Berg schrieb[5], alle Arbeitsfreude und Sicherheit. Sein Vertrag war 1930 auf weitere fünf Jahre verlängert worden, doch im Dezember des gleichen Jahres hatte man ihn auf Grund der Notverordnungen kurzfristig gekündigt, wogegen Schönberg am 1. Jänner 1931 erfolgreich protestierte. Aber das Damoklesschwert hing über ihm.

Statt eigener Kompositionen nahm er die Bearbeitung des Cembalokonzertes von Georg Matthias Monn in Angriff, das er in freier Umgestaltung für Cello und Orchester setzte, Pablo Casals, dem das extrem schwere Werk gewidmet ist, spielte es nur privatim. Das letzte in Berlin komponierte Werk sind die *3 Lieder op. 48* nach Texten von Jakob Haringer.

Die Jahreswende 1932 – 1933 stand im Zeichen der düsteren politischen Lage. Schönberg reiste am 4. Februar, wenige Tage nach Hitlers Machtergreifung, zu Vorträgen nach Frankfurt, wo er im Rundfunk über Brahms sprach, und Wien. Am 1. März erschien er wieder zu einer Sitzung der Akademie. Als Max von Schillings erklärte, der jüdische Einfluß müsse gebrochen werden, verließ er die Sitzung. In einem Brief vom 20. März gab er der Akademie seinen Rücktritt bekannt. Noch am 13. April erhielten seine Schüler Bernd Bergel, K. A. Deutsch, Schacht und Fritz Reich die Beihilfen, die er am 1. Oktober 1932 befürwortet hatte.

Am 16. Mai telegraphierte Kolisch aus Florenz, er empfehle dringend Luftveränderung und am 17. Mai fuhr Schönberg mit Frau Gertrud und der einjährigen Nuria nach Paris, von wo er der Akademie schrieb, er reise in einer Verlagsangelegenheit und wolle seinen Jahresurlaub wegen des Asthmas in Spanien verbringen. Da er von früheren Dienstjahren noch eine Mehrleistung von zwei Monaten „guthabe", sei die lange Abwesenheit von 1931 reichlich eingebracht. Am 23. Mai wurde die Antwort abgeschickt: durch den Kultusminister sei die Akademie ermächtigt, ihn mit sofortiger Wirkung zu beurlauben. Weitere Bestimmung behalte sich der Minister vor.

Schönbergs Möbel blieben in Berlin und wurden 1936 nach Los Angeles geschickt. Am 18. September kündigte die Akademie seinen Vertrag zum 31. Oktober. Am 9. November strich man seinen Namen von der Mitgliederliste.

---

[5] Ebenda.

Ernst Hilmar

Arnold Schönberg an Anton Webern: Eine Auswahl unbekannter Briefe

Aus der Korrespondenz Schönberg-Berg-Webern ist bisher noch wenig veröffentlicht worden. Ursula Rauchhaupt zitiert in ihrer Dokumentation über die Streichquartette der Wiener Schule[1] nur auszugsweise Briefe und überdies nur wenige von Schönberg. In der Ausgabe der Briefe Schönbergs von Erwin Stein[2] scheint auch nur einzelnes auf, weil Stein sich bei der Auswahl nicht auf die in verschiedenen Sammlungen verstreuten Originale stützte, sondern auf Durchschriften und Kopierbücher[3], Schönberg aber in seiner Korrespondenz mit dem engsten Freundeskreis in der Regel auf Zweitschriften verzichtete. Im Nachlaß in Los Angeles und in den von Gertrud Schönberg an die Library of Congress übergebenen Beständen finden sich jedenfalls nur wenige und diese hat Stein benutzt. Schönbergs Briefwechsel mit Berg und Webern ist außerordentlich umfangreich, denn sowohl Berg wie auch Webern hatten ihn *immer mit Briefen verwöhnt*[4]. Eine Veröffentlichung der vollständigen Korrespondenz, die man bisher noch nicht in Erwägung gezogen hat, sollte Gegenstand eines speziellen Forschungsauftrages sein. Denn nur aufgrund zugänglicher authentischer und mit entsprechendem Kommentar versehener Aussagen darf man ein besseres Verständnis der „Wiener Schule" und der Situation, aus der heraus jene letzten Endes durch Schönberg ihre tragende Bedeutung erhielt, erwarten.

Der Großteil der von Berg und Webern an Schönberg gerichteten Korrespondenz befindet sich heute bereits in öffentlichem Besitz[5], wie auch die Originale der Briefe Bergs an Webern[6]. Kritischer ist die Situation bei den Gegenbriefen Schönbergs, die erst vereinzelt von öffentlicher Hand verwaltet werden. Die nachfolgend erstmals abgedruckten Briefe Schönbergs an Webern sind Besitz der Wiener Stadtbibliothek. Sie geben vor allem über Schönbergs Emigrationsjahre Aufschluß, über seine ungeheure Arbeitsleistung, die er aufbringen mußte, um zuerst in Boston und New York und später in Los Angeles Fuß fassen zu können. Zum Teil sind es erschütternde Dokumente von ungewöhnlicher Länge, in denen er zu seinem Freund von den Schwierigkeiten und den materiellen Sorgen spricht, und die mit aller Deutlichkeit seine künstlerische und menschliche Isolation erkennen lassen. Wollte Schönberg nach Aussage

---

1 Schönberg - Berg - Webern. Die Streichquartett der Wiener Schule. Herausgegeben von U. v. Rauchhaupt. München o. J.

2 Arnold Schönberg, Briefe. Ausgewählt und herausgegeben von E. Stein. Mainz 1958.

3 Durchschriften und Kopierbücher werden im Nachlaß Schönbergs in Los Angeles und in der Library of Congress in Washington aufbewahrt. Entgegen anderer Meinungen ist daraus keineswegs die gesamte Korrespondenz ersichtlich.

4 Vgl. Brief Nr. 12. Schönberg hat seinen Freunden gegenüber immer wieder Klage über den Umfang seiner Korrespondenz geführt. Um die Korrespondenz teilweise einzuschränken, hat er um 1920 damit begonnen, allgemein interessante Mitteilungen für die Freunde nur an eine Person zu adressieren und diese Briefe im Freundeskreis „zur Kenntnisnahme" kursieren zu lassen.

5 Library of Congress, Washington.

6 Wiener Stadtbibliothek.

seiner amerikanischen Freunde und Schüler[7] nicht oder nur wenig über Vergangenes und über seine Beziehung zu Europa und seinen europäischen Freunden sprechen, umso mehr hat er darüber schriftlich niedergelegt. Eine Bestätigung dafür findet sich auch in den vielen Notizen und handschriftlichen Aufzeichnungen aus dieser Zeit, die im Nachlaß in Los Angeles verwahrt werden.

Zur Redaktion: Die Schreibweise folgt dem Original, und nur offensichtliche Schreibfehler wurden ohne Kommentar berichtigt und fehlende Interpunktionszeichen ergänzt. Häufig wiederkehrende Schreibeigenheiten wie „gieng", „dass" u. a. wurden gleichfalls ohne näheren Hinweis in der originalen Schreibweise belassen. Da Schönberg überdies bei der Anrede in der Regel die Kleinschreibung verwendet, wurde diese auch bei gelegentlichen Abweichungen im Original generell beibehalten. Abschnitte rein persönlichen Inhaltes, die nicht von allgemeinen Interesse sein können, sind weggelassen und durch (. . .) — sowie durch Angabe der Zeilenzahl in den Anmerkungen — gekennzeichnet. Die Schlußfloskel entfällt grundsätzlich. Zusätze des Herausgebers finden sich in []. Wenn nicht besonders vermerkt, handelt es sich um eigenhändige Niederschriften Schönbergs.

1 *[Berlin], 29. III. 1926*

Liebster Freund, ich bin dir schon solange Antwort schuldig und vor Allem Dank für deine Bemühungen. Sei nicht bös; ich habe soviele Briefe zu schreiben, dass ich es immer wieder hinausschiebe. — Bei mir giebt es nicht viel Neues. Die Wunde eitert noch immer, aber mich operieren zu lassen, wie mein Arzt wollte, habe ich doch vorläufig keine besondere Lust[8]*. — An der Akademie habe ich jetzt sieben Schüler (Schreker*[9] *hat nur vier) und darunter sind gewiss einige, die vielleicht Komponisten werden können und jedenfalls sehr gute Musiker. Ich unterrichte sie vorläufig einmal in der Woche (ca. 3 Stunden!), aber ich glaube, ich werde zweimal müssen. Es macht mir auch einigermaßen Freude, denn es sind intelligente Burschen. — Jetzt muss ja bald deine Achte Mahler sein*[10]*. Die möchte ich sehr gerne hören. Wenn die Reise nicht gar so teuer wäre und ich nicht soviele Ausgaben hätte, wäre ich vielleicht hingekommen. — Dass der Bach*[11] *einen Artikel von mir wollte, habe ich ganz vergessen. Er hätte mich ja auch noch daran erinnern können. — Du hast mir nichts mehr geschrieben über Zürich. Wirst du also das Bläser-*

---

[7] Persönliche Mitteilung von Leonard Stein, Richard Hoffmann u. a. an den Herausgeber.

[8] Wohl die Nachfolge der Blinddarmoperation, der sich Schönberg im November 1925 hat unterziehen müssen. Schönberg schreibt allerdings an anderer Stelle von einer Operation Anfang 1926 (vgl. Brief Nr. 2).

[9] Franz Schreker; vgl. Kat. Nr. 228. Schreker war seit 1920 Direktor der Hochschule für Musik in Berlin und unterrichtete Kompositionslehre.

[10] Webern leitete am 19. April 1926 im 200. Arbeiter-Symphoniekonzert in Wien Mahlers VIII. Symphonie.

[11] David Josef Bach (1874 — 1947), Begründer der Arbeiter-Symphoniekonzerte, war Leiter der Kulturredaktion der Arbeiterzeitung in Wien.
Näheres über den erwähnten Artikel war nicht feststellbar.

quintett dirigieren?[12] *Wirst du genug Proben bekommen? Und auch zu deinen Orchesterstücken?*[13] *(...)*[14] *Komponiert habe ich bis jetzt sehr wenig. Vieles angefangen und oft versucht, die Suite*[15] *zu vollenden, bin aber immer wieder gestört worden. Jetzt habe ich wieder die Absicht, den I. Theil der Jakobsleiter*[16] *zunächst fertig zu machen. Hoffentlich geht das. Dann womöglich die Suite. An dem Text zu der neuen Kantate: „Moses am brennenden Dornbusch"*[17] *habe ich jetzt lange nicht weiter gearbeitet. Ebenso habe ich eine angefangene Passacaglia für Orchester*[18] *und ein Streichquartett*[19] *zunächst wieder stehen lassen. Dagegen habe ich einen kurzen Artikel für Pult und Taktstock geschrieben*[20], *der demnächst erscheint. — Es giebt immer etwas anderes zu tun und eine Zeitlang war ich auch recht wenig wohl: die Wunde hat Fieber verursacht und eine meiner häufigen Grippe-Rezidiren hat wieder meinen Katharrh verschlechtert. Jetzt gehts mir wieder besser.*

Wir gehen hier oft ins Theater und Kino. Bei Reinhart[21] *haben wir einige gute englische Stücke gesehen (Gesellschaft, Viktoria) und Werfels Juarez*[22] *(nicht sehr gut — dürftig) und im Kino manches ausgezeichnete. Den Chaplin-Film „Goldrausch" solltet ihr euch unbedingt ansehn. Der ist in jeder Hinsicht sehenswert! (...)*[23]

2

Berlin-Charlottenburg 2
Steinplatz 2
Pension Bavaria
3. Mai 1926

Liebster Freund, endlich komme ich dazu, dir zu schreiben, denn die Suite [Op. 29] ist fertig. Ich wagte nicht, die Arbeit noch einmal zu unterbrechen,

---

12 Webern dirigierte am 19. Juni 1926 im Rahmen des Musikfestes der Internationalen Gesellschaft für neue Musik in Zürich Schönbergs Bläserquintett op. 26. Ursprünglich wollte Schönberg selbst dirigieren, sagte jedoch wegen Zwistigkeiten mit der Gesellschaft, die seinen Austritt zur Folge hatte, ab und dachte sogar daran, das Bläserquintett zurückzuziehen.

13 Orchesterstücke op. 10, deren Uraufführung Webern auf Veranlassung des Schweizer Mäzens Werner Reinhart gleichfalls im Rahmen des vorhin genannten Musikfestes in Zürich leitete.

14 Zehn Zeilen gestrichen.

15 Suite op. 29, die am 15. Dezember 1927 unter Schönbergs Leitung in Paris uraufgeführt wurde.

16 Die Jakobsleiter, an der Schönberg 1917—22 arbeitete, blieb als Komposition bekanntlich nur Fragment. Vgl. Kat. Nr. 290.

17 Interessanterweise spricht Schönberg hier von einer Kantate. Diese Textstelle ist der früheste Beleg für Schönbergs Beschäftigung mit diesem Themenkreis. Erst später reifte der Plan eines Oratoriums bzw. einer Oper.

18 Die Passacaglia für Orchester wurde nicht beendet. An deren Stelle entstanden die Variationen für Orchester op. 31.

19 Die Komposition des 3. Streichquartetts op. 30 beendete Schönberg erst 1927.

20 Mechanische Musikinstrumente, in: Pult und Taktstock 3 (1926), S. 71 — 75.

21 Max Reinhardt, mit Schönberg persönlich bekannt, leitete seit 1924 das Deutsche Theater und die Kammerspiele in Berlin.

22 Franz Werfel, Juarez und Maximilian. Das Dama, entstanden 1924, wurde am 29. Jänner 1926 am Deutschen Theater in der Inszenierung von M. Reinhardt aufgeführt. — Werfel wurde als Dichter von Schönberg nicht sehr geschätzt.

23 6 Zeilen gestrichen.

denn ich zweifelte schon, ob ich dieses Stück jemals fertig bringen werde, da ich so oft durch unglaublich widrige Umstände (Krankheiten, Operation etc.) in dieser Arbeit gestört wurde. Aber nun ist sie doch fertig und ich glaube, es ist ein sehr gutes Stück worden. Es zeigt sich immer mehr, dass die Kompositionstechnik mit 12 Tönen bereits imstande ist, alles zu leisten, was man früher konnte. Denn dieses Stück war besonders schwierig, da es sich im Durchschnitt um einen 5 – 10 stimmigen Satz handelt, der ja für diese Technik nicht so einfach ist. Zudem: ein Klaviersatz, der klingen und dankbar sein soll! Aber ich glaube, ich habe alles das jetzt überwunden und sehe der Zukunft getrost entgegen. Jetzt habe ich noch cirka 20 Seiten Partitur zu copieren, dann kann es zum Stich. Es wird weit über 100 Druckseiten haben. Ueber deinen Bericht über die Aufführung der VIII. Mahler habe ich mich sehr gefreut[24]. Ich bin ganz überzeugt, dass deine Aufführung zu den allerbesten gehört, die man machen kann. Und es ist allerdings unglaublich, dass sich die Kritik damit gar nicht befass[t]. Aber eigentlich selbstverständlich. Denn sie wollen uns ja um keinen Preis aufkommen lassen. Das wäre ja Selbstmord für sie! Schade, dass ich es nicht hören konnte. Aber die Reise ist auch zu teuer und ich hätte kaum leicht hier meine Dienstzeit unterbrechen können (. . .)[25].

Zu der Bläser Quintettaufführung[26]: Natürlich, wenn du 10 Proben bekommen könntest, wäre das ein Glück. Und dass du die brauchen kannst, selbst wenn die „Selbstvorbereitung" sehr gut ist, ist ebenso gewiss. Denn wenn du die ersten vier Proben nur dazu verwendest, um jeden Satz ein bis[s]chen auszuarbeiten, so brauchst du, wenn du das zweite Mal darüber gehst, sicher 2 – 3 Proben. Und die restlichen 3 Proben kann man schon brauchen, wenn man volle Klarheit und reine Intonation erzielen will. Aber ich fürchte, soviel wird man dir nicht geben und du sollst jedenfalls dir zurechtlegen, wie du es einteilst, wenn du nur 5 – 6 bekommst. Versuche es jedenfalls. Denn ich halte von der Selbstvorbereitung der Musiker nicht allzuviel. Es ist unglaublich, wie schnell die zufrieden mit sich sind! Sehr einfach: was nicht geht, ist schlecht komponiert! Das Stück ist ja auch technisch sehr schwer für jeden einzelnen. Besonders für Horn. Und die Bläser sind ja eigentlich als Instrumentalisten nicht voll zu nehmen! Ich komme immer mehr darauf, daß es lächerlich ist, was sie alles nicht zusammenbringen. Wenn man damit die Technik eines Klavierspielers, Geigers oder Cellisten vergleicht, so kommt einem das wie der purste Dilletantismus vor. Aber: wenn auf diesen Instrumenten wirklich nicht mehr herauszubringen sein sollte (was ich allerdings bezweifle; denn die Kerle sind faul, eingebildet und ohne Streben), dann sollte man sie endlich aus der Kunstmusik ausschalten. Darf ein Streicher so schlecht intonieren? So unr[h]ythmisch, so undynamisiert spielen? Den würde man davon jagen! Aber diese Herrschaften, die heute ein Instrument als S p e z i a l f a c h, als e i n z i g e s, spielen, das man früher als Nebenfach gespielt hat, können es nicht so gut, wie die frühern. Deshalb kann man keine Bach-Trompeten und Hörner blasen! Ich habe letzthin „Intermezzo" von [Richard] Strauß gehört und muß sagen, dass mir das zu meiner größten

---

24 Vgl. 10.

25 12 Zeilen gestrichen.

26 Vgl. 12.

Ueberraschung gar nicht unsympathisch war[27]. Insbesondere nämlich der Text, der ja voll schwerster, unbegreiflichster Fehler ist (12 Verwandlungen, jedesmal durch ein langes Zwischenspiel bei verdunkeltem Haus, verbunden) zeigt Strauß weit sympathischer, als ich es mir hätte vorstellen können. Ich halte es für undenkbar, dass er hier Komödie spielen und sich besser zeigen kann, als er ist. Dazu kann er als Dichter viel zu wenig. Und da mir aber von dieser Darstellung entschieden die Wirkung ausgeht, dass man das Gefühl hat, einem sehr sympathischen, warmen Menschen gegenüber zu stehen, was nicht eine Wirkung seiner Kunst, sondern eine seiner Natur ist, so offenbart das eine glaubwürdige Darstellung seiner Person, die mich wirklich sogar ergriffen hat. – Die Musik gefiel mir weit weniger. Sie scheint mir doch sehr arm an Erfindung und primitiv in der Technik. Wenn man so lange Taktpaare hören muss und Sequenzen, Sequenzen von Gestalten, die man beim ersten Hören bis zum Ueberdruss kapiert hat, so hat man bald mehr als genug. Ich vertrage diese Steigerungen gar nicht mehr: Strohfeuer! „Trink ma noch a Glaserl" – noch eine Sequenz, noch einen Ton höher! Am allerbesten haben mir zartere Stellen gefallen. Denn ich vertrage auch seine Forte-Instrumentation nicht mehr. Ich finde, das klingt alles reizlos und tut dabei so reizvoll, dass man aus dem Staunen, wie trocken es klingt, nicht heraus kommt. Dabei ist alles noch immer überladen mit einem Haupt- und Bei-werk von Skalen und man staunt, dass er darin noch gar nicht Ökonomie gelernt hat. Das Musikalische hat mich sehr gelangweilt. Aber vielleicht gefällt es einem doch bei wiederholtem Hören besser. – (. . .)[28]

Mit meiner Gesundheit ists nicht so schlimm. Allerdings werde ich froh sein, wenn dieses ominöse 1926er Jahr vorüber sein wird. Denn es ist das 52te Jahr nach meiner Geburt (4 x 13) und das (2 x 13) 26te nach 1900, welches das (2 x 13) 26. nach meinem Geburtsjahr (1874 + 26 + 26 = 1926) ist. Und es hat auch gleich mit meiner Operation begonnen[29]!

3

Roquebrune-Cap Martin
Pavillon Sévigné
16. X. 1928[30]

Liebster Freund, wir sind noch hier und bleiben zunächst auch noch; wenigstens solange, als es ununterbrochen schön bleibt. Denn wir leben hier eigentlich etwas billiger als in Berlin und ich kann noch immer hier arbeiten, was doch in Berlin zweifelhaft ist.

Nun lass mich dir vor Allem für deinen so lieben letzten Brief danken. Ich habe mit dir für den 7. Oktober gezittert[31] und du kannst dir denken, mit welcher Spannung ich am Montag auf die französischen Zeitungen gewartet habe und wie ich erlöst war, weil alles ruhig gegangen ist! Gott sei Dank, dass das vorbei ist und hoffentlich kommt es nicht mehr zu so etwas!

---

27 Das Textbuch zu Intermezzo von Richard Strauss ist das einzige der Strauss'schen Opernbücher, das seinen Namen als Textdichter trägt. Zu R. Strauss vgl. ferner Kat. Nr. 56, 57.

28 8 Zeilen gestrichen.

29 Vgl. [8].

30 Mit Maschine geschrieben.

31 Der Sachverhalt konnte nich geklärt werden.

Ich freue mich ausserordentlich, dass du dich schon an eine neue Arbeit gemacht hast. Eine höchst interessante Aufgabe, dieses Konzert für Geige, Klarinette, Horn und Klavier mit Streichorchester[32]*! Wie stehts damit? Bist du schon weit?*

Unglaublich, ist es, dass Tischer und Jagenberg[33] *nun doch mit der „Friede auf Erden"-Begleitung herausrückt. Mir aber hat er dafür kein Honorar bezahlt! Und wer das Material bezahlt hat, weiss ich natürlich nicht mehr.*

Ich habe jetzt einen Text (erste Fassung! also noch weit von der Vollendung entfernt) zu einem Oratorium: „Moses und Aron" geschrieben: Drei Teile. Der I. Die Berufung, der II. Das goldene Kalb, der III. Arons Tod. Ich habe grosse Lust zur Komposition. Aber es wird wohl noch einige Zeit dauern, bis ich anfangen kann. Ich glaube, dass in meiner gegenwärtigen Fassung schon viel für die kommende Musik vorgebaut ist. Ich höre das alles schon. Aber dann wirds ja doch – Gott sei Dank – immer anders! (. . .)[34]

4

Roquebrune Cap Martin
Pavillon Sévigné
2. XI. 1928

Liebster Freund, dein Brief hat mich zuerst sehr aufgeregt: es ist doch merkwürdig, welche Ähnlichkeit in unserm äusseren und inneren Lebensschicksal in mancher Hinsicht vorhanden ist. – Ich bin froh, dass es eine relativ harmlose Sache – nach den Symptomen, die du mir mitteilst, ist[35]*. Ist das nicht dasselbe, weshalb Loos seinerzeit operiert wurde?*[36] *– Dem ist ja gründlich geholfen worden! – Sehr traurig wäre allerdings, wenn du das Konzert nicht dirigieren könntest*[37]*. Aber die Gesundheit ist doch noch etwas wichtiger. Und ich bitte dich inständigst: sieh zuerst d a r a u f. Du weißt gewiß, dass ich kein Feigling bin. Aber seine Gesundheit soll man nicht überschätzen! Und du wirst zugeben, dass ich im Ernstfall alles dafür getan habe. Verschmerze es also, wenn du das Konzert nicht dirigieren kannst: viel besser, wenn du dich schonst, nicht bloß für die weiteren Konzerte, sondern auch noch für deine Werke und – nicht zum Geringsten: man will doch auch gesund sein! Furchtbar gern möchte ich dieses Konzert hören! Wenn du sagst, dass du den Chor wirklich restlos einstudiert hast, dann muss das wirklich ein großer Genuss sein. Wenn ich nicht hier noch immer sehr gut arbeitete, ich glaube fast, ich wäre trotz meinem gegenteiligen Vorsatz, doch über Wien gereist. Ich stehe jetzt in guter Verbindung mit Furtwängler, der in Berlin die Urauf-*

---

32 Konzert für neun Instrumente, das Webern erst 1934 — mit abweichender Besetzung — beendete.

33 Der Verlag Tischer und Jagenberg hatte 1912 F r i e d e a u f E r d e n von Schönberg herausgegeben. Die 1911 komponierte Instrumentalbegleitung ist nicht erschienen.

34 13 Zeilen gestrichen.

35 Webern erkrankte Anfang November 1928 ernsthaft an einem Magengeschwür. Er begab sich noch im November zur Erholung auf den Semmering.

36 Adolf Loos hatte jahrelang unter Magengeschwüren gelitten. Im Frühjahr 1918 hatte sich sein Zustand derart verschlechtert, daß er sich einer Operation im Cottage-Sanatorium in Wien unterziehen mußte.

37 Vgl. 35. Webern mußte absagen. An seiner Stelle leitete Erwin Stein das Arbeiter-Symphoniekonzert am 11. November 1928. Auf dem Programm standen Schönbergs F r i e d e a u f E r d e n und Mahlers II. Symphonie.

führung meiner Orchestervariationen[38] *am 2/XII. macht. Er gefällt mir eigentlich danach wirklich sehr gut. Es ist merkwürdig, dass ich oft gegen Leute, die sich später sehr gut gegen mich benehmen, anfangs so gereizt bin. Ich habe mich bisher gegen Furtwängler immer wie ein „Bosel"*[39] *benommen, obwohl er sehr nett war. Aber ich muss sagen, wenn ich diesmal persönlich wieder einen so guten Eindruck von ihm habe, dann will ich wirklich liebenswürdiger gegen ihn sein! Ich glaube fast, man sollte ihn ernster nehmen. Ich bin nur immer so misstrauisch gegen frühe Erfolge! — Mein Oratoriumtext*[40] *ist noch nicht definitiv fertig; aber ich glaube, ich werde nicht viel mehr daran zu tun haben. Augenblicklich arbeite ich an etwas anderem, was ich aber — bitte schweige gegen j e d e r m a n n — einstweilen nicht sagen kann. Aber ich hoffe, ich kann es dir bald sagen*[41]*. — Ich glaube, wir werden noch den ganzen November hier bleiben. (. . .)*[42]

5

Postkarte
Lugano-Besso
Via Seminario
25. VII. 1930

Lieber Freund, ich habe dir am 5. VII, am Tag, als wir hieher abreisten, noch aus Berlin geschrieben und wüßte gerne, ob du diesen Brief bekommen hast. — Glaube, bitte nicht, dass ich dich wegen des Radiokonzerts drängen will[43]*. Es ist nur deshalb, weil ich daran denke, eine größere Arbeit anzufangen und gerne wüsste, wieviel Zeit ich vor mir haben werde. Deswegen hätte ich gerne, dass du mir ein Wort darüber sagst, ob ich mir diese Zeit freimachen soll. — Wie gehts dir? Was machst und wo bist du? — Ich bin dabei, „Moses und Aron" rein zu putzen, habe sogar schon einiges skizziert und sobald ich mit der Text-Arbeit halbwegs fertig bin, stürze ich mich wahrscheinlich Hals über Kopf in die Komposition.*

6

Postkarte
Lugano-Besso
Via Seminario
18. VIII. 1930

Liebster Freund, entschuldige, dass ich dir nur kurz antworte, denn ich arbeite ziemlich fleißig. Also: ich vermisse eigentlich eine direkte Einladung von der Direktion der Ravag[44] *und bitte dich zu veranlassen, dass man mich o f f i-*

---

[38] V a r i a t i o n e n f ü r O r c h e s t e r o p. 3 1.

[39] „Bosel" bedeutet nach Grimms Wörterbuch „Knecht". Hier wohl im Sinne von „ungeschickt" gemeint.

[40] M o s e s u n d A r o n.

[41] Vermutlich die Oper V o n h e u t e a u f m o r g e n, die Ende 1929 entstand.

[42] 12 Zeilen gestrichen.

[43] Webern war seit 1927 Dirigent des Österreichischen Rundfunks (RAVAG). Auf seine Veranlassung wurde Schönberg zu einem Kompositionsabend eingeladen. Das Konzert fand am 17. Oktober 1930 statt. Es spielten die Wiener Philharmoniker unter Schönbergs Leitung. Auf dem Programm standen V e r k l ä r t e N a c h t, K a m m e r s y m p h o n i e o p. 9 und O r c h e s t e r l i e d e r o p. 8. Paul Stefan sprach einführende Worte über „Arnold Schönberg und sein Werk".

[44] Vgl. [43].

c i e l l auffordert. — Das Honorar von 1000 Sch[illing] deckt mir kaum die Kosten von Reise und Aufenthalt. Und warum soll ich umsonst arbeiten? Mindestens müßte man noch eine ausgiebige Reise- und Aufenthaltsentschädigung zulegen, denn ich werde w a h r s c h e i n l i c h den September-Termin nicht annehmen können, wegen anderer Konzerte. Es würde eventuell ein Termin Mitte oder Ende Oktober noch in Betracht kommen. Das könnte ich dann mit einem Vortrag verbinden, den ich in Prag halte[45]. — Als Programm wäre mir am liebsten: Orchesterlieder op. 8, gesungen von Topitz[46], eventuell noch dazu (so wie in Berlin) ein Teil aus dem 1. Teil der Gurrelieder (von: „So tanzen die Engel" bis zum Schluß des 1. Teils) mit Hinnenberg[47] (oder Mia Pettenburg?) und einer Altistin. — Notfalls kann ich ja auch Pelleas machen. Oder die Kammersymphonie?? Was ich an Proben haben soll, überlasse ich dir. Ich möchte nur noch sagen, dass mir Schreker ein h ö h e r e s Wiener Honorar genannt hat. Warum soll ich billiger sein, als er? Sage das Herrn Ast[48]. N B. Die Orchesterlieder wären eine Erstaufführung für Wien!!

Schreibe mir recht bald, damit ich nicht in Termin-Not gerate.

7

Postkarte
Territet-Montreux
Villa Maria
Poststempel: 30. V. 1931

Liebster Freund, herzlichsten Dank für deine Nachricht über die Londoner-Konzerte[49]. Leider habe ich das Konzert nicht hören können, weil dein Brief, der mir das Datum nannte, mit mehrtägiger Verspätung hierher kam und in der Berliner-Radio-Zeitung das Konzert nicht erwähnt war. — Wir sind bereits seit 6. V. hier — fabelhaft schön! — hauptsächlich wegen meines Hustens, der mich seit einem halben Jahr sehr quält und sich hier, dank der Hitze, sehr langsam nur bessert. Ich arbeite nun endlich wieder (nach 7 Monaten!) an Moses und Aron und komme ganz gut vorwärts. Was machst du nur? Ich habe mich sehr gefreut, daß man dir den Preis der Stadt Wien gegeben hat[50]. Aber wann wird man dich endlich in Wien an die Akademie berufen? (...)[51] Am 5. VI. macht Schreker in Berlin an der Hochschule die Gurrelieder. Ich bin sehr neugierig, wie das wird.

8

Postkarte
Barcelona
Bajada de Briz 4
11. X. 1931

Liebster Freund, durch unsere Reise nach Barcelona, Wohnungssuche, Einrichtung u. v. a. (wir bewohnen eine kleine am höchsten Punkt eines Hügels

---

45 Im Anschluß an das Wiener Konzert reiste Schönberg nach Prag, wo er Ende Oktober zu einem Vortrag eingeladen war.

46 Anton Maria Topitz.

47 Margot Hinnenberg-Lefèbre.

48 Max Ast, Komponist und seit 1924 Leiter der Musikabteilung der RAVAG.

49 Webern dirigierte Anfang Mai im Londoner Rundfunk seine 5 Stücke für Streichorchester.

50 1931 wurde Webern zum zweitenmal der Preis der Stadt Wien verliehen.

51 2 Zeilen gestrichen.

gelegene Villa mit fabelhafter Aussicht über die Stadt) war ich verhindert, dir für die Zusendung deiner Schubert-Instrumentation[52] zu danken. Sie entspricht wirklich in allem den Erwartungen, die man sich von deinem feinen Gehör macht und muss entzückend klingen. Dabei ist sie staunenswert einfach, einheitlich im Stil und zart, wie ein e c h t e r W e b e r n: d a s B e s t e, w a s m a n s a g e n k a n n! Hoffentlich höre ich sie bald. Sie wird gewiss viel gespielt werden! – Ich fand auch nicht die Zeit, dir die Absendung von 1½ Akten meines Textes „Moses und Aron" zu avisieren. Hoffentlich hast du das bekommen. Wenn du es gelesen hast, so gib es der Trudi[53], sie soll mir es dann zurückschicken. Aber sonst gieb es Niemand. (Herr Stein[54] hat ein volles Jahr keine Zeile an mich geschrieben!!) – Ich fange jetzt erst wieder zu arbeiten an, nach einer Pause von mehr als 14 Tagen und hoffe nun, rasch weiterzukommen. (...)[55] Bitte kannst du mir für Gerhard[56] die Einreichungsbestimmungen der I. G. f. n. M.[57] mitteilen; oder: was soll er sonst tun, wenn die Madrider Atonalitäts-Feinde ihn nicht vorschlagen? Er ist „Catalaner!" Das sind Gegner!

9

Postkarte
Hotel Regina
Paris, 19. V. 1933

Lieber Freund, Rudi[58] hat mir am 16. aus Florenz telegrafisch Luftveränderung wegen meines Asthmas dringend empfohlen[59]. Daraufhin sind wir hieher gereist, wo ich mit Verlegern wegen einiger ungedruckter Werke verhandeln will. Dann gehen wir entweder nach Südfrankreich oder nach Spanien. Ich gehe ja jetzt wieder auf 6 Monate (wenigstens) auf Urlaub. – Was machst du? Hast du viel Arbeit? Dankbares?

10

Hotel Regina
Place des Pyramides
Paris, 18. VI. 1933

Liebster Freund, du hast scheinbar meine Karte nicht verstanden: ich selbst habe niemals ernstlich es für möglich gehalten, dass man mich in meiner Stellung belassen könnte[60]. Aber, selbst, wenn man mich gelassen hätte: was wäre das gewesen? Ich darf nicht aufgeführt, nicht verlegt, nicht erwähnt werden! Ist das für einen Komponisten eine Existenzmöglichkeit. Aber abgesehen davon: kann man solche Beleidigungen einstecken? – Seither

---

52 F. Schubert, Deutsche Tänze vom Oktober 1824, für Orchester bearbeitet von Webern.
53 Gertrude Schönberg-Greissle, Schönbergs Tochter aus erster Ehe.
54 Erwin Stein, vgl. Kat. Nr. 310.
55 5 Zeilen gestrichen.
56 Roberto Gerhard, Schüler Schönbergs, dem Schönberg Dirigiermöglichkeiten in Barcelona verdankte.
57 Internationale Gesellschaft für neue Musik.
58 Rudolf Kolisch, vgl. Kat. Nr. 315.
59 Das Telegramm war als Aufforderung an Schönberg gedacht, Berlin wegen der politischen Verhältnisse ehestens zu verlassen.
60 Schönberg wurde anfangs beurlaubt, im September 1933 aber vertragswidrig von der Akademie der Künste gekündigt.

hast du wohl gelesen, dass ich beurlaubt bin. Leider aber weiss ich noch gar nichts über die finanzielle Frage und wenn auch Furtwängler sich in höchst anständiger Weise für mich einsetzt, so ist es noch keineswegs gesichert, dass eine befriedigende Lösung gewählt werden wird. Du weisst doch, dass heterogene Kräfte gegeneinander wirken. Wer weiss, wer in meinem Fall die Oberhand behält. Allerdings habe ich mit Staunen erfahren, welche große Achtung man mir in den der Regierung nahestehenden Kreisen entgegenbringt und ich weiss, dass mein Abgang vielfach sehr bedauert wird. Aber ich hätte nicht bleiben können! – Wenn ich nur schon etwas Gewisses über das Finanzielle wüsste. Von einem Tag auf den andern kann Gut oder Böse über mich entscheiden! Dazu kommt, dass die Aussichten bei Verlegern gegenwärtig äusserst gering sind. Bis jetzt konnte ich wenigstens nichts erreichen, obwohl das „Violoncell Konzert (habe ich dir davon schon geschrieben?) nach dem Concerto per Clavicembalo von M. G. Monn (aus den Denkmälern)[61] in freier Umgestaltung", das ich [Pablo] Casals gewidmet habe, der es spielen will, doch sicher ein guter Verlagsartikel ist. Und ebenso ein Konzert für Streichquartett und Orchester nach einem Concerto grosso von [Georg Friedrich] Händel (von dem die Hälfte seit einem Monat fertig ist). Ob ich im nächsten Jahr Konzerte zu dirigieren haben werde, weiss ich auch nicht. Gerhard behauptet, 2 Konzerte und 2 Vorträge in Barcelona seien sicher und eins in Madrid sehr wahrscheinlich. Das trägt zwar nicht viel, aber ich habe noch immer keinen Vertrag! Clark[62], an den ich mich vor 4 Wochen gewendet habe, hat mir bisher nicht geantwortet. Es ist sehr schön, seine Schreibfaulheit anzuerkennen. Trotzdem weiss ich aber nicht, was ich davon denken soll und muss annehmen, dass nichts wird. Sonst habe ich zunächst keine Aussichten, muß aber hier in dem teuern Hotel eine Entscheidung abwarten, da ich doch nicht riskieren kann, nach Spanien zu gehen, ohne irgend etwas Sicheres. Man ist dort dermassen ausserhalb der Welt und die Correspondenzmöglichkeit ist durch die schlechte Post so erschwert, dass es schwer ist, es zu riskieren. Ich möchte ja gerne in Frankreich bleiben. Aber es ist hier gar nicht mehr billig. Fast ebenso teuer, wie in Berlin und in Manchem teurer. Da ich zum Glück meine Wohnung in Berlin rechtzeitig kündigen konnte, werde ich meine Möbel Ende dieses Monats wegtransportieren lassen, weiss aber noch immer nicht, ob hieher, oder nach Spanien.

Wie du siehst, kann ich dir leider nichts Erfreuliches berichten. Leider bin ich auch nicht gesund. Mein Husten und Asthma plagen mich wieder und jetzt habe ich (und auch meine Frau) seit 14 Tagen eine Grippe, deren Ende noch nicht gekommen ist. (. . .)[63]

Wie wird es in Österreich werden? Werden euch diese Aufregungen erspart bleiben? – Was macht Berg? Er hat mir eine Ewigkeit nicht geschrieben. Auch Stein!

---

61 Publikationen der Gesellschaft zur Herausgabe der Denkmäler der Tonkunst in Österreich, XIX. Jg. (1913), 2. Teil, 39. Band. Vgl. ferner Kat. Nr. 359.

62 Edward Clark (1888—1962), Schüler Schönbergs von 1911—14, war seit Ende des 1. Weltkrieges Leiter und Programmdirektor (Musik) der BBC in London. Dank seiner Stellung trug er viel zur Verbreitung der Wiener Schule in England bei.

63 12 Zeilen gestrichen.

11

Arcachon (Gironde)
Villa Strésa
Avenue Rapp
16. IX. 1933

Liebster Freund, Loos Tod hat mich tief erschüttert[64] und ist mir mehrere Tage überhaupt nicht aus dem Kopf gegangen; mehrere, dieser Tage, wo mir so vieles, alle diese Tage nicht aus dem Kopf geht. Man hat ihn ja lange nicht mehr unter die Lebenden gerechnet und so traurig der Gedanke an diesen Zustand war: dass der produktivste Kopf dieses Zeitalters zu einem fürchterlichen Stillstand gelangt war; so ist es andrerseits tröstlich, dass er, was jetzt vorgegangen ist und noch vorgehen muss, nicht mehr ins Bewußtsein aufgenommen haben dürfte. Hoffentlich!

Denke: man nennt das flache Dach „palästinensischen Baustil" und meint damit etwas Beschimpfendes!*

Und alles, was Loos gestohlen worden ist, und wovon mehrere reine Rassen ungemischte Freude haben könnten, all das gilt jetzt nichts mehr!

Es hat keinen Sinn mehr für die Kunst zu leben!

Was du mir vom Leichenbegängnis geschrieben hast, finde ich auch sehr schmerzlich. Ein Wiener Begräbnis also: in aller Stille; so wie Mozart, Schubert, Mahler. Fehlt noch das Massengrab. Ich bin auch gar nicht der Meinung, dass man Loos so stumm versinken lassen soll. Ich meine, dass seine Freunde rasch etwas tun sollten, um ihm die äusseren Ehren zu ersetzen, auf die er nicht für alle Ewigkeit verzichtet hat!

Ich bin lang nicht dazu gekommen, dies zu schreiben; es giebt jetzt immer Unerfreuliches, Aergerliches, Aufregendes, mit dem man sich befassen muss; aber ausserdem auch sind immer wieder Angelegenheiten, Existenzfragen zu erledigen. So habe ich wieder mit einem englischen Verleger-Trottel vergebens wegen des Cello und des Streichquartett-Konzerts verhandelt[65]. Da lernt man seinen Her[t]zka schätzen[66]; da sieht man, wie borniert, kleinlich und schliesslich auch unanständig diese Kerle sind. Dann habe ich zu sehr mässigen Bedingungen zugesagt, nach Boston an ein Konservatorium zu gehen[67]. Die Sache kommt aber erst zustande, wenn sich eine Mindestzahl von Schülern meldet. Ich glaube, dass nichts daraus wird, so wie aus allen den Sachen, die sich in der letzten Zeit gut angelassen haben und dann plötzlich zerschlagen waren. — Ich habe schliesslich nun auch heute endlich das Streich-Quartett-Konzert mit Orchester, nach einem Concerto grosso von Händel fertiggebracht. Es hat mir ausserordentlich viel Mühe gemacht und ich habe an diesen 400 Takten 10 Wochen fest gearbeitet, während ich zu meinem 3ten

* Jetzt weiss ich auch, warum ich nicht durchsetzen konnte, dass er Mitglied der Berliner Akademie wird — so wie ich dich immer wieder vergebens vorgeschlagen habe.

64 A. Loos starb am 23. August 1933 in Kalksburg bei Wien; zu Loos vgl. Kat. Nr. 225, 403, 404.

65 Vgl. Brief Nr. 10.

66 Emil Hertzka, vgl. Kat. Nr. 177.

67 Malkin Conservatory, Boston.

Streichquartett nur 5 (resp. 6) Wochen gebraucht habe. Aber es ist sehr gut ausgefallen und ist sicher ein sehr originelles Stück worden. Ich soll es mit den „4-Rudis“[68] (denen ich es widme) am 29. November in London uraufführen, wenn sie es bis dahin erlernen können[69]. – Dagegen weiss ich noch immer nicht, wann Casals das Cello-Konzert spielen kann. Gerhard hat es von ihm schon gehört und schreibt mir, dass er es sehr gut spielt, aber Casals, der behauptet, noch nie so geübt zu haben, ist noch nicht zufrieden[70]. – (...)[71] Hoffentlich beruhigen sich die politischen Verhältnisse in Oesterreich recht rasch, so dass euch erspart bleibt, was es in Deutschland gegeben hat. – Bist du heuer in London? – Vielleicht bin ich in Paris; dann könntest du ja diesen Weg nehmen. – Ich werde anscheinend heuer wieder nicht viel Konzerte haben. Man interessiert sich gar nicht mehr für mich; obwohl ich ja ganz sicher weiss, dass ich manches ganz gut gemacht habe. Aber allerdings: man interessiert sich augenblicklich überhaupt nicht für Kunst. Und das ist nicht so unbegreiflich!

12

Pelham Hall
1284 Beacon Street
Brookline – Mass.
1. Jänner 1934

Liebster, teuerster Freund, vor allen langen Erklärungen, lass mich dir aufs innigste zu deinem fünfzigsten Geburtstag wünschen, was es Gutes für unsereins gibt: Gesundheit, Freude am Wirken, Schaffenskraft, Glück und Zufriedenheit der Angehörigen und Freunde – ich weiss, ich kenne dich: wie für mich, so gäbe es für dich, ausser diesen kaum andere Wünsche, wenn die Welt nicht solch' ein „Jammerthal“ wäre und wenn sie nicht von Wesen bewohnt wäre, die so ganz anders geartet sind als wir. Und so muss ich dir zusätzlich noch all das wünschen, was der Kampf gegen diese Widerwärtigkeiten erfordert. Es bliebe viel zu wünschen!!

* * *

Und nun lass mich erklären, wieso ich deinen Geburtstag versäumt habe;

1. Das Notizbuch, wo ich ihn vorgemerkt habe, ist in Paris (bei meinen Möbeln)[72].

2. Auf der Fahrt von Washington nach Boston (ehe ich mich hier niederliess) am 4. XI. erinnerte ich mich. Aber in Boston stürzten sich Intervieuwer und andere Geschäfte auf mich – ich bin sehr, sehr abgehetzt.

3. Nochmals erinnerte ich mich in der letzten Novemberwoche, aber man vergisst immer, wie lange ein Brief braucht und dass man so rasch keine Antwort bekommen kann.

---

68 Kolisch-Quartett, vgl. Kat. Nr. 315.

69 Die Uraufführung fand am 26. September 1934 unter Karl Boleslav mit dem Kolisch-Quartett in Prag statt.

70 Bei der offiziellen Uraufführung am 7. November 1935 in London spielte Emmanuel Feuermann.

71 3 Zeilen gestrichen.

72 Schönberg hatte sich die Möbel von Berlin nach Paris kommen lassen. Von dort wurden sie erst nach seiner endgültigen Übersiedlung im Sommer 1936 nach Los Angeles gesandt.

4. Am 5. XII. fragte ich bei der U. E.[73] *an; denn ich hatte Jalowetz*[74] *gebeten, mich rechtzeitig zu erinnern; darauf erhielt ich gestern Antwort; vorher hatte allerdings Fr[au] Kolisch und die Trudi*[75] *von deiner Geburtstagsfeier berichtet und ich wusste bereits definitiv, was ich befürchtet hatte, dass er doch nicht Ende, sondern anfangs December ist.*[76]

Aber, obwohl mich all das (wenn auch nur wenig) entschuldigen könnte, so hätte ich vielleicht (?) doch deinen Geburtstag versäumt, denn — ich will es aufrichtig sagen — es gab einen Grund. Nämlich seit wenigstens 5 — 6 Wochen war ich deinethalben und wegen Berg sehr aufgeregt und (ich muss schon sagen) nicht nur deprimiert, sondern geradezu verzweifelt; insbesondere aber deinethalben! Denn ihr habt mir beide fast 2 Monate lang (du schriebst zuletzt etwa 12/X., Berg etwa 8/X.) kein Wort geschrieben. Und da wir Juden ja in dieser Zeit es hundertmal erlebt haben, dass Unglaubliches geschehen ist, dass heute plötzlich Nazi worden waren, die noch gestern Freunde waren, so konnte ich mir euer Schweigen (insbesondere Bergs) gar nicht anders erklären, als dass auch ihr dort euch angeschlossen habt. Es erschien mir unglaubwürdig, aber ihr beide habt mich mit Briefen immer verwöhnt und wie anders sollte ich mir es gerade jetzt erklären, wo ich doch Nachrichten von T r e u g e b l i e b e n e n dringender brauche, als je! Und wo man erfährt, dass Leute, wie [Gerhard] Hauptmann übergelaufen sind! Ich weiss nicht, wie du darüber denkst. Aber ich finde es unerhört, dass ein Mann, wie Hauptmann, heute einer Partei zustimmt, die nicht nur ein Programm hat, sondern es wörtlich durchführt. Und dieses Programm bezweckt nicht mehr und nicht weniger, als die A u s r o t t u n g aller Juden! (. . .)[77] *Ich konnte es nicht begreifen, und auch nicht glauben, dass ihr beide auch euch solchen Bestrebungen anschliesst. Aber du wirst verstehen, dass ich wartete, ob nicht doch irgendeine Nachricht von euch komme, die meine Zweifel beseitigt. Nun ist vor einigen Tagen endlich ein Brief von Berg gekommen, der auf meine direkte Frage (scherzhaft) klar „Nein“ sagt. Und nun bedaure ich selbstverständlich tausendmal mehr, dass ich deinen Geburtstag versäumt habe und muss mich damit trösten, dass es nicht bloß diese Ursache war, sondern (nebst dem Obenangeführten) meine große Ermüdung und dass ich eben heute wieder gerade v i e r Wochen krank war: furchtbaren Husten: nach einigen Versuchen, auszugehen, immer ärgere Rückfälle. Und morgen muss ich doch wieder nach New York, wo ich jede Woche 3 — 4 Stunden zu unterrichten habe, was aber 24 Stunden kostet (je 5½ Stunden Eisenbahnfahrt; Auto etc.). — Seit Langem zerbreche ich mir den Kopf, was ich dir zum Geburtstag schenken soll. Mein Plan — seit einigen Jahren auf dieses Datum gerichtet — dir ein größeres Werk zu widmen, lässt sich derzeit (!) nicht ausführen, denn die größeren Werke beziehen sich aufs Judentum, die Konzerte aber sind nicht durchaus Originalwerke (und den „Virtuosen“ gewidmet) und so bliebe bloss ein Heft Lieder (3 Stück)*[78] *und das ist mir zu klein für*

[73] Universal Edition, Wien.

[74] Heinrich Jalowetz, Schüler Schönbergs, später als Kapellmeister in Köln tätig. Wurde unter dem Druck der politischen Ereignisse zur Emigration gezwungen.

[75] Vgl. [53].

[76] Webern wurde bekanntlich am 3. Dezember 1883 geboren.

[77] 1 Zeile gestrichen.

[78] 3 Lieder op. 48; zu den nicht originalen Werken vgl. Brief Nr. 10. Schönberg widmete später Webern das V i o l i n k o n z e r t op. 36.

dich. So bin ich also in der größten Verlegenheit und muss dich bitten, mir noch etwas Zeit zu lassen. Vielleicht schreibe ich noch ein Werk, das unserer Freundschaft würdig ist.

Nun muss ich schliessen: ich wollte dir wenigstens den e r s t e n B r i e f 1 9 3 4 schreiben!

Ich habe soviel zu tun. Abgesehen vom Unterricht, folgendes im Jänner: Am 11. 12. 13. dirigiere ich (Präl. u. Fuge[79], Pelleas, Verkl. Nacht) in Cambridge (Mass.) und Boston – Proben 8. 9. 10. 11.

Am 4. halte ich in der Stadt Bibliothek einen Vortrag (den ich noch nicht konzipiert habe: deutsch)

Am 15. einen Vortrag an der Princeton University (7 Stunden von hier entfernt!) (den ich erst schreiben muss: e n g l i s c h !)

Am 24. dirigiere ich in New York (400 Musiker in einem Wohltätigkeitskonzert) Dann soll ich (englisch) in einer kleinen Versammlung und in einer großen (Massen-) Versammlung zur Judenfrage sprechen.

Dazu wöchentlich nach New York! Ob das nicht zuviel für mich sein wird.

13

Pelham Hall
1284 Beacon Street
Brookline – Mass.
31. I. 1934

Liebster Freund, ich möchte dir nur in Eile sagen, dass ich sehr glücklich über die neuerliche Beruhigung bin, die mir dein Brief gebracht hat. Europa hat für mich jeden Sinn verloren, wenn ich dort nicht meine treuen Freunde, dich allen voran, habe!

Ich glaube nicht, dass ich dir vor dem 15. II. wieder schreiben kann, denn ich muss Sonntag (wie immer) nach New York meine Stunden geben, dann Montag 4^{h} nach Chicago, am Dienstag 9^{h} früh, 10^{h} Probe (Orchesterstücke, Verkl. Nacht, Bach Präl. u. Fuge in bloss 2 Proben), Konzert am 8. und 9. II. Am 10. einen Vortrag über die 12-Ton-Komp[osition] an der Chicagoer Universität, am 11. ein Kammermusik Konzert (bloss als Zuhörer!) und nachher ein Empfang, leider mir zu Ehren. Am 12. nach New York, am 13. dort Stunden; am 14. nach Boston Stunden n a c h h o l e n! Am 6. März habe ich auch an der Universität Princeton denselben Vortrag zu halten; in englischer Sprache, selbst verfasst, zum Teil direkt englisch geschrieben.

Ich muß jetzt meine Partitur studieren. Sei nicht böse. Aber nach dem 15. habe ich etwas mehr Zeit.

14

Hotel Ansonia
Broadway 73rd Str.
New York City
12. IV. 1934

Liebster Freund, ich habe Boston verlassen. Ich war dort ununterbrochen krank und es wurde immer ärger. Zuletzt, als ich innerhalb einer Stunde

---

[79] Bach - Schönberg, P r ä l u d i u m u n d F u g e i n E s - D u r.

2 Anfälle hatte, einen Asthma-Anfall und einen mysteriösen Magenkrampf (muthmaßlich die Folge der Aufregungen und der Überarbeitung) beschlossen wir, wegzugehen und wenige Tage nachher, am 25. gie[n]gen wir nach New York. Nun habe ich mich mehr als 14 Tage lang insofern ausgeruht, als ich mich nur auf mein Radio-Konzert (am 8. IV.)[80] vorbereitete und Proben und Aufführung leitete. Und jetzt mache ich auch nicht viel, obwohl ich ja am 9. schon meine New Yorker Schüler hatte und am 15. zum erstenmal die Bostoner Schüler zu mir kommen. Natürlicherweise gibt es noch immer genug Besuche, Unterredungen etc., aber das ist alles nichts gegen die Arbeit der letzten 5 Monate. Du musst nicht vergessen, dass bis jetzt jeder englische Brief für mich noch eine A r b e i t war, die gering eine Stunde beanspruchte[81]. Zudem arbeitete ich 2 englische Vorträge von mehr als je einer Stunde Dauer aus und [anspruchs?]lose[82] kleinere Reden, die ich zum Teil gar nicht gehalten habe, denn ich habe mich vom Reden gedrückt, wo ich konnte. Aber vielleicht das Ärgste waren diese wöchentlichen Reisen nach New York. Es sind nur $^{5}/_{4}$ Stunden; aber dennoch nimmt es viel Zeit weg und jeder, den ich jetzt spreche, sagt mir, dass er sich wundert, dass ich es solange ausgehalten habe. Solche, die es selbst eine Zeit lang gemacht haben. In der letzten Zeit fuhr ich immer Sonntag um 5^{h}, kam nach $^{3}/_{4}11^{h}$ nachts ins Hotel, unterrichtete Montag von $^{1}/_{2}10-12$ und von $2-4$ (in der Mittagspause regelmäßig Leute, die viel sprechen „mussten") und reiste zurück um $^{1}/_{2}5$, kam nach 10^{h} abends nach Hause. Das sieht nicht so schlimm aus, als es ist. Aber dazu kam, dass in jeder Woche, wenigstens 1 Temperatursturz stattfand. Einmal verliess ich Boston bei Frühlingswetter (mit dem Nachtzug-Schlafwagen); es hatte 60° Fahrenheit, d. i. $15^{1}/2°$ Celsius. Als ich morgens in New York (mit furchtbarem Husten) ankam, war es 0° Fahrenheit, d. i. —17° (minus siebzehn) Grad Celsius!! Ein anderes mal kam ein Blizzard, d. i. ein Schneesturm dazwischen — ebenfalls innerhalb weniger Stunden. Das alles hat mich so heruntergebracht. Jetzt gehts mir viel besser, aber noch nicht gut. — Du weisst wohl, dass ich in Boston im Januar dirigieren sollte; 3-mal; aber nach dem 1. Konzert — in Cambridge — bekam ich durch einen plötzlichen Hustenanfall einen Muskelriss und konnte die beiden andern Bostoner Konzerte nicht dirigieren. Nun hatte ich aber doch im März Gelegenheit „Pelleas und Melisande", das damals ausfallen musste, in einem späteren Konzert zu dirigieren. Ich hatte noch 2 Proben extra dazu und es gieng mit diesem wirklich großartigen Orchester ausgezeichnet. Vorher hatte ich in Chicago ein Konzert mit Verklärte Nacht (das ist hier so eine Art Tschaikowsky-Stück), Bach-Präl. und Fuge und den 5 Orchester-Stücken [Op. 16]; alles in 6 Probenstunden!!! Im ersten Konzert passierte noch vieles; auch mir selbst, denn ich gieng aufs Podium in der Meinung „Verkl. N[acht]" zu dirigieren und „eingestimmt darauf und sehe einige Sekunden, bevor ich anfangen musste, dass ich mit den Orchesterstücken zu beginnen hatte. Das war ein derartiger Schock, dass ich das ganze erste Stück verpatzte und

---

80 Schönberg leitete die II. Mahler und Lied der Waldtaube aus den G u r r e l i e d e r n.

81 Schönberg hatte nur Schulkenntnisse im Englischen. In einer Aufzeichnung vom 8. Februar 1944 (Nachlaß) berichtet er, welche Verständigungsschwierigkeiten er 1914 bei den Proben zur Aufführung der O r c h e s t e r s t ü c k e op. 16 in London hatte.

82 Brief defekt: rechter Rand beschädigt.

bald geschmissen hätte. Erst im 4. Stück war ich wieder ganz dabei. Aber im zweiten Konzert gieng alles fabelhaft gut, so dass ich sogar die Orchesterstücke ganz frei musizieren konnte, wie es mir bisher noch nie möglich gewesen war. — NB: die Bostoner-Konzert[e] (Mitte Jänner und Mitte März) waren im Radio übertragen. Aber ihr konntet sie gewiss nicht hören. — Wie meine Zukunft hier sein wird, ist einstweilen wo[h]l ungewiss. Ein Engagement habe ich bis jetzt noch nicht. Es liegt an der Depression, von deren Umfang man sich in Europa keine Vorstellung machen kann; und im Zusammenhang damit fürchtet man offenbar, dass ich zu hohe Ansprüche stellen werde. Ich weiss es genau, dass bereits einige Universitäten mich für einige Monate engagieren wollten. Aber die haben alle kein Geld, denn sie werden nicht vom Staat erhalten, sondern von Privaten, und die sind teilweise verarmt. Ich hoffe aber dennoch, im nächsten Jahr sogar besser daran zu sein, als heuer (denn heuer war es ja gar nicht glänzend), da sich ein sehr tüchtiger Agent mit mir befassen will und sehr optimistisch ist. Dass ich mir sehr darüber den Kopf zerbreche, wie ich hier etwas für dich tun kann, wirst du mir glauben. Ich habe auch einige vage Hoffnungen: es sind einige Stellen frei; aber leider gibt es hiefür soviele Anwärter, dass die Aussicht sehr gering ist. Aber ausgeschlossen ist es nicht. Nur muss ich gleich sagen: diese phantastischen Honorare gibt es hier nicht mehr. Man kann durchschnittlich 4—500 Dollar für ein Konzert bekommen. Ich habe nur einmal mehr gehabt[83].

Ich danke dir vielmals für deinen so lieben Brief, der mir wirklich ausserordentlich wohl getan hat. Es wäre aber wirklich schade, wenn dein Chor nicht wieder auferstünde[84], und gleich vielen ehrenhaften Männern ein Opfer von Verhältnissen würde, über deren wahre Bedeutung kein lebender Mensch ein Urteil haben kann. Eine Meinung, eine Ueberzeugung; aber kein Urteil. Es hat mich tief erschüttert, so manchen meiner ehemaligen Freunde nun in Elend zu wissen. Denn wenn ich auch nicht auf ihrer Seite stehen kann, so wusste ich doch, dass es Männer sind, deren Lauterkeit und Idealismus über jeden Zweifel erhaben ist.

Ich wünsche sehnlichst, dass ich dir hier etwas verschaffen könnte. Es wäre sehr schön. Obwohl ich allerdings nicht glaube, dass du dich hier sehr wohl fühlen könntest. Diese Lebensmittel: alles verdorben; alles stinkt; nicht bloß die Lebensmittel. Es scheint fast, dass hier etwas Mittel zum Leben nur werden kann, wenn es stinkt. — Damit müsstest du rechnen: ich weiss, wie unglücklich du in Holland und Spanien warst, wo es gewiss viel besser ist, als hier. — (. . .)[85]. Der Tod des armen Schreker ist mir sehr nahegegangen[86]. Sein Schicksal war wirklich traurig. Dieses Ende nach solch' einem Aufstieg!

---

83 Webern hat sich bekanntlich zu einer Reise in die USA nicht entschließen können.

84 Der Singverein der Kunststelle, ein Arbeiter-Gesangverein, dessen Leitung Webern innehatte, wurde ein Opfer der politischen Ereignisse.

85 6 Zeilen gestrichen.

86 F. Schreker starb am 21. März 1934 in Berlin. Seit 1933 war er jeder pädagogischen Wirksamkeit enthoben.

15

Hollywood, California
5860 Canyon Cove
13. November 1934

Liebster Freund, ich beginne heute endlich, mich für die Geburtstagsgratulationen zu bedanken. Warum es so lange gedauert hat, wirst du vielleicht schon von der UE gehört haben und ausführlich durch ein Blatt erfahren, welches ich in den nächsten Tagen versenden werde[87]. Für jetzt also nur das eine, dass ich mich über alles Gute und Schöne sehr, sehr gefreut habe und insbesondere dir aufs innigste danke und froh und stolz bin, dass sich unsere gegenseitigen Gefühle stetig unverändert auf der Höhe unserer alten, erprobten, durch nichts zu erschütternden Freundschaft erhalten, jetzt, wo alles in Brüche geht und man über das wenige Bleibende sich umsomehr freuen darf: es zeigt uns die wahren Werte.

So gerne aber wüsste ich, wie es dir geht. Ich habe nun schon so lange keine Nachricht von dir. Hat sich wenigstens das Wichtigste wieder arrangiert? Und was tust du? Wie lebt ihr? Was arbeitest du? Ich bin dir solange Antwort schuldig. Vor allem auf deine Frage wegen des musikalischen Opfers[88]. Ich habe diese Noten nicht bei mir und könnte die Frage daher nur aus der Erinnerung prüfen, aber leider habe ich keine genügend klare Vorstellung davon. Jedenfalls ist das keine leichte Aufgabe, denn diese Stücke sind sehr wenig bekannt und wenn man sie dem Publikum geniessbar machen will, wird man wohl durch den Vortrag einigermaßen nachhelfen müssen. Ich glaube ja nicht, dass dies dadurch geschehen kann, dass man die „Einsätze" hervorhebt. Wir haben oft davon gelegentlich „Reger-scher Fugen" gesprochen. Ich kann ohne weiters nur sagen, was ich selbst bei Präludium und Fuge[89] diesbezüglich getan habe: ich habe sozusagen die Orgel modernisiert, ihren langsamen, seltenen Farbenwechsel durch reicheren ersetzt, der den Vortrag und den Charakter der einzelnen Stellen fixiert und habe auf Klarheit des Stimmengewebes geachtet. Um zu erfahren, wie man die für ein großes Orchester doch unerlässliche größere Anzahl von Stimmen erhalten kann, habe ich mir die Technik der 8-stimmigen Sätze bei Bach angeschaut und konnte dann ganz leicht 6-10-stimmig schreiben und auch genügend Füllstimmen erzielen. Denn nur durch Verdoppelung lässt sich das schwerlich erreichen. Ich habe mich dabei allerdings auf den Standpunkt gestellt, dass ich eine T r a n s k r i p t i o n anfertige und mir wenigstens solche Freiheit gestatten sollte dürfen, die Bach sich in Choralbearbeitungen gestattet, wo er sogar Figuratives und insbesondere Harmonisches vollkommen neu schafft — soweit bin ich aber nicht gegangen. — Vielleicht, wenn du mich früher gefragt hättest, würde ich dir die Trio-Sonaten für Orgel oder Orchestersuiten vorgeschlagen haben, welche allerdings schon für Orchester sind.

———

Wenn du eine Ahnung hättest, wie schön es hier ist! Das ist die Schweiz, die Riviera, der Wienerwald, die Wüste, das Salzkammergut, Spanien, Italien — alles ist hier auf einen Platz zusammen. Dabei kaum ein Tag — an-

---

87 Rundschreiben an seine Freunde vom November 1934.

88 J. S. Bach, Fuge (Ricercata), Nr. 2 aus dem Musikalischen Opfer, bearbeitet von Webern.

89 Siehe 79.

geblich auch im Winter – ohne Sonne. Ich sitze jetzt an einem etwas – teilweise trüben Tag – bei offenem Fenster, obwohl ich gestern und vorgestern verschnupft (angesteckt – aber man kann sich am Abend, wenn es neblig ist, auch verkühlen) war und noch nicht ganz wiederhergestellt bin.

Alles Nähere, wenn ich es dort nicht wiederhole, wirst du aus dem erwähnten Blatt erfahren. Ich werde jetzt sicher öfters solche „Nachrichten" versenden und wünschte sehr, ihr alle schriebet mir recht oft.

16

Hollywood, California
5860 Canyon Cove
15. Jänner 1935 [= 1936]

Liebster Freund, ich bin in gespanntester Erwartung eines Briefes von dir anlässlich des Todes unseres lieben, armen Berg[90]. Es ist zu aufregend, hier fast nichts erfahren zu können, durch mehr als drei Wochen, als das Wenige, was die Zeitungen melden, die sich ja relativ ausführlich mit ihm befasst haben. Mir hat bisher niemand aus Wien Näheres geschrieben, was ich nicht verstehen kann, wo doch jeder wissen muss, wie nahe mir das geht. Es ist zu schrecklich. Nun geht noch Einer von uns, die wir ohnedies nur drei waren und nun haben wir beide diese künstlerische Vereinsamung allein zu tragen. Und das Traurigste: derjenige von uns, der Erfolg hatte, der immerhin wenigstens das hätte geniessen können, dem wenigstens, wenn er weiter gelebt hätte, diese Bitterkeit nicht in dem Masse zuteil worden wäre, dass es ihm alle Freude an den Aufführungen seiner Werke und an seiner Wirksamkeit verdorben hätte, wie uns Beiden! Gewiss, er hatte auch zu leiden unter dem allgemeinen Druck, der auf uns Dreien lastete, unter dem Hass, mit dem man uns verfolgt. Aber immerhin, dank einigen freundlichen Zügen in seinen Anlagen glaubte man ihm, und er hätte es geniessen können.

Wir haben beide unendlich lange nichts von einander gehört und ich bin sicherlich der Hauptschuldige: ich habe seit wenigstens einem halben Jahr nicht mehr geschrieben. Aber ich habe die Entschuldigung, dass ich in dieser Zeit überhaupt fast niemandem geschrieben habe. Du kannst dir keine Vorstellung davon machen, wie übermüdet ich ununterbrochen bin. Wenn ich einmal vorübergehend ausruhen könnte, so ist es so dringend, dass ich wirklich nichts tun kann. Wie du vielleicht weisst, bin ich im September drei Wochen lang im Bett gelegen. Ich hatte eine bisher unaufgeklärte Sache, die zwar seither besser ist, aber noch immer nicht gut und vielleicht nur durch eine (allerdings kleine) Operation behoben werden wird, zu der ich mich noch nicht entschliessen kann (...)[91]. Ich hatte allerdings die ganze Zeit enorm viel gearbeitet: die 6-wöchentlichen Sommer-Kurse an der Universität mit 60 Schülern, wo ich in 60 Stunden ausschüttete, was ich nur geben konnte; dann arbeitete ich an einem Violin-Konzert[92] (das ich ungefähr zur selben Zeit wie Berg konzipiert hatte); dazu 3 Radio-Vorträge, englisch (immer sehr aufregend; und die Qual, ein Thema für 15 Minuten zu finden, sich auf die zu beschränken und sie doch auszufüllen; Was nicht leicht ist, da man wie

---

90 A. Berg starb am 24. Dezember 1935. Webern und Stein berichteten später Schönberg ausführlich über die Todesursache.

91 4 Zeilen gestrichen.

92 Zum V i o l i n k o n z e r t vgl. Kat. Nr. 457.

zu Kindern sprechen muss. Dazu die gewissen Besucher, die sich nicht abweisen lassen und einem nur an den Nerven reissen. – (...)[93]. *Der Arzt fand auch Zucker, verordnete eine Diät (kein Fett, kein Fleisch, keine Milch, keinen Zucker, nur Grünfutter!) und hielt mich 3 Wochen im Bett. Ich verlor 4 kg, aber es wurde besser, nur war ich lange nachher sehr schwach. Bis jezt ist es noch immer nicht normal. – Dazu kamen nun in der folgenden Zeit zahllose Aufregungen. Vor allem lief meine Aufenthaltsbewilligung ab und es schien schwierig, ja unwahrscheinlich, dass ich in Amerika bleiben könne. In letzter Minute fand ich Hilfe, dank deren ich am 13. November (nachdem mein Visum schon am 31. Oktober abgelaufen war) eine permanente Aufenthaltsbewilligung erlangte. Du kannst dir vorstellen, mit welchen Aufregungen das für mich verbunden war. Dazu kam unerhörter Ärger an der Universität. Offenbar infolge von Intrigen hat man das mir gegebene Versprechen, meine Kurse und Klassen entsprechend anzukündigen, nicht gehalten. Alle Leute glaubten, dass ich nach New York an die Juillard Schule gehe*[94], *wohin ich einen Antrag hatte und was in allen Zeitungen publiziert war, so dass ich zahlreiche Anfragen aus allen Teilen Amerikas hatte. Niemand wusste, dass ich noch in Los Angeles bin, noch weniger, dass ich an der Universität unterrichten würde und überhaupt nicht, was ich unterrichten werde. Das Resultat war, dass sich nur eine ganz geringe Anzahl von Schülern meldete. Trotzdem hat mir der Präsident (Rektor) der Univ. vor 4 Wochen schon einen neuen Vertrag fürs nächste Jahr geschickt. Aber er wird sich diesmal wahrscheinlich täuschen. Denn vorige Woche bereits habe ich eine Einladung zu den beiden Präsidenten der anderen hiesigen Universität [bekommen], die staatlich und viel bedeutender ist und auf Lebenszeit anstellt. Und voraussichtlich werde ich bereits im nächsten Semester, spätestens aber nächstes Jahr dorthin überwechseln. Die Bezahlung ist allerdings kläglich. Im Kaufwert ist es kaum ein Drittel meines Berliner Gehaltes und es ist schwer, damit auszukommen, wenn ich nicht etwas nebenverdiene. Auf Stunden ist nicht zu rechnen. Und wenn nicht Klemperer wäre*[95], *der sich jetzt ausgezeichnet benimmt und mit dem ich mich jetzt sehr gut verstehe, so würde ich wahrscheinlich nicht einmal dieses eine Los-Angeles-Konzert bekommen, dessen Honorar ich so nötig brauche. Es war scheinbar nicht ganz leicht für Klemperer gewesen, mir dieses Konzert durchzusetzen*[96]. *Denn der Brotneid wütet hier heftiger als in Europa und jeder kleinste Harmonielehrer sieht in mir einen Konkurrenten, den er gerne los sein würde. Und das geht hinauf bis in die „höchsten" Kreise, über deren Niveau du dich aber sehr wundern würdest. Ich will nicht noch mehr schreiben von dem Ärger, den ich mit diesem Konzert hatte. Denn ich will kein „Raunzer" sein. Aber vielleicht gibt es dir einen Begriff, wenn ich dir sage, dass ich vielleicht mehr als 10 Tage nach dem Konzert nicht imstande war, etwas zu arbeiten und, um die*

93 6 Zeilen gestrichen.

94 Schönberg hatte von Ernst Hutcheson, Direktor der Juillard School, New York, den er während eines Erholungsaufenthaltes in Chautauqua kennengelernt hatte, ein Angebot erhalten. Er konnte sich jedoch aus klimatischen Gründen nicht entschließen, im Osten der Vereingten Staaten zu leben, und sagte ab.

95 Über Otto Klemperer vgl. Kat. Nr. 410, 437.

96 Das Konzert fand am 27. Dezember statt. Das Programm ist dem Brief zu entnehmen.

Zeit totzuschlagen, Selbstportraits zeichnete[97]*. Im Konzert habe ich die („Schüler"-)Suite für Streichorchester gespielt*[98]*, dazu Verklärte Nacht (die sie hier nicht oft genug hören können und die nicht beliebter sein könnte, wenn sie von Tschaikowsky wäre) und die neue „Bearbeitung für Orchester" (3faches Holz, 4 Hörner, 2 Trp., 3 Pos., kein Schlagzeug, keine Harfe und Streichorchester) der Kammersymphonie*[99]*. Die klingt jetzt vollkommen klar und plastisch, vielleicht ein bißchen zu laut, was daran liegt, dass ich mich nicht genug vom Original weggetraut habe, obwohl ich es stellenweise mußte, weil der ausgesprochene Kammerstyl sich meistens nur schwer in einen Orchesterstyl verwandeln liess. Fürs Orchester ist sie nun auch wesentlich leichter. Ich hatte bloß drei Proben, was für das hiesige, sehr begriffstützige Orchester um wenigstens 2 zu wenig war. Aber in Europa kann man sie damit sicherlich ausgezeichnet und mit den Wiener Philharmonikern in 1 1/2 (!) Proben sehr gut machen (. . .)*[100]*.*

Ich freue mich, dass du immer wieder in London dirigierst und in Wien wird es doch einmal besser werden. Bitte schreibe nun du mir auch wieder. Ich will selbst trachten, dir sooft als möglich zu schreiben. Aber – wenn es so weiter wie bisher geht, wenn weiter soviel an meinen Nerven gerissen wird, kann ich es nicht versprechen. Aber du wirst dann wohl daran denken wollen, dass das keine Entfremdung bedeutet und wirst verstehen, wie leid es mir tut, dass, wenn ich schon nicht dir, so doch wenigstens dem armen Berg hätte schreiben sollen, dem es sicher eine Freude gewesen wäre, noch einmal von mir zu hören und dem ich ebenso lange nicht geschrieben habe. Ich bin sehr traurig auch darüber.

17

Los Angeles, Calif.
116 North Rockingham Avenue
Brentwood Park
27. VIII. 1936

Liebster Freund, ich habe gestern, endlich, den 2ten Satz meines Violin-Konzerts, das ich genau vor einem Jahr angefangen habe, vollendet und benütze eine eintägige Arbeitspause (morgen habe ich zwei Stunden, spiele nachmittags Tennis, meine einzige Erholung 2 mal in der Woche, und gehe abends ins Klemperer-Konzert), um dir endlich zu antworten. Ich habe anstrengende Monate hinter mir. Neben 10 wöchentlichen Privatstunden hatte ich an der Universität 3 mal wöchentlich je drei Stunden zu unterrichten, was mich wegen der Fahrdistanz nahezu 5 Stunden in Anspruch nahm und habe gleichzeitig ein neues, das 4te Streichquartett im Auftrag der Frau Coolidge[101] *komponiert. Nun möchte ich noch, bevor meine Tätigkeit an der anderen Universität beginnt (Univ. of Calif. at Los Angeles = UCLA), den letzten Satz vollenden. Dazu habe ich gerade 16 Tage Zeit, also wenig Hoffnung,*

---

97 Eines dieser Erzeugnisse siehe Kat. Nr. 446.

98 Suite für Streichorchester, vgl. Kat. Nr. 440.

99 Schönberg hatte die Kammersymphonie op. 9 erstmals 1922 und später 1935 revidiert und für großes Orchester gesetzt. Im genannten Konzert kam die Fassung für Orchester zur Uraufführung.

100 20 Zeilen gestrichen.

101 Die amerikanische Mäzenin Elizabeth Sprague-Coolidge, der Schönberg das 3. und 4. Streichquartett widmete.

dass das so schnell geht. Nun habe ich vor längerer Zeit einmal diese photographischen Abzüge vom Anfang des 2. und 3. Satzes machen lassen und sende dir sie, hoffend, dass sie dich interessieren. –

Es ist so traurig, dass wir so selten Briefe von einander haben. Aber ich bin überzeugt, dass auch du, so wie ich dir viele Briefe in Gedanken schreibe, dich in allen mich interessierenden Angelegenheiten mit mir unterhältst. Aber leider sind Briefe ein sehr ungenügendes Surrogat. Ich hätte dich sehr gerne hier und habe wiederholte Versuche gemacht, dich für ein paar Konzerte in der „Hollywood-Bowl" (Konzerte im Freien in einem 25.000 Personen fassenden „Stadium", musikalisch ein Unsinn, aber immerhin macht Klemperer auch Beethoven Abende da) herzubekommen. Würdest du das tun wollen, auch wenn du nur wenig Ueberschuß hättest? Es ist zwar kaum Aussicht fürs nächste Jahr, denn sie haben kein Geld, aber ein Deficit von 150.000 Dollar, die sie nicht aufbringen können und müssen die Wintersaison von 24 Wochen auf 16 reduzieren. Aber ich möchte dich doch für alle Fälle fragen. Vielleicht ergibt sich die Möglichkeit. Sie zahlen für jedes Konzert 4 – 500 Dollars, das wäre wahrscheinlich höchstens 2000 Dollars. Die Reise I. Klasse Schiff kostet 250 die Tour, also 500 und dazu die Landreise etwa 300, so dass du etwa 800 $ Fahrtspesen und vielleicht noch 100 für Visa, Eintrittsgebühren und Kosten während der Fahrt rechnen müsstest. Hier hättest du keine Ausgaben, da wir dir alles zur Verfügung stellen würden. Der Ueberschuss wäre also etwa 1000 $. Das ist wenig, aber wir könnten uns wenigstens wieder einmal ausplaudern und du könntest unser Gast sein, so lange es dir gefällt. – Ich will auf alle Fälle versuchen, für dich hier eine Propaganda zu beginnen – aber ich kann natürlicherweise nicht wissen, ob es nützt, ich möchte es nur so gerne. Jedenfalls wüsste ich gerne, ob du so etwas in Betracht ziehen würdest[102]*. Für andere Konzerte ist nicht viel Aussicht. Ich selbst habe in 3 Jahren bloß 5 mal dirigiert, davon 2 mal hier!*

Nun zu deinen Liedern und deiner Bachbearbeitung[103]*. Ich habe sehr sehr wenig Zeit, Noten anzusehen. Trotzdem habe ich beide Sachen ziemlich oft gelesen. Ich kann nicht sagen, dass ich sie gut kenne; du wirst wissen, wie schwierig es ist, so etwas zu kennen. Aber ich habe natürlicherweise von den Liedern einen fabelhaften Eindruck. Ein großer Reichtum an Stimmungen, und wie mir scheint, hast du auch dein Ausdrucksgebiet hier wesentlich erweitert. Die wunderschönen und tiefen Worte Hildegard Jone's sind hier sicherlich eine ausgiebige Anregung gewesen. – Etwas weniger Eindruck habe ich von der Bach-Bearbeitung. Es ist sehr anstrengend, sich das vorzustellen und außerordentlich schwer, den Faden der einzelnen Stimmen zu finden, und wenn man ihn hat, ihn nicht zu verlieren. Das ist sicher nur fürs Spielen und fast nicht fürs Lesen. Und vielleicht ist das auch das Wichtigste: was herauskommt. Gerne würde ich es hören und ersuchte Klemperer, es einmal durchzuspielen. Aber er hat bis jetzt keine Probenzeit hiefür erübrigen können. Ich bin jedenfalls dahinter. Nun lass uns noch hoffen, dass kein Krieg kommt; es ist ohne diesen hässlich genug in der Welt. Was wird uns noch beschieden sein? –*

---

102 Vgl. [83].

103 Webern hatte offensichtlich die 3 Lieder nach Gedichten von Hildegard Jone, op. 25 Schönberg zur Ansicht gesandt; Zur Bach-Bearbeitung vgl. [88].

18

West Los Angeles, California
116 North Rockingham Ave.
Brentwood Park
8. VII. 1939[104]

Liebster Freund, ich habe dir allerdings sehr lange nicht geschrieben. Das hat seinen Grund darin, dass ich ununterbrochen gearbeitet habe. Davon bin ich augenblicklich so müde, dass ich gegen meinen Willen rasten und die Fortsetzung des Lehrbuches der Komposition verschieben muss[105]*. Ich weiss nicht, auf wie lange, aber einen Monat habe ich schon fast verloren von meinen Ferien. Ich schreibe dieses Buch englisch mit Hilfe meines früheren Schülers und Assistenten Gerald Strang, der auch ein begabter Komponist ist. Ich kann mich ja leider in englisch nicht so gut ausdrücken, als dass ich alles so präzis darstellen könnte, wie man es von mir gewohnt ist. Aber wenn ich es in deutsch schriebe, würde die englische Übersetzung, die ich ja dringendst für meinen Unterricht brauche, zu schlecht ausfallen und ich hätte die doppelte Arbeit, diese Übersetzung zu überwachen. Sollte ich das Buch auch deutsch herausgeben können, so würde ich es wohl eher neu schreiben, als übersetzen. — Ich glaube, es wird etwas sehr gutes, ästhetisch, theoretisch, geistig und (ich glaube, dessen muss ich mich nicht rühmen) moralisch. Insbesondere aber: Pädagogisch. Es sind die Beispiele, [die] ich selbst anfertige und die Analysen von Meisterwerken, von welchen ich mir den grössten Nutzen für den Schüler verspreche. In diesen letzteren konnte ich oft in wenigen Worten sehr lehrreiches zeigen. Die von mir angefertigten Beispiele, die zum Teil fast einen Wert als Kompositionen haben (soweit das ohne thematische Originalität möglich ist) beruhen hauptsächlich auf dem Gedanken, zu zeigen, wie viele Lösungen, respektive Fortsetzungen aus einem bestimmten Fall folgen können. So geht durch das ganze Buch ein Motiv, erzeugt aus einem gebrochenen Akkord. Aus diesem Motiv sind 100te von Phrasen, Vorder- und Nachsätzen, Perioden und Sätze verschiedenen Charakters mit verschiedenartigem Klaviersatz hergestellt. Dann werden 3-teilige Lieder, Menuette, und Scherzothemen davon gebildet und auch ein Variationen Thema. Dann sind zu einer solchen Periode eine Anzahl von Mittelteilen (der dreiteiligen Liedform) hergestellt. Dasselbe erfolgt im Menuettencharakter. Im Scherzo, dass aus einem Beethoven Adagio hergestellt ist, sind ungefähr zwanzig grundverschiedene Durchführungen angehängt. Im Rondo zeige ich 8 verschiedene Ueberleitungen zu einem Thema. In der Sonate sind bis jetzt nur Analysen verwendet und ich halte es für unwahrscheinlich, dass ich hier ebenso ausführlich werde sein können. Auch ist es in diesem Stadium des Wissens und Könnens des Schülers vielleicht nicht im selben Masse mehr nötig. Neben diesen Beispielen sind noch wertvoll die Anweisungen zur konstruktiven Benützung der Harmonie mit zahllosen Beispielen. Ein Kapitel heisst: Charakter; ein anderes: Anweisungen zur Selbstkritik; eines: Polyphonie und Kontrapunkte in den Formen der Homophonie. Ein anderes handelt von den Mitteln der Begleitung. Weiters: Unregelmässige Bildungen (Mozart, Haydn). Ein Kapitel: Melodie und Thema, melodisch und unmelodisch, mit sehr wichtigen Definitionen und Beispielen. Weiters: Die Tendenz der kleinsten*

---

104 Mit Maschine geschrieben.
105 Fundamentals of Musical Composition. (Nicht erschienen.)

Noten: Ueber den Höhepunkt: etc. — In der ersten Fassung war das meiste davon geplant, in besonderen Kapiteln zu erscheinen. In der zweiten Fassung (die ungefähr bis zur Hälfte, Scherzo) fertig ist, habe ich manches von diesen Kapiteln bereits an verschiedenen anderen Stellen eingearbeitet, so dass möglicherweise manches davon kaum mehr als abgesondertes Kapitel erscheinen dürfte. Wie die dritte Fassung aussehen wird, kann ich noch nicht ahnen. Es ist ja leider einer meiner Fehler, dass ich an solchen Sachen zu lange herumverbessere. Einmal muss man sich eben sagen: Jetzt ist es fertig. Ich habe die Absicht und den Wunsch, das diesmal früher zu tun als bei der Harmonielehre — hoffentlich kann ich es!

Bitte sage nicht, dass ich ein altes Weib worden bin, weil ich so lange und so ausführlich über mich und meine Angelegenheiten spreche. Meine Entschuldigung ist nicht: dass du mich je gefragt hast, sondern, dass es mir unendlich wohl tut, endlich wieder einmal zu jemandem reden zu können, der versteht, was ich meine und imstande ist, es zu werten.

Ich gehe nun daran, deine Fragen der Reihe nach zu beantworten. Ich habe seit vorigem Jahr überhaupt nicht komponiert und das letz[t]e war im September ein „Kol Nidre“[106] für den Versöhnungstag. Zwischem diesem und dem Violin Konzert nichts. Weder das Violin Konzert noch das 4te Streichquartett sind bis heute erschienen. Das ist unglaublich, wie lange das hier dauert. Die Aufführung wurde abgesagt, weil Krasners[107] Mutter gestorben ist. Das Brahms Klavierquartett wird oft gespielt[108]. — Uns allen geht es im Ganzen gut. Freilich, ich werde alt und habe wieder einmal Rauchen und Trinken aufgeben müssen. Daraufhin geht es mir allerdings sofort so gut, dass ich Tennis wieder aufnehmen konnte, was ich Monate lang nicht mehr konnte. (...)[109] — Zufrieden mit meiner Stellung bin ich ja nicht. Aber immerhin hatte ich heuer sehr schöne Lehrerfolge: die wären nicht möglich, ohne eine sehr weitgehende Anpassung an die Möglichkeiten, sind aber trotzdem beträchtlich. — Ich habe mich sehr gefreut, in Musikzeitungen von deinen englischen Erfolgen gelesen zu haben[110]. Die Tätigkeit Clarks scheint hier doch einen Erfolg gehabt zu haben. Hörst du noch hie und da etwas von ihm. Ich habe nichts gehört seit wenigstens sechs Jahren. Hast du begabte Schüler? Ich glaube nicht, dass unter den meinigen ein zukünftiger Komponist ist. — Du schreibst eine Kantate[111]? Was für ein Text? Wird es ein ausgedehnteres Werk? — Ich würde so gerne für Polnauer[112] etwas tun, aber gerade das ist so schwer. Für das, was er kann, ist hier gar kein Interesse. Von

---

106 Über K o l N i d r e vgl. Kat. Nr. 462.

107 Louis Krasner, der das V i o l i n k o n z e r t am 6. Dezember 1940 aus der Taufe hob.

108 Die Bearbeitung des K l a v i e r q u a r t e t t s g - M o l l o p. 2 5 von J. Brahms entstand im Sommer 1937. Schönberg selbst nannte sie scherzhaft „Brahms' Fünfte“.

109 3 Zeilen gestrichen.

110 Über Webern-Aufführung in London (BBC) gibt die Clark-Collection im British Museum in London Auskunft.

111 1. Kantate (H. Jone) für Sopran-Solo, gemischten Chor und Orchester, op. 29.

112 Josef Polnauer (1888 — 1970), war 1909 bis 1911 Schüler Schönbergs, dann 2 Jahre bei Berg. 1917 — 23 wirkte er als Assistent und Stellvertreter Schönbergs im Seminar für Komposition und als Vorstandsmitglied im V e r e i n f ü r m u s i k a l i s c h e P r i v a t a u f f ü h r u n g e n. — Schönberg hatte von Los Angeles aus vergeblich versucht, Polnauer die Emigration zu ermöglichen.

Bach[113] habe ich, seit er in London ist, nichts gehört. Ich habe seinerzeit eine Menge in seinem Interesse versucht, aber leider immer mit Misserfolg. – Jalowetz hat (infolge einer sehr guten Empfehlung von mir, wie er sagt) eine Lehrstelle bekommen, von der leben kann[114].

[113] D. J. Bach, vgl. [11]; Bach mußte vor dem andrängenden Nationalsozialismus nach London emigrieren, wo er als führendes Mitglied der österreichischen Emigrantenkolonie auf dem kulturellen Sektor tätig war.

[114] H. Jalowetz hatte eine Professur am Black Mountain College in Black Mountain, North Carolina, erhalten.

Erwin Ratz

Die zehn öffentlichen Proben zur Kammersymphonie im Juni 1918 und der „Verein für musikalische Privataufführungen“

Im Jahre 1917 lernte ich Arnold Schönberg anläßlich einer Aufführung der *Verklärten Nacht* durch das Rosé-Quartett kennen[1]. Mein Lehrer Josef Polnauer, ein Schüler Schönbergs, hatte mich ihm vorgestellt. Kurz darauf – im September 1917 – wurde das *Seminar für Komposition*[2] gegründet, an dem auch ich teilnahm. Der Unterricht bei Schönberg erweckte in mir den Wunsch, etwas zu tun, was die Bedeutung Schönbergs einem größeren Kreis von Musikinteressierten vor Augen führen sollte. Da ich rasch dem engeren Kreis um Schönberg beigezogen wurde, kam ich eines Tages mit dem Vorschlag, öffentliche Proben zu einem Werk Schönbergs zu veranstalten. Wir wählten hiezu die *Kammersymphonie op. 9,* und Schönberg erklärte sich bereit, zehn öffentliche Proben zu leiten.

Nun konnte ich darangehen, eine Reihe von interessierten Geldleuten ausfindig zu machen, die für die nicht unbeträchtlichen Kosten aufkommen sollten. Die damals führende Konzertdirektion Hugo Heller stand meinem Unternehmen sehr wohlwollend gegenüber und entschloß sich, nicht nur den Kartenverkauf, sondern auch die Propagierung dieser Idee zu betreiben. So gelang es mir, im Mai 1918 ein Ensemble von fünfzehn sehr guten Musikern zusammenzustellen, das sich bereit fand, bei zehn Proben an zehn Tagen mitzuwirken. Die Zuhörer waren nicht verpflichtet, für den gesamten Zyklus zu abonnieren, sondern es war ihnen freigestellt, nur einzelne Proben zu besuchen. Der Andrang war überraschend groß, und viele Interessenten kamen aus dem Bekanntenkreis der Teilnehmer am *Seminar für Komposition*[3].

In einem auf Büttenpapier gedruckten Prospekt wurde auf die Bedeutung des Werkes und insbesondere auf die Gelegenheit hingewiesen, dieses in allen Details in authentischer Interpretation kennenzulernen. So erlebte man selbst die sinnvolle Begründung des mehrmaligen Hörens: man erfaßte die einzelnen melodischen Linien dieses an Charakteren so reichen polyphonen Werkes und konnte dem klaren formalen Aufbau des Werkes folgen, und so mancher

---

1 Hier liegt ein Irrtum vor. Das Rosé-Quartett spielte Verklärte Nacht in einem „Modernen Abend“ am 15. Februar 1916 im Mittleren Konzerthaussaal in Wien. 1917 war Schönberg in den Programmen des Rosé-Quartetts nur einmal vertreten, und zwar am 25. März mit dem Quartett d-Moll op. 7. In diesem Konzert passierte übrigens eine kleine „Entgleisung“, über die Schönberg mit den Worten hinwegsah: „. . . Mir ist wichtiger, dem Geist eines Werkes so nahe wie möglich zu kommen. Und ich muß sagen, ich habe nicht geglaubt, daß man das so bald kann, wie es diesmal schon der Fall war.“ (Schönberg an Rosé, 26. 3. 1917. Pierpont Morgan Library, New York.) — Erinnerte sich der Verf. richtig an das Programm des Konzertes, kann die Begegnung nur 1916 stattgefunden haben. (Anm. d. Red.)

2 Vgl. Kat. Nr. 294.

3 Die Teilnehmer am Seminar für Komposition sammelten überdies anläßlich der Kammersymphonie-Aufführung für eine Spende für Schönberg. (A. Berg, Briefe an seine Frau. München — Wien 1965, Nr. 272.)

Hörer, der nach den ersten Proben dem Werk und dessen Klangwelt noch skeptisch gegenüberstand, äußerte nach der fünften Probe, daß „das ja wie Mozart klänge“[4].

Bei der zehnten Probe wurde das Werk zweimal geschlossen vorgeführt. Eine Interpretation in dieser vollendeten Schönheit, wie sie unter Schönbergs eigener Leitung realisiert werden konnte, ist heute nicht mehr vorstellbar[5]. Mit den zehn öffentlichen Proben war ein Wendepunkt in Schönbergs Leben eingetreten. Es hatte sich ein Grundstock von Hörern zusammengefunden, der von der Größe und Bedeutung Arnold Schönbergs und seiner Musik zutiefst durchdrungen war. Und in Hinkunft gab es auch keine Skandale mehr, die Schönbergs bisherigen Lebensweg ständig begleitet hatten.

Aus der Zusammenarbeit bei den Proben ergab sich eine neue Idee: der *Verein für musikalische Privataufführungen,* der im November 1918 gegründet wurde. Die Schüler Schönbergs stellten sich mit Begeisterung zur Verfügung und baten Schönberg, die Leitung zu übernehmen. Er tat es unter der Bedingung, daß seine eigenen Werke im Verein nicht zur Aufführung gelangen durften. Denn zu tief war er durch ungerechte Beleidigungen verletzt worden, als daß er den Vorwurf riskiert hätte, er gründe einen Verein zur Aufführung eigener Werke.

So entstand der *Verein für musikalische Privataufführungen,* in dem neben Schönberg vor allem Webern, Berg und Eduard Steuermann die Werke einzustudieren hatten. Er wurde zur Pflegestätte der gesamten modernen Musik von Richard Strauss und Debussy bis Webern, soweit es die Besetzung der Werke eben zuließ. Für Max Reger trat Schönberg mit besonderem Interesse ein: Sonaten, Kammermusik und andere Werke von Reger wurden gespielt, und selbst dessen Orchesterwerke ließ er für kleine Besetzungen einrichten, um sie in diesem Rahmen bekanntmachen zu können.

Ein Höhepunkt in den Vereinskonzerten war jedoch mit der Aufführung der VI. und VII. Symphonie von Gustav Mahler in der Bearbeitung für Klavier zu vier Händen von Alexander Zemlinsky bzw. Alfredo Casella erreicht. Die Interpreten waren Eduard Steuermann und Ernst Bachrich, mit denen Schönberg in rund dreißig Proben die beiden Symphonien mit liebevoller Sorgfalt einstudierte. Rückblickend ist heute ohne Übertreibung zu sagen, daß die vierhändige Wiedergabe dieser Werke einen Vergleich mit modernen Aufführungen in der Originalfassung nicht zu scheuen hätte brauchen. Schönberg war ein vollendeter Interpret, und das zeigte sich auch bei der Aufführung seiner *Gurrelieder,* die er im Juni 1920 in der Wiener Staatsoper dirigierte.

---

4 Die Idee der zehn öffentlichen Proben hatte nicht nur Anhänger, auch Gegner. Nach Bergs Bericht hatten Rosé, der junge Korngold u. a. dagegen agitiert. Auch die Kritik schenkte ihnen wenig Beachtung. (Berg, Briefe . . ., a. a. O., Nr. 271.)

5 Unter dem Titel „Ein musikalisches Sommersemester“ berichtete Heinrich v. Kralik im „Neuen Wiener Tagblatt“ vom 4. Juli 1918 wohlwollend über die öffentlichen Proben der Kammersymphonie, wobei er gleichsam selbst bekehrt wurde: „Aus der spannenden, komplizierten Angelegenheit ist nunmehr der einfache, normale Vorgang geworden: man hört, als wäre es ganz selbstverständlich, Arnold Schönbergs Kammersymphonie . . .“ — Schönberg war von dem Erfolg überdies so überzeugt, daß er im Mai 1919 öffentliche Proben der Kammersymphonie mit abschließendem Konzert wiederholte.

Der *Verein für musikalische Privataufführungen* mußte schließlich 1922 seine Tätigkeit einstellen, da die wachsende Geldentwertung als Folge der Inflation jede Planung auf längere Sicht unmöglich machte. Aber dankbar werden sich alle, die an den Aufführungen teilnehmen konnten, an unvergeßlich schöne Stunden erinnern.

Walter Szmolyan

Schönbergs Wiener Verein für musikalische Privataufführungen

Schönberg hat wieder eine herrliche Idee: In der nächsten Saison wieder einen Verein zu gründen, der es sich zur Aufgabe macht, Musikwerke aus der Zeit „Mahler bis jetzt" seinen Mitgliedern allwöchentlich vorzuführen, eventuell auch öfter als einmal dasselbe Werk, wenn es schwer ist. Mit diesen Worten berichtet Alban Berg[1] am 1. Juli 1918 in einem Brief an seine Frau von einem Gespräch, das er tags zuvor mit Arnold Schönberg in dessen Mödlinger Wohnung geführt hatte. Schönberg war im Frühjahr 1918 nach Mödling gezogen, wo er bis 1925 – bis zu seiner Berufung nach Berlin – das geräumige Hochparterre des Hauses Bernhardgasse 6 bewohnte. In diesen Räumen reifte nicht nur die Idee der *Komposition mit zwölf nur aufeinander bezogenen Tönen* heran[2] und fand in gültigen Werken ihren Niederschlag, hier wurden auch die Vorbereitungen zur Gründung des berühmten *Vereins für musikalische Privataufführungen in Wien* getroffen und vielfach auch Proben zu dessen Veranstaltungen abgehalten.

Schönberg hatte schon früher einmal – nämlich 1904 – gemeinsam mit seinem Schwager Alexander Zemlinsky in Wien einen allerdings nur kurzlebigen Verein gegründet: die *Vereinigung schaffender Tonkünstler,* deren Ehrenpräsident Gustav Mahler war. Im Laufe der einzigen zustandegekommenen Konzertsaison konnte Schönberg immerhin am 26. Jänner 1905 die Uraufführung seiner symphonischen Dichtung *Pelleas und Melisande op. 5* dirigieren. Auf diesen Verein dürfte Alban Berg mit dem Wort „wieder" in seinem oben zitierten Brief angespielt haben. In einem von Willi Reich[3] mitgeteilten Prospekt gibt Schönberg als Zweck dieses Vereins an, *der Musik der Gegenwart in Wien eine ständige Pflegestätte zu bereiten, das Publikum in fortlaufender Kenntnis über den jeweiligen Stand des musikalischen Schaffens zu halten.* Um den *Schwierigkeiten und Hindernissen, gegen welche das Neue in der Musik immer zu kämpfen hatte,* wirksam zu begegnen, fordert Schönberg *Aufführungen, welche eine außerordentlich genaue und streng in den Intentionen des Komponisten gehaltene Vorbereitung erheischen.* Er fährt fort: *Dies wird aber solange unmöglich sein, solange neue Werke immer nur hie und da in den Programmen der bestehenden Konzertunternehmungen gewissermaßen als Kuriositäten oder Monstrositäten erscheinen. Es bedarf für dieselben einer Kunststätte, welche sich ausschließlich mit den Werken der Gegenwart befaßt, es bedarf einer ständigen Pflegestätte für Novitäten.* In diesen Sätzen wurden bereits die Prinzipien vorweggenommen, die schließlich in den Statuten und Prospekten des *Vereins für musikalische Privataufführungen* noch schärfer und prägnanter formuliert worden sind.

---

1 Alban Berg: Briefe an seine Frau. Herausgegeben von Helene Berg, München - Wien 1965, S. 364.

2 Walter Szmolyan: Die Geburtsstätte der Zwölftontechnik, in: Österreichische Musikzeitschrift 1971/3, S. 113 — 126.

3 Willi Reich: Arnold Schönberg oder Der konservative Revolutionär, Wien — Frankfurt — Zürich 1968, S. 30 ff.

In einer gedruckten Aussendung[4], datiert vom 7. November 1918, teilte Arnold Schönberg mit, daß am Samstag, dem 23. November 1918, um 5 Uhr nachmittags im Festsaal der Schwarzwaldschen Schulanstalten, Wien I, Wallnerstraße 9, eine Besprechung stattfinden werde, *in welcher die zur Gründung eines Vereines für musikalische Privataufführungen nötigen Schritte besprochen und unternommen werden sollen.* In wenigen knappen Sätzen wurden Zweck und Tätigkeit des Vereines umrissen: *Der Zweck dieses Vereines ist, anzustreben, daß seine Mitglieder die moderne Musik wirklich und genau kennen lernen. Zu diesem Zweck sollen in jeder Woche an einem festzusetzenden Vereinsabend Vorführungen stattfinden, zu denen nur die Mitglieder Zutritt haben. Hiebei soll keine Richtung bevorzugt und nur das Wertlose ausgeschlossen werden, im übrigen aber alle moderne Musik, von Mahler und Strauss bis zu den Jüngsten, dargebracht werden. Das Programm dieser Abende wird vorher nicht bekanntgegeben, um einen gleichmäßigen Besuch zu erzielen. Die Aufführenden werden jüngere Künstler sein. Anfangs eventuell weniger bekannte und solche, die sich dem Verein aus Interesse an der Sache zur Verfügung stellen, später eventuell auch Künstler von Ruf, soweit es das Werk erfordert und zuläßt. Besonderes Gewicht wird auf die Güte der Aufführungen gelegt werden, wofür ein im heutigen Konzertleben nicht zu findendes gründliches und sorgfältiges Studium bürgen wird. Jedes Werk wird nicht einmal, sondern so oft gebracht werden, daß es verstanden werden kann. Bei den Aufführungen sind alle Beifalls-, Mißfalls- und Dankesbezeigungen ausgeschlossen. Der einzige Erfolg, den ein Autor hier haben soll, ist der, der ihm der wichtigste sein müßte: sich verständlich machen zu können. Die Aufführungen sind in jeder Hinsicht nichtöffentlich; Gäste (auswärtige ausgenommen) sind ausgeschlossen, öffentliche Mitteilungen über die Tätigkeit des Vereines, sowie jede Art von Reklame etc. unzulässig.*

Diesem Schritt folgte am 6. Dezember die erste, gründende Generalversammlung, in der die Statuten des neuen Vereins verlesen und der vom Präsidenten — Arnold Schönberg — vorgeschlagene Vorstand gewählt wurde. Er bestand aus 19 Personen aus dem Freundes- und Schülerkreis des Meisters, darunter natürlich Alban Berg und Anton Webern, aber auch Max Deutsch, Josef Polnauer, Karl Rankl, Erwin Ratz, Josef Travnicek (Trauneck), Viktor Ullmann, Roland Tenschert, die Pianistin Olga Novakovic sowie die Pianisten Ernst Bachrich und Eduard Steuermann. Der Sekretär des Vereins war Paul Pisk, der Kassier Arthur Prager, als Vortragsmeister fungierten Webern, Berg und Steuermann. Als Webern 1920 für kurze Zeit einen Posten als Kapellmeister am Deutschen Theater in Prag antrat, nahm seine Stelle als erster Vortragsmeister Erwin Stein ein; auch Benno Sachs übte diese für die Tätigkeit des Vereins wichtige Funktion aus. Auf Pisk folgte Anfang 1919 Josef Rufer als Sekretär. Er wurde 1921 von Schönbergs Schwiegersohn Felix Greissle abgelöst; zuletzt — Ende 1921, als die Konzerttätigkeit infolge der ständig

---

4 Archiv der Internationalen Schönberg-Gesellschaft, Wien — Mödling. Die hier mitgeteilten Daten sind zum Großteil dem Archivmaterial des Vereins für musikalische Privataufführungen entnommen, das sich im Nachlaß Arnold Schönbergs befindet. Die 1972 gegründete Internationale Schönberg-Gesellschaft ist im Begriffe, mit Hilfe der Erben Schönbergs ein Duplikat-Archiv aufzubauen, das in dem von der Gesellschaft vor der Spitzhacke geretteten und gekauften ehemaligen Mödlinger Wohnhaus des Meisters (Bernhardgasse 6) etabliert werden soll; Kopien der Archivbestände des Vereins für musikalische Privataufführungen sind bereits in ihrem Besitz.

anwachsenden Inflation eingestellt werden mußte – war Rudolf Wenzl Vereinssekretär.

Die von Arnold Schönberg entworfenen Statuten und der von Alban Berg[5] verfaßte erste Prospekt vom 16. Februar 1919, der auch eine Übersicht über das Programm der bereits stattgefundenen ersten neun Konzerte enthält, präzisieren noch einmal die Aufgabe des „Schönberg-Vereins" – wie er bald allgemein genannt wurde –, nämlich: *Arnold Schönberg die Möglichkeit zu geben, daß er seine Absicht, Künstlern und Kunstfreunden eine wirkliche und genaue Kenntnis moderner Musik zu verschaffen, persönlich durchführe.* Es war also keineswegs ein Verein für die Propagierung und Durchsetzung der Werke Schönbergs, im Gegenteil: Schönberg ließ sich erst im Frühjahr 1920 dazu bewegen, die Erlaubnis zur Aufführung eines seiner Werke im Verein zu erteilen. *Propaganda für Werk und Autor ist nicht Zweck des Vereins,* heißt es ausdrücklich in Bergs Prospekt. Schönberg, dem leidenschaftlichen Pädagogen, ging es vielmehr um eine systematische Publikumserziehung, die den Hörer zur richtigen Aufnahme und zum Verständnis der zeitgenössischen Musik befähigen sollte. Dies wird deutlich in der gedruckten Einladung vom 26. November 1919 zur ordentlichen Generalversammlung – sie wurde am 12. Dezember abgehalten und hatte u. a. auch über eine wieder einmal notwendig gewordene Erhöhung der Mitgliedsbeiträge zu beschließen – ausgesprochen: *Die Mitglieder mögen bedenken, daß in dieser traurigen Zeit, wo in Österreich alles zugrunde geht, unser Verein das einzige europäische Ereignis ist (auf einem belanglosen Gebiete allerdings), ein Ereignis, worin wir allen Kulturstaaten, die uns „besiegt" haben, voran sind. Unser Verein wird, wenn ihm bloß 2–3 Jahre Wirksamkeit noch gegönnt sind, ein Publikum erzogen haben, welches eine Kenntnis der modernen Musik besitzt, wie es kein Publikum der ganzen Welt hat. Durch ein solches Publikum ist Österreich auf Jahrzehnte hinaus die Vorherrschaft auf dem Gebiete moderner Musik gesichert.*

Zur Erreichung dieses Ziels sind drei Dinge erforderlich: Klare, gut studierte Aufführungen; 2. Oftmalige Wiederholungen; 3. Die Aufführungen müssen dem korrumpierenden Einfluß der Öffentlichkeit entzogen werden, das heißt, sie dürfen nicht auf Wettbewerb gerichtet und müssen unabhängig sein von Beifall und Mißfallen. (Berg im ersten Vereinsprospekt vom 16. 2. 1919.) Die hohe Qualität der Aufführungen des Vereins war in erster Linie das Resultat harter und ausgedehnter Probenarbeit, die von den Vortragsmeistern streng überwacht wurde. Berg gibt in dem von ihm verfaßten Prospekt an, daß für Mahlers VII. Symphonie, die gleich im ersten Konzert des Vereins am 29. Dezember 1918 in einem Arrangement für Klavier zu vier Händen aufgeführt worden war, zwölf meist vierstündige Proben aufgewendet wurden. Durch strenge Auswahl der Ausführenden wurde *jenes Virtuosentum ausgeschaltet, dem das aufzuführende Werk nicht Selbstzweck, sondern lediglich Mittel zu einem Zweck ist, der keinesfalls der des Vereins sein kann, nämlich: Entfaltung von Virtuosität und Eigenart, die fernab von der Sache liegt, Erzielung eines rein persönlichen Erfolges. Durch den schon erwähnten Ausschluß aller Beifalls-, Mißfalls- und Dankesbezeigungen wird derartiges an sich*

---

5 Willi Reich: a. a. O., S. 161.

unmöglich. (Prospekt.) Ivan Vojtech[6] publizierte einen am 24. Februar 1921 geschriebenen Brief Alban Bergs an den Prager Pianisten und Komponisten Erwin Schulhoff, in dem Berg dessen Anfrage beantwortet, unter welchen Bedingungen er im Verein spielen könne: *Über die aufzuführenden Werke entscheidet Schönberg . . . Wenn jemand bei uns spielen will, muß er sich einem Probespiel unterziehen und sich — so hart es ist — gefallen lassen, daß von unseren Vortragsmeistern mit ihm geprobt wird. Die so fertiggestellte Aufführung wird nun Schönberg vorgeführt, der zu entscheiden hat, ob das Werk so aufgeführt werden kann. Oder verschoben — oder — was auch schon vorgekommen ist — ganz abgesetzt wird und einem anderen Virtuosen bzw. Ensemble zugeteilt wird. Nur so kann das im Verein übliche Niveau beibehalten werden.*

Oberste Autorität in allen Fragen des Vereins war Arnold Schönberg *(Der Präsident hat in der Leitung des Vereines vollkommen freie Hand,* § 9 der Statuten), der ein strenges Regime führte. Mit unglaublicher, geradezu bürokratischer Pedanterie wurde von ihm alles bis in die kleinsten Einzelheiten geregelt und festgelegt. Die konzertbesuchenden Vereinsmitglieder mußten nicht nur *unbescholtene und ehrenhafte Personen sein* (§ 4 der Statuten), sie mußten sich auch verpflichten, *jede öffentliche Berichterstattung über die Aufführungen und die Tätigkeit des Vereines, insbesondere Rezensionen, Notizen und Besprechungen in periodischen Druckschriften, weder selbst zu verfassen, noch zu inspirieren* (§ 6c der Statuten). Bei Eintritt in den Konzertsaal hatten sie die mit einem Lichtbild versehene Mitgliedskarte und einen Erlagschein über den geleisteten Mitgliedsbeitrag vorzuweisen, während des Konzerts hatten sie sich jeder Beifalls- oder Mißfallensäußerung zu enthalten. Besuche im Künstlerzimmer waren verboten. Für etwaige nichtanonyme Wünsche und Beschwerden zu Handen des Präsidenten war an der Eingangstür des Konzertsaales ein Briefkasten angebracht. Da die Programme der Konzerte vorher nicht bekanntgegeben wurden, mußten die Vereinsmitglieder Sammelprogramme (die auch Liedertexte enthielten) kaufen und jedesmal mitbringen. Die Befugnisse des Präsidenten gingen im übrigen so weit, daß auch alle Beschlüsse der Generalversammlung zu ihrer Gültigkeit seiner Zustimmung bedurften (§ 12 der Statuten).

Schönberg, dessen Empfindlichkeit und leichte Reizbarkeit bekannt war, genoß freilich sowohl bei seinen engsten Mitarbeitern wie bei den übrigen Vereinsmitgliedern uneingeschränkten Respekt. Als er in den Wintermonaten 1920/21 in Holland war, um dort seine Werke einzustudieren und zu dirigieren, mußte ihm pünktlich jede Woche von einem jeweils nominierten Vorstandsmitglied ein genauer schriftlicher Bericht über den Wiener Verein geschickt werden. In einem dieser Rapporte lesen wir: *Hoffentlich verargen Sie es mir nicht, Herr Schönberg, daß ich mich der Maschine bediene, statt mit der Hand zu schreiben. Sie wissen, daß es nur deshalb geschieht, um Ihnen das Lesen zu erleichtern, und nicht aus Bequemlichkeit oder dergleichen.* In einem

[6] Ivan Vojtech: Arnold Schönberg, Anton Webern, Alban Berg — Unbekannte Briefe an Erwin Schulhoff, in: Miscellanea musicologica XVIII, Prag 1965 (Universitas Carolina), S. 64.

anderen Brief schrieb einmal ein Berichterstatter: *In der gestrigen Vorstandssitzung sind einige Fragen offen geblieben, auf die wir von Ihnen umgehend Antwort erbitten.* Schönberg nahm sofort an dem Wort „umgehend" Anstoß, das er mit Bleistift einringelte und mit der ironischen Glosse „bitte sehr, bitte gleich" kommentierte.

Die wöchentlichen Konzerte des Vereins fanden zunächst im Festsaal des Kaufmännischen Vereines (Wien I, Johannesgasse 4) jeweils am Sonntag um 10 Uhr vormittags statt, wurden dann im Februar 1919 wegen Platzmangels in den Kleinen Musikvereinssaal (Brahms-Saal) verlegt und übersiedelten schließlich mit Beginn der Saison 1919/20 in den Kleinen Konzerthaussaal (Schubert-Saal), wo sie nun regelmäßig am Freitag abends abgehalten wurden. In der Saison 1920/21 war der Saal des Klubs österreichischer Eisenbahnbeamter (Wien I, Nibelungengasse 3) Schauplatz der Konzertveranstaltungen des Schönberg-Vereins, die dort meist an Montag-Abenden abgewickelt wurden. In seiner letzten aktiven Saison (Herbst 1921) benützte der Verein auch den Festsaal der Schwarzwaldschen Schulanstalten (Wien I, Wallnerstraße 9) und den Festsaal des Ingenieur- und Architektenvereins (Wien I, Eschenbachgasse 9). Die Konzertsaison dauerte von Mitte September bis Mitte Juni, in den Sommermonaten wurde pausiert. Das Vereinsjahr begann mit dem 1. Dezember.

Die finanzielle Grundlage der Aufführungen waren die Mitgliedsbeiträge. Sie wurden zunächst in vier Klassen abgestuft, die verschiedenen Sitzkategorien entsprachen. Die billigste war die vierte Klasse, die erste Klasse war denjenigen Mitgliedern vorbehalten, die freiwillig mehr bezahlen wollten, als der Betrag für die 2. Klasse ausmachte. Beim Eintritt in den Verein mußte man eine Grundgebühr entrichten, der Restbetrag konnte für die ganze Saison im voraus oder in vierteljährlichen, monatlichen oder auch wöchentlichen Teilzahlungen erstattet werden. Die Mitglieder waren jedoch verpflichtet, die ganze Saison zu abonnieren. In einer außerordentlichen Generalversammlung wurde am 21. November 1919 – gleichsam als indirekte Beitragserhöhung – eine 7klassige Einteilung beschlossen, und die Vereinsleitung forderte die Mitglieder auf, je nach ihrer finanziellen Leistungsfähigkeit in eine höhere Klasse überzutreten. Man wollte damit eine allgemeine drastische Beitragserhöhung vermeiden und den minderbemittelten Mitgliedern die Möglichkeit offen lassen, in einer niedrigen Klasse zu verbleiben. Die ständig steigenden Kosten bei gleichzeitig fortschreitender Geldentwertung erforderten bald weitere Korrekturen der Beiträge und zwangen schließlich die Vereinsleitung, Ende 1921 die Konzerte einzustellen.

Eine Übersicht über die Programme der im ersten Vereinsjahr durchgeführten Konzerte vermag die Fülle und Streuungsbreite des Gebotenen aufzuzeigen. Besonderes Augenmerk verdienen die Bearbeitungen von Orchesterwerken für Klavier zu vier Händen bzw. für zwei Klaviere. Berg hatte darüber im ersten Vereinsprospekt ausgeführt: *Es kommen nebst Liedern, Klavierstücken, Kammermusik und kleineren Chorsachen auch Orchesterwerke in Betracht, welche – da der Verein heute noch nicht die Mittel besitzt, sie in der Originalgestalt aufzuführen – vorderhand nur in guten und gutstudierten Arrangements zu vier bis acht Händen reproduziert werden können. Aber: einmal vor eine solche neue Aufgabe gestellt, wurde aus der Not eine Tugend gemacht. Es ist nämlich auf diese Weise möglich, moderne Orchesterwerke — aller Klangwirkungen, die nur das Orchester auslöst, und aller sinnlichen Hilfsmittel entkleidet — hören und beurteilen zu können. Damit wird der allgemein übliche Vorwurf entkräftet, daß diese Musik ihre Wirkung lediglich ihrer mehr oder minder reichen und effektvollen Instrumentation verdanke und nicht auch alle die Eigenschaften besäße, die bisher für eine gute Musik charakteristisch waren: Melodien, Harmoniereichtum, Polyphonie, Formvollendung, Architektur etc.* Später wurden übrigens von Orchesterwerken, die der Verein aufzuführen beabsichtigte, auch eigene Fassungen für Kammerorchester — meist vom Schönberg-Kreis selbst — hergestellt.

Beachtenswert an den Programmen der ersten Konzerte des Vereins ist ferner die Tatsache, daß Schönberg Kompositionen seines Wiener „Antipoden" Josef Matthias Hauer[7] aufführen ließ, der ebenfalls ein — von jenem Schönbergs sich wesentlich unterscheidendes — System der Zwölftonkomposition gefunden hatte: es waren dies Klavierwerke, und zwar die Opera 1 und 2, die bereits im 7. Konzert am 2. Februar 1919 erklangen und im 10. Konzert am 23. Februar wiederholt wurden, sowie die Opera 3 und 10, die im 23. Konzert am 30. Mai 1919 gespielt wurden.

Insgesamt gelangten im ersten Vereinsjahr (d. h. in der Zeit vom 29. Dezember 1918 bis zum 28. November 1919) in 37 Konzerten 66 Werke von 27 Komponisten zur Aufführung; davon wurden 27 Werke nur einmal geboten, 19 Werke erlebten je eine Wiederholung, 18 Werke zwei Wiederholungen und 2 Werke sogar drei Wiederholungen. 12 Komponisten waren nur mit je einem Werk vertreten, 4 Komponisten mit zwei Werken, 6 Komponisten mit drei Werken, 3 Komponisten (Berg, Hauer, Strawinsky) mit vier Werken, Debussy mit sieben Werken und Reger sogar mit zehn Werken. In der folgenden Aufstellung[8] sind neben den Ausführenden auch die Vortragsmeister angegeben, die für die jeweilige Einstudierung verantwortlich waren: Sch = Schönberg, W = Webern, B= Berg, St = Steuermann, S = Sachs.

I — Alexander Skrjabin, *IV. und VII. Klaviersonate.* Eduard Steuermann (Sch); Claude Debussy, *Proses lyriques, Vier Lieder.* Felicie Mihacsek, Ernst Bachrich (W); Gustav Mahler, *VII. Symphonie e-Moll,* Bearbeitung für Klavier zu vier Händen von Alfredo Casella. Eduard Steuermann, Ernst Bachrich (Sch).

II — Max Reger, *Violoncellosonate a-Moll, op. 118.* Otto Stieglitz, Ernst Bachrich (W); Gustav Mahler, *Fünf Lieder aus „Des Knaben Wunderhorn".* Arthur Fleischer, Eduard Steuermann (W); Max Reger, *Introduktion, Passacaglia und Fuge für zwei Klaviere, op. 96.* Olga Novakovic, Ernst Bachrich (W).

---

[7] Walter Szmolyan: Josef Matthias Hauer. Österreichische Komponisten des XX. Jahrhunderts, Band 6, Wien 1965. Vgl. vor allem das Kapitel „Das Verhältnis zu Arnold Schönberg".

[8] Eine Zusammenstellung der kompletten Programme der ersten 37 Konzerte des Vereins für musikalische Privataufführungen enthalten die gedruckten Vereins-Mitteilungen Nr. 14 vom 20. Februar 1920 (Archiv d. Intern. Schönberg-Ges.); die einzelnen Angaben wurden nach verschiedenen Prospekten und Sammelprogrammen überprüft und ergänzt. Der Verf. beabsichtigt, in nächster Zeit eine größere Arbeit über den „Schönberg-Verein" vorzulegen.

III Richard Strauss, *Don Quixote op. 35,* Bearbeitung für zwei Klaviere. Eduard Steuermann, Ernst Bachrich (W); **Alexander Skrjabin, *IV. und VII. Klaviersonate;*** Max Reger, *Passacaglia op. 96.*

IV Gustav Mahler, *VII. Symphonie e-Moll;* Claude Debussy, *Proses lyriques.*

V Max Reger, *Violoncellosonate a-Moll, op 118;* Claude Debussy, *Fêtes galantes, Lieder.* Emmy Heim, Eduard Steuermann (W); Franz Schreker, *Vorspiel zu einem Drama,* Bearbeitung für Klavier zu vier Händen. Josef Rosenstock, Felix Petyrek (B).

VI Richard Strauss, *Don Quixote op. 35;* Gustav Mahler, *Fünf Lieder* aus *„Des Knaben Wunderhorn";* Claude Debussy, *Trois Nocturnes pour orchestre,* Bearbeitung für zwei Klaviere von Maurice Ravel. Cesia Dische, Olga Novakovic (Sch).

VII Josef Hauer, *Nomos in sieben Teilen für Klavier op. 1.* Rudolf Réti (W); Josef Hauer, *Nomos in fünf Teilen für Klavier op. 2.* Rudolf Réti (W); Claude Debussy, *Trois Nocturnes;* Hans Pfitzner, *Fünf Lieder op. 26.* Felicie Mihacsek, Ernst Bachrich (W); Alban Berg, *Klaviersonate op. 1.* Eduard Steuermann (B).

VIII Franz Schreker, *Vorspiel zu einem Drama;* Béla Bartók, *Vierzehn Bagatellen für Klavier op. 6.* Cesia Dische (Sch); Claude Debussy, *Fêtes galantes;* Igor Strawinsky, *Trois pièces faciles für Klavier zu vier Händen.* Eduard Steuermann, Ernst Bachrich (Sch); Igor Strawinsky, *Cinq pièces faciles für Klavier zu vier Händen.* Eduard Steuermann, Ernst Bachrich (Sch).

IX Anton Webern, *Passacaglia für Orchester op. 1,* Bearbeitung für zwei Klaviere zu sechs Händen. Eduard Steuermann, Paul Pisk, Ernst Bachrich (Sch); Béla Bartók, *Vierzehn Bagatellen op. 6;* Alexander Zemlinsky, *Vier Lieder op. 8.* Arthur Fleischer, Eduard Steuermann (W); Igor Strawinsky, *Trois pièces faciles;* Igor Strawinsky, *Cinq pièces faciles;* Anton Webern, *Passacaglia op. 1.*

X Alban Berg, *Klaviersonate op. 1;* Claude Debussy, *Trois Nocturnes;* Josef Hauer, *Nomos in fünf Teilen op. 2;* Josef Hauer, *Nomos in sieben Teilen op. 1;* Karl Weigl, *I. Streichquartett E-Dur (mit der Viola d'amore).* Gottesmann-Quartett (Sch).

XI Julius Bittner, *Violoncellosonate.* Wilhelm Winkler, Olga Novakovic (W); Ferruccio Busoni, *Sechs Elegien für Klavier.* Eduard Steuermann (Sch); Karl Weigl, *I. Streichquartett E-Dur.*

XII Max Reger, *Klarinettensonate B-Dur, op. 107.* Gustav Vogelhut, Eduard Steuermann (St); Erich Wolfgang Korngold, *Violinsonate op. 6.* Rudolf Kolisch, Albert Tadlewsky (Sch).

XIII Josef Suk, *Ein Sommermärchen, Tondichtung für großes Orchester op. 29,* Bearbeitung für Klavier zu vier Händen von Roman Vesely.

Etta Werndorff, Ernst Bachrich (B und Sch); Hans Pfitzner, *Fünf Lieder op. 26;* Richard Strauss, *Don Quixote op. 35.*

XIV Max Reger, *Klarinettensonate B-Dur, op. 107;* Max Reger, *Violoncellosonate a-Moll, op. 118;* Max Reger, *Passacaglia op. 96.*

XV Joseph Gustav Mraczek, *Max und Moritz, symphonische Burleske für großes Orchester,* Bearbeitung für Klavier zu vier Händen. Olga Novakovic, Ernst Bachrich (W); Egon Wellesz, *Geistliches Lied für Mezzosopran, Geige, Bratsche und Klavier op. 23.* Emmy Heim, Hugo Gottesmann, Hugo Kauder, Rudolf Réti (B); Richard Strauss, *Sinfonia domestica op. 53,* Bearbeitung für zwei Klaviere. Cesia Dische, Ernst Bachrich (B).

XVI Ferruccio Busoni, *Sechs Elegien;* Alban Berg, *Vier Lieder op. 2.* Felicie Mihacsek, Eduard Steuermann (W); Anton Webern, *Vier Lieder op. 3.* Felicie Mihacsek, Eduard Steuermann (W); Josef Hauer, *Nomos in fünf Teilen op. 2.*

XVII Fidelio Finke, *Fünf Klavierstücke.* Hildegard Spengler (?); Alban Berg, *Vier Lieder op. 2;* Josef Suk, *Erlebtes und Erträumtes, Zehn Klavierstücke.* Rudolf Serkin (Sch); Igor Strawinsky, *Trois pièces faciles;* Igor Strawinsky, *Cinq pièces faciles.*

XVIII Maurice Ravel, *Gaspard de la nuit.* Eduard Steuermann (St); Gustav Mahler, *VI. Symphonie a-Moll,* Bearbeitung für Klavier zu vier Händen von Alexander Zemlinsky. Eduard Steuermann, Ernst Bachrich (Sch).

XIX Max Reger, *Episoden op. 115, Acht Klavierstücke.* Ernst Bachrich (Sch); Max Reger, *Klarinettenquintett A-Dur, op. 146.* Gustav Vogelhut, Bene-Jary-Quartett (W); Ferruccio Busoni, *Sechs Elegien.*

XX Claude Debussy, *Ile joyeuse, Klavierstück.* Eduard Steuermann (St); Alexander Zemlinsky, *II. Streichquartett op. 15.* Feist-Quartett (W); Alexander Zemlinsky, *Sechs Gesänge op. 13.* Hedi Jracema-Brügelmann, Ernst Bachrich (W).

XXI Gustav Mahler, *VII. Symphonie e-Moll;* Max Reger, *Klarinettenquintett A-Dur, op. 146.*

XXII Max Reger, *Klarinettensonate B-Dur, op. 107;* Gustav Mahler, *Fünf Lieder aus „Des Knaben Wunderhorn";* Alexander Zemlinsky, *II. Streichquartett op. 15.*

XXIII Alban Berg, *Klaviersonate op. 1;* Josef Hauer, *Sieben kleine Stücke für Klavier op. 3.* Eduard Steuermann (St); Josef Hauer, *Tanz für Klavier op. 10.* Eduard Steuermann (St); Ferruccio Busoni, *Sechs Elegien;* Claude Debussy, *Proses lyriques;* Maurice Ravel, *Gaspard de la nuit;* Claude Debussy, *Ile joyeuse.*

XXIV Béla Bartók, *Vierzehn Bagatellen op. 6;* Igor Strawinsky, *Berceuses de chat, Vier Lieder für Singstimme und drei Klarinetten.* Emmy

Heim, Karl Gaudriot, Franz Prem, Gustav Vogelhut (Sch); Igor Strawinsky, *Pribaoutki, Vier Lieder für Singstimme und acht Instrumente (Geige, Bratsche, Violoncello, Kontrabaß, Flöte, Oboe, Klarinette, Fagott).* Emmy Heim, Hugo Gottesmann, Hugo Kauder, Rudolf Mayer, Karl Fiala, Viktor Zimmermann, Simon Danzer, Gustav Vogelhut, Hugo Burghauser (Sch); Alban Berg, *Reigen, Orchesterstück op. 6, Nr. 2,* Bearbeitung für zwei Klaviere zu acht Händen. Eduard Steuermann, Olga Novakovic, Cesia Dische, Ernst Bachrich (W); Anton Webern, *Fünf Lieder op. 3;* Anton Webern, *Passacaglia op. 1.*

XXV Claude Debussy, *Trois Nocturnes;* Alexander Zemlinsky, *Sechs Gesänge op. 13;* Josef Suk, *Erlebtes und Erträumtes.*

XXVI Alexander Skrjabin, *IV. und VII. Klaviersonate;* Alexander Zemlinsky, *II. Streichquartett op. 15.*

XXVII Max Reger, *Violinsonate c-Moll, op. 139.* Erna Alberdingk, Ernst Bachrich (W); Richard Strauss, *Sechs Lieder op. 67.* Stefanie Bruck-Zimmer, Ernst Bachrich (W); Max Reger, *Beethoven-Variationen für Orchester op. 86,* Bearbeitung für zwei Klaviere. Olga Novakovic, Ernst Bachrich (B).

XXVIII Ferruccio Busoni, *I. Sonatine für Klavier.* Eduard Steuermann (St); Maurice Ravel, *Streichquartett.* Feist-Quartett (W); Max Reger, *Fünf Gesänge aus op. 75.* Hedi Jracema-Brügelmann, Ernst Bachrich (W).

XXIX Maurice Ravel, *Gaspard de la nuit;* Hans Pfitzner, *Klavierquintett C-Dur, op. 23.* Bene-Jary-Quartett, Ernst Bachrich (W).

XXX Ferruccio Busoni, *I. Sonatine;* Franz Schmidt, *II. Symphonie Es-Dur,* Bearbeitung für Klavier zu vier Händen von Alexander Wunderer. Selma Stampfer, Paul Pisk (S u. B); Béla Bartók, *Rumänische Volkstänze für Klavier.* Olga Novakovic (Sch); Béla Bartók, *Rumänische Weihnachtslieder aus Ungarn, Neunzehn Klavierstücke.* Olga Novakovic (Sch).

XXXI Alban Berg, *Vier Klarinettenstücke op. 5.* Franz Prem (B); Maurice Ravel, *Streichquartett;* Max Reger, *Fünf Gesänge aus op. 75.*

XXXII Béla Bartók, *Rumänische Volkstänze;* Béla Bartók, *Rumänische Weihnachtslieder;* Alban Berg, *Vier Klarinettenstücke op. 5;* Claude Debussy, *Trois Chansons de Bilitis.* Emmy Heim, Olga Novakovic (S); Max Reger, *Violinsonate e-Moll, op. 122.* Oskar Adler, Ida Hartungen (W).

XXXIII Felix Weingartner, *IV. Streichquartett D-Dur, op. 62.* Brunner-Quartett (S); Modest Mussorgsky, *Kinderstube, Sieben Lieder.* Stella Eisner, Eduard Steuermann (W); Alexander Skrjabin, *Le poème de l'extase op. 54,* Bearbeitung für zwei Klaviere. Olga Novakovic, Eduard Steuermann (Sch).

XXXIV Paul Dukas, *Variationen für Klavier.* Claire Schwaiger (B); Richard Strauss, *Sechs Lieder op. 67;* Max Reger, *Beethoven-Variationen op. 86.*

XXXV Modest Mussorgsky, *Kinderstube;* Max Reger, *Sechs kleine Präludien und Fugen für Klavier op. 99.* Ida Hartungen (W); Max Reger, *Violinsonate e-Moll, op. 122.*

XXXVI Claude Debussy, *Children's Corner, Sechs Klavierstücke.* Eduard Steuermann (St); Anton Webern, *Vier Violinstücke op. 7.* Oskar Adler, Eduard Steuermann (W).

XXXVII Rudolf Braun, *Streichquintett op. 38.* Bene-Jary-Quartett, Stephi Chalupny (W); Béla Bartók, *Rumänische Volkstänze;* Béla Bartók, *Rumänische Weihnachtslieder;* Claude Debussy, *La mer,* Bearbeitung für zwei Klaviere von André Caplet. Eduard Steuermann, Ernst Bachrich (Sch).

Die im November-Prospekt 1920 veröffentlichte Statistik meldet bereits 70 Konzerte, in denen insgesamt 115 verschiedene Werke zeitgenössischer Komponisten aufgeführt worden waren. An neu hinzugekommenen Komponisten finden wir Robert Fuchs, Zoltán Kodály, László Lajtha, Vítězlav Novâk, Boleslav Vomačka, Rudolf Réti, Erik Satie, Arnold Schönberg, Bernhard Sekles und Karol Szymanowski. Nun hielten auch Werke von Schönberg Einzug in die Vereinsabende: die *Drei Klavierstücke op. 11* (gespielt von Eduard Steuermann) und die *Fünf Orchesterstücke op. 16* (in der Bearbeitung für Kammerorchester von Hanns Eisler). Hauers erste strenge Zwölftonkomposition, *Nomos für Klavier op. 19,* wurde vom Komponisten persönlich vorgeführt. Zu Propagandakonzerten, die man „zur Förderung der Vereinsziele" veranstaltete, hatten nun auch Gäste Zutritt. Ein solches Konzert fand z. B. am 9. Oktober 1920 im Kleinen Musikvereinssaal statt. Auf dem Programm standen die *Romantische Suite op. 125* von Max Reger, in einer Bearbeitung für Kammerorchester (Streichquartett, Kontrabaß, Klavier, Harmonium, Flöte, Klarinette) von Rudolf Kolisch, sowie Kompositionen von Debussy und Bartók, weiters die Uraufführung zweier „Neuer Klavierstücke" von Arnold Schönberg (offenbar Nr. 1 und 2 der *Fünf Klavierstücke op. 23).* Ein weiteres Propagandakonzert am 20. Jänner 1921 im Kleinen Konzerthaussaal war Liedern von Schönberg (Erika Wagner sang u. a. als Uraufführung die *Zwei Lieder op. 14)* und Mahlers *IV. Symphonie* in einer von Erwin Stein hergestellten Bearbeitung für Kammerorchester (Streichquartett, Fidel, Kontrabaß, Flöte, Oboe, Klarinette, Harmonium, Klavier, Schlagwerk; Sopransolo: Martha Fuchs) gewidmet.

Als ganz besonderes Ereignis ist jedoch jenes Konzert am 23. Oktober 1920 anzusehen, das der Schönberg-Verein um drei Uhr nachmittags zu Ehren Maurice Ravels, der damals Wien einen Besuch abstattete, im Kleinen Konzerthaussaal gab. Auch diesmal hatten Nichtmitglieder Zutritt. Zwischen Werken der Meister der „Wiener Schule" (Helge Lindberg sang fünf Lieder aus Schönbergs *Opus 15,* Steuermann spielte wieder die *Zwei neuen Klavierstücke* und Olga Bauer-Pilecka trug die Ballade *Jane Grey* aus *Opus 12* vor; Webern war mit den *Vier Geigenstücken op. 7,* Berg mit den *Vier Klarinettenstücken op. 5* vertreten) erklangen Kompositionen des französischen Gastes: so der von Steuermann interpretierte *Gaspard de la nuit* und das vom Feist-Quartett gespielte *Streichquartett in F-Dur.* Der Höhepunkt des Konzertes wurde aber zweifellos erreicht, als sich Ravel und Alfredo Casella an zwei Klaviere setzten, um die *Valses nobles et sentimentales* zum besten zu geben.

Ebenfalls bereits ein Stück Musikgeschichte ist der sogenannte *Walzer-Abend*, der am 27. Mai 1921 im Festsaal der Schwarzwaldschen Schulanstalten abgewickelt wurde. Schönberg, Berg und Webern hatten vier Walzer von Johann Strauß für Kammerorchester arrangiert; die Manuskripte sollten nach der Aufführung versteigert werden, um Geld für weitere Kammerorchesteraufführungen des Vereins hereinzubringen. Das Kammerorchester bestand aus Eduard Steuermann (Klavier), Alban Berg (Harmonium), Rudolf Kolisch und Arnold Schönberg (erste Geige), Karl Rankl (zweite Geige), Othmar Steinbauer (Bratsche) und Anton Webern (Violoncello). Schönberg hatte *Rosen aus dem Süden* und den *Lagunenwalzer* bearbeitet, Berg *Wein, Weib und Gesang* und Webern den *Schatzwalzer* aus dem *Zigeunerbaron.* Über den Verlauf des Abends sind wir durch einen von Willi Reich[9] mitgeteilten Brief Bergs an Erwin Stein vom 2. Juni 1921 genau unterrichtet: *Walzerabend (in der Schwarzwaldschule): Das war wohl sehr gelungen. Aber die Arbeit!!! Fünf fünfstündige Proben. In drei, vier Tagen so einen Riesenwalzer instrumentieren! Die Stimmen herausschreiben! Der Wust von administrativen Vorarbeiten!! – Am Abend selbst verkauften wir – Schönberg und Frau, Webern und Trude, ich und Frau, Steuermann, Rankl, Kolisch und Steinbauer im Turmzimmer Gedenkblätter, die zugleich als Eintrittskarten – von der Seitentür in den Saal – galten. Wer keines kaufte, mußte Spießruten laufen um das ganze Gebäude herum, um sich bei einer Kasse den Eintritt durch die Hintertür zu erkaufen. Anwesend waren: ca. 160 Mitglieder und 30 bis 40 Gäste. – Schönberg hielt zu Beginn eine Rede über den Sinn der Veranstaltung – Fonds für Kammerorchester – und leitete die Lizitation. Beides in fabelhaft witziger, launiger Weise, der auch der immerhin schöne Erfolg zu verdanken ist. Die Walzer klangen durchwegs fabelhaft gut, sogar meiner, „Wein, Weib und Gesang"! Schönbergs Instrumentation überragte natürlich die meine weit. Ich hätte freilich nicht so viel gewagt. Steuermann zum Beispiel, der auf eine Bemerkung Schönbergs, daß sich jeder seine Stimme zu Hause anschauen müsse, lächelte, erhielt von Schönberg einen wahnwitzig schwer gesetzten Klavierpart, der freilich prachtvoll klang. – Schon nach meinem Walzer setzte frenetischer Applaus ein, den Schönberg zuließ, um die Stimmung zu heben. Weberns Walzer, der dritte im Programm, mußte wiederholt werden, und zwar mit Webern am Pult und Schönberg mit dem Cello. Die Aufführungen verliefen glänzend; selbst mein Harmoniumspiel war entsprechend. Die Lizitation brachte: für meinen Walzer – als erster ausgerufen mit 500 Kronen – 5000 Kronen; für Schönbergs Lagunenwalzer 14.000 Kronen; Weberns Schatzwalzer wurde bis 7000 Kronen lizitiert, Schönberg, der immer mitlizitierte, um es hinaufzutreiben, bot 9000 Kronen – und blieb damit hängen, ganz gegen seine Absicht; schließlich Schönbergs „Rosen aus dem Süden" 17.000 Kronen. – Darnach große Zusammenkunft der Vereinsleitung im Hotel de France, wo Schönberg übernachtete . . .*

Bereits 1920 erwog die Vereinsleitung, eine zweite Reihe von Konzerten – die sogenannte Serie B – einzuführen. In den Mitteilungen Nr. 19 vom

---

[9] Willi Reich: a. a. O., S. 163 f.

1. Oktober 1920 steht darüber zu lesen: *Serie A wären unsere bisherigen, der modernen Musik gewidmeten Abende. Unabhängig von diesen sollen in Serie B klassische, oft und schlecht gespielte Werke gut gespielt werden; unter Kontrolle unserer Vortragsmeister . . . Diese Veranstaltungen bezwekken, jenen kultivierten unter unseren Mitgliedern, welche, verwöhnt durch unsere Aufführungen, an den landesüblichen Konzerten kein Vergnügen mehr finden können, den Genuß klassischer Musik wieder zu verschaffen.* Die neue Konzertreihe startete am 22. Mai 1921 im Saal der Schwarzwaldschule mit einer Lesung des Schönberg-Oratoriums *Die Jakobsleiter* durch den Schauspieler Wilhelm Klitsch. Als zweiter Abend war am 27. Mai eine Aufführung von Schuberts *Winterreise* vorgesehen; als der Sänger Arthur Fleischer kurzfristig absagte, setzte man zu diesem Termin dann den schon besprochenen Walzer-Abend an. Im November kamen noch ein Violinsonaten-Abend Kolisch-Steuermann, ein Cellosonaten-Abend Winkler-Novakovic und ein Schumann-Wolf-Liederabend Eisner-Novakovic zustande. Weitere Veranstaltungen blieben Projekt[10].

Am 30. April 1921 durften die Vereinsmitglieder der Wiener Wiederaufführung[11] von Schönbergs *Pierrot lunaire op. 21* beiwohnen; Gäste waren ausnahmslos nicht zugelassen. Den schwierigen melodramatischen Sprechpart hatte Erika Wagner übernommen, als Instrumentalsolisten standen Eduard Steuermann (Klavier), Franz Wangler (Flöte), Viktor Polatschek (Klarinette), Rudolf Kolisch (Violine) und Wilhelm Winkler (Violoncello) zur Verfügung. Dirigent der Aufführung war Erwin Stein. Wiederholungen fanden am 3. und 7. Mai statt, eine weitere Reprise am 12. Mai stand unter der persönlichen Leitung des Komponisten.

Mit dem *Pierrot* fanden die Konzerte des *Vereins für musikalische Privataufführungen* am 5. Dezember 1921 auch ihr Ende. Der letzte Vereinsprospekt vom November 1921 teilt mit, daß bis 31. Oktober 1921 insgesamt 112 Konzerte durchgeführt worden seien, in denen 151 Werke zu meist mehrmaliger Aufführung gelangten. Willi Reich[12] hat diese Statistik bis Ende 1921 ergänzt und kommt auf die Gesamtzahl von 117 Konzerten mit 154 zeitgenössischen Werken.

---

10 Domink Hartmann: Der „Schönberg-Verein", in: HiFi-Stereophonie 1969/4, S. 232 — 236 (auch im Almanach der Wiener Festwochen 1969, S. 93 — 99).

11 „Pierrot lunaire" wurde am 16. Oktober 1912 in Berlin uraufgeführt; eine anschließende Konzerttournee führte das Berliner „Pierrot"-Ensemble auch nach Wien, wo das Werk zum erstenmal am 7. November 1912 erklang.

12 Willi Reich: a. a. O., S. 161 f.

Ivan Vojtech

Der Verein für musikalische Privataufführungen in Prag

Der Prager *Verein für musikalische Privataufführungen,* der von 1922 bis 1924 bestand, ist der Prager wie auch der Wiener Musikgeschichte zuzuzählen[1]. Auch diese Vereinigung kam auf Grund der bekannten Vereinsidee Schönbergs zustande, und von Schönberg stammt die Anregung, daß sie sich als Expositur des Wiener Vereins in aller Strenge nach dessen Statuten konstituiere. Den ersten Versuch unternahm dazu Schönberg schon im März 1920, als er in Verbindung mit dem damaligen Gastspiel des Wiener Vereins erstmals seine Tätigkeit auch nach Prag zu verlegen trachtete[2].

Es gibt indirekte Belege dafür, daß er unmittelbar nach den erwähnten Gastspielen mit Zemlinsky, Fidelio F. Finke und Václav Talich eine Vereinbarung über den Prager Verein getroffen hat[3], die sich vermutlich wegen der zur Zeit heftigen Divergenzen in der deutsch-tschechischen Konstellation als undurchführbar erwies. Dennoch wurde diese erste Initiative von dem im Mai 1920 gegründeten *Tschechischen Verein für moderne Musik* aufgegriffen, dessen öffentliche Konzerte auf Propagierung der Moderne zielten. Die nächste Wiener Anregung kam im November 1921 mit der Aufführung des neu studierten *Pierrot lunaire*[4]. Die begeisterte Aufnahme des im Prager Gedächtnis tief mit dem Skandal von 1913 verbundenen Werkes zeigte auf Grund zweier gegensätzlicher Reaktionen ein und derselben Musikergeneration, wie sinnvoll für das Verständnis eines Werkes sich das mehrmalige Anhören erweisen kann. Heinrich Jalowetz sprach am Vorabend der *Pierrot lunaire*-Aufführung in seinen einleitenden Worten zu einem Kammerkonzert von Kolisch und Steuermann über die Wiener Vereinspraxis und nahm im besonderen zur Frage der Faßlichkeit eines schwierigen Musikstückes[5] Stellung. Er erreichte damit, daß unmittelbar nach der *Pierrot lunaire*-Aufführung der ursprüngliche Entwurf Schönbergs vom März 1920 von einer Gruppe deutscher Musikliebhaber wieder hervorgeholt wurde.

Der spätere Schriftführer des Vereins, Georg Alter, ein damals in Diensten des staatlichen Weinbrandmonopols stehender Naturwissenschaftler und passionierter Kammermusikspieler, erwarb sich bei der Verwirklichung der Schönbergschen Vereinsidee besondere Verdienste. Er war es, der in den schon

---

1 Dieser Beitrag stützt sich auf ein Manuskript des Verfassers über Schönbergs Verein für musikalische Privataufführungen als solchen. — Die Geschichte des Prager Vereins wurde auf Grund der heute in Jerusalem aufbewahrten Georg Alter-Collection erarbeitet, welche dem Verfasser 1964 in Prag von ihrem Eigentümer zur Verfügung gestellt wurde. Fast alle hier erwähnten Dokumente gehören dieser Sammlung an. Siehe auch A. L. Ringer, Schönbergiana in Jerusalem in: Musical Quarterly LIX, No 1. (Januar 1973), S. 1 ff.

2 Die Konzerte fanden am 7. III., 8. III., 13. III. und 14. III. 1920 statt.

3 Fidelio F. Finke (1891 — 1967) gehörte damals als Professor der Deutschen Akademie für Musik und darstellende Kunst an, Václav Talich (1883 — 1961) war Chefdirigent der Tschechischen Philharmonie.

4 Pierrot lunaire wurde unter E. Stein am 28. XI. 1921 in derselben Besetzung gespielt, mit welcher dann Schönberg die Tätigkeit des Prager Vereins eröffnete.

5 Der Text befindet sich im Schönberg-Nachlaß in Los Angeles.

eingangs genannten Prager Persönlichkeiten das Interesse für dieses altneue Projekt erweckte und im Briefwechsel mit Erwin Stein und auf Grund der Wiener Programmentwürfe die Prager Vereinstätigkeit initiierte[6]. Und er war es auch, der nicht nur eine klare und knappe Information über den Verein verfaßte, sondern auch unter seinen Freunden und Bekannten für diesen unermüdlich zu werben begann. Zu Ostern 1922 fuhr er mit einem Bericht über die bisherige Tätigkeit nach Mödling, um von Schönberg Dispositionen zur konkreten Gestaltung jenes Doppelvereines entgegenzunehmen, dessen Zielsetzung später in einem von Schönberg entworfenen Grundvertrag kodifiziert wurde[7]. Unter Alters Vorsitz trat am 23. April 1922 auch die gründende Hauptversammlung des Vereins unter Teilnahme von 230 Mitgliedern zusammen, wählte Schönberg zum Ehrenpräsidenten und konstituierte den Vereinsvorstand, dem außer Zemlinsky, Talich, Finke, Jalowetz und Alter noch Bankdirektor O. Freund und Musikalienhändler F. Zeller als Kassierer angehörten. Am 25. und 26. Mai desselben Jahres eröffnete der Verein im Saal des Prager Mozarteums seine Tätigkeit mit zwei von Schönberg persönlich geleiteten Konzerten, wobei im ersten Konzert wiederum *Pierrot lunaire* auf dem Programm stand. Der mit 25. Mai datierte Grundvertrag wurde von Schönberg und Zemlinsky am 26. Mai 1922 in Prag signiert.

Die Beziehungen zwischen den beiden Vereinspartnern dauerten bis Dezember 1923 an[8], und dieses Datum beschließt auch das eigentliche Vereinswerk, obgleich der Verein als Institution weiterhin bestehen blieb. Darin entspricht sein Schicksal dem des Wiener Vereins, der seit 1922 nur als eine Vereinigung von Interpreten unter der Verwaltung von Erwin Stein existierte[9]. Auch dieser Vereinigung war es bereits im Mai 1923 nicht mehr möglich, die Verantwortung für die künstlerische Gestaltung eines weiteren Vereinsjahres für Prag zu übernehmen und damit der wichtigsten Bedingung des Grundvertrages nachzukommen[10]. Die weitere Zusammenarbeit stützte sich lediglich auf die Vorbereitung einzelner, von Fall zu Fall angesetzter Konzerte.

Als letztes Zeugnis der Wiener Programminitiative ist noch die von Stein und Schönberg für den 16. Dezember 1923 in Vorschlag gebrachte Einladung an Josef Matthias Hauer zu einem Votrag über die Zwölftonkomposition belegbar[11]. Dieser kam nicht mehr zustande. Auch die im Februar 1924 von Stein gestellte Frage nach den Möglichkeiten einer weiteren Zusammenarbeit beantwortete Alter im Namen des Prager Vorstandes negativ.

---

6 Der erste Brief Alters an Stein stammt vom 9. II. 1922. — Der erwähnten Gruppe der initiativen Musikliebhaber gehörten insbesondere der Rechtsanwalt Dr. Johann Turnowsky, der berühmte Prager Photograph Otto Schlosser und Dr. Rudolf Teller an, welche nachher im Verein die Funktion der Schiedsrichter bekleideten. Von den Prager Musikkritikern, die zur Gründung des Vereins wesentliches leisteten, wäre vor allem Felix Adler und Siegfried Schleissner zu nennen.

7 Über Schönbergs handschriftlichen Entwurf dieses Vertrages siehe auch Ringer a. a. O., S. 4 f.

8 Über die Verbindungen zwischen dem Prager und dem Wiener Verein siehe u. a. auch den letzten Absatz in den Prager Statuten, laut welchem das Vermögen im Falle der Vereinsauflösung in den Besitz des Wiener Vereins übergehen sollte.

9 Über die veränderte Situation in Wien informierte Schönberg den Prager Verein in seinem Brief vom 14. I. 1923. Siehe A. Schönberg, Briefe, ausgewählt und hrsg. v. E. Stein, Mainz 1958, S. 83 ff.

10 E. Stein an G. Alter am 1. V. 1923.

11 In Faksimile und englischer Übersetzung auch bei Ringer a. a. O., S. 6.

Hatte Schönberg bei der Gründung des Prager Vereins alle seine Wiener Erfahrungen heranziehen können, so stand er in Prag doch geänderten Verhältnissen gegenüber. Programmwahl und Zeitdauer der Veranstaltungen — in Wien wurde bei den Vereinsabenden in der Regel 90 Minuten nicht überschritten — unterlagen den neuen Bedingungen: die einmal monatlich an Samstag und Sonntag stattfindenden Abende wurden um 1/3 — 1/2 länger konzipiert, um den notwendigen Spielraum für die Entfaltung der Vereinsintention zu geben[12]. Reger und Debussy bildeten die feste Durchgangslinie zwischen der Wiener Entwicklung zur „Atonalität" mit Berg und Webern und der Pariser zur „Polytonalität". Schönberg selbst erschien in der ersten Saison nur mit zwei Werken. In konzentrierter Form kam sein Werk erst am Anfang der zweiten Saison zu Wort. Einen besonderen Akzent setzte man im Falle von Wiederholungen ein- und desselben Werkes an einem oder zwei aufeinanderfolgenden Abenden nur auf Berg und Webern. Alle übrigen Werke wurden in größeren zeitlichen Abständen nochmals gespielt. Bei Schönberg war man darüber hinaus bestrebt, dem Hörer eine kurzgefaßte Übersicht seiner Entwicklung bis zur damals neuesten Suite op. 25 an einem Abend zu geben, wobei wiederum eher die inneren Zusammenhänge als die bloße Zeitfolge maßgebend waren.

Vom Rezitationsabend der *Jakobsleiter* abgesehen, hat der Wiener Verein in Prag in 14 Konzerten insgesamt 56 Kompositionen aufgeführt, wovon zwanzig für Prag neu studiert waren.

Was die Einstudierung betraf, ruhte die größte Arbeitslast auf E. Stein, Rudolf Kolisch und Eduard Steuermann, die als Vortragsmeister die Verantwortung für die Qualität der Veranstaltungen zu tragen hatten. Wie ernst sie diese Aufgabe nahmen, zeigen die zu Beginn 1923 nach Prag gerichteten Briefe Weberns: Für die am 20. und 21. Februar 1923 veranstalteten Konzerte hatte Webern wohl zum letztenmal die Funktion eines Vortragsmeisters übernommen. Und bis zum letzten Augenblick machte er sich Gedanken über Verbesserungen bei der Programmwahl, um gewissen organisatorischen Schwierigkeiten begegnen und die Idee der Vereinsabende retten zu können. Dies und auch die Leistungsfähigkeit der an den Vereinskonzerten mitwirkenden Instrumentalisten und Sänger sind Zeugnisse dafür, daß man damit hätte rechnen können, die volle Vereinstätigkeit zu einem geeigneten Zeitpunkt wieder aufzunehmen.

Der Prager *Verein für musikalische Privataufführungen* stellt sicherlich einen entscheidenden Wendepunkt in der Pflege der modernen Musik in Prag dar, und schließlich hat er ein aufgeschlossenes Publikum gefunden. Im Grunde war er aber mehr eine Anregung als eine Lösung. Für die Zuhörer geschaffen, wurde er von diesen geschätzt und in solcher Weise unterstützt, daß er in der Lage war, Künstler entsprechend zu honorieren und letztlich sogar die Mitgliedsbeiträge herabzusetzen. Auch der Notenverkauf stieg an, was als Beweis gelten kann, daß man sich dafür ernsthaft interessierte. Aber in diesem auserlesenen Auditorium von etwa 400 Mitgliedern[13], darunter in der Musik ver-

12 Schönbergs Brief an Zemlinsky vom 26. X. 1922, siehe Briefe a. a. O., S. 80 ff.

13 Nach persönlichen Angaben G. Alters, welche nachträglich von weiteren Zeugen ergänzt werden konnten.

sierte Beamte, Schriftsteller, Ärzte, Juristen, Hochschul- und Mittelschullehrer, Geschäftsleute, Schauspieler und Maler, reiche Privatleute und nicht gerade bemittelte Studenten und Musiker aller Art, sucht man etwas, was diesen Kreis zu einem wirklichen „Privatverein" in Schönbergs Sinn hätte formen können. Anders in Wien, wo Schönberg von seinen Schülern und Freunden umgeben war, und er selbst am Vereinsleben unmittelbar teilnahm, und noch immer der ursprüngliche Charakter dieses Kreises gewahrt blieb, in dem die Idee des Vereins zum erstenmal zur Sprache kam: im „Seminar für Komposition", dessen Mitglieder sich auch im Verein an die Persönlichkeit des Meisters, an sein Werk und an seine Welt mit Ehrfurcht und Liebe gebunden fühlten. Überdies fehlte in Prag der zwanglose Verkehr zwischen Ausübenden und Hörern, bei welchem die Interpreten des einen Abends zu Zuhörern des anderen wurden und selbst die Rolle der Studierenden übernahmen. In Wien hatte sich eine Privatvereinigung konstituiert, die sich bewußt gegen das korruptive öffentliche Konzertwesen zur Wehr setzte und sich in jener Atmosphäre bewegte, in der die strengen Vereinsregeln ihre Formalität verloren und zu natürlich verbindlichen Spielregeln einer authentischen Kunstwahrnehmung wurden.

Überdies bestanden Gegensätze zwischen Musikliebhabern und den im Verein tätigen, auf die Moderne geschulten Berufsmusikern, deren Einfluß in den Bemühungen des Vereinsvorstandes sichtbar wurden. Schon im Jänner 1923 sah man nämlich im Vorstand mehr oder minder ein Organ der Prager deutschen Sektion der Internationalen Gesellschaft für neue Musik und seit dieser Zeit erwecken die Vorstandsprotokolle den Eindruck, daß eigentlich zwei selbständige Institutionen im Verein nebeneinander wirkten.

Diese Tatsache fand auch von Anfang an ihren Niederschlag in der Einstellung des Vorstandes zu den Schönbergschen Vereinsgrundsätzen.

Der aus der Korrespondenz Schönberg — Zemlinsky bisher nur teilweise bekannte Meinungsaustausch vom Herbst 1922[14] zu diesem Thema läßt keinen Zweifel darüber, daß man im Prager Vereinsausschuß beispielsweise die vorgeschlagenen Wiederholungen einzelner wichtiger Werke als unerwünscht angesehen hat. Aber auch die Einwände Zemlinskys gegen die häufigen Reger-Aufführungen haben eine tiefere Ursache: sie sind Ausdruck eines instinktiv zensurierenden Vorurteils und damit einer Abneigung, das zeitgenössische Geschehen in seiner objektiven Universalität als eine Entwicklung zu erfassen, die nur in der ihr gebührenden Vielschichtigkeit und Widersprüchlichkeit sinnvoll zu begreifen ist.

In der Schönbergschen Idee manifestiert sich dagegen diese objektiv-universale Einstellung, welche eine Beurteilung nicht autoritär aufzwingen, sondern auf einem indirekten Weg vorbereiten will. Noch konsequenter arbeitete seine Prager Dramaturgie, indem sie die Werke ihrer eigenen Natur gemäß aufeinander wirken ließ, ohne sich unmittelbar in diesen Prozeß einzuschalten. Als man in Prag bei der ersten Begegnung mit dem Vereinswerk das Schönbergsche „Vertraut werden mit der Materie" als „Erzogen werden zu ihr" artikulierte, legte man dieselbe flach-pragmatische Denkweise an den

---

[14] Siehe Anm. 12.

Tag, die sich auch im erwähnten Meinungsaustausch mit Zemlinsky bemerkbar machte und überdies für fast alle mit dem Namen der Internationalen Gesellschaft für Neue Musik verbundenen Vereinsbemühungen charakteristisch war.

Zur definitiven Überführung des Prager Vereins in die Internationale Gesellschaft für Neue Musik kam es allem Anschein nach um die Jahreswende 1923/24. Als im Herbst Jalowetz und Zeller Prag verließen, trat man zu einer Umbildung des Vorstandes zusammen und berief den bekannten Kritiker und Funktionär der Internationalen Gesellschaft für Neue Musik, Erich Steinhard, den Kapellmeister Adolf Heller und den Komponisten Viktor Ullmann an die vakanten Stellen. Anläßlich des Prager Musikfestes der Internationalen Gesellschaft im Jahre 1924 flossen die offiziellen Subventionen, die für die tschechoslowakische Sektion der Internationalen Gesellschaft für Neue Musik bestimmt waren, zum Teil in die Hände des Vereinsvorstandes, und seit dieser Zeit waren die Konzerte des Vereins mehr oder weniger öffentlich und vorwiegend den zeitgenössischen deutschen Komponisten aus böhmischen Ländern gewidmet. Der Verein veranstaltete im Rahmen des genannten Musikfestes am 1. Juni 1924 seine letzte Matinée und schließlich konnte er sich rühmen, am Zustandekommen der Uraufführung von Schönbergs *Erwartung,* die am 6. Juni 1924 im Neuen deutschen Theater in Prag stattfand, wesentlich beteiligt gewesen zu sein.

In der letzten, erst drei Jahre später verfaßten amtlichen Mitteilung des Schriftführers an die Prager Polizeidirektion[15] hieß es, der Verein sei mangels Mitgliedern im Jahre 1924 gelöscht worden, ohne irgendein Vermögen zu hinterlassen.

Anhang 1

Verein für musikalische Privataufführungen in Wien

An den Verein für musikalische Privataufführungen in Prag

Mit Rücksicht auf die Rücksprache der beiden Vereinsvorsitzenden Herren Alexander Zemlinsky für den Verein in Prag und Arnold Schönberg für den Verein in Wien bestätigen wir die nachfolgenden Vereinbarungen, in welchen der Verein für musikalische Privataufführungen in Prag, „Prager Verein", der gleichnamige Verein in Wien, „Wiener Verein" lauten:

1. Der Wiener Verein verpflichtet sich, 10 bis 15 Vereinsabende im Verlaufe des Vereinsjahres 1922/23 im Rahmen und Lokal des Prager Vereines mit seinen Mitwirkenden zu bestreiten.

2. Für die Durchführung dieser Vereinsabende erhält der Wiener Verein pro Abend Kč 3000,–, mindestens also im Vereinsjahre 1922/23 Kč 30.000,–. Mit diesen Beträgen muß der Wiener Verein seine gesamten Kosten bestreiten, welche die Reise (Paß, Fahrgeld usw.), den Aufenthalt, die Einstudierung und

---

15 Vom 27. VII. 1927.

Aufführung der Werke (Proben, Honorar, Material usw.) betreffen. Im Rahmen des Gesamthonorars wird an den Wiener Verein das für den betreffenden Abend entfallende Honorar von Kč 3000,– und eventuell außerdem ein vom Wiener Verein schriftlich geforderter Vorschuß ausgezahlt, dessen Rückzahlung bei den weiteren Abenden in gleichen Raten erfolgt. Die Auszahlung erfolgt gegen Quittung an den vom Wiener Verein schriftlich namhaft gemachten Leiter des Abends. Dem Wiener Verein wird ein Reisevorschuß in der Höhe von 50 Prozent des entfallenden Honorars rechtzeitig zur Verfügung gestellt.

3. Der Prager Verein wird sich bemühen, die Mitwirkenden privat unterzubringen.

4. Die Programme werden entsprechend den Prinzipien des Wiener Vereines gebildet, jedoch werden die besonderen Prager Verhältnisse nach den Vorschlägen des Vorstandes des Prager Vereines berücksichtigt.

Das Programm enthält:

a) in 10 Vereinsabenden wenigstens 16 Erstaufführungen,

b) in 10 Vereinsabenden ca. 40 Programmnummern mit höchstens 25 Prozent Solonummern, mindestens 50 Prozent Duette und Tercette etc., mindestens 10 Prozent Gesangsnummern.

c) Ein Werk ist höchstens 2 – 3 mal im Jahr zu wiederholen. Das Programm soll im allgemeinen so gebildet werden, daß ein allgemeiner Entwurf für das ganze Jahr vom Wiener Verein vorgelegt wird. Sobald über diesen Entwurf eine Einigung erzielt ist, werden die Programme und Reserven der nächsten Konzerte in verbindlicher Form vereinbart. Diese verbindlichere Vereinbarung erfolgt mindestens zwei Monate vor den betreffenden Vereinsabenden. Eine Verpflichtung zu einem bestimmten Programm für einen genau fixierten Termin besteht nicht, doch übernimmt der Wiener Verein die Verpflichtung, im Prager Verein in jeder Hinsicht ähnlich Wertvolles zu leisten wie in Wien.

5. Die Daten der Vereinsabende werden nach Tunlichkeit für das ganze Jahr im vorhinein, mindestens aber zwei Monate vor dem betreffenden Abend festgesetzt.

6. Wenn die Notwendigkeit Gesamtkosten für Honorare, Reisen etc. sich für den Wiener Verein nachweislich um mindestens 10 Prozent in čechoslowakischer Währung erhöhen, haben die beiden Vereine eine Vereinbarung zu treffen, die entweder eine entsprechende Reduktion der Kosten oder eine Erhöhung des Honorars erzielen. Kommt eine Einigung nicht zustande, so ist der Wiener Verein berechtigt, von diesem Vertrage zurückzutreten.

F. d. Ver. für mus. Privatauff. in Wien
Arnold Schönberg

25. V. 1922

I. Ordentlicher Vereinsabend am 25. Mai 1922:

A. Schönberg, Pierrot lunaire op. 21 (E. Wagner, E. Steuermann, F. Wangler, V. Pollatschek, R. Kolisch, W. Winkler, A. Schönberg); C. Debussy, Sonate für Violoncello und Klavier (W. Winkler, E. Steuermann);

II. Ordentlicher Vereinsabend am 26. Mai 1922:

M. Reger, Variationen und Fuge über ein Thema von Beethoven op. 86 (E. Steuermann, O. Novakovic); V. Novák, Winternachtsgesänge op. 30, Nr. 1 und Nr. 4; B. Bartók, Rumänische Weihnachtslieder aus Ungarn * (1. Serie, O. Novakovic); A. Berg, Sonate für Klavier op. 1 (E. Steuermann); A. Webern, 4 Stücke für Geige und Klavier op. 7 (R. Kolisch, E. Steuermann); I. Strawinsky, Piano Rag Music (E. Steuermann); D. Milhaud, Le boeuf sur le toit * (R. Kolisch, E. Steuermann);

III. Ordentlicher Vereinsabend am 8. Oktober 1922:

A. Berg, Streichquartett op. 3 * (Kolisch-Quartett — R. Kolisch, P. Kienzl, A. Duesberg, W. Winkler); A. Webern, 5 Stücke op. 5 * (Kolisch-Quartett); M. Reger, Variationen und Fuge über ein Thema von J. S. Bach op. 81 (E. Steuermann); A. Webern, 5 Stücke op. 5 (Kolisch-Quartett); H. Pfitzner, Streichquartett op. 13 * (Kolisch-Quartett);

IV. Ordentlicher Vereinsabend am 9. Oktober 1922:

A. Berg, Streichquartett op. 3 (Kolisch-Quartett); M. Reger, Streichtrio op. 77a * (R. Kolisch, A. Duesberg, W. Winkler); D. Milhaud, Le boeuf sur le toit (R. Kolisch, E. Steuermann);

V. Ordentlicher Vereinsabend am 19. November 1922:

J. Suk, Vom Mütterchen op. 18 (E. Lüttmann); C. Debussy, Proses lyriques (F. Mihacsek, E. Steuermann); W. Pijper, Sonate für Violine und Klavier (R. Kolisch, E. Steuermann); A. Zemlinsky, 4 Lieder [aus dem Manuskript] * (F. Mihacsek, E. Steuermann); M. Reger, 3 Intermezzi op. 45 (E. Lüttmann);

VI. Ordentlicher Vereinsabend am 20. November 1922:

C. Debussy, Sonate für Violoncello und Klavier (W. Winkler, E. Steuermann); A. Webern, 5 Lieder op. 3 (F. Mihacsek, E. Steuermann); A. Zemlinsky, 4 Lieder [aus dem Manuskript] (F. Mihacsek, E. Steuermann); Z. Kodály, Duo für Violine und Violoncello op. 7 * (R. Kolisch, W. Winkler); A. Webern, 5 Lieder op. 3 (F. Mihacsek, E. Steuermann);

VII. Ordentlicher Vereinsabend am 5. Dezember 1922:

A. Schnabel, Streichquartett [aus dem Manuskript] (Havemann-Quartett: G. Havemann, G. Kniestädt, H. Mahlke, A. Steiner); A. Hába, Streichquartett op. 7 in Vierteltonsystem — a) Einführung und Beispiele, b) Durchführung (A. Hába und Havemann-Quartett);

VIII. Ordentlicher Vereinsabend am 20. Februar 1923:

P. Hindemith, Sonate für Violine und Klavier op. 11, Nr. 2 * (R. Kolisch, E. Steuermann); A. Berg, 4 Stücke für Klarinette und Klavier op. 5 (V. Pollatschek,

E. Steuermann); C. Debussy, Klarinette-Rhapsodie (V. Pollatschek, E. Steuermann); F. Poulenc, Impromptu * (O. Novakovic); A. Berg, 4 Stücke für Klarinette und Klavier op. 5 (V. Pollatschek, E. Steuermann); I. Strawinsky, Suite aus L'histoire d'un soldat * (R. Kolisch, V. Pollatschek, E. Steuermann);

IX. Ordentlicher Vereinsabend am 21. Februar 1923:

D. Milhaud, Sonate für 2 Violinen und Klavier * (R. Kolisch, A. Duesberg, E. Steuermann); C. Debussy, Six epigraphes antiques (E. Steuermann, O. Novakovic); A. Honegger, Sonate für Viola und Klavier * (A. Duesberg, E. Steuermann); A. Schönberg, Kammersymphonie op. 9, bearb. für Klavier (E. Steuermann);

X. Öffentlicher Abend am 27. Februar 1923:

A. Schönberg, Die Jakobsleiter, Oratorium-Rezitation (W. Klitsch);

XI. Ordentlicher Vereinsabend am 9. April 1923:

M. Reger, Klaviertrio op. 102 * (R. Kolisch, W. Winkler, E. Steuermann); K. Szymanowski, 2 Stücke aus op. 30, Mythes * (R. Kolisch, E. Steuermann); M. Ravel, Trio für Violine, Violoncello und Klavier * (R. Kolisch, W. Winkler, E. Steuermann);

XII. Ordentlicher Vereinsabend am 10. April 1923:

B. Bartók, 8 rumänische Volkslieder (F. Mihacsek, E. Steuermann); F. F. Finke, Marionetten * (E. Steuermann); H. Eisler, Klaviersonate * (E. Steuermann); A. Zemlinsky, 6 Lieder (F. Mihacsek, E. Steuermann);

XIII. Ordentlicher Vereinsabend am 10. Oktober 1923:

A. Schönberg, Lieder aus op. 6 (Traumleben, Alles Verlassen, Am Wegrand, Der Wanderer), (M. Freund, E. Steuermann); A. Schönberg, 5 Klavierstücke op. 23 (E. Steuermann); A. Schönberg, Suite op. 25 * (E. Steuermann); A. Schönberg, George-Lieder op. 15 (M. Freund, E. Steuermann);

XIV. Ordentlicher Vereinsabend am 11. Oktober 1923:

Lieder von K. Szymanowski (Berceuse I, II), A. Tansmann, C. Debussy, M. Ravel, D. Milhaud, F. Poulenc, H. Opienski, I. Strawinsky (Rosjanka, Der Frühling); S. Prokofieff (Lieder ohne Worte op. 35) * (M. Freund, E. Steuermann);

XV. Öffentlicher Abend am 28. November 1923:

A. Zemlinsky, 2. Streichquartett op. 15; E. Křenek, 3. Streichquartett op. 20 (Amar-Quartett: L. Amar, W. Caspar, P. Hindemith, M. Frank);

XVI. Ordentlicher Vereinsabend am 17. Dezember 1923:

M. Reger, Sonate für Violine und Klavier op. 139 (R. Kolisch, O. Novakovic); E. Korngold, Klaviertrio op. 1 * (R. Kolisch, W. Winkler, O. Novakovic);

XVII. Ordentlicher Vereinsabend am 18. Dezember 1923:

M. Ravel, Sonate a moll für Violine und Violoncello * (R. Kolisch, W. Winkler); F. Malipiero, Klavierstücke (O. Novakovic); K. Szymanowski, Masken (O. Novakovic); M. Reger, Sonate für Violoncello und Klavier op. 78 (W. Winkler, O. Novakovic);

XVIII. Ordentlicher Vereinsabend am 16. April 1924:

E. Křenek, Symphonische Musik op. 11 (Dir. E. Stekel); V. Ullmann, 7 Lieder mit Kammerorchester (T. der Garmo, V. Ullmann); H. Schimmerling, Miniaturen für Kammerorchester op. 14 (Dir. E. Stekel);

XIX. Ordentlicher Vereinsabend am 17. April 1924:

A. N. Skrjabin, Sonate op. 68; A. N. Skrjabin, Sonate op. 70; E. Schulhoff, Sonate Nr. 3; C. Scott, op. 66 (E. Schulhoff);

XX. Matinée für das IGNM-Fest am 31. Mai 1924:

F. F. Finke, Klaviertrio (F. Langer, W. Schweyda, M. Alt); E. Schulhoff, Klaviersonate Nr. 4 (E. Schulhoff); B. Weigel, 5 Gesänge op. 22 (H. Ehm, F. Langer); V. Ullmann, 7 Lieder für Sopran und Klavier (O. Forrai, F. Langer).

Warren Langlie

Arnold Schoenberg as an Educator

Arnold Schoenberg is known as a composer, theorist, teacher, and conductor. As extraordinary as the scope of his life work is its quality. All of his work manifests his strong, exemplary character, unswerving endeavor, and complete devotion to high ideals. He has exerted and continues to exert a significant influence upon all serious musicians. A study of him as an educator should help to give a better concept not only of his teaching and theories, but also of the man himself and the magnitude of his influence. A brief statement of the fundamental biographical facts of his life relevant to his teaching will help to establish a basis for such a study.

Arnold Schoenberg was almost entirely self-taught. Some instruction in violin, which he began at the age of eight, and a few lessons with Alexander von Zemlinsky in music theory and composition comprise the whole of his tuition in music. Self-teaching is extraordinary in any case, even for one who acquires a minimum of competency in the fundamentals of his study. Truly marvelous was Arnold Schoenberg's self-teaching. His ceaseless striving to realize his ideals became more and more insatiable as his concept of excellence and perfection rose higher and higher. Persistent seeking attained for him great skill, remarkable facility, high finesse, unmistakably characteristic expression, tremendous knowledge of music literature – truly perfect pedagogical preparation, from which, with sagacity and experience, he worked out his own exceptional way of teaching.

What he had taught himself with his intensive study he began to teach others; he had the prime requisite of a teacher: he loved to teach. Going to Germany in 1902, at the age of twenty-eight, with the hope of finding a teaching position, he was appointed to the Stern Conservatory in Berlin upon the recommendation of Richard Strauss, to whom he had shown the manuscript of his *Gurrelieder.* In 1903 he returned to Vienna to teach composition in a new school of Eugenie Schwarzwald. Die Wiener Musikakademie appointed him to its faculty in 1910. In 1911, at the end of that school year, he returned to Berlin to lecture in the Stern Conservatory. He continued teaching there untill the Austrian Army called him to serve in 1915. Following his military service he taught for seven years at the Schwarzwald School in Vienna as well as in his home. In 1925 die Preussische Akademie der Kunst in Berlin, the "greatest musical center of the time" in Schoenberg's estimation, appointed him to its Professorship of Composition, the most highly honored music position in Germany. This life-time appointment and all royalties from publishers of his compositions in Germany were terminated by Hitler's Prussian Minister of Culture in 1933. In real need, Schoenberg immediately accepted an offer to teach in a new conservatory of Joseph Malkin's in Boston, Massachusetts. During the 1933 – 34 school year he commuted between Boston and New York City to teach in this conservatory and a private Malkin studio in New York City. Barely surviving the winter because of his asthma, he removed to California in 1934. Eager students there arranged to come to his home in Los Angeles for two private classes before the University of Southern California hired him as a "part-time guest teacher of composition" in its summer schools of 1935 and 1936 and the intervening school year. When the University of California in Los Angeles made him an offer of a full professorship, he accepted it, and taught there from 1936 – 44. Since his seventieth birthday was on September 13, 1944, the official date of his retirement from the University of California was October 31, 1944. However, since he had had a half year's leave of absence during his time in that school, he was allowed to teach through the fall semester of the 1943 – 44 school year.

His position in the University of California was, with some small exceptions, his last formal one. Most of his teaching after retirement in February, 1944 was of individual students or private classes in his home. He did deliver three lectures as visiting professor at the University of Chicago in May of 1946, and had classes in composition at the Music Academy of the West near Santa Barbara, California during the summer of 1948.

Throughout a rather large part of his forty-five years of teaching before retirement he also had written theoretical books. In his last years he devoted more of his time to writing than to active teaching. He published *Theory of Harmony* in 1947, an English translation of his *Harmonielehre,* published in 1911; *Models for Beginners in Composition* in 1942; *Style and Idea* in 1950. Both *Structural Functions of Harmony,* in 1954, and *Preliminary Exercises in Counterpoint,* in 1964, were published posthumously. In addition to these published books he wrote part of a book on composition, sketched a book on orchestration, put together a card catalogue for a book on music terminology, planned out the organization of a music school, wrote many articles pertinent to music and many letters in which he mentions the potential of some idea he intended to develop into a book. Some of his articles and letters have been published. During these last years he also wrote some compositions and worked to complete a few others he had conceived earlier but never fully written out. Because of this great legacy of his writing – compositions and books written throughout his lifetime, from which serious students and scholars can glean, just as he himself had done, by the study of masterworks – his teaching was not terminated by his death on July 13, 1951.

Arnold Schoenberg's basic philosophy of pedagogy was that a teacher must be a model for his students in as many ways as possible: an exemplary person who is all and can do all he asks of his students. Everything in the teaching of music must be relevant to composition. The training of all sincere musicians with total devotion to their art, performers as well as composers, must be fundamentally the same. The purpose of such a concentrated, thorough training of each music student's mind and ear was to lead him toward the requisite keener comprehension commensurate with good musicianship. He did not attempt to make a composer of each student. His strong conviction was that no one should or could become a composer unless he was ardently, relentlessly, insatiably dominated by his desire to compose, regardless of his adversities and difficulties.

No foolproof "recipe" for composition was ever given to any of his students. There was no inflexible traditional procedure or staid set of rules in his teaching. Students were not advised to write in any "style" – a word

Schoenberg disliked – because their doing so might impede the development of each one's individuality. Schoenberg, as everyone must do, had worked out his own characteristic expression, and strove not to impress or din it into any pupil. He did not teach "composition with twelve tones". To any one who came to him with the anticipation of learning his "tricks" or the notion that composition is possible only by the metamorphoses of the twelve tones in the chromatic scale he gave strong affirmation that expressive, inspired composition by any methodical means is impossible. Believing that a teacher must have insight, resourcefulness and adaptability in order to discern the right way to the fulfillment of every student's individual potentialities, he guided each one from the ground up toward this prospect on the arduous gradus ad Parnassum best for him.

The beginning of Schoenberg's pupils' study with him was usually in counterpoint. The title of his counterpoint book, *Preliminary Exercises in Counterpoint,* is indicative of his considering these polyphonic "exercises" as preliminary and preparatory to the study of composition. With them he sought to train a student's mind to think systematically and to become aware of many different ways of joining tones so that he could quickly see what could be combined; to guide him in the development of a sense of rhythm and a sense of melodic balance; and to further his facility in hearing, following, reading, and writing two or more lines sounding simultaneously.

For this polyphonic study Schoenberg formulated his own rules, to which he allowed no exceptions, even though he made them stricter than those often given in counterpoint instruction. He stated these rules, like all of his instruction, as concisely as possible, in the positive, not in the negative. He believed that rules, instruction, and advice given to a student in the negative ("You may not", "You should not", "Do not", etc.) tend to nullify his creative ability, and that positively stated rules, instruction, and advice have the reverse effect: with systematic, regular diligence a student finds more possibilities within them than he initially expected. Step by step Schoenberg directed his students from their beginning "polyphonic exercises" through invertible counterpoint, which he called "multiple counterpoint", to the study of the fugue. He guided them in planning a fugue after analysis of several Bach fugues. Seeing that in Bach the voices move with more individuality and freedom than in their own initial polyphonic exercises, the students who had developed enough facility to write a fugue were not held so closely to the directions he had given them at the beginning of their polyphonic study. Such advanced work in counterpoint as the writing of a fugue he considered an integral and essential part of all students' training. All they had learned from their studies in counterpoint they would be directed to incorporate into their study of composition.

After culminating the students' studies in counterpoint with a fugue, he guided his pupils into composition. The study of composition he began in the classical idiom, because familiarity with it facilitated their expression. Composition, the expression of a musical idea, is developed by the permeating variations and metamorphoses stemming from the incipient motif, the smallest musical unit. To analogize Schoenberg's basic concept of composition, just as he sometimes did in order to elucidate an abtruse theory:

the motif is the seed from which the whole of a composition grows and develops; a musical idea is like a fine piece of glass in which constantly changing facets become visible as one turns it in the light. The almost constant repetition of the basic motif composes music logically, because the motif's omnipresence is the basis of the composition's coherence and understandability. All the features of a motif – rhythmic, intervallic, harmonic – should be conceived together. Schoenberg taught his students the upbuilding of a whole composition by the development of the motif with variations. As they gained better craftmanship, their initial concept of a motif should include also the character, organization, and medium of a composition.

Schoenberg taught his students how to develop a motif by varying some of its features while retaining other; showed them the differences in construction of the various parts within a composition; explained how to build these different segments with "developing variations" of a motif; awakened their perception of the manifold possibilities for organizing a composition; and proceeded gradually from smaller to larger parts within a composition as well as from smaller to larger compositions, leading to a solo sonata, a string quartet, a symphony for orchestra in the instrumental study and to opera in the vocal works. There was no limit to the fine points, subtleties, and finesse he taught.

He led his students to overcome their difficulties by explaining the pertinent compositorial problems, expounding a theoretical means for resolving that problem, explicating his hypothesis by what he quickly thought out – one could see his thinking in his eyes – and wrote for the students possible ways of surmounting their impediment, and elucidating the theory that he had stated and utilized in building the possible solutions to their problems by showing them the specific, ingenious, wonderful passages in great masterworks from which he himself, with analysis, had deduced and formulated the theory with which he had overcome the underlying compositorial problem.

Foreseeing that his students might be disheartened when they observed how fast he wrote, he wisely informed them that only with such assiduous perseverence he had developed his facility and obtained his knowledge, and urged them to strive with similar diligence.

His seeking to allay the breath-taking awe his beginners felt when they observed his incredible skill, and became aware of his tremendous knowledge and keen perception was not to give them encouragement. His philosophy of teaching was opposed to encouragement. He wished to inform them that it was possible to attain such knowledge and skill with unflagging diligence. No one questioned the overwhelming achievements of his perserverent, intensive study. With driving zeal and relentless striving he had attained high craftmanship, technical skill, and real mastery in composition. He had developed these achievements upon the basis of theories he had deduced from masterworks, formulated and made his own by zealous application of them in his compositions. These theories underlying the reasoning and logic in musical thinking were really his own: he had perceived masterful resolutions to a compositorial problem, formulated that theory, and assimilated the relevant theory into his own compositions. Certainly the formulation of these theories he taught was his own, a theoretical basis for practice before him. In both *Harmonielehre* and *Structural Functions of Harmony* he has brilliant rational extensions and clarification of traditional teaching.

His "methods" – a word he disliked, because he was not bound to any set method of teaching – were even more distinctly his own than his theories. Having had almost no instruction in music, he had no "method" of tuition to "copy". With experience he worked out his own exceptional way of teaching. When some students did not comprehend his instruction well, he sought to find the reason why and a clearer presentation, learning from his "mistakes" and his "students".

Meeting our mistakes and difficulties in the right way can further our understanding and strength. He met and overcame his difficulties and adversities, and developed courage and fortitude. He was the personification of a strong character.

His conviction was that becoming a composer had two prime requisities: a "passion to compose" coupled with courageous character. The training of such a person to become a composer should not be easy. He had "had to learn the hard way". He could not afford to attend the Vienna Conservatory, but was able to receive a little instruction in violin playing. His continuous seeking to learn and striving to make the most of what he had is evident even from the beginning of his violin instruction in his eighth year: he wrote a "piece" for violin for each lesson following his first one; he taught himself to play the cello by application of what he had learned in his violin instructions; he wrote a "piece" for whatever instrument he played; and he made a "makeshift" cello by "stringing a violin with zither strings".

With these efforts to learn to play the cello and to make a "substitute cello he had begun his self-teaching and zeal to overcome any impediment even before his 'musical education' began" by the aid of three friends he made in his seventeenth year: Oscar Adler, David Bach, and Alexander von Zemlinsky. Schoenberg considered these three men to be of great significance in his life. Only to ascribe to them "the beginning of (his) musical education" is a high attribute. From them, he believed, he derived so much that is fundamental and essential in his concept of pedagogy. Probably the import of these men upon his life can be comprehended only when their influences are considered conjointly with his concept.

Concisely stated, his concept was that the "foremost" duty, goal, and achievement of a teacher is "to be a model for his student" in every possible way. Based upon a relationship of master-craftsman and apprentice, this concept gives "a purpose" to the work, he believed. To resolve this purpose into its component parts will be enlightening: from each of these three men stemmed a part of Schoenberg's purpose in teaching.

One of the factors in Schoenberg's purpose was instruction in music theory and technical skills necessary for composing upon a classical basis. To Oscar Adler Schoenberg attributed his first awareness of music theory and his initial guidance therein; to Alexander von Zemlinsky he attributed the major part of his knowledge of the problems in composition and of the skills necessary to overcome, or master, them. Another factor in Schoenberg's purpose was to heighten a student's aesthetic aims, goals and ideals. To Oscar Adler, Schoenberg attributed the derivation of his whole "acquaintance with classical music". Another factor was to build strength of character: the teacher must strive to develop strong, courageous character in his students, enabling them to speak out their thoughts. To David Bach, Schoenberg attributed a "great" influence in the development of his strong character. Schoenberg's strong character, technical skill, and high aesthetic goals were exemplary for his students and worthy of emulation.

Even though Schoenberg's teaching was greatly influenced by these three men, so much of pedagogy derived from the man himself, his own self-teaching, and his experience. Having to overcome his own difficulties with ardor and ingenuity, having taught himself the bulk of what he knew by means of analyzing great works, having had to work out his own exceptional way of teaching by experience, he strove to instil in his students a thirst and seeking for knowledge comparable to his own. He poured out himself and his knowledge for them in order that they might realize such a thirst can be assuaged by the discovery of oases with wellsprings of wonder, enabling them to strive further toward their goals. He was the driving power which motivated and stimulated his students' seeking for themselves in masterworks, just as he himself did. He motivated his student's zealous seeking, and was the catalyst agent aiding and accelerating the crystalization of their personalities and characteristic expression. The activity of seeking proceeded from him and his seeking.

This facet of Schoenberg's purpose in teaching considered in the last paragraph above was so distinctly Schoenberg himself and his sincere, warm character. It probably was an instinctive, inclination of his innate gift for pedagogy, fortified by his teaching experience. He did not egotistically try to enhance himself in the eyes of his students by posing himself as the infallible model teacher, worthy of high acclaim, esteem, and emulation. Rather than setting himself as their model, he adjured them to take his masters as their models. It was his continuous seeking for higher attainment which was exemplary to his students, who felt in his teaching a strong, continuous stimulus to seek for themselves and ever higher attainments. To reaffirm: believing that it is from the great masters that one "can learn everything" – just as he had done – he did not pose himself as the model for his students, but was rather the lens through which he aimed to focus his student's vision on perfection.

Aspirant students can learn much from Arnold Schoenberg: from his compositions, from his self-teaching, from his teaching, from his continuous seeking. He was indeed an artist worthy of emulation in all of these parts of his life's work. To have the quality of his life's work as a model was the aim and the achievement of Arnold Schoenberg as a teacher.

Zusammenfassung

Schönbergs Bedeutung liegt nicht allein auf dem Gebiet der musikalischen Komposition. Als Theoretiker und Lehrer nimmt er in unserem Jahrhundert eine besondere Stellung ein.

Schönberg war Autodidakt. Sein scharfer kritischer Sinn befähigte ihn zu ungewöhnlichen Kenntnissen in der Musik und in der Musikliteratur. Aus seiner eigenen Arbeitsweise zog er das methodische Wissen und brachte es im Unterricht zur Anwendung. Und er war sein Leben lang ein begeisterter Lehrer. Schon im Alter von 28 Jahren kam er auf Empfehlung von Richard Strauss, dem er die *Gurrelieder* zur Einsicht übergeben hatte, an das Sternsche Konservatorium in Berlin, seit 1904 unterrichtete er privat in Wien, 1910 als Privatdozent an der dortigen Akademie, und 1911 ging er für vier Jahre als Lehrer wiederum ans Sternsche Konservatorium. Seit 1917 wirkte er als Lehrer in Wien, und wurde 1925 als Kompositionslehrer an die Akademie der Künste in Berlin berufen. 1933 verließ er Deutschland und übernahm Kurse in Boston und New York, ein Jahr später begab er sich nach Los Angeles, wo er anfangs privat und später an den Universitäten unterrichtete. Nach seiner Pensionierung (1944) sammelte er Privatschüler um sich und reiste als „Visiting professor" nach Chicago und Santa Barbara. In diesen Jahren entstanden eine Reihe von theoretischen Arbeiten wie *Models for Beginners in Composition, Style and Idea, Structural Functions of Harmony* und *Preliminary Exercises in Counterpoint.*

Nach Schönbergs Aussage mußte der Lehrer das Vorbild seiner Schüler sein. Sein Unterricht war in erster Linie auf die Komposition gerichtet, da er der Meinung war, daß nicht nur angehende Komponisten, sondern auch ausübende Musiker mit der Materie vertraut sein mußten. In einem bestimmten Stil zu komponieren, hielt er für unrichtig, da sich die Individualität der Studierenden entwickeln sollte und jeder einzelne zu einer ihm eigenen Schreibweise finden mußte. So hat er im Unterricht von der 12-Ton-Methode keine Anwendung gemacht.

Den Unterrichtskurs begann er mit Übungen im Kontrapunkt, in der Art, wie er sie in seinem Buch *Preliminary Exercises in Counterpoint* aufgezeichnet hat. Der Studierende hatte systematisch denken zu lernen und die verschiedenen Kombinationsmöglichkeiten rasch zu erfassen. Gleichzeitig sollte sich sein Gefühl für Rhythmik und Melodik und seine Fähigkeit, der horizontalen Stimmführung gedanklich und gehörmäßig folgen zu können, entwickeln. Seine eigenen Regeln waren dabei strenger formuliert als in den herkömmlichen Unterrichtsmethoden. Vor allem wich er der Formulierung von Verboten wie „Sie dürfen nicht", „Das ist nicht gestattet" aus. Durch systematische Übungen eröffneten sich den Studenten Möglichkeiten, die sie vorher nicht erkannt hatten. So führte Schönberg sie über den „multiplen Kontrapunkt", wie er ihn nannte, zur Fuge hin. Nach Analysierung einer Bachschen Fuge durften Fortgeschrittene Beispiele in einem über Bach hinausgehenden freien Satz schreiben. In der Kompositionsarbeit einer Fuge sah er ein wesentliches Training für das Studium der Komposition. Bei seinen Erklärungen bediente sich Schönberg häufig gewisser Vergleiche: Die musikalische Idee beispielsweise sei wie ein Stück Kristall: dreht man es im Licht, wechselt es unentwegt die Farbe. Er lehrte seinen Schülern, daß die Wiederholung des Motivs die Logik, den Zusammenhang und das Verständnis eines musikalischen Werkes beinhalte. Er erklärte den Aufbau einer Komposition durch Entwicklung eines Motivs und umriß den aus dem Motiv und der Variation eines Motivs abgeleiteten Plan einer Komposition. Zum besseren Verständnis der von ihm ausgedachten Hypothese zog er Beispiele aus den Meisterwerken der Musikliteratur heran, die er selbst analysiert hatte. Fühlten sich Studenten durch Schönbergs rasche Arbeitsweise entmutigt, so hielt er sie an, auch im Fleiß ihm nachzustreben.

Das Wort „Methode“ lehnte er ab. Er war selbst sein eigener Lehrer und war nach keiner bestimmten Methode unterrichtet worden. So fand er einen individuellen Weg für jeden seiner Studenten. Begriff der Studierende nicht sofort, bemühte er sich, eine deutlichere Ausdrucksweise zu finden und lernte dadurch von seinen eigenen „Fehlern“. Auf diese Weise gelang es ihm, Schwierigkeiten, die Studierende hatten, zu überwinden und diese in ihrer Entwicklung zu bestärken.

Von seinen Schülern verlangte er Charakter und er selbst war die Personifikation eines starken Charakters. Ein angehender Komponist sollte seine Leidenschaft und seinen Mut zum Komponieren beweisen und die Anforderungen mußten hochgestellt sein. Er selbst hatte das oft genug bewiesen. Soviel er nur konnte, gab er aus eigenen Kenntnissen an seine Schüler weiter. Und er hielt sie an, die Meisterwerke zu studieren, aus denen man „alles lernen könnte“. Sein eigenes Suchen nach neuen Erkenntnissen war beispielhaft und war Ansporn für seine Schüler, ähnliches anzustreben.

Robert Waißenberger

Der Bereich Malerei in Arnold Schönbergs Leben

Im Jahre 1910 wurde die Wiener Öffentlichkeit durch eine Ausstellung im Kunstsalon Heller mit dem Maler Arnold Schönberg konfrontiert. Schönberg war als Komponist längst bekannt geworden, als Maler kannte man ihn bislang nicht. Naturgemäß ist es eine interessante Frage, wie der Komponist überhaupt auf den Gedanken kam, sich mit dem Malen von Bildern zu befassen. Man darf annehmen, daß dieser vielseitig begabte Mann immer schon seine Freude am Zeichnen und Malen gehabt hatte. Andererseits kulminierten Versuche dieser Art fraglos in den Jahren 1908 bis 1911. Genaue Anhaltspunkte, wann Schönberg zum ersten Male gemalt hat, ergeben sich allerdings nicht[1]. Es gibt frühe Versuche, die datierbar sind, und bis zum Jahre 1905 zurückreichen. Wie weit diese als Spielereien zu verstehen oder tatsächlich mit künstlerischem Ehrgeiz in Verbindung zu bringen sind, ist nicht völlig klar. Schönberg hat bereits verhältnismäßig früh Porträts gemalt, schon zu einer Zeit, da er mit Malern, die eine ausschlaggebende Rolle für seine eigenen malerischen Versuche gespielt haben, noch gar keinen Kontakt gehabt hatte[2]. Es ist deshalb auch zu unterscheiden zwischen einem unmittelbaren Anstoß und einer Voraussetzung in künstlerischer Hinsicht. Daß Visionen in seinem Schaffen schlechthin eine Rolle spielten, ist anzunehmen. Sollte es sich bei einer großen Zahl seiner Bilder tatsächlich um Visionen oder Träume handeln, was zu vermuten ist, dann ist der Schluß zulässig, daß der eigentliche Anstoß zum Malen dort liegt. Den Anlaß zu einer ernsthaften Befassung mit der bildenden Kunst kann im Falle Schönberg aber doch nur die Begegnung mit Richard Gerstl gewesen sein, einem begabten, wenn auch recht unfügsamen jungen Maler, der Anschluß an den „Schönberg-Kreis" fand und mit der Familie des Komponisten die Sommer 1907 und 1908 in Gmunden verbrachte.

Es ist also anzunehmen, daß gegenseitige Anregungen Anlaß eines intensiven Kontaktes waren, der zwischen Richard Gerstl und dem Schönberg-Kreis gepflogen wurde. Das früheste handschriftlich datierte Bild Schönbergs stammt jedenfalls aus der Zeit sechs Wochen nach Gerstls Tod. Vielleicht begann Schönberg zu diesem Zeitpunkt erst mit größerer Intensität zu malen. Der Großteil, rund zwei Drittel seiner Bilder, entstand nach dem Tode Gerstls, zwischen 1908 und 1910. Gewisse Ähnlichkeiten in der malerischen Diktion, beispielsweise bei den „pointillistischen" Bildern Gerstls und Schönbergs bestehen jedenfalls. Werner Hofmann deutet die Verbindung Gerstls mit Schönberg als Gemeinsamkeit ihrer Bestrebungen, als etwas Brutales, als Ergebnis einer

---

[1] Auf einer handgezeichneten und aquarellierten Postkarte ist eine Bezeichnung zu finden, die annähernd mit dem im Nachlaß Schönbergs in Los Angeles vorhandenen Bild „Anbruch des Morgens" identisch ist. Die Postkarte ist an Oscar C. Posa adressiert und trägt den handschriftlichen Vermerk Schönbergs „Nachtleben beim Hoisen in Gmunden". Poststempel vom 18. 8. (19)05. (Wiener Stadtbibliothek, Inv. Nr. 107782). — Der Annahme, daß Schönberg wenigstens gelegentlich immer schon gemalt und gezeichnet hätte, widerspricht Willi Reich durch die Mitteilung, daß die malerische Begabung des Komponisten plötzlich in Erscheinung getreten sei. (W. Reich, Arnold Schönberg oder der konservative Revolutionär. Wien — Frankfurt — Zürich 1968, S. 60.)

[2] Das Porträt Hugo Botstiber soll nach Aussage der Eigentümer 1906 gemalt worden sein.

„Mißhandlung des Materials“[3]. So sehr vereinfachen sollte man allerdings diesen Vorgang in der Malerei nicht, da Gerstls Bilder, um nur einige seiner Hand, wie *Die Schwestern Fey, Der Vater des Künstlers* und *Dame mit Federhut* als Beispiele heranzuziehen, alles andere darstellen, als Ausflüsse eines „mißhandelten Materials“. Auffällig bei den beiden zuletzt genannten Bildern, die gewisse pointillistische Effekte erkennen lassen, ist die Beziehung zu einer *Landschaft* Schönbergs (Kat. Nr. 162), die offensichtlich ganz unter Gerstls Einfluß gemalt ist. Diese Ähnlichkeit im malerischen Vortrag ist zweifelsohne als Hinweis auf eine Verwandtschaft der Auffassungen zu verstehen.

Im Biographischen ist der Hinweis von Wert, daß sich zwischen Gerstl und Mathilde Schönberg eine Liebesbeziehung ergeben hatte. Der Umstand verursachte Krisen bei allen Betroffenen. Schönberg selbst äußerte Selbstmordgedanken und verfaßte ein von tiefem Pessimismus gekennzeichnetes Testament. Selbstmord beging in der Nacht vom 4. zum 5. November 1908 Gerstl: Ob dieser unter anderem seine Ursache in der aufgenommenen und dann wieder gelösten Beziehung zu Mathilde Schönberg hat, ist eine offene Frage.

Die Malerei Schönbergs vollzog nach dem Tode Gerstls eine Wandlung, zumindest spielte eine geänderte Thematik eine Rolle. Bis dahin hatte er sich vorwiegend als „naturalistischer“ Maler versucht. Und von nun an malte er in einem zunehmenden Maß Visionen, denen er den Ausdruck von „Blicken“ und „Gesichte“ zu geben verstand. Seine eigene Porträtkunst erachtete er alsbald nur mehr als „Handwerk“ und seine gegenständlichen Bilder überhaupt als „Fingerübungen“[4]. Die „Visionen“ erschienen ihm wichtiger. Nun erhebt sich die Frage, ob sich auch für diese Art von Bildern eine Beeinflussung ergeben haben könnte. Doch welche Bilder könnten auf ihn in besonderem Maß gewirkt haben? Es wäre denkbar, daß Schönberg von den Bildern Kokoschkas beeindruckt gewesen war, die auf der Kunstschau 1908 bei Publikum und Presse bekanntlich heftige Kontroversen ausgelöst hatten und dadurch recht berühmt geworden waren. Eine Einflußnahme durch die Malerei von Oskar Kokoschka wurde öfter angenommen, wenngleich auch von Schönberg selbst energisch bestritten: Vergleicht man nämlich die 1910 gemalten Bilder mit den etwa zur gleichen Zeit entstandenen Bildern Kokoschkas, erklärte Schönberg, dann werde man erkennen müssen, daß nur er selbst sie erfunden und gemalt haben könne: Diese „Visionen“ seien dem Atem eines wirklichen Malers vollkommen entgegengesetzt, und er sei es, der immer „Blicke“ gemalt habe[5]. Und Oskar Kokoschka verhielt sich zur Frage, ob er Einfluß auf Schönberg als Komponist und Maler gehabt haben könnte, indifferent[6].

Zweifelsohne bestehen Elemente in Schönbergs Bildern, die an Kokoschka erinnern. Berührungspunkte sind beispielsweise dort zu finden, wo Schönberg

---

3 W. Hofmann, Beziehungen zwischen Malerei und Musik, in: Schönberg-Webern-Berg, Bilder-Partituren-Dokumente. Katalog der Ausstellung im Museum des 20. Jahrhunderts. Wien 1969, S. 103 ff.

4 J. Rufer, Schönberg als Maler. Grenzen und Konvergenzen der Künste, in: Aspekte der Neuen Musik. Kassel — Basel — Paris — London — New York 1968, S. 57.

5 A. Schönberg, Malerische Einflüsse. Los Angeles, 11. II. 1938. Vgl. Kat. Nr. 138.

6 O. Kokoschka, Mein Leben. München 1971, S. 283: „In der Enzyklopedia Britannica wird Schönbergs Wendung zu einer experimentellen Periode vor dem Ersten Weltkrieg mit mir in Verbindung gebracht“.

„Augen", die sprechend und elektrisierend den Betrachter ansehen, darstellt. Sehr frühe Bilder Kokoschkas – etwa *Porträt einer Unbekannten* oder *Kind mit den Händen der Eltern* – seien in diesem Zusammenhang erwähnt (Museum des 20. Jahrhunderts, Wien, und Österreichische Galerie, Wien). Kokoschkas Bild *Kind mit den Händen der Eltern* weist einen Bezug zu Schönbergs Bild *Hände* (Kat. Nr. 156) auf. Nur wirkt die Darstellung Schönbergs ungelenk, schwerfällig, nicht eben professionell. Doch wollte er dieses Professionelle nach eigener Aussage gar nicht erreichen.

Schönberg fand für seine Malerei zunächst wenig oder nur kaum Interessenten. Seine Fähigkeit zum Porträtmalen versuchte er kommerziell auszunützen, indem er sich bemühte, Porträtaufträge zu erhalten und Bilder auszustellen, um sie zu verkaufen. Er wandte sich anfangs des Jahres 1910 an den Direktor der Universal Edition Emil Hertzka mit der Bitte, er möge ihm bekannte Mäzene veranlassen, sich auch von ihm porträtieren zu lassen oder ihm Bilder abzukaufen. Schließlich *sei es doch viel interessanter, von einem Musiker von Schönbergs Ruf gemalt zu werden oder ein Bild zu besitzen, als von irgendeinem Kunsthandwerker, dessen Namen in 20 Jahren kein Mensch mehr kennt, während sein Name heute schon der Musikgeschichte angehört*[7]. Sehr deutlich setzte Schönberg auch dem künstlerischen Berater der Wiener Galerie Miethke in der Dorotheergasse, dem Maler Carl Moll, auseinander, wie er selbst zu seinen Werken stehe, um schließlich dann doch mit dem eigentlichen Begehren hervorzutreten, er möchte, *weil er nicht auf „Moos-Rosen" gebettet sei, etwas verkaufen, um auf diesem Weg zu versuchen, sein Einkommen auf ein angemessenes Niveau zu heben*[8]. Freilich hatte Schönberg auf diesem Weg kein Glück. Moll war nicht geneigt, auf ein solches Projekt einzugehen. Und so fand die Schönberg-Ausstellung dann eben nicht bei Miethke, sondern im Kunstsalon Heller statt. Allerdings war Schönberg auch nicht bereit, seinen Mäzenen das Leben leicht zu machen, stellte er sich doch auf einen bei Künstlern zwar häufigen, jedoch sehr selbstbewußten Standpunkt[9].

Am 10. Oktober 1910 wurde dann die Arnold-Schönberg-Ausstellung im Kunstsalon Heller, Wien 1, Bauernmarkt, eröffnet. Die Ausstellung war in zwei Gruppen geteilt, *Porträts und Studien* und *Eindrücke und Phantasien.* Unter den Porträts befanden sich Bilder *Dr. Mizzi Pappenheim, Alban Berg, Dr. Werndorf, Buchhändler H(ugo) (H)eller* sowie einige Selbstbildnisse. Die *Eindrücke und Phantasien* wurden durch *Karikaturen, Gustav Mahler, Nachtstücke* und *Studien und Figurinen zu „Die glückliche Hand"* ergänzt.

Die Kritiken, die Schönberg bei dieser Ausstellung bekam, waren alles andere als ermutigend. Trotzdem befaßte sich die Wiener Presse verhältnismäßig intensiv mit Schönbergs Bildern. Offenbar sah man in ihnen eine Art Gegensatz zur Malerei des Secessionismus, den sie allerdings ebensowenig wie die Malerei Richard Gerstls zu überwinden verstanden, aber bis zu einem gewissen Grad so etwas wie eine Alternative boten.

---

7 A. Schönberg an E. Hertzka, Wien 7. III. 1910, in: Arnold Schönberg, Briefe. Ausgewählt und herausgegeben von E. Stein. Mainz 1958, S. 19.

8 A. Schönberg an C. Moll, Wien 16. 6. 1910. Pierpont Morgan Library, New York.

9 Schönberg an Hertzka, a. a. O.: „. . . Darauf lasse ich mich nicht ein, daß der Ankauf eines Bildes davon abhängt, ob es dem Besteller gefällt. Der Besteller weiß, wer malt; er muß auch wissen, daß er nichts davon versteht, daß aber das Bild Kunstwert oder doch mindestens historischen Wert hat".

Jedenfalls hatte Schönberg in Wien mit seinen Bildern nicht den angestrebten Erfolg und das war auch der Grund, warum er Kontakte anderswohin gerne schloß.

Die nächste Beziehung, die Schönberg fand, war zur Münchner Redaktion *Der Blaue Reiter. Der Blaue Reiter,* zu dessen führenden Mitgliedern Wassily Kandinsky und Franz Marc zählten, plante für den Herbst des Jahres 1911 eine Ausstellung. Die briefliche Begegnung mit Kandinsky erfolgte zu Beginn des Jahres 1911. Vermutungen, daß eine Kontaktnahme bereits 1906 erfolgt sein könnte, sind eindeutig zu widerlegen[10]. In der Ausstellung des *Blauen Reiters,* die vom 18. Dezember 1911 bis zum 3. Jänner 1912 in München stattfand, waren von Schönberg drei Zeichnungen, ein Selbstporträt und zwei „Visionen" zu sehen. Eine Landschaft wurde der Galerie Thannhauser, in der die *Blaue-Reiter*-Ausstellung stattgefunden hatte, überlassen[11]. Ein Jahr später, im Jahr 1912 schließlich, erschien der Almanach *Der Blaue Reiter* und darin die Reproduktion eines Selbstporträts Schönbergs. Entscheidender war aber der Abdruck der musiktheoretischen Abhandlung *Das Verhältnis zum Text,* sowie die faksimilierte Wiedergabe des Manuskriptes des Liedes *Herzgewächse.* Weitere Ausstellungen, an denen Schönberg als Maler teilnahm, wie beispielsweise in Köln und Budapest, standen im Zusammenhang mit der Aktivität des *Blauen Reiters.*

Das Schaffen Schönbergs als Maler zerfällt deutlich, wie schon in den Ausstellungen selbst zum Ausdruck kam, in zwei unterschiedliche Kategorien. Die eine gehört der gegenständlichen, vorwiegend der Porträtmalerei, die andere der „visionären", was also mit einem gängigen Wort heißt, der abstrakten Malerei. In Wassily Kandinsky fand Schönberg ein in vieler Beziehung Verwandtes, so daß er sich mit ihm gut verstand. Was beide Künstler, der eine als Musiker, der andere als Maler, versuchten, fand weitgehend Übereinstimmung. „Atonale" Musik findet offensichtlich in der abstrakten Kunst ihre Entsprechung. Dennoch erreichten beide, Kandinsky und Schönberg, ihre Ergebnisse durchaus getrennt. Schönbergs ungegenständlich wirkende Bilder waren zunächst ohne die Kenntnis der abstrakten Bilder Kandinskys entstanden.

Schönberg fand in Kandinsky einen großen Bewunderer, der auch als erster den Kontakt suchte. Es begann ein lang andauernder Briefwechsel[12]. Schönberg habe in der Musik genau das verwirklicht, was er, Kandinsky, durch Jahre hindurch gesucht habe. Die heutige Harmonie sei nicht auf dem „geometri-

---

10 W. Hofmann, a. a. O., spricht von einer Kontaktnahme Schönbergs mit Kandinsky von 1906 an und übernimmt damit eine Mitteilung J. Rufers (a. a. O.). Demnach hätten Kandinsky und Schönberg von 1906 an einander regelmäßig besucht. Das scheint aber eindeutig durch einen Brief Kandinskys an Schönberg vom 18. 1. 1911 widerlegt. Siehe dazu Kat. Nr. 173. Weiters siehe den Brief Wassily Kandinskys an Herrn Westheim, abgedruckt in „Das Kunstblatt" 14. Jg. (1930), S. 57: „Fast an einem Tag (1911 — 1912) kamen in der Malerei zwei große Strömungen in die Welt: der Kubismus und die abstrakte (+— absolute) Malerei . . . Die atonale Musik und ihr damals überall ausgepfiffener Meister Arnold Schönberg regten die Gemüter nicht weniger als die erwähnten malerischen Ismen auf. Damals lernte ich Schönberg kennen und fand in ihm sofort einen begeisterten Anhänger der Blaue-Reiter-Idee. (Es war damals nur ein Briefwechsel, die persönliche Bekanntschaft kam erst etwas später zustande)."

11 J. Rufer, a. a. O., S. 55.

12 W. Kandinsky an Schönberg, 18. 1. 1911. Library of Congress, Washington. In der Library of Congress werden mehrere Briefe verwahrt, die Aussagen Kandinskys zur Malerei seiner Zeit und im besonderen zu Schönberg beinhalten.

schen“ Weg zu finden, sondern auf dem direkten, antigeometrischen und antilogischen. Kandinsky fühlte sich deshalb so sehr zu Schönberg hingezogen, weil Schönberg, von diesem unabhängig, seine Gedanken über Musik in verblüffende Übereinstimmung brachte. Schönberg wie Kandinsky stellten den Primat des Unterbewußten beim Schaffensprozeß in den Vordergrund. *Wenn mehr geschieht, als man sich denken kann, kann das nur unbewußt geschehen*[13]. Schönberg sprach in einem Brief von einem „Sich erkennen“ im Schöpfungsprozeß. Dem stimmte Kandinsky voll und ganz zu – das sei die Wurzel der neuen Kunst, der Kunst überhaupt, die nie neu sei, sondern nur in eine neue Phantasie einzutreten habe[14].

Nachdem Kandinsky auf Wunsch ein Album mit Bildern von Schönberg erhalten hatte, fanden dessen Malereien und Zeichnungen seine lebhafte Zustimmung: Er erklärte sich *direkt begeistert für sie, denn eine natürliche Notwendigkeit und ein feines Gefühl seien ihre Quelle.* Er spürte in den Bildern das „Reale“, das allerdings der „überstandenen“ Realistik in keiner Weise gleichzusetzen sei[15]. Und es handle sich, wie es in einem anderen Brief heißt, um *Phantastik der härtesten Materie* und um *Sachen wie sie sind und wie sie innerlich klingen*[16].

Sicher war und ist Kandinsky von allen Kritikern, die auch der Maler Schönberg gefunden hat, der verständigste und wohlwollendste gewesen. Er versuchte wirklich ernsthaft in die Problematik der Schönbergschen Malerei einzudringen. Er erkundigte sich brieflich bei Schönberg um das eine oder das andere Detail und kam dann in der Beschreibung zu gewissen Schlüssen, die im Grunde genommen wohl das Gültigste sind, was über Schönbergs Malerei überhaupt zu sagen ist. In gleicher Weise wie in seiner Musik verzichte Schönberg auch in der Malerei auf das Überflüssige und gehe auf direktem Weg zum Wesentlichen über. Und er denke beim Malen eigentlich nicht an das Bild, nicht das objektive Resultat sei angestrebt, er suche eine subjektive *Empfindung zu fixieren und brauche dabei die Mittel, die ihm im Augenblick unvermeidlich erscheinen*[17].

Die Berührungspunkte zwischen Kandinsky und Schönberg lagen darin – um es vereinfacht auszudrücken –, daß dieser begann, mit Farben und Formen

---

13 J. Rufer, a. a. O., S. 52. Rufer, der ehemalige Schüler und Sekretär Schönbergs stützte sich in seinem Beitrag offenbar auf Aussagen Schönbergs, klammerte jedoch fast alle anderen Beziehungen des Komponisten zu Malern aus, um die eine, zu Kandinsky, hervorzuheben. Kandinsky war einer der wenigen Maler, zu dem Schönberg sein ganzes Leben lang gute Beziehungen aufrechterhielt. Es entsteht aber auch der Eindruck, Kandinsky habe vielleicht Schönberg als Maler beeinflußt. Das kann aber nicht zutreffen, da zu dem Zeitpunkt der persönlichen Bekanntschaft der beiden Schönberg seine wichtigsten Bilder schon gemalt hatte. Die von ihm gemalten Bilder, die heute in der Jalowetz Collection in San Francisco verwahrt werden — einige daraus wurden in die Rowohlt-Monographie: Arnold Schönberg in Selbstzeugnissen und Bilddokumenten, dargestellt von E. Freytag (Hamburg 1973), aufgenommen — sind beispielsweise überwiegend vor 1910 entstanden. Die Datierung kann aufgrund einer Verkaufsnotiz festgesetzt werden, die im Schönberg-Nachlaß in Los Angeles aufgefunden wurde.

14 Kandinsky an Schönberg, 26. 1. 1911. Library of Congress, Washington.

15 Kandinsky an Schönberg, 6. 2. 1911. Library of Congress.

16 Kandinsky an Schönberg, 16. 11. 1911, in: J. Rufer, Das Werk Arnold Schönbergs. Kassel — Basel — London — New York 1959, S. 179.

17 W. Kandinsky, Die Bilder, in: Arnold Schönberg. Mit Beiträgen von Alban Berg, Paris von Gütersloh (u. a.). München 1912, S. 59 ff.

zu musizieren und jener mit seinen Farben etwas ähnliches wie klangliche Wirkungen erreichen wollte. Es erscheinen im Vokabular der beiden auch immer wieder Begriffe wie „Farbenklänge" und „Klangfarben". Die Bestrebungen der beiden Künstler trafen sich, obwohl sie beide von ganz verschiedenen Ausgangspunkten ausgingen, erst nachdem sie sozusagen das Wesentliche ihrer Bestrebungen schon hinter sich gebracht hatten: Schönberg mit seiner Hinwendung zur „atonalen" Musik, Kandinsky mit seiner Kreation abstrakter Bildschöpfungen.

Am Beginn von Schönbergs malerischer Tätigkeit standen wohl in überwiegender Zahl Porträts und Naturstudien. Weniger in der malerischen Wirkung als in der Erreichung der Ähnlichkeit mit den Porträtierten gelangte er auch bald zu einer beachtlichen Routine. Es machte ihm sichtlich keine Mühe, ein Porträt so weit zu steigern, daß es der äußeren Erscheinung des Modells entsprach. Eines der eindrucksvollsten Bilder ist das um 1910 entstandene Porträt von Alban Berg im Besitz des Historischen Museums der Stadt Wien (Kat. Nr. 85). Vergleicht man es aber mit den beiden Familienbildern Arnold Schönbergs, die Richard Gerstl gemalt hat, dann sind diese eben doch viel progressiver gemalt. Daß die Ähnlichkeit mit Bildern Gerstls offenkundig ist, wird jeder Beobachter feststellen können. Und selbst im Format ergeben sich Ähnlichkeiten, wie beispielsweise zwischen Gerstls Selbstporträt (Historisches Museum der Stadt Wien) und dem Bildnis Alban Bergs von Schönberg. Von dem oftmals pointillistisch bestimmten Malduktus wurde schon gesprochen. Auch im Bildnis *Helene Berg* des Historischen Museums der Stadt Wien (Kat. Nr. 150) finden sich in der Andeutung des Hintergrundes Ähnlichkeiten etwa mit dem Bild *Sitzende Frau im weißen Kleid* von Richard Gerstl (Galerie Würthle, Wien). Speziell in der Spätphase von Gerstls Kunst, in welche die beiden Familienbildnisse Schönberg einzuordnen sind, läßt sich eine Pinselführung erkennen, die auf den Komponisten Eindruck gemacht haben könnte, was beim *Selbstbildnis von hinten* (Kat. Nr. 191) sogar sichtbar wird.

Mögen nun Schönbergs Porträts verschiedener Personen recht ambitioniert gemalt worden sein, so erscheinen doch die Selbstporträts im malerischen Werk als wichtigste künstlerische Leistung. Wer versucht, das Oeuvreverzeichnis Schönbergs zu überblicken, wird überdies feststellen, daß die Zahl dieser Selbstdarstellungen dominiert. Daß jene nach 1911, also nach der wichtigsten Periode gemalten Bilder ambitionslos wirken, und als Dokumente privaten Charakters anzusehen sind, heißt das Wesen dieser Selbstporträts etwas zu verkennen und den Kern der Problematik nicht ganz zu treffen[18]. Viel verständiger äußerte sich Kandinsky schon 1912 über die Selbstporträts, die Schönberg zwar mit dem „Palettenschmutz" gemalt, mit denen er nichtsdestoweniger aber einen starken, nüchternen, präzisen und knappen Eindruck erzielt habe[19]. Treffend wurde die Bedeutung dieser Selbstporträtserie Arnold Schönbergs auch erkannt, als von einer *halluzinatorischen Selbsterkenntnis, die der gesamten expressionistischen Bewegung gemeinsam ist,* gesprochen wurde. Schon Gerstls Schönberg-Porträt (Historisches Museum der Stadt Wien) offenbarte große seherische Konzentration weniger auf Schönberg als Kom-

---

[18] Arnold Schönberg in Selbstzeugnissen und Bilddokumenten, a. a. O.
[19] W. Kandinsky, Die Bilder, a. a. O., S. 63.

ponist, als auf „Schönberg als Mann“[20]. Immer hätten schwere private Ereignisse über dem expressionistischen Künstler gelastet. Tatsächlich spielt aber gerade im Expressionismus dieses Gedankliche, Forschende und Grübelnde um die Bedeutung und die Wirkung des eigenen Gesichts eine große Rolle. Aber die Versuche, im Selbstporträt mehr zu sehen als nur oberflächliche Wiedergabe eines äußeren Eindrucks, sind nicht auf den Expressionismus allein beschränkt, sondern ebenso schon bei Rembrandt zu finden und weiterhin überall dort, wo Kunst bekenntnishaft wird und privaten Charakter annimmt. Beim Malen des Selbstporträts ist Schönberg routiniert, man hat hier den Eindruck, daß der Pinsel einfach nicht mehr zu suchen braucht, sondern mit großer Leichtigkeit seinen Weg über Palette und Leinwand findet. Dabei ist zu beachten, daß Schönberg seinen malerischen Ehrgeiz nach 1912 zwar erheblich einschränkte, Versuche um ein Selbstporträt aber verhältnismäßig häufig wiederkehren. Verfolgenswert erscheint schließlich der Gedanke, daß die „Visionen“ aus dem Phänomen des Selbstporträts entwickelt sind, als eine ins Traumhafte gesteigerte Überrealistik, als Ergebnis des Weges vom Sich-selber-sehen über das Sich-selbst-verwandeln bis zu einem konzentrierten Über-Ich, das im Traum wirksam wird. So beschäftigte schon die Zeitgenossen die Frage, welche Bewandtnis es mit den „Visionen“ haben könnte. Die Vermutung liegt nahe, daß es sich dabei um ein malerisches Spezifikum handeln könnte, wie es typisch für jemand ist, der seinem Beruf nach in erster Linie Musiker und erst in zweiter Linie Maler ist. Kandinsky wollte es genau wissen, bevor er seine Meinung darüber in schriftlicher Form niederlegte[21]. Wohl auf Grund einer Erklärung Schönbergs bezeichnete er sie dann auch als *intuitiv empfundene Köpfe,* die der Komponist male, *um seine Gemütsbewegungen, die keine musikalische Form finden, zum Ausdruck zu bringen.* Und es sei nun einmal der Zweck eines Bildes überhaupt, *einem inneren Eindruck in malerischer Form einen äußeren Ausdruck zu geben*[22]. Gütersloh bezeichnete diese visionären Bilder *weder als Gefühle der bei verdunkelter Gehirnglocke hungrig schwärmenden Sinne, noch als Tatsachen im physischen Licht*[23]. Und Richard Specht sah in den Bildern *eines seherhaft verzückten, aber auch bedrückten Geistes, den starken, ganz und gar künstlerischen Drang, die Visionen eines weltfernen, um Welten entfernten Ich zu gestalten*[24].

Daß eine gewisse Verwandtschaft mit ähnlichen Versuchen anderer Maler vorliegt, ist nicht ganz von der Hand zu weisen. Bilder von Odilon Redon könnte Schönberg gesehen haben, Werke von Kubin und Klee anläßlich von Kontakten mit Künstlern des *Blauen Reiters.* Insofern scheint der Hinweis auf diese Namen, den Werner Hofmann gemacht hat, gerechtfertigt zu sein[25].

---

20 Alessandra Comini, From facade to psyche: The peristence and transfiguration of portrait in fin-de-siècle Vienna. Seperatum. (Verlag der Ungarischen Akademie der Wissenschaften).

21 Kandinsky an Schönberg, 13. 1. 1912, in: J. Rufer, Das Werk . . ., a. a. O., S. 180.

22 W. Kandinsky, Die Bilder, a. a. O., S. 59 ff.

23 Ebenda. S. 68. — Siehe auch Katalog der Ausstellung 1912 in Budapest, wo 23 Bilder von Schönberg angeführt sind. Die Einführung schrieb P. Gütersloh: Elöljárôba, in: A Neukunst Wien 1912, Vendégmüvészeinek Kiállìtâsa a Müvészhâzban, 1912 Január Havában, Budapest.

24 R. Specht, Arnold Schönberg, eine Vorbemerkung. In: Schönberg-Webern-Berg, a. a. O., S. 20.

25 W. Hofmann, in: Schönberg-Webern-Berg, a. a. O.

In den musikalischen Werken Schönbergs aus dieser Zeit, vor allem dem Monodram *Erwartung* und dem Drama *Die glückliche Hand* spielt die „Logik des Traums" (Blaukopf) eine große Rolle. Schönberg hat sie sozusagen zum künstlerischen Gestaltungsprinzip erhoben. Da er seine Bilder nicht allzu häufig, eher nur in Ausnahmefällen datiert hat, lassen sich nur aus einzelnen von ihnen klare Schlüsse auf Kontinuität und Entwicklung ziehen. Zeitlich könnte also ein Zusammenhang mit den genannten Dramen bestehen. Durch die Veröffentlichungen Freuds war man immerhin auf die Bedeutung des Traums bereits aufmerksam geworden.

Schönberg hat nur wenige Aussagen über seine eigene Malerei hinterlassen[26]. Eine der Fragen, der er sich auch hinsichtlich seines malerischen Ouevres stellte, lautete: *Habe ich mich hier ausgedrückt? Habe ich gesagt, was ich sagen wollte?* Das scheint ihm überhaupt die Maxime für alle seine Tätigkeit gewesen zu sein[27]. Wie weit er hier allerdings aus der Not eine Tugend machte, läßt sich nicht abschätzen. Denn der Text des gleichen Briefes an Carl Moll, dem diese Stelle entnommen ist, läßt erkennen, daß seine Malerei von eben diesem eine ablehnende Kritik erfahren hat.

Anderenteils kann nicht bestritten werden, daß Schönbergs Bilder auf der Linie der expressionistischen Malerei lagen, weil ihre *Wurzeln in den Äußerungen der naiven Seele* zu finden sind.[28]. In dem Würdigungsband für Schönberg aus dem Jahre 1912 wußte auch Albert Paris Gütersloh zu berichten, daß Schönberg versuchte, *der Malerei endlich jenen Zustand psychischer Primitivität nachzuerschaffen, jene praehistorische Art Vorleben, ohne welches ihre jetzige Existenz nicht wahrhaft legitimiert erschiene*[29].

Natürlich forschten die Zeitgenossen immer wieder, was eigentlich die Ursache für diese Malerei sein könne. Richard Specht meinte, alles was Schönberg malte, sei einfach aus der Musik geboren. Und deshalb solle auch nur der Musiker, der die Musik Schönbergs und ihr Geheimnis kenne, diese Bilder sehen und er werde sie als *transponierte Klänge über alle Zufälle der Form elementar empfinden*[30].

Was nun Schönberg tatsächlich damit beabsichtigte, ist eine noch immer offene Frage. Daß er gemalt haben könnte, um damit Geld zu verdienen, läßt sich auf die Porträts zutreffend feststellen. Von seinen Visionen – die ihm allerdings als sehr eigenständig und in dieser Hinsicht wichtig erschienen – hielt er künstlerisch viel mehr. Daß er letzten Endes aber von seinen Bildern nicht befriedigt war, hebt ihn entschieden über den Stand des Dilettanten hinaus[31].

Auch nach dem Jahr 1911, als nur mehr wenig Bilder entstanden, drückte er sich gelegentlich durch die Mittel der Malerei aus. Dann sind es meist graphische Äußerungen, Figurinen oder eben wieder Selbstporträts – also gleichsam Prüfungen seiner selbst, zu denen er gelangte. Die jüngsten Zeugnisse Schön-

---

26 Vgl. Anm. 4 und den Beitrag „Schoenberg talks about his paintings". Kat. S. 109 ff.

27 Schönberg an C. Moll, 16. 6. 1910. Pierpont Morgan Library, New York.

28 W. Haftmann, Malerei im 20. Jahrhundert. München 1954, 4. Aufl. 1965, S. 152.

29 P. Gütersloh, Schönberg als Maler, in Arnold Schönberg. Mit Beiträgen . . ., a. a. O., S 65.

30 Katalog Schönberg-Webern-Berg, a. a. O., S. 20.

31 Vgl. Anm. 4.

bergs dieser Art entstanden um das Jahr 1935, aber es waren dann eben nur mehr „Äußerungen", richtige „autonome Gemälde" sind nicht mehr darunter[32]. In erster Linie verbindet sich der Name Arnold Schönberg mit dem Begriff des Komponisten. Aber die Vielseitigkeit des Interesses und der Begabung dieser Persönlichkeit ließ es eben zu, daß zumindest zeitweise der Komponist sich in anderen Medien versuchte. Das heißt mit anderen Worten, es ist die Frage, wie sehr diese Bezeichnung „Schönberg als Maler" überhaupt den Fakten entsprechend zulässig erscheint. Denn zu sehr scheint diese malerische Tätigkeit mit der Tätigkeit als Komponist im Zusammenhang zu stehen, als daß man sie überhaupt als autonome Erscheinung zu würdigen vermöchte. Selbst schätzte er allerdings entschieden diese Leistung als autonom und selbständig ein. Daß sich Kandinsky zu den Bildern Schönbergs positiv einstellte, freute Schönberg und bestärkte ihn in der Annahme, er könne auch als Maler etwas leisten. Daß er zu der Zeit, als er ausstellte und Bilder verkaufen wollte, eine beachtliche Menge an Selbstvertrauen und Selbstbewußtsein brauchte, ist keine Frage. Ohne zu prüfen, ob Schönbergs Malerei auch mit der entsprechenden Grundlage an Qualität aufzuwarten hat, mußte sie auf jeden Fall, als er mit ihr an die Öffentlichkeit trat, als Provokation und auf das Publikum schockierend gewirkt haben. Denn es war, um es grob zu sagen, mit diesen Bildern eigentlich so gut wie mit jeder Tradition gebrochen. Alles, was man bis dahin zu sehen gewohnt war, akademisches Können, Zeichnung, geometrische Perspektive, Maltechnik, kostbarer Farbauftrag, fehlt diesen Bildern. Sie waren „avantgardistisch", ohne die Avantgarde angestrebt zu haben, und sie sind unprofessionell, obwohl ihr Schöpfer sie durchaus dem Professionellen zugehörig verstanden wissen wollte. Sie sind auch heute noch, was sie schon seinerzeit waren: Einzelfälle. Und so wird der Betrachter doch eben gut daran tun, Schönbergs Bilder im Zusammenhang mit seiner Musik oder einfach als Bestandteil seiner gesamten Persönlichkeit zu sehen, innerhalb der sie nur als Randerscheinung zu bezeichnen sind, nicht zuletzt deshalb, weil von ihnen keine weitere Wirkung auf die Kunst ausging.

32 Vgl. Schönberg an Webern, Los Angeles 15. 1. 1936, Kat. S. 63.

Schoenberg talks about his paintings*

On 22nd. January 1950 a Schoenberg-concert took place in the County Museum, Los Angeles. The "all-Schoenberg Programm, honoring the Composer's Seventy-fifth Anniversary" included works from his early and late periods. The *Lieder op. 1 Nr. 2* and *op. 12 Nr. 2* were sung by Scotte Sloan. accompanied by Leonard Stein; Adolph Kodolfsky, Cecil Figelski and Kurt Reher performed the *string trio op. 45* and the second performance of the *Fantasy for violin Op. 47,* composed only in 1949, was given by Kodolfsky accompanied by Leonard Stein[1]. A rendering of the *Ode to Napoleon Bonaparte op. 41* was also included in the concert under the direction of Wolfgang Fraenkel.

Paintings by Schoenberg were planned to have been shown in the County Museum on this occasion, but were not in fact exhibited. That Schoenberg had been a painter for many years was unknown to the American public, so that Schoenberg was interviewed about this in the course of the programme. The following conversation held between Halsey Stevens and Schoenberg is taken from a recording for which no written source in available[2].

Stevens: *The music we are hearing today has been written by a man whose influence on musical thinking has been world wide. Beginning with Verklaerte Nacht and continuing up into the present day, Mr. Schoenberg's music has stimulated a great deal of discussion and controversy. For the past several years he has been living and teaching here in Southern California, and we are privileged on this occasion to hear some of his earliest and some of his latest music. It may not be generally known that Mr. Schoenberg is also a painter as well as a composer and it is particularly appropriate I think to have his music performed in the atmosphere of a museum of art. — Mr. Schoenberg, I understand that it was originally intended to exhibit some of your paintings at the same time as a performance of the music. Is that right?*

Schoenberg: *Yes, it is right, but I have to correct something. I was a painter, perhaps, but I am not a painter any longer, I have not painted for many many years. For at least two or three decades. But here — the whole afternoon I was under the impression that I would be asked about my paintings, and would have to speak about them. So I had prepared my capacity of improvisation a little. In thinking about this subject — or because all my ideas centred around this subject, I planned to tell you what painting meant — means — to me. In fact it was the same to me as making music. To me it was a way of expressing myself, of presenting emotions, ideas, and then other*

* Für die Mithilfe bei der Redaktion dieses Beitrages dankt der Herausgeber der englischen Musikologin Rosemary Hill (Oxford - Wien).

1 The first performance of the Fantasy for violin op. 47 had taken place on 13th. September 1949. See Cat. Nr. 490.

2 The printed version of the interview keeps strictly to the orginal recording. Insignificant linguistic mistakes which Schoenberg made during free conversation have been corrected.

feelings and this is perhaps the way to understand these paintings or not to understand them. They would probably have suffered the same fate as I have suffered. They would have been attacked and scolded. – The same would have happened to them as happened to my music. They would have been understood or not understood. In fact, as I said, I expressed myself in the same manner as I did in music. I was never very capable of expressing my feelings or emotions in words. I do not know whether this is the reason for my doing so in music and also why I did it in painting, or vice-versa. Because I had this as an outlet, I could renounce expressing something in words. – Does this answer some of your questions?

Stevens: *Yes, it does, Mr. Schoenberg. I wonder if you found the same problems in painting that you found in music, of course taking into consideration the complete difference in technical media?*

Schoenberg: *It's a very good question. I must answer that as a painter I was absolutely an amateur. And that I had no theoretical training and only a little esthetic training – this only from general education but not from an education which pertained to painting. In music it was different. I was also an autodidact – I always had the opportunity to study the works of the masters and to study them in quite a professional manner, so that my technical ability grew in the normal manner. This is the difference between my painting and my music.*

Stevens: *Suppose you had pursued the profession of a painter. Do you feel that you would have encountered similar problems – you have already said that you would expect the same sort of reception, the same sort of surprise and occasional condemnation that you have received in your music. But do you feel that your career as a painter might have paralleled that as a composer?*

Schoenberg: *Yes, I am sure it would have. I must say, technically I possessed some ability. At least, I am afraid that I have partly lost it. For instance, I had a good sense of relations – of space relations, of measurement. I was able to divide – let me say – a line rather correctly in 3, 4, 5, 6, 7, even 11 parts and they were quite near the real division. And also I had a good sense of other such measurements, of many measurements. At this time I was able to draw a circle which deviated very little from when it is projected with a compass. I could really draw very well. I think I lost this capacity. But I had the idea that this sense of measurements is one of the capacities of a composer, of an artist. It is probably the basis of correct balance and logic reasoning if you have a strict feeling of the sciences and their virtual relations.*

Stevens: *Certainly the space relationship, the feeling for measurement to which you refer are very important in music and have been demonstrated so thoroughly in your own work. There is hardly any composer of importance now writing who has not been touched in some measure by the tonal exploration which you have conducted. I wonder if you feel that the techniques you have developed in musical composition will become more significant as time geos on?*

Schoenberg: *I think that there is a possibility to learn something from my technical achievement, but I think it is even better to go back to those men from whom I learnt them. I mean to Mozart, Beethoven, Brahms and Bach. I can really tell that I owe very very much to Mozart and if you study for instance the way in which I have composed my string quartets, then one cannot deny that I have learnt this directly from Mozart and I am proud of it.*

Stevens: *Then your advice to a young composer, Mr. Schoenberg, would be to base a foundation upon the same composers.*

Schoenberg: *Yes, yes. Of course, you cannot imitate it directly. You have to take the essence and amalgamate your ideas with them and create something new*[3].

Zusammenfassung:

Anläßlich eines Schönberg-Konzertes im County Museum in Los Angeles wurde Schönberg über seine Malerei befragt. Schönberg bestätigte, daß er malte, doch seit langer Zeit nicht mehr ernsthaft gemalt hatte. Malen war für ihn dasselbe wie Komponieren, nämlich sich selbst, seine Empfindungen und Gedanken auszudrücken. Dagegen hatte er immer Mühe gehabt, diese in Worte zu fassen. Als Maler war er Amateur ohne theoretische Schulung und damit in ähnlicher Weise Autodidakt wie als Komponist. Doch hatte er als Musiker sich selbst die Technik der Komposition angeeignet, indem er die Werke der großen Meister sorgfältig studierte. Daß er sich bei der Malerei mit derartigen Studien nicht befaßte, war für ihn rückblickend die entscheidende Argumentation, warum er als Maler nicht dieselbe Entwicklung vollzog wie als Musiker. Die rein technische Begabung war vorhanden. So hatte er einen ausgeprägten Sinn für Größen- und Raumverhältnisse, und war auch zeichnerisch gewandt.

Auf musikalische Fragen und seine Verdienste für die Neue Musik angesprochen, verwies er auf die unbedingte Hochschätzung musikalischer Tradition. Und mit Stolz sprach er davon, wieviel er selbst beispielsweise W. A. Mozart verdankte.

[3] The closing conversational remarks have been omitted.

Hans Keller

Schönbergs „Style and Idea“ [1]

Stil und Gedanke nannte Schönberg einen 1933 im Kulturbund in Wien gehaltenen Vortrag[2], und diesen Titel gab er auch der 1950 in New York erschienenen Auswahl aus seinem literarischen Werk, worin er nicht nur von ihm selbst in englischer Sprache verfaßte Arbeiten jüngeren Datums erstmals abdruckte, sondern auch auf ihm wichtig erscheinende frühere Vorträge oder Aufsätze zurückgriff. Als Herausgeber der Sammlung zeichnete die zur beachtlichen Komponistin herangewachsene, amerikanische Schönberg-Schülerin Dika Newlin[3]. Sie hatte es bei der Redaktionsarbeit mit Schönberg nicht leicht, der sich sein idiosynkratisches Englisch nicht antasten ließ. Andererseits wollte sie nicht den Anschein erwecken, sie hätte sein Englisch so ohne weiteres durchgehen lassen. So kam es zu dem taktvollen *Vorwort der Herausgeberin,* das mit der Beobachtung beginnt, daß *Schoenberg als Schriftsteller seine eigene Persönlichkeit und seine eigenen Ideen hat, nicht nur im Deutschen, sondern auch im Englischen*[4], und die englisch geschriebenen Essays *noch immer die Kennzeichen von Schoenbergs individuellem deutschen Stil*[5] aufwiesen. Dann wird Schönberg selbst zitiert: *Ich habe nicht die Absicht, die Tatsache zu verbergen, daß ich nicht in dieser Sprache geboren wurde, will mich also nicht mit den stilistischen Vorzügen eines andern Menschen geschmückt zur Schau stellen*[6]. Und Dika Newlin fügt hinzu: *Diesem Standpunkt gehorcht die Redaktion des gesamten Buches*[7].

Eine Übermacht von Kritikern und Rezensenten zog über *Style and Idea* her, aus musikkritischen wie aus literarischen Gründen; *verschroben* war wohl das Günstigste, was die etablierte Kritik über das Buch zu sagen hatte. Nur zwei Journale erkannten den Wert des Werkes: die *Music Review*[8], darin E. H. W. Meyerstein eine sachliche Beschreibung der Essays unter dem Titel *A Master's Testament* unternahm, und der von Donald Mitchell und mir geleitete *Music Survey.*

Heute handelt es sich nicht mehr um Rehabilitierung, sondern es geht darum, herauszufinden, wie sich Schönbergs Betrachtungen in einer Zeit ausnehmen, die schöpferisch noch zerspaltener ist, als die seine es war.

---

1 Philosophical Library, New York 1950. Da derzeit noch keine offizielle deutsche Ausgabe der Schriften Arnold Schönbergs existiert, werden im folgenden in den Anmerkungen die Titel der einzelnen Aufsätze und Zitate auch im englischen Wortlaut (nach der vorliegenden Ausgabe) wiedergegeben. (Anm. d. Red.)

2 Die ersten sechs Zeilen mußten — mit Einverständnis des Verf. — aus redaktionellen Gründen geändert werden. Im übrigen Teil waren einige unwesentliche Kürzungen erforderlich. (Anm. d. Red.)

3 Es gibt da ein ganz ausgezeichnetes, fein durchhörtes Klaviertrio, eines der wenigen zufriedenstellenden zeitgenössischen Werke dieser heutzutage vernachlässigten, allerdings fakturmäßig schwer zu meisternden Gattung.

4 „Arnold Schoenberg, as an author, has his own personality and ideas, not only in German but also in English“.

5 „. . . still bear the earmarks of Schoenberg's individual German style“.

6 „I do not plan to hide the fact that I am not born in this language and I do not want to parade adorned by stylistic merits of another person“.

7 „Obedience to this viewpoint has governed editorial activities throughout“.

8 1951.

Einer der ältesten, und ursprünglich deutsch geschrieben, ist Gustav Mahler[9] gewidmet. Er weist hart und bestimmt in die Zukunft, in unsere Gegenwart. Wie veraltet klingt die Kritik an Mahler, die Schönberg hier leidenschaftlich bekämpft, wie *zeitgemäß*, wahrheitsgemäß seine Verteidigung! An Wien und den Wienern wird Kritik geübt – mit Recht: Damals aber wußte Schönberg noch nicht, daß die restliche westliche Welt (mit Ausnahme von Holland) sich alsbald genauso gehaben würde, wie Mahlers zeitgenössische Wiener, die ihn (wie Schönberg selbst) schließlich aus der Stadt vertrieben. Als *Style and Idea* erschien, galt Mahler in England als unaufführbar, und bloß Köpfe wie Deryck Cooke – dessen Name sich mit der gewissenhaften Herausgabe der Zehnten Mahler verbindet – oder Donald Mitchell, der Autor von *Gustav Mahler: The Early Years*[10], sahen in ihm einen großen Komponisten.

Ein anderer alter Aufsatz, über das Verhältnis der Musik zu ihrem Text[11], verbindet sich sinn- und humorreich mit einem jüngeren, *This is my Fault (Dies ist meine Schuld).* Hatte Schönberg im ersten Aufsatz vor Tautologie gewarnt, vor dem musikalischen Nachäffen des Textes, so weist er im jüngeren darauf hin, daß Beziehungslosigkeit zum Text, oder gar Feindseligkeit gegen ihn nicht gemeint war, als das Vorwort zu *Pierrot lunaire* vor dem Text inspirierten, interpretativen Zugaben warnte. Er sieht logische Konsequenzen der unlogischen Behandlung des Textes voraus; wenn der Komponist sich leere Freiheiten erlauben darf, warum nicht auch andere? *Könnte nicht Lohengrin sofort nach seiner Ankunft den Schwan einem Fleischhauer verkaufen und beginnen, seine Gondel zu versteigern? Oder wäre es nicht besser, wenn König Marke sein „Dies, Tristan, mir?" als überraschte Antwort auf ein schönes Weihnachtsgeschenk sänge, das Tristan ihm geboten*[12]*?* Diese Art bewußter Unkunst und Anti-Kunst, die chronische Befriedigung am Sinnlosen, aus der doch der Dadaismus schon alles fruchtbar Bilderstürmende herausgezwungen hatte, ist vielen aber heute zum kunstfeindlichen, dabei kunstersetzenden Lebensbedürfnis geworden.

Der Schwerpunkt des Buches liegt indessen in drei aneinandergereihten Essays, deren erster der titelgebende ist[13]; die anderen beiden handeln von *Brahms, dem Fortschrittlichen*[14] und – zum ersten und letzten Mal in Schönbergs ausgedehnter literarischer Tätigkeit – von der *Komposition mit zwölf Tönen*[15]. Was hier in diesen gelungenen Versuchen über das Komponieren und über die Schöpferkraft überhaupt gesagt wird, war noch von niemandem begrifflich dargetan worden, und wurde auch seither im Ringen um die Wortfassung des Unwörtlichen noch von niemandem treffender formuliert. *Neue Musik, Veraltete Musik, Stil und Gedanke* zerstört die Daseinsberechtigung des Begriffes *Neue Musik.*

---

9 S. 7—36, Gustav Mahler. Der Mahler-Aufsatz geht auf den 1912 konzipierten Mahler-Vortrag zurück. Vgl. Kat. Nr. 244.

10 London 1958.

11 S. 1—6, „The Relationship to the Text".

12 S. 220, „Could not Lohengrin immediately after his arrival sell the swan to a butcher and start auctioning his gondola? Or would King Mark not better sing his ‚Dies, Tristan, mir' . . . as if he were surprised over a beautiful Christman present offered by Tristan?"

13 S. 37—51, „New Music, Outmoded Music, Style and Idea".

14 S. 52—101, „Brahms the progressive".

15 S. 102—143, „Composition with Twelve Tones".

Es gibt kein großes Kunstwerk, das der Menschheit nicht eine neue Botschaft überbringt; es gibt keinen großen Künstler, der in dieser Hinsicht versagt. Das ist der Ehrenkodex alles Großen in der Kunst, weshalb man in allen großen Werken der Großen jene Neuheit findet, die nie vergeht, ob nun die eines Josquin des Prés, eines Bach oder Haydn, oder irgend eines anderen großen Meisters. Denn: Kunst heißt Neue Kunst[16]. Dem Philipp Emanuel dünkte Johann Sebastian Bach veraltet, aber heute ist Johann Sebastian neu; *man ist geneigt, ihn den ersten Zwölfton-Komponisten zu nennen*[17], und der weitaus kleinere Meister ist nunmehr der veraltete, wobei Schönberg noch darauf hinweist, daß man ob Philipp Emanuels Beitrag zur Gründung des klassischen Stils Johann Sebastian ganz überhört hat.

Stil, das ist nichts, wenn er nicht eine Funktion des Gedankens und seines persönlichen Ausdrucks einerseits, und des Kompositionsverfahrens andererseits ist: Stil entsteht entweder von selbst oder hat nichts mit Kunst zu tun, sucht sie vergeblich zu ersetzen. Der Unterschied zwischen dem *bloßen Stil und einem wirklichen Gedanken* ist: *Ein Gedanke kann nie untergehen*[18].

Obwohl die ursprüngliche Fassung des Kapitels *Brahms, der Fortschrittliche* ein 1933 gehaltener Vortrag[19] war, geht die vorliegende Umarbeitung ganz aus dem vorhergehenden Essay über (gegen) den Stil hervor und in den nachfolgenden über Dodekaphonie über. Das Denken des großen Künstlers ist eben nicht an Chronologie gebunden, weil er die Wahrheit unzeitlich, raumhaft zu überblicken imstande ist: Goethe begann seinen *Werther,* Hans Pfitzner seinen *Palestrina* mit dem Schluß.

Man kann nur ausdrücken, sagt der Brahms-Essay, *was man innerlich besitzt. Ein Stil kann einen nicht reicher machen*[20]. Und was Schönberg hier beispielgebend durchanalysiert, ist alles außer Brahms Stil, der ja einst die Gelehrten der Musik dahin irregeführt hatte, in Wagner den Fortschrittlichen, in Brahms den akademisch-klassizistisch Rückständigen zu sehen — als ob ein Fortschritt, eine Weiterentwicklung die andere ausschlösse. Der Zweck des Essays ist, *zu beweisen, daß Brahms ein großer Neuerer war*[21], und der Beweis wird spezifisch in allen musikalischen Dimensionen geführt — mit dem Endergebnis, daß nicht nur der gestrige, sondern sogar mancher heutige Komponist sich überraschend als Brahms-Schüler erweist. Die untersuchten Dimensionen sind die harmonische und fakturmäßige, die rhythmische (sowohl im engeren Sinne als auch in dem der Periodizität, d. h. der Entfaltung der Asymmetrie und der von Schönberg sogenannten *musikalischen Prosa)*

---

16 S. 39, „There is no great work of art which does not convey a new message to humanity, there is no great artist who fails in this respect. This is the code of honour of all the great in art, and consequently in all great works of the great we will find that newness which never perishes, whether it be of Josquin des Prés, of Bach or Haydn, or of any other great master. Because: Art means New Art."

17 S. 42, „. . . one would be inclined to call him the first twelve-tone composer".

18 S. 50, „The tool itself may fall into disuse, but the idea behind it can never become obsolete. And therein lies the difference between a mere style and a real idea. An idea can never perish".

19 Schönberg hielt den Vortrag im Frankfurter Rundfunk am 22. 3. 1931.

20 S. 65, „One can only express what one possesses inwardly. A style cannot make one richer".

21 S. 56, „It is the purpose of this essay to prove that Brahms, the classicist, the academician, was a great innovator".

und schließlich die melodische, insbesondere die motivische, da Schönberg die Brücke zur Zwölfton-Motivik selber hört, indem er zu verstehen gibt, wie Brahms' motivische Arbeit sich reihenartig von der Rhythmisierung, ja, von Artikulationspunkten zwischen Motiven und Phrasen (Pausen) unabhängig macht.

Die *Komposition mit zwölf Tönen,* ursprünglich ein 1941 an der Kalifornischen Universität in Los Angeles gehaltener Vortrag, ist von grundsätzlicher Bedeutung. Schönberg betrachtete seine Kompositionsmethode als eine Privatangelegenheit[22]; wer sie anwenden wollte, sollte sie aus der Musik lernen, nicht aus Vorlesungen. Was grundlegend und Mißverständnissen vorbeugend über die Technik zu sagen ist, steht in diesem Essay. Ungeachtet ihrer Einfachheit wirft Schönbergs Zwölfton-Fibel (wenn man den Aufsatz so nennen will) grelles Licht auf die Gegenwart, dorthin, wo mit unlauteren Mitteln Brillanz, „neue Klänge" geschmiedet werden. *Der Klang, einst eine würdevolle Eigenschaft der höheren Musik, ist in seiner Bedeutung herabgesunken, seit geschickte Handwerker . . . sich seiner bemächtigt haben, mit der bestimmten und unverhohlenen Absicht, ihn als Schirm zu benützen, hinter dem die Abwesenheit von Gedanken nicht bemerkt werden soll. Früher war der Klang die Ausstrahlung einer innerlichen Qualität der Gedanken gewesen, so kraftvoll, daß er die Hülle der Form durchdrang. Nichts konnte strahlen, was nicht selbst Licht war; und in der Musik sind nur Gedanken Licht*[23].

Was die Zwölfton-Grundsätze betrifft, sichert sich gerade ihre lapidare Einfachheit zeitungebundene Gültigkeit: *Die Komposition mit zwölf Tönen hat kein anderes Ziel, als die Verständlichkeit*[24]. *Die Grundreihe wirkt auf die Art eines Motivs*[25]. Das ging bei Schönberg so weit, daß er nie a priori in Reihen dachte; zuerst kam der musikalische Gedanke, der Einfall, dann wurde ihm die Reihe abgewonnen. Sogar Webern hatte gegen dieses natürlich-musikalische Prinzip verstoßen; heute werden Reihentechniken aller Arten dazu verwendet, über jene Abwesenheit der musikalischen Gedanken hinwegzutäuschen. Das oberste Gebot ist der Einfall: das wird der Schaffende immer von so gegensätzlichen Schöpfer-Charakteren wie Arnold Schönberg und Hans Pfitzner zu lernen haben, welch letzterer gerade die Schönbergsche Atonalität der musikalischen Impotenz, der Einfallslosigkeit beschuldigte[26] — aber heutzutage mutet dieser Streit genauso veraltet an, wie der zwischen der Neudeutschen Schule, den Wagnerianern, und dem brahmsischen Akademikern: Vieles von dem, was Schönberg über diesen sagt, läßt sich jetzt auf jenen anwenden.

---

22 Vergleiche dazu beispielsweise auch die Aussagen von Hanns Eisler. (Materialien zu einer Dialektik der Musik, Leipzig 1973, S. 146).
Berg berichtete dazu: „Privatangelegenheit bezieht sich nur auf das rein Technische. Das Werk selbst will Schönberg gewiß nicht als Privatangelegenheit angesehen wissen. (Brief vom 5. 8. 1934 an W. Reich.)

23 S. 138, „'Sound', once a dignified quality of higher music, has deteriorated in significance since skilful workmen . . . have taken it in hand with the definite and undisguised intention of using it as a screen behind which the absence of ideas will not be noticeable. Formerly, sound had been the radiation of an intrinsic quality of ideas, powerful enough to penetrate the hull of the form. Nothing could radiate which was not light itself; and here only ideas are light".

24 S. 103, „Composition with twelve tones has no other aim than comprehensibility".

25 **S. 108, „The basic set functions in the manner of a motive".**

26 Vgl. zu diesem Streit A. Bergs Aufsatz über „Die Musikalische Impotenz der ‚Neuen Ästhetik'" Hans Pfitzners, in: „Musikblätter des Anbruch", 2. Jg. (1920), Nr. 11/12, S. 399 — 407.

Ein kurzer, d. h. durch klare Gedankenverdichtung verkürzter Aufsatz über *Übung des Gehörs durch Komponieren*[27] zeigt Schönberg als stets sachlichen, konkreten Lehrer: Die konventionelle Gehörschulung sei zu abstrakt; das Komponieren und Spielen des Komponierten schule das Gehör aufs musikalische Verständnis hin — eben aufs Verstehen des Kompositionsvorganges. Freude und Lust am Gehörten, wie die Erkenntnis der sogenannten „Schönheit" wird hier als Funktion des Verstehens behandelt. *Herz und Gehirn in der Musik*[28], eine längere und selbstanalytisch unterbaute Erklärung, beweist die Problematik aller Wertungen um erfühlte und erdachte Musik, speziell wenn dem Kontrapunkt mehr Hirnarbeit zugeschrieben wird als der Homophonie. Und Hirn- und Herzlosigkeit gehen gerne gemeinsam unkünstlerische Wege; künstliche Süße *zeigt die völlige Abwesenheit eines Gehirns, zeigt auch den Ursprung solcher Sentimentalität: ein sehr armseliges Herz*[29]. Das Kapitel über *Kriterien der Musikwertung*[30] — eine für unsere Zeit besonders gewichtige Mahnung — erlaubt den Amateuren nicht, sich auf ihre Zufallsurteile etwas einzubilden, bloß weil die Fachleute, unvermeidlicherweise der „Tabulatur" verschrieben, unvermeidliche Fehler machen. *Fachleute sind auch nur menschlich — was allerdings nicht die Schuld von uns Komponisten ist!*[31] So schließt Schönberg seine Betrachtungen über Wertung, nachdem er zwei Ergebnisse seiner eigenen Allzu-Menschlichkeit gestanden: Er hatte Mahlers Musik geringgeschätzt, bevor er sie zu verstehen und bewundern lernte und sagte einmal: *Wenn das, was Reger schreibt, Kontrapunkt ist, dann ist meiner es nicht. Ich hatte unrecht: Beide waren's*[32].

Folkloristische Sinfonien[33] wendet sich gegen die sinfonische Verwertung von Volksliedern, ja, sucht die Unmöglichkeit eines solchen Verfahrens nachzuweisen. Um nun aber einmal Schönbergs eigene Haltung zur Kritik an seinen Schlüssen zu benützen: Solche Unmöglichkeiten bleiben Unmöglichkeiten, solange kein Genie sie möglich macht. Schönberg wußte wahrscheinlich nicht, daß das, was in der Mitte des Hauptthemas des Finales von Tschaikowsky's Vierter Sinfonie als verfrühtes Seitenthema auftaucht, ein russisches Volkslied ist — und die Elfte von Schostakowitsch, deren erster Satz sich echt sinfonisch aus folkloristischem Material aufbaut, war damals noch nicht geschrieben worden. Aber am Ende des vorhergehenden Kapitels über *Kriterien der Musikwertung* hatte Schönberg gesagt, auf Sibelius und Schostakowitsch hätte er reagiert, wie *jeder Amateur, jeder Musikfreund es hätte tun können: Ich fühle, daß sie den Atem von Sinfonikern haben*[34]. Mit diesem nämlichen Atem gelang es auch Schostakowitsch, das Volkslied in die Sinfonik einzubauen: zum ersten Mal wirft

---

27 S. 146 — 152, „Eartraining through Composing".

28 S. 153 — 179, „Heart and Brain in Music".

29 S. 179, „. . . the complete absence of a brain and show that this sentimentality has its origin in a very poor heart".

30 S. 180 — 195, „Criteria for the Evaluation of Music".

31 S. 195, „Experts are also human — but this is not the fault of us composers!"

32 Ebenda, „For a long time I had scorned the music of Gustav Mahler before learning to understand and admire it. Inonce said: ‚If what Reger writes is counterpoint, then mine is not'. I was wrong — both were".

33 S. 196 — 203, „Folkloristic Symphonies".

34 S. 195, „. . . every amateur, every music lover could have said: ‚I feel they have the breath of symphonists'".

wirklich die spätere Geschichte scharf unterscheidendes, teils kritisches Licht auf Schönbergs Erwägungen. Die Diskrepanz zwischen den Erfordernissen der größeren Formen und dem einfachen Aufbau der Volkslieder ist nie gelöst worden und kann nie gelöst werden[35].

On Revient Toujours wird manchen Lesern aus einer Jubiläumsausgabe der inzwischen eingegangenen Berliner „Stimmen"[36] bekannt sein: es erschien auf deutsch zu Schönbergs 75. Geburtstag. Thema ist die gelegentliche Rückkehr zur Tonalität, die Schönberg mit der gelegentlichen Rückkehr der Klassiker zur Polyphonie vergleicht. Brennende Aktualität weist *The Blessing of the Dressing*[37] auf; vielleicht müßte man *Im Putz liegt der Schutz* sagen, um den betont platten Reim zu wahren, der auf die Billigkeit und Banalität alles dessen hinweist, was innere Ungereimtheit mit rein stilistischen Mitteln, also mit unreinen Mitteln zu verhindern sucht. Schönberg selbst habe nie im Stil unterwiesen; *ich gebe zu, ich wäre nicht imstande gewesen, es zu tun, selbst nicht, wenn ich meine Aversion dagegen überwunden hätte*[38]. So gelangen wir gegen Ende des Buches zur Unehrenhaftigkeit des aufgepflanzten Stils zurück, zur Ehrbarkeit und Ehrlichkeit des Gedankens.

Drei Kapitel gehen charakteristischerweise über Musik und Künstlertum hinaus, obgleich sich *Ein gefährliches Spiel*[39] mit dem Politisieren der Künstler und im besonderen mit den Kollaborateuren unter Hitler befaßt. Angesichts des niedrigen geistigen und moralischen Niveaus der Künstler im allgemeinen würde ich sagen: *Behandelt sie wie unreife Kinder. Nennt sie Narren und laßt sie laufen*[40]. *Menschenrechte*[41] ist eine Sammlung von neunzehn verantwortungsvoll originellen Gedanken. *Es ist traurig, zugeben zu müssen, daß die meisten Menschen es als ihr Menschenrecht ansehen, die Menschenrechte anderer zu bestreiten oder sogar zu bezwingen*[42]. Und später: *Das Gesetz ist nur zum geringsten Grade ein Versuch, Gleichgewicht zu sichern. In Wirklichkeit ist es beinahe immer ein Ausdruck der Macht*[43]. Dies sieht schon vieles wohlerdacht voraus, was der amerikanisch-ungarische Psychiater Thomas Szasz über den bureaukratischen Staat, den „psychiatrischen Staat" und den „Mythos der Geisteskrankheit"[44] sagen sollte.

Am Ende des Buches ist dann noch eine ganz kurze (23 Zeilen lange) Kurzgeschichte, *An den Kai!* genannt, die auf das schließliche Wortspiel *Aux*

---

35 S. 199, „The discrepancy between the requirements of large forms and the simple construction of folk tunes has never been solved and cannot be solved".

36 „Stimmen" Monatsblätter für Musik I, Heft 16 (Berlin 1949), S. 439 — 440.

37 S. 214 — 218.

38 S. 218, „While I was not able to teach my students a style — I admit I was not able to do it, even if I would have overcome my dislike of so doing — there are other teachers who can do this and only this".

39 S. 144 — 145, „A Dangerous Game".

40 S. 145, „. . . considering the low mental and moral standards of artists in general, I would say: Treat them like immature children. Call them fools and let them Escape".

41 S. 204 — 210, Human rights. Dieser Aufsatz wurde 1947 im Auftrag der UNESCO geschrieben.

42 S. 204, „It is sad to have to admit that most men consider it their human right to dispute, even to overpower, the human rights of their fellows".

43 S. 205, „Law is only in the slightest degree an attempt to secure balance. In reality, it is nearly always an expression of power."

44 Geisteskrankheit — Ein moderner Mythos? Olten und München, 1972.

quais! – O. K. hinzielt und den Musiker mit der Lust an der Doppeldeutung eines Klanges verrät. Abschließend kann man vielleicht charakterzeichnend sagen: Mag sein, daß Schönberg an mancher Stelle mancher anderen Stelle widerspricht, aber sich widerspricht er nie.

Rudolf Stephan

Über Schönbergs Arbeitsweise

Bei der großen Verschiedenartigkeit der einzelnen Werke Schönbergs – und auch ihrer technischen Voraussetzungen – ist von vornherein nicht zu erwarten, daß sie alle auf die gleiche Weise entstanden sind. Und so verhält es sich auch in der Tat. Schönberg hat immer sehr rasch komponiert; schon die *Verklärte Nacht op. 4* (1899) entstand innerhalb dreier Wochen und die kurze Entstehungszeit des musikalisch ebenso reichen wie komplizierten Monodrams *Erwartung op. 17* (1909) in nicht ganz drei Wochen, ist schon lange berühmt. Für ein Lied oder ein kleineres Klavierstück benötigte Schönberg in der Regel nur einen Tag, und war er, wie zur Zeit der Komposition des *Pierrot lunaire,* in besonders produktiver Verfassung – in einem „Taumel des Komponierens", wie er selbst sagte –, so konnte er, wie Hugo Wolf im Schaffensrausch, auch noch mehr als ein Stück an einem Tag komponieren. Schönberg hat auch vielfach, wie er selbst erzählte, alles im Kopf fertig ausgearbeitet und dann dieses Gedachte einfach, wie unter Diktat, niedergeschrieben, sei es, daß dies nun ein ganzes Werk oder ein größerer Abschnitt eines Werkes oder eines Satzes war. An kleineren Stücken hat Schönberg deshalb in der Regel – sieht man jetzt einmal von den Klavierwerken op. 23 (1920–1923) und op. 25 (1921–1923), die in jeder Hinsicht eine Sonderstellung einnehmen, ab – nicht viel gearbeitet. Vor allem in der hochgespannten Zeit um 1909 bis 1912 hat er die meisten seiner Stücke im Zuge niedergeschrieben (so, wie angedeutet, die *Erwartung).* Von einigen der Gesänge aus dem Buch der hängenden Gärten von Stefan George op. 15 (1908–1909) gibt es Fragmente: Schönberg hat, wenn die Vertonung nicht sogleich gelingen wollte, nicht verbessert, sondern mit der Komposition noch einmal von vorn begonnen. Und zu den kleinen *Klavierstücken op. 19* (1911) gibt es keinerlei Skizzen; hat es wohl auch niemals welche gegeben: im *Klavierstück op. 11, Nr. 3* (1909) hat er sich bei der Komposition verfahren, dann aber sogleich die ganze Disposition des Stückes grundsätzlich erneuert: Aus einem Stück, das sich nach einem die Grenzen des Gewohnten in jeder Hinsicht sprengenden Anfangs in gleichmäßige Bewegung beruhigen sollte, ist eines geworden, das die Spannung des Anfangs durchhält und so umfangsmäßig hinter den beiden vorangegangenen zurückbleibt und doch zugleich inhaltlich als Steigerung empfunden wird.

Hat Schönberg im allgemeinen sehr rasch komponiert, so hatte er doch nur sehr selten Veranlassung, das Erdachte in den von ihm als wesentlich angesehenen Dimensionen zu verändern. Immerhin zeigt das *Klavierstück op. 11 Nr. 3* eine solche Änderung. Jedoch ist diese noch vor der (wenn auch vorläufigen) Vollendung vorgenommen worden. Veränderungen der Formdisposition finden sich sonst wohl vornehmlich in vor 1910 entstandenen Werken: im *Quartett D-Dur* (1897) – hier hat Schönberg zwei Variationen gestrichen – im *Quartett d-Moll op. 7* (1905) – hier strich Schönberg weite Partien der Durchführung des ersten Satzes – und in der *Verklärten Nacht op. 4.*

Schönberg hat – versucht man sein Gesamtschaffen zu überblicken – nur selten vollendete Werke nachträglich verbessert. Hatte er den Eindruck, daß nicht alles so geraten war, wie er es sich gewünscht hatte, so brach er die Arbeit sofort ab. Daher auch die zahllosen Fragmente in seinem Nachlaß. Niemals hat er nur mit bloßer Routine weiterkomponiert, auch wo dies, wie uns heute scheinen will, ohne große Schwierigkeiten möglich gewesen wäre. Und war die Arbeit an einer Komposition einmal unterbrochen, so hat er später dann nur sehr selten an den Fragmenten weitergearbeitet und die Stücke zum Abschluß bringen können. So blieben gerade die größten Werke unvollendet liegen, trotz späterer Vollendungsversuche: das Oratorium *Die Jakobsleiter* (1917) und die Oper *Moses und Aron* (1930–1932). Gewiß haben bisweilen äußere Gründe zum Abbruch der Arbeit geführt, wie bei der *Jakobsleiter* der Einrückungsbefehl. Später, bei veränderter allgemeiner Atmosphäre, wollte die Fortführung der Arbeit, die Schönberg gerade bei diesem Werk mehrfach versucht hat, nicht mehr gelingen. In einem anderen Fall, dem der *Zweiten Kammersymphonie es-Moll,* die unmittelbar nach der ersten 1906 begonnen wurde, gelang schließlich doch eine Vollendung (und die Veröffentlichung als *op. 38,* 1940). Allerdings wurde das Werk in den Jahren 1939 und Anfang 1940 auf andere Weise beendet, als es ursprünglich konzipiert worden war. Die es-Moll-Kammersymphonie hat überhaupt ungewöhnlich zahlreiche und verschiedenartige Stadien durchlaufen, darunter solche, die das Werk, wäre es vollendet worden, in die Nähe der großen Weltanschauungsmusik der *Jakobsleiter* gerückt hätte. Das jetzt vorliegende *op. 38* steht der ursprünglichen Konzeption gewiß näher als den Plänen der Zeit um 1916. Die *Zweite Kammersymphonie* ist indessen überhaupt ein Sonderfall: hier hat Schönberg nicht nur um die Formanlage, sondern auch um die Gestalt der wichtigsten musikalischen Gedanken, vor allem um die der unendliche Melancholie ausdrükkenden Anfangsmelodie, lange Zeit gerungen.

Die *Zweite Kammersymphonie* hat Schönberg im Zuge seiner Neigung zum Rückblick auf die Jugendzeit vollendet; die *Orchestervariationen op. 31,* deren Arbeit äußerer Umstände halber 1926 unterbrochen werden mußte, hat er 1928 vollendet, als er den Gedanken, der dem Werk zugrunde lag, wiedergefunden hatte, und er sich die kompositorische Situation wieder soweit vergegenwärtigen konnte, daß er quasi den gleichen Einfall, der die Fortsetzung ermöglichte, zum zweiten Mal hatte. Das kann auch die Einsicht in die Logik des musikalischen Fortgangs, der eben nichts Zufälliges, auch nichts nur durch die Regeln der *Kompositionsweise mit zwölf nur aufeinander bezogenen Tönen* geregeltes ist, fördern. Es gibt auch den denkwürdigen Fall, wo Schönberg ein Werk zunächst unvollendet läßt, wohl weil er sich dem kompositorischen Problem noch nicht gewachsen fühlt, später aber, als er im Bereich der neu entwickelten Satztechnik Erfahrung gesammelt hat, das Werk wiederaufnimmt und vollendet. Das ist der Fall der *Klaviersuite op. 25,* insbesondere der des *Intermezzo.* Hier hatte Schönberg bereits nach der Komposition des Präludium 1921 die ersten zwölf Takte komponiert und dann das Fragment beiseite gelegt. Zwar hatte er damals bereits sein erstes Zwölftonstück geschrieben, aber die Konsequenzen aus der Konstellation der drei viertönigen Gruppen (oder „Grundgestalten", wie Schönberg damals sagte), nämlich die der Ableitung einer Zwölftonreihe und ihrer verschiedenen Erscheinungsformen, hat er noch nicht gesehen. Schönberg experimentierte noch einige Zeit mit anderen „Grundgestalten", die nicht zwölftönig waren und sich bei kontrapunktischer Verknüpfung auch nicht zur Zwölftönigkeit ergänzten, bis ihm, vielleicht unter dem Eindruck von Gedanken Josef Matthias Hauers, der Einfall kam, eine Tonreihe als Grundlage der musikalischen Gestaltung aller Einzelheiten eines Werkes zu verwenden. Erst als dies geschehen war, konnte das *Intermezzo* der *Suite,* deren sämtliche Sätze auf der gleichen Tonkonstellation, die in den neueren Sätzen als Reihe vorausgesetzt wird, vollenden.

Damit sind wir bei einem der am meisten diskutierten Probleme der Schönbergschen Theorie und Kompositionsweise angekommen, der Frage, ob der Reihe, die ja etwas musikalisch Abstraktes ist, oder dem musikalischen Hauptgedanken in seiner konkreten Gestalt Priorität zukommt, der Frage also, ob alle Themen aus der Reihe, oder die Reihe bereits aus einem Thema abgeleitet ist. Zunächst wäre dazu grundsätzlich festzustellen: die Reihe ist, ganz unabhängig von der Kompositionsweise Schönbergs oder der anderen Zwölftonkomponisten, das Fundament aller Zwölftonmusik. Sie ist die Voraussetzung dieser Musik, ganz unabhängig davon, wie sie entstanden ist, ob konstruiert oder aus einem konkreten Thema abgeleitet. Die Frage, wie jeweils die Reihe, die ein Zwölftonwerk Schönbergs fundiert, entstanden ist, läßt sich nicht immer eindeutig beantworten, denn Schönbergs Kompositionsverfahren ist auch hier nicht einheitlich. Es gibt Fälle, in welchen Schönberg die Reihe aus einem Thema ableitet. Schönberg selbst sagt ja auch ganz eindeutig: *Der erste Einfall einer Reihe erfolgt immer in Form eines thematischen Charakters* (J. Rufer: Die Komposition mit zwölf Tönen, 1952, S. 86). Dies läßt sich an Hand der erhaltenen Skizzen und Reihentabellen erweisen. Die Reihentabelle zu den *Variationen für Orchester op. 31* bringt die Tonfolge der Grundreihe in der Anordnung des „Themas" der Variationen. Selbstverständlich kann an einem thematischen Einfall, um eine vielseitig verwendbare Reihe zu ergeben oder ihrem Gesetz sich zu fügen, etwas modifiziert werden; es kann sich eine gewisse „Nacharbeit", wie Schönberg sagt, als notwendig erweisen.

Die Doppelheit der Reihe als etwas im Schaffensprozeß bisweilen Sekundäres, für die Kompositionstechnik jedoch grundsätzlich Primäres, ist immer wieder Anlaß zu Mißverständnissen gewesen. Sicher ist es auch möglich — und Webern verfuhr erweislich so — zuerst die Reihentabelle auszuarbeiten und erst dann mit der Komposition zu beginnen, aber Schönberg beginnt seine Arbeit auf andere Weise. Bei der Oper *Moses und Aron* geht die Erfindung der Zwölftonreihe und die wichtiger thematischer Gestalten Hand in Hand, so daß von Priorität kaum eindeutig gesprochen werden kann: beim Niederschreiben der thematischen Gestalten hat Schönberg bereits die Reihengestalten im Auge, bei der Niederschrift der Reihe die möglichen thematischen Gestalten. Und wenn wir bedenken, daß viele Werke thematische Gestalten erst allmählich aus noch nicht vollständig thematisch geprägten Einleitungen erstehen lassen, so vermehrt sich die Zahl der Vorgänge: Das musikalisch Primäre wird durch Sekundäres (die Einleitung) vorbereitet. Die Opern *Von heute auf morgen op. 32* (1928 — 1929) und *Moses und Aron* beginnen mit kurzen Einleitungen, die Orchestervariationen op. 31 verfügen über eine lange Einleitung, das *Vierte Quartett op. 37* (1936) und das *Violinkonzert op. 36* (1934—1936) verzichten auf eine Einleitung ebenso wie das *Bläserquintett op. 26* (1923—1924).

Hat Schönberg wichtige thematische Charaktere notiert und eine Reihentabelle ausgearbeitet, so beginnt er die Erste Niederschrift: bei Kammermusik- und Klavierwerken in der üblichen Weise, bei Orchesterwerken und Opern in einer vereinfachten Partiturform, die er Particell nennt. Dieses Particell enthält die ganze Komposition, meist auch Instrumentationsangaben. Die Niederschrift des Particells wird begleitet durch ergänzende Skizzen. Bei problematischen Stellen, die besondere kompositorische Überlegungen erfordern — Fragen der Kontrapunktik, der Rhythmik u. ä. — werden auf Skizzenblättern verschiedene Versuche notiert, die akzeptierten dann ins Particell übertragen. Bei dieser Arbeitsweise gehören also das Particell (als erste vollständige Niederschrift des Werkes) und die Skizzen gänzlich zusammen. Selbstverständlich ergeben sich bei dieser Arbeitsweise auch gelegentlich Streichungen im Particell; Takte, die, obgleich bereits ins Particell eingetragen, dann doch verworfen werden, da zunächst keine Skizzierung für notwendig erachtet wurde.

Nach der Fertigstellung des Particells wird die Partitur ausgeschrieben. In seiner Spätzeit hat Schönberg wegen seines Augenleidens bisweilen auf das Ausschreiben einer vollständigen Partitur verzichtet und dies anderen überlassen — so stammt etwa die Partitur von *A Survivor from Varsaw op. 46* (1947) von René Leibowitz — und somit praktisch auf die letzte Redaktion der Werke verzichtet, was vor allem dann schwerwiegende Folgen hatte, wenn das Werk erst nach Schönbergs Tod gedruckt wurde, er also nicht mehr die Möglichkeit hatte, eine publizierte Fassung zu autorisieren.

Gibt es für die Zwölftonkompositionen insgesamt nur relativ wenig Skizzen, so sind sie dafür zu den tonalen Spätwerken um so zahlreicher. Die in diesen Werken — vor allem der *Suite für Streichorchester im alten Stil G-Dur* (1934), den *Variationen über ein Rezitativ für Orgel op. 40* (1941) — angewandte, zum Teil didaktisch motivierte satztechnische (kontrapunktische) Meisterschaft hat sehr viele Skizzen entstehen lassen, die einen tiefen Einblick in die Werkstatt des Komponisten erlauben. Zu einem Werk dieser Art, den *Variationen über ein Rezitativ für Orgel op. 40* ist jüngst durch Christian Schmidt das gesamte Skizzenmaterial im Rahmen der Gesamtausgabe erschlossen worden (5 B, 1973, S. 21—70). Schönberg arbeitete dabei zunächst die melodische Gestalt des zu variierenden instrumentalen Rezitativs aus, dann die Harmonisierung. Aus der besonderen Berücksichtigung, die Quartenklänge dabei finden, wird ersichtlich, daß die gelegentliche Bemerkung Schönbergs, seine späten tonalen Werke schlössen die Lücke zwischen der *Kammersymphonie op. 9* und den atonalen Werken, doch ganz wörtlich zu nehmen ist. Sowohl die meisten als auch die interessantesten der den Variationen und der Fuge geltenden Skizzen beziehen sich auf kontrapunktische Verbindung der Stimmen. Dabei erscheinen vielfach Vorformen der später im Werk zu findenden, aber auch manche möglichen Kombinationen, die dann nicht in die Endfassung eingegangen sind. So finden sich unter den Skizzen zur Fuge Kombinationen des Variationsthemas mit seiner Umkehrung in verschiedenen Transpositionen (vgl. 5 B, 68 f.), die der Schlußgestaltung dienen sollten. Daneben gibt es aber auch Skizzen, die lediglich der Erprobung von thematisch oder motivisch bedeutungsvollen Klanganordnungen (Griffen) und Spielfiguren dienen.

War die Reinschrift (-Partitur) eines Werkes fertiggestellt, so wurde für den Verlag eine Druckvorlage hergestellt. Diese bestand entweder aus einer Kopie der Reinschrift — sei es durch einen Berufskopisten oder den Komponisten selbst — sei es durch Photographie. Die Druckvorlagen wurden dann (im Regelfall) vom Komponisten korrigiert und mit zusätzlichen Eintragungen versehen. So ist etwa die Druckvorlage des *Dritten Streichquartetts op. 30* (1972) eine Photographie des (einzigen) Autographs, die durch allerlei Eintragungen Schönbergs wesentlich ergänzt ist. In der amerikanischen Zeit hat Schönberg vielfach Reinschriften auf Lichtpausfolien geschrieben, von welchen dann Abzüge hergestellt wurden, die dann ihrerseits (zunächst) einen Druck ersetzen mußten (so z. B. beim *Kol nidre op. 39,* 1938). Bisweilen wurden auch autographe Niederschriften, eben die Reinschriften, durch photomechanischen Druck vervielfältigt (so etwa bei der Oper *Von heute auf morgen),* bisweilen auch Kopien von Berufskopisten (Partituren der *Orchesterlieder op. 8,* 1903 — 1904). Von besonderem Interesse ist dabei die erste Druckausgabe der *Gurre-Lieder*-Partitur, die 1912 als Faksimiledruck ausgegeben wurde. Das Autograph, das als Vorlage gedient hat, ist durch Eintragungen, die anläßlich der ersten Aufführungen gemacht wurden, und durch die Benutzung als Dirigierpartitur heute stark verändert, während die alte Faksimile-Ausgabe den originalen Zustand des Manuskriptes konserviert.

War ein Werk zum Druck (Stich) eingerichtet, so ging es in die Stecherei. Bei der Kompliziertheit der Schönbergschen Werke mußten in der Regel mehrere Autorkorrekturen gelesen werden — Korrekturabzüge von der *Erwartung* sind noch vorhanden — bisweilen mußte auch wegen Mißachtung der Anweisungen des Komponisten ganz neu gestochen werden (so etwa die *Kleinen Klavierstücke op. 19,* deren erster Stich, der nie ausgedruckt wurde, allerdings nicht erhalten zu sein scheint). Bisweilen hat Schönberg, vor allem in der amerikanischen Zeit, lange Korrekturlisten für den Verlag hergestellt. Auch nach der Ausgabe des Druckes hat Schönberg gelegentlich noch geändert, wohl auch Fehler korrigiert — so etwa im kaum unterscheidbaren zweiten Druck der Orchesterfassungen zweier Bachscher Choralvorspiele (1922). Überhaupt sind zweite Auflagen kaum jemals als solche bezeichnet: eine rühmliche Ausnahme bildet die Zweite Auflage der *Klavierstücke op. 23* (1920 — 1923), deren spätere Nachdrucke dann allerdings auch unbezeichnent geblieben sind.

War ein Werk dann im Druck erschienen, so war es für den Komponisten doch vielfach noch immer Gegenstand weiterer Betreuung. Von manchen Werken hat er gleich mehr als eine Fassung geplant — so wohl von den *Variationen für Blasorchester oder symphonisches Orchester op. 43 A* und *op. 43 B* (1943) — von anderen hat er erst viele Jahre nach der Vollendung eine Fassung für größeres o d e r kleineres Ensemble hergestellt. Am bekanntesten wurden die beiden Streichorchesterfassungen der *Verklärten Nacht op. 4* (1917 und 1943) und die ganz späte Fassung der *Fünf Orchesterstücke op. 16* für Standardorchester (1950), sowie die Fassungen der *Kammersymphonie E-Dur* für großes Orchester, deren zweite als *op. 9 B* 1936 veröffentlicht wurde. Vielfach waren es praktische Erwägungen, die eine derartige Neufassung anregten. Lediglich bei Werken aus der Zeit vor 1909 gibt es „Verbesserte Fassungen", so etwa bei der symphonischen Dichtung *Pelleas und Melisande op. 5* (1902 — 1903) beim *Zweiten Streichquartett op. 10* (1907 — 1908) und vor allem bei der *Ersten Kammersymphonie op. 9,* deren als authentisch geltender Druck erst 1924 erschienen ist. Einen Sonderfall stellt vielleicht die zweiklavierige Fassung der *Zweiten Kammersymphonie op. 38 B* (1941 — 1942) dar, für deren Entstehen kaum praktische Bedürfnisse bestimmend gewesen sein dürften.

Schönberg hat – sehr im Gegensatz etwa zu Anton Webern – rasch und sicher gearbeitet. Nur selten hat er kleinere Werke während der Arbeit ganz umdisponiert, wie etwa bei der *Suite für Klavier op. 25,* die zunächst als Ensemblewerk geplant gewesen sein mag. Auch bei der *Serenade op. 24* hat weder die Besetzung noch die Formdisposition von Anfang an ganz genau festgestanden. Bei den großen Werken, die mehr als nur musikalische sein wollten, liegen andere Verhältnisse vor. Die Pläne des großen Oratoriums und der großen Symphonie, die Schönberg seit 1912 erwog, wurden fortwährend geändert; auch *Moses und Aron* war zunächst als Oratorium geplant; und selbst die *Gurre-Lieder* waren zunächst einfach als Liederzyklus (für ein Preisausschreiben) konzipiert, wuchsen sich dann aber unter der Hand zum Riesenwerk aus. (Das erinnert an Thomas Manns *Zauberberg,* der zunächst auch nur als Novelle geplant war.)

Schließlich wäre noch die Frage zu stellen, wie und durch was Schönbergs Inspiration angeregt wurde und wie seine ersten Einfälle, soweit wir das überhaupt zu erkennen vermögen, beschaffen waren. Musikalische Gedanken haben bei Schönberg oft eine lange Vorgeschichte. Jahre zuvor notiert er sich Themen, Figuren oder Satzmodelle, die dann später an bestimmten Stellen bedeutungsvoll hervortreten.

Die primären Einfälle sind – Schönberg hat stets an der Kategorie des Einfalles festgehalten – nicht stets „Themen", also mehr oder weniger umfangreiche Melodien oder Motive, bisweilen sind es kontrapunktische Kombinationen von Tonfolgen, bisweilen ist es eine besondere Harmoniefolge (so etwa der erste Einfall zum Orchesterlied *Natur op. 8, Nr. 1,* 1903), bisweilen ist es auch nur die Vorstellung einer Klangfarbe. Von allem Anfang an steht fest, daß die Anfangsmelodie der *Zweiten Kammersymphonie op. 38* von einer Flöte in tiefer Lage gespielt werden soll. Primäre Einfälle sind schließlich nicht selten auch Ideen, die die gesamte Anlage eines Werkes bestimmen: z. B. die verschiedenartigsten Satzideen, die ein so rasch komponiertes Werk wie *Pierrot lunaire op. 21* (1912) aufweist. Schönberg selbst hat gerade in jener Zeit einmal darauf hingewiesen, daß ihn der „Anfangsklang der ersten Textworte" eines Gedichtes inspiriere. So wird das Bild der „finsteren schwarzen Riesenfalter" die Satzidee der düsteren Passacaglia *(Pierrot lunaire op. 21, Nr. 8)* und das des Anfangs „Meiner müden Sehnsucht blaues Glas" die wahrhaft symbolistische Kombination von Harmonium, Celesta und Harfe *(Herzgewächse op. 20,* 1911) eingegeben haben.

Monika Lichtenfeld

Über Schönbergs „Moses und Aron"

Schwerlich läßt sich ein Kunstwerk vorstellen, in dem Sprache und Musik, theologischer Entwurf und ästhetische Konzeption, Sinnlichkeit und Metaphysik, Tradition und Progressivität eine komplexere Einheit bildeten als in Schönbergs *Moses und Aron.* Ursprünglich als Oratorium konzipiert und auch in der definitiven Form der Oper noch durchtränkt von Idee und Historie sakraler Musik, ist *Moses und Aron* ein Hauptstück modernen Musiktheaters – und zugleich mehr als das. Es gehört nicht nur notwendig zur Geschichte der neuen Musik und der zeitgenössischen Bühne; es partizipiert gleichermaßen an der Auseinandersetzung mit Theologie und Philosophie in einer weitgehend säkularen und materialistischen Welt; und es reflektiert ein Stück Zeitgeschichte – die Konfrontation von Judentum und faschistischer Ideologie im Stadium ihrer akuten politischen Zuspitzung.

Diese Aspekte freilich mögen die Substanz des Werkes keineswegs hinreichend definieren; sein Wesen ist vorab musikalischer Art. Verfehlt indes wäre, sich auf eine Analyse der Partitur als einzige Instanz der Auskunft zu verlassen[1]. Wie alle bedeutenden musikalischen Kunstwerke, die eine ähnlich komplexe Balance anvisieren, entzieht sich *Moses und Aron* dem unmittelbaren Zugriff einer musikalisch-technischen Untersuchung. Schönberg selbst hätte sich übrigens als erster entschieden gegen einen solchen Versuch verwahrt.

Für mich, schrieb er 1932 an Rudolf Kolisch, *kommt als Analyse nur eine solche in Betracht, die den Gedanken heraushebt und seine Darstellung und Durchführung zeigt*[2].

Schönbergs Oper geht in mehrfacher Richtung weit über die Grenzen der Gattung hinaus, und sie gibt dieser Gattung – an der auch damals bereits Züge des Anachronismus offenkundig waren – zugleich eine neue, sinnfällige Gestalt.

Schönbergs Erfahrungen im Deutschland der vorfaschistischen Ära haben seine latenten Bindungen ans Judentum und seine Beschäftigung mit religiöser Thematik orthodoxer Provenienz zweifellos intensiviert. 1933 in Paris – der ersten Station seiner Flucht vor dem Nazi-Regime – trat er offiziell wieder in die jüdische Religionsgemeinschaft ein. Hintergrund und Vorgeschichte dieses Akts, der zugleich Bekenntnis war und Protest signalisierte, erläutert Schönberg in einem Brief an Alban Berg aus Paris vom 16. Oktober 1933: *Wie Du sicherlich bemerkt hast, ist meine Rückkehr zur jüdischen Religion schon längst erfolgt und ist in meinem Schaffen sogar in den veröffentlichten Teilen erkennbar („Du sollst nicht . . . du mußt . . .") und in Moses und*

[1] Eine ausführliche Analyse legte Karl H. Wörner in seiner Studie „Gotteswort und Magie. Die Oper Moses und Aron von Arnold Schönberg", Heidelberg 1959, vor. Weitere analytische Arbeiten sind Winfried Zillig (Zur Rundfunk-Uraufführung von Schönbergs Opernfragment Moses und Aron, Rufer und Hörer 8, 1953 — 54, S. 280 — 85) und Hans Keller (Schoenberg's Moses and Aron, The Score 21, 1957, S. 30 — 45) zu verdanken.

[2] Arnold Schönberg, Briefe. Ausgewählt und herausgegeben von E. Stein, Mainz 1958, S. 179.

Aron, von dem Du seit 1928 weißt, der aber wenigstens fünf Jahre zurückliegt; insbesondere aber in meinem Drama „Der biblische Weg", das auch spätestens 1922 oder 23 konzipiert, aber erst 26–27 fertig worden ist[3].
Das hier angeführte *Du sollst nicht, du mußt* ist das zweite der *Vier Stücke für gemischten Chor op. 27* von 1925. Der Text — von Schönberg selbst verfaßt — thematisiert bereits eines der zentralen theologischen Motive der Oper, das jüdische Bilderverbot, und er ist in jener rhythmisch gebundenen, kadenzierenden Prosa geschrieben, die den Sprachduktus von *Moses und Aron* vorwegnimmt[4]. Noch signifikanter erscheint die Parallele zwischen *Moses und Aron* und dem zweiten im Brief an Berg zitierten Werk, dem Drama *Der biblische Weg.* Es behandelt, wie Schönberg an anderer Stelle notiert, die „Volkwerdung der Juden"[5]; und sein Held Max Aruns, der Führer der Juden, der ausgezogen ist, einen neuen Gottesstaat zu gründen, scheitert mit seinen Plänen nicht nur am Widerstand des Volkes, sondern auch an seiner eigenen menschlichen Unvollkommenheit. Er verkörpert gleichsam in Personalunion die beiden Gestalten, die später in der Oper auseinandergelegt werden: Moses, den Träger des Gedankens, und Aron, den Träger des Worts.

Schönbergs spezifisches Interesse an religiösen Stoffen alttestamentarischer Herkunft reicht indes noch weiter zurück: bis in die Jahre des ersten Weltkriegs und der Arbeit an der *Jakobsleiter,* jenem Oratorium, das er 1917 unvollendet liegen ließ. Und es manifestiert sich später noch offenkundiger in den Arbeiten der letzten Jahre in Amerika, bis hin zu den *Modernen Psalmen* von 1951, deren Komposition er nicht mehr abschließen konnte. Mit der *Jakobsleiter* und den *Modernen Psalmen* teilt *Moses und Aron* nicht nur das non finito, die fragmentarische Form. Alle drei Werke zeugen von Schönbergs unablässigem Bemühen um eine zeitgemäße Formulierung unzeitgemäßer Inhalte, genauer gesagt: um eine künstlerische Darstellung religiöser Thematik, die auch einem modernen Menschen noch sinnvoll und legitim erscheinen könnte. Ausführlicher äußerte er sich dazu in einem Brief vom 13. Dezember 1912 an Richard Dehmel, den er um eine Dichtung für ein Oratorium bat:

. . . die Sprachweise, die Denkweise, die Ausdrucksweise des Menschen von heute sollte es sein; die Probleme, die uns bedrängen, sollte es behandeln. Denn die in der Bibel mit Gott streiten, drücken sich auch als Menschen ihrer Zeit aus, sprechen von ihren Angelegenheiten, halten ihr soziales und geistiges Niveau ein. Deshalb sind sie künstlerisch stark, aber doch unkomponierbar für einen Musiker von heute, der seine Aufgabe erfüllt. Erst hatte ich die Absicht, das selbst zu dichten. Jetzt traue ich mirs nicht mehr zu[6].

Die Arbeit, die er sich nicht zutraute, mußte er freilich doch leisten; denn Dehmel fand sich nicht bereit, den Text für jenen Oratorienplan zu liefern, der dann in der *Jakobsleiter* Gestalt annahm. Und für seine späteren Projekte biblisch-religiösen Inhalts hat er — wohl eher resignierend als dichterisch ambitioniert — keinen fremden Autor mehr bemüht.

---

3 Ebenda, S. 200 f.

4 Vgl. D. J. Bach: „Du sollst nicht, du mußt", in: Arnold Schönberg zum 60. Geburtstag, Wien 1934, S. 62 — 66.

5 Schönberg, Briefe, a. a. O., S. 197.

6 Ebenda, S. 31.

Den von vornherein dreiteilig konzipierten Text zu *Moses und Aron* hat Schönberg zwischen dem 3. und dem 16. Oktober 1928 erstmals niedergeschrieben, später freilich – vor allem im Verlauf der Komposition – noch mehrmals revidiert. Die erste Kompositionsskizze trägt den Vermerk „Berlin, 7. Mai 1930". Zwei Monate später, am 17. Juli, begann Schönberg in Lugano mit der Ausarbeitung des ersten Akts, nachdem er am Tag zuvor notiert hatte: „Reihe entworfen". Verschiedene Eintragungen in der Partitur weisen darauf hin, daß Schönberg die Komposition jeweils während mehrmonatiger Erholungsaufenthalte im Süden – so in Lugano, Territet, Meran, Montreux und Barcelona – vorantrieb. Über seine Arbeitsweise berichtet er am 8. August 1931 an Alban Berg, der gerade den ersten Akt seiner *Lulu* beendet hatte:

Also Du hast auch einen Opernakt fertig? Ich nämlich auch. Fast 1000 Takte hat er. Aber ich habe auch schon 250 vom zweiten Akt und mache eben eine kleine Erholungspause, die ich benütze, um den zweiten Akt zu überarbeiten. Ich glaube, er wird nicht schlecht. . . . Ich möchte auch alles dazu tun, um die Oper fertig zu haben, ehe ich nach Berlin komme. Es geht nicht so rasch, als ich anfangs gehofft habe, wo ich auf einen Tages d u r c h s c h n i t t *von zwanzig Takten gerechnet habe. Ich bleibe weit dahinter zurück, obwohl ich ja bei meiner vorigen Oper mit 25 Takten rechnen durfte. Hauptursache: der Text und die Chöre. Schon das Schreiben der Chorstimmen ist eine solche Zeitvergeudung, daß sogar die Ausarbeitung eines 4 – 6stimmigen Satzes daneben eine Kleinigkeit ist. Dann hält mich doch auch mehr auf, daß ich sofort eine vollständige Partitur schreibe, was doch viel Zeit beansprucht. Aber ich habe doch den Vorteil davon, daß ich dann ganz fertig bin, wenn ich die letzte Note komponiert haben werde. Nur Eines fürchte ich: ich werde dann alles vergessen haben, was ich geschrieben habe. Denn jetzt schon erkenne ich kaum wieder, was ich voriges Jahr davon komponiert habe. Und wäre nicht eine Art unbewußten Gedächtnisses im Spiel, das mich unwillkürlich, musikalisch und textlich, immer wieder in die rechten Denkgeleise zurückführt, so verstünde ich nicht, wie das Ganze dann organischen Zusammenhang haben soll*[7].

Der zweite Akt wurde – dem Schlußvermerk zufolge – am 10. März 1932 in Barcelona beendet. Vom dritten Akt existieren nur Skizzen zu einigen Takten; doch hat Schönberg bis zuletzt den Gedanken an eine Vollendung der Oper nicht aufgegeben, wie Briefstellen von 1949, 1950 und 1951 bezeugen. Daß *Moses und Aron* Torso blieb, hat sicher neben äußeren auch zwingend innere Gründe. Theodor W. Adorno, dem der wichtigste Essay über Schönbergs „Sakrales Fragment" zu danken ist, notierte dazu 1963:

Die bedeutendsten Kunstwerke sind wohl überhaupt die, welche nach einem Äußersten trachten; die darüber zerschellen und deren Bruchlinien zurückbleiben als Chiffren der unnennbaren obersten Wahrheit. So emphatisch ist Moses und Aron Fragment, und kaum wäre verstiegen, wer aus dem Unvollendbaren erklärte, warum es nicht vollendet wurde[8].

Konkretere Motive führt Schönbergs Schüler Winfried Zillig an:

---

7 Ebenda, S. 163 f.

8 Theodor W. Adorno: Sakrales Fragment. Über Schönbergs M o s e s u n d A r o n, in: Quasi una fantasia. Musikalische Schriften II, Frankfurt am Main 1963, S. 307 f.

Warum er das Werk im Winter 1932 auf 1933 nicht vollendete, bleibt Vermutung. Die heraufziehende politische Katastrophe hat ihn sicherlich weitgehend beschäftigt und seine Schaffenskraft absorbiert. Nach der Flucht, die ihn nach Paris, dann nach Amerika führte, stand zunächst der Kampf ums Dasein, später die Konzeption neuer künstlerischer Aufgaben so im Vordergrund, daß der Anschluß verlorenging. Gerade ein solches Kunstwerk wie „Moses und Aron" bedarf sicherlich einer gewissen Kontinuität des Schaffens. Warum es Schönberg trotz aller anders lautenden Gerüchte nicht doch vollendete, wie manches andere seiner früheren Werke — ich denke nur an die 2. Kammersinfonie —, das wird wohl nie geklärt werden. Ich vermute, daß die Gründe in dem Werk selbst liegen: Schönberg erkannte vielleicht, daß das angeschnittene Problem gar nicht lösbar war, daß der wahrhaftigere Abschluß die offene Frage war, mit der der zweite Akt endet, die Frage des Moses nach dem Wort, das ihm fehlt[9].

Das Textbuch ist — deutlicher noch als das der *Jakobsleiter* oder der *Glücklichen Hand* — in seiner Gliederung wie in jedem sprachlichen Detail unmittelbar auf musikalische Form und Entwicklung zugeschnitten, als wolle Schönberg auch den sprachlichen Entwurf jener Totalität der Konstruktion einverleiben, die die Zwölftontechnik anvisiert. Nicht von ungefähr heißt es im bereits zitierten Brief an Berg vom 8. August 1931:

Der Text wird erst während dem Komponieren definitiv fertig, ja manchmal erst nachher[10].

Das Buch bietet indes auch für sich betrachtet — als literarisches Dokument — faszinierende stilistische Aspekte. Die Sprache ist kräftig und spröde, energiegeladen und zielbewußt im Duktus, ganz ohne Eleganz, ohne Zwischentöne und schmückendes Beiwerk, konzentriert und verkürzt, bei aller plastischen Bildvorstellung von gleichsam abstrakter Klarheit. Das rückt das Libretto — wie manchen andern Schönberg-Text — in die Nähe des deutschen Expressionismus und seiner literarischen Quellen. Schönberg kannte Strindbergs *Jakob ringt*, als er die *Jakobsleiter* konzipierte, und er war sich bei der Arbeit an seinem Operntext sehr wohl bewußt, daß auch Strindberg ein *Moses*-Drama geschrieben hatte. Alban Berg, dem er den ersten Textentwurf vorgelegt hatte, äußerte sich besorgt über gewisse Parallelen zu eben diesem Drama. In einem Brief vom 5. August 1930 versucht Schönberg, die Einwände des Freundes zu entkräften; der Brief ist auch insofern interessant, als der Autor darin seine Distanzierung vom lutherischen Bibeldeutsch artikuliert und motiviert:
Du denkst offenbar an Strindberg. Ich habe mir schon vor einem Jahr dieses Stück daraufhin angesehn. Es ist tatsächlich eine gewisse Ähnlichkeit insofern vorhanden, als wir beide gewisse Anklänge an die Sprache der Bibel, ja sogar viele wörtliche Zitate anwenden. Ich bin nun zwar eben dabei neben anderen Verbesserungen auch auf diese Anklänge zu verzichten. Nicht wegen der Ähnlichkeit mit Strindberg; die würde nichts ausmachen: Sondern weil ich der Meinung bin, daß die Sprache der Bibel mittelalterliches Deutsch ist, welches, für uns unklar, höchstens als Kolorit in Betracht käme; und das brauche ich nicht. Daß Du darüber hinaus eine Ähnlichkeit gefunden hast, kann ich bei Deiner Gründlichkeit

---

9 W. Zillig: Schönbergs Moses und Aron, Melos 24 (1957), S. 69 f.
10 Schönberg, Briefe, a. a. O., S. 163.

und bei dem Zutrauen, das Du sicher zu meiner Erfindungsgabe hast, nicht annehmen. Ich habe nicht vor mir, welchen Gedanken Strindberg darstellt. Aber der meine, mein Hauptgedanke sowohl, als die vielen, vielen faktisch und sinnbildlich dargestellten Nebengedanken, all das ist so an meine Person gebunden, daß es ausgeschlossen ist, daß Strindberg etwas dargestellt hat, was auch nur äußerlich Ähnlichkeit haben könnte[11].

Die Strindbergschen Züge – darin hat Schönberg sicher recht – sind nicht in der thematischen Affinität des Stoffes zu suchen, eher schon im Ausdruck jener Negation von Subjektivität, die sich in der Gestalt des Moses und seinem theologischen Rigorismus manifestiert. Und dieser Rigorismus ist zugleich ein moralischer: unters Verbot fällt nicht nur die sinnliche Anschauung, sondern auch der sinnliche Genuß, fallen menschliche Wünsche und Triebe, Formen der Lebensbejahung generell.

Mein Moses, schrieb Schönberg 1933 an Walter Eidlitz, *gleicht – als Erscheinung allerdings nur – etwa dem Michelangelos. Er ist gar nicht menschlich*[12]. Moses ist die zentrale Gestalt der Oper; denn das Drama, das sich in der Auseinandersetzung der beiden Brüder entfaltet, ist im Grunde Moses' eigenes Drama. Aron, der Gegenspieler, personifiziert die in Moses selbst angelegte Möglichkeit des Verrats, der Verführung zu jener Menschlichkeit, die ihm versagt bleibt. Schönberg exponiert das biblische Motiv nicht primär als Widerstreit der Personen, sondern der Ideen, der unversöhnlichen Prinzipien und Wertvorstellungen. Und er zeigt zugleich, daß dieser fundamentale Konflikt der internen Dialektik des Menschen, dem Zwiespalt im Bewußtsein des Einzelnen entspricht. Darin scheint *Moses und Aron* auch dem Drama der Antike verwandt. Unerbittliche Strenge und gebieterisches Patriarchentum markieren nur einen Aspekt der Moses-Figur: der andere ist eben jene Menschlichkeit des Zweifels an sich selbst, der inneren Gespaltenheit, des Unvermögens, das was er sagen muß zu artikulieren. Insofern entspricht die Gestalt des Moses gleichermaßen der antikischen Vorstellung von Tragik wie dem modernen Geniebegriff. Schönberg hat in seinem Helden nicht zuletzt auch Züge des Selbstporträts entworfen.

Alles, was ich geschrieben habe, notierte er in einem Brief an Berg, *hat eine gewisse innere Ähnlichkeit mit mir*[13].

Das gilt in besonderem Maße für Moses. Seine Einsamkeit, seine Unverstandenheit ist die des Propheten einer neuen Musik, deren Strenge des Entwurfs und deren Reinheit der Vision der Umwelt unbegreiflich blieb.

Für das Verhältnis von Text und Musik in *Moses und Aron* gibt es kein historisches Modell. Wohl folgt Schönberg jener Tradition, die – von Wagner ausgehend – durch Aufwertung des Librettos zur Dichtung der Oper einen neuen Sinn, eine tiefere Bedeutung zu geben versuchte. Wohl korrespondiert sein sakrales Bühnenwerk mit solchen Opern des frühen 20. Jahrhunderts – etwa Janaceks oder Bergs – deren musikalische Qualität unablösbar ist von ihrer literarischen Essenz, vom Ernst ihrer philosophischen, sozialen oder

---

11 Ebenda, S. 153 f.

12 Ebenda, S. 188.

13 Ebenda, S. 154.

psychologischen Argumentation. *Moses und Aron* trägt freilich die Problematik der Relation von Sprache und Musik noch zwingender aus. Schönbergs Oper gehört zu jener Gruppe von Werken des 20. Jahrhunderts, die den traditionellen Begriff von Kunst und Kunstwerk selbst und damit ihre eigene Existenz in Frage stellen. Als Drama des Scheiterns von Kommunikation, der Problematik einer Offenbarung des Unsichtbaren in sichtbarer Realität ist *Moses und Aron* wesentlich eine Oper über das Thema Oper. Thematisch wird die Unmöglichkeit, Sprache und Musik, philosophische Idee und sinnliche Präsenz in Einklang zu bringen. Dieses Unmögliche versucht Schönberg jedoch noch einmal möglich zu machen, und am Gelingen wie am Scheitern solchen Versuchs zeigt sich in jedem Detail der Oper die Größe ihres Entwurfs.

Die Strenge des thematischen Vorwurfs und seiner sprachlichen Durchführung hat vorab ihr Äquivalent in der Materialdimension der Musik. Aus der Keimzelle einer einzigen Zwölftonreihe wird der gesamte Tonvorrat der Oper – ihre melodischen wie ihre harmonischen Gestalten – hervorgetrieben. Dem Prinzip der Zwölftontechnik entspricht auch die satztechnische Faktur: jene komplexe Polyphonie vielschichtig aufgespaltener und ineinander verzahnter Stimmen, die das Abbild der totalen Durchkonstruktion ist. Daß diese Polyphonie nicht als kompakte Klangmasse eingesetzt wird, vielmehr stets als Reichtum der Stimmen durchhörbar bleibt, dafür bietet gleich die erste Szene mit dem Choreinsatz „Dem einzigen Gott verbunden" ein eindrucksvolles Beispiel. Diese Szene ist auch in anderer Hinsicht exemplarisch, zeigt die extreme Differenzierung der vokalen Artikulationsweisen. Sie reicht in *Moses und Aron* vom gesprochenen Wort und gebundener Sprechweise über eine Mischung von Sprach- und Gesangsintonation – wie sie Schönberg erstmals im *Pierrot lunaire* exponiert hatte – bis hin zu rein gesanglich konzipierten Kantilenen und Chorsätzen. In der „Stimme aus dem Dornbusch" galt es, das Unhörbare hörbar zu machen, das Unaussprechliche sprechen zu lassen. Schönberg wählte dafür eine Klangmixtur aus sechs Solostimmen und einem vielfach aufgespaltenen Sprechchor – musikalische Vision des Unirdischen. Möglichkeiten einer elektro-akustischen Realisierung dieser Szene sind bereits angedeutet in Schönbergs Partituranweisung:

Diese Stimmen sprechen in gleichem Rhythmus, s e h r d e u t l i c h a k z e n t u i e r t, in möglichster Annäherung an die gegebenen Lagen. Es kann erwogen werden, sie hinter der Scene, klanglich voneinander isoliert, bloß durch Sicht geeint, in Telefone sprechen zu lassen, deren jedes durch eine eigene Leitung für sich allein an einen andern Ort durch Lautsprecher nach vorn gebracht wird, so daß sie sich erst im Saal vereinigen[14].

Die Konzessionslosigkeit der Partitur, ihr Anspruch auf uneingeschränkte Entfaltung des musikalischen Prinzips manifestiert sich zumal in der Behandlung der Chöre, die große Passagen der Oper eindeutig beherrschen. Diese Prädominanz der Chöre hat indes auch retrospektive Züge, verweist auf alte Oratorientradition. Wiewohl Schönberg in seiner musikalischen Diktion auf alle traditionellen Floskeln strikt verzichtet, sind Reminiszenzen an Vergangenes in *Moses und Aron* doch ständig präsent. Sie zeigen sich vorab

---

[14] Studienpartitur Edition Schott 4590, Mainz 1958, S. 3.

in den Charakteren von Form und Satztechnik, zumal in den kontrapunktisch gearbeiteten Teilen. So ist etwa der Beginn der vierten Szene im ersten Akt als vokale Doppelfuge stilisiert. Traditionelle Gestik findet sich ferner in der Art der Deklamation und im Duktus der Sologesänge, vor allem aber – worauf Adorno hinwies – in Dynamik und Agogik, generell in der rhythmischen Struktur. Nicht umsonst haben Schönbergs Apologeten, die ihn gegen den Vorwurf des „Esoterischen" und der „abstrakten Konstruktion" verteidigen, immer wieder auf die unmittelbar einprägsame, gleichsam veristische Rhythmik etwa der Szene des goldenen Kalbs hingewiesen, die von brutaler und erregender Urgewalt sei, von schockierender Faszination wie nur irgendeine der einschlägigen Partituren Bartóks oder Strawinskys. Das aber ist gerade jenem Umstand zu verdanken, daß die rhythmische Dimension, die Zeitstruktur nicht dem Prinzip der totalen Durchorganisation des Materials unterworfen wird.

Die Szene des goldenen Kalbs ist ein Hauptstück der Oper: der musikalischen Form nach eine Sinfonie in fünf Sätzen mit Solostimmen und Chören, der dramatischen Konzeption nach eine neue Version des Gesamtkunstwerks, der totalen Integration von Szene und Musik, von Sprache, Gesang, Instrumentalklang und Tanz. Schönberg hatte dabei freilich nichts weniger im Sinn als ein übliches Opernballett. Das erläutert auch eine Stelle seines Briefes vom 12. September 1931 an Anton Webern:

So habe ich mit der genauen Ausarbeitung der Szene „Tanz um das goldene Kalb" sehr viel Arbeit gehabt. Ich wollte den neuen Beherrschern der Theaterkunst, den Regisseuren, möglichst wenig überlassen und auch die Choreographie soweit erdenken, als es mir möglich ist. . . . Du weißt, daß ich für den Tanz nicht viel übrig habe. Seine Ausdruckskraft steht im allgemeinen auf keinem höheren Niveau als die primitivste Programm-Musik; und seine „Schönheit" ist mir in ihrer versteinerten Mechanik odios. Nun ist es mir bis jetzt gelungen, solche Bewegungen zu erdenken, welche wenigstens ein anderes Ausdrucksgebiet betreten als das landesübliche Ballettgehüpfe.[15]

Dennoch scheint – worauf George Steiner hingewiesen hat[16] – das „übliche Ballettgehüpfe" keineswegs irrelevant für die Szene. In Schönbergs Konzeption des Werkes im allgemeinen – und dieser Szene im besonderen – gibt es eine ganze Reihe von Indizien für eine kritisch reflektierte Wiederaufnahme von Opernkonventionen. Der Tanz um das goldene Kalb erscheint zugleich als logische Fortsetzung und als satirisches Negativbild jener orgiastischen Ballette und Ritualtänze, die wesentlicher Bestandteil der Großen Oper sind – vom *Tannhäuser* bis zur *Aida*, vom *Parsifal* bis hin zur *Salome*. Schönberg war sich der Doppelbödigkeit dieser Szene durchaus bewußt, wie briefliche Äußerungen belegen. So schrieb er an Walter Eidlitz:

In der Durchführung dieser Szene bin ich, da sie ja das Zentrum meines Gedankens betrifft, sehr weit gegangen, und hier ist mein Stück wohl auch am m e i s t e n O p e r; was es ja sein muß[17].

---

15 Schönberg: Briefe, a. a. O., S. 164 f.

16 G. Steiner: Schoenberg's Moses und Aron, Encounter 24 (1965), S. 44 f.

17 Schönberg, Briefe, a. a. O., S. 188.

Die Dialektik von Traditionellem und Progressivem, von Formkonvention und avancierter musikalischer Sprache ist nicht zuletzt auch im Drama selbst verankert, veranschaulicht die gegensätzlichen Welten von Moses und Aron. Moses, der Mann des Gedankens, dem das Wort fehlt, singt nicht. Seine Partie bewegt sich zwischen reinem Wort und gebundener Sprachmelodie, erhebt sich nur an einer Stelle zur halbgesungenen Intonation. Scharf kontrastierend dagegen abgehoben ist Arons schwelgerischer, streckenweise ausgesprochen geschönter Gesang, in dem Reminiszenzen italienischen Belcantos ebenso greifbar nahe scheinen wie Wagnerscher Heldenpartien.

Solcher Dialektik entspricht auch das Grundprinzip der formalen Artikulation, das Adorno als Wechsel von rezitativischen und geschlossenen Komplexen definiert und folgendermaßen beschrieben hat:

In der Totale vertreten die rezitativischen Teile, oft sich erinnernd ans Vokabular des expressionistischen Schönberg, das Ausdrucksmoment und die geschlossenen das eigentlich konstruktive. Durch den Wechsel wird also nicht nur Luft geschaffen, sondern zugleich auch, was in keine blanke Einheit aufzuheben ist, bewältigt, indem es selbst zum Prinzip des Verlaufs erhoben ist. Moses und Aron hat seine Einheit am strikt durchgeführten Dualismus. Die geschlossenen Partien runden sich nicht bloß durch ihre Polyphonie, sondern durch die rhythmische Struktur. Oft sind sie über eindringlichen rhythmischen Modellen wie dem im Sechsachteltakt aus dem Tanz ums goldene Kalb errichtet. Sie werden dann wiederum in die entwickelnde Variation hineingezogen. Die homophoneren rezitativischen Abschnitte aber halten sich, nach alter expressionistischen Verfahrungsweise, frei von Wiederholung[18].

Ein Wort noch sei zur Orchestertechnik angemerkt. Das Instrumentarium geht kaum über den gewohnten Apparat des klassisch-romantischen Orchesters hinaus, bezieht lediglich Klavier und Celesta, an einigen Stellen auch Gitarren und Mandolinen mit ein. Nur in exponierten Passagen – vorwiegend im zweiten Akt – wird jedoch die komplette Besetzung bemüht; vorherrschend sind kammermusikalische und solistische Faktur des Satzes. Das entspricht dem Ideal der Durchhörbarkeit, der Deutlichkeit aller Stimmen, die auch in sinfonischer Ballung – dem Mahlerschen Vorbild entsprechend – stets gewahrt bleibt. Darum auch sind instrumentale Farben und Farbmischungen nicht koloristisch, sondern stets charakterisierend eingesetzt. Es gibt keine Füllstimmen wie bei Wagner und Strauss, keine diffusen Klangbilder wie in impressionistischen Partituren. Dabei vermittelt der Klang des Orchesters auch etwas von jener Gespanntheit, die den Charakter der Oper generell bestimmt. Das liegt zum einen an der Ausnutzung des orchestralen Tonumfangs bis in extrem hohe und tiefe Lagen und zum andern an den gespreizten, weitausgreifenden Melodielinien, die nicht selten die Singstimmen instrumental verdoppeln. Selbständige, polyphon geführte Instrumentalstimmen finden sich vorwiegend in einleitenden oder epilogisierenden Passagen, gelegentlich auch im Kontrapart zu chorischen und solistischen Vokalpartien, zumal aber in den Tänzen des zweiten Akts. Im ganzen gesehen hat das Orchester indes begleitende Funktion – wie in jenem polyphon verschlungenen Chorsatz des Zwischenspiels, das den zweiten Akt vorbereitet.

---

18 Adorno, a. a. O., S. 334 f.

Ein Anhang zum Partiturmanuskript enthält Schönbergs detaillierte Anweisungen zur musikalischen und szenischen Realisierung von *Moses und Aron.* Die Aufführungschancen der Oper beurteilte er freilich sehr skeptisch. 1931, während der Arbeit an der Partitur, äußerte er sich Hans Rosbaud gegenüber:

Da ich in den nächsten Dezennien mit einer Aufführung dieses Werkes nicht rechnen kann, habe ich mir hinsichtlich der Schwierigkeiten für Chor und Orchester keine Zurückhaltung auferlegt[19].

Hans Heinz Stuckenschmidt berichtet Ähnliches von einem Besuch bei Schönberg in Los Angeles 1949:

Als die Rede auf „Moses und Aron" kam und der Verfasser den Vorschlag machte, das Werk bald zu beenden, damit es in Deutschland aufgeführt werden könne, wehrte er energisch ab. Es sei nicht im Gedanken an Aufführungen geschrieben; ja er halte es zum Teil überhaupt nicht für aufführbar. Vielleicht einmal in ferner Zukunft, mit synthetischem, elektrisch produziertem Ton[20].

Als erstes Stück der Oper wurde der *Tanz um das goldene Kalb* öffentlich gespielt: Hermann Scherchen dirigierte die konzertante Uraufführung am 2. Juli 1951 im Rahmen der Darmstädter Ferienkurse für Neue Musik. Schönberg hatte zu dieser Aufführung nach Deutschland kommen wollen, aber die Ärzte hatten dem Schwerkranken die Reise nicht erlaubt.

Das *Telegramm,* so berichtet Willi Reich, *das den großen Erfolg des Stückes und seine sofortige Wiederholung im selben Konzert anzeigte, war eine der letzten Freuden, die Schönberg noch kurz vor seinem Tod zuteil wurden*[21].

Scherchen sollte kurz darauf auch eine szenische Aufführung der Oper im Rahmen des Maggio Musicale Fiorentino leiten, die aber nicht zustande kam. Schönberg war von dem Plan unterrichtet worden und äußerte sich in einem Brief vom 27. November 1950 an den künstlerischen Leiter des Festivals über die Aufführungsmöglichkeiten des Fragments, deren Diskussion seither die Bühnengeschichte von *Moses und Aron* begleitet hat.

Ich höre von Ihrer Absicht, meine Oper „Moses und Aron" innerhalb des Maggio Musicale Fiorentino aufzuführen, mit größter Freude. Jedoch, es sind nur der erste und zweite Akt komponiert, und der dritte existiert nur als Text. Es kommen also folgende Möglichkeiten in Betracht:

1. nur die beiden ersten Akte aufzuführen, den dritten aber
   a) wegzulassen, oder
   b) nur gesprochen darzustellen.

2. Nur die Szene „Tanz um das goldene Kalb" (im zweiten Akt) oder

3. den ganzen zweiten Akt aufzuführen[22].

---

19 Zitiert nach H. Rosbaud: Die Musik, in: Zu Arnold Schönbergs Oper Moses und Aron, Die Tat, Zürich, 4. Mai 1957.

20 H. H. Stuckenschmidt: Arnold Schönberg, Zürich 1951, S. 119.

21 W. Reich: Arnold Schönberg oder Der konservative Revolutionär, Wien 1968, S. 234.

22 Schönberg, Briefe, a. a. O., S. 295.

Die erste Gesamtdarbietung der Oper – in konzertanter Form, ohne den dritten Akt – brachte der Nordwestdeutsche Rundfunk am 12. März 1954 nach monatelanger Probenarbeit unter Leitung von Hans Rosbaud in Hamburg heraus. Für diese Aufführung hatte Gertrud Schönberg einen Mikrofilm des Particell-Manuskripts zur Verfügung gestellt, wonach Scherchen die Dirigierpartitur und Zillig den Klavierauszug anfertigte. Hans Rosbaud dirigierte auch die erste szenische Wiedergabe des Werkes am 6. Juni 1957 im Rahmen des Weltmusikfestes der IGNM im Stadttheater Zürich. Zwei Jahre später, am 4. Oktober 1959, folgte dann an der Städtischen Oper Berlin die deutsche szenische Erstaufführung unter Scherchens Leitung in der Regie Gustav Rudolf Sellners, die im Jahr darauf auch als Gastspiel an der Wiener Staatsoper gezeigt wurde. Spätestens seit Peter Halls virtuos-realistischer Inszenierung im Londoner Covent Garden Theatre gilt die Oper nicht nur als spielbar, sondern auch als publikumswirksam und repertoirewürdig. Düsseldorf, Frankfurt, Nürnberg, Stuttgart, Wien und Paris brachten in den letzten Jahren Neuproduktionen heraus, die auch wegen ihrer Lösung des Problems dritter Akt viel diskutiert wurden.

Das Modell einer „Vollendung" des Torsos hatte erstmals die Berliner Aufführung vorgestellt: der Text des dritten Aktes wurde gesprochen zur musikalischen Begleitung eines Tonbandes mit der Musik der Dornbuschszene. In Düsseldorf unterlegte man dem dritten Akt stattdessen das *Genesis-Prelude,* in Nürnberg die *Begleitmusik zu einer Lichtspielszene.* In Stuttgart ließ man den Text ohne musikalische Untermalung, dafür mit szenischer Begleitaktion sprechen. Solche Praxis einer Darstellung des dritten Aktes hat für sich, daß die ursprüngliche Konzeption der Oper – der Sieg der Idee über die Realität, Arons Bestrafung und Moses' Triumph – sich erfüllt. Freilich gibt es ebenso gute Gründe, die Aufführung mit dem zweiten Akt enden zu lassen. Das Fragment spricht für sich selbst – aufrichtiger und überzeugender als eine mit ästhetischen Hilfskonstruktionen abgerundete Form. Und der offene Schluß des zweiten Aktes steht für die Wahrheit des Werkes selbst ein, für die Ungelöstheit des Konflikts, den Schönberg musikalisch nicht mehr lösen konnte oder wollte.

Ernst Krenek

Epilog

Das hundertjährige Jubiläum eines Geburtsdatums verleiht dem Gefeierten eine Aura der Abgeschiedenheit; deutet doch die dreistellige Zahl in den Bereich jener Unsterblichkeit hinaus, die wir sonst nur mit jenen ehrwürdigen Namen in Verbindung bringen, deren Gedenktage nach einem Mehrfachen von hundert zurückkehren. Und dennoch, trotz des Trennungsstriches, den der Hunderter bedeutet, sind wir, denen es vergönnt ist, diesen Erinnerungstag zu begehen, dessen deutlich gewahr, daß das Leben Arnold Schönbergs ein realer Teil unseres eigenen Lebens war. Wir waren gegenwärtig, als er die stärkste Quelle jener Energie war, aus der das gespeist wurde, was als „Neue Musik" ebenso in die Geschichte eingegangen ist wie einst die „Ars Nova" des vierzehnten Jahrhunderts. Man darf sich heute fragen, was aus dieser Neuen Musik geworden ist.

Schönbergs revolutionäre Tat war die Emanzipation der Dissonanz, wodurch alle vorstellbaren Kombinationen der zwölf Töne als Zusammenklänge legitimiert wurden. Damit verbunden war logischerweise die Aufhebung der Grammatik, welche die alte Tonsprache – seit Wagner freilich immer weniger wirksam – beherrscht hatte, die Liquidierung also der Funktionalharmonie. In ihre zweite Phase trat die Neue Musik mit der Entwicklung der Zwölftontechnik als einer neuen, zusammenhangstiftenden Grammatik. Die rhetorische Geste, der sprachähnliche Duktus, die expressive Intention – alles Erbschaften aus früheren Epochen – dominieren hier weiterhin. Die dritte Phase, zu voller Entfaltung kommend etwa zur Zeit von Schönbergs Tod, wendet sich sodann durch die Serialisierung möglichst aller Parameter von diesen Gehalten ab. Die Begriffe Thema und Durchführung verlieren ihre frühere Bedeutung, Artikulation des Details und Formgebung des Ganzen werden von Proportionen bestimmt, die sich auf mannigfache Art aus der als Urgestalt angenommenen Tonreihe ableiten lassen.

Der Durchbruch zur Atonalität, der die Neue Musik einleitet, hatte eine Schockwirkung, von der selbst heute noch etwas zu spüren ist, wenn jene frühen Kompositionen gehört werden. Sie trieb die Neue Musik in eine Isolation, von der nur wenige Werke von relativer Verbindlichkeit, wie etwa Bergs „Wozzeck", verschont blieben. Während ihrer zweiten Phase gedieh die Neue Musik in einem elitären Ghetto, vor dessen Mauern der Neoklassizismus und die Nazi-Reaktion herrschten. In der dritten Phase erlangte sie plötzlich Weltgeltung; aber unter dem Druck einer ungeduldigen öffentlichen Meinung radikalisierte sich der der Bewegung innewohnende Drang nach ständiger Erneuerung und man erteilte dem durch die totale Serialisierung dialektisch freigesetzten Zufall eine dominierende Rolle.

Da das Vokabular einer Tonsprache, die bereits alle denkbaren Lautkombinationen umfaßt, nicht mehr erweitert werden kann, kommt es zu Rückbildungen, die vielfach durch parodistisch-satirische Intentionen getarnt werden, um nicht reaktionär gescholten zu werden. Auch wird Neuland gesucht durch Einbeziehung räumlicher Phänomene, durch Assoziation des Hörbaren mit visuellen

Geschehnissen in Multimedia-Veranstaltungen, im Totalen Theater und ähnlichen Versuchen. Viele davon repräsentieren eine Tendenz zur Zerstörung traditioneller Werte, eine Absicht, die Kunst einer als falsch empfundenen Weihe zu entkleiden. Das macht sie populär besonders bei jugendlichen, gegen alle Formen des Establishments eingenommenen Gruppen.

Mit der Neuen Musik hat das wenig zu tun, außer daß die Ermutigung zum Ikonoklasmus von jenem Schock abgeleitet werden kann, den Schönberg seinerzeit durch seine fälschlich als herostratisch gedeutete Tat bewirkt hatte. Die Neue Musik kam mit ihrer leider allzu schnell durchlaufenen dritten Phase zum Abschluß, als der bei weitem nicht ausgeschöpfte Serialismus – vielleicht vorläufig – ad acta gelegt wurde.

Ob die überraschende Resonanz, die ein so schwieriges und im kulinarischen Sinn unergiebiges Werk wie „Moses und Aron" in den letzten Jahren hervorgerufen hat, ein Anzeichen dafür ist, daß sich ein Umschwung in der Haltung des sogenannten großen Publikums gegenüber der Neuen Musik anbahnt, läßt sich heute noch nicht eindeutig beantworten.

Die Autoren der Beiträge

Hans *Swarowsky* kam 1920 als Privatschüler zu Schönberg, bei dem er Theorie und Komposition studierte. Während Schönbergs Aufenthalt in Holland wurde er Schüler Anton Weberns. Swarowsky ist als Dirigent und Lehrer gleichermaßen angesehen. Aus seiner Feder stammen eine Reihe von Aufsätzen vor allem zu aufführungspraktischen Fragen. Mit Schönberg blieb er bis zu dessen Tod in persönlichem Kontakt.

Heinz *Schöny* betreut die Porträt-Sammlung des Historischen Museums der Stadt Wien. Er hat mehrere genealogische Untersuchungen, u. a. über Alban Berg, Josef Matthias Hauer und den Schönberg-Schüler Karl Rankl veröffentlicht.

Walter *Obermaier*, seit 1967 als Historiker in der Wiener Stadtbibliothek tätig, hat verschiedene Arbeiten zur Wiener Geschichte und Kulturgeschichte vorgelegt.

Hans Heinz *Stuckenschmidt* nahm in den Jahren 1931 – 1933 an Schönbergs Analyse-Kursen in Berlin teil. Er zählt zu den Vorkämpfern der Moderne. Als Mitarbeiter vieler international angesehener Zeitungen ist er immer wieder für Schönberg, Strawinsky u. a. eingetreten. Stuckenschmidt wird in Kürze eine große Schönberg-Monographie vorlegen.

Ernst *Hilmar* ist seit 1968 Musikreferent der Wiener Stadtbibliothek. Als Konsulent und Mitarbeiter wurde er zu verschiedenen Ausstellungen herangezogen und hat zudem mehrere Artikel zur italienischen, österreichischen und auch zur neueren Musikgeschichte (u. a. Busoni) veröffentlicht.

Erwin *Ratz* war Schüler Schönbergs und gehörte zu dessen Wiener und Mödlinger Kreis. Über Schönberg, den er sehr verehrte, und über dessen Werk hat er sich mehrfach schriftlich geäußert. Ratz hatte überdies die wissenschaftliche Leitung der Mahler-Gesamtausgabe. – Nur wenige Wochen nach Fertigstellung seines hier abgedruckten Beitrages kam die traurige Nachricht von seinem Ableben.

Walter *Szmolyan*, Redakteur der Österreichischen Musikzeitschrift und Generalsekretär der Internationalen Schönberg-Gesellschaft, kann auf eine Reihe von Veröffentlichungen über die „Wiener Schule" hinweisen. Er befaßte sich im besonderen mit dem Mödlinger Kreis.

Ivan *Vojtech*, Prag, hat vorwiegend auf dem Sektor der Musik des 20. Jahrhunderts und namentlich der „Wiener Schule" gearbeitet. Er ist Mitarbeiter der Schönberg-Gesamtausgabe.

Warren *Langlie*, Wisconsin, zählte zu Schönbergs begabtesten Schülern in Los Angeles. Schönberg selbst hat dies mehrfach in Empfehlungsschreiben für Langlie hervorgehoben. (In einem Schreiben vom 8. Juli 1946 heißt es:

Langlie studied with me privately and in my classes at U.C.L.A. for several years. He had already acquiered an excellent background when he started with me, and has since then made great progress in all essential musical activity. He was one of my best pupils in Structural Functions of the Harmony, Counterpoint, Form and Analysis . . . and Orchestration.)

Robert *Waißenberger* war Kunstreferent der Stadt Wien und hat vor kurzem die Leitung des Historischen Museums der Stadt Wien übernommen. Von seinen bisherigen Veröffentlichungen müssen die wichtigen Arbeiten über die Wiener Secession und die Künstlervereinigung „Hagenbund" genannt werden.

Hans *Keller* ist Verantwortlicher der Abteilung Musik der BBC London. Seine Publikationen und seine Lehrtätigkeit, bei der er Schönbergs theoretischen Arbeiten eine besondere Stellung einräumt, haben ihn in den Ruf eines Schönbergianers im besten Sinne des Wortes gebracht.

Rudolf *Stephan,* Ordinarius für Musikwissenschaft an der Freien Universität in Berlin ist Mitherausgeber der Gesamtausgabe der Werke Schönbergs. Zugleich ist er Autor vieler grundlegender Beiträge über die „Wiener Schule". Ein von ihm redigiertes Verzeichnis der Werke Schönbergs ist im Druck. Stephan zählt zu den wenigen hervorragenden Musikwissenschaftlern, die sich ernsthaft mit dem Schönbergschen Werk auseinandersetzen.

Monika *Lichtenfeld,* Köln, befaßt sich seit längerer Zeit mit dem musikalischen Werk Arnold Schönbergs, im besonderen mit *Moses und Aron.* Über dieses Werk hat sie verschiedentlich auch in Vorträgen gesprochen.

Ernst *Krenek,* Los Angeles, war Schüler Franz Schrekers und stand in engem Kontakt mit Webern und Berg und zeitweise auch mit Schönberg. Neben seinem ungemein reichen kompositorischen Schaffen hat er sich als Musikschriftsteller in einer Reihe von Beiträgen auch theoretisch mit der Neuen Musik befaßt.

Mit Stolz und Freude empfieng ich die Nachricht von der Verleihung des Bürgerrechts der Stadt Wien an mich. Es ist dies ein neues, oder eigentlich ein erneuertes Band das mich ~~mit~~ dem Platz, ~~mit~~ der Natur, ~~mit~~ dem Wesen wieder annähert, wo die Musik geschaffen wurde, die ich immer so geliebt habe, und an die anzuschliessen – nach Massgabe meines Talents – mein grösster Ehrgeiz immer war.

Ich darf wohl die Hoffnung nähren, ~~das~~ diese Ehrung, die mir Bürgermeister und Senat der Stadt Wien erwiesen haben, beruhe auf der Anerkennung solch heissen Wunsches, und der ~~Ehrlichkeit~~ Intensität mit der ich ~~darnach~~ gestrebt habe ~~mein Bestes~~ – wie wenig das auch sein möge – immer mein Bestes zu geben.

Und so möchte ich gerne noch die Möglichkeit erleben, das Recht freien Eintritts in die Stadt auszuüben, wo ich soviele Jahre zugebracht habe. Dann werde ich nicht verfehlen, Ihnen Herr Bürgermeister der ~~[illegible]~~ persönlich meinen Dank für diese Verschönerung intimer Geburtstagsfeier ~~[illegible]~~ auszudrücken.

Ich bin in ausgezeichneter Hochachtung und Ergebenheit,

Ihr

Kat. Nr. 492

Kat. Nr. 122

Kat. Nr. 146

Kat. Nr. 299

Kat. Nr. 376

Kat. Nr. 41

Kat. Nr. 143

Kat. Nr. 158

Kat. Nr. 152

Kat. Nr. 149

Kat. Nr. 167

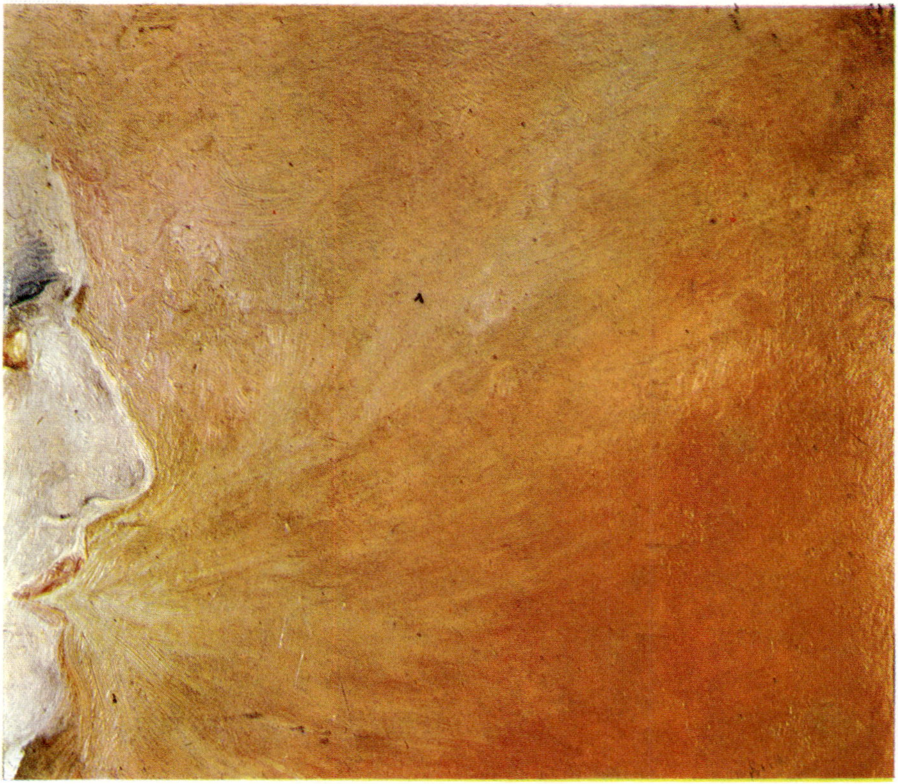

Kat. Nr. 160

Kat. Nr. 168

UNION LIBÉRALE ISRAÉLITE

24, Rue Copernic. (XVIe)
(Place Victor-Hugo)
Passy 25-7?

Devant nous, Louis Germain Lévy, Rabbin de l'Union Libérale Israélite, 24 rue Copernic, à Paris, s'est présenté le vingt-quatre juillet 1933 Monsieur Arnold Schoenberg, né à Vienne le 13 septembre 1874, pour nous exprimer son désir formel de rentrer dans la Communauté d'Israël.

Après avoir donné lecture de la présente Déclaration à Mr. Arnold Schoenberg, celui-ci a déclaré qu'elle était bien l'expression de sa pensée et de sa volonté.

Fait à Paris à mon cabinet, 24 Rue Copernic, le vingt quatre juillet 1933.

Lu et approuvé!

Arnold Schönberg

Louis-Germain Lévy
Rabbin

Témoins: Dr Marianoff.

Marc Chagall

Kat. Nr. 430

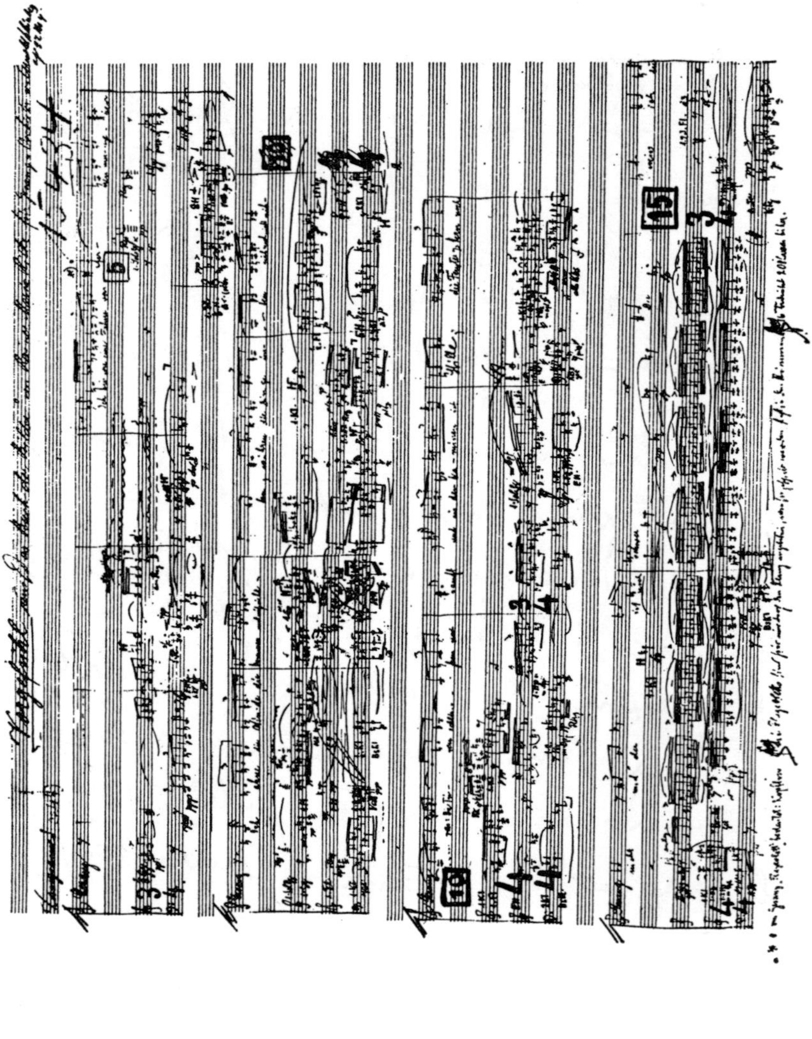

Kat. Nr. 271

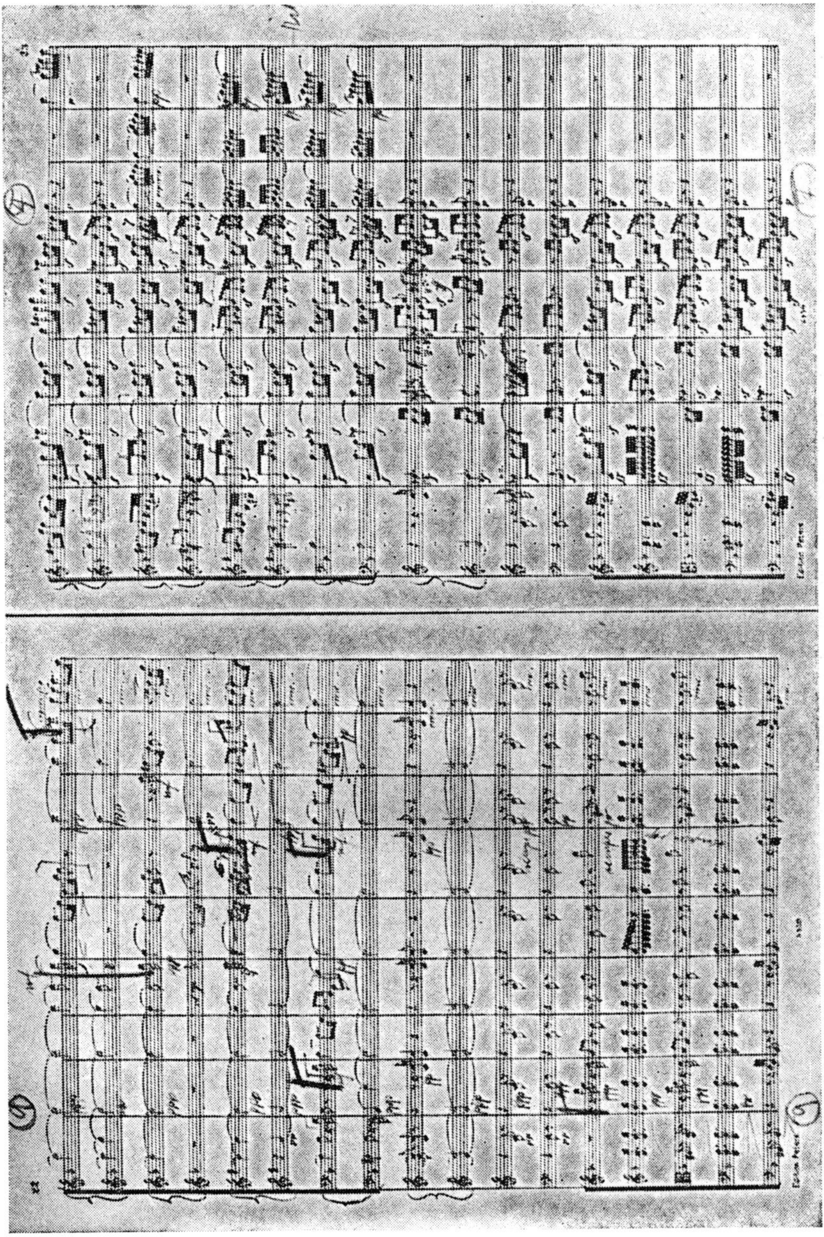

Kat. Nr. 273

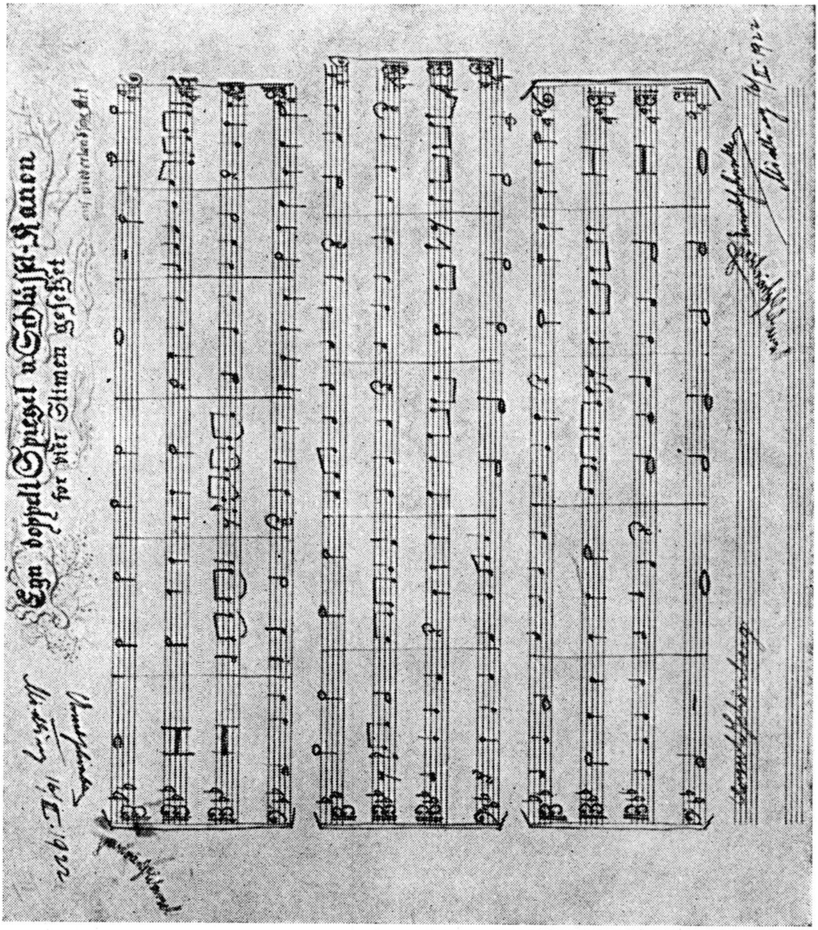
Ein doppelt Spiegel u. Schlüssel-Kanon
für vier Stimmen gesetzet

Kat. Nr. 340

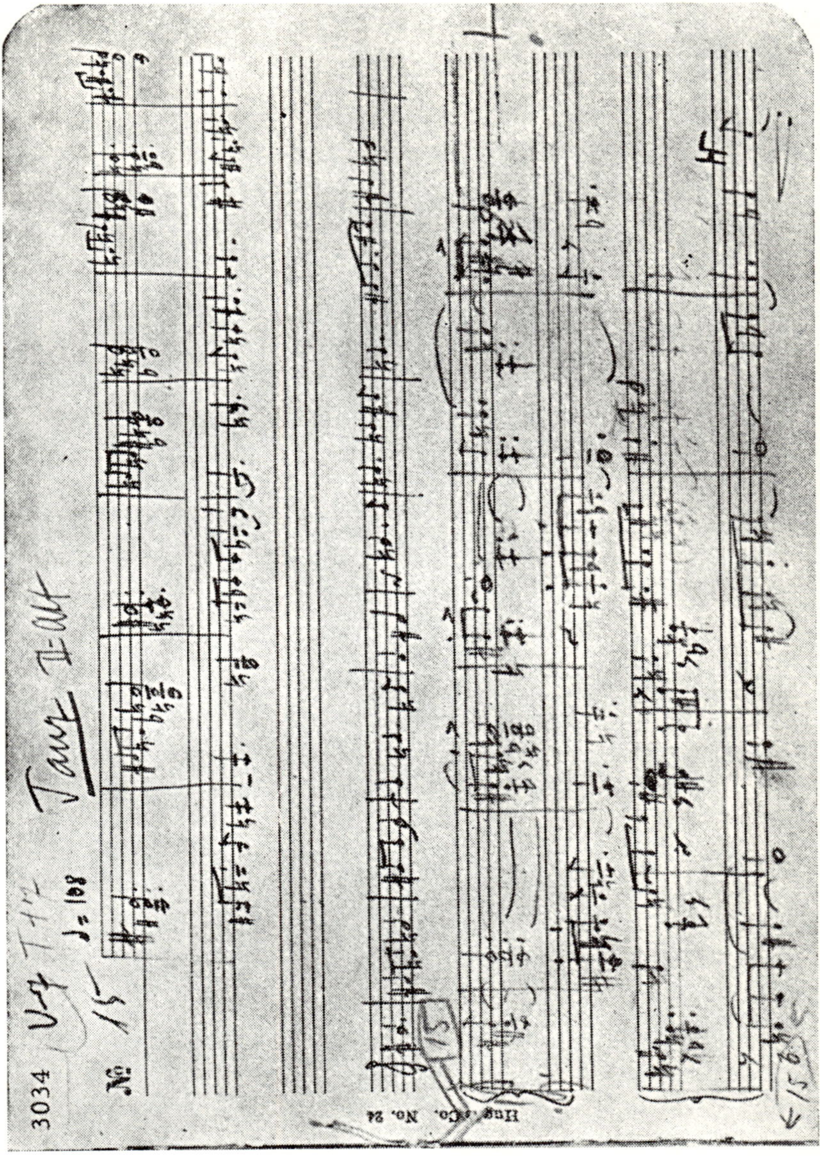

Kat. Nr. 413

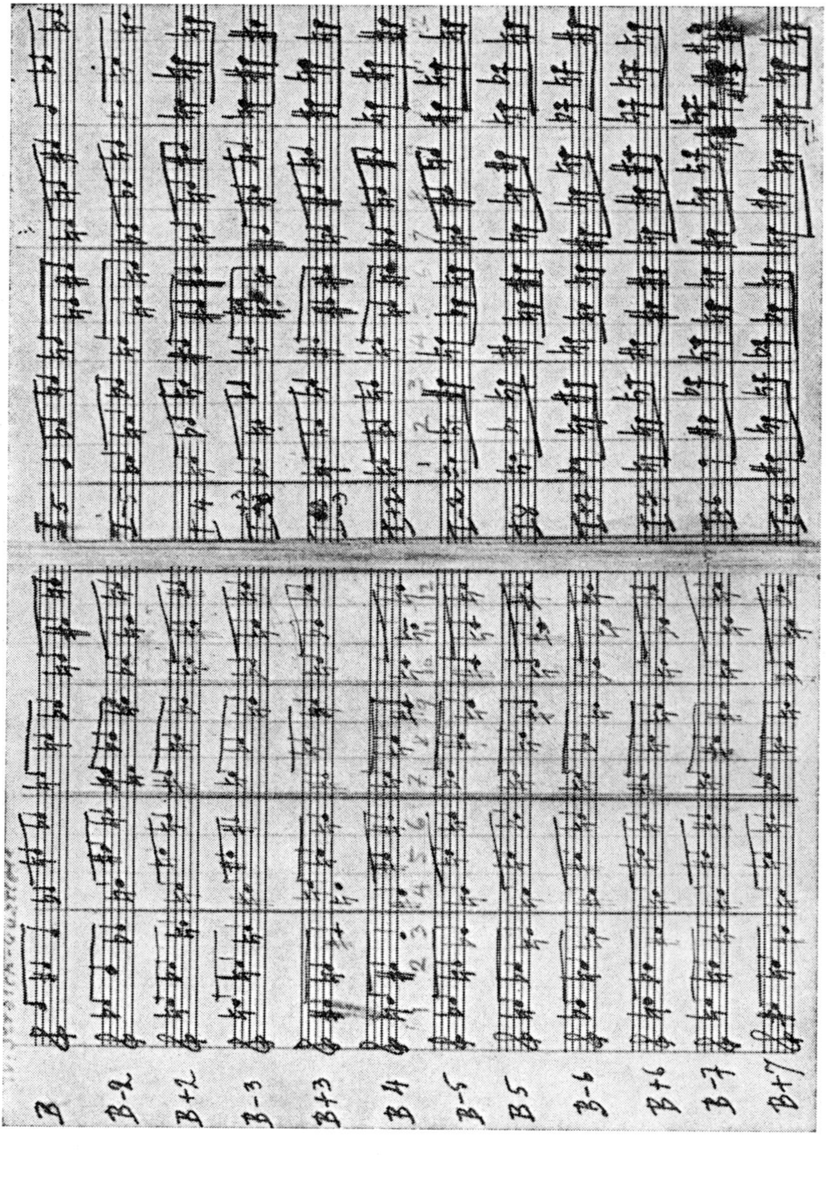

Kat. Nr. 454

Kat. Nr. 479

Kat. Nr. 114

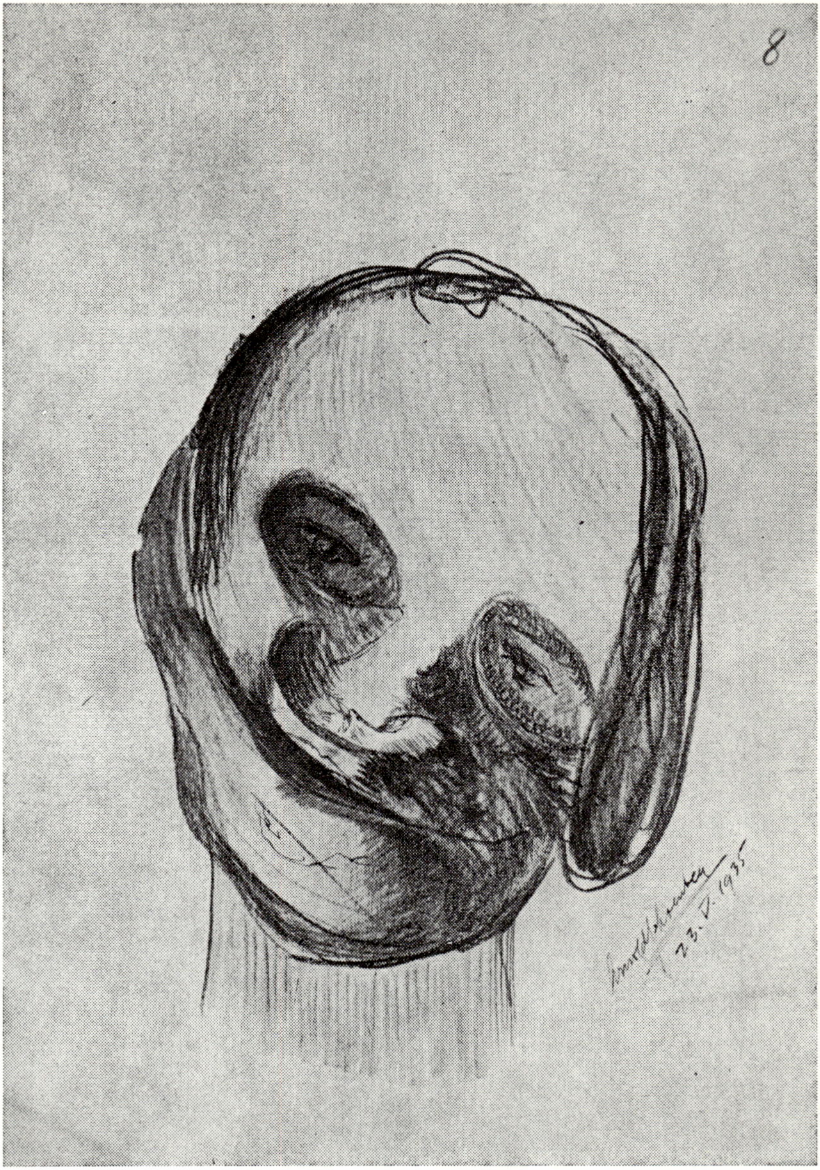

Kat. Nr. 443

Kat. Nr. 507

1874 – 1901: W I E N

Wenn dir auf deiner Lebensbahn
Was Böses mal passieren soll:
Schau's nicht mit trüben Augen an,
Und sei der Hoffnung immer voll.
Denn nicht nach dem, was scheinet musst
Du richten; deiner selbstbewußt,
Sollst du, den Kern herauszuheben,
Nicht auf den äußern Schein ausgehen.
(1891)

1 Preßburg. Stadtplan nach einer Zeichnung von Emil Bürger. Letztes Drittel 19. Jahrhundert.

Österreichische Nationalbibliothek-Kartensammlung, Wien

Die Eltern Arnold Schönbergs, die im März 1872 in Preßburg die Ehe geschlossen hatten, waren nach Schönbergs Aussage (Kat. Nr. 4, 5) in jungen Jahren über Preßburg nach Wien gekommen. Der Vater Samuel Schönberg ist als „Schuhwaren-Fabrikant" in Wien erstmals 1873 nachweisbar, als er mit seiner Gattin Pauline in das Haus Obere Donaustraße 57 zog, wo am 13. September 1874 der Sohn Arnold das Licht der Welt erblickte.

2 Geburtenmatrikel der Israelitischen Kultusgemeinde in Wien, Blatt 8023/74. Zweitschrift.

Wiener Stadt- und Landesarchiv

Die Eintragung weist Arnold Schönberg als ehelichen Sohn des Samuel Schönberg (Beruf: „Privat") und der Pauline geb. Nachod aus. Als Hebamme ist Franziska Lindenbaum genannt.

3 Schönbergs Geburtshaus in Wien I, Obere Donaustraße 5. Ansicht der Fassade aus dem Jahre 1873.

Plan- und Schriftenkammer der Stadt Wien
(Magistratsabteilung 20)

Dank der vorbildlichen Arbeit von Fritz Racek (Wo wurde Arnold Schönberg geboren? In: Österreichische Musikzeitschrift 1973, Heft 2, S. 76 ff.) hat sich die ursprüngliche Angabe des Hauses Obere Donaustraße 57 (alte Nummer 393) als unrichtig erwiesen. (Die Verwirrung war durch die Umnumerierung der Häuser Wiens im Jahre 1861 im Zuge der Eingemeindung der Vorstädte und der Einteilung in Bezirke entstanden.) Schönbergs Geburtsstätte steht nun mit dem Haus Obere Donaustraße 5 endgültig fest.

4 **Samuel Schönberg (1838 – 1890). Photographie.**

Nachlaß, Los Angeles

Weder mein Vater, noch meine Mutter waren irgendwie künstlerisch tätig. Sie waren beide sicher nicht mehr als „durchschnittlich musikalisch", hatten zwar Freude an der Musik, insbesondere am Gesang und mein Vater war in jüngeren Jahren in einem Gesangsverein, aber keinesfalls kann ich sagen, daß das irgendwie über das hinausreichte, was jeder nicht gerade musikfeindliche Österreicher an Musikalität besitzt. Dagegen kann ich sagen, daß meine musikalischen Anlagen in meinem Elternhaus ungewöhnlich wenig Förderung gefunden haben, obwohl ich mit acht Jahren bereits zu komponieren angefangen habe ... Mein Vater, 1838 geboren, kam mit 14 Jahren nach Wien, war Lehrling in einem Geschäft, hatte dann ein kleines Geschäft ... Er starb an einer Lungeninfluenza im Influenzajahr 1890 (in der Neujahrsnacht) ... (Schönberg an Leopold Moll, 28. 11. 1931. Kopie im Nachlaß).

5 **Pauline Schönberg geb. Nachod (1848 – 1921).**

Nachlaß, Los Angeles

Meine Mutter, 1848 geboren, stammt aus Prag. Kam ebenfalls in jungen Jahren mit ihrer väterlichen Familie nach Wien. Sie wurde 74 Jahre alt. War eine kluge Frau, die sich viel mit ihren Kindern und zwei Ziehkindern ... geplagt hat. Sie war jedenfalls sehr aufopfernd, uneigennützig, selbstlos, bescheiden und ich könnte vielleicht von ihr eine gewisse Arbeitsamkeit und Pflichtgefühl geerbt haben ... In meiner gesamten Verwandtschaft mütterlicherseits (findet) sich sehr häufig Stimme: So soll ein Großonkel eine fabelhafte Tenorstimme gehabt haben. Mein Bruder und meine Schwester sind beide Sänger, einer meiner Vettern (dessen Vater, mein Lieblingsonkel, etwas „schwärmerisch" veranlagt, lyrische Gedichte machte ... und vielleicht einigen Einfluß auf mich bis höchstens zu meinem 10(ten) Jahr gehabt haben kann) hat sogar als Operntenor eine Zeitlang nicht unbeträchtliche Erfolge gehabt ... (Schönberg an Leopold Moll, a. a. O.). Der von Schönberg gerühmte Vetter war Hans Nachod, der bei der Uraufführung der Gurrelieder mitwirkte (Kat. Nr. 230).

6 **Volkszählungsbogen des Hauses Wien II, Taborstraße 48, aus dem Jahr 1880.**

Wiener Stadt- und Landesarchiv

Auf dem Konskriptionsbogen sind die Namen der Eltern Schönbergs, deren Geburtsdaten, Zuständigkeit (Preßburg) sowie Beschäftigung vermerkt, und die der Kinder Arnold und Ottilie (geb. 9. 6. 1876). Bei Arnold Schönberg findet sich unter der Rubrik „Charakter oder Beschäftigung" der Hinweis: *Besucht die Schule.* Arnold war 1880 in die Volksschule in der Kleinen Pfarrgasse 33 eingetreten und absolvierte dort fünf Klassen.

7 **Schönberg. Kinderbildnis.**

Nachlaß, Los Angeles

Ich war noch nicht ganz neun Jahre alt, als ich kleine Stücke zu komponieren begann – für zwei Violinen – und später größere Stücke, in Nachahmung der Stücke, die ich mit meinem Lehrer oder mit einem Vetter von mir zu spielen pflegte. Als ich Violinduos von Viotti, Pleyel und anderen spielen konnte, ahmte ich deren Stil nach. So schritt ich in dem Maße im Komponieren vor, in dem ich im Violinspiel vorschritt. Schließlich kam ich so weit, eine Art symphonischer Dichtung zu schaffen, nach dem Drama „Die Räuber" von Friedrich von Schiller. Ich nannte sie „Die Räuber-Phantasie". Entschiedende Fortschritte machte ich, als ich einige Jahre später einen Schulkameraden hatte, der eine Viola besaß und sie spielen konnte. Sogleich begann ich Trios für zwei Violinen und Viola zu komponieren, obwohl es da kein Vorbild gab, das ich nachahmen konnte. Dann kaufte ich mir von dem Geld, das ich durch Stundengeben in Deutsch und Griechisch erworben hatte, ein paar Partituren Beethovens: die dritte und die vierte Sinfonie, zwei von den Rasumofsky-Quartetten und die große Quartettfuge op. 133. Von diesem Augenblick war ich von dem Drang besessen, Streichquartette zu komponieren. (Original englisch: *Introduction to my four Quartets.* 1. Abdruck im Programmheft New York 1950. Übersetzung nach W. Reich, Arnold Schönberg oder der konservative Revolutionär. Wien 1968, S. 12 f.)

8 **K. K. Staatsoberrealschule zu Wien, II. Bezirk. Hauptkatalog aus dem Jahre 1889/90 (5. Klasse).**

Bundesrealgymnasium Wien II, Vereinsgasse

Im Schuljahr 1885/86 trat Schönberg in die Staatsoberrealschule im 2. Bezirk in Wien ein. Dort verblieb er bis zum 22. Jänner 1891. Die sechste Klasse konnte er nicht mehr beenden, da er durch den Tod des Vaters gezwungen war, sich nach einem Gelderwerb umzusehen. Den Hauptkatalogen läßt sich Schönbergs überdurchschnittliche Leistung in den Fächern Mathematik, Deutsch, Französisch, Geschichte und in den Freifächern entnehmen. Musikunterricht war aus dem Lehrplan ausgeklammert.

9 **Ansicht der K. K. Staatsoberrealschule zu Wien, II. Bezirk. Reproduktion. (Festschrift zur Erinnerung an den 50jährigen Bestand der K. K. Ersten Staatsrealschule im II. Bezirk in Wien, 1950.)**

Wiener Stadtbibliothek - Druckschriftensammlung

Ich habe immer nur das gekonnt, was mir entsprochen hat; das aber unbedingt, sofort und fast übergangslos ohne Vorbereitung. Dagegen hat mir das, was andere können, das, was die sogenannte „Bildung" ausmacht, immer Schwierigkeiten gemacht. Ich habe es auch erlernt. Aber erst später . . . Meist, da es erworben und nicht bloß erlernt war, weit besser, als es die andern konnten. Ich kann und konnte nie so lernen wie Andere. Einiges konnte ich immer von selbst. Ohne jede Anleitung. Anderes hätte mir kein Lehrer der Welt beigebracht. (Schönberg an Carl Moll, 16. 6. 1910. Pierpont Morgan Library, New York.)

10 **Blick auf Wien I, Wipplingerstraße 37. Photographie um 1895.**

Historisches Museum der Stadt Wien

Im Frühjahr 1891 mußte Schönberg sich einen Brotberuf suchen und trat in die Privatbank Werner & Co. in Wien I, Wipplingerstraße 37, ein. Am 19. Mai desselben Jahres berichtete er seiner Cousine Malvine, daß er *endlich heute einmal im Geschäft angefangen habe, in der Cassa zu arbeiten.* (Privatbesitz.) Über die Art und Dauer seiner Tätigkeit ist nichts bekannt, denn Akten dieser protokollierten Firma haben sich nicht erhalten. David Josef Bach berichtet nur vom Ende dieser Bankarbeit – angeblich im Jahr 1895 –, wobei Schönberg seiner versammelten Familie erklärt haben soll: *Ich bin so glücklich; ich habe meinen Posten verloren . . . Mein Chef ist nämlich in Konkurs gegangen; mich bringt niemand mehr in ein Bankhaus.* (Zit. nach Reich, a. a. O., S. 16.) Laut Handelsregister in Wien (Ges. 17, S. 183) wurde die Firma aber erst am 2. Juli 1897 über Dissolution gelöscht.

11 **Schönberg: „In hellen Träumen hab' ich Dich oft geschaut". Lied, Kritzendorf 1893. Faksimile der eigenen Handschrift.**

Wiener Stadtbibliothek - Musiksammlung

In dem an anderer Stelle zit. Schreiben vom 19. Mai 1891 (Kat. Nr. 10) erwähnte Schönberg, daß er nach langer Pause *endlich wieder etwas Neues – ein Lied ohne Worte – componiert habe, und er hoffe, daß von jetzt an wieder eine Epoche freudigen Schaffens für ihn anbrechen wird.* Aus dieser Epoche mag das von Schönbergs Jugendfreund David Josef Bach mitgeteilte Lied stammen – übrigens eine seiner ersten Liedkompositionen, von denen wir Kenntnis haben.

12 **Oskar Adler (1875 – 1955) mit Geige. Photographie um 1920.**

Historisches Museum der Stadt Wien

Für seine weitere Entwicklung von Bedeutung wurde die Begegnung mit Oskar Adler, dem späteren hervorragenden Astrologen. *Ich gewann einen Freund, Oskar Adler, der in meiner Entwicklung eine große Rolle spielte. Ich bin ihm für sehr viele Dinge verpflichtet, die er mich lehrte. Er brachte mir nicht nur die Elemente der Harmonielehre bei, sondern regte mich auch dazu an, mein Gehör zu schulen, um Tonhöhen im Gedächtnis festzuhalten. Überdies wurde unser Trio-Material durch seine Einrichtung von Violinsonaten für dieses Ensemble bereichert. Da wir Quartette von Mozart und Beethoven spielen wollten, brachte Adler eine große Viola herbei, mit Saiten einer Zither ausgestattet, auf der man die Töne eines Violoncellos dessen ganzen Bereich nach hervorbringen konnte. Dieses Instrument hatte ich zu spielen, und ich tat es, da ich es nicht besser wußte, mit dem Fingersatz der Viola und der Violine . . . Das ging so eine Zeitlang, bis Adler von einem wirk-*

lichen Violoncellisten erfuhr, daß der Fingersatz bei diesem Instrument ein anderer ist. Das übrige hatte ich selbst herauszufinden. (Schönberg, *Introduction to my four Quartets*, a. a. O.) In dem Vortrag *My evolution*, den Schönberg auf Tonband gesprochen hat, und welcher unter dem Titel *Rückblick* auch in deutscher Fassung erschienen ist (Österreichische Musikzeitschrift, 4. Jg. 1949, Heft 9, S. 245 ff.) wird Adler gleichfalls gebührend gewürdigt: *Durch ihn erfuhr ich zum erstenmal, daß es so etwas wie eine musikalische Theorie überhaupt gibt. Er leitete meine ersten Versuche nach ihren Gesetzen, erweckte mein Interesse in Poesie und Philosophie, und besonders muß ich sagen, daß all mein Wissen von Musik, zu dieser Zeit, vom gemeinsamen Musizieren kam . . . Er war zu dieser Zeit bereits ein ausgezeichneter Violonist.* In späteren Jahren fanden bei Adler häufig Kammermusikabende statt, zu denen auch der engste Schülerkreis Schönbergs beigezogen wurde. Adler war überdies Mitglied und Mitwirkender in dem von Schönberg 1918 gegründeten *Verein für musikalische Privataufführungen.*

13 **David Josef Bach (1876 – 1946). Kreidezeichnung von Oskar Kokoschka. (Um 1923.)**

Historisches Museum der Stadt Wien

Der andere meiner damaligen Freunde war David Bach: Ein Philolog, Philosoph, Literaturkenner, Mathematiker und ein ganz guter Musiker. Er hatte so großen Einfluß auf die Entwicklung meines Charakters, daß er diesem die ethische und moralische Kraft zu verleihen mochte, die meinen Widerstand gegen Gewöhnlichkeit und Allerweltvolkstümlichkeit begründen konnte. (Schönberg, *My evolution*, a. a. O.) Bach wurde später von Victor Adler mit dem Musikreferat der Arbeiterzeitung betraut. Seine denkwürdigste Leistung war die 1905 erfolgte Gründung der Arbeiter-Symphoniekonzerte in Wien.

14 **Im Prater beim 3. Caféhaus (Pertl's Grand Etablissement). Ansicht um 1895.**

Österreichische Nationalbibliothek - Kartensammlung

Am offiziellen Wiener Musikleben hatte Schönberg wenig Anteil. Kenntnisse der Musik hatte er sich auf andere Weise zu erwerben. *Im Gegensatz zu vielen Familien, die Wunderkinder hervorbrachten, fand sich in der meinigen niemand, der sich für mich verwendet hätte. Alle Kompositionen, die ich vor meinem siebzehnten Jahr geschrieben habe, sind nichts als Imitationen solcher Musik, die mir zugänglich war. Die einzigen Quellen, aus denen ich schöpfen konnte, waren Violinduette und Arrangements von Opernpotpourris für zwei Violinen, wozu noch die Musik gerechnet werden darf, die ich durch die Militärkapellen kennenlernen konnte, die in öffentlichen Gärten Konzerte gaben. Man darf übrigens nicht vergessen, daß zu dieser Zeit Noten sehr teuer waren, daß es weder Platten noch das Radio gab und daß Wien nur ein einziges Opernhaus hatte und einen einzigen Zyklus von philharmonischen Konzerten.* (*My evolution*, a. a. O.) D. J. Bach berichtete 1924 im Schönberg-Heft des „Anbruch“ (Kat. Nr. 364) von einer Episode vor einem Kaffeehaus im Prater, wo Schönberg der Militärmusik lauschte.

15 **Josef Labor (1842 – 1924) an der Orgel sitzend. Photographie.**

Österreichische Nationalbibliothek - Bildarchiv

Über seine Jugendfreunde Adler und Bach wurde Schönberg mit dem blinden Organisten Josef Labor bekannt, der nach einem Bericht von Bach beim Anhören eines Jugendwerkes von Schönberg gesagt haben soll: *Sie müssen Musiker werden!* Labor ließ Einwände, daß Schönberg nicht Klavierspielen könne und absoluter Autodidakt sei, nicht gelten. (Reich, a. a. O., S. 16.) Jahre später hat Schönberg sich persönlich bei Labor bedankt: *. . . Immer werde ich daran denken, daß Sie derjenige Musiker waren, der als erster und mit genügend Autorität ausgestatteter, mich in meinen musikalischen Versuchen ernsthaft aufmunterte. Und mit größtem Vergnügen, unveränderter Hochachtung und Verehrung habe ich vor mehr als einem Jahr einige Proben Ihres Klarinettenquintetts abgehalten . . . Ich hoffe . . ., Ihnen beweisen zu können, daß wir verschrienen „Modernen“ keineswegs so traditionslos sind, als man glaubt, sondern unsern musikalischen Vätern, Großvätern mit voller Verehrung und Dankbarkeit gegenüberstehen. Mich besonders bindet an Sie noch persönliche Dankbarkeit . . .* (Schönberg an Labor anläßlich dessen 80. Geburtstages, 1. 7. 1922. Wiener Stadtbibliothek.)

16 **Alexander von Zemlinsky (1871 – 1942). Porträt von Schönberg.***

Nachlaß, Los Angeles

1895 lernte Schönberg den Komponisten und Dirigenten Alexander von Zemlinsky in dem Dilettantenorchester „Polyhymnia“ kennen. *(Das Orchester war nicht groß: Ein paar Violinen, eine Bratsche, ein Cello und ein Contrabaß . . . Wir waren alle musikhungrig und jung und musizierten recht und schlecht, jede Woche einmal . . . an dem einzigen Cellopult saß ein junger Mann . . Arnold Schönberg.)* (Zemlinsky, Jugenderinnerungen, in: Schönberg zum 60. Geburtstag, S. 33 f. Kat. Nr. 440.) Schönberg nahm in den folgenden Jahren Unterricht bei Zemlinsky und aus dem Lehrer-Schüler-Verhältnis wurde eine enge Freundschaft, die in späteren Jahren auch manche Verstimmung überdauert hat. So notierte Schönberg 1912 in seinem Tagebuch (Nachlaß): *. . . Ich schämte mich vor Alex . . . Ich weiß, er glaubt ungern. Und obwohl er viel von mir hält – ich glaube fast, ihm wäre es am liebsten, wenn nur er allein viel von mir hielte! Er glaubt merkwürdigerweise den andern ihre Begeisterung nicht. Obwohl er doch selbst soviel erste Begeisterung aufbringt!* Vorübergehend fiel es auch Zemlinsky schwer, Schönbergs musikalischer Entwicklung zu folgen. In einer (undatierten) Antwort auf eine Rundfrage der musikpädagogischen Zeitschrift in Wien schrieb er: *Vor den letzten Werken Schönbergs stehe ich nicht immer mit gleicher Liebe, aber immer mit grenzenlosem Respekt. Ich weiß aber aus Erfahrung, daß ich auch zu jenen Werken, die mir heute noch stumm sind, morgen schon ein liebevolles Verhältnis bekommen kann.* (Universal Edition, Wien.)

---

* Die nähere Beschreibung der von Schönberg gemalten Bilder siehe im Kapitel „Der Maler“, Kat. S. 205 ff.

17 **Restaurant Zur Tabakspfeife, Wien I, Am Graben 29. Innenansicht. Aquarell von Karl Zajicek.**

Historisches Museum der Stadt Wien

Im Augustinerbräukeller „Zur Tabakspfeife" fanden allwöchentlich die Proben der „Polyhymnia" statt. Unter den Studierenden, die dort verkehrten, bildete sich eine Opposition gegen Schönberg, und dem Eingreifen Zemlinskys war es zu danken, daß Schönberg in diesem Kreis letztlich doch geachtet wurde (P. Rovits, ohne Lit.). Von der „Polyhymnia" erhielt er überdies seinen ersten Kompositionspreis für das 1893 komponierte *Schilflied* (nach Nikolaus Lenau). – Die „Tabakspfeife" war in dieser Zeit ein bevorzugter Ort für Vereinsabende und andere Versammlungen. Außer der „Polyhymnia" hielt beispielsweise dort auch die Musikgesellschaft „Haydn" ihre Orchesterübungen ab.

18 **Violoncello aus dem Besitz von Schönberg.**

Internationale Schönberg-Gesellschaft, Wien

Schönberg hat es auf keinem Instrument zu wirklicher Fertigkeit gebracht. Am weitesten scheint er seine Technik auf dem Violoncello entwickelt zu haben, auf jenem Instrument, das er auch bei Kammermusikabenden zu spielen pflegte.

19 **Ein fideles Quintett. Originalphotographie von Fritz Knotzer mit eigenhändigen Unterschriften der Mitwirkenden und einem Notenzitat („Tusch" in C-Dur) von Schönberg. Reichenau, 8. Juli 1900.**

Jörg Polzin, München

Über den Anlaß der Entstehung dieses „musikalischen Scherzes" ist nichts bekannt. Von den abgebildeten Quintettgenossen lassen sich nur Schönberg (am Violoncello), Fritz Kreisler und Carl Redlich, der Auftraggeber für manche Schönbergsche Liedkomposition, namentlich feststellen.

20 **Alexander von Zemlinsky: „Sarema". Oper in 3 Akten. Klavierauszug (teilweise) von Schönberg. Eigene Handschrift.**

Bayerische Staatsbibliothek, München

Im Sommer 1897 ging Schönberg nach Payerbach am Fuße der Rax. Dort arbeitete er unter Zemlinskys Anleitung am Klavierauszug zu dessen Oper *Sarema,* die 1898 in München uraufgeführt wurde. Nach zeitgenössischen Rezensionen soll Schönberg außerdem den Text über das Buch *Die Rose vom Kaukasus* von R. von Gottschall verfaßt haben. Der Klavierauszug zeigt sowohl die Handschrift Schönbergs wie auch die Zemlinskys. Nach Schönbergs Aussage ist dies nicht der einzige Klavierauszug geblieben, den er für Zemlinsky gearbeitet hat. In einem Schreiben an Alban Berg vom 3. 10. 1912

(Besitz: Helene Berg) sprach er jedenfalls von „Auszügen", die er für Zemlinsky gearbeitet hätte. Es ging dabei um die Tatsache, daß sich viele „erste" Klavierauszüge in der Regel als zu schwierig erweisen: *Das ist das Schicksal aller Klavierauszüge . . . die ersten sind immer zu schwer. Mir ist das so gegangen mit den Auszügen, die ich für Zemlinsky gemacht habe. Und Zemlinsky hat von Bodanzky einen unbrauchbaren (?) bekommen und Zemlinsky hat sich dann selbst einen unbrauchbaren (?) gemacht . . .* Vermutlich sind die im Verlag der Universal Edition erschienenen Klavierauszüge zu Opern (Kat. Nr. 67) auf Vermittlung von Zemlinsky von Schönberg gearbeitet worden. Dazu ist noch zu bemerken, daß Schönberg niemals am Klavier unterrichtet worden war.

21 Alexander von Zemlinsky, Karikatur von Rudolf Herrmann. (Der Merker, 2. Jahrgang, Wien 1910, Heft 2.)

Wiener Stadtbibliothek - Druckschriftensammlung

Zemlinskys Werdegang bis zur Begegnung mit Schönberg ist aus einer kurzen Selbstbiographie ersichtlich, die er im November 1910 an Emil Hertzka gesandt hat: *Geboren 14. Oktober 1872 [recte 1871!]. Musikstudium unter Robert Fuchs und J. N. Fuchs, dem nachmaligen Direktor des Konservatoriums. Nach Absolvierung des Konservatoriums wurden ein Streichquartett und eine Violin-Klaviersuite vom Quartett Hellmesberger aufgeführt. Bei dieser Gelegenheit wurde ich Brahms vorgestellt und von dieser Zeit an war ich in näherem Verkehr mit ihm . . .* (Universal Edition.) Besondere Wertschätzung für das Werk von Johannes Brahms zeigte auch Schönberg. *Als ich Zemlinsky kennenlernete, war ich ausschließlich Brahmsianer. Er aber liebte Brahms und Wagner gleichermaßen, wodurch ich bald darauf ebenfalls ein glühender Anhänger beider wurde. Kein Wunder, daß die Musik aus dieser Zeit deutlich die Einflüsse dieser beiden Meister zeigte, mit einem gelegentlichen Zusatz von Liszt, Bruckner und vielleicht auch Hugo Wolf . . . (My evolution,* a. a. O.)

22 Johannes Brahms als Spaziergänger. Karikatur von Otto Böhler.

Wiener Stadtbibliothek - Druckschriftensammlung

Von einer nicht weiter verbürgten Episode berichtet der spätere Schönberg-Schüler Hanns Eisler: *Schönberg verehrte Brahms als den großen Konstrukteur, er hat ihn persönlich in den Straßen Wiens herumgehen sehen, und als A. v. Zemlinski, sein späterer Schwager, Brahms sein Streichquartett (in D-Dur) zeigte, da begann Brahms, der sonst uninteressiert gegen Anfänger war, Interesse zu zeigen. Er erkundigte sich nach diesem Schönberg, und als Zemlinski berichtete, daß Schönberg mit achtzehn Jahren sein Brot durch Schreibdienste und Kopierarbeiten verdiente, bot Brahms zum Erstaunen Zemlinskis Schönberg Geld an, damit er das Wiener Konservatorium besuchen könne. Das war die größte Ehre, die Schönberg jemals in seinem Leben erfahren hat. Schönberg lehnte aber ab . . .* (H. Eisler, Materialien zu einer Dialektik der Musik, Leipzig 1973, S. 206.)

23 II. Kammermusikabend des Quartetts Fitzner am 20. Dezember 1898 im Bösendorfersaale. Programmzettel.

Gesellschaft der Musikfreunde, Wien

Unter Zemlinskys Aufsicht war das in diesem Konzert erstmals öffentlich gespielte *Streichquartett in D-Dur* entstanden. Das Fitzner-Quartett spielte hier die umgearbeitete Fassung. (Die erste Fassung war in einem nicht öffentlichen Konzert des Wiener Tonkünstlervereines gespielt worden.) Der Wiener Rezensent Max Graf schrieb über das Werk einen begeisterten Artikel, der mit den Worten schloß: *Man soll sich seinen Namen merken: Er heißt Arnold Schönberg.* (Zit. nach Das Wiener Café Größenwahn, in: Neues Österreich, 11. 2. 1951.) Über den langen Weg der Entwicklung bis zur Komposition des *Streichquartetts in D* hat Schönberg selbst berichtet (vgl. auch Kat. Nr. 12): *Ich begann Streichquartette zu schreiben. Inzwischen war „Meyers Konversationslexikon", das wir auf Raten bezogen, beim langersehnten Buchstaben S angelangt, so daß ich unter dem Schlagwort „Sonate" erfahren konnte, wie der erste Satz eines Streichquartetts gebaut sein sollte. Ich war damals ungefähr 18 Jahre alt, hatte aber noch keine andere Unterweisung als diejenige, die mir Oskar Adler erteilt hatte. Während ich das „Lexikon" sorgfältig studierte, wurde ich mit einigen anderen Musikern bekannt — Kompositionsschüler des „Wiener Konservatoriums" —, die mir behilflich waren, meine Kenntnisse zu erweitern. So lernte ich auch für andere Instrumente und Ensembles zu schreiben und versuchte mich sogar an einem ersten Satz einer Symphonie . . . Mozart, Brahms, Beethoven und Dvorak waren damals meine Vorbilder. Dennoch brauchte ich noch eine Reihe von Jahren, bevor ich das Streichquartett in D-Dur schreiben konnte, das immerhin gut genug für eine öffentliche Aufführung im Wiener Tonkünstler-Verein war . . . Dieses Werk entstand unter dem Einfluß von Brahms und Dvorak. (Introduction to my four Quartets,* a. a. O.) Anregungen hatte Schönberg auch durch intensives Quartettspiel erhalten. In einem Bericht der Schönberg-Familie heißt es, daß er damals mit Arthur Bodanzky, Riesenfeld und Edward Falck *mehrmals in der Woche jedesmal 5 — 7 Stunden Streichquartett gespielt hat.* (Nachlaß.)

24 Fitzner-Quartett. Photographie. (Neue musikalische Presse, Wien, 1. Jänner 1899.)

Wiener Stadtbibliothek - Druckschriftensammlung

Das Fitzner-Quartett, bestehend aus den Geigern Rudolf Fitzner und Jaroslaw Czerny, dem Violaspieler Otto Zert und dem Cellisten und späteren Schönberg-Schüler Friedrich Buxbaum, wurde 1894 gegründet. Innerhalb kurzer Zeit spielte es sich durch gewissenhaft einstudierte Aufführungen von Werken der musikalischen Moderne wie von A. v. Zemlinsky, C. Frühling, C. Prohaska, A. Glasunow, E. v. Dohnányi, H. Grädener und Arnold Schönberg an die Spitze der Wiener Quartettvereinigungen.

25 **Ehrbarsaal, Wien IV, Mühlgasse 28. Ansicht um 1900.**

Wiener Stadtbibliothek - Druckschriftensammlung

Bereits am 19. Februar 1897 war im Ehrbarsaal ein kleiner Kreis auf Schönberg aufmerksam geworden: Der Wiener Gesangspädagoge Eduard Gärtner hatte in seinem Liederabend Gesänge aus den A. v. Zemlinsky gewidmeten Sammlungen *op. 1* und *op. 2* vorgetragen, am Flügel begleitet von Zemlinsky. Nach Egon Wellesz' Bericht gab es nach der Aufführung einen kleinen Skandal, der Schönberg später zu den Worten bewogen haben soll, *von da an habe der Skandal nicht mehr aufgehört.* (E. Wellesz, Arnold Schönberg, Leipzig 1921, S. 30.)

26 **Schönberg: Sechs Lieder für eine mittlere Singstimme und Klavier op. 3 (Nr. 2: „Die Aufgeregten"). Verlag Dreililien, Berlin. Erstausgabe.**

Wiener Stadtbibliothek - Musiksammlung

Nach Mitte der neunziger Jahre widmete Schönberg sich im besonderen dem Liedschaffen, und unter den Werken, die er später für eine Drucklegung reif genug hielt, nehmen seine Liedkompositionen die erste Stelle ein. Dabei unterlag er wie viele andere Komponisten der Jahrhundertwende einer Modeströmung, die für die Wahl der Texte richtunggebend war. Zu nennen sind hier die Dichter K. Frh. v. Levetzow, R. Dehmel, J. Schlaf, G. Keller, H. v. Hofmannsthal, P. Heyse, L. Pfau, O. v. Redwitz u. a. Manche Lieder entstanden auch als Auftragswerke wie die vorliegenden op. 3, die Carl Redlich bei Schönberg bestellte.

27 **Schönberg: „Gruß in die Ferne". Lied für Singstimme und Klavier. Text von Hermann Lingg. Eigene Handschrift.**

Nachlaß, Los Angeles

Gleichfalls auf Bestellung von Carl Redlich entstand das am 19. August 1900 komponierte Lied *Gruß in die Ferne.* Schönberg hat in dieses musikalisch zu schlicht ausgefallene und bewegungsarme Gelegenheitswerk noch nachträglich Korrekturen eingefügt. Aus der Handschrift läßt sich erkennen, wie rasch Schönberg eine derartige Komposition konzipierte.

28 **Schönberg: Sechs Stücke für Klavier zu vier Händen. „Fräulein Bella Cohn am 14. Februar 1896". Eigene Handschrift.**

Privatbesitz, London

Stand in dieser Zeit und in den Jahren davor das Liedschaffen auch im Vordergrund, schrieb Schönberg als Nichtklavierspieler aber doch einzelnes und für seine musikalische Entwicklung charakteristisches für Klavier. Später hat er überdies seinen Schülern gegenüber darauf bestanden, daß diese sich die nötige Fertigkeit gerade auf diesem Instrument aneigneten. (Kat. Nr. 194.) Schon 1894 waren drei kurze Klavierstücke entstanden. In diesen wie auch in den Bella Cohn gewidmeten Stücken hat er seiner Verehrung für das Schaffen von Johannes Brahms Ausdruck gegeben. (Überdies sind vor kurzem mehrere Kompositionen von Schönberg aus der Zeit vor 1900, darunter Chor- und Klavierwerke, aus dem Nachlaß von Hans Nachod in London aufgetaucht und wurden von Frau Ena Steiner in London erworben.)

29 Blick in die Taborstraße, Wien II, Aquarell von F. Poledna (1898).

Historisches Museum der Stadt Wien

Nach dem Tod des Vaters wohnte Schönberg anfangs noch mit seiner Mutter in der Taborstraße, wohin die Schönbergs 1889 von der Kleinen Pfarrgasse 31 gezogen waren. In den folgenden Jahren wechselte Pauline Schönberg, die 1891 das „Commissions-Geschäft" ihres Mannes niederlegen mußte, mit ihren Kindern mehrmals die Wohnungen: 1891 zog sie in die Große Stadtgutgasse 10, 1892 in die Theresiengasse 5 und 1894 bezog sie das Haus in der Leopoldgasse 9. 1898 wechselte sie schließlich den Bezirk und übersiedelte in die Glasergasse 19 und später in die Porzellangasse 53 in Wien IX, wo sie bis zur Übersiedlung ihres Sohnes Arnold nach Berlin (im Herbst 1901) wohnte.

30 Café Griensteidl. Innenansicht. Nach einem Aquarell von R. Völkel. Um 1895.

Wiener Stadtbibliothek - Druckschriftensammlung

Im Café Griensteidl, das zum begehrten Treffpunkt der Intellektuellen und Künstler zählte, verkehrten Hermann Bahr, Alfred Polgar, Karl Kraus, Otto Stoessl, Adolf Loos, Arthur Bodanzky, Peter Altenberg u. a. Schönberg wurde durch Zemlinsky in diese Gesellschaft eingeführt. Darüber berichtete der Musikkritiker Max Graf (a. a. O.): *Einmal brachte Zemlinsky einen jungen Mann in unseren Kreis, den er als seinen Schüler vorstellte und von dem er uns sagte, wir würden von diesem Komponisten einmal noch mehr hören. Der Neuankömmling war in der Tat auffallend genug. Sein Pierrotgesicht sprühte von Geist und Widerspruchslust. Er hatte die merkwürdigsten Ideen ... Es war Arnold Schönberg.* Gegenstand vieler Diskussionen scheint Wagners *Tristan* gewesen zu sein. Das Café Griensteidl fiel 1896 der Spitzhacke zum Opfer. Karl Kraus widmete ihm unter dem Titel *Die demolierte Literatur* einen satirischen Nachruf.

31 Karl Kraus (1874 – 1936). Photographie um 1900.

Historisches Museum der Stadt Wien

Im Café Griensteidl war es zur Begegnung Schönbergs mit Kraus gekommen. Daß Kraus von Schönberg – und vom Schönberg-Kreis – sehr geachtet wurde, dafür gibt es eine Reihe von Zeugnissen. Schönberg widmete Kraus beispielsweise die Originalhandschrift des Liedes *Sprich nicht immer von dem Laub,* aus op. 15 und in seinen Aufzeichnungen, die sich im Nachlaß erhalten haben, schrieb er Worte wie: *Ich habe Karl Kraus immer sehr bewundert und hochgeachtet. An meiner Schätzung ließ ich mich nicht hindern, weder durch seine mir stets offenbaren Mängel, seine Irrtümer, seine Ungerechtigkeit, sein Verkennen überwiegender Werte im Vergleich mit nebensächlichen . . . noch durch seine gelegentlichen deutlich auf mich gemünzten Epigramme . . . Unser persönliches Verhältnis wurde später sehr warm: Ich glaube, ich bin einer der Wenigen, die als Charaktere seine volle Achtung genossen.* Als Kraus 1898 mit der Herausgabe der „Fackel" begann, war auch Schönberg unter jenen zu finden, die diese in Wien Aufsehen erregende Tat wärmstens befürworteten.

32 „Die Fackel". Herausgegeben von Karl Kraus. (Aufgeschlagen: 11. Jahr, Heft 300, Seite 9: Faksimile von „Sprich nicht immer von dem Laub".)

Wiener Stadtbibliothek - Druckschriftensammlung

Schönberg war ein kritischer Leser der „Fackel". Bisweilen versuchte er auch, in eigener Sache in der „Fackel" zu Wort zu kommen – ein Ansinnen, dem Kraus nur gelegentlich Folge leistete. Schönbergs *Aphorismen* und einen polemischen Beitrag über die Wiener Musikkritik lehnte er ab (Kat. Nr. 111), wogegen er einen *Offenen Brief* in der Angelegenheit einer Kritik am *Streichquartett op. 10* abdruckte (10. Jg., Nr. 272 – 273, S. 34).

33 Floridsdorfer Zeitung, 15. Juli 1899. Liedertafel des Männergesangvereins „Beethoven" in Heiligenstadt unter der Leitung von Schönberg.

Universitätsbibliothek, Wien

Im Sommer 1899 leitete Schönberg den Männergesangverein „Beethoven" in Heiligenstadt. Aufgrund der nur lückenhaften Quellen ist derzeit nicht feststellbar, wie lange er dort den Posten eines Chormeisters innehatte. In den Korneuburger Nachrichten kann man über die Liedertafel folgende Notiz lesen: *Das Hauptereigniß dieses Samstags war der freundschaftliche Besuch des Männergesangvereines „Beethoven" in Heiligenstadt bei Wien, welcher unseren hiesigen sehr beliebten und tüchtigen Männergesangverein aus Anlaß seiner diesjährigen Sommerliedertafel beehrte . . . Die Sänger (sammelten) sich dann unter der Leitung ihrer Dirigenten Herrn Schönberg vom Verein „Beethoven" und Herrn Bernkopf vom hiesigen Männergesangverein im Casinogarten in der Restauration (des Herrn Baumgartner), die angezeigte Liedertafel abzuhalten, zu welcher sich eine den Gartenraum füllende Zuhörerschaft aus den hiesigen Beamten- und Bürgerkreisen eingefunden hatte. Die Concert- und Liedvorträge fanden großen Beifall und endete dies schöne Fest erst nach Mitternacht.* Schönberg hatte mehrere solche Berufe. Von 1895 bis 1896 war er Dirigent des Stockerauer Metallarbeiter-Sängerbundes gewesen, wohin ihn Josef Scheu, der spätere Leiter der „Freien Typographia" empfohlen hatte. (Im Archiv des Sängerbundes haben sich von Schönberg selbst verfaßte Kompositionen für Männerchor erhalten, die der

Herausgeber wegen Transferierung des Archivs nicht einsehen konnte.) Von 1896 bis 1898 war er dann mit der Chormeisterstelle des Mödlinger Arbeitergesangvereines betraut. – Erwähnenswert ist überdies, daß 1899 auch Franz Schreker einen ähnlichen Posten bekleidete: er war Chormeister der „Musikfreunde“ in Döbling.

34 **Gustav Mahler, Das klagende Lied für Sopran-Alt-Tenor-Solo, gemischten Chor und großes Orchester. Josef Weinberger, Wien. Partitur mit eigenhändigen Eintragungen von Mahler.**

Universal Edition, Wien

In der zweiten Hälfte der neunziger Jahre wurde Schönberg mit zwei Ereignissen konfrontiert: Gustav Mahler übernahm die Leitung der Hofoper und in den Wiener Konzertsälen kam um diese Zeit Richard Strauss zu Wort. *Eine beinahe plötzliche Wendung zu einer „progressiveren“ Art des Komponierens erfolgte: Mahler und Strauss waren auf der Scene des Wiener Musiklebens erschienen und so faszinierend war deren Auftreten, daß jeder wirkliche Musiker sich augenblicklich in die Rolle gedrängt sah, Für und Wider Stellung zu nehmen. Da ich damals nur 23 Jahre zählte, fing ich leicht Feuer und begann, symphonische Dichtungen in einem Satz zu schreiben, für deren Umfang mir Werke von Mahler und Strauss Vorbild waren. Eine dieser nicht vollendeten Dichtungen war „Hans im Glück“ (nach einem Märchen von Grimm). Diese Periode fand ihren Höhepunkt in „Verklärte Nacht“, op. 4, und „Pelleas und Melisande“, op. 5. (Introduction to my four Quartets,* a. a. O.) An anderer Stelle (*My evolution,* a. a. O.) berichtet Schönberg, daß er erst später den Zugang zu Mahlers Werken gefunden hätte. *Ich war schon ein Bewunderer von Richard Strauss geworden, wenn auch noch nicht Gustav Mahlers, den ich erst viel später zu verstehen begann, in einem Stadium meiner Entwicklung, in dem sein symphonischer Stil keinen Einfluß auf mein Schaffen ausüben konnte. Es ist aber trotzdem nicht ausgeschlossen, daß ich durch sein stark ausgeprägtes Festhalten an Tonalität und durch die breitere Disposition seiner Harmonie beeinflußt wurde . . .*

35 **Schönberg: Streichsextett „Verklärte Nacht“ für 2 Violinen, 2 Violen und 2 Violoncelli. Partitur. Reproduktion der eigenen Handschrift.**

Library of Congress, Washington

Verklärte Nacht entstand im Spätherbst 1899 in Payerbach, wo Schönberg den Sommer mit Zemlinsky verbrachte. Die dichterische Vorlage („Zwei Menschen“) entnahm er dem Gedichtzyklus „Weib und Welt“ von Richard Dehmel. In einer von ihm selbst verfaßten Einführung in das Werk schrieb er: *Am Ende des 19. Jahrhunderts waren die bedeutendsten Vertreter des „Zeitgeists“ in der Dichtung Detlev von Liliencron, Hugo von Hofmannsthal und Richard Dehmel. In der Musik aber folgten nach Brahms' Tod viele junge Komponisten dem Vorbild Richard Strauss', indem sie Programmusik schrieben. Dies erklärt die Komposition von „Verklärte Nacht“: sie ist Programmusik, weil sie die Dichtung Richard Dehmels beschreibt und auszudrücken versucht. Mein Werk zeigt aber vielleicht doch einige Unterschiede von anderen Werken dieser Art. Erstens wurde es nicht für Orchester geschrieben, sondern für Kammermusik, und zweitens werden darin keine Handlung und kein Drama, sondern die dichterische Natur und menschliche Empfindungen darstellt.* (Nachlaß.) In seiner musikalischen Entwicklung sah Schönberg sich in dem Werk als Brahmsianer und Wagnerianer und verwies darauf, daß *einerseits Wagnerische Technik, z. B. Formulierungen, wie Modell und Sequenz über einer bewegten Harmonie, andererseits aber Gebilde, die nach dem Muster von Brahms' „Technik der entwickelnden Variationen"* ihre Anwendung finden. *Ich glaube allerdings, daß auch einiges Schönbergische zu finden ist, besonders in der Ausdehnung der Melodien oder in den kontrapunktischen und motivischen Entwicklungen und in der quasi-kontrapunktischen Bewegung der Harmonie und ihrer Bässe gegen die Melodie. (My evolution,* a. a. O.) Zemlinsky, der ohne Erfolg versucht hatte, *Verklärte Nacht* für eine Aufführung beim Tonkünstlerverein durchzusetzen, hielt Schönberg die Wagner-Nähe vor: *Mit Ausnahme einiger großer Längen und Gespreiztheiten in der Mitte des Werkes, habe ich einen großen Eindruck empfangen. Es sind Stellen wirklicher Schönheit und tiefster Empfindung, sowie von echter, großer, ungewöhnlicher Kunst darin ... Es ist sehr viel Tristan noch zu hören ...* (Zemlinsky an Schönberg, 19. 3. 1902. Nachlaß.)

36 **Richard Dehmel (1858 – 1920). Druck nach einer Radierung von Johann Lindner. München 1898.**

Österreichische Nationalbibliothek-Bildarchiv

Ihre Gedichte haben auf meine musikalische Entwicklung entscheidenden Einfluß ausgeübt. Durch Sie war ich zum erstenmal genötigt, einen neuen Ton in der Lyrik zu suchen. Das heißt, ich fand ihn ungesucht, indem ich musikalisch widerspiegelte, was Ihre Verse in mir aufwühlten. Leute, die meine Musik kennen, werden Ihnen das bestätigen können, daß in meinen ersten Versuchen, Ihre Lieder zu komponieren, mehr von dem steckt, was sich in Zukunft bei mir entwickelt hat, als in manchen viel späteren Kompositionen. (Schönberg an Dehmel, 13. 12. 1912. Zit. nach Arnold Schönberg, Briefe. Hrsg. von E. Stein, Mainz 1958, Nr. 11.) Dehmel hatte Schönberg für die Komposition der *Verklärten Nacht* mit den Worten gedankt: *Ich würde es als Unterlassungssünde empfinden, wenn ich Ihnen nicht ein Wort des Dankes für Ihr wundervolles Sextett sagte. Ich hatte mir vorgenommen, die Motive meines Textes in Ihrer Composition zu verfolgen, aber ich vergaß das bald, so wurde ich von der Musik bezaubert ...* (Brief vom 12. 12. 1912. Library of Congress, Washington.)

37 **VI. Kammermusik-Abend des Rosé-Quartetts am 18. März 1902 im Kleinen Musikvereinssaal.**

Nachlaß, Los Angeles

Das Konzert brachte die Uraufführung der *Verklärten Nacht. Der letzte Abend des Quartett Rosé vermittelte uns die Bekanntschaft eines ganz ungewöhnlichen Musikers. Arnold Schönberg ... hat den Versuch unternommen, die symphonische Dichtung auf das Gebiet der Kammermusik zu übertragen... Das „Programm" des Kammermusikwerkes – eines Streich-Sextetts – bildete ein herrliches Gedicht von Richard Dehmel aus dem Romanzyklus „Zwei Menschen", betitelt „Verklärte Nacht". Leider hat man es nicht gewagt, das Gedicht, das die sündige Liebe eines Weibes behandelt, zum Abdruck zu bringen, sehr zum Schaden der Composition, die an Klarheit und Verständnis durch Kenntnis der textlichen Unterlage sehr gewonnen hätte. Das Werk selbst verblüffte vor allem durch die noch nie dagewesenen Klangwirkungen; was da an Klang aus den sechs... Instrumenten hervorgezaubert wurde, hat wohl nicht seines gleichen... Eine peinigende Unruhe zieht durch das ganze Stück, neben den großartigsten, kühnsten Einfällen dichteste Wirrnis. Daher auch ein geteilter Eindruck beim Publikum.* (Neue musikalische Presse, Wien 1902, Nr. 12, S. 182.) Von dem Erfolg der Uraufführung der *Verklärten Nacht* berichtete der Wiener Musikpädagoge Moriz Violin an Schönberg, der sich zu diesem Zeitpunkt bereits in Berlin aufhielt: *(Ich habe) es doppelt unangenehm empfunden, daß Sie unrichtig gethan haben, wenn Sie nach Berlin fuhren; daß ein solcher Erfolg sehr ausnützbar und daß Sie ruhig wieder zurück könnten, ist mir armer Zweifel...* (Brief vom 23. 3. 1902, Library of Congress, Washington.)

38 **Schönberg: Verklärte Nacht, für Klavier, Geige und Violoncello. Bearbeitet von Eduard Steuermann.**

Clara Steuermann, Cleveland

Steuermanns unveröffentliches Arrangement war als Geburtstagsgeschenk für einen (nicht genannten) Wiener Freund gedacht.

39 **Schönberg: Verklärte Nacht. Bearbeitung für Streichorchester. Partitur. Universal Edition, Wien 1917.**

Wiener Stadtbibliothek - Musiksammlung

Die Fassung für Streichorchester entstand 1917. Anläßlich der ersten Aufführung machte Schönberg Rosé mit folgenden Worten auf dieses „Experiment" aufmerksam: *Ich führe am 3. Juni 1919 im Konzerthaus das II. Quartett und Verklärte Nacht orchestermäßig auf... Die Aufführung – ein Experiment – wird natürlich in keiner Weise sich mit ihren Aufführungen messen können. Warum ich sie mache, ist vor Allem, wegen des Prinzips: Kammermusik für 50 Leute im Zimmer, für mehr als 50 aber in orchestermäßiger Besetzung...* (Schönberg an Rosé, 28. 5. 1919, Pierpont Morgan Library, New York.)

40 **Wiener Theater-Almanach, Wien 1900. 2. Jahrgang, Seite 157.**

Wiener Stadtbibliothek - Druckschriftensammlung

1899 war Schönberg vermutlich auf Betreiben von Zemlinsky in den Vorstand des Wiener Tonkünstlervereins aufgenommen worden. Am 27. Oktober 1899 hatte eine Generalversammlung stattgefunden, in der die Vereinsleitung neu gewählt worden war. Schönberg wird darin namentlich als „Vorstandsmitglied ohne bestimmte Funktion" genannt. Die Wahl eines neuen Präsidiums war notwendig geworden, weil der bisherige Präsident, Eusebius Mandyczewski, sein Amt wegen Überbürdung zurückgelegt hatte. Das neue Präsidium setzte sich aus Künstlern zusammen, die Schönberg gewogen waren und mit denen er auch persönlichen und freundschaftlichen Umgang pflegte: Richard Heuberger zeichnete als Präsident, Alexander Zemlinsky als Vizepräsident und Hugo Botstiber als Schriftführer.

41 Hugo Botstiber (1875 – 1941). Porträt von Schönberg.

Dr. Eva Stahl, Wien

Hugo Botstiber war Privatschüler Zemlinskys und gehörte zum Schülerkreis von Guido Adler (Kat. Nr. 82). Im Jahre 1904 scheint er bei der Verleihung des Stipendiums der Schwestern Fröhlich-Stiftung an Schönberg seine Hand im Spiel gehabt zu haben. Weniger erfolgreich war wohl sein Bemühen im Jahre 1910, als er kraft seiner Stellung als Sekretär der Gesellschaft der Musikfreunde versuchte, Schönbergs Ansuchen um ein Staatsstipendium zu unterstützen. (Schönberg erfuhr von der Ablehnung im Juli 1910. Library of Congress.)

42 Edmund Eysler: Streichqartett in a-Moll (ca. 1897). Eigene Handschrift.

Wiener Stadtbibliothek

In jungen Jahren war Schönberg auch mit dem späteren Operettenkomponisten Edmund Eysler befreundet, mit dem er häufig zu Kammermusikabenden zusammentraf. Der damalige Primgeiger im Orchester des Wiener Burgtheaters, Rosenzweig, versammelte Ende der neunziger Jahre in seinem Haus Zirkusgasse 37, Ecke Odeonsgasse, an Sonn- und Feiertagen vormittags seine Jünger und junge Musiker. Dort verkehrten auch Edmund Eysler und Arnold Schönberg. *Beide waren bereits leidenschaftlich der Musik ergeben und befaßten sich schon mit den Tiefen der Wissenschaft... Auch Eysler... huldigte nicht minder den klassischen Theorien wie Schönberg und alle anderen, die da von Begeisterung entflammt, die Tasten drückten oder den Bogen führten. Da gab es nur Aufführung der Werke der ganz großen Meister, wie Beethoven, Brahms, Mozart, Bruckner, Schubert und wie sie alle heißen mögen. Eysler spielte dabei wiederholt den Klavierpart, wogegen Schönberg Baßgeige oder Cello strich. Allmählich wuchs das Quartett, Quintett und Sextett später zu einem kleinen Orchester an... Auch Gäste nahmen mitunter an diesen musikalischen Seancen teil, so unter anderen einmal... Zemlinsky. Bei dem tiefgehenden Interesse, das Schönberg schon damals für Kompositionslehre, Instrumentierung und Kontrapunkt verriet, war... damit zu rechnen, daß er einmal die steile Stufenleiter eines Musikgelehrten bis in die höchsten Sprossen erklimmen werde... Kam es dann nach Beendigung der Aufführung zur belehrenden Besprechung im Hinblick auf Harmonielehre und Kontrapunkt, dann zählten Schönberg und Eysler mit zu den eifrigsten Debattern, zu den impulsivsten Verfechtern ihrer Ansichten und Schönberg war es meist, der sogar bei von der ganzen Musikwelt bewunderten Werken an Instrumentierung einzelner Stellen oder Passagen etwas auszusetzen hatte ... Schönberg war in seinem Wissensdrang durchaus nicht leicht zu befriedigen, er ging der Theorie bis auf den Grund und verfocht seinen Standpunkt stets mit der Energie der Überzeugung ...* (F. Graf, Kammermusik mit Edmund Eysler und Arnold Schönberg. Typoskript.)

43 Die silberne Ära der Wiener Operette (mit E. Eysler, O. Straus, O. Nedbal, F. Lehar, C. M. Ziehrer, L. Fall). Karikatur von Rudolf Herrmann.

Wiener Stadtbibliothek - Handschriftensammlung

Schönberg hat an mehreren Stellen seines reichen Nachlasses an Schriften die Aussage hinterlassen, daß er in der Zeit von 1900 bis 1903 und auch später nebst Kopistenarbeiten eine Reihe von Opern und Operetten selbst von namhaften Komponisten instrumentiert hätte. Bekannt sind unter den Komponisten, für die Schönberg gearbeitet hat, R. Fischhof, V. Holländer und Bogumil Zepler. Gerüchten zufolge soll er zudem für Heuberger, Leo Fall und Eysler („Vera Violetta"?) instrumentiert haben, mit denen er befreundet war. Auch von Lehár ist bekannt, daß er in früheren Jahren nicht immer selbst orchestrierte. Schönberg bearbeitete angeblich für ihn die Operette „Friederike". Material hat man trotz verschiedener Recherchen in den einschlägigen Verlagen noch nicht finden können. Die Mitteilung Weberns — überdies nur mündlich tradiert —, daß Schönberg auch an der Instrumentierung des „Opernballs" von Heuberger beteiligt gewesen wäre, muß allerdings revidiert werden. Vergleiche mit der Partitur haben ergeben, daß Zemlinsky — aus Zeitgründen — an der Instrumentierung des ersten Aktes mitgearbeitet hat, die übrigen Teile jedoch von der Hand Heubergers stammen. (Für diese Mitteilung ist der Herausgeber, der von Heuberger geschriebene Partien zum „Opernball" überprüft hat, auch Herrn Dr. Helmut Heuberger, München, dankbar.)

44 Robert Fischhof (1856 — 1918). Photographie von Türk.

Österreichische Nationalbibliothek - Bildarchiv

Über Zemlinsky kam um 1902 die Verbindung zwischen Schönberg und Robert Fischhof zustande. In einem undatierten Schreiben von Zemlinsky an Schönberg (um 1902, Nachlaß) findet sich die Textstelle: *... Hier ist also Partitur und Klavierauszug II. Act Fischhof. Sieh nun nach, was Du noch zu machen hast, ergänze das sofort und schick' mir das Ganze postwendend zurück, damit ich es an Fischhof gelangen lasse ...* Schönberg selbst bestätigte später, daß er für Fischhof gearbeitet hat (Kat. Nr. 74). Vermutlich war er auch an der Oper „Der Bergkönig" beteiligt, die 1906 in Graz uraufgeführt wurde. Trifft die derzeit dokumentarisch nicht belegbare Aussage von Marcel Prawy (Die Wiener Oper. Wien 1969, S. 51) zu, hätte Schönberg bereits 1899 auf dem Gebiet der Operette und komischen Oper Erfahrungen sammeln können. Prawy berichtet, daß Schönberg 1899 auf Betreiben von Zemlinsky von Franz Jauner als „Operettenkapellmeister" (Chordirigent?) ans Carltheater engagiert worden war.

45 Theater zum lieben Augustin. Eröffnungsanzeige vom November 1901.

Wiener Stadtbibliothek - Druckschriftensammlung

Mit dem Jung-Wiener Theater „Zum lieben Augustin", das unter der Leitung von Felix Salten stand und bei dessen Veranstaltungen u. a. auch Kolo Moser die szenische Ausgestaltung übertragen wurde, stand Schönberg in Verbindung. So schrieb er für dieses Theater das Brettl-Lied *Seit ich so viele Weiber sah* aus dem „Spiegel von Arcadia".

46 Trauungsbuch des evangelischen Pfarramtes A. B. in Wien, Innere Stadt. Blatt 184 a.

Evangelische Pfarre A. B., Wien

Am 18. Oktober 1901 fand in der lutherischen Pfarre in Wien, Innere Stadt, die kirchliche Trauung Schönbergs mit Mathilde Zemlinsy statt (Schönberg war 1898 zum evangelischen Glaubensbekenntnis übergetreten). Der kirchlichen Zeremonie war am 7. Oktober in Preßburg die standesamtliche vorangegangen. Als Trauzeugen sind im Matrikel der Küster Heinrich Kleinfeldt und der Pfarramtsdiener Ferdinand Protiwinsky verzeichnet.

47 Mathilde Zemlinsky (1977 — 1923). Porträt von Schönberg.

Nachlaß, Los Angeles

Mathilde war so klar und einfach in ihren Dispositionen, mit wenigen Worten verstand sie komplizierte Knoten zu lösen und immer alles ziemlich lautlos . . . Auch hat die Mathilde immer verstanden, Ruhe herzustellen, indem sie, ohne Rücksicht auf Gerechtigkeit, den beruhigt hat, der eben am leichtesten zu beruhigen war. Ich brauche vielleicht jemanden, der im rechten Moment, auch wenn ich recht habe, mir zu sagen wagt, dass ich unrecht habe. Diese Autorität wird allerdings nie wieder ein Mensch haben. (Schönberg an Zemlinsky, 16. 11. 1923. Privatbesitz, London.)

1901 – 1903: BERLIN

Damit, daß man Wagner, Bruckner, Hugo Wolf verehrt, ist man noch nicht moderner Musiker. Geprägte Werte zu erkennen ist leicht.

48 Ernst von Wolzogen und Oscar Straus. Mit faksimilierten Unterschriften. (A. Hertwig, Ernst v. Wolzogen's Überbrettl in Wort und Bild, 1901.)

Kitty Makart, Wien

Die Verbindung Schönbergs mit Wolzogens „Überbrettl" kam im September (oder Jänner?) 1901 während eines Gastspiels des „Überbrettls" im Carltheater zustande, *wo Wien dem hochgeborenen Obdachlosen trotz seiner mitunter schwer verdaulichen Excentritäten ein aufmerksames Auditorium gegeben.* (Neue Musikalische Presse, Wien 1901, Nr. 39, S. 482.) Im Dezember 1901 wurde der Vertrag geschlossen: Schönberg erhielt 300 Mark Gehalt. Seine Tätigkeit im „Überbrettl" brachte ihn mit Oscar Straus, Viktor Holländer, Bogumil Zepler u. a. zusammen, deren Werke er teilweise musikalisch einzurichten hatte. Von Zepler hat sich im Nachlaß Schönbergs ein *Mädchenreigen für drei Frauenstimmen mit Klavierbegleitung* in der Instrumentation von Schönberg erhalten. Die musikalische Leitung des Überbrettls hatte Oscar Straus. Ob der auf dem Gebiet des Chansons erfahrenere Straus ein freundschaftliches Verhältnis zu Schönberg gefunden hat, ist unbekannt. Die Antwort Schönbergs auf eine diesbezügliche Frage Zemlinskys (ca. 1902, Nachlaß,) konnte noch nicht aufgefunden werden.

49 Berlin um 1900, Blick auf den Alexanderplatz. Photographie.

Landesbildstelle, Berlin

1901 war ich in Berlin als Kapellmeister an Wolzogens Buntem Theater. Daran anschließend ein Jahr lang in untergeordneter Stellung am Sternschen Konservatorium in Berlin, wo ich Anfangsgründe und Harmonielehre unterrichtete ... (Selbstbiographie, 16. 6. 1912, Staatsarchiv, Wien). Schönberg fand anfangs Unterkunft in der Lettestraße 9 und bezog später eine Wohnung in der Augsburgerstraße 48. Ebendort wird er in „Hesses Musikerkalender" als Kapellmeister in Berlin verzeichnet. Seine Tätigkeit am „Bunten Theater" gab ihm erstmals Gelegenheit, vor einem größeren Publikum als Kapellmeister hervorzutreten.

50 **Ernst v. Wolzogen's Buntes Theater (Überbrettl). Gastspiel in der Secessionsbühne am Alexanderplatz. Illustrierter Anschlagzettel nach einem Entwurf von Edmund Edel.**

Kitty Makart, Wien

So siegt die famose Brettl-Idee! Sie prangt auf allen Säulen und Zetteln, bei jeder Gesellschaft, bei jedem Thee, – Die Welt wird vernagelt mit Überbrettl! (Zit. nach einer Karikatur in den „Lustigen Blättern"). Nachdem sich der Plan, das „Überbrettl" auf dem Gelände der Darmstädter Jugendstilausstellung zu eröffnen, zerschlagen hatte, trat Wolzogens „Buntes Theater" am 18. Jänner 1901 in der Berliner Secessionsbühne am Alexanderplatz erstmals an die Öffentlichkeit. Im November desselben Jahres konnte ein eigenes Haus in der Köpenickerstraße 68 bezogen werden. Zu den Interpreten, die dem Unternehmen zu einem gewissen Ansehen verhalfen, gehörten Robert Koppel, Olga Wohlbrück und Bozena Bradsky.

51 **Deutsche Chansons (Brettl-Lieder) von Bierbaum, Falke, Finckh, Heymel, Holz, Liliencron (u. a.). Mit den Porträts der Dichter und einer Einleitung von O. J. Bierbaum. Berlin - Leipzig 1900.**

Wiener Stadtbibliothek - Druckschriftensammlung

Was das Berliner Überbrettl bezweckte, hat Bierbaum – der Herausgeber war in Wirklichkeit Walter Heymel – im Vorwort festgehalten: *... Indessen muß ich gestehen, daß auch wir recht ernste Absichten haben, indem wir unsere Kunst in den Dienst des Tingeltangels stellen. Wir haben nun einmal die fixe Idee, es müßte jetzt das ganze Leben mit Kunst durchsetzt werden ... Angewandte Lyrik, – da haben Sie unser Schlagwort ... Es müssen Lieder sein, die gesungen werden können ... Wolzogen will es „Überbrettl" heißen, und das klingt mir wie ein Witz, der allzu leicht die Meinung erzeugen kann, als handle es sich auch mit der Sache selber nur um den witzigen Einfall eines Dichters. Aber der Name ist von nebensächlichem Belang. Die Hauptsache ist, daß der Plan selber in den rechten Händen liegt.*

52 **Schönberg: Galathea. Lied nach einem Text von Frank Wedekind. Eigene Handschrift, datiert: 2. September 1901.**

Nachlaß, Los Angeles

Es bleibt noch zu klären, auf welche Weise Schönberg den Weg zum Chanson gefunden hat. Die im Nachlaß vorhandenen sogenannten *Überbrettl-Lieder* über Texte von Hugo Salus, Gustav Falke, Otto Bierbaum u. a. sind alle im Frühjahr bzw. im Sommer 1901 in Wien entstanden und nicht in der Zeit von Schönbergs tatsächlicher Tätigkeit in Wolzogens „Buntem Theater" in Berlin.

In den derzeit zugänglichen Programmen des Überbrettls aus dem Jahr 1901 findet sich noch kein Hinweis auf Schönberg. Wolzogen soll angeblich anläßlich der Tournee des „Bunten Theaters" in Wien Schönbergs Komposition *Rechts Luischen, links Marie* eingesehen und Schönberg zu einem Engagement bewogen haben. Die Tätigkeit im „Überbrettl" konnte Schönberg aber nicht befriedigen und auch in materieller Hinsicht scheint er daraus nicht den erhofften Gewinn gezogen zu haben. *Straus erzählte ..., Schönberg habe sich mit der flachen Hand wütend auf die Glatze geschlagen, wenn man ihm Texte zur Vertonung oder Kompositionen zum Einstudieren übergeben hatte.* (R. Koppel an E. Nick, zit. nach H. Greul, Bretter, die die Zeit bedeuten, Köln 1967, S. 113.) Das „Bunte Theater" löste sich überdies 1903 auf.

53 Auf dem Stehplatz in einem Nikisch-Concert. Nach dem Leben gezeichnet von Edward Cucuel. Berlin, April 1902.

Staatsbibliothek (Preußischer Kulturbesitz) — Bildarchiv, Berlin

Über Schönbergs Beteiligung am offiziellen Berliner Musikleben der Zeit fehlen verläßliche Aussagen. Kontakte fand er zu Ferruccio Busoni und Richard Strauss.

54 Das Stern'sche Konservatorium im neuen Gebäude der Philharmonie, Berlin, Bernburgerstraße 22a. Photographie um 1900.

Staatsbibliothek (Preußischer Kulturbesitz) — Bildarchiv, Berlin

Über Empfehlung von Richard Strauss bei Gustav Hollaender, dem Direktor des Stern'schen Konservatoriums, war es Schönberg gestattet, am Konservatorium Anfangsgründe und Harmonielehre zu unterrichten.

55 Richard Strauss, eigenhändiger Brief an Schönberg, Berlin, 5. August (?) 1902.

Richard-Strauss-Archiv

Ich war heute bei Direktor Holländer: er versprach, sich Ihres Wunsches anzunehmen. Er will Ihnen schon jetzt eine kleine Klasse einrichten (damit sie sich wenigstens Lehrer am Sternschen Conserv. nennen können). Vorm 1. Januar aber hoffte er, Ihnen eine größere Klasse zu geben: er hat auch Copiaturarbeiten für Sie. Im übrigen wenden Sie sich in allen Nöten, zu besseren Informationen an Herrn Inspector Tohl, ein treuer lieber Freund von mir, der Ihnen gerne stets mit Rat und Tat beistehen wird. Sollten Sie dringend in Not sein, so schreiben (Sie) ein Gesuch um Unterstützung an mich als Vorsitzenden des Allgem. deutschen Musikvereins: mit 50 Mark kann ich Ihnen schon aus der schlimmsten Patsche helfen... Um Schönbergs finanzielle Lage etwas aufzubessern, beschäftigte ihn R. Strauss selbst als Kopisten. Dem Briefwechsel, den Strauss und Schönberg in dieser Zeit führten, ist zu entnehmen, daß Strauss seine Ballade „Taillefer" Schönberg zur Kopiatur übergeben hat. Auch von einer Ballettmusik von Zemlinsky ist die Rede.

56 **Richard Strauss (1864 – 1949). Zeichnung zu einer Radierung von Josef Farago. Um 1900.**

Gesellschaft der Musikfreunde, Wien

Die Begegnung mit Strauss brachte Schönberg – wie aus Kat. Nr. 55 ersichtlich – vor allem finanziellen Gewinn. Strauss veranlaßte als Vorsitzender des Allgemeinen deutschen Musikvereins, daß Schönberg im März 1903 das Liszt-Stipendium, das sich auf 1000 M belief, erhielt. Erscheint die Verbindung Schönberg mit Liszt auch überraschend, bewies Schönberg doch später, daß die Verleihung gerechtfertigt war. In einem Beitrag zur Liszt-Nummer der Allgemeinen Musik-Zeitung nahm er zum Werk Franz Liszts mit den Worten Stellung: *Obwohl sein Werk ... anscheinend hinter gewissen Ansprüchen zurückbleibt, darf man nicht übersehen, wieviel an rein Musikalisch-Neuem, an durch wirkliche Intuition Gefundenem darin steckt. War er doch einer derjenigen, die den Kampf gegen die Tonalität eingeleitet haben; durch Themen sowohl, die nicht unbedingt auf ein solches Centrum hinweisen, wie auch durch viele harmonische Einzelheiten, deren musikalische Ausschöpfung von den Nachfolgern besorgt wurde ...* (Allgemeine Musikzeitung 38. Jg., Berlin - Leipzig 1911, S 1009).

57 **Richard Strauss. Karikatur von Hans Lindloff. (Die Musik XI, Berlin - Leipzig 1912, Heft 11.)**

Wiener Stadtbibliothek - Druckschriftensammlung

Schönbergs Hochschätzung für Richard Strauss dauerte nicht lange an. In den ersten Jahren nach seiner Rückkehr nach Wien korrespondierte er noch gelegentlich mit ihm, doch künstlerisch hatten sich beide immer weniger zu sagen. Zu einer ernsthaften Verstimmung kam es, als Schönberg durch eine Indiskretion bekannt wurde, daß Strauss sich bei der Verleihung der Mahler-Stiftung (Kat. Nr. 266) an Schönberg wenig wohlwollend ausgesprochen hatte. (A. Mahler-Werfel, Mein Leben, Frankfurt 1960, S. 224.) Jahre später sagte Schönberg über Strauss: *Ich bin kein Freund von Richard Strauss und obwohl ich seine Werke nicht bewundere, glaube ich doch, daß er eine der charakteristischen und außergewöhnlichen Persönlichkeiten der Musikgeschichte bleiben wird.* (Nachlaß.)

58 **Schönberg: Pelleas und Melisande. Symphonische Dichtung nach M. Maeterlinck, für großes Orchester. Universal Edition, Wien 1911. Partitur mit eigenhändigen Eintragungen.**

Universal Edition, Wien

Pelleas und Melisande entstand auf Anregung von Richard Strauss. Schönberg beendete die Komposition im Februar 1903. *Das Werk entstand ganz unter dem Eindruck von Maurice Maeterlincks wundervollem Drama. Abgesehen von einigen wenigen Auslassungen und leichten Änderungen in der szenischen Anordnung versuchte ich jedes Detail in der Musik wiederzugeben. Den drei Hauptcharakteren entsprechen 3 Themen in der Art Wagnerscher Leitmotive, die hier jedoch wesentlich länger konzipiert sind* (Aus einem Vortrag vom Dezember 1949. Nachlaß). *Pelleas und Melisande* weist bereits deutlich auf Schönbergs zukünftige Entwicklung. *In diesem Werk finden sich Merkmale, die viel zur Entwicklung meines Stiles beigetragen haben. Viele seiner Themen enthalten außerordentliche Intervalle, die ein spezifisches Verhalten der Harmonie erfordern. Besonders bezeichnend jedoch sind zahlreiche Stellen, in denen offensichtlich die Manifestation einer Tonart unterbleibt. (My evolution,* a. a. O.) Und gerade dieser Umstand rief bei der Uraufführung einiges Befremden hervor. Kat. Nr. 77).

59 Alexander v. Zemlinsky, eigenhändiger Brief an Schönberg, undatiert, (1903).

Nachlaß, Los Angeles

Deine Composition (Pelleas und Melisande) schickte ich Dir noch nicht, weil ich nach dreimaligem, genauestem Durchsehen, mit bestem Willen noch keinen ganzen Eindruck hatte ... Das Werk ist eben so compliciert, wie ich keines bisher gesehen habe, Heldenleben (von R. Strauss) war mir dagegen eine Partitur wie Beethoven, was „Einfachheit" betrifft! Und ich bin doch sonst nicht so sehr ungeschickt. Ich kann auch heute nicht sagen, ich bin mir ganz klar, die Composition ist wunderschön od. dergl. Aber klar ist mir: daß die Sache fabelhaft an Kunst ist. Höchstens, was Polyphonie betrifft, glänzend in der Instrumentation, wenn auch Letzteres nicht ganz einwandfrei für mich. Ich glaube, Vieles ist zu überladen, Vieles nicht ausführbar ... das Ganze ist eine kolossale Arbeit, vor der ich mich gerne verneige ...

60 Ferruccio Busoni, eigenhändige Postkarte an Schönberg, Berlin, 15. Oktober 1903.

Nachlaß, Los Angeles

... Ich habe Pelleas und Melisande erhalten — und bis zu Ende durchgesehen. Sie sind ein Meister des Orchesters, das scheint mir auf den Ersten Eindruck zweifellos. Über den Inhalt konnte ich noch nicht sicher werden ... Die Tänze von Schenker —, (Schönberg hatte die Syrischen Tänze von Heinrich Schenker für Orchester gesetzt) — *trafen ebenfalls ein und ich freue mich, daß ich wenigstens in dieser Form Ihren Namen auf meine Programme setzen kann ...*

61 Schönberg: Pelleas und Melisande. Klavierauszug für vier Hände (teilweise) von Alban Berg. Eigene Handschrift.

Universal Edition, Wien

Von der Bearbeitung des ersten Teiles bis zur endgültigen Drucklegung des Klavierauszuges für vier Hände lagen über fünfzehn Jahre. Heinrich Jalowetz begann um 1904 mit der Bearbeitung, ließ den Auszug dann liegen und holte ihn 1918, als er anläßlich eines Vortrages von Guido Adler über das Werk mit Anton Webern daraus spielen wollte, wieder hervor. (Webern an Schönberg, 18. 2. 1918, Library of Congress.) In der Zwischenzeit hat sich auch Alban Berg damit befaßt. Bergs Hand zeigen die Abschnitte 1 Takt vor (2) bis 2 Takte vor (4) und von (25) bis 3 Takte vor (28). Seine Version erwies sich als zu kompliziert und fand im endgültigen Druck keine Berücksichtigung. Überdies zeigt der Auszug auch größere Korrekturen von Schönbergs Hand.

62 Deutsche Tonkünstler-Zeitung, Berlin 30. Oktober 1902, mit Anzeige eines Vortragsabends des Berliner Tonkünstler-Vereins.

Library of Congress, Washington

Auf dem Programm des angekündigten Vortragsabends standen Busonis Streichquartett op. 26, R. Strauss' Streichquartett op. 2 und *Verklärte Nacht* von Schönberg. Es war dies die zweite öffentliche Aufführung der *Verklärten Nacht*, gespielt vom Waldemar-Meyer-Quartett. Wilhelm Altmann, der Rezensent der Illustrierten Halbmonatsschrift „Die Musik" (2. Jg., S. 303) fand das Werk *eine höchst merkwürdige Komposition, welche unleugbar großes Talent, aber völligen Mangel an Selbstkritik des Komponisten* zeige. Auch an der Leistung von Waldemar Meyer übte er Kritik.

63 Ferruccio Benvenuto Busoni (1866 – 1924). Bleistiftzeichnung von Max Oppenheimer.

Historisches Museum der Stadt Wien

Schönberg und Busoni ergingen sich in gegenseitiger Achtung. Busoni war es, der mit Hilfe seines Freundeskreises Schönberg während seines zweiten Berliner Aufenthaltes in großzügiger Weise förderte. (Kat. Nr. 196.) Schönbergs Aussagen über Busoni lassen den Schluß zu, daß er den Komponisten Busoni im Grunde nicht sehr geschätzt hat. Anläßlich einer in Mannheim erschienenen Kritik schrieb er an Hertzka: *Daß man in den Kritiken meine Musik der Busonis vorzieht, ist für Busoni höchst ehrenvoll. Ich beobachte das Schaffen dieses Pianisten meist ohne Interesse, aber ich habe wirklich nicht geglaubt, daß er schon so weit ist, um mit mir verglichen zu werden* (11. 12. 1912, Universal Edition). Busonis *Berceuse elegiaque* fand jedoch seinen Gefallen, denn er arrangierte sie später auch für den *Verein für musikalische Privataufführungen.* Nach seinen Worten war es *ein direkt ergreifendes Stück, wirklich empfunden* (Tagebuch 1912, Nachlaß).

64 Schönberg: Klavierstück op. 11, Nr. 2. Für den Konzertgebrauch eingerichtet von Ferruccio Busoni. Eigene Handschrift. Mit eigenhändigen kritischen Bemerkungen von Schönberg.

Deutsche Staatsbibliothek, Berlin, DDR

Zu einer künstlerischen Auseinandersetzung mit Busoni kam es 1909. Die *Veranlassung war seine Einsendung von 3 eigenen Klavierstücken. Darin erweist sich Schönberg als ein höchst eigenartiger, ja seltsamer, jedoch ... zielbewußter Geist.* (Busoni an Breitkopf, 25. 8. 1909). Busoni entschloß sich daraufhin, das zweite Stück für seine *Concertzwecke zu tonalisieren.* Und an Schönberg schrieb er: *Jedenfalls ... habe ich mich so weit und nahe in Ihre Gedanken eingelebt, daß es mich unwiderstehlich dazu drängt, Ihre offenbaren Absichten mir selbst zum Klingen zu bringen ... Um meine Beichte zu beenden, erfahren Sie, daß ich (unbescheidener Weise) Ihr Stück „uminstrumentiert" habe ...* (2. 8. 1909, Library of Congress). Schönberg hat nach Einsicht in das Manuskript manches angemerkt. So heißt es 24 Takte vor Schuß zu Busonis Kadenz: *„das geht nicht hinein" — verbindet sich unglatt — ist holperig!* worauf Busoni mit den Worten eine Änderung vorschlug: *Meine Cadenz-Passage (in 1/32) ist eine Fortsetzung Ihrer Trillerkette. Geht meines „nicht hinein", so kommt Ihres „nicht aus dem Vorigen". Folgendes wäre ein Compromiss, bitte zu entscheiden und dem Stecher anzumerken ...*

65 Richard Heuberger, eigenhändiger Brief an Schönberg, Wien, 21. April 1902.

Nachlaß, Los Angeles

Berlin hatte Schönbergs Hoffnungen auf eine Verbesserung seiner künstlerischen und materiellen Lage nicht erfüllt. Bereits wenige Monate nach seiner Ankunft in Berlin hatte er sich mit der Frage an Heuberger gewendet, ob in Wien für ihn Aussichten auf eine befriedigende Position bestünden. In der Antwort Heubergers heißt es: *Es ist entsetzlich schwer unterzukommen und ich selbst kann davon erzählen. Seit Jahren will ich einen ordentlichen Dirigentenposten haben und es geht absolut nicht! Auch Professuren sind schwer zu bekommen, außer man thut bei einer Clique mit ... Ich habe, was Ihre Sache betrifft, hin und her gedacht. Wem soll ich Sie empfehlen? Ich könnte Sie mit Friedländer bekanntmachen ... Dem Capellm. Schuster (Redacteur der „Musik") könnte ich Sie auch empfehlen ... Ich kenne auch Dr. Muck ... Robert Kahn ... Ich bitte Sie, mir also zu sagen, wo ich sie anlehnen könnte ...*

66 Schönberg, eigenhändiger Brief an Richard Strauss, (Wien), 10. September 1903.

Richard-Strauss-Archiv

... (Ich) bin, einer Einladung folgend, nach Wien gefahren, und war in Payerbach den Sommer über zu Gaste ... Nun muß ich Ihnen noch eine Mitteilung machen: Ich bleibe wieder in Wien. Es haben sich einige Freunde für mich bemüht, so daß ich hier doch nach und nach ein Auskommen wieder haben werde. Fixes habe ich natürlicherweise leider nicht, aber ich werde jedenfalls für die Universal Edition, den neuen Wiener Verlag, viel zu arbeiten haben ... Ich muß mich also ... auch von Ihnen wohl für längere Zeit verabschieden. Bei dieser Gelegenheit drängt es mich, Ihnen ... nochmals für alle die mir erwiesene aufopfernde Hilfe ... zu danken.

67 **Albert Lortzing: Der Waffenschmied. Komische Oper in drei Akten. Klavierauszug für vier Hände von Schönberg. Universal Edition, Wien (1903).**

Rudolf Stephan, Berlin

Bei den unter Kat. Nr. 66 genannten Arbeiten für die Universal Edition wird es sich in erster Linie um Klavierauszüge handeln. Schönberg hatte schon im Frühjahr 1902 von Berlin aus Kontakte zur Universal Edition (Direktor J. Weinberger) wegen Kopisten- und anderer Arbeiten gesucht. Die Klavierauszüge zu Lortzings *Waffenschmied,* Rossinis *Barbier von Sevilla* und Schuberts *Rosamunde* entstanden im Auftrag dieses Verlages. Zu einer engeren Bindung an die Universal Edition kam es aber erst 1909 (Kat. Nr. 177).

1903 – 1906: W I E N

Da für mich meine Werke immer nach einiger Zeit mir ihre Unvollkommenheit, ihr, an mir gemessen, relatives Mißlungensein enthüllen, werden mir stets meine vorhergeschaffenen mißfallen und meine jüngst vollendeten bis auf weiteres gefallen. (1910)

68 **Peter Altenberg, Das Ende des Überbrettls (Kunst. Monatsschrift für Kunst und alles andere. Herausgegeben von Peter Altenberg, Wien 1904, Heft Nr. 7).**

Wiener Stadtbibliothek - Druckschriftensammlung

Kurz nach Schönbergs Weggang aus Berlin hatte das Berliner „Überbrettl" seine Tätigkeit eingestellt. *Etwas ganz Zartes, Reines wurde brutal behandelt... da verkam es. Es hätte kein Geschäft sein dürfen, sondern eine „ideale Spielerei". Es hätte langsam, langsam werden müssen, wie alle edlen, zarten, feinen Dinge. Sich langsam organisieren aus guten Kräften.* Während Schönbergs Abwesenheit von Wien hatte sich auch hier die künstlerische Situation verändert. Auch aus den Publikationen der Zeit sprach eine neue und progressivere Künstlergeneration. Einer von diesen war Peter Altenberg.

69 **Peter Altenberg. Bleistiftzeichnung von Karl Kraus.**

Erich Alban Berg, Wien

Zu Altenberg, dessen auffallende literarische Begabung Schönberg erkannte, fand er ein persönliches Verhältnis. Enger aber schloß er sich an dessen Freund Adolf Loos an, der in der Zwischenzeit gleichfalls mit einer eigenen Zeitschrift an die Öffentlichkeit getreten war, worin er die künstlerischen Errungenschaften des Auslandes auch in Österreich bekannt zu machen gedachte. „Das Andere. Ein Blatt zur Einführung abendländischer Kultur in Österreich" hatte jedoch nur kurzen Bestand.

70 **Café Museum. Photographie um 1900.**

Wiener Stadtbibliothek - Druckschriftensammlung

Das nach Plänen von Adolf Loos ausgestattete und 1899 eröffnete Café Museum war nach der Demolierung des Café Griensteidl zum Treffpunkt der Intellektuellen, Künstler und Literaten geworden. Dort wie auch im Café Landtmann verkehrte auch Schönberg und sein Freundeskreis.

71 **Ansicht Wien um 1904: Blick auf die Universität. Farbdruck von Ludwig Hans Fischer.**

Historisches Museum der Stadt Wien

Auf dem Sektor der Musik und Literatur hatte der nach dem Komponisten Conrad Ansorge benannte Ansorge-Verein sich große Ziele gesetzt. Er war 1903 gegründet worden und zu seinen führenden Köpfen zählten Peter Altenberg, H. Botstiber, Theodor Helm, Wilhelm Kienzl, Detlev von Liliencron, Paul Stefan u. a. Der Verein stand in Verbindung mit dem „Hagenbund", der Vereinigung der bildenden Künstler. An Veranstaltungen war neben einem Konzert mit Werken von Ansorge ein Richard-Dehmel-Abend, ein Nietzsche-Abend, ein Leseabend von Stefan George und ein Schönberg-Kompositionskonzert vorgesehen.

72 Vereinigung schaffender Tonkünstler. Statuten.

Nachlaß, Los Angeles

Wenige Monate nach seiner Rückkehr aus Berlin arbeitete Schönberg mit Zemlinsky an der Verwirklichung eines für Wien ungewöhnlichen Planes: *Die Vereinigung schaffender Tonkünstler.* Schönberg scheint die Statuten wie auch den nachfolgend erwähnten öffentlichen Aufruf verfaßt zu haben. Die *Vereinigung schaffender Tonkünstler* konstituierte sich offiziell am 23. April 1904 im Rahmen einer Hauptversammlung, in der Gustav Mahler zum Ehrenpräsidenten gewählt wurde. Zu gleicher Zeit richtete man einen Aufruf an alle in Österreich und Deutschland lebenden Komponisten, für Aufführungen in Betracht zu ziehende Werke einzusenden. Mit dem Erfolg, daß innerhalb kürzester Zeit 858 Werke von 127 Komponisten einlangten. In den Satzungen der Vereinigung hieß es u. a.: *Zweck der Vereinigung ist die Pflege und Förderung der Werke zeitgenössischer Tonkunst im Sinne einer freien Entfaltung der künstlerischen Persönlichkeit . . . Der angeführte Zweck wird angestrebt durch Veranstaltung von öffentlichen Aufführungen künstlerisch bedeutsamer Werke und solcher, welche in Wien bisher nicht die entsprechende Würdigung gefunden haben. Hiebei sollen in erster Linie österreichische und deutsche Tonkünstler berücksichtigt werden . . .* In einem Anfang Mai 1904 veröffentlichten Memorandum, dessen Autorschaft man mit Recht Schönberg zuschreibt, werden die Bestrebungen der Vereinigung noch deutlicher formuliert: *Im musikalischen Leben Wiens finden die Werke zeitgenössischer Komponisten, insbesondere der Wiener, nur sehr geringe Berücksichtigung. Neue Werke kommen in Wien in der Regel erst zu Gehör, nachdem sie die Runde durch alle die zahlreichen großen und kleinen musiktreibenden Städte Deutschlands gemacht haben und werden dann gewöhnlich mit wenig Interesse, ja mit Widerwillen aufgenommen. Diese Erscheinung steht in krassem Widerspruch zu Wiens tonangebender musikalischer Vergangenheit und wird meistens erklärt durch eine anscheinend unüberwindliche Abneigung des Publikums gegen Novitäten. Wien sei kein Boden für Novitäten, heißt es, und die Leute, die das behaupten, scheinen auf den ersten Anschein recht zu haben, wenn man von der — Operette absieht, auf deren Gebiet unsere Stadt zweifellos tonangebend ist. Allein das Neue hatte im musikalischen Leben seit jeher einen größeren und leidenschaftlicheren Widerstand zu überwinden, als auf anderen Gebieten. Fast alle heute anerkannten Werke, insbesondere aber diejenigen, welche für die Entwicklung der Musik als Marksteine angesehen werden müssen, wurden zur Zeit, als sie neu waren, mit Kälte, sogar mit Widerspruch aufgenommen und als unschön, verworren, zusammenhanglos empfunden . . . Aller Fortschritt, alle Entwicklung führt vom Einfachen zum Komplizierten, und gerade die jüngste Entwicklung der Musik vergrößert noch all die Schwierigkeiten und Hindernisse, gegen welche das Neue in der Musik immer zu kämpfen hatte, durch ihre ver-*

mehrte Kompliziertheit, durch ihre harmonische und melodische Konzentriertheit, und es bedarf zahlreicher wiederholter und erstklassiger Aufführungen, sollten diese vergrößerten und vermehrten Hindernisse der Aufnahmsfähigkeit und Aufnahmswilligkeit überwunden werden, Aufführungen, welche eine außerordentlich genaue und strenge in den Intentionen der Komponisten gehaltene Vorbereitung erheischen. Dies wird aber solange unmöglich sein, solange neue Werke immer nur hie und da in den Programmen der bestehenden Konzertunternehmungen gewissermaßen als Kuriositäten oder Monstrositäten erscheinen. Es bedarf für dieselben einer Kunststätte, welche sich ausschließlich mit den Werken der Gegenwart befaßt, es bedarf einer ständigen Pflegestätte für Novitäten. Erst durch regelmäßige Aufführungen neuer Werke wird es sich zeigen, ob in den musikalischen Kreisen das Interesse für die Produktion der Gegenwart wachgerufen und wachgehalten werden kann...
(Neue musikalische Presse, Wien 1904, Nr. 10, S. 169 f.)

73 Oscar C. Posa, eigenhändiger Brief an Schönberg, Langenwang, 5. Juli 1904.

Nachlaß, Los Angeles

Die Vereinigung, die übrigens in „schriftlichen Sitzungen" ihre Entschlüsse faßte, gewann rasch das Interesse bedeutender Künstler und Interpreten. Zum Obmann der Vereinigung war Oscar Posa gewählt worden. Schönberg scheint eine übergeordnete Funktion gehabt zu haben, da Posa ihm häufig Bericht erstattete. *Rich. Strauss nimmt die Ehrenmitgliedschaft an, wünscht der Vereinigung das Beste, er hofft, daß sie „segensvoll zur Erhellung vieler seit Jahrzehnten an Bosheit und Dummheit verdunkelten Köpfe wirken möge", er ist für seine Person bereit, der Vereinigung das Recht der ersten Wiener Aufführung der [Sinfonia] Domestica zu übertragen und folgt unserer Einladung, die Aufführung selbst zu dirigieren . . . Zeitungsreif ist die Geschichte noch nicht, auch weil wir noch nicht wissen, ob nicht Strauss doch noch verhindert ist . . .* Strauss war verhindert, denn im ersten Konzert der Vereinigung am 23. November 1904 leitete Gustav Mahler die Aufführung.

74 Schönberg, eigenhändiger Brief an Oscar C. Posa, Mödling, 13. Juli 1904.

Wiener Stadtbibliothek - Handschriftensammlung

. . . Strauß betreffend, meine ich, daß es sicher ganz umsonst kommen wird. Er hat es ja wirklich nicht nötig . . . Nur möchte ich ihm . . . jedenfalls nahelegen, daß wir, keinen materielen Zweck verfolgend, Geld selbst dringend brauchen . . . Reger freut mich; wertvoll, ihn bei uns zu haben. Merkwürdig, die was können und was sind, nehmen uns viel ernster als die andern . . Der zweite Teil des Briefes ist über die Fragen der Vereinigung hinausgehend von allgemeinem Interesse: *Arbeiten Sie auch etwas für sich. Ich muß Ihnen das noch einmal nahelegen! Es wäre sehr gut, wenn Sie etwas Größeres fertig haben könnten . . . Ich arbeite nicht allzuviel. Ich habe ein neues Lied für Orchester (das 4te) [op. 8] angefangen. Ich glaube, das wird sehr gut werden. Ich habe mir diesmal die Aufgabe ge-*

stellt, mit allen Stimmführungskünsten auch die Instrumentationskünste zu vereinigen . . . Mein Quartett [op. 7] ruht. Vielleicht aber komme ich aber doch noch dazu. Leider muß ich viel Fischof claviermäßig verschlucken, und orchestermäßig herausbrechen, wiedergeben! Ich habe kürzlich gesagt, wenn mir einmal Gedenktafeln an Landorten gesetzt werden müßten: „hier componierte er . . .", so könnte es leider immer nur heißen: „Hier instrumentierte er die Oper von Fischof, oder Holländer etc. Ich werde wohl einmal dadurch berühmt werden. Für meinen vorher erwähnten Ehrgeiz ein hohes Ziel! . . .

75 Bruno Walter, eigenhändiger Brief an Oscar C. Posa, Wien, 16. Oktober 1904.

Wiener Stadtbibliothek - Handschriftensammlung

. . . Ich habe sofort dem Ersuchen der Vereinigung heut entsprochen und bei Rosé das denkbar liebenswürdigste Engegenkommen gefunden; er und seine Genossen stellen sich uns mit Freuden zur Verfügung; die geschäftliche Seite der Sache streifte ich nur flüchtig, erfuhr aber, daß wir auch hier auf das größte Entgegenkommen rechnen können . . . Auf alle Fälle können Sie die Mitwirkung des Quartetts Rosé in Ihren Plakaten ankündigen . . .
Insgesamt waren drei Kammermusik- und Liederabende geplant. Aufgrund der zugänglichen Rezensionen über die verschiedenen Veranstaltungen liegt die Vermutung nahe, daß das Rosé-Quartett nicht verpflichtet werden konnte. Denn darin fehlen Berichte über die in den Programmen angekündigten Streichquartette von Bruno Walter und Max Reger.

76 Bruno Walter (1876 — 1962) als Dirigent. Karikatur von Hans Böhler. Um 1900.

Österreichische Nationalbibliothek - Bildarchiv

Bruno Walter war 1901 einer Berufung Gustav Mahlers nach Wien gefolgt und dirigierte an der Wiener Hofoper. Er zeigte sich den Bestrebungen der Vereinigung gegenüber aufgeschlossen.
Im Schönberg-Kreis wurde überdies seine Laufbahn als Dirigent mit besonderem Interesse verfolgt. Als Walter später die Leitung der Singakademie in Wien niederlegte, die er 1911 übernommen hatte, war man — vergeblich — bestrebt, Schönberg auf diesen Posten zu setzen. Walter, der in erster Linie für das Werk Gustav Mahlers eintrat, fand nur zu einem Werk Schönbergs eine wirkliche Beziehung: zur *Verklärten Nacht.* In den Jahren der Emigration schrieb er Schönberg anläßlich einer Aufführung begeisterte Worte: *. . . das Orchester (war) ganz erfüllt von der Schönheit und dem Reichtum des Werkes und ich selbst war sehr glücklich, es wieder aufzuführen und mit einem so wundervollen Streichkörper. Es ist eine einzigartige Komposition, voll schöpferischer Kraft, Extase, die zu wahrer Musik geworden und ich bin fest überzeugt, sie wird bleiben . . .* (6. 2. 1944, Nachlaß.)

77 **II. Orchesterkonzert der Vereinigung schaffender Tonkünstler am 25. Jänner 1905 im Großen Musikvereinssaal. Programmzettel.**

Gesellschaft der Musikfreunde, Wien

Die Uraufführung von *Pelleas und Melisande,* die in diesem Konzert unter Schönbergs Leitung stattfand, brachte nicht den erwarteten Erfolg. Mangels genügender Probenzahl — im übrigen ganz im Widerspruch zu den in der Vereinigung gesetzten Zielen — war *das Werk nur sehr schlecht herausgekommen.* (Schönberg an R. Strauss, 31. 8. 1906, R. Strauss-Archiv.) Dem entsprechend waren auch die Stimmen der Presse: *Ist Zemlinsky* — (dessen symphonische Dichtung „Seejungfrau" stand auf dem Programm) — *offenbar ein Talent, so ist Schönberg nicht ein Genie; das wäre eine kühne Behauptung; aber er hat einen gewissen genialen Trik, eine gewisse geniale Verrücktheit ich weiß nicht, ob heilbar oder unheilbar. Er ist der originellere von beiden und vor allem der größere Könner. Seine Kontrapunktik ist verblüffend und was er an Harmonie findet und was er den Instrumenten für eigenartige, bald wundersame, bald vertrackte Klangwirkungen abgewinnt, erfüllt mich immer wieder mit Staunen . . . Viele Hörer lachten, die meisten ergriffen verwirrt oder ärgerlich die Flucht, nur die überzeugten Anhänger applaudierten unentwegt. Vielleicht hätte übrigens Schönberg auch gut getan, den Taktstock den bewährten Händen seines Freundes Zemlinsky zu überlassen, der mit dem Konzertvereinsorchester auch Schwieriges zu überwinden verstand.* (Neue musikalische Presse, Wien 1905, Nr. 3, S. 42.)

78 **Oscar C. Posa; Tod in Aehren. Für eine Baritonstimme und großes Orchester. Partitur. Eigene Handschrift.**

Wiener Stadtbibliothek - Musiksammlung

In dem genannten Konzert vom 25. Jänner 1905 kam auch Posas *Tod in Ähren* zur Aufführung. Der Komponist dirigierte, es sang Konrad v. Zawilowski. — Die Vereinigung hatte für die Saison 3 Orchesterkonzerte geplant, das dritte mußte jedoch entfallen und wurde durch einen Liederabend — damit erhöhte sich die Zahl der veranstalteten Liederabende auf insgesamt 4 — ersetzt. Dieser Abend fand am 11. März 1905 statt und war zugleich das letzte Konzert der *Vereinigung schaffender Tonkünstler.*

79 **Schönberg, eigenhändiger Brief an die Wiener Philharmoniker, Wien, 12. Jänner 1904 [recte 1905].**

Archiv der Wiener Philharmoniker

Den größten Erfolg hatte die Vereinigung mit einem dem Liedschaffen Gustav Mahlers gewidmeten Abend, auf den das Schreiben Schönbergs Bezug nimmt: . . . *Mitte der vorigen [Woche] besprach ich mit Herrn Direcktor Mahler und Herrn Kapellmeister Walter die angeschnittene Frage und wir einigten uns dahin, einen Bogen, wie er bei Ihnen gebräuchlich ist, cirkulieren zu lassen, um uns dadurch Ihre Mitwirkung zu sichern. Dieser Bogen wurde ausgefüllt und Herr Kapellmeister Walter übernahm es, die weiteren Verhandlungen in dieser Angelegenheit zu führen . . . (Ich) erlaube mir daher neuerdings an Ihre geehrte Körperschaft mit dem Ansuchen um Mitwirkung am 29. d. M. heranzutreten. Wenn ich mir erlaube, Sie nochmals um Ansetzung der möglichst niedrigsten Honorare zu ersuchen, so genügt sowohl der Hinweis auf unsere prekären finanziellen Verhältnisse einerseits, auf den persönlichen Wunsch Ihres Direktors andererseits, und – wohl nicht zuletzt – auf Ihre collegialen Gesinnungen uns gegenüber, zur Begründung dieses Ansuchens . . .*

80 Ein Liederabend mit Orchester am 29. Jänner 1905 im Kleinen Musikvereinssaal: Gesänge von Gustav Mahler. Programmzettel.

Gesellschaft der Musikfreunde, Wien

Mit einem Liederabend, veranstaltet von der Vereinigung schaffender Tonkünstler, hat Gustav Mahler den guten Wienern nun vollends die Köpfe verdreht! Die Lieder, ihre Anordnung, ihre Aufführung boten so ziemlich das Höchste an verfeinertem Raffinement, das man sich denken kann . . . Anstelle der angekündigten Lieder eines fahrenden Gesellen dirigierte Mahler die Lieder aus Des Knaben Wunderhorn und die Kindertotenlieder. . . . *Nimmt man noch dazu, daß Mahler selbst dirigierte, daß die Philharmoniker, die Herren Weidemann, Moser und Schrödter (bei der Wiederholung auch Frau Gutheil-Schoder) ihren Aufgaben in geradezu vollendeter Weise gerecht wurden, so kann man den Bombenerfolg begreifen. Es dürfte in der Geschichte des Konzertwesens in Wien wohl einzig dastehen, daß ein Liederabend dreimal bei gänzlich ausverkauftem Hause stattfinden konnte.* (Neue musikalische Presse, Wien 1905, Nr. 4, S. 53.)

81 Kundmachung der Schwestern-Fröhlich-Stiftung, Wien, am 10. Jänner 1904.

Gesellschaft der Musikfreunde, Wien

Neben den schon seit Beginn des Jahres 1904 angelaufenen organisatorischen Arbeiten der *Vereinigung schaffender Tonkünstler* hatte Schönberg sich auch um Unterrichtsstunden zu bemühen, um seinen Lebensunterhalt zu verdienen. Im Frühling 1904 bewarb er sich um ein Stipendium der Schwestern-Fröhlich-Stiftung. In dem Fragebogen vom März 1904 hatte er angegeben, daß er nur vom Honorar seiner Schüler lebe. *Mein Einkommen, das aus Unterrichtsstunden resultiert, ist, da ich erst seit September 1903 wieder nach Wien zurückgekehrt bin . . . gegenwärtig noch zu schwankend, als daß ich einen auch nur annähernd richtigen Jahresdurchschnitt nahmhaft machen könnte . . .* (Library of Congress.) Schönberg wurde auf die Dauer eines Jahres ein Stipendium in der Höhe von 1000 Kronen bewilligt.

82 Guido Adler (1855 — 1941). Photographie um 1901.

Wiener Stadtbibliothek - Druckschriftensammlung

An der Wiener Universität war man auf Schönberg aufmerksam geworden. Guido Adler, der als Nachfolger Eduard Hanslicks das Wiener musikhistorische Institut begründete, scheint Schönbergs Entwicklung mit besonderem Interesse verfolgt und in ihm den hervorragenden Lehrer erkannt zu haben. Auf seine Anregungen nahmen Studierende am Institut Theorie- und Kompositionsunterricht bei Schönberg. Aber auch persönlichen Kontakt muß es gegeben haben. Nicht nur, daß Adler Schönberg später zu Arbeiten im Rahmen der DTÖ herangezogen hat (Kat. Nr. 259), sondern er ließ sich auch dessen Kompositionen zur Einsicht vorlegen; so beispielsweise die um 1900 entstandene und nicht vollendete *Symphonie in g-Moll.* (Zemlinsky an Schönberg, 13. 5. 1902. Nachlaß.) — Adler soll im Jahre 1909 Schönberg angeblich als Lehrer an die Wiener Musikakademie empfohlen haben. (Vgl. Kat. Nr. 281.)

83 Blick auf Wien I, Wallnerstraße 9. Portalansicht. Photographie.

Historisches Museum der Stadt Wien

Im Herbst 1903 eröffnete Eugenie Schwarzwald, eine tatkräftige und kunstsinnige Frau, in Wien I, Wallnerstraße 9, eine Koedukationsschule. Schon früh war sie mit Karl Kraus, Peter Altenberg, Egon Schiele, Oskar Kokoschka u. a. in Verbindung gekommen. Kokoschka unterrichtete sogar kurzfristig an ihrer Schule. Auch Adolf Loos verkehrte in ihrem Hause und gestaltete nach seinen Plänen die Einrichtung ihrer Räume. Überdies wurde er von ihr mit dem Bau eines Landeserziehungsheimes am Semmering beauftragt — ein Plan, der leider 1914 dem Kriegsausbruch zum Opfer fiel. Schönberg, der sich nach Unterrichtsmöglichkeiten umgesehen hatte, kam 1904 zu Schwarzwald und fand in ihr eine großzügige Förderin. Sie stellte ihm unentgeltlich einen Unterrichtsraum zur Verfügung. Egon Wellesz berichtete über diese Unterrichtstätigkeit Schönbergs (Schönberg und die Anfänge der Wiener Schule, in Österreichische Musikzeitschrift 1960, H. 5, S. 237): *Das offizielle Wien kannte ihn kaum. Aber im musikhistorischen Institut, in dem Anton von Webern, Karl Horwitz und Heinrich Jalowetz arbeiteten, sprach man bereits mit Bewunderung von ihm als Komponisten und Lehrer . . . Eugenie Schwarzwald gab . . . Schönberg zum erstenmal die Gelegenheit, innerhalb eines halboffiziellen Rahmens Unterricht zu erteilen. Die Kurse wurden hauptsächlich von Hörern des Musikhistorischen Institutes der Universität besucht. Aber da unter diesen nur wenige kompositorisch begabte Musiker waren, gab Schönberg nach einem Jahr die Kurse auf, und die wenigen, die bei ihm blieben, erhielten privaten Unterricht . . .* Jahre später war es wieder Eugenie Schwarzwald, die Schönberg die Möglichkeit bot, in ihrer Schule ein *Seminar für Komposition* abzuhalten und Konzerte des *Vereins für musikalische Privataufführungen* zu veranstalten. Schönberg war auch einer der vielen Künstler, die während der Kriegszeit bei Schwarzwald eine Verpflegung erhielten. Denn auf ihre Veranlassung war ein Verein zur Errichtung von Gemeinschaftsküchen errichtet worden, der in einer aufgelassenen Gastwirtschaft eine Küche eröffnete. Mit der räumlichen Ausstattung war Loos beauftragt worden. (P. Stefan, Frau Doktor, München 1922.)

84 **Blick in die Liechtensteinstraße, Wien IX. Photographie um 1900.**

Wiener Stadtbibliothek - Druckschriftensammlung

1904 bezog Schönberg erstmals in Wien eine eigene Wohnung in der Liechtensteinstraße 68 – 70, wohin auch seine Privatschüler zum Unterricht kamen. *Freundliche Räume, von schlichter, durch Geschmack verschönter Einfachheit . . . In der Ecke eine charakteristisch erfaßte Büste Schönbergs von der Meisterhand Josef Scheus. Über seinem Schreibtisch hängen zwei Bilder mit herzlichen Widmungen Gustav Mahlers, und ein Porträt Zemlinsky grüßt von der Wand des Mittelpfeilers. Das ist der schlichte, unaufdringliche Schmuck seiner Räume, seiner kleinen, mit seiner Empfindung tief erfaßten Welt . . .* (P. Wilhem in: Neues Wiener Journal, 10. 1. 1909.)

85 **Alban Berg (1885 – 1935). Porträt von Schönberg.**

Historisches Museum der Stadt Wien

Alban Berg kam im Herbst zu Schönberg. Mittelsmann spielte dabei sein Bruder Charly, der auf ein – nicht auffindbares – Inserat hin Schönberg einige Lieder von Berg zeigte, worauf Schönberg ihn zu sich bestellte. *Als Alban Berg 1904 zu mir kam, war er ein aufgeschossener junger Mann und außerordentlich schüchtern. Als ich aber seine Kompositionen durchsah, die er mir zeigte, Lieder im Stil zwischen Hugo Wolf und Brahms, erkannte ich sogleich, daß er wirklich Talent hatte. Folglich nahm ich ihn als Schüler an, obgleich er zu dieser Zeit nicht in der Lage war, mir ein Honorar zu zahlen.* (Nachlaß.) Berg blieb bis 1911 Schüler Schönbergs und war es nach seinen eigenen Worten *bis an sein Lebensende.* (Schüleralbum 1924, Kat. Nr. 365.)

86 **Alban Berg: Übungsbeispiele in Harmonielehre. Modulationsbeispiel von C-Dur nach H-Dur. Eigene Handschrift.**

Helene Berg, Wien

In den drei erhaltenen Konvoluten von „Aufgaben" von Alban Berg, die er in der Zeit des Unterrichts bei Schönberg arbeitete, finden sich neben Kontrapunktarbeiten (vorzugsweise im 3stimmigen Satz) eine Fülle von Übungen zur Harmonielehre. Schönberg scheint in diesen Jahren besonderes Gewicht auf die Harmonielehre gelegt zu haben. Nicht umsonst konnte er dann im Vorwort zu seiner 1911 erschienenen *Harmonielehre* (Kat. Nr. 180) sagen: *Dieses Buch habe ich von meinen Schülern gelernt.*

87 **Schönberg mit seinem Schüler Alban Berg. Photographie um 1909.**

Universal Edition, Wien

Mit begabten Schülern verband Schönberg ein engeres Verhältnis. Das ging soweit, daß er, wie erwähnt, materiell bedürftigen kein Honorar abverlangte. *Denn ich verlange von den Schülern, die mich irgendwie interessieren, stets nur, daß sie das bezahlen, was ihnen möglich ist, also eventuell auch gar nichts.* (Schönberg an Berg, 15. 9. 1906. H. Berg, Wien.) Die Schüler wurden überdies in den häuslichen Musikkreis bei Schönberg miteinbezogen. Hiezu hat sich ein kurioses, an Berg adressiertes Dokument aus dem Jahr 1908 erhalten: Eine Einladung zu einem Kammermusikabend mit dem Wortlaut: *Frau Mathilde Schönberg beehrt sich . . . zu einem Streichquartett mit Ananasbowle einzuladen.* (H. Berg, Wien.)

88 **Alban Berg am Flügel. Karikatur von Elk Miethke. Um 1909.**

Erich Alban Berg, Wien

In der Karikatur sind zwei Ereignisse festgehalten, die in dieser Zeit auf Bergs künstlerische Entwicklung Einfluß nahmen: Am Flügel sitzend, spielt Berg aus Wagners „Parsifal"-Partitur — 1909 durfte er in Bayreuth einer Aufführung beiwohnen — und an seiner Seite liegt ein Konvolut — ein Unterrichtsbuch — mit der Aufschrift „Schönberg".

89 **Anton Webern (1884 — 1945). Zeichnung von Egon Schiele.**

Jacob Kaplan, New York

Im Herbst 1904 kam auch Webern zu Schönberg. *Webern . . . ist mein Schüler. Wer tiefer eindringt, sieht bald, daß es sich hier um ein ganz großes, ganz hervorragendes, selbständiges Talent handelt, das in vielem über meine Errungenschaften hinausgeht, und deutlich ein neuer origineller Künstler ist.* (Schönberg an Simrock, 4. 8. 1912. Abschrift bei H. Berg, Wien.)

90 **Anton Webern: Fünf Sätze für Streichquartett op. 5 (Nr. 3). Partitur. Eigene Handschrift.**

Privatbesitz, Wien

Weberns 1909 entstandene *Fünf Sätze für Streichquartett* sind in Anlehnung an Schönbergs sogenannten „aphoristischen Stil" komponiert. Schönberg, der von Webern sagte, daß er *etwas Großes werden* würde (Tagebuch 1912), sah in ihm auch einen seiner engsten Freunde. Und mehrfach befürwortete er dessen Werke wärmstens für Aufführungen (u. a. auch an Franz Schreker), denn gerade Webern wurde von der Kritik am übelsten mitgespielt. Auch Richard Specht, einer der aufgeschlosseneren Wiener Musikrezensenten, fand zu Weberns Werk keinen Zugang.

91 **Blick auf die Brühlerstraße in Mödling. Photographie nach 1900.**

Historisches Museum der Stadt Wien

Schönbergs Verbindung mit Mödling reicht bis 1896 zurück (vgl. Kat. Nr. 33). Später war er dort mehrmals Gast im Hause seines Jugendfreundes David Josef Bach. Auch den Sommer 1904 verbrachte er in Mödling (im Haus Brühlerstraße 104) und arbeitete an der Komposition des *Streichquartetts d-Moll op. 7,* die er im Herbst 1905 beendete.

92 **Schönberg: Quartett für 2 Violinen, Viola und Violoncello op. 7. Verlag Dreililien, Berlin. Erstausgabe.**

Österreichische Nationalbibliothek - Musiksammlung

Eine Abkehr von der Programmusik vollzog sich nach der Komposition von *Pelleas und Melisande. Ich bewegte mich in eine Richtung, die mir weit mehr entsprach als alles vorhergehende. Es war das erste Streichquartett op. 7, in dem ich alle Errungenschaften meiner Epoche – meine eigene eingeschlossen – zusammenfaßte, nämlich: die Konstruktion ungewöhnlich großer Formen, weitgespannte Melodien, denen reich bewegte Harmonien und Akkordfolgen zugrundegelegt waren und eine kontrapunktische Technik, welche die Frage der Behandlung von übereinander gestellten Einzelstimmen löste, die sich frei in immer entferntere Bereiche einer Tonalität bewegten... Die besondere Länge dieses Werkes verlangte einen sorgfältigen Plan. Einen Analytiker könnte es interessieren, zu erfahren, daß ich mich bei dieser schwierigen Arbeit von einem Vorbild leiten ließ, das ich mir selbst gewählt hatte: der erste Satz der „Eroica"-Symphonie. Alexander Zemlinsky erzählte mir, Brahms hätte gesagt, daß er jederzeit, wenn er vor schwierige Probleme gestellt war, ein bestimmtes Werk von Brahms oder Beethoven zu Rate zog, Werke, die er stets in der Nähe seines Schreibpultes griffbereit hatte . . . In derselben Weise lernte ich von der „Eroica" die Lösung meiner Fragen: Wie ich Monotonie und Längen vermeiden könnte, wie ich variieren, neue Formen aus dem Grundmaterial entwickeln und wieviel ich durch leichte Veränderungen . . . unbedeutend kleiner Wendungen erreichen könnte. Von diesem Meisterwerk lernte ich auch die Erfindung harmonischer Kontraste und deren Anwendung... (Introduction to my four Quartets,* a. a. O.) Bei der Uraufführung des Werkes, von dem Erwin Stein sagte, *es wäre eigentlich das blühendste Werk der ganzen Musikliteratur* (Brief an Schönberg, 18. 2. 1920), kam es zu turbulenten Szenen. Selbst Rosé, der eine Aufführung des Werkes anfangs abgelehnt hatte und am 5. Februar 1907 damit – auf Betreiben von Gustav Mahler – doch vor die Öffentlichkeit trat, hat es erst später schätzen gelernt. (Vgl. Kat. Nr. 107.)

93 **Schönberg: 6 Lieder für Gesang und Orchester op. 8 (Nr. 2: Wappenschild). Partitur. Eigene Handschrift.**

Universal Edition, Wien

In den Jahren 1903 bis 1905 entstanden auch die *Orchesterlieder op. 8* über Texte von Heinrich Hart, Des Knaben Wunderhorn und Petrarca. Die Hinwendung zum neuen Stil ist darin noch nicht so ausgeprägt. Vor allem schrieb hier Schönberg noch für großes Orchester, doch sind Stimmführung und Instrumentation auf Transparenz angelegt. Auf eine Aufführung mußte Schönberg neun Jahre warten. 1905 hatte Franz Schalk abgelehnt und im Sommer 1906 blieb es bei dem Versuch, Richard Strauss dafür zu interessieren. *Von den . . . Sachen halte ich die Orchesterlieder für viel reifer, ruhiger und sauberer, so daß mir davon eine Aufführung eigentlich sehr erwünscht wäre; dies umso mehr, als bis heute noch fast nichts von mir in Wien gesungen worden ist* (Schönberg an R. Strauss, Sommer 1906, R. Strauss-Archiv). Am 28. Jänner 1914 führte Zemlinsky in Prag 3 Lieder *(Wappenschild, Voll jener Süße, Wenn Vöglein klagen)* daraus auf.

94 **Schönberg: 6 Orchesterlieder op. 8. (Nr. 1: Natur.) Klavierauszug mit Text von Anton Webern. Universal Edition, Wien, 1911.**

Wiener Stadtbibliothek - Musiksammlung

Am Klavierauszug der *Orchesterlieder* arbeiteten zur Übung mehrere Schüler Schönbergs. So bearbeitete Erwin Stein Nr. 2. Auch Berg beteiligte sich anfangs, mußte die Arbeit aber „halb gezwungen, halb freiwillig" zurückgeben. Schließlich erschien die Webernsche Fassung 1911 in der Universal Edition.

95 **Schönberg: Kammersymphonie in E-Dur op. 9 für 15 Soloinstrumente. Partitur. Reproduktion der eigenen Handschrift.**

Pierpont Morgan Library, New York

Als Höhepunkt der ersten Schaffensperiode bezeichnete Schönberg die in der zweiten Hälfte 1906 entstandene *Kammersymphonie op. 9* für 15 Soloinstrumente. *Die Kammersymphonie ist das letzte Werk meiner ersten Periode. Sie besteht nur aus einem einzigen Satz . . . Wodurch sie sich von den früheren Werken unterscheidet, ist ihre Dauer . . . Die Länge meiner früheren Kompositionen war eines der Charakteristika, die mich mit dem Stil meiner Vorgänger — Bruckner und Mahler — verbanden . . . Ich bin dessen müde geworden — weniger als Zuhörer sondern als Komponist, der Musik von solcher Länge schreibt.* (Nachlaß.) Das Ziel, das Schönberg in der *Kammersymphonie* verfolgte, war ein musikalischer Stil, in dem alles Unwesentliche wegzufallen und jede einzelne Note eine bestimmte Funktion zu beinhalten hat. Der Struktur nach vollzog sich in dem Werk eine *vollkommene Amalgamierung der Melodie mit der Harmonie, indem eine wie die andere entferntere tonale Beziehungen einheitlich verschmelzen, logische Konsequenzen aus den Problemen ziehen, in die sie sich eingelassen haben, wobei gleichzeitig ein großer Fortschritt in der Richtung auf die „Emanzipation der Dissonanz" erfolgt. (My evolution,* a. a. O.) Schönberg sah sich hierin allerdings erst am Beginn einer Entwicklung. Gegen die Solo-Besetzung, ein weiteres Charakteristikum des Werkes, hatte Schönberg in späteren Jahren selbst Einwände. Im Dezember 1916 äußerte er gegenüber Zemlinsky, daß er das Werk einmal für großes Orchester umarbeiten werde, was er 1922 und später 1935 nochmals durchführte. *Ich glaube, das ist doch ein Irrtum, diese Solobesetzung der Streicher gegen soviele Bläser. Es fehlt nämlich eine Möglichkeit: kein einziges Instrument, keine einzige Geige kann im vollen Tutti dominierend über dem Ganzen stehen. Die Musik ist so erfunden, daß das nötig wäre.* (13. 12. 1916, Privatbesitz, London.)

96 **Ferdinand Löwe, eigenhändiger Brief an Schönberg, Ötz (Tirol), 10. August 1906.**

Nachlaß, Los Angeles

Wegen einer Aufführung der Kammersymphonie wandte Schönberg sich bereits im Sommer 1906 an Ferdinand Löwe. Löwe erbat sich das Werk zur Einsicht:

Ihre „Berechtigung, vom Wiener Konzertverein doch endlich einmal aufgeführt zu werden", habe ich niemals geleugnet; vielmehr mußte ich es aufrichtig bedauern, z. B. von der Existenz Ihrer Orchesterlieder erst nach unserem Novitäten-Konzerte u. zw. durch eine dritte Person erfahren zu haben. Um so erfreulicher ist es nun, daß Sie es nun endlich für gut fanden, sich direkt an mich zu wenden. Ich erbitte also zunächst die Zusendung Ihrer „Kammersymphonie für 15 Soloinstrumente" . . . Am 13. September 1906 ließ Löwe jedoch wissen: *Ich bedaure, Ihnen mitteilen zu müssen, daß mir Ihr Werk nach aufmerksamer Lektüre der Partitur bis jetzt unverständlich geblieben ist. Dies soll keineswegs ein Urtheil, sondern blos ein Geständnis sein . . .* (Nachlaß.)

97 Schönberg: Kammersymphonie op. 9 für 15 Soloinstrumente. Partitur. Stichplatte.

Waldheim-Eberle, Wien

Die *Kammersymphonie* erschien 1913 im Verlag der Universal Edition in Wien. Uraufführung (?) fand am 5. Februar 1907 mit dem verstärkten Rosé-Quartett statt. (Vgl. Kat. Nr. 103.)

98 Alban Berg: Thementafel zu Schönbergs Kammersymphonie op. 9. Eigene Handschrift.

Universal Edition, Wien

Da sich Alban Bergs Führer der Gurrelieder (Kat. Nr. 232) bewährt hatte, lag es nahe, ihn mit ähnlichen – wenn auch kürzer zu fassenden – Aufträgen zu beschäftigen. Berg arbeitete 1913/14 an der Thementafel der Kammersymphonie. Die vollständige Analyse erschien erst 1921. Nach Fertigstellung der Thementafel begann er auch mit einem vierhändigen Auszug und gewann dadurch noch tieferen Einblick in das Werk: *Ich schwelge förmlich in den mir immer wieder neu auftauchenden Schönheiten des Werkes selbst. Ich lerne es jetzt erst kennen und verstehen. Wie die einzelnen Teile miteinander verbunden sind, ist räthselhaft schön. Diese unerhörte Gewalt des Ansatzes der 1. Reprise (S. 15! Dieses a!). Es gibt kein Thema der Welt, das die Gewalt dieses einen Tones erreicht. In d e r harmonischen Umgebung. Ebenso der Eintritt des absteigenden Quartenmotivs am Schluß des Scherzos!!* Und zusammenfassend meinte er: *Das ist ja nicht ein Werk wie ein anderes. Das ist ein Markstein der Musik, genug für eine ganze Generation.* (Berg an Schönberg, 8. 10. 1914, Nachlaß.)

99 Schönberg: Kammersymphonie op. 9. Bearbeitung für Flöte (oder II. Geige), Klarinette (oder Bratsche), Geige, Violoncello und Klavier von Anton Webern. Partitur. Eigene Handschrift.

Universal Edition, Wien.

Weberns Bearbeitung entstand 1921/22. Der eigentliche Anlaß ist noch nicht geklärt, vermutlich aber war sie für das *Pierrot-lunaire*-Ensemble gedacht.

1907 – 1908: W I E N

Musiker ist einer, bei dem es innerlich zu klingen beginnt, wenn er Noten sieht.

100 Gustav Mahler (1860 – 1911). Porträt (Vision) von Schönberg.

Nachlaß, Los Angeles

Anläßlich von Proben zur *Verklärten Nacht,* die Rosé in den Räumen der Hofoper abgehalten hat, soll – nach Reich, a. a. O., S. 29 – Mahler mit Schönberg erstmals zusammengetroffen sein. Die Partitur der *Verklärten Nacht* hatte Mahler vom Kritiker Max Graf zur Einsicht erhalten. (M. Graf, a. a. O.) Die Aussagen über die künstlerische Beziehung der beiden sind sehr divergierend. Schönberg berichtet, daß er in der Zeit von 1898 bis 1908 dem Werk Mahlers noch fremd gegenüberstand, obgleich er an Mahlers hoher Künstlerschaft keinen Zweifel hatte. Später hat er sein Urteil über Mahlers Werk gründlich revidiert, und war ernsthaft bemüht, sich auch öffentlich dazu zu bekennen. Sein 1912 konzipierter Mahler-Vortrag (Kat. Nr. 244) entsprang dem Wunsch, *etwas zu tun, was er schon lange wollte und was ihm in immer höherem Maße dringend erschien: den Menschen zu sagen, wer Gustav Mahler war.* (Schönberg an Buschbeck, 7. 2. 1912. Privatbesitz.) *Gustav Mahler war ein Heiliger. Jeder der ihn nur einigermaßen kannte, muß das gefühlt haben. Verstanden haben es vielleicht nur wenige. Und auch von den Wenigen haben ihn nur die verehrt, die den Willen zum Guten haben. Die anderen reagierten auf den Heiligen so, wie die ganz Bösen immer auf das vollkommen Gute und Große reagierten: sie machten ihn zum Märtyrer . . .* (A. Schönberg, Gustav Mahler, in: Der Merker 1912, 3. Jg., S. 182). Mahler wiederum hatte in den Jahren 1904 bis 1907 Schönbergs Werke durchgesehen, und er war es, der Rosés Bedenken aus der Welt schaffte und die Aufführung der beiden Streichquartette Schönbergs durchsetzte. Auch Sänger (vermutlich Gutheil-Schoder) interessierte er für Schönbergs Liedschaffen (Nachlaß). Überdies ließ er Schönberg mehrmals auf indirektem Wege eine finanzielle Unterstützung zukommen (vgl. Bankhaus Rothschild an Schönberg, 12. 6. 1909, Library of Congress).

101 Gustav Mahler am Dirigentenpult. Originalkarikatur von Hans Böhler.

Herta Apostel, Wien

Als in der Öffentlichkeit bekannt wurde, daß Mahler seinen Abschied von der Hofoper nehmen wollte, drängte Schönberg Karl Kraus, in der „Fackel" dazu Stellung zu nehmen. Kraus lehnt ab: *. . . um auf dem Wege der „Information" zum Interesse für eine Angelegenheit zu gelangen, dazu fehlt es mir stets und ganz besonders jetzt an Zeit. Ich müßte es Ihnen selbst überlassen, zum Fall „Mahler" das Wort in der „Fackel" zu ergreifen . . .* (Kraus an Schönberg, 12. 6. 1907, Nachlaß).

102 Arnold Rosé (1863 – 1946). Photographie um 1905.

Historisches Museum der Stadt Wien.

Arnold Rosé, der seit 1883 an der Spitze des von ihm gegründeten Quartetts stand, pflegte in unvergleichlicher Weise das klassische und moderne Repertoire. Dank der hervorragend einstudierten Aufführungen gewann sein Quartett bald legendären Ruf. . . . *Daß ich genau weiß, welchen großen Dank ich Ihnen schulde, und daß ich stolz bin, in Ihnen einen Förderer meiner Werke zu haben, der nicht nur durch seine Kunst, seinen Ruf und eine Persönlichkeit dem Publikum Achtung abgefordert hat, sondern vor allem durch seinen Charakter und Mut. Diese beiden letzten Eigenschaften sind für meine Erkenntnisse so untrennbar mit dem großen Künstler verbunden, daß ich gerade die am meisten schätze. Weil sie noch seltener sind, als echtes Talent, weil sie ein Teil der Genialität sind . . . Ich habe Achtung für viele Künstler, aber Hochachtung und Verehrung nur für solche, die Mut und Charakter haben.* (Schönberg an Rosé, 4. 12. 1913. Piermont Morgan Library, New York.) 1910 sollte Rosé ihm auch Schüler vermitteln: *Ich meine, wenn Sie Dilettanten nahelegen wollten, Harmonielehre zu studieren, so wäre darin nichts Unrichtiges, denn etwas Theorie sollte ja jeder studiert haben . . .* (Schönberg an Rosé, undatiert. Pierpont Morgan Library, New York.)

103 Rosé-Quartett. Radierung von Max Oppenheimer.

Historisches Museum der Stadt Wien

Das Rosé-Quartett war in Wien zum wichtigsten Propagator des Schönbergschen Werkes geworden. Sein Ruf bürgte dafür, auch wenn die Kritik nicht verstummte. Selbst angesichts der skandalösen Szenen, die sich beispielsweise bei der Uraufführung des *Streichquartetts op. 7* und der *Kammersymphonie* abspielten, ließ Rosé sich nicht davon abbringen, auch weiterhin Schönberg auf sein Programm zu setzen.

. . . Nachdem ich mich von den Aufregungen der vergangenen Woche einigermaßen erholt und wieder Ruhe gewonnen habe, um dem Ausguß der Preßköter standhalten zu können, drängt es mich von Neuem, Ihnen für Ihr herrliches Eintreten für meine Werke meinen tiefgefühltesten Dank auszusprechen. Ich weiß wirklich nicht, was des Rühmenswerten ich zuerst hervorheben soll: Ihre kolossale Leistung als Geiger, Ihre aufopfernde und umsichtige Art, zu probieren, die Energie und das Verständnis – dieses blitzartige, rasche Verstehen – mit der Sie das, was mein Werk intendiert, durchsetzen . . . Insbesondere – und dafür habe ich besonders zu danken – die überwältigende Art, mit der Sie auf dem Schlachtfeld selbst mein Werk durch den vollen Ernst Ihrer künstlerischen Persönlichkeit deckten. Wer Sie dort sitzen sah, wußte, daß Ihnen die Sache, die Sie aufführten, nicht gleichgültig ist, wußte, daß Sie Ihnen eine künstlerische, eine Überzeugungs-Angelegenheit ist . . . Schade, daß die Kammersymphonie, was den äußeren Erfolg anbelangt, Ihre viele Mühe nicht gelohnt hat. (Schönberg an Rosé, 10. 2. 1907. Pierpont Morgan Library, New York).

104 **Schönberg: II. Streich-Quartett für 2 Violinen, Violoncello und eine Sopranstimme op. 10. Selbstverlag, 1909. (Autographie.)**

Wiener Stadtbibliothek - Musiksammlung

Das Quartett entstand in den Jahren 1907/1908 und bildet den *Übergang zu meiner zweiten Periode, jener Periode, die auf ein tonales Zentrum verzichtet und fälschlicherweise zur Annahme der „Atonalität" geführt hat. Schon im ersten und zweiten Satz kommen Stellen vor, in denen die unabhängige Bewegung der einzelnen Stimmen keine Rücksicht darauf nimmt, ob deren Zusammentreffen in „anerkannten" Harmonien erfolgt. Dabei ist hier, wie auch noch im dritten und vierten Satz, eine Tonart deutlich erkennbar an allen Kreuzwegen der formalen Konstruktion ausgedrückt. Doch konnte die überwältigende Vielheit dissonanter Klänge nicht länger durch gelegentliche Anbringung tonaler Akkorde ausbalanciert werden. (My evolution,* a. a. O.) W. Reich, der sich in seinen Aussagen auf Webern beruft, sieht in dem Werk den Niederschlag einer schweren seelischen Krise, wofür die Wahl der Texte von Stefan George für die letzten beiden Sätze (*Litanei* und *Entrückung*), das Zitat „O du lieber Augustin" im zweiten Satz und auch die melodische Führung der Sopranstimme ein Indiz sein mag. (Reich, a. a. O., S. 53.)

105 **Schönberg: II. Streich-Quartett für 2 Violinen, Violoncello und eine Sopranstimme op. 10, 3. Satz: Entrückung. Stimmen. Eigene Handschrift.**

Österreichische Nationalbibliothek - Musiksammlung

Auch Hanns Eisler sieht in dem Werk den Niederschlag einer starken Depression. *Es ist erstaunlich, daß diese Musik 1908 in Wien geschrieben wurde. In dieser Stadt voll der Walzer des genialen Johann Strauß, der bombastischen Sinfonien Bruckners und Mahlers, in dieser Stadt der Operette und der intensiven Pflege des klassischen Erbes schwamm Schönberg gegen den Strom. Seine Musik war ungemütlich, sie war nicht erhaben, sie verklärte nicht, sie triumphierte und siegte nicht, sie hatte, was den Hörern vor allem nicht einging, den Grundton der Verzweiflung . . . er hat mit seiner Musik immerhin zu verstehen gegeben, daß die Welt nicht schön war. Er hat es damit seinen Hörern und sich nicht leicht gemacht . . .* (Eisler, a. a. O., S. 135.)

106 **Der neueste Fall Schönberg. Feuilleton. (Arbeiterzeitung, Wien, 2. Jänner 1909.)**

Wiener Stadtbibliothek - Druckschriftensammlung

Nach der Uraufführung des 2. *Streichquartetts op. 10* am 21. Dezember 1908 hatte Wien einen neuen Skandal. *Im Konzertsaal hat es Lärm und ärgerlichen Skandal gegeben. Die Quartettvereinigung Rosé, auch die mitwirkende Sängerin Frau Gutheil-Schoder bekamen es zu fühlen, daß man nicht ungestraft ein neues Streichquartett von Arnold Schönberg aufführen dürfe . . . Die Schönberg-Gruppe ist das Karnickel gewesen, das angefangen hat . . . So erzeugten jene schon nach dem ersten Satz ein geradezu tolles Beifallsgeschrei, das den Gegenschlag auslöste. Dies alles wäre begreiflich und nur von historischem Interesse, sozusagen. Aber die Szenen, die dann nicht mehr während der Pause, sondern inmitten des Vortrages sich abspielten, da ernste Künstler von Ruf und Ansehen bemüht waren, das Werk eines anderen Künstlers zu Ehren zu bringen, haben schon prinzipielle Bedeutung. So fiel mitten in den Lärm, das Gelächter, das Stampfen und Zischen der wütende Ruf: „Nicht weiterspielen!" Das Rosé-Quartett spielte natürlich weiter* . . . (D. J. Bach). Das Publikum ließ es selbst an Respekt für die Sängerin fehlen, es hörte sich nur die lange Coda des 4. Satzes ohne Lärmen an, was Schönberg zu den Worten bewog, daß *an dieser Stelle selbst seine Gegner eine Gefühlsregung gezeigt hätten* (Nachlaß).

107 Arnold Rosé, eigenhändiges Gutachten über Schönbergs Kammermusikwerke. Wien, im Juni 1912.

Allgemeines Verwaltungsarchiv, Wien

Arnold Schönberg's Kammermusikwerke sind mir die interessantesten und bedeutendsten Aufgaben unter allen Novitäten seit Brahms. Ich habe die feste Überzeugung, daß, wer sich mit den Werken vertraut macht und hören will, die Bedeutung dieser geistvollen und eigenartigen Musik erkennen wird.

108 Marie Gutheil-Schoder (1874 – 1935). Photographie mit Widmung. Um 1904.

Historisches Museum der Stadt Wien

Gutheil-Schoder gehörte von 1900 bis 1926 dem Solistenensemble der Wiener Hofoper bzw. Staatsoper an und zählte zu den bedeutendsten Tragödinnen der deutschen Musikbühne. Ihre außerordentliche Technik und Musikalität befähigten sie, auch komplizierte moderne Werke zu interpretieren. Eine großartige Leistung erbrachte sie bei der Uraufführung der beiden Gesänge zu Schönbergs *Streichquartett op. 10* sowie später als Frau im Mondodram *Erwartung.* (Kat. Nr. 128.)

109 Schönberg: 2. Streichquartett op. 10, 2. Satz: Litanei. Klavierauszug von Alban Berg. Eigene Handschrift.

Universal Edition, Wien

Emil Hertzka (Kat. Nr. 177) fragte im April 1912 bei Schönberg wegen eines Klavierauszuges zum 3. und 4. Satz des *Streichquartetts op. 10* zum Zwecke der Korrepetition an. Schönberg selbst hatte bereits einen Auszug angefertigt, den Frau Gutheil-Schoder besaß und den er für „unspielbar" hielt. (Schönberg an Berg, 30. 4. 1912, H. Berg, Wien). So fragte Schönberg bei Berg an, ob er die Sache übernehmen könnte. Anfangs wollten Berg und Webern sich die Arbeit an den beiden Auszügen teilen. Letztlich aber übernahm Berg die Arbeit, wobei er auch den Rat von Eduard Steuermann einholte. Schönberg verlangte als *Hauptzweck die leichte Spielbarkeit der Auszüge.* Berg dachte darüber anders, was zu Komplikationen und mehrfachen Änderungen im Auszug führte. *Ich ver-*

stehe sehr wohl, daß es sich aber nicht um einen solchen leichten Auszug handelt, sondern vielmehr um ein Umdenken des Quartettliedes in ein Clavierlied, wobei nichts daran liegt, wenn im Claviersatz Stellen vorkommen, die nur ein Pianist ersten Ranges spielen kann, wenn sie nur gut klingen . . . (Berg an Schönberg, 5. 7. 1912, Library of Congress). Und an Hertzka schrieb er, als er am 4. September 1912 die Auszüge einsandte: *. . . Infolge der Neuheit einer solchen Bearbeitung . . . brauchte ich verhältnismäßig viel Zeit und hatte viel Mühe, bis der Auszug das wurde, was er ist und sein soll, nicht nur ein Ersatz für ein Streichquartett, also ein Behelf zur Correpetition, sondern auch ein richtiges Lied mit Clavierbegleitung, das zum öffentlichen Vortrag ebenso geeignet ist, wie ein gewöhnliches, ursprüngliches Clavierlied.* (Universal Edition, Wien.) Hertzka ließ die Auszüge liegen und gab sie, nachdem Berg sie später nochmals umgearbeitet hatte, erst 1921 zum Druck.

110 Arnold Schönberg fis-Moll-Quartett. Eine technische Analyse. (Erdgeist, Wien 1909, 4. Jahrgang, Heft 7.)

Wiener Stadtbibliothek - Druckschriftensammlung

Eine bislang wenig beachtete Analyse — überdies die erste umfangreiche Analyse eines Schönbergschen Werkes — erschien 1909 unter der redaktionellen Leitung von Richard Specht in der expressionistischen Zeitschrift „Erdgeist". Als Verfasser „aus dem Schönbergkreis" gab sich Alban Berg zu erkennen. (A. Berg, Briefe an seine Frau, München — Wien 1965, S. 53 ff.)

111 Karl Kraus, eigenhändiger Entwurf eines Briefes an Schönberg, (Wien, 21. Jänner 1909).

Wiener Stadtbibliothek - Handschriftensammlung

Durch die Ereignisse bei der Aufführung des 2. Streichquartetts (Kat. Nr. 106) und das Hohngelächter der Kritiker fühlte Schönberg sich veranlaßt, öffentlich gegen die Kritik vorzugehen und ersuchte Kraus, einen von ihm verfaßten polemischen Artikel über die Musikkritik in die „Fackel" aufzunehmen. Kraus aber äußerte Bedenken und riet davon ab: *Ich stehe Ihrer Kunst ferne, aber um des Glaubens willen, den Sie ihr arrogierten, möchte ich Ihnen von solchem antikritischen Zanke abrathen. Wenn ich mich in der Fackel auf eine Betrachtung des Wiener Musiklebens einlassen wollte, würde ich sie nur in einer Form üben lassen, der den Schein einer internen Polemik gegen einzelne Reporter vermeidet. Von Ihnen aber verlangt niemand den Nachweis, daß Sie eine polemische Feder führen und es ist wirklich nicht einmal gut, daß Sie ihn an manchen Stellen Ihres Artikels erbringen. Ich gebe diesen mit dem vollen Bewußtsein zurück, mich eines interessanten Beitrages zu berauben, aber ich glaube, daß ich dazu verpflichtet bin. Etwas anderes als die Frage, ob Sie an einzelnen Kritikern Vergeltung üben wollen, ist die Frage, ob Sie sich gegen ein materielles Unrecht zur Wehr setzen dürfen. Und ich bin der Ansicht, daß eine Beschwerde über die Unterdrückung Ihres offenen Briefes ihr Recht ist. Wenn Sie aber in trockenen Worten die Tatsache feststellen wollen, daß ein Kritiker 56. Ranges in Ihrem Konzert demonstriert hat und was dann weiter geschah, so steht Ihnen die Fackel offen . . . Eine Nennung des vollen Namens des Prüfungswilligen [?] würde ich nicht empfehlen. Man kann über eine Null ein Buch schreiben, aber direkte Anrede, auch wenn sie noch so kurz und sachlich ist, erhebt die Null zur Größe . . .* Schönbergs Beitrag erschien später in umgearbeiteter Form im „Merker".

112 Kritiker. Gemälde von Schönberg.

Nachlaß, Los Angeles

Für einen der vielen, die ihre Feder gegen Schönberg führten, kann hier Julius Korngold stehen, der in späteren Jahren seine Meinung über Schönbergs Werke revidiert hat. *Wenn Sie es für wert halten, auf das vieljährige Verhalten des unproductiven Kritikers (immer eines Kritikers wider Willen, wie ich Ihnen verraten darf!) zum schaffenden, vielfach neue Wege suchenden Künstlers zurückzublicken, werden sie vielleicht finden, daß ich kein „intransigenter" Gegner war, daß ich stets „mit dem Hut in der Hand" vor dem „Umstürzler" gestanden bin, daß ich die Meisterschaft, das auch zu können, was er wollte, auf mich wirken ließ, wenngleich das, was er wollte, mir die Fundamente der naturgemäßen Entwicklung der Tonsprache zu verlassen schien ... Jedenfalls möchte ich aus dieser meiner vieljährigen Beobachtung und Mitbegleitung die Befugnis schöpfen, Ihnen zu sagen, was Sie ja selbst sich zu sagen, alles Recht haben: Ihr Name ist aus der Musikgeschichte nicht wegzudenken. Alle, die da kommen werden, mögen sie Ästhetiker, Historiker oder sonstwie heißen, werden sich mit den Problemen, die Sie aufgeworfen, zu befassen haben.* (Brief an Schönberg vom 11. 9. 1944, Nachlaß.)

113 Paul Stefan, eigenhändiger Brief an Karl Kraus, Wien, 20. Februar (1909?).

Wiener Stadtbibliothek - Handschriftensammlung

... Diesmal ists Karpath. Im gestigen N[euen] W[iener] T[agblatt] beklagte er sich über die mangelnde Tonalität in den Werken Schönbergs und vernichtet diesen durch die Feststellung, daß er kein Beethoven sei. Bei Beethoven freilich, da kennt sich Herr Karpath aus ... (Ludwig Karpath konnte angeblich Beethovens Es-Dur-Klavierkonzert vom Konzert in G-Dur nicht auseinanderhalten.)

114 Paul Stefan (1879 – 1943). Karikatur von Schönberg.

Nachlaß, Los Angeles

Paul Stefan, ein ambitionierter Kritiker und Musikschriftsteller („Das Grab in Wien", „Gustav Mahlers Erbe"), dem man manche journalistische Übertreibung nachsagte, hatte gleichsam überall dort eine Funktion, wo es darum ging, den Konservativismus in künstlerischen Dingen abzustreifen und für die Pflege der Moderne einzutreten. So wirkte er im *Ansorge-Verein,* der später in den *Verein für Kunst und Kultur* übergeführt wurde und dem auch Schönberg nahe stand, war einer der Initiatoren des *Akademischen Verbandes für Literatur und Musik* (Kat. Nr. 235), zeichnete als Mitherausgeber der Zeitschrift „Der Ruf" und entwickelte später auch in der Redaktion der „Musikblätter des Anbruchs" eine ungeheure Tatkraft. Und dennoch war er im Schönberg-Kreis nicht sehr beliebt. Schönberg selbst nannte ihn im ablehnenden Sinn seinen „Biographen". (Vgl. dazu Arnold Schönberg, Briefe, a. a. O., Nr. 61.)

115 **Chorkonzert des „Chormusikvereins“ am 24. Februar 1907 im Festsaal des Ingenieur- und Architektenvereins unter der Leitung von Schönberg. Programmzettel.**

Helene Berg, Wien

Schönberg übte in diesen Jahren neben seiner Unterrichtstätigkeit auch den Beruf eines Chordirigenten aus. Schon als Leiter verschiedener Arbeitergesangvereine hatte er „viel dabei gelernt“. In einem Schreiben an seinen Schüler Josef Polnauer, der 1911 die Leitung eines Chorvereins übernehmen wollte, ließ er diesen wissen, wie er selbst bei den Proben vorgegangen war und gab ihm aus seiner Erfahrung folgenden Rat: *Eine Phrase von höchstens 4 – 8 (höchstens) Takten studieren Sie der Reihe nach mit jeder einzelnen Stimme aufs genaueste! Insbesondere scharf im Rhythmus, Textaussprache!!! und Intonation. Das müssen Sie so lange üben lassen, bis es, ohne Begleitung fehlerfrei geht. Dann versuchen Sie, die vier Stimmen zusammen singen zu lassen. Das wird meist nicht gehen! Und wird Ihnen auch am Anfang Schwierigkeiten machen, genau zu hören, ob Alles ganz richtig war! Deshalb werden Sie gut tun, zuerst paarweise die Stimmen zusammen zu nehmen: I. und II. Tenor, I. und II. Bass, eventuell auch andere Kombinationen. Insbesondere wenn Sie in solchen Schwierigkeiten (Rhythmus oder Intonation) spüren. Dabei würde ich Ihnen empfehlen, beim Zusammensingen nicht Klavier zu begleiten, sondern lieber (indem Sie Ihr Taktschlagen mit dem mindesten Aufwand an äußerer und innerer Bewegung auf die kleinsten, temperamentlosesten Zeichen reducieren) sich darauf zu konzentrieren, genau zu überwachen, ob Alles richtig gesungen wird. Man kommt schneller zum Ziel, wenn man mitspielt. Die Leute hören eine Stütze und wenn sie auch anfangs patzen, gewöhnen sie sich rasch ans Richtige. Aber ich halte es erzieherisch für wertvoller, nicht mitzuspielen!* (Schönberg an Polnauer, 5. 9. 1911. Wiener Stadtbibliothek.) In dem Chorkonzert wurden Werke von J. Haydn, H. L. Hassler, L. Senfl, Mendelssohn, Graun, J. S. Bach, Händel und Brahms gesungen.

116 **Konzert der Schüler Schönbergs am 4. November 1908 im Großen Musikvereinssaal. Programmzettel.**

Wiener Stadtbibliothek - Druckschriftensammlung

In der Zwischenzeit war auch Schönbergs Schülerkreis angewachsen. Im November 1908 verschickten die Schüler Einladungskarten zu einem Konzert, in dem sie ihre „letzten Arbeiten“ vorstellen wollten. Neben Kammermusik war auch Orchestermusik angekündigt, zu deren Ausführung sich das Tonkünstler-Orchester zur Verfügung gestellt hatte. Die Schüler wirkten als Interpreten oder Dirigenten mit. Die Programmfolge lautete: O. de Ivanov, *Suite für Klavier zu vier Händen* (gespielt von E. Werndorff und A. v. Webern), W. v. Webenau, *Zwei Klavierstücke nach Gedichten von P. Verlaine,* E. Stein, *Scherzo für Streichquartett* (Tonkünstler-Quartett), A. Berg, *12 Variationen und Finale über ein eigenes Thema* (I. Bien), O. de Ivanov, *Marsch für Orchester* (E. Stein), A. v. Webern, *Passacaglia* (Webern), K. Horwitz, *Sinfonie 1. Satz* (Horwitz), V. Krüger, *Norwegischer Tanz von Grieg.* Instrumentationsübung. (Krüger.)

117 **„Schönberg-Schüler". Ein Bericht des Wiener Illustrierten Extrablattes vom 5. November 1908.**

Wiener Stadtbibliothek - Druckschriftensammlung

Während zweier Nachmittagsstunden hörte ich gestern im großen Musikvereinssaale Kompositionen von Schülern Arnold Schönbergs. Ich zweifle nicht daran, daß dieser merkwürdige und begabte Komponist ein vortrefflicher Lehrer ist, daß sein Talent, die Geheimnisse der Musik strebsamen Eleven zu verraten, seine Kunst, mit diesen Geheimnissen selbst umzugehen, übertrifft. Es macht wenigstens den Eindruck, als dürften die, die bei ihm lernen, gelegentlich auch ihre eigene Sprache sprechen. Trotzdem überwiegt der Schönberg-Jargon. Wie ihr Meister suchen die Herren Erwin Stein, und Anton v. Weber[n] die Verwirrung, den Schlechtklang um jeden Preis, Dissonanzen nicht der Notwendigkeit halber, sondern aus Vergnügen. An ihrem Kontrapunkt kann man sie erkennen . . . Herr Stein schreibt ein Streichquartett-Scherzo ohne Humor, Herr v. Webern eine Passacaglia, die den Namen kaum mehr rechtfertigt. Formrespekt ohne Inhalt. Von anderem Holze scheint Karl Horwitz. Er hört polyphon, hat eine gewisse Kontinuität des musikalischen Gefühls, aus der immerhin was werden kann. In einigen seiner Lieder gibt es sogar Stimmungseinfälle . . . Ein wenig aus der Schule fällt O. de Iwanow. In seiner vierhändigen Klaviersuite reichen sich anmutige Gedanken das Wort . . . Mit den beiden Damen, von denen die eine Klavierstücke „nach Paul Verlaine" und die andere kein Thema, aber zwölf Variationen [von Berg] darüber verfertigte, weiß ich nichts rechtes anzufangen. Mehr als die höhere Handarbeit kommt in solchen Fällen nicht zustande.

118 **Hermann Bahr (1863 — 1934). Photographie, 1910.**

Wiener Stadtbibliothek - Handschriftensammlung

Einer, der auch allen Ernstes daran dachte, Schönberg-Schüler zu werden, war Hermann Bahr. In einem Schreiben vom 18. April 1909 teilte er Schönberg mit, daß er sich schon „unendlich" darauf freue, mit seinen Studien bei ihm zu beginnen. (Library of Congress.) Bahr, nach Schönbergs Worten der *mächtige Agitator für Literatur und bildende Kunst,* hatte überdies stets ein offenes Ohr für Schönbergs materiellen Sorgen. Im Herbst 1909 erhielt Schönberg von ihm oder zumindest auf seine Veranlassung von einem „Kunstfreund" 3000 K, ein Geschenk, das er mit den Worten begleitete, *damit Sie sich einige Zeit vielleicht ganz Ihrem Schaffen hingeben können, das für uns alle in Österreich von so großer Wichtigkeit ist* (10. 10. 1909, Library of Congress). Bahr war es auch, der Schönberg schließlich riet, nach Berlin zu gehen und der später einen wesentlichen Beitrag zum Schönberg-Fonds (Kat. Nr. 267) leistete.

119 **Hermann Bahr, Visitkarte an Andreas Thom, undatiert.**

Wiener Stadtbibliothek - Handschriftensammlung

Hermann bedauert sehr, daß Sie ihm nicht die Zeit lassen, das Stück zu lesen, auf das ihn Arnold Schönberg so neugierig gemacht hat.

120 **Schönberg: Fünfzehn Gedichte aus dem „Buch der hängenden Gärten" von Stefan George für eine Singstimme und Klavier op. 15. Eigene Handschrift.**

Universal Edition, Wien

Nachdem Schönberg in den *Balladen op. 12* und im 2. *Streichquartett* erstmals Gedichte von George vertont hatte, ging er 1908 an die Komposition eines ganzen Zyklus nach George. *Mit den Liedern nach George ist es mir zum erstenmal gelungen, einem Ausdrucks- und Form-Ideal nahezukommen, das mir seit Jahren vorschwebt. Es zu verwirklichen, gebrach es mir bis dahin an Kraft und Sicherheit. Nun ich aber diese Bahn endgiltig betreten habe, bin ich mir bewußt, alle Schranken einer vergangenen Ästhetik durchbrochen zu haben; und wenn ich auch einem mir als sicher erscheindenen Ziele zustrebe, so fühle ich dennoch schon jetzt den Widerstand, den ich zu überwinden haben werde; fühle den Hitzegrad der Auflehnung... und ahne, daß selbst solche, die mir bisher geglaubt haben, die Notwendigkeit dieser Entwicklung nicht werden einsehen wollen.* (Vorwort zum Programm 1910, Kat. Nr. 221.)

121 **Stefan George (1868 – 1933). Nach einer Steinzeichnung von Karl Bauer.**

Österreichische Nationalbibliothek - Bildarchiv

Schönberg zählte zu den Bewunderern Stefan Georges, obgleich er dem Wiener George-Kreis fern stand. Er fühlte sich von Georges gedrängter Sprache und deren Bildhaftigkeit und Stimmungsgewalt angesprochen. Von *einem gewissen Zeitpunkt an* – schrieb Schönberg im Oktober 1932 (Nachlaß) –, *gefiel ihm George aber nicht mehr.* Mit den George-Vertonungen, insbesondere aber mit den Liedern op. 15 hat er dem Dichter ein musikalisches Denkmal gesetzt. *Dieses Werk steht neben den Klavierstücken op. 11 am Beginn jener entscheidenden Wendung in der Musik, die von der Bindung an bestimmte tonartliche Zusammenhänge zu einer freien, aber nicht weniger gesetzmäßigen Organisation des Tonmaterials führte. In ihm ist auch deutlich bezeichnet, wie zunächst das Bedürfnis nach intensiverem, frei ausströmenden Gefühlsausdruck der im Rein-musikalischen, also mehr innertechnisch gesehen, schon seit Wagner evidente Auflösung der tonalen Bindungen motivierte . . .* (E. Krenek in einem Vortrag vom 21. 11. 1935. Typoskript. Wiener Stadtbibliothek.)

122 **Schönberg. Selbstporträt.**

Nachlaß, Los Angeles

Meine Neigungen haben sich von dem Moment an rascher entwickelt, als meine Abneigungen anfingen, mir klar bewußt zu werden. (Schönberg, *Aphorismen.)*

123 **Richard Gerstl (1883 – 1908). Selbstporträt (Öl).**

Historisches Museum der Stadt Wien

Als Schönberg die Sommermonate 1907 und 1908 in Traunstein bei Gmunden verbrachte – seit 1905 war dies ein bevorzugter Urlaubsort der Schönbergs – wohnte dort auch der junge musikbegeisterte Maler Richard Gerstl. Das Verhältnis Schönberg-Gerstl konnte bisher aufgrund der mangelhaften Quellenlage nicht geklärt werden. Nach Schönbergs Aussage hat Gerstl mit ihm lange Gespräche über Kunst geführt. Die künstlerische Beziehung fand jedoch 1908 durch den Selbstmord Gerstls ein jähes Ende. Auch Schönberg scheint in dieser Zeit eine schwere Krise erlebt zu haben, die ihn an den Rand des Selbstmords brachte. Dafür haben sich Zeugnisse in den beiden Testamenten aus der Zeit bis 1911 und in einem weiteren Testamentsentwurf erhalten.

124 **Schönberg, eigenhändiger Testamentsentwurf, undatiert.**

Nachlaß, Los Angeles

In dem mehrere Seiten umfassenden Dokument heißt es u. a.: *Gerne hätte ich das, was ich hinterlassen werde, reicher gesehen. Reicher an Zahl die Werke und die Thaten, reicher ausgebildet und vertiefter, was sie besagen oder bezwecken. Gerne hätte ich noch den einen oder anderen Gedanken in die Welt gesetzt, noch lieber mich für ihn eingesetzt, ihn vertreten, für ihn gekämpft. Gerne hätte ich, was meine Jünger thun werden, selbst getan; Gerne auch – ich kanns nicht leugnen – den Ruhm dafür geerntet . . .*

125 **Schönberg. Porträt von Richard Gerstl (Öl).**

Historisches Museum der Stadt Wien

Schönberg hat auf seine Weise in seiner Schrift *„Malerische Einflüsse"* (Kat. Nr. 138) zu Gerstl Stellung bezogen. *Als dieser Mensch in mein Haus eindrang, war er Schüler Lefflers, dem er angeblich zu radikal malte. Aber er war nicht gar so radikal, denn sein Ideal, sein Vorbild, war damals Liebermann. In vielen Gesprächen über Kunst, Musik und alles Mögliche habe ich an ihn soviel an Gedanken verschwendet, wie an jeden, der mir zuhören wollte. Wahrscheinlich hat ihn das in seinem zur Zeit noch sehr zahmen Radikalismus dermaßen bestärkt, daß, als er einige recht mißglückte Versuche zu malen sah, die ich anstellte und ihm zeigte, er deren klägliches Aussehen für Absicht hielt und ausrief: „Jetzt habe ich von Ihnen gelernt, wie man malen muß". – Ich glaube, Webern wird das bestätigen können. – Unmittelbar darauf begann er „modern" zu malen. Ich habe heute kein Urteil darüber, ob diese Bilder etwas taugen. Sehr begeistert war ich nie.*

126 **Schönberg mit seiner Frau Mathilde. Ölgemälde von Richard Gerstl.**

Galerie Würthle, Wien

127 **Mutter mit Kind. Ölgemälde von Richard Gerstl.**

Österreichische Galerie im Oberen Belvedere, Wien

Das von Gerstl gemalte Bild zeigt Mathilde Schönberg mit ihrer Tochter Gertrude, die 1902 in Berlin geboren wurde.

128 **Schönberg: „Erwartung“. Monodram op. 17. Titelblatt. Radierung von Lilly Steiner, „dem Meister in Verehrung zugeeignet zum 13. Sept[ember] 1924“.**

Nachlaß, Los Angeles

Im Monodram *Erwartung,* das im Sommer 1909 *innerhalb von 14 Tagen inklusive Instrumentationsaussetzungen* (Nachlaß) entstand, fand die Katastrophe mit Gerstl ihren unmittelbaren Niederschlag. Schönberg charakterisierte die Vorgänge in dieser „Kurzoper“, wie er sie nannte, wie folgt: *In der „Erwartung“ ist es die Absicht, das, was sich in einer Sekunde seelischer höchster Erregung abspielt sozusagen mit der Zeitlupe auf eine halbe Stunde ausgedehnt, darzustellen.* (Nachlaß.) Und die Vorgänge selbst werden durch einen inneren Monolog der auf der Bühne agierenden Frau ausgedrückt, die nachts im Walde ihren Geliebten sucht und ihn schließlich tot als Opfer seiner Leidenschaft für eine andere, auffindet. – Schönberg war mehrfach um eine Aufführung bemüht. Er verhandelte mit Stuttgart, Leipzig, Berlin und Wien (Hofoper und Volksoper), doch zur Uraufführung kam es erst am 6. Juni 1924 unter Zemlinskys Leitung in Prag. Die Rolle der Frau wurde von Marie Gutheil-Schoder dargestellt.

129 **Marie Pappenheim. Porträt von Schönberg.**

Dr. Franz Eckert, Alland bei Wien

Das Textbuch zur *Erwartung* hat Marie Pappenheim geschrieben. Die an anderer Stelle des Kataloges (S. 106) ausgesprochene Vermutung, daß Schönbergs Schaffen von den Forschungen und Erkenntnissen Sigmund Freuds berührt wurde, findet in dem Monodram *Erwartung,* wo durch Psychoanalyse erklärbare Vorgänge durch Musik ausgedrückt werden, ihre Bestätigung. Denn Bertha Pappenheim, eine Verwandte der Textdichterin der *Erwartung,* war jener Fall, über den Sigmund Freud in seiner Arbeit „Der Fall der Anna O.“ berichtet hat.

130 **Marie Pappenheim, eigenhändiger Brief, undatiert.**

Nachlaß, Los Angeles

Ich liebe die Musik s o w e i t ich sie verstehe... Ich verstehe sie jetzt mehr und besser als früher . . . bin aber noch lange bei vielem taub. Und ich kann nicht mehr tun als mir die Schuld beizumessen . . . Ich kann mir nicht helfen und muß das bei aller Ehrfurcht und allem Glauben an Kunst, Intuition, Größe festhalten: Man darf wegen der Meinung des kommenden Jahrhunderts nicht seine eigne „Unfähigkeit“, vorauszugehen, schmücken, verfälschen... nicht einmal auf Treu und Glauben annehmen, was jemand sagt, ders versteht. Man darf nur nichts über Dinge reden, über deren Weite man nach irgendeinem Gefühl kein Urteil zu haben glaubt. Sie acceptieren die fanatisch Suggestierten, Urteilslosen, die den Weg gehen, den Ihnen ein Starker zeigt . . .

131 Marie Gutheil-Schoder, eigenhändiger Brief an Schönberg, Wien, 4. September 1913.

Nachlaß, Schönberg

. . . Daß Sie meiner gedenken bei der Durchführung eines neuen Werkes [Erwartung] freut mich . . . sehr. Wie soll ich mich der Sache selbst aber nur bemächtigen — ich meine, wie wird es möglich sein, ein so schweres Werk wie Sie selbst sagen, zu lernen, zu studieren, fern vom eigentlichen Platz der Aufführung! Zu so etwas gehören doch Proben, Proben in Unzahl, Proben der l i e b e v o l l s t e n Art in vorher unbemessenen Zeiträumen . . . Aus dem Textbuch . . . glaube ich viel Monotonie zu lesen, die ja in der unausgesprochenen Art der Vorgänge liegt und wahrscheinlich beabsichtigt ist — natürlich erwächst der Darstellerin eben die fabelhafte Aufgabe, alles klar zu legen durch Ausdruck und Vortrag . . .

DER MALER

Für mich haben Farben überhaupt nur
den einen Sinn, Ideen deutlich zu machen.

132 **Schönberg an der Staffelei. Karikatur von Rudolf Herrmann.**
(Der Merker, Wien 1911, 2. Jahrgang, Heft 17.)

Wiener Stadtbibliothek - Druckschriftensammlung

Warum Schönberg vor allem in den Jahren 1908 bis 1911 intensiv zu malen begann, muß eine offene Frage bleiben. Gezeichnet hat er schon früh. Nennenswert ist hier ein recht gut gelungenes Selbstporträt, mit dem er schon während seiner Schulzeit einen Brief an seinen Onkel illustrierte. (Original in der Pierpont Morgan Library, New York.) Nicht auszuschließen ist, daß die von Webern in den Vorträgen über *Wege zur neuen Musik* und später auch von Reich erwähnte ernsthafte Schaffenskrise ihn zwischendurch zur Malerei drängte. (Die nach Überwindung dieser Krise entstandenen musikalischen Werke stehen überdies bemerkenswerterweise durchwegs in einer Beziehung zur Malerei: Das Drama *Die glückliche Hand,* die *Fünf Orchesterstücke op. 16.)* Was er mit dem Malen bezweckte, sagte er Jahre später in dem auf Seite 109 ff. des Kataloges abgedruckten Interview: es war für ihn ein Weg, seine Empfindungen und Gedanken auszudrücken.

133 **Carl Moll (1861 – 1945). Photographie, um 1920.**

Wiener Stadtbibliothek - Druckschriftensammlung

In der Absicht, auch als Maler das öffentliche Interesse auf sich zu lenken, wandte Schönberg sich an den „Revolutionär unter den Wiener Secessionisten", an Carl Moll, der in enger Verbindung mit der Galerie Miethke stand. Moll riet Schönberg von einer Ausstellung ab und argumentierte damit, daß eine Ausstellung ihm in der „kleinsten Minorität" schaden würde. *Daß ich von einer Reihe Ihrer Arbeiten den Eindruck bekommen habe, daß Sie ganz hervorragend coloristisch begabt sind: daß Sie als Mensch und Künstler etwas zu sagen haben, ist auch längst erwiesen. Meine spießbürgerliche Meinung ist nun aber, daß man sich auch in künstlerischer Form ausdrücken muß, wenn man zur Öffentlichkeit spricht. Ihre künstlerische Ausdrucksform als Maler erscheint mir noch sehr im Anfangsstadium – ich fürchte auch, daß sich Ihre Hoffnungen in materieller Hinsicht nicht erfüllen werden, wenn Sie einen falschen Schritt tun* (Moll an Schönberg, 18. 6. 1910, Nachlaß). Schönberg wandte sich daraufhin an Hugo Heller.

134 **Hugo Heller, Kunstsalon in Wien I, Bauernmarkt 3. Werbeplakat nach einem Entwurf von K. Schwetz.**

Privatbesitz, Wien

Am 10. Oktober 1910 wurde bei Heller die Schönberg-Ausstellung eröffnet. (Vgl. auch R. Waißenberger, Kat. S. 100 ff.) In einem Brief an Carl Moll gab

Schönberg auch die näheren — nicht nur materiellen — Gründe an, warum er sich zu dieser Ausstellung entschlossen hatte: *Denn ich muß mitten drin stehn. Und ich lerne daran. Wenn die Sachen einmal von mir fort sind, und Feindes-Augen sie ansehen werden, dann werden sie auch für mich was Anderes. Dann komme ich leichter dazu, mich über sie hinaus zu entwickeln.* (Brief vom 16. 6. 1910, Pierpont Morgan Library, New York.) Molls Bedenken, daß er als Maler doch zu wenig Begabung zeige, ließ Schönberg nur bedingt gelten: *Ich bin sicher, Sie haben recht, wenn Sie die Unvollkommenheit meines Könnens in den Naturwerken [Landschaften und Porträts] gleich Null setzen. Ich finde das alles selbst schlecht. Aber nicht etwa, weils mir zu wenig originell vorkommt, wie Sie zu glauben scheinen. Nein, ich finde es in ganz demselben Sinne schlecht wie Sie: und habe es immer auch schlecht gefunden, weil ich nie das mir wohlbekannte Gefühl der Befriedigung dabei empfunden habe, das ich von meinem musikalischen Schaffen her, als das kenne, was mir sagt: es ist gut! Dagegen habe ich dieses Gefühl bei fast allen den anderen (Phantasie)stücken empfunden und deswegen muß ich glauben: das ist etwas (ebda.).*

135 Schönberg-Ausstellung. Verzeichnis der im Kunstsalon Heller im Oktober 1910 ausgestellten Werke des Künstlers.

Nachlaß, Los Angeles

Insgesamt waren 46 Bilder ausgestellt, gruppiert nach *Porträts und Studien* und *Eindrücken und Phantasien.* An Porträts waren zu sehen: *Mizzi Pappenheim, Alban Berg, Mathilde Schönberg, Hugo Heller,* und andere namentlich nicht genannte. Zu *Eindrücken und Phantasien* zählte Schönberg Karikaturen, Nachtstücke, die Studien zur *Glücklichen Hand* und fünf Bilder, die auf Gustav Mahler Bezug nahmen. In der Beilage zu diesem Verzeichnis, das in der „Wiener Kunst- und Buchschau" von 1910 erschien, schrieb der Schönberg-Schüler Karl Linke über seinen Lehrer und erklärte die Bilder *als herausgemalte innere Gesichte. Nicht mehr Augen, Nasen, Munde. Das tut das Licht auf gefühlvollen Glasplatten mit schärfster Deutlichkeit . . . Farben stellen sich eigenwillig auf Plätze, die sie nicht mehr verlassen; auch nicht auf Einwände des Verstandes über Richtigkeit, Möglichkeit, Wirklichkeit. So werden sie gemalt und so lange, bis das Aussen mit dem Innen gleich gestimmt ist; mit heiligster Wahrhaftigkeit.*

136 „Entgleiste Kunst". (Neuigkeitsweltblatt, Wien, 11. Oktober 1910.)

Wiener Stadtbibliothek - Druckschriftensammlung

Arnold Schönberg, der sich als Fanatiker der Ehrlichkeit in musikalischen Kreisen auch unter seinen Gegnern persönlicher Sympathie erfreut, ist jetzt auch als Maler an die Öffentlichkeit getreten. Im Salon Heller sind . . . etwa 50 Gemälde und Zeichnungen des Mannes ausgestellt, die Schönbergs künstlerische Doppelbefähigung dartun sollen. Schönberg befaßt sich erst seit kurzem mit der Malerei: In Anbetracht dessen sind seinen Bildnissen und Porträtstudien beachtenswerte Qualitäten nicht abzusprechen. Namentlich die Selbst-

porträts und das große Damenbildnis „Meine Frau" sowie das Brustbild Hellers zeigen respektable Anläufe. Leider scheint ihnen Schönberg selbst nur etwa den Wert von „Fingerübungen" beizumessen, während er sich ganz in Phantasiestücken auszuleben zu können meint ...

137 Schönberg-Abend am 12. Oktober 1910 im Kunstsalon Heller. Programmzettel.

Helene Berg, Wien

In Verbindung mit der Ausstellung bei Heller war Rosé eingeladen worden, dem Ereignis auch eine musikalische Note zu geben. Die Aufführung – das Rosé-Quartett spielte die beiden *Streichquartette op. 7* und *op. 10* – fand vor geladenen Gästen statt, die Eintrittskarten lauteten auf Namen. *Im Kunstsalon Heller sind jetzt Bilder von Arnold Schönberg ausgestellt . . . All dies ist aus der Musik geboren. Nur der Musiker, nur wer Schönbergs Musik und ihr Geheimnis kennt, sollte diese Bilder sehen, nur er wird sie als transponierte Klänge über alle Zufälle der Form elementar empfinden. Es war also fast notwendig, in dieser Ausstellung Musik von Schönberg erklingen zu lassen. Dank der großartigen Werbefreudigkeit des Quartetts Rosé und der Frau Gutheil-Schoder (die nach den unwürdigen Vorfällen vor zwei Jahren sogleich bereit waren, das verhöhnte opus 10 im Verein für Kunst und Kultur zu wiederholen) konnte man also die beiden Streichquartette wiederum hören ... Die Aufführung im intimen Raum, eine rechte Kammermusik-Aufführung, war an sich eine Freude, die nur diese Künstler schenken konnten ...* (P. Stefan, Schönberg-Abend, in: Der Merker, 2. Jg., Wien 1910, H. 2, S. 79.)

138 Schönberg, Malerische Einflüsse, Los Angeles, 11. Februar 1938. Eigene Handschrift.

Nachlaß, Los Angeles

Rückblickend nahm Schönberg zu Behauptungen seiner Biographen Paul Stefan und Egon Wellesz (Kat. Nr. 327) Stellung, die in ihren Monographien auch um eine Klärung der strittigen Frage der Malerei bei Schönberg bemüht waren. *Es ist nötig, daß ich selbst eine Reihe von Unrichtigkeiten klarstelle, die über mich verbreitet wurden! Ich beginne mit der Berichtigung einer Lüge, deren Urheber sie wahrscheinlich ausgestreut hat, um sich an mir zu rächen. Dr. Paul Stefan . . . behauptet, ich sei von einem Maler [R. Gerstl] beeinflußt gewesen und der Herr Dr. Wellesz, der andere Biograph, mit dem ich gesegnet bin, drückt es in der Form aus, daß ich von Kokoschka beeinflußt war . . . man braucht bloß meine 1910 . . . gemalten Bilder anzusehen und sich vorzustellen, daß ich doch, wenn beeinflußbar, von den Bildern eines Malers beeinflußt hätte sein müssen und zwar als Maler . . . Vergleicht man aber meine Bilder mit denen Kokoschkas, so muß man ihre vollkommene Unabhängigkeit ohne weiteres erkennen. Ich habe Blicke gemalt, was ich schon anderswo gemalt habe. Das ist etwas, was nur ich getan haben konnte, denn es ist aus meiner Natur heraus und ist der Natur eines wirklichen Malers vollkommen entgegengesetzt. Ich habe niemals Gesichten gesehen, sondern, da ich den Menschen ins Auge gesehen habe, nur ihre Blicke. Daher kommt es auch, daß ich den Blick eines Menschen nachmalen kann. Ein Maler aber erfaßt mit einem Blick den ganzen Menschen – ich nur seine Seele.*

DIE BILDER*

Zu Nr. 41 **Hugo Botstiber.**

Öl/Pappe, 73 x 40 cm, unbezeichnet .

Allem Anschein nach handelt es sich bei diesem Porträt um ein sehr frühes, vielleicht schon vor oder um 1907 gemaltes Bild.

139 Gruppe im Garten.

Öl/Pappe, 42,2 x 36,2 cm, unbezeichnet.
Nachlaß, Los Angeles

Die deutliche Darstellung einer Gartenlaube, etwa einer Jausenszene; vorwiegend sind Frauen zu sehen. Rechts ein Kind im Kindersessel.

Zu Nr. 122 **Selbstporträt.**

Tusche, Feder/Karton (schwarz-weiß), 40 x 36 cm, sign. u. dat. l. u.
Arnold Schönberg, 26. XII. 1908

Das früheste der datierten Bilder Schönbergs. Nach dem Selbstmord Gerstls, der sich in der Nacht vom 4. zum 5. November erhängte, entstanden. (Lit. Rufer, Das Werk Arnold Schönbergs, Kassel 1959, S. 178.)

Zu Nr. 16 **Alexander von Zemlinsky.**

Öl/Pappe, 49 x 34,2 cm, unbezeichnet

Auffallend an diesem Porträt von Schönbergs Schwager ist die koloristisch-malerisch richtige Behandlung der Haarpartie und des Anzuges. Die Modellierung des Gesichtes erfolgt in Flächen. (Lit. Rufer, a. a. O., S. 177.)

140 Männerporträt.

Öl/Pappe, 36,4 x 28,8 cm, unbezeichnet.
Nachlaß, Los Angeles

Das Bildnis eines Mannes mit rötlichem Bart. Das „Porträt" ist mit wenigen Pinselstrichen hingelegt. Es ist anzunehmen, daß es sich dabei um eine Darstellung von Emil Hertzka handelt. (Lit. Rufer, a. a. O., S. 178.)

141 Selbstporträt.

Öl/Pappe, 30,7 x 23,7 cm, unbezeichnet.
Nachlaß, Los Angeles

Eines der bekanntesten Selbstporträts Schönbergs. Es ist mit einer gewissen Treffsicherheit und einem Vermögen, Charakteristisches zu erkennen, gemalt. (Lit. Rufer, a. a. O., S. 177.)

---

* Die Legenden zu den fogenden 51 Bildern hat Dr. Robert Waißenberger verfaßt. — Über die hier gewählte Anordnung siehe Vorwort.

142 **Selbstporträt.**

Öl/Lwd., 29,2 x 22,5 cm, unbezeichnet
Nachlaß, Los Angeles

Das Porträt füllt fast zur Gänze den Bildraum. Die proportionalen Übereinstimmungen lassen immerhin eine gewisse Porträtpraxis Schönbergs erkennen. Gerade dieses Bild ist ein gutes Beispiel für exakte Beobachtung. (Lit. Rufer, a. a. O., S. 178.)

143 **Knabenporträt (Bildnis Georg Schönbergs).**

Öl/Holz, 49,3 x 27,2 cm, unbezeichnet.
Nachlaß, Los Angeles

Eines der „naturalistischen" Bilder. Raumandeutung des Hintergrundes mit Sessel und Buchregal. Der etwas beobachtende Blick ist gut erfaßt. (Lit. Rufer, a. a. O., S. 177.)

144 **Selbstporträt.**

Öl/Karton, 68,5 x 49,5 cm
Historisches Museum der Stadt Wien

Wahrscheinlich 1909 entstanden.

Zu Nr. 129 **Marie Pappenheim.**

Öl/Pappe, 68 x 49 cm, sign. u. dat. *Arnold Schönberg, Wien . . . 1909*

(Lit. Rufer, a. a. O., S. 178.)

145 **Frauenporträt.**

Öl/Pappe, 32,8 x 21,8 cm, sign. 1 u. *Arnold Schönberg*
Nachlaß, Los Angeles

Es handelt sich hier um ein Frauenporträt, das sich einer „Vision" nähert. (Lit. Rufer, a. a. O., S. 177.)

146 **Frauenporträt.**

Öl/Pappe, 36 x 24 cm, unbezeichnet.
Nachlaß, Los Angeles

Ein weitgehend exakt ausgeführtes Porträt; die Halskrause ist besonders malerisch gestaltet. Es handelt sich um ein Porträt Mathilde Schönbergs. (Lit. Rufer, a. a. O., S. 178.)

147 **Knabenporträt.**

Öl/Pappe, 32,7 x 24,5 cm, unbezeichnet.
Nachlaß, Los Angeles

Ein Kinderporträt, bei dem im besonderen Maß die malerische Behandlung der Haare und des Gewandes auffällt. (Lit. Rufer, a. a. O., S. 178.)

148 **Nächtliche Landschaft.**

Öl/Pappe (?), 47,4 x 39,6 cm, unbezeichnet.
Nachlaß, Los Angeles

Es handelt sich bei diesem Bild um eine dem Abstrakten angenäherte Komposition. Im linken Bildbereich ist eine Baumgruppe angedeutet.

149 **Selbstporträt.**

Öl/Pappe, 40,3 x 30 cm, unbezeichnet.
Nachlaß, Los Angeles

Dieses Selbstporträt im weißen Hemd läßt eine flächenhafte Verwendung der Farbe im Gesichtsbereich erkennen, wodurch eine deutliche Modellierung erreicht wird. (Lit. Rufer, a. a. O., S. 178.)

Zu Nr. 85 **Alban Berg.**

Öl/Lwd, 175,5 x 85 cm, unbezeichnet

Bei diesem wahrscheinlich 1910 entstandenen Porträt von Alban Berg handelt es sich um eines der eindruckvollsten und überzeugendsten Bilder von Arnold Schönberg. Das extrem hochformatige Bild zeigt den jungen, schlanken Alban Berg an eine Kommode gelehnt, die linke Hand lässig in die Rocktasche gesteckt. Das Bild ist gut durchdacht und durchkomponiert. (Lit. Kat. Schönberg-Webern-Berg, S. 26, Abb.)

150 **Helene Berg.**

Öl/Lwd, 100 x 74 cm, unbezeichnet.
Historisches Museum der Stadt Wien

Das wahrscheinlich um 1910 entstandene Bild zeigt eine genaue Darstellung der Porträtierten, mit starker Betonung des Details. Beachtenswert ist der Hintergrund, wo zwei an einer Wand hängende Bilder mit offenbar secessionistischen Rahmen zu erkennen sind. Das Porträt selbst und die voll sichtbaren Unterarme sowie die eine Hand sind naturgetreu dargestellt. (Lit. Kat. Schönberg - Webern - Berg, 27 Abb.)

151 **Mathilde Schönberg.**

Öl/Lwd, 160 x 79,5 cm, sign. u. dat. r. u. *Arnold Schönberg 1910*
Galerie Würthle, Wien

Dieses Porträt der Frau Schönberg zeigt diese in ganzer Figur mit Sessel und einem im Detail gemalten Buchregal als Hintergrund. Schönberg legte auf das Detail hier großen Wert. Gesicht und Hände sind bewußt und deutlich modelliert. (Lit. Kat. Schönberg - Webern - Berg, 17 Abb.)

152 **Selbstporträt (im Profil).**

Öl/Pappe, 21,1 x 15,3 cm, unbezeichnet.
Nachlaß, Los Angeles

153 **Selbstporträt.**

Öl/Pappe, 30,8 x 22,7 cm, sign. u. dat. r. u. *Arnold Schönberg 1910*
Nachlaß, Los Angeles

Es sind an diesem Bild Züge eines Selbstporträts festzustellen, die offenbar in die Form einer Vision übergehen. Gegen den unteren Rand des Bildes hin verläuft sich die Malerei in rote Flächen. (Lit. Rufer, a. a. O., S. 177.)

Zu Nr. 100 **Gustav Mahler (Vision).**

Öl/Pappe, 45 x 44 cm, sign. u. dat. r. u. *Arnold Schönberg 1910*

Das Bild wirkt eher wie ein Selbstporträt, wurde aber von Schönberg selbst als Mahler-Vision bezeichnet. Auffallend ist die perückenähnliche Haarform. (Lit. Rufer, a. a. O., S. 177 und Abb.)

Zu Nr. 47 **Frauenporträt.**

Öl/Pappe, 35,7 x 25,7 cm, unbezeichnet

Eine der besten malerischen Aussagen Schönbergs. Das Bild zeigt Mathilde Schönberg. (Lit. Rufer, a. a. O., S. 178.)

154 **Blick.**

Öl/Lwd, 28,5 x 20 cm, sign. u. dat. r. u. *Arnold Schönberg 1910*
Nachlaß, Los Angeles

Auch hier ist die Frage, ob es sich nicht vielleicht um ein Selbstporträt Schönbergs handelt. Zwei große, gleichsam tiefliegende Augen blicken im oberen Viertel ins Bild. Das darunter liegende Gesicht ist in zarten Farben angedeutet. (Lit. Rufer, a. a. O., S. 177.)

155 **Christus-Vision.**

Aquarell/Pappe, 21 x 11 cm, unbezeichnet (oder sign. 1910)
Nachlaß, Los Angeles

Eine stark verzerrte Figur, in der Andeutung eines Kreuzes. Elemente der Malerei pointillistisch. (Lit. Rufer, a. a. O., S. 177.)

156 **Hände.**

Öl/Lwd, 33 x 22 cm, nicht bezeichnet
Städtische Galerie im Lenbachhaus, München

Wahrscheinlich 1910 entstanden.

157 **Hände.**

Öl/Pappe, 38,2 x 62,9 cm, sign. u. dat. r. u. *Arnold Schönberg, Mai 1910*
Nachlaß, Los Angeles

Erkennbar sind Hände von links, die nach rechts in dunkle Formen greifen. Rechts im Bild ergeben sich besondere farblich-malerische Reize. (Lit. Rufer, 177, Kat. Schönberg - Webern - Berg, 21, Abb.)

158 **Blaues Selbstporträt.**

Öl/Pappe, 30,7 x 21,7 cm, sign. u. dat. l. u. *Arnold Schönberg 13. 12. 1910*
Nachlaß, Los Angeles

Dieses Selbstporträt ist eines der gelungensten Bilder Schönbergs. Es beweist durch die blaue Tönung Eigenwilligkeit im hohen Grad. (Lit. Rufer, a. a. O., S. 177.)

159 **Roter Blick.**

Öl/Pappe, 28,8 x 22,3 cm, sign. u. dat. r. *Arnold Schönberg 26. 3. 1910*
Nachlaß, Los Angeles

Im linken oberen Drittel des Bildes ist ein Auge dargestellt. Sonst besteht es aus in blassen Farben changierenden Tönen. Der Gesamtcharakter ist der eines abstrakten Bildes: Das Auge in rötlichen Farben hat eine gewisse Modellierung.

160 **Blauer Blick.**

Öl/Pappe, 20,5 x 23,4 cm, sign. r. u. (unleserlich) *Schönberg . . .*
Nachlaß, Los Angeles

Links ist ein Gesichtsprofil dargestellt, das gewisse Blautöne aufweist; Blick in ein gelblich-rotes Feld, das in freier, abstrakter Weise gestaltet ist. (Lit. Rufer, a. a. O., S. 177.)

161 **Der rote Blick.**

Öl/Karton, 24 x 32 cm, nicht bezeichnet
Städtische Galerie im Lenbachhaus, München

Im Mai 1910 entstanden.

162 **Landschaft**

Öl/Pappe, 37,4 x 50,2 cm, unbezeichnet
Nachlaß, Los Angeles

Eine wahrscheinlich vor 1912 entstandene Wiesenlandschaft, die „Pointilistisch" gemalt ist, im Gegenlicht gesehen. Das Bild ist als Versuch einer „naturalistischen" Darstellung zu werten. (Lit. Rufer, a. a. O., S. 178.)

163 **Grünes Selbstporträt.**

Öl/Karton, 33,5 x 24,5 cm, dat. r. u. *23. 10. 1910* nicht sign.
Nachlaß, Los Angeles

Das Porträt ist sehr tonig gemalt. Die rot umrandeten Augen erinnern an die Visions-Bilder. (Lit. Rufer, a. a. O., S. 177.)

Zu Nr. 191 **Selbstporträt von hinten.**

Öl/Pappe, 48,7 x 45,2 cm, sign. u. dat. r. u. *Arnold Schönberg, April 1911*

Schönberg stellt sich, auf einer Straße spazierengehend, von hinten dar. Er hält die Hände am Rücken verschränkt, einen Spazierstock haltend. Nach Rufer handelt es sich bei dieser Darstellung aber keineswegs um ein artifizielles Problem, es soll vielmehr eine Idee ausgedrückt werden. Schönberg geht seinen Weg geradeaus, ohne nach links und rechts zu blicken – am wenigsten nach rückwärts. (Lit. Rufer, a. a. O., S. 177.)

Zu Nr. 200 **Skizze zu „Die glückliche Hand" (Mann)**

Aquarell/Karton, 25,8 x 12,5 cm, unbezeichnet
(Lit. Rufer, a. a. O., S. 178.)

Zu Nr. 200 **Skizze zu „Die glückliche Hand" (Frau)**

Aquarell/Karton, 26,2 x 16,5 cm, unbezeichnet
(Lit. Rufer, a. a. O., S. 178.)

Zu Nr. 373 **Skizze zu „Die glückliche Hand" (Fabeltier)**

Aquarell/Karton, 22 x 30 cm, unbezeichnet
(Lit. Rufer, a. a. O., S. 178.)

Zu Nr. 373 **Skizze zu „Die glückliche Hand"**

Aquarell/Karton, 22 x 29,5 cm, unbezeichnet
(Lit. Rufer, a. a. O., S. 178.)

164 **Blick (Erinnerung an Kokoschka).**

Öl/Pappe, 31,7 x 34,8 cm, unbezeichnet
Nachlaß, Los Angeles

Das von E. Freytag als „Erinnerung an Kokoschka" bezeichnete Bild ist ein typisches Beispiel für Schönbergs „freie Kompositionen". In einer geradezu abstrakt behandelten Fläche erscheinen zwei Augen mit darüber liegenden Augenbrauen. In den frühen Menschendarstellungen Kokoschkas spielen die Augen eine große Rolle. Hier könnte tatsächlich eine Beziehung gefunden werden.

165 **Fleisch.**

Öl/Pappe, 22,5 x 29 cm, unbezeichnet
Nachlaß, Los Angeles

Offenbar ist durch die grelle Verwendung roter Farbe die Andeutung sinnlicher Reize beabsichtigt. Zwei von links ins Bild greifende Hände sind deutlich erkennbar. (Lit. Rufer, a. a. O., S. 177.)

166 **Vision.**

Öl/Karton, 32 x 29 cm, unbezeichnet
Nachlaß, Los Angeles

Diese „Vision" läßt die Vermutung zu, daß mit ihr gleichsam nur die Stirnpartie eines Selbstporträts gemeint wurde. Auffallend sind stark farbliche Elemente. (Lit. Rufer, a. a. O., S. 178.)

167 **Christus-Vision.**

Öl/Pappe, 50 x 36,4 cm, unbezeichnet.
Nachlaß, Los Angeles

Auffallend ist der senkrecht verlaufende Strich-Rhythmus. Offenbar ist der Ausdruck „Christus-Vision" sehr allgemein zu verstehen. Entscheidend ist der „Seher-Blick" des Dargestellten. Der „tachistische" Effekt in der oberen Stirnpartie kann als Dornenkrone verstanden werden. (Lit. Rufer, a. a. O., S. 177 mit farb. Abb.)

168 **Satire, Vision**

Öl/Karton, 34 x 23,7 cm, unbezeichnet
Nachlaß, Los Angeles

An dieser „Satire" oder Groteske fällt unmittelbar eine gewisse koloristische Feinnervigkeit auf. Der Farbauftrag erfolgte pointillistisch. (Lit. Rufer, a. a. O., S. 177.)

169 **Tränen.**

Öl/Lwd, 29 x 23,3 cm, unbezeichnet
Nachlaß, Los Angeles

Eines der typischen Vision-Bilder. Einer Kaskade vergleichbar brechen aus einem Gesicht Tränen hervor. (Lit. Rufer, a. a. O., S. 177.)

Zu Nr. 112 **Kritiker I.**

Öl/Pappe, 44,8 x 30,4 cm, sign. l. u. *Arnold Schönberg*
Nachlaß, Los Angeles

Ein offenbar sehr rasch gemaltes Bild. Wohl als Karikatur gedacht. Spitzbart, abstehende Ohren. (Lit. Rufer, a. a. O., S. 177.)

Zu Nr. 302 **Selbstporträt.**

Farbstift/Papier, 35,4 x 27,6 cm, sign. u. dat. r. u. *Arnold Schönberg, April 1918*
Nachlaß, Los Angeles

(Lit. Rufer, a. a. O., S. 178.)

Zu Nr. 114 **Karikatur.**

Pastell/Karton, 39 x 19,5 cm, sign. r. u. *Arnold Schönberg*
Nachlaß, Los Angeles

Die karikierende Auffassung eines Porträts Paul Stefans. (Lit. Rufer, a. a. O., S. 177.)

Zu Nr. 284 **Der Besiegte.**

Aquarell/Papier, 36,3 x 26,2 cm, sign. r. u. *Arnold Schönberg, Mödling, April 1919*
Nachlaß, Los Angeles

Beide Darstellungen, der „Sieger" wie auch der „Besiegte", entstanden im Zusammenhang mit der politischen Situation Europas nach dem Ersten Weltkrieg. (Lit. Rufer, a. a. O., S. 177, Abb.)

Zu Nr. 285 **Der Sieger.**

Aquarell/Papier, 32,2 x 26,2 cm, sign. u. dat. r. u. *Arnold Schönberg, Mödling, 22. IV. 1919*
Nachlaß, Los Angeles

(Lit. Rufer, a. a. O., S. 177 und Abb.)

Zu Nr. 375 **Frauenporträt (Gertrud Schönberg).**

Aquarell/Karton, 41 x 28,5 cm, dat. r. u. *Mödling, 24. 9. 1925, Arnold Schönberg*
Nachlaß, Los Angeles

(Lit. Rufer, a. a. O., S. 178.)

Zu Nr. 443 **Karikatur.**

Farbstift/Papier, 27,5 x 21,5 cm, dat. r. u. *23. V. 1935*

Zu Nr. 447 **Selbstporträt.**

lav. Tusche/Karton, 29 x 23,5 cm, sign. u. dat. r. u. *Arnold Schönberg, Hollywood, 30. XII. 1935*
Nachlaß, Los Angeles

(Lit. Rufer, a. a. O., S. 178.)

170 **Schönberg. Gemälde von Max Oppenheimer (1909).**

Margit Rederer, Zürich

In der Zeit der eigenen Produktivität als Maler, fand Schönberg selbst einen Maler, dem er Sitzungen gewährte: Max Oppenheimer. *Es war die Zeit geistiger Hochspannung. Eine neue Kunst kam herauf. Die alte schied nicht ohne Kampf und unter Protest. Um diese Zeit malte ich sein Porträt. Er lief in meinem leeren Atelier herum. Eine Schulter vorgeschoben, als stemme er sich gegen die Welt . . .* (Oppenheimer über Schönberg, in: Menschen finden ihren Maler, Zürich 1938, S. 24.)

171 **Max Oppenheimer, eigenhändige Selbstbiographie vom 5. Oktober 1910.**

Wiener Stadtbibliothek - Handschriftensammlung

Oppenheimer *erblickte . . . am 1. Juli im Jahre der Teuerung in Wien das Licht . . . der Welt, besuchte ohne nennenswerten Erfolg die üblichen Schulen und kam mit 15 Jahren sehr zu seinem Nachteil auf die Wiener Kunstakademie, ging mit 18 nach Prag und entlief nach wertlosem Herumlungern den Akademien, um nach zehn Jahren der Entbehrung und Not den Versuch zu machen, seine künstlerischen Absichten und Erfahrungen in Münze umzusetzen, welche löbliche Tätigkeit mehr oder weniger – mißlang. Sein Umgang mit höchst zweifelhaften Leuten . . . brachte ihn in den Ruf eines anrüchigen Individuums, dessen Anschauungen verwerflich und dessen Verkehr zu meiden sei . . .* Schönberg, der vom künstlerischen Werk Oppenheimers nicht sehr viel hielt – *Seine Bilder haben mich nie über sein Nicht-Genie getäuscht* (Tagebuch 1912) – beauftragte ihn dennoch 1910 mit den Dekorationen für sein Monodram *Erwartung.* Die damals von Rainer Simons in Aussicht gestellte Aufführung in der Volksoper kam aber nicht zustande.

172 **Oskar Kokoschka (geb. 1886). Selbstbildnis. Plakat für den Vortrag im Akademischen Verband für Literatur und Musik (Jänner 1912).**

Historisches Museum der Stadt Wien

Schönberg war mit Kokoschka befreundet und kannte dessen Bilder, die er bewunderte. Daß diese seine eigene Malerei beeinflußt haben könnten, lehnte er, wie erwähnt, ab. Aus dem persönlichen Umgang erwuchs bei Kokoschka später auch der Wunsch, Schönberg zu porträtieren (Kat. Nr. 361). Schönberg hat sich gleichfalls mit dem Plan zu einem Porträt Kokoschkas getragen, denn im Nachlaß haben sich davon Entwürfe erhalten. Überdies hat er seine Achtung für ihn auch in einem Beitrag, den er 1931 für die Städtische Kunsthalle in Mannheim schrieb, dokumentiert. Die musikalische Entwicklung Schönbergs wurde von Kokoschka mit großem Interesse verfolgt. So war er regelmäßiger Besucher der Schönberg-Konzerte, die der *Akademische Verband für Literatur und Musik* veranstaltete. Auch mit dem Schülerkreis hatte er Verbindung: Webern interessierte ihn und er lud ihn ein, sich von ihm zeichnen und malen zu lassen. Gelegentlich einer solchen Sitzung hat sich Webern zu Schönberg geäußert: *Kokoschka spricht viel und gefällt mir vieles sehr gut. Trotzdem habe ich das Gefühl, ich kann nicht ganz zu ihm kommen . . .* (15. 11. 1914, Nachlaß.)

173 Wassily Kandinsky: Impression III (Konzert). Ölgemälde, signiert und datiert, 1911.

Städtische Galerie im Lenbachhaus, München

Anfang Jänner 1911 kam die Verbindung mit Wassily Kandinsky zustande. Nach einem „Novitäten-Abend" in München, in dem Schönbergs *2. Streichquartett op. 10* und die *Klavierstücke op. 11* gespielt wurden, die „laute Heiterlichkeit" hervorriefen, suchte Kandinsky in einem Schreiben vom 18. 1. 1911 die Bekanntschaft Schönbergs. *Entschuldigen Sie bitte, daß ich ohne das Vergnügen zu haben, Sie persönlich zu kennen, einfach an Sie schreibe. Ich habe eben Ihr Concert gehört und habe wirklich viel Freude daran gehabt. Sie kennen mich, d. h. meine Arbeiten natürlich nicht, da ich überhaupt nicht viel ausstelle . . . Unsere Betrachtungen aber und die ganze Denk- und Gefühlsweise haben so viel gemeinsames, daß ich mich ganz berechtigt fühle, Ihnen meine Sympathie auszusprechen. Sie haben in Ihren Werken das verwirklicht, wonach ich in freilich unbestimmter Form in der Musik eine so große Sehnsucht habe. Das selbständige Gehen durch eigene Schicksale, das eigene Leben der einzelnen Stimmen in Ihren Compositionen ist gerade das, was ich in malerischer Form zu finden versuche . . .* (Library of Congress.)

174 Wassily Kandinsky (1866 – 1944). Photographie, 1911.

Wiener Stadtbibiliothek - Druckschriftensammlung

Kandinsky erbat sich von Schönberg, von dem er wußte, daß er malte, einige Photos seiner Bilder. *Tatsächlich werde ich mich auch ohne Farbe auskennen. Es ist so eine Art von einem Clavierauszug – ein solches Photo . . .* (26 1. 1911, Library of Congress.) Nach Erhalt einer Mappe mit Bildern schrieb er wenige Tage später an Schönberg: *. . . Ich bin direkt begeistert für Ihre Bilder: eine natürliche Notwendigkeit und ein feines Gefühl sind ihre Quelle. Ich ahne schon lange, daß unsere doch große Zeit nicht ein, sondern viele Möglichkeiten bringen wird. In einer Schrift [über das Geistige in der Kunst], die manchen gut gefällt, die aber noch kein Verleger bei mir abnehmen wollte, spreche ich u. a. davon, daß in der Malerei die Möglichkeiten so reich werden können, daß sie nicht nur beide extremsten Grenzen berühren wird, sondern beinahe überschreiten . . .: volle Abstraktion und die reinste Realistik. Ich für meine Person neige immer mehr und mehr zur ersten. Die zweite aber ist mir ebenso willkommen. Und auf das Erscheinen der zweiten warte ich mit Ungeduld . . . Nun gerade in Ihren Bildern spüre ich gerade das Reale so besonders stark. Diese Realistik ist natürlich der schon überstandenen in keiner Weise gleich. Und innerlich – entgegengesetzt: das war der – Zweck, hier Mittel. Und ist das Mittel nicht gleich, wenn es zum Ziel führt . . .* (6. 2. 1911, Library of Congress.) Kandinsky, der sich in seiner Jugend als Liederkomponist versucht hatte, zeigte auch Interesse an der musikalischen Theorie. Schönbergs *Harmonielehre* kannte er wohl auszugsweise aus dem Vorabdruck in der Zeitschrift „Musik". Und darauf nahm er in einem weiteren Schreiben Bezug: . . . *Wie unendlich gut . . . haben es die Musiker in ihrer so weit gekommenen Kunst. Wirklich Kunst, die das Glück schon besitzt, auf rein-praktische Zwecke vollkommen zu verzichten. Und wie lange wird die Malerei drauf warten müssen? Und das Recht dazu hat sie auch: Farbe, Linie an und für sich – was für grenzenlose Schönheit und Macht besitzen diese malerischen Mittel . . . Man darf heute von einer „Harmonielehre" auch hier träumen . . . Ich nehme mir auch die Zeit, etwas in die musikalische Theorie hineinzuschauen (natürlich nur ganz äußerlich und oberflächlich: zum tieferen Blick langen meine Kräfte nicht), damit ich weiß, wie ungefähr diese Theorie gebaut ist* . . . (9. 4. 1911, Library of Congress.) – Die persönliche Begegnung Schönbergs mit Kandinsky kam erst im Spätsommer zustande. Schönberg war überraschend von Wien abgereist und hatte Berg am Starnberger See als Sommeraufenthalt gewählt. Von dort reiste er ins naheliegende Murnau, wo er bei Franz Marc mit Kandinsky zusammentraf.

Marc und Kandinsky planten eine Ausstellung des „Blauen Reiters" (vgl. Kat. S. 104) und luden Schönberg ein, sich zu beteiligen. In der Ausstellung, die am 18. Dezember in München eröffnet wurde, war daraufhin auch das berühmte *Selbstporträt von hinten* (Kat. Nr. 191) zu sehen. Ferner bat man Schönberg um einen Beitrag für den schon seit Juni 1911 geplanten Almanach, worin die *Synthese zwischen den Künsten durch das Ausgreifen auf Literatur und Musik gefördert werden sollte.* (K. Lankheit, Vorgeschichte des Almanachs, München 1965.) *Schönberg m u ß über deutsche Musik schreiben,* hieß es in einem Brief Kandinskys an Marc (1. 1. 1911), doch entschied Schönberg sich letztlich nicht für einen Beitrag über „Neue Musik", sondern griff ein Problem auf, das ihm in dieser Zeit seiner intensiven Beschäftigung mit dramatischer Musik besonders wichtig erschien: *Das Verhältnis zum Text.*

175 Der Blaue Reiter. Herausgegeben von Wassily Kandinsky und Franz Marc. (Aufgeschlagen: Schönberg, Das Verhältnis zum Text.) R. Piper & Co., München 1912.

Österreichische Nationalbibliothek - Druckschriftensammlung

Schönberg bekennt darin, wie wenig für ihn im Grunde die dichterische Vorlage für den Ablauf einer Komposition entscheidend war. *Im Gegenteil: es zeigt sich mir, daß ich, ohne das Gesicht zu kennen, den Inhalt, den wirklichen Inhalt, sogar vielleicht tiefer erfaßt hatte, als wenn ich an der Oberfläche der eigentlichen Wortgedanken haften geblieben wäre. Noch entscheidender als dieses Erlebnis war mir die Tatsache, daß ich viele meiner Lieder, berauscht vom Anfangsklang der ersten Textworte, ohne mich auch nur im geringsten um den weiteren Verlauf der poetischen Vorgänge zu kümmern . . . zu Ende geschrieben und erst nach Tagen darauf kam, nachzusehen, was denn eigentlich der poetische Inhalt meines Liedes sei. Wobei sich dann zu meinem größten Erstaunen herausstellte, daß ich niemals dem Dichter voller gerecht worden bin, als wenn ich, geführt von der ersten unmittelbaren Berührung mit dem Anfangsklang, alles erriet, was diesem Anfangsklang eben offenbar mit Notwendigkeit folgen mußte* . . . Aber auch in den Werken von

Kandinsky und Kokoschka sah er, daß der *stoffliche äußere Gegenstand kaum mehr als ein Anlaß zum Phantasieren in Farben und Formen* wäre. *Und mit großer Freude lese ich Kandinskys Buch „Über das Geistige in der Kunst", in welchem der Weg für die Malerei gezeigt wird und die Hoffnung erwacht, daß jene, die nach dem Text, nach dem Stofflichen fragen, bald ausgefragt haben werden.* — In dem reich ausgestatteten Almanach sind auch weitere Beiträge über Musik enthalten, wie u. a. von N. Kulbin *(Die Freie Musik)* und Leonid Sabanejew *(Prometheus von Skrjabin).* An Notenbeilagen wurden Schönbergs *Herzgewächse* (Faksimile der Handschrift) und auf Schönbergs Empfehlung Liedkompositionen von Berg und Webern aufgenommen.

176 Paris Albert Gütersloh, eigenhändiges Schreiben an Schönberg, undatiert, (1911).

Nachlaß, Los Angeles

Einen anderen künstlerischen Kontakt hatte er mit Gütersloh geschlossen, der auch später am „Huldigungsbuch" (Kat. Nr. 245) für Schönberg beteiligt war und darin zu dessen Malerei Stellung bezog. (Überdies lieferte dafür auch Kandinsky einen Beitrag, durfte jedoch von der Einladung von Gütersloh nichts wissen.) Gütersloh konnte Schönberg bewegen, nach der Münchner Ausstellung des „Blauen Reiter" einige seiner Bilder für eine Ausstellung in Budapest zur Verfügung zu stellen, die für Jänner 1912 geplant war. *Mir schien das Bild dessen, was recht vage umschrieben und lokal begrenzt, Kunst von heute zu nennen wäre, nur halbwegs vollständig, fehlten Erscheinungen wie Sie und Kokoschka . . .* drängte er Schönberg in einem ersten Schreiben. Im obigen Brief geht es dann mehr um die Formalitäten: *Wenn die Bilder am 30. Dez. (längstens) in B[udapest] sind, so genügt das . . . ich vergaß in meinem Briefe, Sie zu ersuchen, auch die Preise Ihrer Bilder anzugeben, der Eventualität eines Verkaufes wegen . . . Sehr gerne hätte ich das Alban Berg-Porträt . . . Könnten Sie nicht bei Berg veranlassen, daß er es sendet? Es wären gut für gewisse bornierte Kritiker, damit jene gezwungen sind zu gestehen, daß Sie „auch das können" . . .* Schönberg sandte 23 Bilder, vor allem *Visionen* und *Blicke.* Das Porträt von Alban Berg befand sich nicht darunter. In der Ausstellung — im Katalog waren auch die Verkaufspreise angegeben — wurden noch Bilder von Robin Christian Andersen, Anton Faistauer, Paris Gütersloh, Anton Kolig und Egon Schiele gezeigt.

1909 – 1911: W I E N

Durch die Besonderheit meiner künstlerischen Entwicklung . . . und durch meine ausgesprochene Neigung, theoretischen Dingen nachzugehen, glaube ich, geeignet zu sein, der Jugend mitzuteilen, was ihr sonst nicht wird. (1910)

177 Emil Hertzka (1869 – 1932). Porträt von T. v. Dreger.

Universal Edition, Wien

Emil Hertzka hatte 1907 die Leitung der Universal Edition als geschäftsführender Redakteur übernommen und war ein Jahr später in den Verwaltungsrat berufen und zum geschäftsführenden Direktor ernannt worden. Hertzka erwies sich als überaus aufgeschlossen gegenüber den künstlerischen Strömungen seiner Zeit und half und förderte, wo er konnte. So faßte er u. a. den Plan einer Cottage-Anlage für Geistig-Schaffende, mit deren Gestaltung er Josef Hoffmann betraute. Am 5. Oktober 1909 band er Schönberg durch einen Vertrag an den Verlag, worin dieser sich verpflichtete, der Universal Edition für 10 Jahre das Prioritätsrecht für *sämtliche musikalischen und musikalisch-dramatischen Kompositionen* einzuräumen. *Zwanzig Jahre lang war Emil Hertzka mein Verleger . . . Seine Natur zwang ihn, alle geschäftlichen Verhältnisse auf Freundschaft zu begründen. Aber Verleger und Autor können auf die Dauer nicht Freunde sein. Und so war Hertzka, der Verleger, immer gezwungen, zu nehmen, was Hertzka, der Freund, gegeben hatte. Und Hertzka der Freund, konnte geben: niemals hat er der Not seiner Autoren untätig zugesehen . . . Ich habe mir nie verhehlt, daß der Verkehr mit Autoren nichts sehr Leichtes ist . . . Wie immer: auf Freundschaft kann eine solche Beziehung nicht beruhen. Das Maß der Gegenleistungen zu bestimmen, das erst die Zukunft bestätigen kann, ob es das richtige war, das läßt sich nicht in Freundschaft tun. Das fordert Kampf . . .* (Nachlaß.)

178 Schönberg, eigenhändiger Brief an Emil Hertzka, Wien. 4. (?) Juli 1910.

Universal Edition, Wien

1910 arbeitete Schönberg an einem großen musiktheoretischen Werk, worin er das niederlegte, was er an Erfahrungen im Umgang mit Studierenden erworben hatte: die *Harmonielehre.* Die Herausgabe besorgte die Universal Edition. *. . . Ich muß Sie bitten, mir eventuell eine Schreiberin zu engagieren. Vielleicht für 5 – 6mal in der Woche . . . Bitte veranlassen Sie das aber sofort. Wenn ich die Ferialmonate nicht ausnützen kann, ist es unmöglich, fertig zu werden . . .* Im weiteren Schreiben schnitt Schönberg auch Fragen der Herstellung seiner Werke an: *Bitte schicken Sie die Kammersymphonie sofort weg! Deswegen sollte man ja doch nicht eine Aufführungschance verlieren. Eher noch die Partitur verlieren, als eine Aufführung. Partituren habe ich genug, aber Aufführungen habe ich wenige . . . Die Stimmen meines Quar-*

tetts [op. 10] gebe ich jemandem zum Abschreiben . . . Meine Noten sind sehr schwer abzuschreiben, ich weiß das aus eigener Erfahrung, denn ich habe ja selbst in früheren Jahren kopiert, wenn ich kein Geld hatte . . .

179 **Anzeige der „Harmonielehre". (Allgemeine Musikzeitung, Berlin — Leipzig, 20. Oktober 1911, 38. Jahrgang, Nr. 42.)**

Wiener Stadtbibliothek - Druckschriftensammlung

In den nächsten Tagen erscheint die mit Spannung erwartete Harmonielehre . . . Dem Erscheinen des musiktheoretischen Werkes von Arnold Schönberg, der heute als der mutigste Vertreter der musikalischen Moderne gilt, wird in weitesten Kreisen das größte Interesse entgegengebracht . . . einige führende deutsche und österreichische Musik-Fachblätter („Der Merker", „Musik") *haben bereits kurze Kapitel aus dem Schönberg'schen Buch abgedruckt und damit großes Aufsehen erzielt.*

180 **Schönberg: Harmonielehre. Universal Edition, Wien 1911. Handexemplar mit eigenhändigen Ergänzungen für die zweite Auflage.**

Nachlaß, Los Angeles

Das Buch ist *dem Andenken Gustav Mahlers . . . geweiht.* In dem Vorwort hat Schönberg zugleich einen Auszug seiner Unterrichtslehre vorgelegt, die er in der Praxis mit außergewöhnlichen Erfolgen anwandte: *Wenn ich unterrichte, suchte ich nie dem Schüler bloß „das zu sagen, was ich weiß". Eher noch das, was er nicht wußte. Aber auch das war nicht die Hauptsache, obwohl ich dadurch schon genötigt war, für jeden Schüler etwas Neues zu erfinden. Sondern ich bemühte mich, ihm das Wesen der Sache von Grund auf zu zeigen. Darum gab es für mich niemals diese starren Regeln, die so sorgsam ihre Schlingen um ein Schülerhirn legen. Alles löste sich in Anweisungen auf, die für den Schüler so wenig bindend sind wie für den Lehrer. . . . Der Lehrer muß den Mut haben, sich zu blamieren. Er muß sich nicht als der Unfehlbare zeigen, der alles weiß und nie irrt, sondern als der Unermüdliche, der immer sucht und vielleicht manchmal findet . . .* Das Buch erhielt nach seinem Erscheinen begeisterte Kritiken und wurde selbst in vorsichtigen Rezensionen als „unbedingt lesenswert" empfohlen.

181 **Alma Mahler, eigenhändiger Brief an Schönberg, undatiert (1912).**

Nachlaß, Los Angeles

. . . Ich danke Ihnen für die Übersendung der Harmonielehre und Ihres Briefes. Schon lange habe ich mir sehr gewünscht, von Ihnen zu hören. — Und nun ist es verbunden mit dieser lieben Überraschung — mit Ihrem w u n d e r b a r e n Werk geschehen! W a s für eine Freude hätte E r [Gustav Mahler] damit gehabt . . .

182 **Carl Moll, eigenhändiger Brief an Schönberg, Mailand, 22. März (1912).**

Nachlaß, Los Angeles

... Nun sind schon drei Monate, daß Sie mich verachten, daß Sie bereuen, mir Ihr Buch gesandt zu haben... So will ich Ihnen sagen, daß mir Ihr Buch einen wahrhaft erquickenden Genuss bereitet hat. Dem rein musikalischen kann ich wohl nicht folgen, dazu bin ich zu talentloser Laie, Ihr Buch enthält aber soviel allgemein künstlerisches, so lapidar wahres, daß jeder künstlerisch denkende Mensch dabei jubeln muß. Ihre Vorrede sollte man in Kunstschulen überhaupt anschlagen, man sollte Ihre goldenen Worte über den Unterricht – das Verhältnis des Lehrers zum Schüler – den lehrenden Herren mit einem eisernen Hammer in den Schädel hineinschlagen... In Wien grüßt mich von einer Wand meines Ateliers Ihr Selbstporträt – und in Wien konnte ich mich – trotz dieser Mahnung nicht aufraffen, Ihnen dies zu sagen...

183 **Schönberg, eigenhändiger Brief an Karl Wiener, Wien, 19. Februar 1910.**

Österreichische Nationalbibliothek - Handschriftensammlung

Um seine Stellung in Wien auch in den Augen der Öffentlichkeit zu stärken, trat Schönberg an den Präsidenten der Wiener Akademie mit dem Ersuchen um eine Lehrstelle heran. Die Verhandlungen darüber reichten bis in den Herbst 1909 zurück. Der damalge Direktor, Wilhelm Bopp, der im Schuljahr 1907/1908 von Mannheim nach Wien berufen woren war, *um das kranke Konservatorium unter seiner Direktion zu neuem Glanz zu erheben* (F. Günther, Das Wiener Musikleben, in: Erdgeist III, 1908, S. 277), war von Guido Adler und Hertzka über Schönbergs Anliegen unterrichtet worden. Am 13. Jänner 1910 schrieb Schönberg an Hertzka: *Die Bopp-Wiener Frage müssen wir bald noch sprechen. Ich habe da eine neue sehr gute Idee, eine Lösung.* Die „Lösung" war, daß er an Wiener mit der Bitte um eine Privat-Dozentur herantrat: . . . *Da, wie ich höre, in der Angelegenheit der Professur für Komposition an der Akademie der Tonkunst bisher noch nichts definitives entschieden ist, erlaube ich mir, Ihnen einen Vorschlag zu machen, der vielleicht geeignet ist, die Lösung der Frage bis zum Eintritt klarer Konstellationen hinauszuschieben. Ich will nämlich an das Präsidium der Akademie mit dem Ersuchen herantreten, mir zu gestatten, daß ich als Privat-Docent an der Akademie Vorträge (Unterricht) in den musiktheoretischen Fächern halte . . . In derselben Weise denke ich mir auch das materielle Verhältnis, wie an den Universitäten. Ich bin nicht mit Honorar angestellt, sondern erhalte bloß meine Kollegiengelder . . . der Vorteil, den die Akademie dabei hätte, wäre folgender. Die Frage der Errichtung einer Meisterschule könnte hinausgeschoben werden, denn es wäre ja dann wohl eine Meisterschule da. Ich nehme an, Sie wagen es nur deshalb nicht, mich an die Akademie zu engagieren, weil Sie begreiflicherweise die Proteste jener Öffentlichkeit fürchten, die trotz Allem immer wieder vergißt, wer ich bin und was ich kann, obwo[h]l ich es hundertmal bewiesen habe. Obwo[h]l ich sooft gezeigt habe, was man bei mir lernen kann, und auch gezeigt habe, was man bei mir lernt; Nämlich: jedem sein Talent entwickeln, wie es diesem angemessen ist. Ich zwinge keinen, mo-*

dern zu schreiben, der nicht modern empfindet; aber er lernt die klassische Kunst wohl auf gründlichere Art verstehen als bei gewissen Herrn Akademikern. Dagegen der Moderne lernt bei mir Alles, was man lernen kann: auf gut klassischer Grundlage aufgebaut, bis zu den letzten Errungenschaften unserer Kunst ... Ich nehme an, Sie wissen, daß Sie keinen geeigneteren Lehrer für die Akademie finden können als mich und könnten es nur nicht riskieren, mich zu engagieren, weil Sie sich nicht der Kritik aussetzen wollen ... Wenn Sie mir mein Ansuchen bewilligen, hätten Sie in einer durchaus verbindlichen Weise Gelegenheit, einmal zu sehen, was die Öffentlichkeit dazu sagt, dann aber, welchen Zuspruch ich bei Schülern finde und welche Erfolge ich erziele ... Man wird gegen mich wohl nur einwenden können, daß ich eine Musik schreibe, die denen, die nichts davon verstehen, nicht gefällt . . . Und daß mein Vorbild die jungen Leute dazu bringe, ähnliches zu komponieren. Dieser Einwand ist in keiner Weise stichhältig. Erstens habe ich thatsächlich diesen Einfluß auf Schüler nicht und will ihn gar nicht haben. Sondern wirke nur auf jene in dem verpönten Sinn, die von vornherein dazu disponiert, während solche, die Ihrer Anlage nach gegen meine Kunst immun (— untalentiert) sind, es bleiben und sich so entwickeln, wie sie sich sonst entwickelt hätten. Nur, daß sie etwas mehr wissen. Zweitens aber wird das nicht zu hindern sein, daß die jungen Leute, die Begabten, meinen Stil nachstreben. Denn in zehn Jahren werden alle Talentierten so schreiben; gleichviel, ob Sie es direkt bei mir gelernt haben, oder aus meinen Werken . . . Wiener äußerte Vorbehalte und bat Schönberg zu sich. Das offizielle Ansuchen mußte auf seine Veranlassung umgearbeitet werden, weil es *voll spitzer Angriffe gegen eine Anzahl Institutionen und Musikgewalthaber* war (Nachlaß).

184 Musikvereinsgebäude mit Akademie für Musik und darstellende Kunst in Wien. Aquarell von Johann Varrone. Um 1900.

Historisches Museum der Stadt Wien

In einer Sitzung am 18. März 1910 wies der damalige Direktor der Akademie darauf hin, daß *die drei derzeit an der Kompositionsschule wirkenden Lehrkräfte nicht mehr imstande sind, die Schaffensfreudigkeit der Schüler anzuregen. Seit Jahren ist eine gewisse Sterilität in unseren Kompositionsklassen zu konstatieren. Bei den letzten Bewerbungen um den Staatskompositionspreis haben sich entweder gar keine Schüler der Akademie beworben oder nur solche, welche minderwertig gegenüber den Schülern der Provinzschulen waren.* Im Gespräch waren vorübergehend Humperdinck und Reger, die aber beide ablehnten. Bopp brachte den Antrag Schönbergs zur Sprache, einen Kompositionskurs an der Akademie halten zu wollen und befürwortete, *einen Versuch mit Schönberg zu machen und auch ein wenig frische Luft in das stockende Leben der Kompositionsschule zu bringen ...* Das Kuratorium befaßte sich in zwei Sitzungen mit der Frage. In der ersten Sitzung wurde beschlossen, die Stellungnahme hervorragender Tonkünstler einzuholen, in der zweiten wurde aufgrund der eingelangten Gutachten der Beschluß gefaßt, Schönbergs Ansuchen unter gewissen „Modalitäten" zu bewilligen (Akte vom 5. 7. 1910, Verwaltungsarchiv, Wien).

185 **Gustav Mahler, eigenhändiges Empfehlungsschreiben für Schönberg, undatiert.**

Österreichische Nationalbibliothek - Handschriftensammlung

Im Anfrageschreiben des Präsidenten der Akademie, das auch an F. Löwe, K. Goldmark und F. Weingartner ging, hieß es u. a., daß *Schönberg entschieden eine didaktisch veranlagte Natur sei, daß er sich im Gegensatz zu anderen Künstlern speziell zur Lehrtätigkeit dränge und seine Schüler mit Begeisterung an ihm hängen.* Auch wurde darauf hingewiesen, daß Schönberg erklärt habe, *gewiss nicht seine – allerdings ganz am äußersten Flügel der Moderne stehende – Kompositionsweise den Schülern aufzuzwingen, sondern sie in der Liebe zu den klassischen Meistern erziehen zu wollen.* (Verwaltungsarchiv Wien.) Mahlers Antwort lautete: *Mit Vergnügen beantworte ich Ihre geehrte Anfrage dahin, daß ich den Antrag des A. Schönberg in jeder Hinsicht unterstütze. Er gehört zu jenen unbedingt Opposition, aber auch ebenso sicher Anregung und Bewegung erweckenden Feuerköpfen, die seit jeher befruchtend und fördernd auf die Geister gewirkt haben. Und besonders, wenn, wie im vorliegenden Falle, eine so eminente didaktische Begabung hinzutrete, sollte jede Verwaltung eines Konservatoriums mit allen Händen zugreifen.* Schönberg fand Mahlers Antwort *etwas kühl . . . Ich glaube übrigens nicht, daß Mahler durchaus so kühl über mich geurteilt hat, sondern nehme an, daß er – als ehemaliger Operndirektor und weil er wußte, daß kk Amtsstellen nicht gern in einem enthusiastischen Ton informiert werden sollten und weil er sich gerade von einem ruhigen, sachlichen Ton eine gewisse Wirkung versprach.*

186 **K. K. Akademie für Musik, Schreiben an Schönberg, Wien, 10. September 1910.**

Nachlaß, Los Angeles

Seine Exzellenz der Herr Minister für Kultus und Unterricht hat . . . genehmigt, daß Ihnen die Abhaltung eines Privatkurses über musiktheoretische Fächer beziehungsweise über Kompositionslehre in den Räumen der k. k. Akademie für Musik und darstellende Kunst gestattet werde. Dieser Kurs ist grundsätzlich nur Externen zugänglich, während Schülern der Akademie der Besuch nur ausnahmsweise über besonderes Ansuchen bewilligt werden kann . . . Schönberg befaßte sich in der Folge nicht nur mit dem Unterricht, sondern auch mit organisatorischen Fragen: So ergänzte er die in seinen Augen mangelhafte Bibliothek und entwarf auf Wunsch von Direktor Bopp eine „Lehrmittelaufstellung", die Vorschläge bezüglich Änderungen des allgemeinen Lehrplanes der Akademie beinhalten sollte (Bopp an Schönberg, 27. 7. 1910, Library of Congress).

187 **Ernst Kraus, Über die Schönbergschen Vorträge betreffend Harmonielehre. Typoskript mit eigenhändiger Unterschrift. Wien, 10. Februar 1911.**

Allgemeines Verwaltungsarchiv, Wien

Ernst Kraus, der anfangs gegen die Berufung Schönbergs an die Akademie gestimmt hatte, legte sein Gutachten in einem vierseitigen Dokument nieder.

Auszugsweise heißt es darin: . . . *Vor allem sei konstatiert, daß die Vorträge sehr anregend und interessant sind . . . Ich selbst habe, wie die meisten anderen Frequentanten, die Vorträge „mitgeschrieben", ich that dies . . . aus sachlichem Interesse und freue mich heute des Besitzes dieser Collegienhefte. Schönberg trägt frei vor, ohne jede Gedächtnishilfe, seine Rede ist fließend, der Vortrag sehr bilderreich, er bringt treffliche Vergleiche; er besitzt eine reiche positive Kenntnis der gesamten musikalischen Produktion und der Theorien. Er erbat sich schon nach den ersten Stunden eine Handbibliothek, um die praktische Anwendung der theoretischen Grundsätze vorzuführen. Er geht darauf aus, in dem Schüler die Freude an selbständigem Denken und Schaffen zu erhalten und zu befördern; er fordert z. B. ausdrücklich, daß jeder Harmonieschritt innerlich motiviert sei und vom Schüler motiviert werden kann . . . Schönberg gibt viele Aufgaben; bei der Durchsicht derselben ist er . . . sehr streng, als er Fehler . . . fast als eine ihm persönliche Kränkung aufzufassen scheint . . . Schönberg spricht nie von sich und seinen Kompositionen; ich habe nie ein absprechendes Urteil über eine historisch anerkannte Größe aus seinem Munde gehört, auch nicht über die Theoretiker der alten Schule . . . die praktischen Beispiele waren Beethoven, Mendelssohn und Brahms entnommen. Schönberg geht offenbar von dem Grundsatz aus, daß eben jede Zeit ihre Kunst und Kunst-Theorie hat. Der Verkehr zwischen Lehrer und Schüler war ein überaus herzlicher und angenehmer. Von der Beliebtheit Schönbergs zeigt die Tatsache, daß Frequentanten des Kontrapunktes und der Kompositionslehre sich die Erlaubnis erbaten, auch noch in der Harmonielehre zu hospitieren . . . Man scheidet niemals von einer Begegnung mit ihm, ohne eine Anregung empfangen zu haben . . .*

188 Stenographische Protokolle des Hauses der Abgeordneten, XXI. Session (1912), 100. Sitzung am 27. Juni 1912.

Wiener Stadtbibliothek - Druckschriftensammlung

Nach Ablauf des Schuljahres 1910/11 war Schönbergs Stellung an der Akademie fraglich geworden, zumal schon im Spätfrühling 1911, als das Gerücht einer möglichen endgültigen Berufung Schönbergs an die Akademie in die Öffentlichkeit drang, eine Hetze von seiten der Presse begann, in deren Verlauf es auch zu einer Interpellation im Reichsrat und im niederösterreichischen Landtag kam. Die Abgeordneten Schürff, Waber und Wedra richteten eine Anfrage an den Unterrichtsminister. Grundlage dafür war eine Broschüre des demissionierten Professors Moriz Violin, die den Titel führte: „Die Zustände an der k. k. Akademie für Musik und darstellende Kunst. Ein offenes Wort über die Leiter der Anstalt Herren v. Wiener und Bopp!" Wiener versuchte, sich in einem öffentlichen Interview für sein Eintreten für Schönberg zu verantworten. *Das Kuratorium hat kein Richteramt auszuüben, was die in Betracht kommenden Musiker als Komponist leisten . . . (es) hat sich auf die Untersuchung zu beschränken, ob die in Kombination stehenden Persönlichkeiten die beste Eignung zum Lehramte besitzen. Was Arnold Schönberg betrifft, so kann ich Ihnen sagen, daß dieser Mann von größerem und tieferem Respekt für die Klassiker erfüllt ist, als mancher sogenannte konservative Musiker . . . Und wenn — was ich nicht weiß — Arnold Schönberg tatsächlich eine Berufung erhalten sollte, so wird er nicht zum Komponieren, sondern zum Unterrichten dem Konservatorium verpflichtet.* (Wiener Illustriertes Extrablatt, 15. Juni 1912.) Als Schönberg zu Ohren kam, daß Novak in die nähere Wahl gezogen wurde und die Entscheidung des Ministeriums sich verzögerte, sagte er schließlich am 29. Juni 1912 in einem Schreiben an Wiener mit der Begründung ab, daß er „augenblicklich" noch nicht in Wien leben könne. Franz Schreker erhielt die Berufung, wodurch Schönberg sich veranlaßt fühlte, diesem vorzuwerfen, er hätte noch zuwarten sollen (3. 9. 1912, Österreichische Nationalbibliothek - Musiksammlung).

189 Akte der K. K. Akademie für Musik und darstellende Kunst in Wien. Nr. 151/Pr. (1912).

Allgemeines Verwaltungsarchiv, Wien

Karl Wiener berichtete am 8. Juli 1912 dem Kuratorium von der Ablehnung Schönbergs. Dem Wortlaut ist zu entnehmen, daß die Aussicht auf eine Berufung Schönbergs wohl bestanden hatte und nur von der Entscheidung des Ministeriums abhängig war. *Wie aus dem vorgelegten Protokolle der IX. Sitzung des Kuratoriums entnommen worden sein dürfte, hat dasselbe beschlossen, für die durch die erbetene Pensionierung des Prof. Robert Fuchs mit 1. Sept. d. J. in Erledigung gelangende Lehrstelle für Musiktheorie und Komposition den Komponisten und Theorielehrer Arnold Schönberg in Berlin vorzuschlagen. Leider sehe ich mich genötigt, zu berichten, daß derselbe mir mitgeteilt hat, seine Absicht, nach Wien zurückzukehren, aufgegeben hat, und daher eine allfällige Berufung als Kompositionslehrer an die Musikakademie nicht annehmen zu können ...* Schönberg selbst war sich über die Richtigkeit seiner Entscheidung im unklaren: *Ich weiß noch nicht, ob ich recht daran getan habe, denn ich bin ja hier (Berlin) in keiner Weise versorgt. Aber jedenfalls ist mir sofort sehr wohl gewesen.* (Schönberg an Berg, 11. 7. 1912. H. Berg, Wien.) Überdies hatte er in seinem Schreiben an den Präsidenten die Frage offen gelassen, ob er zu einem späteren Zeitpunkt an die Akademie zurückkehren würde. Verhandlungen darüber wurden später auch tatsächlich von Joseph Marx geführt, der als Rektor Schönberg eingeladen hatte, einer Berufung Folge zu leisten. Da Schönberg *lange nichts mehr von der Angelegenheit hörte,* nahm er 1925 die ehrenvolle Berufung nach Berlin an (Interview. Der Tag, Wien, 15. Februar 1933). Auch Franz Schmidt bemühte sich und gleichfalls erfolglos, Schönberg als Kompositionslehrer für die Akademie zu gewinnen.

190 Schönberg: Probleme des Kunstunterrichts. (Musikalisches Tagebuch, Wien 1911. Zweiter Jahrgang.)

Wiener Stadtbibliothek - Druckschriftensammlung

Schönberg hat in diesem Aufsatz seine grundlegenden Gedanken zur Frage des Kunstunterrichts niedergelegt. Darin findet sich der oft zitierte Ausspruch: *Kunst kommt nicht von können, sondern von müssen.* An den hier schriftlich niedergelegten Grundsätzen hat Schönberg sein Leben lang festgehalten und diese immer wieder bestätigt: *Der Geniale lernt also eigentlich nur an sich selbst, der Talentierte hauptsächlich am andern. Der Geniale lernt aus der Natur, aus seiner Natur, der Talentierte aus der Kunst. Und hier liegt das wichtigste Problem des Kunstunterrichts. Der Kunstlehrer glaubt nur Kunstmittel und Ästhetik mitteilen zu sollen... Aber das Wichtigste kann man (dem Schüler) nicht geben: den Mut und die Kraft, sich so zu den Dingen zu stellen, daß alles, was er ansieht durch die Art, wie er es ansieht, zum außergewöhnlichen Fall wird...*

191 Schönberg. Selbstporträt von hinten.

Nachlaß, Los Angeles

Den Plan einer endgültigen Übersiedlung nach Berlin betrachtete Schönberg anfangs als vertrauliche Mitteilung an seine Schüler und Freunde. An Josef Polnauer schrieb er: . . . *es ist höchstwahrscheinlich (bitte um strengste Verschwiegenheit darüber), daß ich nicht wieder nach Wien zurückkomme, sondern nach Berlin übersiedle. Gewiß ist das noch nicht, aber ich strebe es an . . .* (Herbst 1911, Wiener Stadtbibliothek). Und Berg ließ er wissen: *Ich muß nun endlich einmal fort von Wien. Sie wissen, ich wollte es immer. Es geht nicht. Meine Werke leiden darunter und ich habe in Wien keine Existenzmöglichkeit...* (Herbst 1911, H. Berg, Wien.)

192 Anzeige über die Vermietung der Wohnung Wien 13, Hietzinger Hauptstraße 113. (Neues Wiener Tagblatt, Wien, 30. August 1911.)

Wiener Stadtbibliothek - Druckschriftensammlung

Das Inserat erschien über Veranlassung von Schönberg, der Polnauer genaue Angaben machte, wo und wann er die Wohnung, die er vor seiner Abreise nach Berlin bewohnt hatte, inserieren sollte. Schönberg schied im übrigen in Unfrieden mit einem Mitbewohner aus dem Haus, von dem er sich bedroht fühlte und mit dem er später auch noch prozessierte. Im Juli 1911 hatte er an Polnauer geschrieben: *Wenn Sie diese Karte erhalten, nehmen Sie Ihre Arbeit und jene Sachen, die sie benötigen, um eventuell 3 — 4 Tage bei mir zu übernachten. Ich werde am Leben bedroht, es ist also dringend. Besitzen Sie eine Waffe, so bringen Sie sie mit . . .* (An Polnauer, 22. 7. 1911, Wiener Stadtbibliothek.) Bei der Räumung der Wohnung waren die Schüler behilflich. Berg machte die Speditionsfirma ausfindig und überwachte die Verpackung von Schönbergs Bibliothek und seiner Manuskripte.

1911 – 1912: BERLIN

Ich lerne jetzt sehr viele Menschen kennen, aber es sind doch wenig Menschen darunter. (1912.)

193 Alban Berg, Aufruf für Schönberg (1911).

Universal Edition, Wien

Die Schüler und Freunde Arnold Schönbergs halten es für ihre Pflicht, seine Notlage zur öffentlichen Kenntnis zu bringen. Ihn selbst hält die Scham davor zurück; darum rufen wir über seinen Kopf hinweg um Hilfe. Der Gedanke, daß dieser Künstler an der gemeinen Notdurft des Lebens scheitern soll, öffnet uns den Mund. Die Katastrophe ist unerwartet schnell über ihn hereingebrochen und Hilfe von langer Hand würde zu spät kommen. Denn zur Zeit, da diese Zeilen geschrieben werden, ist Schönberg ohne alle Mittel in einem Dorfe bei München. – Der bevorstehende Aufruf wird zum Zwecke einer Geldsammlung an Kunstfreunde verschickt werden. Wir bitten Sie nun, die geplante Aktion durch Ihre Unterschrift zu unterstützen. Antwort dringend baldigst erbeten an Alban Berg . . . Schönberg war anfangs mit dieser Aktion nicht einverstanden. Er hatte sich in der Zwischenzeit an Hermann Bahr mit der Bitte gewendet, reiche Leute zu veranlassen, ihm ein Jahresgehalt von 6000 Kronen zu zahlen, damit er endlich komponieren könne. *Es müßte ihnen genügen, daß ein Künstler von meinem Rang nicht durch seine Arbeiten, trotz größten Fleißes soviel Geld verdienen kann, um ein halbwegs sorgenfreies Leben seiner Tatkraft widmen zu können.* (Schönberg an Berg, 31. 10. 1911, H. Berg, Wien.) Die Aktion ging später in den „Schönberg-Fonds" über (Kat. Nr. 267). Beim Weggang aus Wien hatte Schönberg seine Schüler Alban Berg anvertraut, darunter Kolisko, Rethi, Winkler, Polnauer u. a.

194 Schönberg, eigenhändiger Brief an Gottfried Kassowitz, Berlin 26. April 1912.

Erich Alban Berg, Wien

. . . Vor allem: lernen Sie schleunigst Klavier! Das ist sehr nötig! Violine können Sie ja nebenbei betreiben. Das ist ja ganz gut. Und dann: fangen Sie auch gleich an, „Theoretisches" zu lernen (Harmonielehre). Ich empfehle Ihnen zu diesem Zweck Alban Berg . . . einen meiner begabtesten und mir daher liebsten Schüler. Er unterrichtet genau in meiner Art, denn er hat bei mir vom Anfang an gelernt. Fangen Sie mit Harmonielehre an . . . Auf Kassowitz' Anfrage wegen des Unterrichts hatte ihm Schönberg bereits am 8. 3. 1912 geschrieben: *Ich bin sehr froh darüber, daß es in Wien tüchtige, begeisterungsfähige junge Leute gibt. Das ist doch eine Hoffnung für Wien . . . Daß ich nach Wien komme, ist wohl ausgeschlossen – für sehr lange Zeit. Wenn Sie aber wirklich bei mir lernen wollen, dann sollten Sie trachten, nach Berlin zu kommen.*

Das wäre ja wohl auch sonst günstig für jemanden, der was werden will ... (Autographen-Sammlung W. Hassfurther, Wien). Den Brief vom 26. 4. hatte Schönberg überdies irrtümlich auf die Rückseite eines Schreibens an Peters in Leipzig konzipiert. Er wollte darin anfragen, bis zu welchem Termin er die Klavierauszüge der *Orchesterstücke [op.16]* abzuliefern hätte. *Anton von Webern, der die Bearbeitung . . . besorgt, hat drei Stücke bis jetzt ganz fertig und die restlichen zum Teil . . .*

195 **Gottfried Kassowitz, Zweistimmiger Kanon und Fuge nach einem Thema von Schönberg. Kompositionsaufgabe mit eigenhändigen Korrekturen von Alban Berg. Eigene Handschrift.**

Autographen-Sammlung Wolfdietrich Hassfurther, Wien

196 **Berlin, Ansicht um 1911. Photographie.**

Walter Obermaier, Wien

Als ich 1911 zum erstenmal meinen Glauben an eine andere Umgebung auf die Probe stellte, als ich damals – mit anderen Worten versuchte, ob ich in Berlin mehr und besseres Verständnis finden werde, hatte ich anfangs das Glück, einflußreiche Gönner zu finden . . . (Nachlaß). Ein von Ferruccio Busoni – der Schönberg in großzügiger Weise förderte –, Oskar Fried, Arthur Schnabel, Edward Clark und Alfred Kerr unterzeichneter Aufruf in der Zeitschrift „Pan", worin *künftige Schüler Schönbergs aufgefordert wurden, ihre Namen der Zeitschrift wissen zu lassen,* war Anlaß gewesen, daß Schönberg eine Übersiedlung ernsthaft ins Auge gefaßt hatte. Darüber hatte er Karl Wiener berichtet: *Sie werden vielleicht davon gehört haben, daß sich einige Berliner Künstler . . . im Verein mit einigen Mäcenen bemühen, die Vorbedingungen dafür zu schaffen, daß ich nach Berlin übersiedle. Diese für mich sehr schmeichelhaften Bestrebungen dauern schon durch einige Monate, aber ich hatte, obwohl ich eine Garantie-Summe genannt hatte, bis jetzt keinen Anlaß, die Sache ernst zu nehmen. Erst der öffentliche Aufruf im Pan und dessen Erfolg macht, daß ich die Sache nun ernster ins Auge fassen muß, denn es ist möglich, daß die Sache in den nächsten Tagen zustande kommt* (Schönberg an Wiener, 21. 9. 1911. Österreichische Nationalbibliothek). Busoni, der den Aufruf erst nach der Veröffentlichung zu Gesicht bekommen hatte, war um die Wirksamkeit besorgt gewesen: *Nicht Sie sollten auf „Schüler" warten, sondern die Schüler . . .* (Brief vom 16. 9. 1911. Library of Congress.)

197 **Schönberg, eigenhändiger Brief an Emil Hertzka, Berg am Starnbergersee, 20. September 1911.**

Universal Edition, Wien

. . . Ich fahre wahrscheinlich Ende dieser Woche nach Berlin. Ich habe manche Angelegenheit dort zu betreiben. Insbesondere die Aufführung meiner beiden Bühnenwerke bei Reinhart, die ich selbst dirigieren soll! Reinhart ist sehr

geneigt dazu . . . Und dann noch wegen einiger anderer Verhandlungen. Sie wissen, man will mich auch nach Berlin bringen . . . Ich bin nicht abgeneigt, wenn sich Garantien finden . . . Emil Guttmann will mir Aufführungen von Pelleas verschaffen, die ich selbst dirigieren soll . . . Auch sonst ist manches los . . .

198 **Max Reinhardt (1873 — 1943). Photographie mit eigenhändiger Unterschrift 1909.**

Wiener Stadtbibliothek - Handschriftensammlung

Es blieb beim Plan der Aufführungen der beiden Schönbergschen Opern *Erwartung* und *Die glückliche Hand* in Berlin. Max Reinhardt telegraphierte am 23. September 1911 an Schönberg: . . . *Verzeihen Sie die Verzögerung, die dadurch zu erklären ist, daß ich Ihnen nur aus reiflicher und sorgfältiger Prüfung heraus antworten wollte. Meine aufrichtige Meinung ist, ich halte die Aufführung dieser Werke im Rahmen eines regulären Schauspieltheaters für undurchführbar, während ich mir die Premiere in einer exceptionellen Aufmachung etwa wie die der Kunstschau ganz wohl denken könnte, abgesehen davon, daß ich annehme, daß die Musik hier eine sehr große Rolle zu spielen hat, für die die musikalischen Kräfte unserer Bühne kaum ausreichen. Da ich nicht glaube, daß Ihnen mit einem Mißerfolg geholfen sein könnte, muß ich in beiderseitigem Interesse von der Aufführung absehen . . .*

199 **Schönberg: Die glückliche Hand. Drama mit Musik. Partitur. Eigene Handschrift.**

Universal Edition, Wien

Die Dichtung zur *Glücklichen Hand* wurde bereits 1908 konzipiert und im Sommer 1910 beendet. An der Arbeit der Komposition wurde Schönberg mehrfach unterbrochen, daher erklärt sich der lange Zeitraum der Entstehungszeit von 1910 bis 1913. Die ausführlichen Beschreibungen und Regieanweisungen in der Partitur lassen Schönbergs intensive Beschäftigung mit der Malerei zu dieser Zeit erkennen. *(S. 31) . . . ein crescendo der Beleuchtung. Es beginnt mit schwach rötlichem Licht (von oben aus) das über Braun in ein schmutziges Grün übergeht. Daraus entwickelt sich ein dunkles Blaugrau, dem Violett folgt. Dieses spaltet ein intensives Dunkelrot, das immer heller und schreiender wird, nachdem es Blutrot erreicht hat, immer mehr Orange und dann Hellgelb hineinmischt, bis das gelbe schreiende Licht allein bleibt . . .* Für ihn selbst war *Die glückliche Hand* ein *großes Drama in circa 20 Minuten zusammengedrängt, also sozusagen mit dem Zeitraffer aufgenommen.* Ähnlich wie im Monodram *Erwartung* sind es auch hier seelische Vorgänge, nämlich das Drama eines Mannes, der sein Schöpfertum mit dem Verzicht auf irdisches Glück bezahlt, die in der Musik zur Aussage kommen. Anton Webern, der *Die glückliche Hand* 1921 für Kammerorchester bearbeitete, war von dem Werk tief beeindruckt: *Wie schön ist dieses Werk. Dieser Ocean an Polyphonie. Diese gar nicht zu fassende Fülle an Gestalten.* (Webern an Schönberg, 31. 7. 1921. Library of Congress.)

200 **Schönberg: eigenhändige Entwürfe zur „Glücklichen Hand“ (Mann und Frau).**

Nachlaß, Los Angeles

Schönberg hat von den Farben und der Beleuchtung des Szenariums bis zu den Kostümen jedes einzelne Detail für eine Aufführung festgelegt. Allerdings griff man bei der Uraufführung, die erst 1924 erfolgte (Kat. Nr. 370) nicht darauf zurück.

201 **Schönberg, eigenhändiger Brief an Hans Gregor. Wien, 2. Juni 1911.**

Staatsarchiv, Wien

. . . Es ist wohl unwahrscheinlich, daß Sie meinen Namen nicht kennen. Jedenfalls wird es für Sie leicht sein, sich bei den Herren Hofkapellmeistern, beispielsweise Bruno Walter, über mich zu informieren . . . Schönberg bot Gregor, Direktor der Hofoper in Wien, die *Erwartung* und *Glückliche Hand* an. *Beide sind für die Opernbühne absolut neue Versuche; nicht Experimente, sondern: Lösungen . . . Ich will Ihnen diese Sachen gerne schicken, aber ich müßte wissen, ob Sie sie noch für die heurige Saison 1911/12 annehmen könnten, wenn Sie sich zur Annahme überhaupt entschließen. Ich muß gleich sagen, daß ich mich mit einem Hoftheater-Vertrag wie dieser gesetzliche Rechtsbrauch heißt, keinesfalls zufrieden gäbe, sondern nur einen Vertrag mit einer absolut bindenden Aufführungs v e r p f l i c h t u n g annähme. Ich sage das gleich, damit wir nicht unnütz Zeit verlieren. Ich hoffe, Ihnen nicht sagen zu müssen, daß ich, der ich seit 10 Jahren in Wien allein stehe, wohl einen Anspruch darauf habe, in unserem Hoftheater aufgeführt zu werden. Wobei ich voraussetze, daß man sich dort noch für Kunst interessiert! Aber das wissen Sie ja selbst . . .* Gregor lehnte ab, und spätere Bemühungen des Akademischen Verbandes für Literatur und Musik (Kat. Nr. 235), Rainer Simons von der Volksoper dafür zu interessieren bzw. eine Aufführung im Sophiensaal zustandezubringen, scheiterten.

202 **Anzeige über von Schönberg geplante Kurse in Harmonielehre, Kontrapunkt, Formenlehre und Instrumentation in Berlin (Allgemeine Musikzeitung, Leipzig-Berlin, 22. September 1911).**

Universitätsbibliothek, Wien

Ein Komité von Freunden und Verehrern des Komponisten Arnold Schönberg teilt mit, daß dieser beabsichtigt, in diesem Jahr in Berlin Kurse in Harmonielehre, Kontrapunkt, Formenlehre und Instrumentation in derselben Art abzuhalten, wie er sie bisher in Wien an der k. k. Akademie hatte. Ferner waren Vorträge am Sternschen Konservatorium geplant. Der erwartete Zulauf an Schülern unterblieb und die Mitteilungen, welche die Wiener Freunde aus Berlin erreichten, klangen eher enttäuscht. (Vgl. auch Kat. Nr. 204.) *Wie ich von befreundeter Seite erfahre, bin ich gerade zu einer Zeit von Wien weggegangen, wo sich die Verhältnisse für mich in Wien wieder etwas günstiger angelassen haben. Trotzdem aber kann ich diesen Schritt nicht bedauern . . . Ich bin also zufrieden, obwohl ich hier durchaus nicht das gefunden habe, was man mir versprochen hat. Obwo[h]l ich sehr enttäuscht bin. Aber ich sehe doch eines: ich werde hier ganz bestimmt vorwärts kommen. Vorläufig halte ich am Stern'schen Konservatorium einen Vortrags-Cyklus an 8 Tagen. Der ist ganz gut besucht* – an Zemlinsky schrieb er, er wäre nur mäßig besucht und wenige Leute verstünden, was er eigentlich wollte – *und sehr erfolgreich. Ich spreche über „Aesthetik und Kompositionslehre". Dadurch wird bald in Berlin bekannt sein, daß ich hier lebe und wer ich bin!! Eigentlich wollte mich Direktor Holländer für Kompositions-Kurse engagieren, mußte aber im letzten Moment davon abstehen, da sein Kompositionslehrer (der Kritiker! ist!! [Wilhelm Klatte]) auf seinem Vertrag bestand, demzufolge außer ihm niemand im Stern'schen Kons. Komposition unterrichten darf . . . Aber ich habe das Gefühl, Direktor Holländer wird im nächsten Jahr diesen Vertrag nicht mehr erneuern. Denn er giebt sich für meine Sache ungeheure Mühe und macht sich große Kosten . . .* (Schönberg an Karl Wiener, 29. 11. 1911. Österreichische Nationalbibliothek.)

203 Konzert-Taschenbuch für die Saison 1911/1912, 4. Jahrgang, Berlin.

Nachlaß, Los Angeles

Das Taschenbuch enthält nicht nur Schönberg-*Aphorismen* (S. 104 ff.), sondern zusätzlich eigenhändige Eintragungen. Unter anderem sind die Tage verzeichnet, an denen Schönberg Vorträge am Stern'schen Konservatorium hielt (insgesamt 10 Vorträge), ferner die Daten von Aufführungen Schönbergscher Werke in Berlin, Prag, Paris und München. Der in Kat. Nr. 202 erwähnte Vortragszyklus machte Schönberg viel Mühe. *Es ist eine etwas mißliche Sache, aber sie macht mir dennoch Freude. Und ich glaube, es kommt etwas dabei heraus. Dieser Zwang, alle die Sachen, über die ich schon so lange nachgedacht habe, nun in einer geschlossenen Form darzustellen, ist für mich ganz günstig. Sonst hätte ich es immer weiter noch bloß gedacht, ohne es jemals zu schreiben. Aber ich denke, wenn ich den Cyklus hinter mir habe, werde ich ein Buch anfangen. Allerdings würde ich jetzt lieber komponieren. Aber die Beschäftigung mit soviel Theoretischem macht, daß ich mich dort nicht öffnen kann. Ich werde bald damit für längere Zeit aussetzen müssen. Sonst könnte es mit dem Komponieren vorbei sein. Vielleicht habe ich aus dem gleichen Grund jetzt gar keine Lust zum Malen . . .* (Schönberg an Berg, 5. 12. 1911, H. Berg, Wien.)

204 Anton Webern, eigenhändiger Brief an Alban Berg, Berlin, 22. Oktober 1911.

Helene Berg, Wien

. . . (Schönberg) hat noch keinen einzigen Schüler. Es wäre so schön, wenn er in Berlin ohne Sorgen und ohne Schüler lediglich seiner Arbeit leben könnte. Er wird doch jetzt ein Kontrapunktbuch schreiben und die „Glückliche Hand". Ich habe ihm auch fest zugeredet, endlich die „Gurrelieder" fertigzustellen (Kat. Nr. 221). Er will es thun. Hoffentlich berufen sie ihn bald nach Wien . . .

205 **Villa Lepcke, Berlin-Zehlendorf, Wachnower Chaussee, Photographie, 1911.**

Helene Berg, Wien

Schönberg wohnte nach seiner Übersiedlung nach Berlin anfangs in der Pension Philipson in Berlin-Steglitz, Albrechtsstraße 124, und bezog im September 1911 die Villa Lepcke. *Das gibt keinen Begriff davon, wie ich wohne. Denn dazu gehört ein riesengroßer Park . . .* (Schönberg an Berg, 2. 10. 1911. H. Berg, Wien.) Im Mai 1913 übersiedelte er nach Berlin-Südende, Berlinerstraße 17 a. Seine Urlaube verbrachte er u. a. im Ostseebad Carlshagen oder auch auf Einladung von Albertine Zehme in deren Haus in Gautzsch bei Leipzig.

206 **Morgenkonzert mit Kompositionen von Schönberg am 4. Februar 1912 im Harmonium-Saal. Programmzettel.**

Hans Swarowsky, Wien

Das Konzert war ursprünglich für den 28. Jänner angesetzt gewesen, mußte aber wegen Terminschwierigkeiten von Frau Winternitz-Dorda auf 4. Februar verschoben werden. Das Programm umfaßte 5 ältere Lieder *(Verlassen, Am Wegrand, Mädchenlied, Der Wanderer, Waldsonne), 6 Klavierstücke op. 19, George-Lieder op. 15* und die von Erwin Stein eingerichtete achthändige Klavierfassung der *Orchesterstücke op. 16.* Die geplante Uraufführung der *Herzgewächse op. 20* konnte nicht stattfinden – Webern und Closson hatten ihren Part schon studiert –, da Winternitz-Dorda für Proben zu wenig Zeit blieb. Als Interpreten wirkten neben Winternitz die beiden Busoni-Schüler Eduard Steuermann und Louis Closson mit. Closson war für Egon Petri eingesprungen. Nach den ersten Proben notierte Schönberg in sein nur kurze Zeit geführtes Tagebuch: *. . . Das richtige Musicieren, dieses rasche Verstehen, das fehlt hier ganz. Ich weiß wirklich nicht, ob die Sache [Orchesterstücke] herauskommen wird* und auch nach dem Konzert war er nicht befriedigt. Winternitz, deren Musikalität und Stimme ihn überraschte, *sang die älteren Lieder und insbesondere die George Lieder viel zu dramatisch . . . alles aus dem Wort gestaltend, statt aus der Musik. Mit einem Wort, der jetzt übliche Stil . . . Closson spielte die Stücke viel zu schnell. Hatte alles vergessen, was ich ihm gesagt hatte. Und insbesondere gar keine Pause, nach einem Stück. So daß kein Mensch wußte, daß es 6 Klavierstücke waren. – Orchesterstücke gingen gut, bis auf einen Umschmiß des Grünberg . . .* Im Konzert waren auch Busoni und Adolf Loos anwesend.

207 **Schönberg: Herzgewächse (Maurice Maeterlinck) für Sopran, Celesta, Harmonium und Harfe op. 20. Partitur. Eigene Handschrift.**

Universal Edition, Wien

Am 17. Dezember 1911 hatte Webern an Berg über eine neue Komposition Schönbergs Mitteilung gemacht: *Herzgewächse. Schönberg hat vor kurzem ein Lied von Maeterlinck komponiert, für Gesang, Celesta, Harmonium und*

Harfe. Dies ist der Gipfelpunkt der Musik! Die Singstimme geht bis zum f'''!!! mit Koloraturen . . . Es ist alles um und auf in mir über dieses Lied . . . Schönberg selbst hielt das Werk für sehr schwer. Das war auch der Grund, warum Winternitz-Dorda die geplante Uraufführung in Berlin absagen mußte. Erst am 17. April 1928 kam es in Wien zur Uraufführung im Rahmen des V. Abonnement-Konzertes des Kolisch-Quartetts. Den Solopart sang Marianne Rau-Hoeglauer, die übrigen Ausführenden waren Eduard Steuermann (Celesta), Erna Gal (Harmonium) und Hanny Haumer (Harfe). *Die Aufführung war fabelhaft, die Sängerin phänomenal, Das Konzert ausverkauft,* berichtete Kolisch auf der Rückseite des Programmzettels an Schönberg. (Nachlaß.) Anwesend waren Alban Berg, Polnauer, Erwin Stein, Adolf Loos, Erwin Ratz, Paul Stefan u. a.

208 **Albert Giraud, Pierrot lunaire. Deutsch von Otto Erich Hartleben. Verlag deutscher Phantasten, Berlin 1893. Mit illustriertem Titelblatt.**

Rudolf Stephan, Berlin

Die Anregung zur Komposition von *Pierrot lunaire* kam von Albertine Zehme, der Gattin des Leipziger Anwalts Felix Zehme. Im Jänner 1912 gab Frau Zehme Schönberg den Text zur Ansicht und stellte ihm für die Vertonung ein hohes Honorar in Aussicht. Aber Schönberg begeisterte sich auch für den Stoff: *Habe Vorwort gelesen, Gedichte angeschaut, bin begeistert. Glänzende Idee, ganz in meinem Sinn. Würde das auch ohne Honorar machen wollen . . .* (Tagebuch).

209 **Schönberg: Pierrot lunaire. Dreimal sieben Gedichte nach A. Giraud . . . Melodramen für eine Sprechstimme, Klavier, Flöte, Klarinette, Geige und Violoncello. Partitur. Reproduktion der eigenen Handschrift.**

Library of Congress, Washington

Schönberg arbeitete vom März bis Mai 1912 an der Komposition des *Pierrot lunaire.* Albertine Zehme, die schon vor der Anfrage bei Schönberg mit einem Pianisten die Möglichkeit einer Komposition geprobt hatte, wollte anfangs, daß auch Schönberg den *Pierrot* für Klavier schreibe, *aber ich bestimmte sie nach und nach, ein, zwei, drei und schließlich 4 Instrumentalisten dazu zu fügen, was sie großzügigerweise akzeptierte . . .* (Schönberg an J. Rufer, 25. 7. 1949. Staatsbibliothek, Berlin.) Am 11. März hatte er mit der Komposition begonnen und dazu in seinem Tagebuch notiert: *Das gibt viele Anregungen. Und ich gehe unbedingt, das spüre ich, einem neuen Ausdruck entgegen. Die Klänge werden hier ein geradezu tierisch unmittelbarer Ausdruck sinnlicher und seelischer Bewegungen. Fast, als ob alles direkt übertragen wäre. Ich bin begierig wie das weitergeht . . .* Der Berliner Kritiker Walter Schrenk hat später charakterisierende Worte für Schönbergs *Pierrot lunaire* gefunden: *Dieses Werk gehört zu jenen einmaligen unwiederholbaren Schöpfungen, die in Positivem und Negativem Weg und Schicksal der musikalischen Kunst zeigen.* (Zit. nach Reich, a. a. O., S. 108 f.)

210 **Albertine Zehme, Die Grundlagen künstlerischen Sprechens und Singens mit völliger Entlastung des Kehlkopfes für den Selbstunterricht. C. Merseburger, Leipzig 1920.**

Rudolf Stephan, Berlin

Auf S. 33 wird darin auf Schönbergs *Pierrot lunaire* hingewiesen: *Frei, absolut frei läßt er (Schönberg) seine sprachlichen Rhythmen erklingen. Sprache, Melodie und Rhythmus bieten für den Vortrag lyrischer Gedichte Ausdrucksmittel in unerschöpflichem Reichtum . . . Der Vortragende muß eben die Sprachmelodie zur Musik zu finden wissen. Dazu gehört musikalische Begabung und musikalische Ausbildung...* Das Bahnbrechende an dem *Pierrot lunaire* war die Behandlung der Sprechstimme, für die Schönberg in seinem Vorwort Anweisungen gegeben hat: *Die in der Sprechstimme durch Noten angegebene Melodie ist . . . n i c h t zum Singen bestimmt. Der Ausführende hat die Aufgabe, sie unter Berücksichtigung der vorgezeichneten Tonhöhen in eine S p r e c h melodie umzuwandeln . . .*

211 **Schönberg, eigenhändig adressierte Einladungskarte an Smaragda von Eger zur Generalprobe von Pierrot lunaire am 9. Oktober 1912 im Choralionsaal.**

Hans Swarowsky, Wien

Die offizielle, an Smaragda von Egger [!] adressierte Einladung hatte folgenden Wortlaut: *Sie werden höflichst eingeladen, der Generalprobe zu Arnold Schönbergs neuestem Werk „Pierrot lunaire", die für die Kritik und geladene Gäste am Mittwoch, 9. Oktober . . . im Choralionsaal veranstaltet wird, beizuwohnen.* Schönberg strich die Worte „die Kritik" und gab auf Grund seiner Erfahrungen mit der Presse zu verstehen, daß diese unerwünscht sei. Auch an Zemlinsky ging eine Einladung, die Schönberg mit den Worten unterstrich: *Pierrot würde Dich sicher interessieren. Wir proben jetzt auch fest daran. Insgesamt habe ich 25 Proben dazu gehabt (abgesehen von einigen Einzelproben mit der Rezitatorin). Aber es wird auch sehr gut gehen.* (Brief vom 2. 10. 1912, Privatbesitz, London.)

212 **Uraufführung von Pierrot lunaire am 16. Oktober (1912) im Choralionsaal. Plakat.**

Nachlaß, Los Angeles

Die Aufführung fand unter der Leitung von Schönberg statt. Sprecherin war Albertine Zehme. Drei Tage nach der Uraufführung berichtete Webern an Berg von einem *unbedingten Erfolg. Man schrie im Saale . . .* (Brief vom 19. 10. 1912. H. Berg, Wien.) Zur Uraufführung war auch Strawinsky von Schönberg eingeladen worden, der später darüber befragt wurde und weniger über die Aufführung, bei der es an kritischen Stimmen nicht gefehlt hat, sondern auf das Werk Bezug nahm: *An etwas erinnere ich mich ganz genau: die instrumentale Substanz des Pierrot lunaire beeindruckte mich außer-*

gewöhnlich. Unter instrumental verstand ich damals nicht nur die Instrumentierung dieser Musik, sondern die gesamte kontrapunktische und polyphone Struktur dieses glänzenden instrumentalen Meisterwerkes. (Zit. nach Reich, a. a. O., S. 107.)

213 Albertine Zehme, eigenhändiger Brief an Schönberg, B[er]l[in], 13. September 1912.

Nachlaß, Los Angeles

... Ja, ganz so habe ich mir's gedacht! Sie bringen a l l e Ideale meiner Künstlerfantasie in Töne. Es ist wundervoll, mehr kann ich nicht sagen! Ich bin ganz eingesponnen in diese theils süße, teils die letzten Seelenschrei[e] ausdrückende Harmonie . . .

214 Pierrot-Ensemble. Photographie, 1912.

Clara Steuermann, Cleveland

Dem *Pierrot*-Ensemble, das unter der Leitung von Schönberg bzw. Hermann Scherchen stand – der erstmals bei der Berliner Aufführung des *Pelleas* unter Fried mit dem Schönbergschen Werk konfrontiert wurde und später den Proben des *Pierrot lunaire* im Hause der Albertine Zehme in Berlin-Zahlendorf beiwohnte – gehörten der Geiger Jakob Maliniak, der Flötist H. W. de Fries, der Klarinettist Karl Eßberger, der Cellist Hans Kindler und Eduard Steuermann, Klavier, an. Neben Steuermann, dessen Interpretation als unübertrefflich galt, war es vor allem Hans Kindler, der den extrem schweren Part des Violoncellos nach Schönbergs Worten in *unvergeßlicher Weise* spielte (Nachlaß). Nach der Berliner Uraufführung ging das Ensemble auf Tourneen. In Wien (7. November 1912) und Prag kam es bei den Aufführungen zu Skandalszenen.

215 Schönberg-Abend im kaufmännischen Verein in Regensburg am 4. April 1914 unter der Leitung von Schönberg. Programmbuch mit einem Bild Schönbergs.

Nachlaß, Los Angeles

Die Tournee des *Pierrot*-Ensembles führte auch nach Regensburg. Zehme sprach den „Pierrot“, Schönberg dirigierte. Ins Programmbuch wurde folgende Bemerkung aufgenommen: *Die durch fanatische Anhänger und Gegner seiner Kunst gelegentlich der Aufführungen des „Pierrot lunaire“ in Wien und Prag hervorgerufenen ruhestörenden Scenen veranlassen Herrn Schönberg an seine Mitwirkung die Bedingung zu knüpfen, daß ihm absolute Ruhe während der Dauer des Musizierens garantiert wird und das Publikum darauf verzichtet, während der Pausen die Aufnahmefähigkeit zu untergraben.*

216 Schönberg dirigiert Pierrot lunaire. Originalzeichnung von Fred Dolbin.

Dolbin-Nachlaß, New York

217 **Pierrot lunaire. Holzschnitte von Felix Müller. Nach Eindrücken der gleichnamigen Musik von Schönberg. Leipzig 1913.**

Nachlaß, Los Angeles

Ich habe Ihnen sämtliche Holzschnitte von meinem „Pierrot lunaire" gedruckt, und sende sie Ihnen . . . Ich hoffe, daß es Ihnen Freude macht, dieses Werk zu besitzen (F. Müller an Schönberg, undat. Nachlaß). Kandinsky übte an Müllers *Pierrot lunaire* Kritik. *Die Holzschnitte sind nicht schlecht und nicht toleranter, aber ziemlich weit davon, was in meinen Augen Graphik und Malerei ist. Die Formen sind zudem konventionell . . . ohne Empfindung . . . Glauben Sie mir, daß Ihre Musik dadurch wenig gewürdigt wird. Diese Sachen sind durch gar nichts „angeregt" . . . Wo bleibt denn Ihre Mus[ikalische] K[unst], die so durchfühlt und durchdacht ist, und vor allem eine wirkliche Gestaltung ist. Es giebt e i n e n Schönberg und solche Blätter giebt es zehntausendmal . . .* Die 12 Holzschnitte zeigen die Stücke *Mondestrunken, Dandy, Valse de Chopin, Madonna, Nacht, Gebet an Pierrot, Raub, Galgenlied, Enthauptung, Die Kreuze, Heimweh, Serenade.* Von Felix Müller gibt es überdies ein Porträt (Radierung) von Schönberg, das in der deutschen Expressionisten-Ausstellung am 5. Oktober 1916 in Dresden gezeigt wurde. Anläßlich der Ausstellung wurde dort auch ein Schönberg-Konzert veranstaltet.

218 **Schönberg: Pierrot lunaire. Klavierauszug von Erwin Stein. Eigene Handschrift.**

Universal Edition, Wien

Den Klavierauszug zu *Pierrot lunaire* arbeitete Stein 1921/22 als Behelf für die Einstudierung des Werkes im Rahmen des *Vereins für musikalische Privataufführungen.* (Kat. Nr. 310.)

219 **Carl Löwe: Ballade „Der Nöck", für Orchester gesetzt von Schönberg. Partitur. Eigene Handschrift.**

Universal Edition, Wien

Im Herbst 1912 – folglich noch zur Zeit der Proben am *Pierrot lunaire* – arbeitete Schönberg auf Anregung der holländischen Sängerin Julia Culp, der späteren Gattin von Karl Ginzkey, an der Instrumentierung der Ballade *Der Nöck.* Für Culp entstanden auch die orchestermäßigen Bearbeitungen von Beethovens *Adelaide* und drei Schubertliedern. Schönberg zeigte an einer solchen Arbeit grundsätzliches Interesse: *Ich glaube bestimmt, daß, wenn man Lieder schon in einem großen Saal singt, man ja wenigstens mit Orchester singen müßte. Und wenn wir berechtigt sind, klassische Musik auf unseren modernen Flügeln mit ihrem kolossalen Ton zu spielen, dann können wirs wohl noch eher im Orchester tun. Natürlich muß eine solche Übertragung mit vielem Takt geschehen. Keine Effekte! . . .* (Tagebuch 1912.)

1910 – 1913: SCHÖNBERG UND WIEN

Nur wer selbst Achtung verdient
ist fähig, andere zu achten.

220 Schönberg: Friede auf Erden für gemischten Chor op. 13. Mit Instrumentalbegleitung von Anton Webern. Partitur. Eigene Handschrift Weberns.

Robert Keldorfer, Klagenfurt

Die Komposition *Friede auf Erden* für gemischten Chor a cappella über den Text von C. F. Meyer entstand im März 1907. Im Frühjahr 1911 fügte Schönberg noch eine Instrumentalbegleitung hinzu, die Franz Schreker bei den Proben für die Uraufführung verwendete. Schönberg war bei der Aufführung, die am 9. Dezember 1911 im VI. statuarischen Konzert des Philharmonischen Chores im Großen Musikvereinssaal in Wien stattfand, nicht anwesend. Der Rezensent des „Fremdenblattes" hob im allgemeinen die Verdienste Schrekers um die Moderne hervor: *Der philharmonische Chor. Das ist eine Freude, das ist Leben. Immer was neues. Da kann man an Schrekers Hand Entdeckungsreisen ins Land der modernen Chorliteratur machen . . . Arnold Schönbergs Weihnachtschor wird den Worten des Dichters nicht gerecht. Aber manche gelungene Einzelheit hebt sich drastisch und plastisch aus dem großen Stimmungsbrei heraus . . . Immerhin hat der Philharmonische Chor gezeigt, zu wie schwierigen Aufgaben er sich durch einen begeisterten Dirigenten mitreißen lassen kann* (Wien, 11. 12. 1911). Als Alban Berg sich im September 1912 mit dem Werk näher befaßte, kam er zu der Überzeugung, daß die Aufführung unter Schreker nicht gut genug studiert war. – Die von Webern hinzugefügte Instrumentalbegleitung wurde vermutlich für einen der von ihm geleiteten Gesangvereine geschrieben.

221 Schönberg-Abend am 14. Jänner 1910 im Ehrbarsaal. Programmzettel.

Wiener Stadtbibliothek - Druckschriftensammlung

Die Hauptattraktion des Konzertes, das vom *Verein für Kunst und Kultur* veranstaltet wurde, war neben der Erstaufführung der *George-Lieder op. 15* und der *Klavierstücke op. 11* – auch Lieder aus op. 3 (?) wurden gesungen – die Aufführung des ersten Teiles der *Gurrelieder* aus dem von Schönberg selbst verfaßten Klavierauszug zuzüglich einer Bearbeitung der größeren Vor- und Zwischenspiele. Ausführende waren Martha Winternitz-Dorda, Hans Nachod, Etta Werndorff, Arnold Winternitz, ferner Webern und Rudolf Weirich, die in den für zwei Klaviere achthändig gesetzten Vor- und Zwischenspielen mitwirkten. Das Konzert brachte Schönberg einen viel beachteten Erfolg.

Das letzte Lied aus op. 3 (?) mußte sogar wiederholt werden – eine Tatsache, die es in früheren Schönberg-Konzerten nicht gegeben hatte. Der eigentliche Erfolg war jedoch, daß die Öffentlichkeit auf die Existenz der *Gurrelieder* aufmerksam gemacht worden war und eine Aufführung des vollständigen Werkes verlangte. Schönberg wurde gedrängt, die Instrumentierung fertigzustellen und selbst Hertzka bot ihm die Drucklegung des Werkes an. In späteren Jahren hat er – rückblickend – wissen lassen, was ihn damals bewogen hatte, die Fertigstellung der *Gurrelieder* hinauszuschieben: *Angesichts der außerordentlichen Schwierigkeiten, dieses Werk überhaupt aufführen zu können, war ich entmutigt. Die Schwierigkeiten für die Sänger, das Orchester, die Chöre und ferner die Kosten für die Mitwirkenden und all die anderen Ausgaben erschienen mir unüberwindbar . . . Ich hatte überdies viele neue Erfahrungen gesammelt, meine Technik hatte sich verbessert und mein Ausdrucksbereich war reicher geworden . . . Ich hatte Neues entdeckt, verstand es, meine Gedanken besser zu formulieren und hatte einige Werke geschrieben, die Zeugnis für diese Entwicklung ablegten. Folglich hatte ich das Interesse an den Gurreliedern verloren und den Plan an eine Fertigstellung aufgegeben und wollte diese der „Nachwelt" überlassen.* (12. 1. 1951, Nachlaß.) Im Testament vom 30. Jänner 1911 (Nachlaß) – im übrigen ein Zeugnis, daß er die *Gurrelieder* gerne vollendet sehen wollte – hatte er notiert: *Sollten die Gurrelieder ——— unvollendet bleiben, so bitte ich meine Freunde im Interesse meiner Kinder, das wenige, das hieran zu tun ist, zu ergänzen. Und zwar möge Alex. v. Zemlinsky (eventuell Dr. Anton von Webern) die Gurrelieder fertigstellen.*

222 **Jens Peter Jacobsen, Gedichte (aufgeschlagen: Gurrelieder). Aus dem Dänischen übersetzt von Robert F. Arnold. Georg Heinrich Meyer, Leipzig 1897. Erste Ausgabe. Handexemplar Robert F. Arnolds mit eigenhändigen Eintragungen und Korrekturen.**

Liesbeth Arnold, Wien

Ich habe bei der Composition (vor 10 Jahren) eine Übersetzung von Prof. Arnold benützt . . . die in mancher Hinsicht von der bei Fischer erschienenen verbesserten abweicht . . . Als nun vor circa 3 Jahren der erste Teil der Gurrelieder vorgeführt wurde, schrieb mir nach dem Concert Prof. Arnold, ich möge . . . die Verbesserungen berücksichtigen . . . (ich) mußte ablehnen. Denn vor allem schienen mir die Verbesserungen absolut genommen, keine Verbesserungen . . . Größtenteils ist die erste Fassung natürlicher, einfacher. Dann aber, und das entscheidet: es ergaben sich rhythmische Änderungen, die wenn ich meine Melodie demnach zurechtschneidern wollte, absolut die Einheitlichkeit des dortstehenden musikalischen Gedankens stören würde. Wer meine Art der Textbehandlung kennt, weiß, daß es für den Bau meiner Melodie absolut nicht gleichgültig ist, ob eine Silbe mehr oder weniger da ist und ob ein starkbetontes Hauptwort an der oder jener Stelle steht . . . Meiner Arbeit liegt also die erste Fassung zugrunde . . . (Schönberg an Hertzka, 19. 8. 1912, Universal Edition.)

223 **Aufruf des Philharmonischen Chores zur Aufführung der Gurrelieder. Wien 1912.**

Helene Berg, Wien

Schönberg hatte sich noch vor Fertigstellung der Partitur im Juni 1909 wegen einer Aufführung vergeblich an Ferdinand Löwe und im September 1911 an Franz Schalk gewendet. Schalk hatte sogar das Manuskript eingesehen, eine Aufführung jedoch nicht für möglich gehalten. Im Mai 1912 wurde auf Betreiben von Alban Berg und Franz Schreker ein „vorbereitendes Comité" und ein Arbeitsausschuß gegründet, die mit Hilfe eines Garantiefonds an die Realisierung dieses Vorhabens gehen sollten. Zum Arbeitsausschuß gehörten Guido Adler, Julius Bittner, Erhard Buschbeck, Emil Hertzka, Adolf Loos, Alma Mahler, Ernst Morawetz, Alfred Roller, Arnold Rosé, Franz Schreker, Bruno Walter, Egon Wellesz u. a. Die einfließenden Beiträge der bereits im vorhinein zu zeichnenden Karten bildeten den Garantiefonds. Loos bestellte Karten für 500 K. Auch in den im Rahmen der Wiener Musikfestwoche (Kat. Nr. 243) veranstalteten Konzerten des *Akademischen Verbandes für Literatur und Musik* wurde durch Mitteilungen an das Publikum Propaganda für die Aufführung der *Gurrelieder* betrieben. Die Universal Edition erklärte sich zudem bereit, *jedem, der sich um das Zustandekommen der Aufführung besonders verdient macht, einen nicht für den öffentlichen Verkauf bestimmten Klavierauszug des Werkes zu widmen. Jedes Exemplar dieser kleinen, numerierten Auflage wird vom Komponisten handschriftlich gefertigt werden.*

224 **Schönberg: Gurrelieder. Klavierauszug von Alban Berg. Universal Edition, Wien 1913. Numerierte Ausgabe mit eigenhändigem Namenszug von Schönberg.**

Liesbeth Arnold, Wien

Mit der Bearbeitung des Klavierauszuges wurde Alban Berg betraut. Als Vorlage diente ihm der von Schönberg selbst verfaßte erste Auszug. Berg erbat sich im November 1912 (Berg an Schönberg, 27. 11. 1912, Library of Congress) einige Manuskriptblätter des Schönbergschen Originals als Geschenk, und – wie er sagte, *als Erinnerung an die Zeit, wo er bei Schönberg auch im Klavierauszugmachen soviel lernte . . .* Schönberg schenkte ihm darauf den ganzen Auszug. Der noch 1924 im Besitz von Berg verzeichnete eigenhändige Klavierauszug Schönbergs ist derzeit nicht auffindbar.

225 **Adolf Loos (1870 – 1933). Photographie um 1920.**

Österreichische Nationalbibliothek - Bildarchiv

Loos hat sich um die Aufführung der *Gurrelieder* große Verdienste erworben. – Die Begegnung Schönbergs mit Loos hatte bereits 1895 stattgefunden. In der Folge entwickelte sich eine enge Freundschaft, die erst mit dem Tod von Loos endete. Schönberg fühlte sich von Loos künstlerisch angesprochen und Loos war derjenige, der Schönberg in dessen schwierigen Wiener und Berliner Jahren immer wieder helfend zur Seite stand, und offensichtlich sogar in finanzieller Hinsicht unterstützt hat, wie im Fall der Aufführung der *Gurrelieder.* Loos drängte darauf, daß die Presse über Schönberg-Aufführungen im

Ausland berichtete, und er selbst war, wo er konnte, bei Proben und Erstaufführungen Schönbergscher Werke anwesend. Schönberg warf ihm nur vor, daß er sich dabei jedes Urteils enthielt. *Und das habe ich eigentlich nicht gern. Dieser bloße Respekt genügt mir nicht. Es scheint fast, ich bin für Loos bloß eine moderne Angelegenheit* (Tagebuch 1912). Loos sagte später (1923) gelegentlich einer Schönberg-Aufführung in Salzburg, in der Winternitz-Dorda die *George-Lieder* sang: *sie war die erste, die Schönberg gesungen hat und die erste Tove [Gurrelieder] . . . Sie ist die einzige, die weiß, was ich für Schönberg in den Anfängen getan habe und spricht davon (die andern wissen es auch, aber niemand redet) . . .* (Brief an Claire Loos vom 2. 8. 1923, Wiener Stadtbibliothek. Zu Loos vgl. Kat. Nr. 403, 404.)

226 Bestellzettel über Eintrittskarten für die Aufführung der Gurrelieder, eigenhändig unterzeichnet von Alban Berg.

Helene Berg, Wien

Die Idee eines „Garantiefonds" für die Aufführung der *Gurrelieder,* von der Schönberg sich großen Erfolg erhoffte, stammte von Alban Berg.

227 Franz Schreker, eigenhändiger Brief an Schönberg, Wien, 3. April 1912.

Nachlaß, Los Angeles

. . . Der Auszug [Gurrelieder] geht jetzt in Druck. Ich beschwöre Sie, lassen Sie die Stimmen herausschreiben und corrigieren!! Die Chorstimmen werden jetzt schon gemacht . . . Sie können sich auf mich verlassen — es ist alles in schönster Ordnung, nur die Solisten in dem Männerchor habe ich noch nicht, aber das findet sich. Die Partitur muß ich über die Ferien haben, ich muß sie doch ein wenig anschauen — nicht? Und mir Eintragungen machen. Es wird ja nicht ganz leicht sein . . . Da Schönberg in Berlin keine Kopisten finden konnte, beauftragte er seine Schüler mit der Korrektur und Kopiatur der Stimmen. Die größte Arbeit leistete dabei Berg. Die Aufführung leitete Schreker aus Schönbergs handschriftlicher Partitur.

228 Franz Schreker (1878 — 1934), Photographie um 1912.

Österreichische Nationalbibliothek - Musiksammlung

Enge künstlerische Kontakte hat es zwischen Schönberg und Schreker nicht gegeben. Über eine gegenseitige Achtung hinaus gab es kaum Berührungspunkte. Schönberg blickte mit Eifersucht auf Schrekers Dirigentenerfolge und war auch wegen Schrekers Berufung an die Wiener Akademie verärgert. Und dennoch fand er auch wieder freundliche Worte für Schreker wie beispielsweise zu dessen 50. Geburtstag (Anbruch 10, 1928, S. 82). Und später schrieb er: *Er war durch und durch ein Musiker mit einem hervorragenden künstlerischen Hintergrund und einer beachtlichen technischen Begabung. In der Tat hatte ich eine große Hochachtung für sein Werk.* (Nachlaß.)

229 **Schönberg: Gurrelieder. Für Soli, Chor und großes Orchester. Partitur. Universal Edition, Wien 1912. Faksimilierte Erstausgabe.**

Universal Edition, Wien

Anlaß zur Komposition der *Gurrelieder* war ein Preisausschreiben des Wiener Tonkünstler-Vereins für einen Liederzyklus mit Klavierbegleitung gewesen. Die Komposition hatte jedoch, einmal begonnen, immer größere Formen angenommen und allein die Instrumentierung so viel Zeit gefordert, daß Schönberg aus Gründen, die er in einem Schreiben an Berg zur Sprache brachte, mehrfach unterbrechen mußte (Abdruck im „Führer" zu den *Gurreliedern*): *Im März 1900 habe ich den I. und II. Teil und vieles aus dem III. Teil komponiert. Darauf lange Pause, ausgefüllt mit Operetteninstrumentation. März (also anfangs) 1901 Rest vollendet! Dann Instrumentation im August 1901 begonnen ... In Berlin Mitte 1902 fortgesetzt. Dann große Unterbrechung wegen Operetteninstrumentationen. 1903 zuletzt daran gearbeitet . . . Daraufhin liegen gelassen und ganz aufgegeben! Wieder aufgenommen Juli 1910. Alles instrumentiert bis auf den Schlußchor, den vollendet in Zehlendorf 1911.* Im Sommer 1912 drängte Schönberg Hertzka auf Drucklegung der Partitur des Werkes: . . . *Lassen Sie die Partitur der Gurrelieder drucken. Eventuell so wie Sie wollten: fotografisch. Es ist eine so große Sorge für mich, daß diese Partitur verloren gehen könnte und ich weiß wirklich nicht, wie Sie mir einen solchen Schaden ersetzen könnten. Ich kann die Sache keinesfalls wiederherstellen. Und der Schaden ist nicht nur ein materieller . . . Denn noch größer als der Schaden, den ich durch die ausbleibenden Aufführungen und Verkäufe erlitte, ist der, den der Verlust eines so großen Erfolges, wie ich ihn für die Gurrelieder erwarte, für meine anderen Werke bedeutet. Ich bin sicher, daß dieser Erfolg der Verbreitung meiner anderen Werke sehr nützen wird . . . Dieses Werk ist der Schlüssel zu meiner ganzen Entwicklung. Es zeigt mich von Seiten, von denen ich mich später nicht mehr zeige oder doch auf einer andern Basis. Es erklärt, wie alles später so kommen mußte und das ist für mein Werk enorm wichtig: daß man den Menschen und seine Entwicklung von hier aus verfolgen kann . . .* (Schönberg an Hertzka, 19. 8. 1912. Universal Edition.)

230 **Uraufführung von Schönbergs Gurrelieder am 23. Februar 1913 im Großen Musikvereinssaal in Wien. Plakat nach einem Entwurf von Alfred Roller.**

Helene Berg, Wien

Bis zur Uraufführung der *Gurrelieder* am 23. Februar 1913 waren eine Reihe von Schwierigkeiten zu überwinden. Zwischendurch dachte man sogar an eine Absage und Schönberg zog eine Aufführung in Berlin in Erwägung. Anfangs war ein einwandfreies, korrigiertes Stimmenmaterial nicht vorhanden und dann verreiste Schreker wegen anderer Konzertverpflichtungen und übertrug Berg, der keine Erfahrung hatte, die Leitung der Proben. Die Aufregung steigerte sich mangels geringer Probenzahl so sehr, daß Schönberg telegraphisch nach Wien gerufen wurde. Schönberg, der die Aufführung selbst gerne dirigiert hätte — *es ist doch sicher, daß der Autor die Sache noch anders macht, als selbst der beste Interpret* (Brief vom 10. 10. 1912 an Hertzka) *lehnte mit dem Bemerken ab, daß er den Dirigenten keine Handlangerdienste verrichte, weil der keine Zeit hat, sich mit der Sache zu befassen, wie es seine Pflicht als Künstler ist.* (Briefe a. a. O., Nr. 12.) Der Erfolg der Aufführung war schließlich aber doch unbestritten. Unter den Mitwirkenden waren Winternitz-Dorda, Marya Freund, Hans Nachod, Alfred Boruttau, Ferdinand Gregori u. a. . . . *Welch' ein Moment meines Lebens! Unvergeßlich! Ich kann es nicht sagen, welchen unermeßlichen Eindruck Dein überherrliches Werk auf mich gemacht hat . . . Die Empfindung dieses brausenden Klanges regt mich auf zum Vergehen. Wie eine Naturgewalt sondergleichen . . . daß ich den Augenblick erleben durfte, da die Mitmenschen schrankenlos vielleicht zum erstenmal so Deine Größe begriffen . . .* (Webern an Schönberg, 24. 2. 1913. Library of Congress.)

231 Schönberg: Gurrelieder. (Aufgeschlagen: „Des Sommerwindes wilde Jagd".) Partitur. Universal Edition, Wien, 1920. Grünkorrektur mit eigenhändigen Eintragungen von Schönberg.

Universal Edition, Wien

Die Frage der Besetzung der Sprechstimme war bei der Uraufführung ein heikler Punkt. Vor allem war zu klären, wie Schönberg sich den Vortrag der Sprechstimme vorgestellt hatte. *Hier ist die Tonhöhen-Notation keinesfalls so ernst zu nehmen, wie in den Pierrot-Melodramen. Keinesfalls soll hier eine so gesangartige Sprechmelodie entstehen, wie dort. Gewahrt bleiben muß durchaus der Rhythmus und die Tonstärke . . . Bei einigen Stellen, in denen es sich fast melodisch benimmt, könnte e t w a s (!!) musikalisch gesprochen werden. Tonhöhen sind nur als Lagenunterschiede anzusehen, d. h. die betreffende Stelle (!!! nicht die einzelne Note) ist höher resp. tiefer zu sprechen.* (Schönberg an Berg, 14. 1. 1913. H. Berg, Wien.)

232 Schönberg: Gurrelieder. Beispiele zum Führer von Alban Berg. Eigene Handschrift.

Universal Edition, Wien

Als die Universal Edition im November 1912 bei Schönberg wegen eines „Führers" für die *Gurrelieder* anfragte, empfahl dieser Alban Berg: *Zur Gurrelieder Analyse. Ich meine, wenn Sie das machen können, wäre das ja nicht ungünstig. Ich weiß ja selbst nicht, wozu es nützen sollte. Im Konzert finde ich es geradezu verwerflich. Aber vielleicht, wenn jemand vorher sich informieren will . . . Vielleicht finden Sie einen Ausweg. Etwa so: Ein Verzeichnis der wichtigsten Themen, in der Reihenfolge der einzelnen Themen. Aber dann die hauptsächlichsten Stellen angeben, an denen diese Themen wiederkehren. Vielleicht einige charakteristische Formen, die sie annehmen, anführen. Vielleicht den Versuch, gewisse charakteristischen Stimmungen mit einfachen unschwulstigen (also etwas kühlen) Worten schildern. An charakteristischen Stellen vielleicht einmal auch vom Bau sprechen. Vielleicht also nicht so streng gebunden, daß immer alles gesagt werden muß, sondern jedesmal nur das, was einem besonders auffällt und worüber man etwas zu sagen weiß. Also keinesfalls über alles reden; bloß, weil es die Reihenfolge verlangt. Also nichts philosophisches. Sondern vielleicht aphoristisch, ungezwungen, unzusammenhängend . . . Das wäre etwas Neues.* (Schönberg an Berg, 4. 12. 1912. H. Berg, Wien.) Berg hielt sich im Grunde an die Schönbergschen Anregungen, doch nahm der Führer letztlich wesentlich größere Formen an. Hertzka wie auch Schönberg waren über die Länge „entsetzt" und Schönberg riet zur Kürzung des Textes und im besonderen der Notenbeispiele. Er sprach dabei aus eigener Erfahrung: *Fast alles, was ich bis jetzt geschrieben habe, würde ich heute anders haben wollen! Vor allem kürzer! So kurz wie meine Musik.* (Schönberg an Berg, 3. 2. 1913, H. Berg, Wien.) Die Universal Edition brachte den Führer zur Uraufführung heraus, beauftragte aber Berg noch im selben Jahr mit der Herstellung eines „Kleinen Führers" in der Art eines Programmheftes. Berg fürchtete um den Verkauf des großen Führers, in dem er versucht hatte, das Publikum anzuregen und diesem einen *Begriff von der musikalischen, d. h. der künstlerischen Bedeutung der Gurrelieder* vor Augen zu führen. (Berg an Schönberg, 26. 11. 1913, Library of Congress.)

233 **Schönberg: Gurrelieder. Fassung für reduziertes Orchester von Erwin Stein. Eigenhändige Eintragungen in die große gestochene Partitur (Universal Edition, Wien 1920).**

Universal Edition, Wien

Schönberg stand der Fassung für reduziertes Orchester, die Stein zu Beginn des Jahres 1923 fertiggestellt hatte, skeptisch gegenüber. *Sind Sie ganz sicher, ob die Gurre-Lieder Reduktion gut ausgefallen ist? Sie wissen: ich habe sie nicht gehört, aber ich weiß nicht, ob die Schwierigkeiten nicht größer werden durch solche Erleichterungen . . . Die Schwierigkeit ist ja die, daß man die Klangproportionen berücksichtigen und darum eigentlich auch an Stellen reduzieren müßte, wo kein Instrument fehlt und da soll man nun einen ausprobierten Klang sich zu zerstören trauen?* (Briefe, a. a. O., Nr. 96.)

234 **Anna Bahr-Mildenburg, eigenhändiger Brief an Schönberg, undatiert.**

Nachlaß, Los Angeles

Mein Concert in Wien ist am 16. März. Hoffentlich sind Sie um diese Zeit dort, damit ich Sie über meine Waldtaube [Gurrelieder] beruhigen kann. Dramatisch fasse ich sie ganz und gar nicht auf. Schon das Wort dramatisch ist mir ein Greuel. Ich meine, alle Größe und Kraft kommt mir aus der Ruhe und das wende ich einzig und allein auch in der Waldtaube an. Aber Größe, viel Größe ist darin und daß ich die zum Ausdruck bringe, müssen Sie sich doch wünschen . . .

235 Protokollbuch des „Akademischen Verbandes für Literatur und Musik“.

Lotte v. Tobisch-Labotyn, Wien

Der *Akademische Verband für Literatur und Musik* war 1908 von jungen Künstlern und Studenten gegründet worden und hat in der kurzen Zeit seines Bestehens auf dem Sektor der Musik und Literatur Erstaunliches geleistet. Er veranstaltete Vortragsabende und Dichterlesungen — u. a. von F. K. Ginzkey, A. Loos, K. Kraus, J. Bittner, J. Wassermann, O. Stoessl, H. v. Hofmannsthal, E. Friedell —, Ausstellungen (Schiele) sowie Musikabende älterer und zeitgenössischer Musik. Im Jänner 1912 hielt auch Oskar Kokoschka einen Vortrag (*Bewußtsein der Gesichte)* und im März desselben Jahres fand eine Wedekind-Woche statt. Im Februar 1912 wurde Alban Berg als musikalischer Berater beigezogen. Der Erfolg war, daß daraufhin die musikalischen Veranstaltungen vor allem dem Schaffen Schönbergs gewidmet waren. Erhard Buschbeck, der am 23. November 1911 in den Vorstand des Verbandes und am 24. November 1912 zum Obmann gewählt wurde, dachte sogar daran, das gesamte bisherige Werk Schönbergs im Verband aufzuführen, darunter auch *Herzgewächse* und die beiden Opern *Erwartung* und *Glückliche Hand.* Dieser Plan scheiterte an den Folgen des von Paul Stefan als „leichtsinnig“ bezeichneten Konzerts vom 30. März 1913. (Kat. Nr. 247.) Denn Buschbeck demissionierte daraufhin zum Bedauern des Verbandes. Auf Blatt 39 des Protokollbuches heißt es, daß ein Schönberg-Abend in der Sitzung vom 7. Oktober angenommen wurde und die Aufzeichnung vom 21. Oktober besagt: *Arnold Schönberg, am 23. Februar ein Orchesterkonzert angenommen. Einnahmemöglichkeit 12.000 Kr. . . . Uraufführung der Schönbergopern im „Sophiensaal“ prinzipiell angenommen . . .*

236 Der Ruf. Ein Flugblatt an junge Menschen. Karnevalsnummer 1912. Plakat nach einem Entwurf von F. Delavilla.

Privatbesitz, Wien

Der „Ruf“ war zum Teil das Publikationsorgan des *Akademischen Verbandes für Literatur und Musik.* Die Redaktionsarbeit teilten sich Ludwig Ullmann, Buschbeck und Paul Stefan, der den „Ruf“ zudem als sein Eigentum betrachtete. Dies führte mehrfach zu Kompetenzstreitigkeiten innerhalb des Verbandes, so daß man sich im Oktober 1913 entschloß, den „Ruf“ vorübergehend einzustellen, und dabei blieb es. Einzelne Hefte waren unter geändertem Titel erschienen (z. B. unter „Das musikfestliche Wien“, 1912). Schönberg kam im „Ruf“ 1912 mit *Aphorismen* zu Wort. Im darauffolgenden Jahr berichtete Paul Stefan, „Wie es früher bei Schönberg-Abenden zuging“.

237 Alban Berg, eigenhändiger Brief an Erhard Buschbeck, undatiert (Wien, März 1912).

Privatbesitz, Wien

Im Frühjahr 1912 war der erste Schönberg-Abend des *Akademischen Verbandes für Literatur und Musik* geplant. *Lieber Herr Buschbeck, der Schmidt Franz ist schon der richtige (Violoncello). Ebenso Franz Jelinek (Viola), Paul Fischer (II. Violine) . . . Anbei Adressen für Einladungen . . .* Unter den Einzuladenden sind Guido Adler, Haböck, Klimt, Schreker, Magda Mauthner v. Markhof, Alfred Ritter v. Fränkel, Fritz Hamburger, Fritz Redlich, Emil Lemberger, Carl Moll, Hermann Bahr, Eduard Gärtner, Julius Bittner, Alfred Roller, Wilhelm Bopp, Karl Wiener, Arthur Schnitzler und Bruno Walter genannt.

238 Schönberg-Abend mit dem Rosé-Quartett im Akademischen Verband für Literatur und Musik am 16. April 1912 im Bösendorfersaal. Plakat.

Privatbesitz, Wien

Vor einer Viertelstunde wurde im Bösendorfersaal ausgelöscht. Sie schrieben mir zwar vor einigen Wochen, daß Sie von diesem Konzert nichts hören wollten, aber die Größe des Eindrucks zwingt mich, Ihnen im Namen des Akademischen Verbandes einen kurzen Bericht zu schicken. Der Bösendorfersaal war ganz gefüllt, Bahr, die Mildenburg, Loos, Moll, Roller, Frau Mahler, Kokoschka, Ferdinand Onno, waren im Publikum. Andächtig und tief ergriffen lauschte alles dem ersten Quartett und ein stürmischer Beifall und oftmaliges Hervorrufen Rosés füllte die Pause aus. Und vollends nach Schluß des Sextetts [Verklärte Nacht] blieb alles im Saal und ein wirklich und wahrhaftiger Orkan von Begeisterung gieng über das Podium . . . An dem reinen durch nichts getrübten Eindruck dieses Abends hätten Sie sich wohl, trotz mancher Bitterlichkeit gegen Wien, selbst gefreut. In wie kurzer Zeit eigentlich hat sich das Bild so verändert, wenn man von der ersten Aufführung durch Rosé bei Bösendorfer gedenkt und der heutigen . . . (Buschbeck an Schönberg, 16. 4. 1912, Nachlaß.) Die auf dem Plakat angekündigten *Klavierstücke op. 11* und *op. 19* mußten entfallen. (Vgl. Kat. Nr. 243.)

239 Offizielle Wiener Musikfestwoche vom 21. Juni bis 1. Juli 1912. Plakat nach einem Entwurf von Laszlo.

Graphische Sammlung Albertina, Wien

Auf dem offiziellen Festprogramm standen u. a. Anton Bruckner, IX. Symphonie unter Arthur Nikisch und die Uraufführung der IX. Symphonie von Gustav Mahler unter Bruno Walter. Schönberg riet dem Akademischen Verband, ein inoffizielles Musikfest der „zeitgenössischen Musik" zur selben Zeit abzuhalten, das er jedoch nicht als „Gegendemonstration" aufgefaßt sehen wollte.

240 Karikatur zur Wiener Musikfestwoche: „Der Fremde ist da!" (Der Morgen, Wien, am 1. Juli 1912).

Wiener Stadtbibliothek - Druckschriftensammlung

. . . es mußte was geschehen. Der „Fremdenverkehr" mußte gehoben werden . . . wie verlängert man die Wiener Saison? Wie rettet man das Gewerbe in Wien? . . . Durch die Macht der Musik. Durch Beethoven und eine Jause, durch Mozart und Weingartner, durch Bruckner, Männergesangverein, Burgtheater und Wachau. Kurz, durch eine „Musikfestwoche". (P. Stefan, Tote und Lebende, in: Das musikfestliche Wien, 1912.)

241 **Arnold Winternitz, eigenhändiges Schreiben an Alban Berg, Mannheim, 8. 6. 1912.**

Privatbesitz, Wien

Schönbergs Schüler – namentlich Alban Berg – waren mit der Organisation dieses „Gegenfestes" betraut. Winternitz-Dorda hatte gleichfalls ihre Mitwirkung zugesagt: *Meine Frau ist bereit, am 25. Juni die George-Lieder und die 4 Lieder von Zemlinsky zu singen und am 29. das Sopransolo des Schönberg Quartettes . . . Was mich anbelangt, bin ich gerne bereit, die Schrekerschen und Zemlinskyschen Lieder zu begleiten, wenn die beiden Herren es wünschen . . .*

242 **Zwei Konzerte lebender österreichischer Komponisten anläßlich der Wiener Musikfestwoche am 25. und 29. Juni 1912 im Großen Beethoven-Saal. 2 Plakate nach einem Entwurf von Egon Schiele bzw. Rosenbaum.**

Privatbesitz, Wien

Auf den Programmen standen Werke von J. Suk, A. v. Zemlinsky, V. Novak, F. Schreker, A. Berg, A. Webern und Schönberg. *Es geschah in der würdigsten Weise mit der Absicht, an zwei Konzertabenden lebende heimische Meister vorzuführen. Ist er (Der Akademische Verband) soweit nur zu loben, so war er bei der Bildung des Programmes nicht durchwegs gut beraten, ebensowenig wie bei der Abfassung des Plakats, das zu Mißdeutungen Anlaß geben konnte. Man hätte sich auf repräsentierende Musiker, auf nicht mehr ganz problematische Werke beschränken müssen. Man durfte nicht Webern und Berg, nicht einmal Novak und Suk in diesem Zusammenhang bringen, wollte man nicht den Einwand riskieren, daß weniger ein Abbild der heutigen Produktion als die Begünstigung einer speziellen Richtung beabsichtigt war. Dafür spricht übrigens auch der überaus große Raum, der Schönberg eingeräumt und mit den „Georgeliedern" und dem Quartett mit Gesang [op. 10] . . .* reserviert war. (Montags-Revue, Wien, 8. 7. 1912.) In anderen Blättern sprach man von einem „Trutzkonzert" und übte vor allem Kritik an der Polemik, die von P. Stefan im Programmbuch, das im Kreise des Akademischen Verbandes als „Kampfschrift" kursierte, mit aller Schärfe gegen die Abhaltung einer offiziellen Musikwoche geführt wurde.

243 **Rudolf Réti, eigenhändiger Brief an Eduard Buschbeck, Prag (1912?).**

Privatbesitz, Wien

In dem in Kat. Nr. 237 genannten Schönberg-Abend hatte Etta Werndorff, die 1910 die *Klavierstücke op. 11* erstmals öffentlich gespielt hatte, beabsichtigt, die *Klavierstücke op. 19* in Wien vorzustellen. Schönberg untersagte es, da sie sich geweigert hatte, sie vorher mit ihm in Berlin zu studieren. (Webern an Buschbeck, 25. 3. 1912.) Nun bot sich im Herbst Réti an . . . *Ich komme von Berlin, wo ich über Aufforderung Arnold Schönbergs war. Ich habe ihm nämlich im Sommer geschrieben, daß ich seine ungedruckten ... Klavierstücke in Wien spielen möchte. Er antwortete mir, daß doch eine Erstaufführung gewissermaßen als autorisiert gilt und ich daher erst nach Berlin kommen müßte, um ihm vorzuspielen. Zu meiner Freude hat ihm meine Interpretation sehr gefallen und er erklärte sich demnach vollkommen einverstanden, daß ich die Stücke zum erstenmal spiele . . . Schönberg teilte mir mit, daß Sie beabsichtigen, bald, vielleicht schon im Oktober einen Schönberg-Abend zu veranstalten, in dem die Klavierstücke gespielt würden . . . (und) daß Sie beabsichtigen, Herrn Steuermann aus Berlin, den ich übrigens kennengelernt und liebgewonnen habe, zu engagieren. Hr. Steuermann selbst sagte mir, daß er davon nichts wisse. Ich befragte nun Hr. Schönberg darüber. Schönberg sagte mir nun: vom künstlerischen Standpunkt aus sei er mit Steuermann und mir gleichmäßig einverstanden. Er begreife aber, daß ich infolge meiner auf seinen Brief hin erfolgten Berliner Reise eine Art persönlicher Berechtigung beanspruchen könne, die Stücke zum erstenmal zu spielen.* Réti spielte die Uraufführung am 20. November 1912 in einem Konzert des Akademischen Verbandes in Wien.

244 Schönberg, Vortrag über „Gustav Mahler“ im Akademischen Verband für Literatur und Musik am 3. November 1912 im Großen Beethoven-Saal. Plakat nach einem Entwurf von B. Rosenbaum.

Privatbesitz, Wien

Schönberg war auf Betreiben von Buschbeck vom *Akademischen Verband für Literatur und Musik* zu einem Vortrag eingeladen worden. Er dachte, über Mahler zu sprechen und sagte voreilig zu, da er darin *eine Pflicht sah, die er sich selbst auferlegt hatte* (Schönberg an Buschbeck, 13. 2. 1912). Dann aber kamen ihm Bedenken, sich wieder in Wien zu zeigen. *Wenn ich an die gewissen Leute denke, diese Skepsis, dieser Unglauben . . . dann muß ich mit aller Entschiedenheit ein unwiderrufliches „Nein“ sagen . . .* Schönberg hielt den Vortrag zuerst in Prag und Berlin, und entschloß sich dann doch, am 3. November in Wien zu sprechen. *Er hat auf uns alle einen tiefen Eindruck gemacht und vielleicht hat gerade die Gewalt, mit der sie den Widerstand der Materie in einer heiseren Stimme bekämpften, ihre Worte noch eindringlicher erscheinen lassen . . .* (Buschbeck an Schönberg, 6. 11. 1912, Nachlaß.) Schönberg selbst hielt den Vortrag nicht für gelungen. Auf den Vorschlag Carl Molls, den Vortrag in Druck zu geben, lehnte er ab: *Vor allem habe ich mich entschlossen, wenigstens ein paar Jahre nichts mehr zu schreiben . . . da ich mit meinen schriftstellerischen Leistungen unzufrieden bin, daß ich das nur schwer verwinde, so Unvollkommenes der Öffentlichkeit übergeben zu haben. Dann aber finde ich insbesondere diese Arbeit, den Vortrag über Mahler, leider vor Allem Mahlers, aber auch meiner nur in sehr geringem Maße würdig. Ich begreife es nicht, warum gerade diese Arbeit, obwohl ich sie mehrmals umgearbeitet habe, so ganz und gar nicht gelingen will. Ich habe mich deshalb auch immer nur schweren Herzens entschlossen, eine Einladung zum Vorlesen anzunehmen, und habe nur angenommen, weil ich merkte, daß ich dennoch im günstigen Sinne auf die Zuhörer wirkte, obwohl der Vortrag unzulänglich ist. Daß ich immerhin wirksam Propaganda mache! Das kann nur daran liegen, daß ich . . . offenbar beim Sprechen imstande bin, das zu erzielen, was mein Vortrag einleitend ausspricht: meinen Glauben zu übertragen. Das kann aber nur beim Sprechen geschehen . . . Ich muß anders über Mahler sprechen. Würdiger! Und ich weiß bestimmt, daß ich das noch tun werde . . . Ich habe mich meiner selbstauferlegten Verpflichtung zum Bekenntnis für Mahler nicht entziehen wollen . . .* (Brief vom 11. 11. 1912, Pierpont Morgan Library.)

245 **Arnold Schönberg „in höchster Verehrung". Eine Sammlung von Beiträgen von seinen Schülern und Freunden. R. Piper & Co., München 1912.**

Wiener Stadtbibliothek - Druckschriftensammlung

Im Jahre 1912 überraschten die Schüler und Freunde Schönberg mit einer Sammlung von ausgesuchten Beiträgen, die als Huldigung gedacht war. Die Aussagen aus zeitgenössischer Sicht beispielsweise eines Kandinsky, Gütersloh, Webern, Berg, Wellesz, Stein u. a. sind wichtige Dokumente zu Schönbergs Tätigkeit als Komponist, Maler und Lehrer. *Ich finde, es wird da wirklich viel zu überschwenglich von mir gesprochen. Für diese Lob bin ich zu jung, habe noch zu wenig und zu wenig Vollendetes geleistet. Meine bisherigen Leistungen kann ich immer nur noch als eine Hoffnung auf die Zukunft ansehen, als ein Versprechen, das ich vielleicht halten werde . . . aber andererseits war ich doch von der großen Liebe, die aus all dem spricht, so überwältigt, daß ich wirklich, so weit so etwas glücklich machen kann, glücklich gewesen bin . . . Ich finde alles . . . so gut und mit so schönen Ideen geschrieben, daß ich wirklich auf einen Kreis solcher Menschen mir etwas einbilden dürfte . . .* (Tagebuch 1912.)

246 **Schönberg, eigenhändiger Brief an Erhard Buschbeck, Berlin, 20. März 1913.**

Privatbesitz, Wien

Im August 1912 hatte Schönberg Buschbeck vorgeschlagen, im *Akademischen Verband für Literatur und Musik* auch ein Orchesterkonzert mit Werken seiner Schüler Berg und Webern zu veranstalten. Buschbeck setzte diesen Vorschlag in die Tat um und bat Schönberg, das Konzert zu leiten. Schönberg ging darauf ein, da er damit auch die Möglichkeit hatte, die Aufmerksamkeit der Öffentlichkeit auf sein Dirigieren zu lenken. *Denn ich möchte ja doch endlich einmal eine Kapellmeisterstelle bekommen, nach der ich mich, um musicieren zu können, schon seit mehr als 15 Jahren sehne.* (Schönberg an Buschbeck, 13. 12. 1912.) Anfangs zog er in Erwägung, das Konzert mit dem „Tristan-Vorspiel" oder „Liebestod" von R. Wagner zu eröffnen, gab aber dann den Plan zugunsten eines Werkes von Zemlinsky bzw. Mahler auf. Als man von dieser Programmänderung erfuhr, wurde selbst in den Reihen des Akademischen Verbandes Kritik geübt. *Denn wieviele Leute gingen nur ins Konzert, um Schönberg einmal Wagner interpretieren zu hören.* (Scherber an Buschbeck, undat.) Schönberg hatte sich für folgende Reihenfolge entschieden: Webern, *6 Orchesterstücke*, Berg, *2 Orchesterlieder*, Schönberg, *Kammersymphonie*, Zemlinsky, *4 Orchesterlieder*, und Mahler, *Kindertotenlieder*. Dafür waren *folgende Gründe maßgebend: I. die drei ersten Programmnummern sind relativ gefährlich. Webern am gefährlichsten, die Kammersymphonie relativ am ungefährlichsten. Deswegen ist es gut, wenn das Publikum, das im Anfang noch unermüdet und geduldig ist, Webern zuerst hinunterschlucken muß: die bitterste Pille in diesem Konzert. Berg wird milder wirken, die Kammersymphonie wird wohl kaum Erfolg haben, aber man wird aus Respekt sich anständig verhalten . . . Ich hätte ja aus künstlerischen Gründen gerne manches anders gehabt . . . aber mir ist es lieber, die Zuhörer dieses Konzerts mit dem Eindruck der Kindertotenlieder zu entlassen . . . Weberns Orchesterstücke [d. i. Partitur] müssen unbedingt am Abend dem Publikum angeboten werden. Eventuell muß jemand von Ihrem Verein den Verkauf besorgen. So hats seinerzeit Wymetal mit meinem I. Quartett gemacht . . .*

247 Großes Orchesterkonzert des Akademischen Verbandes für Literatur und Musik am 31. März 1913 im Großen Musikvereinssaal. 2 Plakate nach Entwürfen von Philipp und Rosenbaum.

Privatbesitz, Wien

Auf beiden Plakaten ist als Schlußnummer des Konzerts noch Wagners „Liebestod" angegeben. Das zweite Plakat trägt überdies als Datum den 30. März 1913. (Das Konzert war ursprünglich am 30. März geplant. Alfred Boruttau, der Bergs Altenberglieder singen sollte, war jedoch an diesem Tag wegen einer anderen Konzertverpflichtung verhindert.) Im Konzert kam es zu Ausschreitungen, über welche die internationale Presse berichtete. Derartiges hatte man in Wien tatsächlich noch nicht erlebt. Am besten kennzeichnet das Ereignis der in der „Zeit" veröffentlichte Polizeibericht: *Bei dem heute abends im großen Musikvereinssaale stattgehabten Orchesterkonzert des akademischen Verbandes für Literatur und Musik in Wien, bei dem Herr Arnold Schönberg dirigierte, kam es in dem stark besuchten Saale zu lebhaften demonstrativen Äußerungen der Gegner der neuen Musikrichtung, die Schönberg vertritt. Diese Kundgebungen – durch Zischen und Pfeifen – steigerten sich von einer Nummer zur anderen und arteten schließlich zu Streitigkeiten zwischen den gegnerischen Parteien aus, die auch hie und da handgreiflich gemein wurden. Aus diesem Anlaß wurden vier Personen, und zwar ein Hörer der Philosophie, ein praktischer Arzt, ein Ingenieur und ein Jurist beanständet. Da die Intervention des Polizeioberkommissärs Dr. Leinweber, der im Saale den Inspektionsdienst versah, und der vom Podium die Anwesenden zur Ruhe mahnte, nichts fruchtete, so war an eine Weiterführung des Konzertes nicht mehr zu denken. Die Veranstalter sagten daher vor Beendigung der letzten Programmnummer das Konzert ab . . .* (Wien, 1. April 1913.)

248 **„Das nächste Schönberg-Konzert". Karikatur. (Die Muskete, Wien, 24. April 1913.)**

Privatbesitz, Wien

Die Reaktionen auf das „skandalöse Konzert" waren unterschiedlich. Manche fühlten sich veranlaßt, aus dem Akademischen Verband auszutreten, mit der Argumentierung, daß sie einem Verein, der es sich zum Ziel gemacht hat, *um jeden Preis das Allerneueste zu propagieren und dabei auch vor den sinnlosesten und aufreizendsten Erzeugnissen dieser zuchtlosen Zeit nicht zurückschreckt, nicht mehr angehören wollten* (Robert Barn an Buschbeck, 2. 4. 1913). Auf Betreiben des Redakteurs Damisch sollte sogar eine Kundgebung, wofür auch der Akademische Orchesterverein und Richard Wagner Verein gewonnen werden sollten, den Verband öffentlich bloßzustellen. Umso bemerkenswerter ist in diesem Zusammenhang ein Schreiben des Pianisten Robert Freistadtl, der noch im selben Jahr bei einer Aufführung der *Gurrelieder* zu vier Händen in St. Pölten (!) mitwirkte: *Nach dem neuerlichen Skandal beim Schönbergkonzert und den infamen Beschimpfungen, die die Presse und ihre Gefolgschaft gegen den Verband richtete, sowie in Kenntnis der in Ihrem Aufruf dargelegten finanziellen Schwäche des Verbandes halte ich es jedoch für die Ehrenpflicht jedes anständig denkenden Kunstfreundes, persönliche Empfindlichkeiten hintanzustellen und dem Verbande als Mitglied beizutreten* (Brief vom 12. 4. 1913 an Buschbeck).

249 **Stellungnahme Schönbergs zum Konzert vom 31. März 1913. (Neue Freie Presse, Wien, am 4. April 1913.)**

Wiener Stadtbibliothek - Druckschriftensammlung

In vielen Berichten über mein letztes Konzert wird dem Akademischen Verband der Vorwurf gemacht, er habe, da ihm ein Märtyrer für seine Propaganda geeigneter erscheine als ein Erfolgreicher, für dieses Konzert solche Programmnummern festgesetzt, die das Publikum aufreizen sollen. Das ist selbstverständlich nicht der Fall. Abgesehen davon, daß ich mir ein Programm keineswegs hätte vorschreiben lassen, verhält sich die Sache so: 1. Das Konzert wurde zwischen mir und dem Akademischen Verband bereits im Oktober für den Januar (also vor der Gurreliederaufführung) verabredet. 2. Als Programm schlug mir der Verband — ausschließlich meine eigenen Werke — Kammersymphonie, Pelleas und Orchesterlieder vor. 3. Ich habe mit Freuden die Gelegenheit ergriffen, statt dessen Anton v. Weberns und Alban Bergs Werke zur Aufführung zu bringen. Daraus ist wohl zu ersehen, daß ich für das Programm dieses Konzerts allein verantwortlich bin und den Akademischen Verband nicht der geringste Vorwurf treffen kann. Arnold Schönberg, Berlin-Zehlendorf, 2. April 1913.

250 **Alban Berg: 5 Orchesterlieder nach Ansichtskartentexten von Peter Altenberg. Klavierauszug. Eigene Handschrift.**

Autographen-Sammlung Wolfdietrich Hassfurther, Wien

Bergs *Orchesterlieder,* die den Skandal ausgelöst hatten, war auch Schönberg nach Erhalt des Manuskripts etwas befremdet gegenübergestanden. *Aber vor allem scheinen sie merkwürdig gut und schön instrumentiert zu sein. Einiges ist mir zunächst nicht angenehm; nämlich das etwas zu offenkundige Streben, neue Mittel anzuwenden. Vielleicht lerne ich, den organischen Zusammenhang dieser Mittel mit der Ausdrucksnotwendigkeit noch besser verstehen. Aber einstweilen generts mich . . .* (Schönberg an Berg, 14. 1. 1913, H. Berg, Wien.) Die Anregung zur Komposition der Orchesterlieder war übrigens von Schönberg gekommen, der Berg im Jänner 1912 geraten hatte, Lieder für Orchester zu schreiben.

1913 – 1914 AUSLANDSERFOLGE

Die Interpretation ist das Zeitliche, das Veränderliche am musikalischen Kunstwerk. Sie ist eine der Methoden, den Sinn darzulegen, den Geist zur Auferstehung zu erwecken. (1914)

251 **Alban Berg, eigenhändige Postkarte an Erhard Buschbeck, Trahütten, 22. Juni 1913.**

Privatbesitz, Wien

. . . Schönberg ist nicht im geringsten verstimmt. Im Gegenteil: Er hatte größtes Interesse und Teilnahme an Ihnen und Ihren Affairen [vgl. Kat. Nr. 247] *. . . Mit Wien ist er natürlich ganz fertig . . . Vom Ausland kommt ihm täglich Anerkennung und Verehrung ins Haus. Heute singt die Freund in Paris die Waldtaube (Orchester unter Casella). In London wurde sein Chor aufgeführt. Nächste Saison dirigiert er die Gurrelieder sicher in Berlin, möglicherweise in Amsterdam. (Mengelberg war gerade in Berlin und sprach zu Schönberg davon.) Walter (in München) und Göhler (in Hamburg) führen die Gurrelieder selbst auf. In London und Amsterdam führt Schönberg seine Orchesterstücke auf! Was wird in Wien sein?? Nichts! . . . Der Akad. Verband . . . wird sich hüten, Schönberg aufzuführen . . .* Schönberg hatte seit 1912 in zunehmendem Maße Erfolge im Ausland und im besonderen als Dirigent. Er war nicht nur mit dem *Pierrot*-Ensemble auf Reisen, sondern wurde auch von Orchestern eingeladen. Anläßlich einer Aufführung von *Pelleas und Melisande* unter seiner Leitung in Holland schrieb er an Berg: *Die Aufführungen in Amsterdam und Haag waren sehr schön. Insbesondere die letztere. Ich konnte wirklich ganz frei mit dem Orchester dirigieren. Ich nahm ganz andere Tempi als in Amsterdam. Nämlich richtigere. Ich bekam den Mut, alles so langsam zu nehmen, wie es gehört. Während ich mich sonst beeilte, über gewisse Stellen möglichst rasch hinwegzukommen, um nicht vom Publikum gestört zu werden . . . Das klang auch dadurch sehr schön und diese ganze ängstliche kranke, wunde und doch unbewußte Stimmung kam endlich einmal schön zum Ausdruck . . . Das Orchester ist herrlich.* (4. 12. 1912, H. Berg, Wien.)

252 **Henry Wood (1869 – 1944). Photographie.**

Walter Obermaier, Wien

In London kamen die *Orchesterstücke op. 16* zur Uraufführung und wenig später dirigierte Schönberg diese selbst in der Queen's Hall. *Henry Wood hat als erster meine Orchesterstücke in den bekannten Promenade-Konzerten kurz nach deren Veröffentlichung aufgeführt . . . Ich möchte dies als einen Akt der Manifestation seines großen künstlerischen und persönlichen Mutes bezeichnen . . . Wenige Monate vor Ausbruch des ersten Weltkrieges hatte ich das Vergnügen, Henry Wood persönlich kennenzulernen, als ich auf seine*

Einladung dieselben Stücke in der Queen's Hall dirigierte. (6. Februar 1944, Nachlaß.) Anläßlich der Uraufführung hatte Wood an Schönberg geschrieben: *Ich kann Ihnen nicht sagen, wie sehr Ihre Musik mein Interesse findet und Sie werden erfreut sein zu hören, daß das Orchester der Queen's Hall sich mit großer Begeisterung dieses Werkes annahm . . . Die Stücke wurden bis zu Ende gespielt, das Publikum lauschte mit größter Aufmerksamkeit und am Ende war ein überwältigender Beifall.* (Brief vom 24. 1. 1913, Library of Congress.) Die Aufführung der Orchesterstücke unter seiner Leitung veranlaßte Schönberg überdies zu einer Revision der Partitur. *Die Stücke klingen sehr schön. Es ist ein ganz neuer Klang. Außerordentlich differenziert. Sehr charakteristisch. In einigen dynamischen Dingen habe ich mich geirrt. Gestopftes Blech war oft zu schwach. Oder unrichtig bezeichnet. Das täuscht eben doch sehr. Aber sonst war das meiste gut. Immerhin werde ich die Partitur revidieren.* (Schönberg an Berg, 18. 1. 1914, H. Berg, Wien.)

253 Schönberg: 5 Orchesterstücke op. 16. Partitur. C. F. Peters, Leipzig 1912.

Wiener Stadtbibliothek - Musiksammlung

Die *Orchesterstücke op. 16* waren 1909 entstanden. *Es sind kurze . . . Stücke, (zwischen 1 und 3 Minuten Dauer) ohne cyklischen Zusammenhang . . . Ich verspreche mir allerdings kolossal viel davon, insbesondere Klang und Stimmung. Nur um das handelt es sich — absolut nicht symphonisch, direkt das Gegenteil davon, keine Architektur, kein Aufbau. Bloß ein bunter, ununterbrochener Wechsel von Farben, Rhythmen und Stimmungen . . .* (Schönberg an R. Strauss, 16. 7. 1909, R. Strauss-Archiv.) Auf Wunsch von Peters in Leipzig versah Schönberg für die Herausgabe die einzelnen Stücke mit Titel. *Aus verlagstechnischen Gründen. Werde vielleicht nachgeben, da ich Titel gefunden habe, die immerhin möglich sind. Im Ganzen die Idee nicht sympathisch. Denn Musik ist darin wunderbar, daß man alles sagen kann, so daß der Wissende alles versteht und trotzdem hat man seine Geheimnisse, die man sich selbst nicht gesteht, nicht ausplaudert. Titel plaudert aus. Außerdem: was zu sagen war, hat die Musik gesagt . . . Wären Worte nötig, wären sie drin . . . Die Titel, die ich vielleicht geben werde, plaudern nun, daß sie teils dunkel, teils technisch sagen, nichts aus. Nämlich I. Vorgefühle, II. Vergangenes (hat auch jeder) III. Akkordverfärbungen (technisches) IV. Peripathie (ist wohl allgemein genug) V. das Obligate (Vielleicht besser das „ausgeführte", oder das „unendliche") Recitativ. Jedenfalls mit einer Anmerkung, daß es sich ums Verlagstechnische und nicht um den „poetischen Inhalt" handelt.* Schönberg bot das Werk Richard Strauss zur Aufführung im Rahmen der philharmonischen Konzerte in Berlin an. Strauss hatte nicht den Mut, sie anzunehmen. *Sie wissen, ich helfe gerne und habe auch Muth. Aber Ihre Stücke sind inhaltlich und klanglich so gewagte Experimente, daß ich vorläufig es nicht wagen kann, sie einem mehr als conservativen Berliner Publikum vorzuführen . . .* (2. 9. 1909, R. Strauss-Archiv.) Ähnlich reagierte Franz Schalk, der die Schwierigkeiten *in der That so ungeheuerlich* fand, daß ihm nichts übrig blieb, *als vorderhand zu resignieren* (undat. Nachlaß). Erst Henry Wood war es, der sich ohne Wissen Schönbergs der *Orchesterstücke* angenommen hatte.

254 **London, Ansicht um 1915. Photographie.**

Walter Obermaier, Wien

Das Gastspiel in London hatte Schönberg den erhofften Erfolg gebracht. Nicht nur, daß er in *Wood einen sehr liebenswürdigen Mann* begegnet hatte. *Ich wurde hier sehr gut aufgenommen. Das Orchester ist sehr willig. Das Interesse sehr groß hier für mich. Die ganze vergangene Woche sollen Artikel über mich in den Zeitungen gestanden sein. Gestern im Musik-Club, der mir zu Ehren einen „Empfangs-Abend" gegeben hat, wurde mein Sextett sehr gut gespielt. Kolossaler, warmer Beifall . . .* (Schönberg an Berg, 15. 1. 1914, H. Berg.) An dem genannten Empfangsabend wurden überdies mehr als 10 Lieder (!) von ihm vorgetragen.

255 **Alban Berg, eigenhändiger Brief an Yella Hertzka, Wien, 7. Oktober 1913.**

Universal Edition, Wien

Nach einem Gespräch, das Schönberg im Juli 1913 mit Hinrichsen in Leipzig geführt hatte, faßte er den Entschluß, eine Aufführung der V. Mahler unter seiner Leitung durchzusetzen. Er sprach mit Berg darüber, der bei Frau Hertzka wegen einer Unterstützung anfragte. *Schönbergs Wunsch, Werke Mahlers zu dirigieren, soll endlich einmal erfüllt werden. Nun stellten sich diesem Plane eines Konzerts die altbekannten Hindernisse entgegen. Die Aufbringung der Kosten — in Form eines Garantie-Fonds — würde wohl auf große Schwierigkeiten stoßen . . . Bliebe nur die Möglichkeit, daß Schönberg von irgend einem der in Betracht kommenden Orchester eingeladen würde . . . Das am ehesten dazu berufene Orchester, die Philharmoniker, werden sich hüten . . . Jedenfalls erscheint der Concert-Verein . . . am ehesten einer solchen Idee geneigt . . . Ich glaube man müßte . . . zu verstehen geben, wie notwendig es ist, einige Werke Mahlers aufzuführen, wo doch nur die V. und IX. Symphonie in den heurigen Concertprogrammen aufgenommen sind, und daß Schönberg — natürlich mit Ausnahme Löwes! — der Berufenste dazu ist. Wird dadurch ja auch Schönberg, dessen Werke wieder einmal in allen Concert-Programmen der kommenden Wiener Saison fehlen, wenigstens Gelegenheit gegeben, in Wien zu dirigieren . . .* Das Konzert kam nicht zustande.

256 **Alban Berg: Vier Stücke für Klarinette und Klavier op. 5. Eigene Handschrift.**

Autographen-Sammlung Wolfdietrich Hassfurther, Wien

Als Dokument der Dankbarkeit und Verehrung hat Berg die 1913 entstandenen Klarinettenstücke später (1920) Arnold Schönberg gewidmet. Die eigenhändige Niederschrift der Stimmen trägt allerdings nicht die Widmung.

257 **Guido Adler, eigenhändiger Programmentwurf der Veranstaltungen anläßlich des zwanzigjährigen Bestandes der Denkmäler der Tonkunst in Österreich.**

Archiv der Denkmäler der Tonkunst in Österreich, Wien

Am 19. November 1913 fand zu dem oben erwähnten Anlaß ein „historisches Konzert" im Mittleren Saal des Konzerthauses in Wien statt. Mitwirkende waren u. a. Arnold Rosé, Josef Labor und Mitglieder des Hofopernorchesters unter der Leitung von Franz Schalk. Pablo Casals spielte aus der von Schönberg vorgelegten Ausgabe das Violoncellokonzert von M. G. Monn.

258 **Guido Adler, eigenhändiger Brief an Schönberg, Wien, 11. Jänner 1912.**

Nachlaß, Los Angeles

. . . Sende . . . die 4 von Ihnen mit B[asso] C[ontinuo] ausgearbeiteten Stücke mit dem Ersuchen um Korrektur . . . Ihre Bearbeitung macht mir Freude, sie ist von Phantasie erfüllt. Gern hörte ich, wie es Ihnen geht. Es thut mir leid, daß Sie von Wien gingen — hoffentlich nicht für immer . . .

259 **Matthias Georg Monn: Concerto per Violoncello o Clavicembalo g-Moll. Bearbeitet von Schönberg. Eigene Handschrift.**

Universal Edition, Wien

Über Schönberg als Komponisten läßt sich streiten. Daß er als Bearbeiter des Basso Continuo, noch dazu in einer wissenschaftlichen Publikation, nicht am Platze war, darüber geben . . . Stichproben . . . Aufschluß. Verwunderlich ist, daß der Herausgeber . . . alle die harmonischen und stilistischen Fehler des Schönberg'schen Basso Continuo nicht bemerkt, und noch verwunderlicher, daß der Leiter der Publikationen, Prof. Guido Adler, den historischen und musikalischen Widersinn nicht nachgeprüft hat, weil der Name Arnold Schönberg ihn geblendet hat . . . (M. Graf, Arnold Schönbergs Basso Continuo, in: Signale für die musikalische Welt, 71. Jg. Nr. 14, S. 505 ff.) Schönberg hatte für Adler Divertimenti, Sinfonien und Partiten von M. G. Monn, J. Chr. Monn und F. Tuma mit Basso Continuo versehen. Max Graf, anfangs für Schönberg begeistert, war zu dieser Zeit in einer Periode der Ablehnung. Später hat er sich wiederum Schönberg zugewendet.

260 **Prag, Ansicht von 1912 (Kleinseite und Hradschin). Photographie.**

Österreichische Nationalbibliothek - Kartensammlung

Schönberg war von Zemlinsky bereits im Herbst 1911 eingeladen worden, ein Konzert in Prag zu dirigieren. Zemlinsky hatte u. a. die *Suite* von J. S. Bach in der Bearbeitung von Mahler vorgeschlagen. Schönberg dachte an ein klassisches Programm (mit Mozart, Symphonie g-Moll). *Ich möchte das sehr gerne, weil ich mich vor Allem in einem Stück zeigen möchte, das jeder kennt. Weil man nur so beurteilen kann, was ich als Dirigent leisten könnte.* (Brief vom 28. 12. 1911 an Zemlinsky.) Mozart wurde aus Programmgründen fallengelassen und Schönberg dirigierte am 29. Februar – an einem Schalttag *(. . . man habe sich gesagt, was man mit dem überflüssigen Tag anfangen soll, also ließ man mich dirigieren)* – Bach-Mahler und *Pelleas und Melisande.* Das übrige Programm leitete Zemlinsky. Über die Schwierigkeiten bei den Proben und Schönbergs anfängliche Unsicherheit gibt das 1912 geführte Tagebuch Auskunft. Über die erste Probe heißt es darin: *. . . auch hatte mir Zemlinsky durch ein Zuviel an Ratschlägen so den Mut genommen, daß ich mit großer Beunruhigung zur Probe ging. Diese Probe fiel auch recht ungünstig aus . . . außerdem hörte ich fast nichts. Alex schien durch ein Lob, das Webern mir spendete, sehr aufgebracht und hielt es für nötig, mir zu „helfen". Das hat mir gewiß beim Orchester geschadet. Jedenfalls hat es mich enorm entmutigt. Denn als er sich neben mich stellte und stellenweise sogar dirigierte, kam ich mir recht überflüssig vor.* Schönberg erzielte einen Achtungserfolg.

261 Josef Polnauer: Zur Erstaufführung von Schönbergs „Pelleas und Melisande" in Prag. Eigene Handschrift.

Nachlaß, Los Angeles

Am 29. Februar 1912 wurde in Prag im Rahmen des IV. philharmonischen Konzertes . . . Pelleas und Melisande aufgeführt. Seit der Entstehung des Werkes . . . die zweite Aufführung in Österreich! Schönbergs Werk hatte die gesamte Prager Musikwelt ins Konzert geführt, Pablo Casals' Erstauftreten – Casals spielte Saint-Saens' Cellokonzert – *außerdem noch alle diejenigen, die immer und überall „dabeigewesen" sein müssen . . . Am folgenden Tag brachten die bedeutendsten Prager Zeitungen . . . Berichte über das Konzert, in denen zu lesen war, daß nach der Wiedergabe des „Pelleas" im Publikum ein heftiger, fast eine halbe Stunde dauernder Kampf für und wider das Werk entstanden sei . . . Für das Werk traten vor allem die bedeutendsten Prager Musiker ein, dann die Orchestermitglieder, das Publikum auf den Galerien und besonders die jungen Leute auf den Stehplätzen. – Widerspruch aber kam eigentlich nur aus einigen Logen und Parkettreihen . . . offenbar „solides" Abonnementpublikum . . . Für Wien . . . muß aber noch eigens erwähnt werden, daß die Wiedergabe selbst – unter der Leitung des Komponisten – vollständig ungestört verlief . . . In Wien sind wir ja noch lange nicht so weit! Wer da vor einigen Wochen an einem internen Abend des „Wiener Tonkünstlervereines" mit anhören mußte, wie einige Ausschußmitglieder – Männer in öffentlicher musikalischer Stellung – die Vorführung Schönberg'scher Klavierstücke . . . ungeniert durch Lachen und stupide Bemerkungen störten, so daß sie aus dem Publikum zur Ruhe gewiesen werden mußten, der gibt wohl jede Hoffnung auf eine Gesinnungsänderung oder auch nur auf ein respektvolles Benehmen auf . . .*

262 **Schönberg mit Alexander v. Zemlinsky in Prag. Photographie (1912).**

Nachlaß, Los Angeles

Schönberg zeigte sich mit dem Erfolg seines Prager Konzertes Zemlinsky gegenüber dankbar, auch wenn er vom künstlerischen Standpunkt nicht befriedigt war. *Herzlichsten Dank . . . was ich in Prag durch dich und von dir hatte: vor Allem, daß du mir Gelegenheit zum Dirigieren gegeben hast. Es wäre zwar gewiss für mein Werk günstiger gewesen, wenn du dirigiert hättest. Es wäre besser herausgekommen und das Publikum hätte leichter und lieber daran geglaubt. Aber da ich hoffe, zur Dirigierlaufbahn überzugehen, mußte ich darauf verzichten.* (Schönberg an Zemlinsky, 5. 3. 1912, Privatbesitz, London.) Wie ernst es ihm mit der Dirigentenlaufbahn war, dokumentierte er in einem Schreiben vom Jänner 1913, worin er Zemlinsky um Empfehlungen als Theater-Dirigent nach Braunschweig bat: *Ich m u ß dirigieren. Ich habe sicher viel dafür. Du würderst dich wundern, wie gut mein Gehör geworden ist. Und ich arbeite schon ziemlich schnell. Insbesondere aber kann ich entschieden schon gut studieren . . .* (Privatbesitz, London.)

263 **Alexander Siloti, eigenhändiger Brief an Schönberg, St. Petersburg, 22. Mai / 4. Juni 1914.**

Nachlaß, Los Angeles

Schönberg wurde auch zu einem Dirigiergastspiel nach St. Petersburg eingeladen. *. . . Da Sie am liebsten wünschen, die Kammersymphonie zu dirigieren — so füge ich mich Ihnen an. Wegen „Pierrot lunaire" habe ich vor kurzem an Frau Zehme geantwortet und ihr vorgeschlagen, diese Aufführung vor Ihrem Concert zu machen . . .*

264 **Siloti-Konzerte. VI. Konzert am 8./12. Dezember 1912 im Adels-Saal in St. Petersburg. Programmzettel.**

Unter Schönbergs Leitung wurde an diesem Abend *„Pelleas und Melisande"* gespielt. Im selben Konzert trat auch S. Rachmaninoff mit einer eigenen Klavierkomposition auf.

265 **Schönberg. Karikatur von Hans Lindloff, 1913 (Reproduktion).**

Wiener Stadtbibliothek - Druckschriftensammlung

Ich bin sicher: die zweite Hälfte dieses Jahrhunderts wird durch Überschätzung schlecht machen, was die erste Hälfte durch Unterschätzung gut gelassen hat an mir. (Schönberg, *Aphorismen.)*

266 **„Arnold Schönberg, Träger der Mahler-Stiftung". (Musikpädagogische Zeitschrift, Wien 1913, 3. Jahrgang, Nr. 2.)**

Wiener Stadtbibliothek - Druckschriftensammlung

In dem mehrmals erwähnten Tagebuch aus dem Jahr 1912 findet sich die Notiz, daß der Wiener Musikkritiker Richard Specht angeregt hatte, das Stipendium der Mahler-Stiftung an Schönberg zu vergeben. *Nach dem Hinscheiden Gustav Mahlers wurde bekanntlich mit einem Kapitale von 55.000 Kronen ein Gustav-Mahler-Fonds gestiftet, dessen Erträgnisse schaffenden Musikern zugute kommen sollten. Der vor wenigen Tagen, am Todestage Gustav Mahlers, zur Verteilung gelangte Preis wurde nun einstimmig Arnold Schönberg zuerkannt. Dem Kuratorium der Stiftung gehören Ferruccio Busoni, Alma Maria Mahler, Dr. Richard Strauß, Generalmusikdirektor Bruno Walter und als Stiftungsverweser Kommerzialrat Friedrich Redlich an . . .* Schönberg erhielt das Stipendium in den Jahren 1913 und 1914 und später nochmals 1918. Seiner Freude darüber gab Schönberg mit den Worten Ausdruck: *Daß ich die Mahler-Stiftung bekommen soll, ist für mich unglaublich ehrenvoll und sehr rührend. Mir ist es fast ein Zeichen, das Mahler mir aus dem Grab heraus gibt. Ein Zeichen, daß er mich gern gehabt und selbst nach seinem Tod noch für mich sorgt. Ich bin darüber sehr glücklich. Das ist etwas, was man gerne annehmen darf.* (Schönberg an Berg, 31. 10. 1911. H. Berg, Wien.)

267 **Mitteilung der Deutschen Bank an Schönberg über den Erhalt von Mark 400.– von „Herrn Albin [!] Berg", Berlin, 26. Januar 1915.**

Nachlaß, Los Angeles

Der „Schönberg-Fonds" war 1911 auf Initiative von Alban Berg ins Leben gerufen worden (Kat. Nr. 193) und Berg hatte im folgenden – mit Hilfe von Frau Mahler, dank deren Verbindungen Gönner zu Spenden bereit waren – die Beschaffung und Überweisung der Gelder zu veranlassen. Ursprünglich war der Fonds für drei Jahre geplant, wobei Mäzene sich verpflichten sollten, jedes Jahr eine gewisse Summe einzuzahlen. Nach Eingang der Gelder stellte sich jedoch heraus, daß der monatliche Betrag zu gering ausfallen würde – Schönberg benötigte dringend Geld in Berlin –, worauf der Fonds nur auf zwei Jahre berechnet wurde und die Gelder aus der Mahler-Stiftung dazugelegt wurden. Nach dem zweiten Jahr begann man mit einer neuen „Aktion". *Diesmal soll es so geschehen, daß sich eine größere Anzahl von Freunden und Mäcenen findet, die sich verpflichten, durch einige Jahre dem Schönberg-Fonds . . . eine monatliche Rate von im Durchschnitt 10 K anzuweisen. Auf diese Weise hoffen wir, monatlich eine größere Summe zustande zu bringen, die wir Schönberg dann jedes Monat (durch mindestens 3 Jahre) senden zu können . . . Wichtig ist, daß die Unterstützung eine auf länger hinausgehende ist. Also keine momentane Noth lindernde . . .* (Berg an Buschbeck, 6. 1. 1914.) Diese neuerliche „Aktion" verlief ergebnislos. Der Kriegsausbruch machte dann weitere Pläne zunichte.

268 Anton Webern, eigenhändiger Brief an Emil Hertzka, Wien, 14. Oktober 1914.

Universal Edition, Wien

Als Alban Berg und ich im Winter dieses Jahres bei Ihnen waren, mit der Bitte, um einen Beitrag zum Arnold Schönberg-Fonds, stellten Sie uns Hilfe vom Wiener Tonkünstlerverein in Aussicht, die Sie selbst dort erwirken wollten. Wir lesen in der Zeitung, daß dieser eine Action zu Gunsten durch den Krieg geschädigter Musiker einleite. Das veranlaßt uns neuerdings zu dem Ansuchen, sich dort für den Schönberg-Fonds zu verwenden. Schönberg hat ja auch durch den Krieg materiell zu leiden; er verliert für diese Saison alle Dirigier-Honorare und die Schülerzahl hat sich abermals verringert ... Im Sommer 1915 kam es bei Schönberg zu einer ernstlichen finanziellen Krise, so daß schließlich auf Betreiben Hertzkas der Wiener Tonkünstlerverein aus dem Kriegshilfsfonds einen Betrag von 400 Kr. bewilligte.

1914 – 1918 KRIEGSJAHRE

So viel Luft ist da, und ich kann keine finden. (1914.)

269 **Kriegserklärung. (Extra-Ausgabe der Wiener Zeitung, Wien, 28. Juli 1914. Amtlicher Teil.)**

Wiener Stadtbibliothek

Nach Ausbruch des Krieges wurden viele Schüler und Freunde Schönbergs eingezogen. In Wien zeigte man sich aber anfangs vom Krieg nicht sehr berührt: *Als wäre nichts geschehen, als geschähe nicht stündlich Unerhörtes, wird hier in Wien darauflosgelebt, werden Premieren „an die Zeit angepaßter" Operetten und Schwänke aufgeführt, ist jedes Theater und Kino überfüllt und wahrlich . . . kein Anlaß an den Krieg anders zu denken, als an irgend ein sensationelles Ereignis . . . Denn, wenn er (der Krieg) das, was man ihm zuschreibt, sein soll, nämlich reinigend, so hat er seine Aufgabe noch lange nicht erfüllt . . .* (Berg an Schönberg, 27. 1. 1915. Library of Congress.)

270 **Schönberg: „Alle, welche dich suchen . . .", aus: Das Stundenbuch von Rainer Maria Rilke, für Gesang und Klavier. (Zeit-Echo. Ein Kriegs-Tagebuch der Künstler. München 1915.)**

Universal Edition, Wien

Im „Zeit-Echo" erschien 1915 ein Vorabdruck von Nr. 2 der *Vier Orchesterlieder op. 22.* Schönberg wurde bei der Komposition durch die Kriegsereignisse unterbrochen. Bis zu seiner Assentierung im Dezember 1915 hatte er wohl den größten Teil komponiert, die Reinschrift entstand aber teils erst nach seiner ersten Enthebung vom Militär (Kat. Nr. 281). *Zur Zeit, als ich diese Lieder niederschrieb, war ich über die Anfangsschwierigkeiten des neuen Stils [vgl. George-Lieder, Kat. Nr. 120] schon bis zu einem gewissen Grade hinaus gelangt . . . Immerhin aber bezvorzugte ich noch immer Musik zu Texten, immerhin war ich noch rein auf mein Formgefühl angewiesen . . .* (Nachlaß.) Die Form der Lieder ist hier im wesentlichen noch vom Text bestimmt. (Zur Frage Text und Musik vgl. auch Kat. Nr. 272.) — Berg ließ sich das „Zeit-Echo" mit dem Schönbergschen Lied, das Webern gewidmet ist, kommen und schrieb darüber: *Gott ist das schön! . . . Wie könnte ich das heute schon ganz verstehn! Ich kann zuerst vielleicht nur vom Ganzen den Eindruck unglaublicher Milde in mich aufnehmen . . .* (Berg an Schönberg, 27. 8. 1915. Library of Congress.)

271 **Schönberg: Vier Orchesterlieder op. 22 für Gesang und Orchester. Vereinfachte Studier- und Dirigierpartitur. Eigene Handschrift.**

Universal Edition, Wien

Die Idee einer sogenannten „Vereinfachten Studierpartitur", über die Schönberg im Oktober Berg berichtete (27. 10. 1912, H. Berg, Wien), bezeichnete er als *eine alte Idee.* Die Art der Partitur *besitzt den Vorzug, daß in ihr jedes einzelne Instrument genau so geschrieben ist, wie die Stimmen für die Musiker, wodurch der Kapellmeister verhältnismäßig mühelos die Richtigkeit der Abschrift der Stimmen prüfen kann . . . Ich schreibe seit langem die erste Niederschrift meiner Orchesterwerke in zwei bis sechs oder acht Zeilen auf und vermerke gewöhnlich gleich die vollständige Instrumentation. Durch etwas Nacharbeiten und Eintragung kleiner Veränderungen dient diese erste Niederschrift im Verein mit der Reinpartitur . . . als Grundlage für die Herstellung der vereinfachten Studier- und Dirigierpartitur.* Nach dem Erscheinen der Orchesterlieder (1917) kam es zu einer öffentlichen Diskussion über die praktische Verwendbarkeit der Studierpartitur. Schönberg ließ sich jedoch nicht beirren, *denn man glaubt mir heute wohl schon, daß nicht einmal . . . Zustimmung mich mehr abschrecken könnte: weil ihr eine andere Form des Unverstandes zugrunde liegt. Aber es scheint sicher, daß man sich daran nicht gewöhnen will. Ich werde an dieser Sache noch weiter arbeiten. Es ist gewiß kein Fehler drin. Nur müssen die Bedingungen besser formuliert werden, u. zw. daß auch für Kammermusik-Partituren (insbesondere mit Klavier) eine Lösung gegeben ist.* (Schreiben vom 1. 2. 1924, Nachlaß.)

272 **Schönberg, eigenhändiger Brief an Leo Feld, Berlin, 14. Jänner 1915.**

Wiener Stadtbibliothek - Handschriftensammlung

Schönberg war mitten in den Vorarbeiten zu einem großen vokal-orchestralen Werk, dessen endgültige Form er noch nicht festgelegt hatte (Kat. Nr. 288), als ihm unaufgefordert eine Dichtung zugesandt wurde: . . . *Besten Dank . . . für die Übersendung der Dichtung von [Felix] Braun . . . Und nun ebenfalls gleich zur Sache: Inwiefern Felix Brauns Dichtung [Herz der Toten] nach Musik verlangt, ist mir unklar geblieben — ein allerdings bei mir ziemlich häufiger Fall. Begreiflicherweise, denn bei mir geht es so zu, daß ich einen Inhalt musikalisch spüre und dann eventuell nach einer Dichtung suche, die es zuläßt, ihn auszudrücken; und wenn ich die nicht finde, dann muß ich selbst armselige Worte aneinanderreihen, die mir Platz für meine Musik lassen. Wenn es dabei auch nicht immer so schematisch zugeht, wie ich es hier sage, so ist doch wahr daran, daß ich an einen bestimmten Ausdruckskreis gebunden bin; nämlich dem, in dem ich mich gerade befinde . . . Jedenfalls jedoch würde ich mit Herrn Braun gerne in nähere Unterhaltung über diesen Gegenstand eingetreten sein, wenn ich nicht eben an einem sehr großen, mehr als Abend füllenden Werk arbeitete. Dieses wird mich wohl in der nächsten Zeit ausdrücklich beschäftigen und ich kann vorläufig die Zeit nicht absehen, wann ich damit fertig bin* (vgl. Kat. Nr.

288) *. . . Sehr gefreut hat mich, daß Herr Braun sich für meine Musik interessiert. Hoffentlich meint er aber damit nicht bloß meine älteren Werke . . .*

273 **Ludwig van Beethoven: IX. Symphonie. C. F. Peters, Leipzig. Partitur. Mit eigenhändigen Instrumentationsänderungen von Schönberg.**

Nachlaß, Los Angeles

Im April 1915 kam Schönberg nach Wien. Nachdem es nicht gelungen war, ein Mahler-Konzert unter der Leitung von Schönberg zu veranstalten, hatte Frau Mahler alles darangesetzt, Schönberg die Möglichkeit zu geben, als Dirigent eines Konzerts mit klassischem Programm in Wien hervorzutreten. Der Plan glückte und Beethovens IX. Symphonie wurde unter der Leitung von Schönberg im Rahmen eines Wohltätigkeitskonzertes angekündigt. Frau Mahler stellte Schönberg daraufhin ihre Partitur mit den eigenhändigen Eintragungen Gustav Mahlers zur Verfügung, von der Berg nach Einsichtnahme sagte, daß *ein großer Mut dazu gehöre, solche eingreifenden Veränderungen in einem Werk eines Größten anzubringen.* (Brief an Schönberg vom 30. 3. 1915. Library of Congress.) Schönberg übertrug die Retuschen *nach über 12-stündiger Dampfarbeit* – wie er am 9. April an Zemlinsky schrieb – in seine Partitur (und sandte die Originalpartitur an Zemlinsky, was später den Ärger von Frau Mahler hervorrief). – In Schönbergs Partitur sind nicht nur die übertragenen Mahlerschen Retuschen, sondern auch zusätzliche von seiner Hand zu finden. Zur Kenntlichmachung hatte Schönberg zwei verschiedene Rotstifte benützt. Überdies enthält die Partitur noch Dirigierhinweise, die sich wohl während der Probenarbeit ergeben haben. Das Original mit den eigenhändigen Eintragungen Mahlers verwahrt heute die Universal Edition in Wien.

274 **Schönberg dirigiert. Originalzeichnung von Fred Dolbin.**

Dolbin-Nachlaß, New York

275 **Öffentliche Generalprobe der IX. Sinfonie von Beethoven am 25. April 1915 im Großen Musikvereinssaal unter der Leitung von Schönberg. Programmzettel.**

Gesellschaft der Musikfreunde, Wien

Mein Konzert hat mir nicht viel Glück gebracht. Der Erfolg war nicht sehr groß, wenigstens bei der Presse. Am Abend war ja kolossaler Beifall. Aber ich war mit der Aufführung nicht zufrieden. In der Generalprobe habe ich viel durchgesetzt. In der Aufführung hat das Orchester gespielt, was es wollte; also das, was es von Löwe, und Schalk und Nedbal her kennt. Das hat dann offenbar einem Teil des Publikums sehr gefallen. Was ich Persönliches geleistet habe, (was auch zum Teil herausgekommen ist), mein Rubato scheint ja kaum bemerkt worden zu sein . . . (Schönberg an Zemlinsky, 24. 5. 1915. Privatbesitz, London.)

276 **Schönberg, eigenhändiger Briefentwurf an Alma Mahler, undatiert (1915).**

Nachlaß, Los Angeles

Die Aufführung der IX. Symphonie Beethovens hatte eine kurzfristige Verstimmung zwischen Schönberg und Frau Mahler zur Folge. Alma Mahler warf ihm vor, daß er mit den Partituren aus dem Besitz Gustav Mahlers zu wenig sorgfältig umgegangen wäre. *Mir sind diese Partituren Heiligtümer und ich nahm an, daß dies auch bei Ihnen . . . der Fall wäre. Gustav [Mahler] trug sich seine Partituren immer selbst in die Proben und Concerte. Und überzählte nach jedem Concert selbst die Stimmen . . .* (Mahler an Schönberg, 1. 5. 1915.) Schönberg rechtfertigte sich mit Worten, die über den Anlaß hinaus von Interesse sind: *Es ist für mich im höchsten Grade peinlich, daß ich wirklich einer Nachlässigkeit bezichtigt werden kann . . . Niemals, seit ich zur Selbständigkeit erwachsen bin, war es für mich nötig, von außen her zur Ordnung angehalten zu werden. Wer so saubere . . . Partituren schreibt, ist ordentlich in Allem. Ich habe selbst in meinen Materialien tadellose Ordnung; auch ich trug mir stets meine Noten ins Konzert . . . Ich bin also, soweit meine geringen Erfahrungen reichen, darin beinahe ebenso mißtrauisch und sorgfältig wie Mahler . . . Es ist vielleicht schwer, in mir so harte und nachsichtslose Züge zu bemerken, denn meine lange Einsamkeit hat mich wehrlos gegen Liebenswürdigkeit gemacht. Aber es ist doch leicht zu erraten, daß ein Mann, der durch bald 20 Jahre auf alle Erfolge und Bequemlichkeiten des Lebens verzichtet hat, aus einem weniger elastischen Material bestehen muß, als der flüchtige Augenschein vortäuscht . . .*

277 **Gustav Mahler: „Um Mitternacht" (Gedicht von Friedrich Rückert). Für eine Singstimme und Orchester. Eigene Handschrift.**

Nachlaß, Los Angeles

Das Manuskript trägt die Widmung Alma Mahlers an Schönberg: *Verzeih mir — Arnold Schönberg, daß ich Dir nicht immer tiefste Gefolgschaft leistete, daß ich mich verwirren ließ und Deine Erscheinung nur in lichten Momenten voll erkannte. Verzeih mir — Mathilde, daß ich Deine Seele nicht immer geliebt habe — so, wie ich sie heute liebe — und nehmt mich auf, geliebte, theure Menschen in Eure großen Herzen — so wie Ihr aus dem meinen nicht mehr vertrieben werden könnt . . .* (Wien, 13. Juni 1920.)

MILITÄRZEIT

Eine schale Hoffnung: man ist eben erwacht, hat heitere oder gleichgültige Traumbilder hinter sich - eigentlich keine wirkliche Hoffnung; nur: Hoffnungslosigkeit ist für einige Augenblicke vergessen . . . der Mensch lebt gerne und glaubt gern. Täuschung oder Vergessen genügt ihm. (1915.)

278 Schönberg in Uniform. Photographie (1916).

Erich Alban Berg, Wien

Schönberg und Webern waren anfangs sehr kriegsbegeistert. *Ich war auf meinen Militärdienst stolz, war ein aufrichtiger und demütiger Patriot und wollte meinen Teil tun . . .* (Nachlaß.) Der von Schönberg seinen Freunden gegenüber geäußerte Wunsch, als ungarischer Staatsbürger in einem österreichischen Regiment zu dienen, stieß auf Schwierigkeiten. Auch Loos, dem es dank einiger Beziehungen gelungen war, Kokoschka in einem Dragonerregiment unterzubringen, wußte keinen Rat. Berg und Webern, die gegen den Willen Schönbergs etwas für dessen Freistellung unternehmen wollten – *der bedeutendste Künstler im 41. Lebensjahr* – wandten sich an den Reichstagsabgeordneten J. Redlich, der versprach, in der Angelegenheit zu vermitteln.

279 Josef Redlich, eigenhändiger Brief an Schönberg, Wien, 6. Mai 1915.

Nachlaß, Los Angeles

. . . Ich habe mich sogleich in einem ausführlichen, eigenhändigen Schreiben, in dem ich, soweit dies noch nötig ist, ihre künstlerische Persönlichkeit ins richtige Licht setzte, an Seine Exzellenz den gewesenen königl. ungarischen Minister des Inneren, Grafen Julius Andrassy, mit dem ich persönlich bekannt bin, gewendet und ihn gebeten, ihr Gesuch beim Honvedminister wärmstens zu unterstützen. Ich habe auch persönlich den Wunsch hinzugefügt, daß Ihre militärische Dienstleistung, falls Sie für tauglich befunden werden, Ihrer menschlichen und musikalischen Bedeutung nach Möglichkeit angepasst werde. Ich wende mich unter einem auch an den österreichischen Minister für Kultus und Unterricht, den ich für Ihre Angelegenheit gleichfalls interessieren möchte, da dies von guter Wirkung für die Gestaltung Ihrer militärischen Dienstleistung sein dürfte . . .

280 Superarbitrierungsliste und militärärztliches Zeugnis des „Einjährig Freiwilligen Tit. Gefreiten Arnold Schönberg“. Wien, im Juli 1916.

Kriegsarchiv, Wien

Schönberg wurde am 19. Mai 1915 bei der Musterung aufgrund seines Blähhalses zurückgestellt und erst bei der Nachmusterung im November 1915 assentiert. Am 15. Dezember 1915 rückte er zum k. u. k. Regiment Hoch- und Deutschmeister Nr. 4 ein und absolvierte vom März bis Mai 1916 die Brucker Reserveoffiziersschule. Im Juli 1916 mußte er sich einer ärztlichen Untersuchung im Garnisonsspital in Wien unterziehen. Der Befund lautete: *Parenchymkropf mittleren Grades mit Atembeschwerden bei körperlicher Anstrengung.* — Am 8. August wurde er superarbitriert als *„tauglich zum Hilfsdienst" im Stande der 9. Ersatz-Kompagnie des k. u. k. Infanterie-Regiments Nr. 4.*

281 Ansuchen des Präsidiums der Allgemeinen Kunstfürsorge, des Wiener Tonkünstler-Vereines, des Wiener Konzert-Vereines und des Wiener Tonkünstler-Orchesters beim Kgl. ungarischen Ministeriums für Landesverteidigung um Enthebung von Schönberg vom Landsturmdienste. (Übersetzte Abschrift, Wien, 16. Dezember 1915 und Akte des Präsidiums des k. k. Ministeriums für Kultus und Unterricht vom 4. Jänner 1916.)

Allgemeines Verwaltungsarchiv, Wien

Das von Julius Bittner, Ferdinand Löwe, Freiherr Max Vladimir von Beck unterzeichnete Ansuchen hat den Wortlaut: *Die ergeb. Gefertigten erlauben sich ... um die Enthebung des Komponisten Arnold Schönberg vom Landsturmdienst zu bitten und begründen ihre Bitte mit Nachfolgendem: Schönberg . . . ist nach Preßburg zuständig. Den größten Teil seines Lebens verbrachte er in Wien und Berlin in unermüdlicher Betätigung als Komponist, Musiklehrer, Kapellmeister und Schriftsteller. Am 3. November wurde Arnold Schönberg . . . in Wien mit der Begünstigung des Tragens des Einj. Freiwill. Abzeichens als geeignet befunden und rückte er, berechtigt, als Einj. Freiwilliger sich das betreffende Regiment selbst wählen zu dürfen, am 15. Dezember . . . ein. — Schönberg nimmt in der Reihe der lebenden Komponisten die erste Stelle ein. Seine Werke beschäftigen eingehendst die ganze Welt. In der letzten Zeit hat er im Interesse des alten führenden Namens unserer heimischen Musik weit über die Grenzen Öst.-Ungs. und Deutschlands gewirkt. Die Aufführungen seiner zahlreichen Werke nehmen von Jahr zu Jahr zu, oftmals von ihm selbst in den Musikzentren der ganzen Welt dirigiert.*
Die Bedeutung ist überdies noch in seiner Betätigung auf dem Gebiete des Musiklehramtes vorhanden, in welcher er zum Segen der musikalischen Jugend durch eine lange Reihe von Jahren hindurch wirkt. Zahlreiche Schüler preisen und verehren ihn als das höchste Musterbild. Seine „Harmonielehre" hat überall Eingang gefunden. Schönbergs großer pädagogischer Einfluss wurde bald überall bekannt. So wurde er schon vor Jahren von dem ord. Prof. der k.k. Musikakademie in Wien, Dr. Guido Adler [!], zum Professor vorgeschlagen . . . Unser Vaterland benötigt einen solchen Meister auf dem Gebiete des künstlerischen Schaffens . . . Im Juni 1916 wurde neuerlich „um Erwirkung der Enthebung" ersucht und das Ministerium übermittelte dieses Ansuchen wiederum an das ungarische Ministerium für Landesverteidigung mit der Befürwortung des Ministers, daß das Ministerium für Kultus *mit Rücksicht auf die besondere Bedeutung dieses Künstlers die wohlwollende Bedachtnahme des geehrten Kgl. Minist. für diese Angelegenheit wenigstens in der Hinsicht erbeten möchte, daß — falls eine ausnahmsweise Behand-*

lung desselben nicht tunlich wäre – derselbe doch vielleicht in einer seiner künstlerischen Individualität berücksichtigenden Stellung verwendet werden könnte. Da Schönberg in der Zwischenzeit seine ungarische Staatsangehörigkeit verloren hatte und sich um die österreichische Staatsbürgerschaft und die Zuständigkeit nach Neukettendorf bei Schwechat bewarb, gingen die Enthebungsakte an das Kriegsministerium (Abteilung 10) in Wien. Auf Drängen des Präsidiums der Kunstfürsorge intervenierte im September 1916 nochmals das Kultusministerium beim Kriegsministerium und am 21. Oktober erfolgte der vom Kultusminister Hussarek mitunterzeichnete Bescheid: *„Gesehen beim Kriegsministerium und hat dieses die Enthebung des Freiwilligen auf Kriegsdauer Inf. tit. Gft. mit Einj.-Freiw., Abs. Arnold Schönberg des Inf. Regt. Nr. 4 ausnahmsweise von der Militärdienstleistung auf unbestimmte Zeit verfügt...“*

282 **Schönberg: Österreichischer Grenadier-Marsch von Neipperg. Partitur (Fragment.) Eigene Handschrift.**

Nachlaß, Los Angeles

Laut einer Mitteilung von Viktor Fuchs (Arnold Schönberg als Soldat im Ersten Weltkrieg, in: Melos, 33. Jg. 1966, S. 170 ff.) erhielt Schönberg beim Militär auch Instrumentationsaufträge für die Deutschmeister-Musikkapelle. Im Nachlaß in Los Angeles haben sich noch weitere Fragmente von derartigen Instrumentationen erhalten und überdies ein Marsch *Die eiserne Brigade,* den Schönberg während seiner Ausbildungszeit in Bruck/Leitha für einen „Einjährigen Kameradschaftsabend“ komponierte.

283 **Bescheinigung des k. k. Ministeriums des Äußeren vom 9. Februar 1918 für Schönberg.**

Nachlaß, Los Angeles

Herr Arnold Schönberg begibt sich im Rahmen der Österreichischen Propagandaaction zwecks Aufführung eines seiner Werke in die Schweiz. Das k. u. k. Pressedepartment des Ministeriums des Äußeren stellt das höfliche Ersuchen, dem genannten Herrn bei der Aus- un Einreise aus der Monarchie alle üblichen Erleichterungen gewähren zu wollen. Am 17. September 1917 war Schönberg nochmals einberufen und der Stabsleitung des Ersatzbataillons des 4. Infanterie-Regiments zugeteilt worden. Seine endgültige Enthebung verdankt er dem Plan einer *Gurrelieder*-Aufführung, die aus Propagandagründen in der Schweiz unter seiner persönlichen Leitung stattfinden sollte. Die Enthebung ist mit 5. Dezember 1917 datiert. Zu einer Aufführung der *Gurrelieder* kam es nicht.

284 **Schönberg: Der Besiegte.**

Nachlaß, Los Angeles

In der ihm eigenen sarkastischen Weise hat Schönberg das Ende des Krieges in malerischer Form festgehalten.

285 **Schönberg: Der Sieger.**

Nachlaß, Los Angeles

FOLGEN DES KRIEGES — NEUE PLÄNE

Als Komponist: Fortsetzung ererbter Künste, mit dem Bestreben nach intensivster Ausnützung des musikalischen Raumes (im kleinsten Raum der größte Inhalt, wobei in der Darstellung an das Auffassungsvermögen keine anderen Konzessionen gemacht werden als die, die der Gebildete benötigt. — Als Theoretiker: Darstellung der musikalischen Komposition vom Gesichtspunkt der Logik einerseits und der Erfordernisse der Faßlichkeit andererseits.

286 **Alexander v. Zemlinsky, eigenhändiger Brief an Emil Hertzka, undatiert (Prag 1917).**

Universal Edition, Wien

. . . Nun etwas Wichtiges, Dringliches: die Katastrophe Schönberg. Sie wissen ja wahrscheinlich, daß zu der Kündigung dieser Frau Lieser (vgl. Kat. Nr. 291) auch noch die Annulierung der Enthebung . . . dazugekommen ist. Er steht mit seiner Familie nahezu brotlos da! Es muß etwas geschehen! Ich werde hier alles in Bewegung setzen, womöglich auch trachten, durch das hiesige Theater seine Enthebung zu veranlassen. Aber das ist zu wenig — fast nichts. Nun dachte ich mir aus: Es müßte Ihnen ein leichtes sein, ihm, entweder durch Ihre Bank, oder durch Ihre Verbindungen mit Millionären, mit den Gurreliedern als Pfand, einige Tausende fürs erste zu verschaffen . . . Ich weiß, daß Sie sich für Schönberg interessieren . . . und daß Sie sein grausames Schicksal ebenso wie mich ergreift . . . Zemlinsky gelang es, Schönberg durch Bankdirektoren eine Summe von 1500 Kr. zu verschaffen. Auch die Schüler spendeten und vom Ministerium für Kultus und Unterricht erhielt er im September 1917 ein Stipendium in der Höhe von 700 Kr. (Schreiben vom 26. 9. 1917. Nachlaß.)

287 **Alexander v. Zemlinsky: II. Streichquartett op. 15. Bearbeitet für Klavier zu vier Händen von Schönberg. Eigene Handschrift.**

Nachlaß, Los Angeles

Zemlinsky hatte das 1915 entstandene *Zweite Streichquartett* Schönberg gewidmet. Schönberg sah darin *eine Auszeichnung, ein öffentliches Wort der Zustimmung, des Glaubens, des Zutrauens.* Der Grund der Widmung war aber wohl in der Überbrückung einer vorübergehenden Verstimmung zwischen beiden zu sehen. *Und ich bin glücklich darüber, weil es mir ein erstes Zeichen ist, daß . . . unsere alte Freundschaft neu aufleben wird. Du kannst es dir kaum denken, wie oft ich in der vergangenen Zeit, in der es Verhetzungen falscher Freunde gelungen ist, dich gegen mich einzunehmen . . . die Sehnsucht gehabt habe, mit dir so zu stehen, wie früher. Es scheint, daß wir uns jenem glücklichen Lebensabschnitt nähern, indem man an den wirklich guten Menschen nicht mehr so sehr das Trennende sieht, als vielmehr das Gemeinsame . . . Ich weiß das sehr genau: ich war wirklich ziemlich unnatürlich und sozusagen befangen dir gegenüber . . .* (Schönberg an Zemlinsky, 9. 1. 1915. Privatbesitz, London.)

288 Schönberg: eigenhändiger Textentwurf zur Jakobsleiter. (Aufgeschlagen: „Gebet", datiert: 12. April 1915.)

Nachlaß, Los Angeles

Unmittelbar von den Kriegsereignissen betroffen war Schönbergs Arbeit an einer – wie er sich ausdrückte – *mehr als abendfüllenden Komposition:* Das Oratorium *Die Jakobsleiter. Vielleicht war das Ärgste doch die Umstürzung all dessen, woran man früher geglaubt hat. Das war wohl am schmerzhaftesten . . . das bedeutet für einen, der alles nur für Idee gehalten hat, den Zusammenbruch, sofern er nicht auf einen anderen höheren Glauben immer mehr sich gestützt hat. Was ich meine, würde . . . am besten meine Dichtung „Jakobsleiter" (ein Oratorium) sagen: ich meine – wenn auch ohne alle organisatorischen Fesseln – die Religion. Mir war sie in diesen Jahren meine einzige Stütze – es sei das hier zum erstenmal gesagt* (Schönberg an Kandinsky, Briefe, a. a. O., Nr. 42). – Nach der Komposition an *Pierrot lunaire* war der Plan zu einem Oratorium entstanden, zu dem Richard Dehmel den Text liefern sollte. Schönberg selbst schrieb dann den Text in den Jahren 1915 bis 1917. Zwischen 1914 und 1915 hatte er zudem an einer großen Symphonie gearbeitet, die unvollendet blieb, und am 15. Jänner 1915 war eine Dichtung *Totentanz der Prinzipien* entstanden. Der ursprüngliche Plan war, daß *Jakobsleiter und Totentanz der Prinzipien* Teile einer großen symphonischen Arbeit bilden sollten. Im Textentwurf zur *Jakobsleiter* sind noch die entsprechenden Satzbezeichnungen angegeben. Auch Berg nimmt in einem Brief an Webern darauf Bezug: *Kannst Du mir etwas über Form und Inhalt der Dichtung zum III. Satz seiner (Schönbergs) Symphonie sagen?* (Brief vom 13. 6. 1915. Wiener Stadtbibliothek.) Letztlich aber komponierte Schönberg *Die Jakobsleiter* 1917 als selbständiges Werk. Nach Reich (a. a. O., S. 134) ist der *Grundgedanken des Ganzen die Verherrlichung der Kraft des Betens.* – Die Textniederschrift zeigt Schönbergs besondere Arbeitsweise. (Dieselbe begegnet später auch bei *Moses und Aron.)* Er arbeitete den Text nicht als geschlossenes Ganzes, sondern faßte viele Einzelnotizen zusammen, die er auf Skizzenblättern vermerkte, und klebte sie an der entsprechenden Textstelle ein.

289 Schönberg: Die Jakobsleiter. Korrekturabzug („Nahst Du wieder dem Licht") mit eigenhändigen Änderungen.

Universal Edition, Wien

Die Jakobsleiter erschien 1917 im Verlag der Universal Edition und wurde 1926 auch in die Sammlung „Texte" aufgenommen. Im Schönberg-Kreis fand man für die Dichtung begeisterte Worte: *Nach dem 1. relativ flüssigen Lesen finde ich es fabelhaft schön! Die 2 großen Reden Gabriels im 1. Lesen als das Schönste! Verblüffend für mich auch: die formelle Gestaltung: unerhörte Knappheit des Ausdrucks, dann wieder die Schönheit der Sprache ...* (Zemlinsky an Schönberg, undat. Library of Congress.) Und Webern begrüßte das Erscheinen des Werkes mit den Worten: *Sie ist da, die „Jakobsleiter". Diese hehren Gedanken. Das ist meine Überzeugung, daß noch keiner so hoch hinaufgedacht hat. Durch Dein Werk ist sonnenklar geworden, was ein Menschenschicksal ist.* (Webern an Schönberg, 5. 10. 1917. Library of Congress.)

290 **Schönberg: Die Jakobsleiter. (Aufgeschlagen: „Gegen euren und seinen Willen ist einer da, euch zu führen".) Faksimile der eigenen Handschrift. (Denkschrift zu den Meisteraufführungen Wiener Musik, Wien 1920.)**

Wiener Stadtbibliothek - Druckschriftensammlung

Schönberg begann mit der Komposition am 19. Juni 1917. Aufgrund seiner zweiten Einberufung zum Militär (Kat. Nr. 283) mußte er die Arbeit unterbrechen. In den Jahren von 1917 bis 1922 hat er mehrmals daran gearbeitet, gab aber dann den Plan einer Fertigstellung auf. 1944 griff er wieder darauf zurück und überarbeitete den Anfang. Die äußeren Lebensumstände aber vereitelten den Plan einer Vollendung. Wenige Wochen vor seinem Tod kam er zur Erkenntnis, daß es ihm an Kraft fehlte, dieses Werk zu Ende zu führen. Er fragte bei seinem Schüler Karl Rankl an, ob er die Instrumentierung übernehmen könnte: *Es ist die Möglichkeit, daß ich einsehen muß, nicht mehr in der Lage zu sein, die Jakobsleiter zu Ende zu komponieren. In diesem Fall hoffe ich noch immer fähig zu sein, einen Schluß zum ersten Teil zu komponieren. Keinesfalls aber kann ich die Partitur noch schreiben. Ich will Sie nun fragen, ob Sie eventuell bereit wären, eine solche Partitur anzufertigen. Es sind viele und oft sehr weitgehende Hinweise auf meine orchestralen Absichten im Manuskript zu finden. Es würde sich dann darum handeln, mit dem nötigen Takt, solche Ausdeutungen und Ergänzungen anzubringen, die diesen Teil wirkungsvoll aufführbar macht. Ich weiß, daß Scherchen das auch machen könnte, aber ich nehme an, daß Sie Erwartung, Die glückliche Hand und Von heute auf Morgen gut kennen, und mit meinem Orchesterstil so vertraut sind, wie kein anderer. Ich würde mich sehr freuen, wenn Sie das übernehmen würden, da ich ja leider so viele meiner Werke als Fragmente werde hinterlassen müssen . . .* (Brief vom 27. 6. 1951. Zit. nach Original. H. Swarowsky, Wien.) Rankl lehnte ab und der Schönberg-Schüler Winfried Zillig stellte die Partitur nach Schönbergs Tod im Auftrag von Gertrud Schönberg her.

291 **Blick auf Wien XIII, Gloriettegasse. Photographie um 1920.**

Historisches Museum der Stadt Wien

Schönberg hatte im September 1915 auf Einladung von Frau Lilly Lieser-Landau eine Wohnung in Wien XIII, Gloriettegasse 43, bezogen. Frau Lieser war die vermögende Witwe eines Industriellen und hatte sich schon in früheren Jahren als Kunstmäzenin gezeigt. (Als der *Akademische Verband für Literatur und Musik* im Frühjahr 1913 in finanzielle Schwierigkeiten geraten war, sprang sie helfend ein, denn sie schätzte den *herrlichen Mute, der unbekümmert um finanziellen Erfolg, jungen Talenten den Weg in die Öffentlichkeit ermöglichte.* Brief an Buschbeck vom 21. 4. 1913). Lieser war überdies mit Alma Mahler befreundet. Im Sommer 1917 kam es zu Unstimmigkeiten mit Frau Lieser, und Schönberg war gezwungen, sich nach einer anderen Wohnung umzusehen. Anfangs fand er in der Pension Astra in der Alserstraße und später im Haus in der Rechten Bahngasse 10 Unterkunft. Zemlinsky gegenüber beklagte er sich, mit welchen Schwierigkeiten seine Wohnungssuche verbunden war: *Wir können keine bekommen! Wir sind in unseren Ansprüchen bereits bescheidener . . . Die meisten Leute wollen mich nicht nehmen, weil ich ihnen nicht sicher genug bin. Einer hat mich abgelehnt, weil er befürchtet, daß es in meinem Privatleben auch, wie in meinem künstlerischen, öffentliche Skandale geben könnte. Ein anderer, dem ich eine Garantie für 2 Jahre für den Jahreszins von Hertzka gebracht habe, hat mir — offenbar ebenfalls aus Mißtrauen — sein Wort gebrochen. Ich habe mich also entschlossen, beim Wohnungsmieten, meinen Beruf nicht mehr zu nennen, sondern mich „Theorieprofessor in der Schule Schwarzwald" zu nennen* (Brief vom 21. 10. 1917 — vgl. Kat. Nr. 294). Zu Beginn des Jahres 1918 entschloß er sich, auf Vermittlung von Baronin Pasotini nach Mödling zu übersiedeln. Im April 1918 bezog er dort das Haus Bernhardgasse 6.

292 Ansicht des Hauses Bernhardgasse 6 in Mödling. Photographie um 1918.

Internationale Schönberg-Gesellschaft, Wien

Anfang April 1918 übersiedelte Schönberg mit seiner Familie nach Mödling und wohnte daselbst bis zu seiner Berufung nach Berlin im Jahre 1925. Nach einer längeren . . . Pause entstanden in Mödling, im Hause Bernhardgasse 6, mehrere für Schönbergs Entwicklung sehr markante Werke. Viele in- und ausländische Schüler und Verehrer nahmen ihren Weg dorthin. Vor allem aber kam in jenem Hause Schönbergs „Methode der Komposition mit zwölf lediglich aufeinander bezogenen Tönen" (Kat. Nr. 355) *zur Reife, . . . Als Arnold Schönberg an einem Februar-Morgen des Jahres 1923 einige nähere Freunde und Schüler in seinem Mödlinger Heim um sich versammelte, um ihnen die Grundzüge seiner Methode vorzutragen und sie an einigen Beispielen aus seinen jüngsten Kompositionen zu erläutern, da begann ein neues Kapitel der Geschichte der Musik. Aber im Hause Bernhardgasse 6 wurde auch an jedem Sonntagnachmittag, mit Ausnahme der Sommerferien, Kammermusik gemacht. Es wurden ausnahmslos nur Werke der klassischen Meister gespielt. Schönberg fühlte sich in Mödling sehr wohl und hat das oft ausgesprochen, auch nach seiner Übersiedlung nach Berlin: . . . „Ich wollte in Mödling wohnen und im Sommer in Traunkirchen. Das ist die Landschaft, in die ich gehöre und die zu mir gehört" . . .* (Aus einer Rede von J. Polnauer. W. Szmolyan, Die Geburtsstätte der Zwöltonmusik, in: Österreichische Musikzeitschrift, 26. Jg. 1971, H. 3.)

293 Schönberg am Schreibpult in seinem Arbeitszimmer in Mödling. Photographie.

Helene Berg, Wien

In Schönbergs Mödlinger Zeit fielen eine Reihe von hochbedeutenden organisatorischen und künstlerischen Arbeiten. Dort reifte der Plan zur *Komposition mit 12 nur aufeinanderbezogenen Tönen,* die Gründung des *Vereins für musikalische Privataufführungen* kam zur Sprache und die Lehrtätigkeit wurde in dieser Zeit geradezu „schulebildend". Nach Mödling kamen auch die Hörer des von ihm 1917 begründeten *Seminars für Komposition.*

294 Informationsblatt über die Gründung des „Seminars für Komposition", Wien, 1. September 1917.

Josef Trauneck, Wien

Um den Nutzen der aus *zwanzigjähriger Lehrerfahrung entsprungenen Erkenntnisse den Lernenden zuzuführen,* hatte Schönberg sich entschlossen, am 1. September 1917 ein *Seminar für Komposition* zu eröffnen. Eugenie Schwarzwald stellte ihm die Räume zur Verfügung. Als Ziel schwebte Schönberg *ein beständiger und zwangloser Verkehr zwischen ihm und seinen Schülern* vor. *Ich werde ihnen zu gewissen Stunden regelmäßig zur Verfügung stehen, mich mit ihnen über Fragen . . . auseinandersetzen, wir werden musizieren, analysieren, diskutieren, suchen und finden.* In einem Interview, das er Julius Bistron gab, sagte er: *Ich verfolge als Lehrer meine eigenen Pläne, eine neue, ganz eigene Methode und die muß . . . hinaus in die Welt . . . Der Schüler bekommt beim starren Lehrplan meist nur zu hören, was ihn eben gar nicht interessiert. Darum habe ich meinen Lehrkursen, die ich „Seminar für Komposition" nenne, ein vollkommen neues, freies System zugrunde gelegt, nämlich so: Eine bestimmte Tageszeit gehört ganz allein meinen Schülern zugleich. Jeder Schüler kommt dann, wenn er lernen will . . . Der Gegenstand der Lektion ist nicht festgelegt, sondern dem freien Bestimmen des Schülers unterstellt. Also niemals der Reihe nach: Harmonielehre, Kontrapunkt, Instrumentationslehre . . . sondern alles ganz nach freier Wahl. Der nähere Lehrgang ist dabei folgender: Ich und meine Schüler treffen im Lehrzimmer möglichst zwanglos zusammen. Und nun fragt einer dies oder jenes, und ich antworte, dem Umfang der Frage entsprechend, vielleicht auch darüber hinaus . . . Vielleicht antworte ich auch gar nicht, weil ich im Augenblick zu dem betreffenden Gegenstand keine Neigung habe; und vielleicht schicke ich dann und wann die erschienenen Schüler überhaupt nach Hause, weil ich den Tag gerade für den Unterricht nicht disponiert bin und als Lehrer nur wenig oder gar nichts bieten könnte . . . Ich verbinde mit dieser Idee auch eine Reform sozialer Natur . . . Ich habe diese bereits seinerzeit in Vorschlag gebracht, als ich meine Berufung an die „Akademie" erhielt . . . Diese Umbildung besteht nämlich in der Bestimmung des Honorars durch Selbsteinschätzung des Unterrichtsnehmers. Jeder zahlt, soviel er seinen Verhältnissen gemäß kann* (Neues Wiener Journal, 18. 9, 1917). Der erwartete Widerhall stellte sich nicht sofort ein. Schönberg schrieb im Oktober 1917 an Zemlinsky: *Meine Kurse: im Ganzen bin ich nicht allzu unzufrieden damit, obwohl ich mehr erwartet habe und das eingehende Geld zur aufgewandten*

Arbeit in keinem Verhältnis steht. Aber die Idee scheint sich zu bewähren und deshalb bin ich fest entschlossen, sie durchzuhalten. Durch Schönbergs nochmalige Einberufung wurde die Lehrtätigkeit im Seminar für kurze Zeit unterbrochen.

295 Schönberg, eigenhändige Bestätigung über den Besuch des Seminars für Komposition für seinen Schüler Fritz Heinrich Klein.

Fritz Heinrich Klein, Linz

Klein war vom September 1917 bis Sommer 1918 Hörer im *Seminar für Komposition*. Schönberg bestätigte seine Teilnahme am 6. 9. 1917, am 3. 1. und 3. 4. 1918. Im Herbst 1918 wechselte Klein zu Alban Berg. Bei einem Preisausschreiben des *Vereins für musikalische Privataufführungen* erhielt Klein später den ersten Preis für die Komposition *Die Maschine.*

296 Schönberg. Faksimile nach einem Aquarell von Egon Schiele (1918).

Graphische Sammlung Albertina, Wien

Im Herbst 1917 verfolgte Schönberg auch noch andere Ziele. Einerseits dachte er daran, eine eigene Musikzeitschrift zu gründen, in der er die Wertlosigkeit des „Urteils“ hervorstreichen wollte, zum anderen befaßte er sich mit anderen Künstlern, darunter Egon Schiele, mit der Idee einer Gründung der Arbeitsgemeinschaft „Kunsthalle“. *Die Gründer sind Künstler und Kunstfreunde. Unter anderem sind Arnold Schönberg, Gustav Klimt, Josef Hoffmann und viele andere mit dabei“,* heißt es in einem Schreiben von Schiele (Zit. nach E. Schiele und sein Werk, Ausstellungskatalog 1968, Nr. 148). Wohl in diesem Zusammenhang schrieb Schönberg im Jänner 1918 an Schiele (und nahm zudem auf das im Entstehen begriffene Portät Bezug): *Wenn mich der Präsident der Sezession ersuchen will, so wird mir das sehr angenehm sein. Allerdings weiß ich — so gespannt ich auf seine Vorschläge bin — nicht, ob ich mich beteiligen kann. — Ich bin gerne bereit, Ihnen zu dem Porträt weiter zu sitzen. Aber ich kann unmöglich nach Hietzing kommen . . .* (Brief vom 8. 1. 1918. H. Apostel, Wien.)

297 Adolf Loos: Richtlinien für ein Kunstamt. (Der Friede, Wien 1919, Band 3, Nr. 62.)

Wiener Stadtbibliothek - Druckschriftensammlung

An der 1919 von Loos veröffentlichten Denkschrift „Richtlinien für ein Kunstamt“ haben *wahrhaft Kunstbegeisterte beratend mitgewirkt.* Schönberg tritt darin als Verfasser der Formulierung über die Musik in Erscheinung. In acht Punkten legte er seine wichtigsten Gedanken über Musikunterricht, Konzertwesen, Recht am geistigen Eigentum, Musik und Verlag, die soziale Lage der Musiker, Musik und Theater, die Schaffung eines Kunstrates und schließlich über die Frage der Schulgeldbemessung (vgl. dazu Kat. Nr. 294) nieder.

298 **Schönberg-Abend am 26. März 1919 im Mittleren Konzerthaussaal. Plakat nach einem Entwurf von Eggesturm-Skrla.**

Helene Berg, Wien

Wenngleich Schönberg sich mehr und mehr von der Öffentlichkeit zurückzuziehen begann, ließ er sich bisweilen doch überreden, Aufführungen seiner Werke zu leiten. So dirigierte er im Frühjahr 1919 mehrmals Konzerte mit eigenen Werken. Am 26. März 1919 standen die *Kammersymphonie op. 9, Lieder* mit Klavierbegleitung und das 2. *Streichquartett op. 10,* für Streichorchester gesetzt, auf dem Programm. Ausführende waren Arthur Fleischer und Eduard Steuermann, das Sopransolo in *op. 10* sollte Hedy Iracema-Brügelmann singen. Wegen dienstlicher Verhinderung einiger Musiker mußte das Quartett in der Fassung für Streichorchester entfallen. Statt dessen sang Brügelmann einige Lieder von Schönberg. Den Rezensionen ist über den endgültigen Programmablauf nichts zu entnehmen. Ob die *Kammersymphonie* und im besonderen die Bearbeitung von *Verklärte Nacht* – laut einer Mitteilung von Schönberg an Rosé (vgl. Kat. Nr. 39) – gespielt wurde, war nicht feststellbar. Das Konzert war ausverkauft und wurde am 1. April 1919 wiederholt.

299 **Schönberg. Selbstporträt.**

Nachlaß, Los Angeles

Es gibt zu viele Menschen, die sich ihres Genusses beim Kunstwerk nicht sicher genug sind und erst, wenn sie durch Kritik sich selbst bewiesen haben, daß sie unterscheiden, vermögen sie am Guten vorbei, das Durchschnittliche zu wählen . . . so (wird) klar, wer eigentlich künstlerischen und geistigen Dingen fernsteht: wer erst Kritik üben muß, ehe er genießen kann oder noch Kritik übt, nachdem er genossen . . . (Schönberg, Vorwort zu *Texte,* erschienen in der Universal Edition, Wien 1926.)

DER VEREIN FÜR MUSIKALISCHE PRIVATAUFFÜHRUNGEN

Unterschätzen Sie nicht die Größe des Kreises, der sich um mich bildet. Er wird wachsen durch die Wißbegierde einer idealistischen Jugend, die sich mehr und mehr durch das Geheimnisvolle angezogen fühlt als durch das Alltägliche.

300 **Schönberg leitet Proben. 4 Photographien.**

Nachlaß, Los Angeles

Auf Anregung des Schönberg-Schülers Erwin Ratz fanden im Sommer 1918 öffentliche Proben der *Kammersymphonie op. 9* statt. (Vgl. Kat. S. 68 ff.) Daraus entwickelte sich die Idee der Gründung des *Vereins für musikalische Privataufführungen.*

301 **Einladung zu einer Besprechung wegen Gründung eines „Vereines für musikalische Privataufführungen" am 23. November 1918 in den Räumen der Schwarzwaldschen Schulanstalten.**

Nachlaß, Los Angeles

In der Sitzung vom 23. November sollten die „nötigen" Schritte zur Gründung eines Vereins diskutiert werden. *Der Zweck des Vereins ist, anzustreben, daß seine Mitglieder die moderne Musik wirklich und genau kennenlernen. Zu diesem Zweck sollen in jeder Woche an einem festzusetzenden Vereinsabend Vorführungen stattfinden, zu denen nur Mitglieder Zutritt haben. Hiebei soll keine Richtung bevorzugt und nur das Wertlose ausgeschlossen werden, im übrigen aber alle moderne Musik, von Mahler bis Strauss, bis zu den Jüngsten, dargebracht werden. Das Programm dieser Abende wird vorher nicht bekannt gegeben, um einen gleichmäßigen Besuch zu erzielen. Die Aufführenden werden jüngere Künstler sein ... Besonderes Gewicht wird auf die Güte der Aufführung gelegt werden, wofür ein im heutigen Konzertleben nichtzufindendes, gründliches und sorgfältiges Studium bürgen wird. Jedes Werk wird nicht einmal, sondern so oft gebracht werden, daß es verstanden werden kann. Bei den Aufführungen sind alle Beifalls-, Mißfallens- und Dankesbezeigungen ausgeschlossen. Der einzige Erfolg, den ein Autor hier haben soll, ist der, der ihm das wichtigste sein müßte: sich verständlich machen zu können. Die Aufführungen sind in jeder Hinsicht nicht öffentlich . . .* Die erste Generalversammlung des Vereins fand am 6. Dezember statt, in der die von Schönberg verfaßten Statuten verlesen wurden (dort hieß es z. B. in § 2: *Der nicht auf Gewinn berechnete Verein hat den Zweck, Arnold Schönberg die Möglichkeit zu geben, dass er seine Absicht: Künstlern und Kunstfreunden eine wirkliche und genaue Kenntnis moderner Musik zu verschaffen, persönlich durchführe.* Original im Nachlaß mit eigenhändigen Ergänzungen von Schönberg). In den Vorstand wurden u. a. Berg, Webern, Bachrich, Polnauer, Steuermann, Ratz gewählt. Schönberg stand als Präsident von vornherein fest. Dem Protokollbuch im niederösterreichischen Landesarchiv läßt sich entnehmen, daß die Vereinsbehörde erst am 23. Dezember durch P. A. Pisk in Kenntnis gesetzt wurde. Die Erledigung und Genehmigung ist mit dem 16. Jänner 1919 datiert. Der Verein hat nach amtlichen Eintragungen bis 1930 bestanden, auch wenn er seine Wirksamkeit 1922 einstellen mußte. – Noch vor der endgültigen Designierung der Vereinsleitung wurde mit den Proben begonnen. Zu Vortragsmeistern wurden neben Schönberg auch Webern, Berg und Steuermann bestellt. Berg übernahm im November die Einstudierung von *Don Quichote* von R. Strauss, obgleich er aus gesundheitlichen Gründen daran dachte, sich seiner Stellung als Vortragsmeister entheben zu lassen. Am 29. Dezember 1918 fand das erste Konzert mit Werken von Skrjabin, Debussy und Mahler statt.

302 Schönberg. Grünes (Selbst-) Porträt.

Nachlaß, Los Angeles

Die Hauptlast der Organisation, der Überwachung der Proben und der Einstudierung lag im ersten Vereinsjahr in den Händen von Schönberg. Selbst einstudiert hat er in dieser Zeit Werke von Debussy, Bartók, Webern, Busoni, Weigl, Reger, Strawinsky u. a.

303 Prospekt des Vereins für musikalische Privataufführungen vom 16. Februar 1919.

Nachlaß, Los Angeles

Der Vereinsvorstand versandte auch Prospekte, die mehrmals neu aufgelegt und ergänzt wurden und worin die Aufgaben und Ziele des Vereins deutlich formuliert wurden. *Der im beiliegenden Prospekt gekennzeichnete Verein beabsichtigt, den Mitgliedern zu zeigen, daß die mehrmalige Aufführung eines Werkes imstande ist, einen anderen Eindruck zu verschaffen, als die übliche bloß einmalige und will durch ausgezeichnete, gut studierte Vorführungen das ersetzen, was sonst durch Selbststudium erreicht wird: eine genaue Kenntnis der Werke. Im allgemeinen wird der Verein bestrebt sein, den Mitgliedern, das an solchen Werken darzutun, die geeignet sind, das Schaffen eines Komponisten von seiner charakteristischesten und zunächst womöglich auch ansprechendsten Seite zu zeigen. Es kommen daher nebst Liedern, Klavierstücken und Kammermusik auch Orchesterwerke in Betracht, welche anfangs allerdings nur in guten und gutstudierten Arrangements dargebracht werden können* (Schreiben an die Mitglieder. Nachlaß.) Die Prospekte verfaßte Berg. In dem oben angeführten betonte er, daß Schönberg sich bei der Gründung des Vereins von dem Gedanken leiten ließ, *endlich einmal Klarheit zu schaffen in das Verhältnis des Publikums zur modernen Musik.*

304 **Privataufführungen moderner Musik. Leitung: Arnold Schönberg. Plakat nach einem Entwurf von Adolf Loos.**

Nachlaß, Los Angeles

Adolf Loos war vom Vorstand um den Entwurf eines Vereinsplakats gebeten worden. Das Plakat wurde im Sommer 1919 hergestellt, zu einer Zeit, wo die Veranstaltungen des Vereins bereits größeren Zuspruch gefunden hatten und in den Konzerthaussaal verlegt werden mußten.

305 **Mitteilungen Nr. 8 des „Vereins für musikalische Privataufführungen" über 4 geplante Propagandakonzerte mit großem Orchester, Wien, am 4. Mai 1919.**

Nachlaß, Los Angeles

Schönberg plante im Frühjahr 1919 zusätzlich zu den üblichen Vereinsabenden sogenannte „Propagandakonzerte". *Zweck dieser Konzerte ist, die Besucher wieder auf das Bestehen und die Ziele des Vereines aufmerksam zu machen und durch die Programme . . . einen Überblick über die bisherigen Leistungen zu geben, deshalb werden bezeichnete Abende ausnahmsweise Gästen zugänglich gemacht.* Die Idee der Orchesterkonzerte realisierte Schönberg – ähnlich wie 1918 – wieder durch 10 öffentliche Proben der Kammersymphonie mit nachfolgenden Aufführungen, in denen die *Kammersymphonie* jeweils zweimal gespielt wurde. Propaganda-Abende gab es mehrmals während des Bestehens des Vereins. Meist aber waren sie defizitär, da man erhöhte Preise verlangte.

306 **Max Reger: Eine romantische Suite op. 125. Bearbeitet für Kammerorchester von Rudolf Kolisch. Gedruckte Stimmen mit eigenhändigen Änderungen.**

Nachlaß, Los Angeles

Da es im Verein nicht möglich war, Orchesterwerke in Originalbesetzung aufzuführen, entschloß sich Schönberg, im geeigneten Fall zu einer Bearbeitung für Klavier oder Kammerorchester (in der Regel mit der Besetzung Flöte, Oboe, Klarinette, Streicher, Klavier und Harmonium). Die Arrangements wurden von ihm selbst oder von seinen Schülern ausgeführt. In der Frage der Beurteilung eines Werkes aufgrund einer Bearbeitung gab es auch kritische Stimmen (Zemlinsky), Hertzka sprach sogar von *dilettantischen Veranstaltungen* (Brief an Rufer vom 21. 1. 1921). – Schönberg hielt jedoch eine gute Bearbeitung für geeignet, einen richtigen Eindruck eines Werkes zu vermitteln. – Die Regersche Suite wollte anfangs Schönberg selbst bearbeiten, überließ sie aber später Kolisch.

307 **Max Reger (1873 – 1916). Photographie.**

Wiener Stadtbibliothek - Druckschriftensammlung

Nach Aussagen noch lebender Schüler von Schönberg war das Regersche Werk in Wien nur wenig bekannt. Schönberg bewies seine Verehrung für

Reger durch eine intensive Reger-Pflege im Verein. Aus der Übersicht über die Vereinskonzerte ist zu ersehen, daß Reger mit 27 Werken – zum überwiegenden Teil Kammermusikwerke – vertreten war. Nicht nur Erwin Stein sprach daher von einer „Reger-Hypertrophie".

308 Claude Debussy: L'aprés midi d'une faune. Bearbeitung für Kammerorchester. Handschriftliche Partitur.

Nachlaß, Los Angeles

Die in den Vereinsmitteilungen Nr. 19 (vom Oktober 1920) angekündigten Aufführungen von Bearbeitungen für Kammerorchester konnten nicht in dem Maße wie geplant stattfinden, da die Bemühungen, ein Kammerorchester zustandezubringen, fehlschlugen. (Stein an Schönberg, 23. 10. 1921. Nachlaß.) Damit ist auch fraglich, ob das Debussysche Werk in der Bearbeitung aufgeführt wurde. Von wessen Hand die Bearbeitung stammt, war nicht festzustellen. Es war überdies wiederum Schönbergs Verdienst, daß man das Debussysche Oeuvre in größerer Breite kennenlernen durfte. Allein die Beschaffung des Notenmaterials war hiebei bereits ein Problem, mit dem Berg befaßt war. Die Werke waren meist gut studiert. So heißt es in einem Brief Weberns an Schönberg: *Neulich spielten im Verein Steuermann und Winkler prachtvoll die Debussy-Cello-Sonate (Deine Einstudierung!) Mir gefiel das Werk ganz besonders . . .* (12. 12. 1920. Library of Congress.)

309 Anton Bruckner: VII. Symphonie. Bearbeitet für Kammerorchester von Hanns Eisler. Partitur. Eigene Handschrift.

Nachlaß, Los Angeles

Man wagte sich sogar an die Bearbeitung großer Symphonien. Bruckners VII. Symphonie scheint in den Vereinsmitteilungen allerdings nicht auf, war jedoch für den Verein bestimmt, was allein schon aus der Vereinsstampiglie ersichtlich ist. Die Bearbeitung dürfte nach 1921 entstanden sein. Eisler besaß zu diesem Zeitpunkt bereits Routine genug, eine derartige Instrumentierung glänzend zu lösen.

310 Erwin Stein (1886 – 1958). Photographie um 1920.

Wiener Stadtbibliothek - Handschriftensammlung

Erwin Stein kam im Sommer 1920 auf Ersuchen Schönbergs von Darmstadt nach Wien und übernahm Weberns Stelle als Vortragsmeister im Verein. In den Vereinsmitteilungen Nr. 18 vom 9. September 1920 heißt es: *Unser Vortragsmeister Dr. Anton von Webern hat eine Stelle am Deutschen Landestheater in Prag angenommen und wird deshalb im heurigen Jahr in unserem Verein nicht mehr mitarbeiten . . . An die Stelle Dr. Weberns tritt Erwin Stein. Ich bürge für ihn. Arnold Schönberg.* Stein kam mit großen Plänen nach Wien. *Im Verein möchte ich in diesem Jahr gerne das Bild ergänzen, das die Leute in den ersten beiden Jahren von der modernen Musik erhalten haben. Diese Aufgabe ist sehr dankbar, da die Hauptsache bis jetzt fehlt: Schönberg . . . Man müßte jetzt unbedingt von Ihren Werken bringen, was im Verein irgend möglich ist. Alle Lieder (die Orchesterlieder eventuell für Kammerorchester); da wäre die Frage, wie Sie sich zur Uraufführung im Verein stellen . . . Was hielten Sie von einer Kammersymphoniebearbeitung für Klavierquartett . . . Orchesterstücke. Pierrot wird wohl undurchführbar sein. Ich möchte Ihre Zustimmung dazu, daß die Physiognomie der Programme in diesem Jahr im Wesentlichen durch Ihre Werke bestimmt wird.* (Brief vom 14. 6. 1920. Nachlaß.) Schönberg hatte bekanntlich die Aufführung seiner Werke im Verein untersagt, um den Vorwurf zu vermeiden, er hätte den Verein zum eigenen Zwecke gegründet. Stein gelang es tatsächlich, Schönberg in die nächsten Programme aufzunehmen, und selbst an *Pierrot lunaire* wagte er sich heran. Die erste Aufführung von *Pierrot lunaire* kam nach Überwindung vieler Schwierigkeiten, die im Briefwechsel Stein-Schönberg nachzulesen sind (Nachlaß) zustande. Mitwirkende waren Erika Wagner, E. Steuermann, F. Wangler, V. Polatschek, R. Kolisch, W. Winkler. Am 3. und 7. Mai wurde *Pierrot lunaire* unter Steins Leitung wiederholt und die vierte Aufführung am 12. Mai 1921 leitete Schönberg selbst. – Stein führte überdies während Schönbergs Aufenthalt in Holland die Geschäfte des Vereins.

311 Alban Berg, eigenhändige Notizen über Proben und Besetzungsfragen, insbesondere zur Aufführung des Pierrot lunaire.

Helene Berg, Wien

Für die Aufführung des *Pierrot lunaire* war anfangs Gutheil-Schoder vorgesehen. Schließlich aber sprach Erika Wagner den Pierrot, die Berg *hiefür geeignet* hielt. *Ihre gesangstechnischen Mängel spielen dabei keine Rolle und werden durch eine Prachtstimme ersetzt, die sehr schön im Klang und sehr modulationsfähig ist. Was z. Bsp. der Sprechstimme der Gutheil fehlt, die auch keine Schauspielerin ist und nicht gewöhnt ist, zu sprechen.* Berg hat über die Vereinsarbeit auch noch in anderer Form Aufzeichnungen hinterlassen. Als ein „Quasi-Kontraktbuch" hatte er ein Kopierbuch angelegt, wo er die Mitwirkenden im Verein und die Werke, die sie zu spielen hatten, verzeichnete.

312 Konzert zu Ehren von Maurice Ravel am 23. Oktober 1920. Programmzettel.

Nachlaß, Los Angeles

In den Vereinsmitteilungen Nr. 19 wurde darauf hingewiesen, daß Ravel, der *in Paris nach dem Muster unseres Vereines einen Verein gebildet hat,* Mitte Oktober nach Wien zu kommen beabsichtigte, um hier einige Konzerte zu dirigieren. Am 23. Oktober fand zu Ehren von Maurice Ravel ein Vereinskonzert statt. Auf dem Programm standen Ravel, *Gaspard de la nuit – so prachtvoll hatte Steuermann die Stücke noch nie gespielt* (Webern an Schönberg, 2. 11. 1920. Nachlaß – *Valses nobles et sentimentales* und das *Streichquartett F-Dur;* von Schönberg *5 Lieder op. 15, Klavierstücke op. 19, Jane Grey* (Ballade aus *op. 12*), von Webern *Vier Stücke für Geige und Klavier Nr. 1* und von Berg die *Klarinettenstücke op. 5.* Das Konzert zählte zu den besten Veranstaltungen des Vereins. Stein berichtete Schönberg: *Das Konzert ist von unserer Seite aus sehr gut gewesen. Weniger gut waren Casella und Ravel selbst* (Brief vom 26. 10. 1920. Nachlaß.) Besonders verdient gemacht für das Zustandekommen des Konzerts hatte sich Berg, der am Tag vor dem Konzert einen heftigen Asthmaanfall erlitt und der Veranstaltung nicht beiwohnen konnte. *Aber wenigstens kann ich mir sagen, daß ich an dem Gelingen des Ravelabends keinen geringen Anteil hatte . . . Vorher aber hatte ich des öfteren mit Ravel Fühlung genommen, hatte ihn — Dich gerne vertretend — eingeladen, seine Wünsche entgegengenommen. Er wollte nur Deine Musik hören, etwas, was bei dem bisherigen Repertoire auf große Schwierigkeiten stieß.* Ravel scheint von der liebenswürdigen Aufnahme in Wien überrascht und sehr befriedigt gewesen zu sein. Er war voll des Lobes: *Herr Schönberg ist nicht nur Wiens führender Musiker, ich halte ihn für den größten Musiker der Welt. Schönberg und die Schönberg-Schüler haben meine Musik so herrlich interpretiert, wie niemand in Paris . . .* (Rufer an Schönberg, 6. 1. 1921.)

313 Eduard Steuermann, eigenhändiger Brief an Schönberg, Wien 11. Februar 1921.

Nachlaß, Los Angeles

Eine wesentliche Stütze des Vereins war der ausgezeichnete Pianist Eduard Steuermann, von dem u. a. auch die Klavierauszüge zur *Glücklichen Hand* und *Erwartung* stammen. Von Steuermann gibt es überdies eine Übertragung der *Kammersymphonie op. 9* auf Klavier, die er später in seiner fulminanten Laufbahn auch im Repertoire führte. Im Verein war er zweifellos der überragende Pianist. *. . . Im Allgemeinen haben wir uns ganz gut gehalten, obwohl wir besonders in letzter Zeit unter allen alten Schwierigkeiten zu leiden hatten . . . es fehlt uns schon an Klavierspielern, die imstande wären, ein ernstes Werk zu gestalten . . . bereits bei der Besetzung für 2 Klavier zu 8 Händen ergeben sich Schwierigkeiten, z. B. die Orchesterstücke von Berg. Es gibt leider so wenig zuverlässige Musiker. Unangenehm ist auch der Mangel an Cellisten, was Kolisch gehindert hat, bisher ein Quartett zusammenzustellen . . . Über Aufführungen, die Sie interessieren dürften: mit der Cello-Sonate von Debussy wären Sie, glaube ich, zufrieden gewesen. Die 7te Mahler mit 3 Proben (viel zu wenig) ist in den Mittelsätzen gut gelungen . . . Schließlich die Kammersymphonie: ich habe sie im Verein 1mal gespielt . . . seither arbeite ich fortwährend daran . . . viele Schwierigkeiten werden allerdings erst mit der Zeit zu lösen sein. Es ist wirklich sehr schwer: ich schaue vorläufig sehr darauf, ein wirkliches orchestrales pp und ff zu erreichen . . . Webern wird Ihnen wahrscheinlich geschrieben haben, daß auch ich jetzt bei ihm arbeite — Es ist ja etwas grotesk, daß ich es (das Studium) jetzt, nachdem Sie weg sind, aufgenommen habe, aber es ist so wichtig für das künstlerische Leben, und in Ihrer Abwesenheit wahrscheinlich noch notwendiger als früher . . .*

314 Gottesmann-Quartett. Karikatur. (Neues Acht Uhr Blatt, Wien, 18. September 1924.)

Wiener Stadtbibliothek - Druckschriftensammlung

Dem Verein stand keine ständige und gut eingespielte Quartettvereinigung zur Verfügung. Eine wichtige Stütze war das Feist-Quartett, aber nicht verläßlich genug. Das Gottesmann-Quartett wurde ersatzweise herangezogen, ließ aber bei den Proben die nötige Sorgfalt vermissen. So drängte Stein Rudolf Kolisch bereits im Frühjahr 1921, eine eigene Vereinigung zu gründen.

315 Anzeige über die Gründung des Kolisch-Quartetts (Herbst 1921).

Wiener Stadtbibliothek - Handschriftensammlung

Rudolf Kolisch, Fritz Rothschild (abwechselnd I. und II. Violine), Marcel Dick (Viola) und Joachim Stutschewsky (Cello) haben das „Wiener Streich-Quartett" gegründet, das sich hauptsächlich der Pflege neuerer Musik widmet und auch den Grundstock des unter Leitung von Arnold Schönberg stehenden Ensembles bildet. Die Verbindung des Schönberg-Kreises mit Kolisch kam über Helene Berg zustande, die anläßlich einer Kur in Karlsbad 1914 den Arzt Dr. Kolisch kennengelernt hatte, der sich als ein engagierter Schönberg-Verehrer erwies. Sein Sohn Rudolf, der infolge einer Verletzung die Geige rechtsseitig spielte, war überaus musikalisch. Kolisch kam 1919 als Schüler zu Schönberg und studierte bei ihm Theorie und Komposition. Als Mitglied des Vereins wurde er bald eine wichtige Hilfe: er trat als Solist auf, wirkte im Kammerorchester mit und selbst bei den Proben zum *Pierrot lunaire* ruhte ein Teil der Arbeitslast auf ihm. — Das Kolisch-Quartett spielte sich in kurzer Zeit an die Spitze der internationalen Quartettvereinigungen und wurde zum eigentlichen Propagator der Wiener Schule. 1939 stand das Quartett knapp vor der Auflösung, fand aber 1941 wieder in einer neuen Besetzung zusammen. Schönberg nannte das Kolisch-Quartett „seine Schule". *Es setzt jene Tradition fort, die wir Ältere trotz Mahler . . . auf eben diesen selbst zurückführen: in dem Sinn allerdings, in welchem man dann noch viel weiter auf noch ältere . . . Musiker zurückgehen kann, . . . denen es ebenfalls nicht gleichgültig gewesen sein mag, wann und welche Noten gespielt wurden, . . . die sich eine Verwirklichung eines Klangbildes ohne vollendete Präzision und Klarheit nicht vorstellen wollten . . . Klarheit über alles: ist das oberste Prinzip jeder Reproduktion. Das Wiener Streichquartett ist mit eisernem Fleiß, großem Talent und vielem Kunstverstand . . . bestrebt, diesem Prinzip zu entsprechen* (Nachlaß).

316 Prospekt des Vereins für musikalische Privataufführungen, Wien im November 1920.

Nachlaß, Los Angeles

In dem von Berg verfaßten — oder zumindest unter seiner Aufsicht entstandenen — Prospekt legte der Verein eine Übersicht über die bisher gespielten und in Aussicht genommenen Werke vor. Die Statistik, in der auch die Ausführenden angeführt sind, hält bei Nummer 189. Die derzeit nachweisbare Gesamtzahl der Werke, von denen der Verein eine Aufführung beabsichtigte, beläuft sich auf etwa 250. In den Vereinsmitteilungen Nr. 24 vom April 1921 ist von weiteren *in Aussicht genommenen* Werken die Rede, doch fehlen in den späteren Ankündigungen die Angaben über gespielte Werke. Dort wird in erster Linie die finanzielle Lage des Vereins erörtert. Webern hatte bereits im März 1920 Berg berichtet, daß er den Eindruck hätte, Schönberg glaubte *nicht mehr so unbedingt an die Möglichkeit des Bestehens* des Vereins, da *mit so wenig Geld die Sache nicht weiterzuführen* wäre. (Brief vom 19. 3. 1920. H. Berg, Wien.) Diese Situation trat auch tatsächlich Ende 1921 ein. Die letzte verbürgte Mitteilung stammt vom Dezember 1921, in der man die Absicht ankündigte, den Verein *auf eine andere Grundlage* zu stellen. Die wachsende Inflation machte indes weitere Veranstaltungen unmöglich und der Verein bestand nur noch formell ohne weitere Funktion.

317 Anzeige über die Vorlesung der Jakobsleiter von Schönberg am 22. Mai 1921 im Festsaal der Schwarzwald'schen Schulanstalten.

Nachlaß, Los Angeles

Im Rahmen einer schon 1920 geplanten zweiten Serie der Veranstaltungen des Vereins fand die Vorlesung der Jakobsleiter – gesprochen von Wilhelm Klitsch vom Deutschen Volkstheater, am 22. Mai statt. In der Serie B sollten *„klassische, oft und schlecht gespielte Werke gut gespielt werden: unter Kontrolle unserer Vortragsmeister . . . Diese Veranstaltungen bezwecken, jenen kultivierten unter unseren Mitgliedern, welche, verwöhnt durch unsere Aufführungen, an den landesüblichen Konzerten kein Vergnügen mehr finden können, den Genuß klassischer Musik wieder zu verschaffen.* (Mitteilungen Nr. 19 vom 1. Oktober 1920.) Die Serie B sollte im November 1920 beginnen, aber erst im Mai kam als erste Veranstaltung die Lesung der *Jakobsleiter* zustande. Als erster musikalischer Abend sollte am 27. Mai Schuberts *Winterreise* mit A. Fleischer und E. Steuermann folgen, deren Einstudierung Webern übernommen hatte. Fleischer sagte ab, und man spielte den öffentlichen *Walzerabend.* Über die Klitsch-Vorlesung berichtete Berg an Stein: *Jakobsleiter war herrlich. Klitsch hat wirklich Unerhörtes geleistet und Fähigkeiten gezeigt, deren ich ihn nie für fähig hielt. Es war prachtvoll . . . Besuch war sehr schlecht, und Schönberg war deprimiert darüber . . .* (Reich, a. a. O., S. 163.)

318 Außerordentlicher Abend (Walzerabend) am 27. Mai 1921 in den Schwarzwald'schen Schulanstalten. Programmzettel.

Nachlaß, Los Angeles

Auf dem Programm des berühmt gewordenen *Walzerabends* standen vier Walzer von Johann Strauß: *Schatzwalzer op. 418* (in der Bearbeitung von Webern), *Wein, Weib und Gesang op. 333* (Berg), *Rosen aus dem Süden op. 338* und *Lagunenwalzer op. 411* (Schönberg), für Kammerorchester gesetzt. Am Klavier saß Eduard Steuermann, am Harmonium Alban Berg. Kolisch und Schönberg spielten 1. Geige, Karl Rankl 2. Geige. Othmar Steinbauer Bratsche und Anton Webern Cello. *An diesem Abend, welchen die Vortragsmeister des Vereins als ein neues, dem Verein und den Mitgliedern gebrachtes Opfer zugunsten der Vereinskasse veranstalten, nimmt die Vereinsleitung diesmal Überzahlungen auf die Eintrittspreise entgegen und hofft, daß die Mitglieder in Anerkennung für die viele Arbeit, die ihnen gewidmet wird, recht tief in die Tasche greifen werden. Ebenfalls zugunsten der Vereinskasse werden dann die Originalmanuskripte der Bearbeitungen durch den Präsidenten versteigert. Der Ausrufungspreis wird pro Exemplar 500 Kronen betragen. Die Vereinsleitung macht aufmerksam, daß in dieser Veranstaltung eine Aufführung zustandekommen dürfte, wie sie in dieser Generation, die der Auswirkung Johann Strauß' bereits entrückt ist, vollkommen unbekannt ist. Selbstverständlich werden diese Stücke ebenso studiert sein wie alles, was wir aufführen.* (Mitteilungen Nr. 26 vom 1. Mai 1921.) Die Arbeitsleistung für diesen Abend war außerordentlich. *Walzerabend . . . Das war wohl sehr gelungen. Aber die Arbeit!! Fünf fünfstündige Proben. In drei, vier Tagen so einen Riesenwalzer instrumentieren! Die Stimmen herausschreiben . . . Am Abend selbst verkauften wir — Schönberg und Frau, Webern und Trude, ich und Frau, Steuermann, Rankl, Kolisch und Steinbauer —, Gedenkblätter, die zugleich als Eintrittskarten . . . galten.* (Berg an Schönberg, zit. nach Reich, a. a. O., S. 163 f.)

319 **Gedenkblatt zur Erinnerung an den Walzerabend des Vereins für musikalische Privataufführungen, für außerordentliche Zuwendungen gewidmet von den Mitwirkenden dieses Abends. Wien, 27. Mai 1921.**

Privatbesitz, Wien

Das Gedenkblatt wurde den Zuhörern bei einer *Mehrzahlung von Kr 100* ausgehändigt. Das Blatt trägt die eigenhändigen Unterschriften von Schönberg, Webern, Berg, Steuermann, Rankl, Steinbauer und Kolisch.

320 **Johann Strauß: Rosen aus dem Süden. Walzer op. 388. Bearbeitet für Kammerorchester von Schönberg. Stimmen. Eigene Handschrift.**

Staatsbibliothek (Preußischer Kulturbesitz) - Musiksammlung, Berlin

Aus dem von den Walzern *Rosen aus dem Süden, Wein, Weib und Gesang* und *Schatzwalzer* erhaltenen Aufführungsmaterial ist zu ersehen, mit welcher Eile man an der Herstellung der Stimmen arbeitete. Auch Schönberg, Berg und Webern beteiligten sich daran. Gleichzeitig arbeiteten aber auch mehrere Schüler als Kopisten an den Stimmen. An *Rosen aus dem Süden* arbeitete Hanns Eisler, an *Wein, Weib und Gesang* Karl Rankl (?) und am *Schatzwalzer* Felix Greissle u. a.

321 **Johann Strauß: Schatzwalzer op. 418. Bearbeitet von Anton Webern. Partitur. Eigene Handschrift mit zusätzlichen eigenhändigen Eintragungen von Schönberg.**

Wiener Stadtbibliothek - Musiksammlung

Weberns Walzer, der dritte im Programm, mußte wiederholt werden, und zwar mit Webern am Pult und Schönberg mit dem Cello . . . Den höchsten

Preis erzielten bei der durch Schönberg geleiteten Versteigerung die Schönbergschen Bearbeitungen. *Weberns Schatzwalzer wurde bis 7000 Kronen lizitiert, Schönberg, der immer mitlizitierte, um es hinaufzutreiben, bot 9000 Kronen – und blieb damit hängen, ganz gegen seine Absicht . . .* (Berg an Stein, zit. nach Reich, a. a. O., S. 164.)

EIN WIENER MUSIK- UND THEATERFEST (1920)

Zu meiner Musik muß man Zeit haben. Die ist nichts für Leute, die anderes zu tun haben.

322 Schönberg, eigenhändiger Brief an Baron Leopold Andrian-Werburg, Mödling, 27. August 1918.

Staatsarchiv, Wien

Wegen einer Aufführung der *Gurrelieder* in der Wiener Staatsoper, die erst 1920 im Rahmen des „Wiener Musik- und Theaterfestes" zustande kam, hatte Schönberg sich bereits im Sommer 1918 an den mit Stefan George und Hugo v. Hofmannsthal befreundeten Generalintendanten der Hoftheater, Baron Andrian-Werburg, gewendet. . . . *Ich darf wohl hoffen, daß mein Name Ihnen bekannt ist, so daß sich mit diesen Zeilen ein nur in einem Sinn Unbekannter an Sie wendet. In einer Angelegenheit von großer künstlerischer Wichtigkeit möchte ich die Ehre einer Unterredung mit Ihnen haben. Erlauben Sie, daß ich gleich sage: es handelt sich nicht etwa um mein, sondern ausschließlich ums öffentliche Interesse . . .*

323 Aufführung der Gurrelieder am 12. Juni 1920 in der Wiener Staatsoper unter der Leitung von Schönberg. Programmzettel.

Wiener Stadtbibliothek - Druckschriftensammlung

Was die Staatsoper leisten kann, hat sie mit der Aufführung von Schönbergs „Gurre-Liedern" unter des Künstlers eigener Leitung bewiesen. Niemals noch ist einem lebenden Komponisten mit einem Werk, das nicht für die Opernbühne, sondern für den Konzertsaal bestimmt ist, solch eine Ehrung erwiesen worden. Gewiß, man kennt das Werk sogar schon in Wien . . . Alle Ausführenden, die Philharmoniker, der Opernchor, der Schubertbund, der ein Hauptteil der Arbeit auf sich genommen hatte, der Chor der Dreizehnlinden, dann die Solisten Kiurina, Bauer-Pilecka, Oestvig, Leurer, Manowarda, Klitsch (vom Deutschen Volkstheater), dieser ganz besonders vorzüglich als Sprecher, alle folgten begeistert der Führung und wirkten begeisternd; dem Schöpfer des Werks wurde gehuldigt . . . (Der Merker, 11. Jg., H. 15/16, S. 391 f.) Webern hatte übrigens das Werk mit dem Schubertbund vorstudiert. Daraufhin bot ihm der Verein die Stelle eines ersten Chormeisters an.

324 Schönberg, eigenhändiger Brief an die Wiener Philharmoniker, Wien, 14. Juni 1920.

Archiv der Wiener Philharmoniker

Schönberg dankte mit warmen Worten für die hervorragende Aufführung: *Denn es ist der Traum jedes Komponisten, von diesem Orchester gespielt zu werden. — Mir ist dieser Traum erst spät in Erfüllung gegangen und ich war verbittert. Aber, muß ich sagen, oder haben Sie es vielleicht nicht selbst gefühlt, daß nach der ersten Viertelstunde, die ich das Vergnügen hatte, mit Ihnen zu probieren, es bei mir nur mehr diese Begeisterung für Sie gegeben hat, der ich mit schwachen Kräften jetzt Ausdruck zu geben bestrebt bin? . . .*

325 Acht Original-Lithographien nach Schönbergs Gurreliedern von Lilly Steiner. Wien 1921.

Wiener Stadtbibliothek - Druckschriftensammlung

Die Wiener Aufführung der *Gurrelieder,* die selbst von der Presse gerühmt wurde, gab Lilly Steiner die Anregung zu den *Gurrelieder*-Lithographien. Steiner, Absolventin der Wiener Kunstschule für Frauen und Mädchen, zählte seit 1910 zu ihrem Freundeskreis die bedeutendsten Köpfe des Wiener Kunstlebens wie Adolf Loos, Kokoschka u. a.

326 Wilhelm Kienzl, eigenhändiges Tagebuch. Aufgeschlagen: 2. Juni 1920.

Wiener Stadtbibliothek - Handschriftensammlung

Im Rahmen des „Wiener Musik- und Theaterfestes" kam Schönberg in den „Meisteraufführungen Wiener Musik" mit *Pelleas und Melisande* nochmals zu Wort: . . . *Dieses Werk des vielumstrittenen Hypermodernen enttäuschte mich aufs angenehmste; es ist zwar maßlos in der Ausdehnung und im Ausdruck, aber fesselnd von der ersten bis zur letzten Note. Die geradezu unerbittliche Führung der Stimmen, die mit Kraft festgehaltene Stimmung, der herrliche satte Orchesterklang und die trotz der unverleugbaren Abkunft des Werkes von der „Tristan"-Partitur eigene Note imponieren; auch das Gefühl, daß hier innerlich Erlebtes verarbeitet wird, stimmt für das Werk, das noch eine verhältnismäßig zahme Schaffensperiode des Komponisten repräsentiert. Trotzdem hatte ich eine gewisse Scheu, mich mit dem anwesenden Komponisten persönlich bekannt zu machen* . . . Wenige Jahre später (1924) sagte Kienzl von sich: . . . *mich macht die „Moderne" ganz irre — ich kann und will nicht „atonal" sein, aber auch ebensowenig banal und veraltet* . . . (Tagebuch 1924, S. 81.)

327 Egon Wellesz, Arnold Schönberg. E. P. Tal & Co. Verlag, Leipzig — Wien — Zürich, 1921.

Wiener Stadtbibliothek - Druckschriftensammlung

Zur Zeit Schönbergs großen Wiener Erfolges arbeitete Egon Wellesz an der ersten größeren und zugleich verläßlichen Würdigung über Schönberg. Wellesz, der bei Schönberg *musikalisch denken gelernt* hat, war ein Jahr lang dessen Schüler. Dann jedoch ging er seinen eigenen Weg, da er befürchtete, in seinen Kompositionen in zu große Abhängigkeit von Schönbergs Schaffen zu geraten. Die von ihm 1920 verfaßte Monographie über Schönberg sollte ursprünglich Berg schreiben, der die Aufgabe wegen schlechten Gesundheitszustandes und wegen der Arbeit am „Wozzeck" zurücklegen mußte. Wellesz hoffte, *in dem Werk das wiedergegeben zu haben, was er darzustellen beabsichtigte. Ihm sei dabei die Schönheit von Schönbergs letzten Werken noch mehr zu Bewußtsein gekommen.* . . . Berg war über das Buch voll des Lobes: . . . *Wellesz hat ein gutes Bild Deiner Persönlichkeit, Deines Weges, Deines Schaffens und Lebens gegeben, hat gar nichts wichtiges ausgelassen . . . Einzig das Musikalische ist dabei zu kurz gekommen . . .* (Berg an Schönberg, 12. 2. 1921. Library of Congress.) Und Schönberg selbst dankte Wellesz mit den Worten: . . . *Sehr gut ist, dass Sie viel vom Technischen sprechen und ziemlich gewiss bin ich, dass Ihre Versuche, meine Melodik dem Laien (aber auch dem Musiker) verständlich zu machen nicht ohne Erfolg bleiben werden . . . Sie sehen also: ich bin befriedigt und danke Ihnen sehr für die viele Liebe, die aus dem ganzen spricht . . .* (Frühjahr 1921, E. Kessler, Wien.)

1920 — 1921: ZWISCHENSPIEL IN HOLLAND

Ich finde großen Gefallen an jeder originellen Potenz und es ist mir ein großes Vergnügen, sie zu erkennen und anzuerkennen.

328 Amsterdam. Ansicht um 1920. Photographie.

Österreichische Nationalbibliothek - Kartensammlung

Schon im Frühjahr 1919 hatte Webern in einem Schreiben Berg mitgeteilt, daß Schönberg, der zu einem Radiokonzert nach Amsterdam eingeladen war, sich mit der Absicht trage, dort einen dauernden künstlerischen Wirkungskreis zu finden. 1920 bis Frühjahr 1921 nahm Schönberg tatsächlich Aufenthalt in Holland. Seine Erfahrungen, die er dort machte, faßte er später wie folgt zusammen: *Im Frühjahr 1920 plante man, mich nach Holland zu verpflanzen. Landschaft und Menschen hatten mich entzückt, ich hatte auch Erfolg gehabt und glaubte im Eldorado zu sein, als ich mich im Herbst in Zandvoort niederließ. Aber ich hatte nicht mit meinen Berufscollegen gerechnet, die in gewisser Hinsicht berechtigt waren, meine Konkurrenz zu fürchten. Daß ich damals in Holland enttäuschte, war nicht so sehr mein Mißerfolg, als vielmehr ein Erfolg meiner Gegner. Im Frühjahr konnte ich mich überall in Holland gelobt hören und lesen. Ja noch im Sommer, wo ich in der Wiener Oper die Gurrelieder dirigierte, war ich ein großer Mann. Im Herbst, kaum angekommen, war alles verkehrt. Dieselben Menschen tadelten dasselbe Stück, das sie vor einigen Monaten gelobt hatten.* (Nachlaß.)

329 Anzeige über das Mahlerfest im Mai 1920 in Amsterdam (Anbruch, Wien 1919, 1. Jahrgang, Nr. 3 — 4).

Wiener Stadtbibliothek - Druckschriftensammlung

Vom 6. bis 22. Mai 1920 fand in Amsterdam unter der Leitung von Willem Mengelberg — Anlaß war das 25. Künstlerjubiläum Mengelbergs — ein Mahlerfest statt, zu dem auch Schönberg eingeladen war. *Die Aufführungen geschahen vor einem Völker-Areopag, so daß das erstemal nach der Weltkatastrophe Europäer und Transatlantiker sich in die Augen sahen . . . Im Orchester . . . geigten an versteckten Pulten auch Adolf Busch, Carl Flesch und viele europäische Konzertmeister . . .* (Kastner im „Merker“, 11. Jg. 1920, Nr. 15 - 16, S. 36.) Zu Ende des Festes wurde auf Vorschlag des Komitees die Gründung des „Mahlerbundes“ beschlossen. Schönberg wurde zum Präsidenten ernannt. Auch mit dem Entwurf der Statuten wurde er betraut, die er im Sommer 1920 vorzulegen hatte. Ein handschriftlicher Entwurf der Statuten, in dem unter § 9 Schönberg als Präsident angeführt wird, hat sich im Nachlaß erhalten, zeigt aber nicht Schönbergs Handschrift.

330 **Willem Mengelberg, eigenhändiges Empfehlungsschreiben für Schönberg, undatiert (Amsterdam 1920).**

Nachlaß, Los Angeles

Willem Mengelberg war der geistige Urheber des Mahlerfestes, und er war es, der Schönberg eingeladen hatte und auch dessen Werk in Holland propagierte. *Herr Schönberg, unser größter moderner Komponist, reist mit seiner Frau Gemahlin und den beiden Kindern von Amsterdam, wo er am Mahlerfest teilgenommen, nach Wien. Ich bitte alle betreffenden Grenzbehörden, Herrn Schönberg freundlich behandeln und ihm und seiner Familie gütigst helfen zu wollen . . .*

331 **Rudolf Mengelberg, eigenhändiger Brief an Schönberg, Val Sinestra, 10. August 1920.**

Nachlaß, Los Angeles

Um eine Verpflichtung Schönbergs nach Amsterdam war auch Willem Mengelbergs Neffe, Rudolf Mengelberg, bemüht. *. . . Es erstaunt mich, . . . aus Ihrem Brief vernehmen zu müssen, daß Sie bisher noch keinen Bescheid aus Amsterdam wegen Ihrer Konzerte . . . erhalten haben . . . In den Konzerten im Oktober und November steht Ihnen ein halbes Programm zur Verfügung . . . Und da schlagen wir Ihnen vor, die Verklärte Nacht und 5 Orchesterstücke zu machen . . . Das Konzert am 4. Jan. . . . gäbe einen ganzen Schönberg-Abend. Im ersten Teil Pelleas; nach der Pause Orchesterlieder (Uraufführung?). Und was sonst noch? . . . Bislang habe ich Ihren Statuten-Entwurf Mahlerbund noch nicht erhalten. Ich erwarte ihn täglich . . . Ihre Vorschläge betr. des folgenden Mahlerfestes habe ich auch mit Willem M[engelberg] erwogen. Es gibt da soviele Gesichtspunkte . . .*

332 **Abonnements-Concert am 21. Oktober 1920 in Amsterdam (Concertgebouw) unter der Leitung von Arnold Schönberg und Cornelius Dopper. Programmbuch.**

Nachlaß, Los Angeles

Schönberg leitete *Verklärte Nacht* und die *Orchesterstücke op. 16.* Im Programmbuch druckte man einen Willkommensgruß an Schönberg ab.

333 **Schönberg, eigenhändiges Schreiben an die Freunde, Zandvoort, 6. Dezember 1920.**

Helene Berg, Wien

. . . In letzter Zeit war ich wieder ziemlich beschäftigt mit Proben zweier Werke von mir; des I. Streichquartetts und der Kammersymphonie. Das Streichquartett wurde von dem Budapester-Streichquartett . . . ganz ausgezeichnet gespielt. Ich glaube, das dürfte wohl eines der besten Quartette sein, die ich bisher gehört habe . . . Sie probieren mindestens soviel wie wir. Ich glaube sogar mehr. Worin sie in dieser Hinsicht hinter uns zurück-

bleiben, ist vielleicht nur zweierlei: I. daß wir vielleicht eine höhere musikalische Bildung, Geschmack und Kultur (Mahlerepoche!) haben und unser musikalisches Vorstellungsvermögen insbesondere was moderne Musik anbelangt uns schon darum größere und höherstehende Vorbilder verschafft, weil einige der modernsten Komponisten dazu beigetragen haben, uns fortzubilden. II. daß wir über das letzte Ideal der Reproduktion: eine Hauptstimme deutlich zu machen, der sich alles andere unterordnet, schon wieder hinaus sind, indem uns das wahrhaft polyphone Vortrags-Ideal vorschwebt: Alle Stimmen (ausgehend von einem Vorstellungsbild aller Stimmen) vollkommen deutlich zu machen! Das beruht eben auf dem echten polyphonen Denken, welches unsere Schule charakterisiert . . . — Meine Situation (in Holland) ist . . . noch ungeklärt. Ich habe eigentlich nur eine Abmachung mit Mengelberg gehabt . . . Hier steht und fällt alles mit Mengelberg. — Der Mahlerbund wird demnächst gegründet. Ich habe mich überzeugen lassen, daß meine autokratische Verfassung hier zunächst nicht durchführbar ist. Ich gebe die Ansicht nicht auf, bin entschlossen, es einstweilen so zu versuchen und wenn es nicht geht, die Kabinettsfrage zu stellen. — Meine Kurse haben nicht viel Teilnehmer gefunden. Ich kann bloß einen über „Formelemente" halten, der 11 Teilnehmer . . . hat . . . — Zum Arbeiten komme ich gar nicht. Die Fahrten nach Amsterdam erfordern 2 Stunden per Tour . . . Was ich an Komponisten (junge, die zu mir kamen) hier gesehen habe, ist ernstlich verstimmend. Alles macht Debussy nach und alles hat einen Kino-Einschlag. Keiner kann etwas . . . aber alle sind raffiniert modern . . .

334 Schönberg. Photographie um 1920.

Nachlaß, Los Angeles

Enttäuscht wandte Schönberg sich im Frühjahr 1921 von Holland ab. *Meine schönen Pläne für Amsterdam haben sich nicht verwirklicht. Es ist hier vieles sehr schön, aber alles etwas engherzig, kleinlich. Das ist nicht der Ort, wo man große Sachen leicht zustandebringt. Ich muß mich in diesem Sinne über das Mahlerfest wundern . . . Die Zeit ist sehr rasch vergangen. Es bangt mir eigentlich ein bischen vor Wien. Die Not, die Unsicherheit, die Schwierigkeiten. Aber ich glaube doch, ich muß hin — und dortbleiben . . .* (Schönberg an Zemlinsky, 4. 3. 1921. Privatbesitz, London.)

1921 – 1925: DIE MÖDLINGER ZEIT

Solange ich mein Denken und Phantasieren für richtig halten darf, werde ich nichts anderes glauben können, als daß Gedanken gedacht werden müssen und gesagt, auch wenn sie nicht verstanden werden, auch wenn sie nie verstanden werden könnten.

335 Mödling. Ölbild von Carl Moll.

Historisches Museum der Stadt Wien

Mit Schönbergs Rückkehr nach Wien – er bezog wieder seine Wohnung in der Bernhardgasse in Mödling – war das eingetreten, was er vor Jahren Webern gegenüber ausgesprochen hatte: *Eines Tages werde ich Sehnsucht nach Wien bekommen, ganz sicher! Und dann werde ich hingehen, wenn es geht.* (Webern an Berg, 6. 7. 1912, H. Berg, Wien.) Im Sommer ging Schönberg nach Mattsee auf Erholung.

336 „Der Taufschein des Komponisten". (Neue Freie Presse, Wien, 30. Juni 1921.)

Wiener Stadtbibliothek - Druckschriftensammlung

Ein bezeichnendes Sommererlebnis des bekannten Komponisten Arnold Schönberg . . . Der Künstler hatte Mattsee bei Salzburg zum Sommeraufenthalt gewählt. Dieser Tage wurde er von der dortigen Gemeindeverwaltung aufgefordert, durch Dokumente nachzuweisen, daß er kein Jude sei. Sollte dies der Fall sein, so habe er den Ort sofort zu verlassen, da infolge Gemeindebeschlusses Juden der Aufenthalt in der Gemeinde nicht gestattet sei. Obwohl Schönberg nachweisen konnte, daß er Protestant sei, hat er sich entschlossen, den Ort Mattsee zu verlassen. Es ist weiter nicht verwunderlich, daß der Meister es vorgezogen hat, weiteren Auseinandersetzungen mit dem Gemeindeausschuß aus dem Weg zu gehen . . . Schönberg fand es *sehr häßlich* in Mattsee. *Die Leute dort haben mich scheinbar so verachtet, wie wenn sie meine Noten kennten . . .* (Schönberg an Berg, 18. 7. 1921, H. Berg, Wien.) Durch die Aufregungen verlor er viel Zeit, so daß er entgegen seiner ursprünglichen Absicht wieder nicht zum Arbeiten kam. Er wechselte den Sommerort und zog nach Traunkirchen in die Villa Josef. Dort wiederum wurde er von Freunden und Schülern am Arbeiten gehindert.

337 **Franz Schubert: Ständchen. Bearbeitet für Klarinette, Fagott, Mandoline, Gitarre und Streichquartett von Schönberg. Partitur. Eigene Handschrift.**

Nachlaß, Los Angeles

Der Schönberg-Schüler Josef Rufer berichtet, daß Schönberg während seines Sommeraufenthaltes in Traunkirchen 1921 mit seinen Schülern Instrumentationsübungen durchführte, wobei er sich – wie obiges Beispiel zeigt – selbst daran beteiligte. Schönberg war außerdem ein *leidenschaftlicher Bewunderer Schuberts, dessen frühen Tod er nicht genug beklagen konnte.* (Eisler, a. a. O., S. 206.)

338 **Verzeichnis der bei der Universal Edition verlegten Werke Schönbergs. Mit eigenhändigen Korrekturen.**

Universal Edition, Wien

Schönbergs Oeuvre hielt 1922 bei *op. 25* zuzüglich einer Reihe von Werken ohne Opuszahl. Der Großteil der Werke war im Verlag der Universal-Edition in Wien erschienen, mit Berücksichtigung der Einzelausgaben und Bearbeitungen rund 80 Verlagsnummern.

339 **Entwurf zu einer Neufassung des Vertrages der Universal Edition mit Schönberg. Typoskript mit eigenhändigen Bemerkungen von Schönberg und Hertzka. (Wien 1922.)**

Universal Edition, Wien

Infolge der wachsenden Inflation mußte der ursprüngliche Vertrag den geänderten Verhältnissen angepaßt und neu festgelegt werden. Die Fülle von Zusätzen, Einschüben und Korrekturen sind Zeugnisse dafür, wie schwer man Schönberg die Zustimmung zu den einzelnen Vertragspunkten abringen mußte.

340 **Schönberg: „Eyn doppelt Spiegel u. Schlüssel-Kanon for vier Stimen gesetzet, auf niederlandsche Art“. Eigene Handschrift, datiert: Mödling, 16. Februar 1922.**

Nachlaß, Los Angeles

Aus der Zeit ab 1922 haben sich in Schönbergs Nachlaß eine größere Zahl von Kanons erhalten, die zu verschiedenen Anlässen komponiert worden sind. In der Regel sind sie im strengen Satz geschrieben. Im vorliegenden Spiegelkanon im Stil der „Niederländer“ ging Schönberg soweit, daß er in die Spiegelschrift sogar seinen Namenszug mit einbezog. Schönberg hat im übrigen auch von seinen Schülern die Beherrschung des strengen kontrapunktischen Satzes verlangt. Dafür hat sich ein Beispiel aus dem Besitz von Hanns Eisler erhalten: ein Musterbeispiel eines strengen dreistimmigen kontrapunktischen Satzes. (Besitz von Frau Eisler, Berlin, DDR.)

341 **Johann Sebastian Bach: Choralvorspiel „Komm, Gott, Schöpfer . . .". Für Orchester bearbeitet von Schönberg. Stimmenabschrift (teilweise) von Hanns Eisler. Mit eigenhändigen Eintragungen Schönbergs.**

Universal Edition, Wien

Im Frühjahr 1922 entstanden die Instrumentationen der beiden Choralvorspiele *Komm, Gott, Schöpfer* und *Schmücke Dich, o liebe Seele* von J. S. Bach. In einem Brief an den Dirigenten Fritz Stiedry führte Schönberg die Gründe an, die ihn zu dieser Bearbeitung bewogen hatten: *. . . Unser heutiges musikalisches Auffassen verlangt Verdeutlichung des motivischen Verlaufes in der Horizontalen sowie in der Vertikalen. Das heißt: wir begnügen uns nicht mit dem Vertrauen auf die immanente Wirkung der als selbstverständlich vorausgesetzten kontrapunktischen Struktur, sondern wir wollen diese Kontrapunktik wahrnehmen: als motivische Zusammenhänge . . . unser Ohr und unser Auffassungsvermögen werden heute nicht zufriedengestellt, wenn wir diese Methoden nicht auch auf Bach anwenden . . . Wir brauchen Durchsichtigkeit, um durchschauen zu können. — All das ist ohne Phrasierung nicht möglich . . . Ich glaube somit: das Recht zur Transkription wird hier zur Pflicht.* (Zit. nach F. Rufer, Das Werk Arnold Schönbergs, Kassel 1959, S. 78 f.) — Für die Kopistenarbeit bei der Herstellung der Stimmen der Choralvorspiele zog Schönberg u. a. seinen Schüler Hanns Eisler heran, um dessen prekäre finanzielle Lage etwas aufzubessern.

342 **Hanns Eisler (1898 — 1962). Photographie.**

Georg Eisler, Wien

Hanns Eisler war 1919 zu Schönberg gekommen. *. . . Ich wurde ins Konservatorium in die Kontrapunktschule aufgenommen. Harmonielehre habe ich mir allein beigebracht. Bald fand ich diese Art des Unterrichts zu leicht und oberflächlich. Ich brauchte einen strengen Lehrer. So ging ich zu Arnold Schönberg. Schönberg nahm mich in seine Meisterklasse auf, und ich studierte bei ihm Kontrapunkt und Komposition . . . Schönberg erlaubt seinen Schülern nicht, „modern" zu komponieren — Kontrapunkt und Kompositionsaufgaben mußten im klassischen Stil gehalten sein. Bach, Beethoven, Mozart, Schubert, Brahms waren die großen Vorbilder, an denen man das Handwerk zu lernen hatte.* (Eisler, a. a. O., S. 29 f.)

343 **Hanns Eisler, eigenhändiger Brief an Schönberg, (Wien) 26. September 1922.**

Nachlaß, Los Angeles

. . . Ich möchte Sie an die Bitte erinnern, uns (Rankl und mich) wieder zu unterrichten. (Während Schönbergs Aufenthalt in Holland waren einige Schüler, darunter auch Eisler, zu Webern übergewechselt.) *Sie wollten zuerst mit Dr. Webern reden, bevor Sie uns zusagen könnten. Wir bitten Sie sehr, dieses zu tun, da es von entscheidender Wichtigkeit ist, daß wir in dieser Saison wieder geregelten Unterricht bei Ihnen nehmen dürfen . . . Hoffentlich wird*

sich Dr. Webern nicht kränken . . . Aber es ist doch selbstverständlich, daß, wenn man bei Ihnen lernen kann, alles andere zurücktritt. Wir haben die größte Freude, die besten Vorsätze (vielleicht auch etwas Talent) . . .

344 **Hanns Eisler: Drei kleine Lieder (nach Klabund und Bethge) [op. 1], „Arnold Schönberg in höchster Verehrung", Eigene Handschrift, datiert: Weihnachten 1922.**

Nachlaß, Los Angeles

Eislers Verehrung für Schönberg war nicht nur vorübergehend. Schönberg warf Eisler wohl dessen Hinwendung zum Marxismus vor und 1926 gab es in diesem Zusammenhang eine polemische Auseinandersetzung über moderne Musik, die auf einem Mißverständnis beruhte. Das änderte aber nichts an Eislers Wertschätzung für Schönberg, die mehrfach schriftlich verbürgt ist. 1954 schrieb er, daß *Schönberg einer der größten Komponisten nicht nur des 20. Jahrhunderts war. Seine Meisterschaft und Originalität sind erstaunlich, sein Einfluß war und ist enorm. Seine Schwächen sind mir lieber als die Vorzüge mancher anderer. Aus der Geschichte der Musik ist er nicht mehr wegzudenken.* (Eisler, a. a. O., S. 231.)

345 **Josef Matthias Hauer, Sphärenmusik. (Melos. Monatsschrift für Musik, 3. Jg., Berlin 1922, Nr. 3.) Mit eigenhändigen Randglossen von Schönberg.**

Nachlaß, Los Angeles

Schönberg, der sich zu allem und überall Notizen machte und vorzugsweise musiktheoretische Beiträge anderer Autoren mit kritischem Interesse las, verfolgte die Veröffentlichungen seines Wiener „Antipoden" mit besonderer Aufmerksamkeit. In dem 1922 erschienenen Artikel von J. M. Hauer fand er manche Idee *nicht übel und durchaus nicht unpraktisch.* Die persönliche Verbindung mit Hauer reicht bis zum Sommer 1913 zurück, als Schönberg ablehnte, ein Urteil über Hauer abzugeben. (Vgl. dazu W. Szmolyan, Josef Matthias Hauer, Wien 1965.) Spätestens seit Anfang 1919 befaßte sich Schönberg aber mit dem Hauerschen Werk. (Kat. Nr. 348.) Anläßlich eines Konzertes des *Vereins für musikalische Privataufführungen* am 2. Februar 1919, in dem Hauers *Nomos in 7 Teilen op. 1* gespielt wurde, hat er überdies *eine schöne Rede gehalten,* in der er das Publikum aufforderte, *sich (Hauers) problematischer Musik gegenüber nicht etwa von vornherein zustimmend oder ablehnend zu verhalten, sondern sich innerlich zu ihr einzustellen.* (Kat. Nr. 346.) 1923 kam es zu einem engeren persönlichen Kontakt, zu einer Zeit, wo bereits ein Prioritätsstreit hinsichtlich der Methode der 12-Tonkomposition von seiten der Anhänger gefochten wurde. Die Beziehung beruhte aber zweifellos auf gegenseitiger Achtung. So schrieb Hauer am 29. November 1923 an Schönberg: *Ich kenne außer Ihnen keinen Musiker auf der Welt, mit dem ich mich so gerne, so absolut rückhaltlos und aufrichtig zu gemeinsamen Wirken nach außen hin vereinigen möchte. Ich meine, unsere Widersacher leben nur von unserer scheinbaren Uneinigkeit, uns selbst geht es nur deshalb so schlecht, weil wir wie zwei starke Pole einander im Wirken hemmen.* Hauer trug sich

Schönberg als treuer Helfer an und war bereit, unter seiner Leitung zu lehren. *Es ist ganz sicher, daß wir uns gegenseitig ergänzen.* Ihm schwebte eine mit Schönberg zu begründende „atonale Schule" vor, in der *nach wissenschaftlichen und künstlerischen Grundsätzen unterrichtet werden soll* (Library of Congress). In einem anderen Schreiben vom 6. Dezember 1923 heißt es dann ganz im Widerspruch zu einer a. a. O. (Kat. Nr. 346) zitierten Stelle: *Ist es nicht unheimlich, daß wir beide dasselbe gefunden haben, auf ganz verschiedenen Wegen . . . bestätigt sich dadurch nicht erst die Sache selbst . . .* (Library of Congress.) Der „Ausgleich" zwischen beiden im Dezember 1923 fand bei den Anhängern auf beiden Seiten große Befriedigung. Er sollte mit einem gemeinsamen Konzert dokumentiert werden, in dem Schönbergs Bläserquintett (Kat. Nr. 356) als „Mittel- und Glanzpunkt" uraufgeführt werden sollte. Dazu kam es nicht, ebenso wie auch eine von Hauer vorgeschlagene halböffentliche Diskussion auf dem Podium der Internationalen Gesellschaft für neue Musik fallengelassen wurde.

346 Josef Matthias Hauer, Musikerbriefe (vom 26. Jänner 1919). Zeitgenössische Reproduktion nach der eigenen Handschrift mit eigenhändigen Korrekturen.

Privatbesitz, Wien

Hauer war Schönberg anfangs ablehnend gegenübergestanden. Nach Einsicht in dessen *Harmonielehre,* kam er in seinen Vorträgen über die Musiktheorie, die er im Institut für Kulturforschung hielt, in polemischer Weise darauf zu sprechen. . . . *Sie ist eine ununterbrochene Kette von Fragen (aufgerollten Problemen), deren Beantwortung in meiner Klangfarbenlehre gegeben ist . . . Man sollte meinen, . . . müßte sich Schönberg jetzt freuen, daß diese Probleme inzwischen gelöst wurden. Allein im Gegenteil: Er will aus seinen „Träumen" nicht erwachen und es ist vielleicht auch besser für ihn. Er vertrüge die nüchterne Wirklichkeit nicht . . . Einer, der sich noch immer „unerhörte Steigerungen der sinnlichen, geistigen und seelischen Genüsse in der Kunst" erhofft, der wäre gröblich enttäuscht . . ., daß alles wirklich „Musikalische" sich nur im Menschen selbst abspielt . . . Hätte Schönberg die Kraft gehabt, sich von der Musik den Schleier wegzudenken, so wäre er wohl selber auf manches draufgekommen . . .*

347 Paul v. Klenau, eigenhändiger Brief an Hauer, Frankfurt/Main (3. Oktober 1933).

Wiener Stadtbibliothek - Handschriftensammlung

. . . Ich habe vergeblich versucht, herauszufinden, wann Sie Ihre erste Publikation über Zwölftonmusik haben erscheinen lassen. Ihre Schrift: Vom Melos zur Pauke (Wien 1925) — im übrigen Schönberg gewidmet — *ist mir selbstverständlich bekannt, aber Sie haben doch schon viel viel früher Ihre Ansichten vertreten . . . ich will nämlich in nächster Zeit über diese Fragen öffentlich sprechen, und möchte nun genau orientiert sein, und feststellen können, daß Sie . . . der erste waren, der die Zwölftontheorie verkündet hat. . . .*

Vieleicht wissen Sie auch, wann Arnold Schönberg zum erstenmal die Zwölftontheorie vertrat . . . Im Antwortschreiben vom 6. Oktober gab Hauer Klenau die Bestätigung, daß er sich als „Vater" der Zwölftontheorie betrachte.

348 **Josef Matthias Hauer (1883 — 1959). Lithographie von Carry Hauser.**

Historisches Museum der Stadt Wien

Die erste Veröffentlichung meiner Zwölftonmusik geschah im Spätherbst 1912 in Wiener-Neustadt . . . Plötzlich, sozusagen über Nacht fiel mir mein erstes Werk ein, der „Nomos in sieben Teilen"! Diese Geistigkeit war Durchbruch . . . und nahm dann eine geradlinige Entwicklung bis zum heutigen Tage. Der „Nomos" zeigt bereits die äussersten charakteristischen Stilmerkmale meiner Zwölftonmusik, die monodisch ist . . . Ich schrieb schon mehr als zehn Jahre Zwölftonmusik . . ., als ich eines Tages zufällig erfuhr, Schönberg arbeite ähnlich wie ich. Hierauf besuchte ich ihn in Mödling . . . Da zeigte er mir von ihm angefertigte Analysen einiger meiner gedruckten Kompositionen und sagte: „Sie sehen, ich habe Ihre Sachen eingehend studiert und versuche es auch in dieser Art. In meiner Serenade sind bereits ein paar Sätze so gearbeitet und das Bläserquintett ist schon ganz durchgeführt mit Zwölftonreihen". Ich besah mir seine Partituren und fand sofort den wesentlichen Unterschied zwischen meinem Zwölftonstil und der Kompositionsweise Schönbergs, die auf den alten Formprinzipien beruht und bei der die Zwölftonreihen eine im Grunde unnötige . . . Beigabe sind . . . Bald nachher wurde Schönberg von seiner internationalen Clique als „Erfinder" der „Zwölftonmusik" proklamiert — ich aber mußte mich dieser erdrückenden Übermacht gegenüber zurückziehen und geduldig den Zeitpunkt der Lösung dieses „Mißverständnisses" abwarten. (Vgl. Kat. Nr. 347. Abschrift in der Wiener Stadtbibliothek.)

349 **Josef Matthias Hauer: Zwölftonspiel für Orchester. Partitur. Eigene Handschrift. a) In Zwölftonschrift (Wien, im Spätherbst 1942), b) in gewöhnlicher Notation (Wien, im Frühling 1943).**

Wiener Stadtbibliothek - Musiksammlung

Zwölftonmusik war für Hauer die *größte Kunst, Musik, höchste Wissenschaft, Mathematik . . . die einzige, unveränderliche Schrift und Sprache des Universums, . . . ist Offenbarung der Weltordnung, der Harmonie der Sphären, . . . bietet dem Menschen einen festen Halt für sein Denken und Empfinden . . . Zwölftonmusik ist Wahrheit, geistige Wirklichkeit, Natur des Weltalls, Kunst in absoluter Vollendung, Maß und Mitte aller Wissenschaften, Gipfel der Erkenntnis, Weg, Ziel, Sinn, Erfüllung jeder Kulturäone; sie ist unbedingt und notwendig so, wie sie erst- und einmalig geschrieben hat Josef Matthias Hauer.* (Schreiben vom 6. 12. 1937, Universal Edition.) Seine Verbitterung über die geringe Anerkennung sprach später aus dem Briefaufdruck, den er anfertigen ließ: *Der geistige Urheber und (trotz vielen Nachahmern!) immer noch der einzige Kenner und Könner der Zwölftonmusik.*

350 **Schönberg, eigenhändiger Brief an Hauer (Mödling), 5. Jänner 1925.**

Österreichische Nationalbibliothek - Handschriftensammlung

. . . Warum habe ich Sie solange nicht gesehen, solange nichts von Ihnen gehört? Ich war sehr beschäftigt . . . Ich wollte gerne über manches mit Ihnen sprechen. Z. Bsp. über ein Buch von Wilhelm Werker . . . „Studien über die Symmetrie der Bachfugen". Mich interessiert das Buch sehr. Es behandelt einen Gegenstand, dem ich zum Teil sehr nahe stehe und der meiner Betrachtungsweise sehr viele Bestätigungen bringt, aber andererseits wieder mir etwas fern liegt. Ich glaube, wir arbeiten am selben Gegenstand: ich meine, Sie, er und ich und er dürfte in gewisser Hinsicht — in der Anschauungsart — in der Mitte zwischen uns beiden stehen . . . Mich interessiert es sehr und ich glaube, daß auch Sie, nebst manchen Anfechtbaren . . . sehr Richtiges und Neues drin finden werden. Auch ich habe bereits in ähnlicher Richtung gedacht und gesucht. Auch gefunden. Aber anderes. Z. B. habe auch ich in meinen eigenen Werken bereits Zahlensymmetrien betrachtet. (Etwa im I. Quartett, wo soviel durch 5 teilbares unbewußt vorkommt. Oder in der Serenade, wo in den Variationen 2 x 14 Töne in 11 Takten das Thema bilden und der ganze Satz — bewußt 77 Takte lang ist . . . Oder im Sonnet mit seinen 14 elftaktigen Verszeilen. Vielleicht haben Sie einmal Zeit, mich zu besuchen . . .

351 **Schönberg: Skizze zur Serenade für Klarinette, Baßklarinette, Mandoline, Gitarre, Violine, Bratsche, Violoncello und Bariton op. 24. Eigene Handschrift.**

Nachlaß, Los Angeles

Schon in einer nicht vollendeten Symphonie aus dem Jahr 1914 sind Anfänge der Schönbergschen Versuche nach einer neuen musikalischen Gesetzmäßigkeit zu erkennen — Bestrebungen, die letztlich zur *Komposition mit 12 nur aufeinander bezogenen Tönen* führten. Über diese Entwicklung berichtete Schönberg im Juni 1937 dem amerikanischen Komponisten und Musiktheoretiker, Nicolas Slonimsky: . . . *In der Zeit (nach 1915) hatte ich bei meiner Arbeit immer das Ziel vor Augen, den Aufbau meiner Werke bewußt auf einen Einheit verbürgenden Gedanken zu basieren, der nicht nur alle übrigen Gedanken hervorbringen, sondern auch ihre Begleitung, die „Harmonien" bestimmen sollte. Ich stellte zu diesem Zweck zahlreiche Versuche an, aber ich vollendete oder veröffentlichte nur sehr wenig davon* (zit. nach Reich, a. a. O., S. 173). Im 3. Satz der in den Jahren 1920 — 23 entstandenen Serenade op. 24 hat Schönberg die Methode der 12-Ton-Technik angewandt. Darüber schrieb er im September 1928: *Dieser Satz ist spätestens 1920 komponiert, ich glaube aber, er dürfte 1919 konzipiert sein. Er ist eines der ersten Stücke, in denen sich die 12 Ton-Technik als x-Technik ankündigt. Hier handelt es sich um 14 Töne. Die Arbeitsweise aber ist die der 12 Ton-Technik. Das Interessante an diesem Stück sind nur die Zahlenverhältnisse, die hier durchaus bewußt als Konstruktion zugrundegelegt wurden . . .*

352 Schönberg dirigiert seine Serenade op. 24. Originalzeichnung von Fred Dolbin.

Dolbin-Nachlaß, New York

Zu einer öffentlichen Aufführung der *Serenade* konnte Schönberg sich zunächst nicht entschließen. In einem Schreiben an J. B. Schweide von der Österreichischen Künstlerhilfe (Kopie im Nachlaß) spricht er von dem Angebot einer privaten Aufführung: *Ich weiß nicht, ob Ihnen bekannt ist, daß ich seit langem trachte, mich dem Zusammentreffen mit dem Wiener Publikum zu entziehen. Und da ich diese Aufführung dirigieren muß, glaube ich kaum, daß ich mich dazu entschließen werde, das öffentlich zu tun. Ich hoffe, Sie entnehmen diesen Worten, daß es sich nicht um eine Laune oder den Wunsch, etwas Auffälliges zu tun, handelt, als ich Ihnen eine private Aufführung anbot.* Ferner läßt er wissen, daß 10 Proben genügen würden. Die Kosten sollten zudem niedrig gehalten *und nur gut zahlende Zuhörer eingeladen werden.* Die Uraufführung der Serenade op. 24 fand am 2. Mai 1924 im Hause des Norbert Schwarzmann in der Krugerstraße 17 in Wien statt, die offizielle Uraufführung dagegen im Rahmen des Musikfestes der Internationalen Gesellschaft für Neue Musik in Donaueschingen am 20. Juli 1924.

353 Schönberg am Klavier. Photographie um 1922.

Nachlaß, Los Angeles

Schönberg hat niemals am Klavier komponiert. Klavier, Harmonium oder Mandoline wurden nur zur Überprüfung des Gehörs herangezogen.

354 Schönberg: Fünf Klavierstücke op. 23. Eigene Handschrift.

Deutsche Staatsbibliothek, Berlin, DDR

Ein anderes Beispiel der Schönbergschen Versuche in der Entwicklung der 12-Ton-Methode sind die – mit Ausnahme von Nr. 5 – im Jahre 1920 entstandenen Klavierstücke op. 23. *Hier gelangte ich zu einer Technik, die ich (für mich selbst) „Komposition mit Tönen" nannte; ein sehr unbestimmter Ausdruck, aber mir bedeutete er etwas, nämlich: Im Gegensatz zu der gewöhnlichen Art, ein Motiv zu gebrauchen, verwendete ich es schon beinahe in der Weise einer „Grundreihe von zwölf Tönen". Ich leitete aus ihm andere Motive und Themen ab, ebenso Begleitungen und sonstige Akkorde; aber das Grundmotiv bestand nicht aus zwölf Tönen* (Reich, a. a. O., S. 173). Zur endgültigen Formulierung der 12-Ton-Methode hat vermutlich J. M. Hauer beigetragen (Kat. Nr. 348).

355 Modelle zur Komposition mit zwölf Tönen von der Hand Schönbergs.

Nachlaß, Los Angeles

. . . Damals schon, und immer nachher, habe ich klar gemacht, daß diese meine Methode, meine Methode – nicht der einzige Weg zur Lösung der neuen Probleme, sondern nur eine der Möglichkeiten ist. Die strengen Regeln, die aufgestellt wurden, stammen, mindestens in dieser strengen, strangulierenden Form

zum geringsten Teil von mir. Ich beabsichtige, weder jemanden abzuschrecken von dieser Methode, noch wollte ich zur Gründung einer Schule einladen. Ich fand es für notwendig, den Weg darzustellen, der mich im Verlauf von etwa 10 oder 20 Jahren zu dieser Methode geführt hatte. Es war mein eigener Weg, der mich wegen meines Wagnisses, Musik ohne Tonalität zu schreiben, geleitet hatte. Als ich im Herbst 1921 die ersten Kompositionen auf Grund dieser neuen Methode fertig gestellt hatte, rief ich Erwin Stein in Traunkirchen . . . zu mir und verlangte von ihm, was ich mitzuteilen gedachte, solange als mein Geheimnis zu bewahren, als ich es für notwendig fand. Er gab mir dieses Versprechen und hat es in Treue gehalten. Als ich jedoch einige Zeit später nach Wien zurückkehrte, hörte ich Gerüchte über Josef Hauers Tropenlehre, die mich als einen Plagiator an Hauer hätten erscheinen lassen. Das verletzte und beunruhigte mich und ich mußte mich entschließen, dazu Stellung zu nehmen. Ich hatte ja von allem Anfang an erkannt und immer gewußt, daß der Unterschied zwischen mir und Hauer sich darstelle, als der zwischen einem (mehr oder weniger guten) Komponisten und einem hochinteressanten philosophischen Fabulirer . . . Was ich zu sagen habe, ist mir wichtig. Ob ich es aber mit sieben, zwölf oder einundzwanzig Tönen sage, ist von geringer Bedeutung. Ich habe es zwar immer gesagt, warum ich mich gedrängt fühlte, eine Methode der Komposition mit zwölf Tönen einzuführen. In erster Linie: nicht als eine der Komposition, sondern als eine, als meine, der Komposition mit zwölf Tönen. Sie bezweckte, die formbildenden Wirkungen der funktionellen Harmonie zu ersetzen durch eine andere zentrale Kraft: durch eine Reihe unveränderlicher Tonverhältnisse . . . Sie war, zweitens, bestimmt, in der nontonalen Musik das Auftreten dissonanter Harmonie zu regeln . . . Ich habe, drittens, zahlreiche Male betont, daß man sicher auch andere Methoden anwenden könnte. Ich habe mich dagegen gewehrt, daß man sie ein „System" genannt hat . . . Aber ich will Anfänger, die glauben, das sei bereits Musik, wenn sie bloß eine Reihe benützen, warnen: Wer nicht ordentlich Harmonielehre und reichlich Kontrapunkt gelernt hat und alle von den Meistern unserer Kunst geschaffenen Formen durchgearbeitet und ein sicheres Gefühl für Maß und Gestalt erworben hat, sollte sich das Komponieren nicht durch die Anforderungen dieser schwierigen Technik noch härter machen. Für den, der genug kann, ist es eine Erschwerung, härter, als wenn man von einem Stümper guten Kontrapunkt verlangte. (Nachlaß.) — Stücke in dieser „Zwölftontechnik" sind als solche zu bezeichnen, die in jeder Beziehung, melodisch und harmonisch ausschließlich aus einer Reihe, der sogenannten „Grundreihe" gebildet sind, in der alle zwölf Töne der chromatischen Skala in einer bestimmten, das ganze Stück hindurch unveränderten Anordnung gehalten sind. Aus dieser Grundreihe lassen sich noch Umkehrung der Grundreihe, Krebs und Umkehrung des Krebses ableiten, und ferner kann als Ausgangspunkt der vier Reihen jeder der zwölf Töne der chromatischen Skala genommen werden. Es bieten sich dem Komponisten folglich 48 Möglichkeiten. — Zur Erleichterung der rein technischen Seite und zwecks Übersichtlichkeit der Variationsmöglichkeiten legte Schönberg sich Tabellen, Karteien, Rollen und andere Hilfsmittel an. Wie weit er sie tatsächlich oder auch nur zur Lösung spezieller Probleme benutzt hat, ist unbekannt. Nach Bekanntgabe der *Zwölfton-Methode* — Erwin Stein wies öffentlich darauf hin (Neue Formprinzipien, in: Anbruch, 6. Jg., 1924, S. 286 ff.), — trachteten die Schüler, ihrem Lehrer auch auf diesem Weg zu folgen.

356 **Schönberg: Quintett für Flöte, Oboe, Klarinette, Horn und Fagott op. 26. Eigene Handschrift.**

Universal Edition, Wien

Das *Bläserquintett op. 26* entstand in den Jahren 1923 bis 1924. Die Komposition wurde durch den Tod Mathilde Schönbergs, die am 18. 10. 1923 im Krankenhaus Auerspergstraße in Wien an Nierenkrebs verstarb, unterbrochen. – Mit diesem Werk zeigte Schönberg erstmals die Anwendung *der Methode der Zwölftonkomposition* in einer größeren Komposition. Aufgrund der nahezu klassischen Formgebung (Sonatensatz im 1. Satz, Liedform im 3. Satz) wurde dieses Werk als *verhältnismäßig zahmer Schönberg* empfunden (H. Kralik, in Neues Wiener Tagblatt, 18. September 1924). Man würdigte aber auch die *wunderbaren Satzkünste und die kontrapunktischen Geheimnisse.* Die Uraufführung fand im Rahmen der Veranstaltungen des „Wiener Musik- und Theaterfestes" statt. Vor allem war es David Josef Bach, dem Organisator des Festes zu danken, daß er bei Schönberg die Einwilligung zur Uraufführung erreichte (Schönberg an Bach, 12. August 1924. Wiener Stadtbibliothek). Es spielte die Bläservereinigung der Wiener Philharmoniker (Wilhelm Sonnenberg, Richard Wunderer, Viktor Polatschek, Karl Strobl und Karl Stiegler).

357 **Schönberg: Bläserquintett op. 26, 1. Satz. Abschrift von Julius Schloß mit Analyse und Reihentabelle.**

Universal Edition, Wien

Julius Schloß' Beitrag – Schloß war Schüler von Alban Berg –, der anhand einer Analyse Schönbergs Zwölftontechnik erläutert, war zur Veröffentlichung bestimmt, wurde aber nicht gedruckt. In der Einleitung heißt es: *Erwin Stein und Felix Greissle haben schon öfters in den „Musikblättern des Anbruch" über Schönbergs „Komposition mit 12 nur aufeinander bezogenen Tönen" geschrieben; doch da diese nur prinzipielle und allgemeine Fragen behandelnden Aufsätze kaum zum restlosen Verständnis viel beizutragen im Stande sind, hielt ich die Herausgabe einer „Zwölftontechnisch analysierten" Partitur zur Einführung in Schönbergs neue Zwölftontechnik für unbedingt notwendig und glaube mit dieser „Zwölftontechnischen Analyse" der Exposition des 1. Satzes von Schönbergs Bläserquintett den Weg zum Verständnis der „Komposition mit 12 nur aufeinander bezogenen Tönen" gezeigt zu haben.*

358 **Schönberg: Bläserquintett op. 26. Bearbeitung für Violoncello oder Fagott und Klavier von Felix Greissle. Eigene Handschrift.**

Universal Edition, Wien

Felix Greissle, der Schwiegersohn Schönbergs, stand in dem Ruf eines „Meisters" für Bearbeitungen von Werken von Schönberg. Von ihm stammen eine Reihe von Auszügen wie die vierhändigen Klavierauszüge zum 2. und *3. Streichquartett,* zur *Kammersymphonie op. 9* und zur *Serenade op. 24* u. a. Die hier vorliegende Bearbeitung ist ungedruckt.

359 Orchesterkonzert der „Mödlinger Bühne“ am 23. Jänner 1924 unter der Leitung von Schönberg. Anschlagzettel.

Helene Berg, Wien

Schönberg lebte in der Regel in Mödling sehr zurückgezogen und ließ sich nur selten dazu bewegen, öffentlich aufzutreten. Am 23. Jänner 1924 leitete er ein Konzert der „Mödlinger Bühne“. Auf dem Programm standen *Verklärte Nacht* in der Fassung für Streichorchester, *Lied der Waldtaube* für Singstimme und Kammerorchesterbegleitung und Beethovens *Violinkonzert.* Solist der letztgenannten war Rudolf Kolisch. *Wir machen das sehr hübsch zusammen,* schrieb Schönberg darüber an Zemlinsky (10. 2. 1924, Privatbesitz, London).

360 Schönberg im Kreise seiner Schüler in Mödling. Photographie.

Internationale Schönberg-Gesellschaft, Wien

Im Mödlinger Heim verkehrten Schüler und Freunde, denn neben der Kompositionsarbeit und der Unterrichtstätigkeit — Schönberg beabsichtigte im Sommer 1923, auch eine „Stilbildungsschule“ zu gründen — fand er doch Zeit zu gesellschaftlichem Umgang und zu Musikabenden im häuslichen Kreis. — Auf dem Bild sind u. a. neben Schönberg Erwin Stein, Josef Polnauer, Anton Webern, Eduard Steuermann zu erkennen.

361 Schönberg. Ölgemälde von Oskar Kokoschka.

Annie Knize, New York

Auch Kokoschka kam nach Mödling. Dort entstand 1924 das berühmte Porträt, das noch im selben Jahr erstmals Mittelpunkt einer Ausstellung (Kat. Nr. 369) über „Ernste Musik in Wien von Anton Bruckner bis zur jüngsten Gegenwart“ zu sehen war. Die Achtung, die Kokoschka dem Komponisten Schönberg entgegenbrachte, hat er Jahre später auch mit verständnisvollen Worten ausgedrückt.

362 Oskar Kokoschka, eigenhändiger Brief an Schönberg. Eyre Court, 26. Juli 1946.

Nachlaß, Los Angeles

Ich wollte Ihnen hundertmal schreiben und danken für die Beglückung, die ich vom Hören Ihrer Werke genoß, vor dem Kriege in Dresden, Paris, Wien und nun . . . zu den seltenen (leider) Gelegenheiten, wenn man hier etwas von Ihnen aufführt. Aber morgen ist dies der Fall während der musikalischen Festspiele . . . Es ist, wie in historischer Distanz, hier leichter zu verstehen, wie schaal, alle andere zeitgenössische Produktion sich anhört . . . bringen Sie ein großes Werk zur Welt zu aller Menschen der Zukunft (und auch meiner!) Freude . . .

363 **Alban Berg, eigenhändiger Brief an Anton Webern, Trahütten, 18. August 1924.**

Wiener Stadtbibliothek - Handschriftensammlung

Das Schönberg-Porträt von Kokoschka war auch Gegenstand eines Briefwechsels zwischen Berg und Webern, die an der Vorbereitung einer Schönberg-Festschrift zu dessen 50. Geburtstag arbeiteten und die Frage einer Reproduktion des Gemäldes in Erwägung zogen. . . . *Ich bin doch noch immer für die Aufnahme einer Fotografie (auch damit eine Symmetrie feststellend: Zu Anfang Kokoschka, zu Ende Schlosser). Diese Fotografie gibt doch in möglichster Treue das Bild Schönbergs äußerer Erscheinung, was man doch von Kokoschkas Porträt nicht sagen kann; dieses wiederum gibt ganz was Anderes — und wie ich gerne zugebe — tausendmal mehr. Und kann eigentlich kaum mit einer Fotografie verglichen werden. Freilich sollte man sich bei der Beschaffung der Fotog[rafie] nicht an Schönberg wenden, sonst erfährt er auch vom Kokoschka-Porträt und damit bald das ganze Heft, das ich mir immerhin auch als Überraschung vorstelle* . . . Schönberg, der sich übrigens gegen die Aufnahme der Reproduktion des Porträts von Kokoschka aussprach, — sie unterblieb auch —, wußte sehr wohl von der Festschrift, da er letztlich eingeladen wurde, einen Beitrag zu seiner eigenen Festschrift zu schreiben (!).

364 **Arnold Schönberg zum fünfzigsten Geburtstage. Sonderheft der Musikblätter des Anbruch, Wien 1924.**

Wiener Stadtbibliothek - Druckschriftensammlung

Webern, Loos, Marya Freund, Gutheil-Schoder, Malipiero, Casella, Stein, Schreker, Horwitz, Réti, Kolisch, Stiedry, Eisler, Scherchen, Pisk, Bach u. a. zeichneten als Autoren für die Schönberg-Festschrift. Eingeladen waren auch Zemlinsky, Wellesz, Hauer, Werfel und Linke, von denen jedoch keine Beiträge einlangten. Schönberg gab in seinen einleitenden Worten nicht nur einen Rückblick auf sein bisheriges Schaffen, sondern entwarf auch seine Pläne für die Zukunft, darunter den weiteren Ausbau der *Komposition mit zwölf Tönen* und musiktheoretische Arbeiten wie eine Kontrapunkt-, Formen- und Instrumentationslehre und andere Schriften, die teilweise Fragment geblieben sind. Und nur ein Alterssymptom ließ er für sich gelten: *Ich kann nicht mehr so hassen, wie früher; und was noch ärger ist, ich kann manchmal schon verstehen, ohne zu verachten . . .*

365 **Album der Schüler mit deren Photographien und kurzen handschriftlichen Selbstbiographien. (Wien 1924.)**

Nachlaß, Los Angeles

Die Schüler ehrten den 50. Geburtstag ihres Lehrers noch auf besondere Weise: nach mühevollen Vorarbeiten überreichten sie ihm ein Album mit Photographien seiner Schüler bis 1924. Allerdings fehlen darin Namen wie Eduard Steuermann, Edward Clark, Hans Swarowsky, Jenny Steiner, Robert Weishut u. a. In der Reihenfolge des Albums gehörten zu seinen Schülern (die Jahreszahl gibt die Studienzeit an): Friedrich Buxbaum (?), Vilma v. Webenau (ab 1899 mehrere Jahre mit Unterbrechungen), Viktor Krüger (1904–1907), Heinrich Jalowetz (1904–1908), Alban Berg (1904–1911), Anton v. Webern (1904–1908), Zdlislaw Jachimecki (1904–1905), Karl Horwitz (1904–1908), Rudolf Weirich (1904–1910), Egon Wellesz (1904–1905), Erwin Stein (1906–1910), Robert Neumann (1907–1909), Josef Polnauer (1909–1911; 1917–1920 Assistent im Seminar für Komposition), B. F. Dolbin (1908–1909), Karl Linke (1909–1912), Karl Blau (1911–1912), Hans Enders (1909–1911), Ernst Galitzenstein (1910–1911), Ernst Kraus (1910–1911), Fritz Zweig (1910–1911), Gottfried Kassowitz (1914–1916), Wilhelm Winkler (1910–1911), Else Geiringer-Réthi (1911), Robert Kolisko (1911), Paul Königer (1911–1912), Hermann Scherchen (1911?), Alexander Jemnitz (1913–1915), Ernst Bachrich (1916–1919), Paul Amadeus Pisk (1917–1919), Erwin Ratz (1917–1920), Paul Pella (1917), Pauline Klarfeld (1917–1919), Selma Stampfer (1917–1918), Alice Moller (1917–1920), Fritz Heinrich Klein (1917–1918), Helene Herschel (1917–1920), Berta Engel-Miller (1917–1918), M. Winkelmayer (1917–1918), Zenka Glücklich-Frischmann (1917–1918), Richard Ehrmann (1917–1918), Olga Novakovic (1918–1921), Karl Rankl (1918–1921), Josef Travnicek (1918–1922), Käthe Horner-Travnicek (1918–1920), Viktor Ullmann (1918–1919), Martha Ullmann (1918–1919), Marta Pisk-Frank (1918), Zofjy Spatz (1918–1920), Franz Wittenberg (1918–1920), Fritz Kaltenborn (1919–1922), Hanns Eisler (1919–1923), Josef Rufer (1919–1922), Rudolf Kolisch (1919–1922), Walter Herbert (1919–1922), Heinrich Fath (1919–1920), C. van der Linden (1920–1921), Lisette Seybert (1920–1921), Hans Erich Apostel (1922–1923), Robert Gerhard (1923–1924), Fritz Wieser (1924).

366 Alban Berg. Büste von Josef Humplik. Wien 1928.

Erich Alban Berg, Wien

Mit Freuden benütze ich die Gelegenheit, mich zu dem Werk und Schaffen meines Schülers Alban Berg zu bekennen. Bilden doch er und unser gemeinsamer Freund und Mitschüler Anton v. Webern die stärkste Bestätigung meiner Wirkung als Lehrer und sind es diese beiden doch, die mir in Zeiten ärgster künstlerischer Bedrängnis eine Stütze waren, so fest, so verläßlich, so liebevoll, wie nichts besseres auf dieser Welt zu finden ist. Wer aber glauben mochte, daß nur Dankbarkeit, nur Freundschaft es ist, für die ich durch Anerkennung danken will, der vergesse nicht, daß ich Noten lesen kann; daß ich aus Noten, die damals noch allen anderen Musikern wie Hieroglyphen vorkamen, mir das Gedachte verlebendigen und einen Eindruck von diesem Talent verschaffen konnte. Und es ist mein Stolz, daß die Bestimmtheit dieses Eindrucks und ihre Richtigkeit mich imstand gesetzt haben, diese hohe Begabung dorthin zu leiten, wohin sie sollte: zur wundervollen Entfaltung ihrer Eigenart, zur größten Selbstverständlichkeit: aber den hiezu unentbehrlichen Charakter hat er schon in die erste Stunde mitgebracht. Und wird ihn bis zur letzten bewahren . . . (Schreiben Schönbergs für Berg, 12. 3. 1930, H. Berg, Wien.)

367 **Anton Webern. Büste von Josef Humplik. Wien 1928.**

Historisches Museum der Stadt Wien

Man wird uns drei – Berg, Webern, Schönberg – zusammen nennen müssen, wie eine Einheit, weil wir mit Intensität und opferbereiter Ergebenheit an einmal geschaute Ideale geglaubt haben, und niemals von ihnen gelassen hätten, auch wenn es gelungen wäre, uns irre zu machen. (1947, Nachlaß.) – *Ich bin überzeugt, daß Webern mich leidenschaftlich bewunderte und mein Freund war. Bewunderung war seine Natur. Für ihn gab es nur eines: er haßte oder liebte, er verdammte oder bewunderte. Obgleich ich weiß, daß die Objekte seiner Bewunderung oftmals wechselten, weiß ich aber doch, daß er seine Meinung niemals über Karl Kraus, Peter Altenberg, Peter Rosegger, Gustav Mahler und mich geändert hat. Diese waren seine „Fixsterne".* (Nachlaß.)

368 **Einladung zur Schönberg-Feier am 13. September 1924 in den Städtischen Sammlungen, Wien, 11. September 1924.**

Helene Berg, Wien

Zur Durchführung der Feier war eigens ein Komitee unter dem Vorsitz von Alma Mahler gegründet worden, dem D. J. Bach, C. M. Haselbrunner, L. Karpath, J. Polnauer, F. Schalk, P. Stefan, F. Stiedry, J. Tandler, A. Webern und A. Wunderer angehörten.

Anläßlich des 50. Geburtstages Arnold Schönbergs veranstalteten gestern vormittags Freunde und Verehrer des Meisters in den Räumen der Bruckner-Ausstellung (Kat. Nr. 369) im Rathaus eine kleine Feier. Nachdem der gemischte Chor der Staatsoper unter der Leitung von Felix Kreißler [sic] den „Wachruf" aus den „Meistersingern" vorgetragen hatte, begrüßte Dr. J. D. Bach den Jubilar mit einer Ansprache. Bürgermeister Seitz, der nach der Ansprache Dr. Bachs das Wort ergriff, sagte: Schönberg zählt zu uns Wienern und die Stadt Wien ist stolz auf ihn. Dr. Bach hat die innere Kraft, die Zähigkeit, die Energie Schönbergs und seine Zielklarheit gepriesen. Es mag vielleicht manchem erscheinen, daß das nicht spezifisch wienerische Eigenschaften sind, aber wir unterscheiden uns von andern nur dadurch, daß wir unsere Energie nicht so äußerlich zur Schau tragen. Nach der Rede des Bürgermeisters sang der Chor Schönbergs „Friede auf Erden", worauf der Künstler tiefbewegt mit sinnigen Worten dankte. (Neues Wiener Tagblatt, 14. 9. 1924.)

369 **Aus der musikhistorischen Ausstellung im Wiener Rathaus. Der Saal der modernen Musik (mit Blick auf das Schönberg-Porträt von Kokoschka). Photographie. (Wiener Bilder, Wien, 21. September 1924.)**

Wiener Stadtbibliothek - Druckschriftensammlung

Anläßlich des „Wiener Musik- und Theaterfestes" 1924 wurde in den Räumen des Museums der Stadt Wien eine Ausstellung mit dem Titel „Ernste Musik von Anton Bruckner bis zur jüngsten Gegenwart" gezeigt, in der Schönberg und die Wiener Schule durch wichtige und heute teilweise nur mehr schwer nachweisbare Exponate gewürdigt wurden. (Maschinschriftlicher Katalog im Besitz der Wiener Stadtbibliothek.) Schönberg war eine eigene Nische des Saales eingeräumt. Zu sehen waren u. a. das Porträt von Kokoschka, das Aquarellporträt von Schiele, die handschriftlichen Partituren der *Gurrelieder* — von diesem Werk überdies Schönbergs eigenhändiger Klavierauszug —, der *Kammersymphonie, Pierrot lunaire, Erwartung, Glückliche Hand,* ferner die eigenhändige Niederschrift einer Jugendkomposition *(Schilflied),* das an Karl Kraus gewidmete Lied aus *op. 15* (Kat. Nr. 31, 32) und die kalligraphische Niederschrift von *Alle, welche dich suchen* aus *op. 22* von der Hand Weberns.

370 Generalprobe von Schönbergs Drama Die glückliche Hand in der Volksoper. Bericht der „Stunde", Wien, 15. Oktober 1924.

Wiener Stadtbibliothek - Druckschriftensammlung

Unter beispiellosem Andrang eines aus Fachleuten, Kritikern, darunter zahlreichen auswärtigen, und vor allem einer Menge von Auch-dabei-sein-Müssenden, sollte gestern die Generalprobe von Schönbergs Drama mit Musik „Die glückliche Hand" beginnen. Unmittelbar vor der festgesetzten Zeit stellte sich heraus, daß Polizei und Feuerwehr von dem Stattfinden der Generalprobe nicht verständigt waren, und ein Polizeifunktionär verweigerte dem nach Hunderten zählenden Publikum den Eintritt. Die unerhörtesten Szenen spielten sich ab . . . ältere Leute wurden im Gedränge ohnmächtig, alle schimpften gegen alle und das Ergebnis war eine ungeheure Blamage . . . (P. Stefan.)

371 Uraufführung von Schönbergs Drama Die glückliche Hand am 14. Oktober 1924 in der Volksoper in Wien. Programmzettel.

Wiener Stadtbibliothek - Druckschriftensammlung

Die Uraufführung fand unter der Leitung von Fritz Stiedry statt. Schönbergs Bemühungen, das Werk in Dresden, Darmstadt und an anderen Theatern (auch an der Wiener Oper) herauszubringen, scheiterten. Das Schönberg-Jubiläum war Anlaß, diesen alten Plan zu verwirklichen. Selbst Richard Strauss als Direktor der Wiener Staatsoper zeigte sich einer Premiere nicht abgeneigt und war verärgert, als bekannt wurde, daß man mit der Volksoper abgeschlossen hatte: *Warum haben Sie Schönberg an die Volksoper gegeben, nachdem ich doch prinzipiell dazu bereit war?"* (Strauss an D. J. Bach, 30. 7. 1924. Wiener Stadtbibliothek.) Die Aufführung — die Vorproben leitete Webern — brachte nicht den erhofften Erfolg. Man sprach von der *Schönberg-Schlacht* und erlaubte sich einen in sarkastischem Ton gehaltenen Ausblick auf das nächste Schönberg-Jubiläum: *. . . und im Jahre 1974 wird es vielleicht eine Schönbergiade im Geburtshaus Arnold Schönbergs geben, der Schönbergbund wird Chöre singen und das Volk hereinjubeln . . .* (Neues 8 Uhr Blatt, Wien, 15. 10. 1924.) — Mit der Aufführung hatte Schönberg jedoch einen neuen Propagator gefunden: Fritz Stiedry.

372 **Fritz Stiedry mit Schönberg. Photographie. (Wiener Bilder, Wien, 19. Oktober 1924.)**

Wiener Stadtbibliothek - Druckschriftensammlung

. . . Vor über vierzig Jahren hörte ich in Wien die Rosé-Uraufführung der „Verklärte Nacht". Seitdem war ich der Ihre. – Vor zwanzig Jahren „genau", hatte ich die Ehre, selber die Proben zur Uraufführung der „Glücklichen Hand" zu beginnen, was mich damals mit Stolz und Freude erfüllte. Seitdem war es mir erfüllt, Ihnen auch persönlich nahe zu sein – und die Geburt aller Ihrer Werke seit 1924 . . zu erleben. (Stiedry an Schönberg, 9. 9. 1944. Nachlaß.)

373 **Zwei Szenenbilder aus dem Drama Die glückliche Hand. Entwürfe von Schönberg.**

Nachlaß, Los Angeles

(Vgl. Kat. Nr. 200.)

374 **„Arnold Schönberg, einer der Führer der modernen Musik, der Schöpfer der ‚Glücklichen Hand'." Originalzeichnung von Fred Dolbin.**

Dolbin-Nachlaß, New York

Der Uraufführung hatte auch Fred Dolbin beigewohnt, der zu diesem Anlaß Schönberg porträtierte. F. Dolbin war Schönberg-Schüler und schwankte lange Zeit zwischen der Musik und der Malerei, bis er sich endgültig der Zeichenkunst zuwandte. Als Musiker war er hochbegabt und ein hervorragender Schüler, der zu seinem Lehrer aufblickte. 1912 hatte er beispielsweise an Schönberg geschrieben: *Op. 7, op. 4! Es ist kein Alltagserlebnis, seinen Atem vom Atem eines Genius beherrscht zu fühlen. Und ich danke Ihnen, liebwerter Herr Schönberg, auch für die Sicherheit, die ich heute gewonnen habe: daß das Unsterbliche Blut von Ihrem Blute hat. Denn es adelt auch den Schüler, der sich dem Meister beugt . . .* (Brief vom 16. 4. 1912. Nachlaß.)

375 **Schönberg. Originalzeichnung von Fred Dolbin, datiert: 1924.**

Historisches Museum der Stadt Wien

(Zu Dolbin vgl. auch Kat. Nr. 469.)

376 **Gertrud Schönberg. Porträt von Schönberg.**

Nachlaß, Los Angeles

Am 28. August 1924 hatte Schönberg in Mödling in der evangelischen Pfarre Gertrud Schönberg, die Schwester seines Schülers Rudolf Kolisch geheiratet. *Muß ich dir sagen, daß ich selbst nicht begriffen, wie es möglich ist, daß ich nach Mathilde* (vgl. Kat. Nr. 47) *noch eine Frau liebe. Und daß ich mich selbst damit quäle, daß ich Ihrem Andenken eine Schmälerung zufüge. Wirst du mich verstehen und Nachsicht haben? Ich weiß, daß du viel zu großherzig bist, um nicht einzusehen, daß vielleicht gerade, weil ich Mathilde so geliebt habe, diese Lücke irgendwie ausgefüllt werden muß . . .* (Schönberg an Zemlinsky, 21. 8. 1924. Privatbesitz, London.)

377 **Protokoll einer Sitzung über die Frage der Gründung „Schönberg-Bibliothek". Wien, am 19. November 1924.**

Universal Edition, Wien

Am 19. November 1924 fand in den Räumen der Universal Edition in Wien eine Sitzung statt. Anwesend waren Schönberg, E. Hertzka, A. Berg, H. Botstiber, J. Polnauer, P. Stefan, E. Stein, A. Webern und Hans Heinsheimer. Schönberg referierte über sein Anliegen, eine eigene „Schönberg-Bibliothek" mit Blickrichtung auf die Moderne ins Leben zu rufen. Er ließ sich dabei von der Idee leiten, dem Studierenden den Einblick in das zeitgenössische Schaffen auf dem Gebiet der Musik, Literatur usf. zu erleichtern. In erster Linie waren die Organisations- und Subventionsfragen zu erörtern. Pressemeldungen wie die folgende: *Eine Bibliothek für moderne Musik wurde in Wien anläßlich des 50. Geburtstages von Arnold Schönberg unter dem Namen „Arnold-Schönberg-Bibliothek" gegründet. Die Bibliothek will eine Ergänzung der großen musikalischen Bibliotheken, besonders für die Musik der letzten dreißig Jahre sein. Als Grundstock wurde der neuen Bibliothek eine Sammlung von mehr als tausend Bänden moderner Musikwerke aus der Universal Edition zur Verfügung gestellt* (Musikpädagogische Zeitschrift) waren verfrüht, denn trotz Vorarbeiten kam es letztlich — auch wegen Schönbergs Weggang von Wien — zu keiner derartigen Einrichtung in Wien. In einem Schreiben vom 14. Oktober 1925 teilte Schönberg noch Erwin Ratz mit: *Sollte die Bibliothek nicht bis 1. Jänner 1926 eröffnet werden, so würde ich sie nach Berlin übersiedeln . . .* (Nachlaß E. Ratz.)

378 **Schönberg: Drei Satiren für gemischten Chor op. 28. Eigene Handschrift.**

Universal Edition, Wien

Eines der letzten zum überwiegenden Teil in Wien komponierten Werke sind die drei *Satiren op. 28,* die 1925/26 entstanden. Anlaß zur Niederschrift der Komposition, zu der Schönberg auch die Texte verfaßte, waren Angriffe von Zeitgenossen, über die er sehr aufgebracht war. Die Titel der einzelnen Stücke lauten: *Am Scheideweg* (ursprünglich: *Tonal oder atonal), Vielseitigkeit, Der neue Klassizismus.* Im Vorwort nimmt Schönberg alle jene aufs Korn, die den risikolosen Mittelweg gehen, sowie die „Scheintonalisten", die „Klassizisten" und „Folkloristen". Dem in strenger Zwölfton-Komposition geschriebenen Werk hat er drei komplizierte Kanons in C-Dur beigegeben, *in welchen — da die vorstehenden Chöre reine Zwölfton-Kompositionen sind, von denen mancher glaubt, es sei leichter, gewisse kontrapunktische Leistungen zu vollbringen, wenn die Auffassbarkeit der Dissonanzen der der Konsonanzen gleichgesetzt wird — in welchen also gezeigt wird, daß einer, der die vorstehenden geschrieben hat, solche Erleichterungen nicht unbedingt braucht; und daß er, mit bloß sieben Tönen auch manches zusammenbringt, was zwar nicht sehr geschätzt wird, aber immerhin als schwierig gilt . . .* (Anhang.)

379 **Blick auf Wien IV, Wiedner Hauptstraße. Photographie um 1925.**

Historisches Museum der Stadt Wien

Die Achtung, die man Schönberg zu seinem 50. Geburtstag auch öffentlich gezeigt hatte, ließ ihn zwischendurch auch auf eine Berufung an die Wiener Musikakademie hoffen (vgl. Kat. Nr. 189). Wie ernst es ihm war, in Wien zu bleiben, kann man einem Schreiben entnehmen, das er am 25. Februar 1925 an den Bürgermeister der Stadt Wien, Karl Seitz, richtete und in dem er folgendes Anliegen vorbrachte: *Wegen meiner künstlerischen und insbesondere wegen meiner U n t e r r i c h t s t ä t i g k e i t ist es für mich dringend erforderlich, [von Mödling] nach Wien zu übersiedeln. Da ich nicht in der Lage bin, eine Ablöse von einigen hundert Millionen zu bezahlen, möchte ich an die Gemeinde Wien das Ansuchen stellen, mir ein in Annuitäten rückzahlbares Darlehen zu gewähren, welches ich dazu verwenden möchte, um auf irgend einem bereits bestehenden Hause (eventuell einem der Gemeinde gehörigen) ein Stockwerk als Wohnung für mich aufzubauen . . .* (Kopie im Nachlaß.) Die Wiener Pläne scheiterten. Im Herbst desselben Jahres erhielt Schönberg die ehrenvolle Berufung nach Berlin und verließ Wien endgültig.

380 **„Arnold Schönberg nach Berlin berufen". (Neues Wiener Journal, 19. September 1925.)**

Wiener Stadtbibliothek - Druckschriftensammlung

Aus Berlin wird uns telegraphiert: Komponist Arnold Schönberg wurde am 1. Oktober als Vorsteher der Meisterschule für musikalische Komposition an die Akademie der Künste in Berlin berufen. Er wird dort neben den beiden Meisterschulvorstehern Dr. Schumann und Dr. Pfitzner tätig sein. Es ist wieder einmal bezeichnend, daß ein Künstler von der Bedeutung Schönbergs nicht dauernd in Wien gehalten wurde.

1926 — 1933: BERLIN

Ich weiß nicht, ob man so ehrlich bleiben kann, wenn man berühmt ist.

381 Königliche Akademie der Künste in Berlin, Pariser Platz 4. Photographie.

Landesbildstelle, Berlin

Schönberg war schon im Frühjahr 1925 im Wahlvorschlag neuer Mitglieder der Akademie der Künste unter „Auswärtige“ gestanden. Da durch den Tod Ferruccio Busonis (27. Juli 1924) auch die Stelle des Leiters der Kompositionsklasse vakant geworden war, kam es durch Vermittlung von Franz Schreker im August 1925 zu direkten Verhandlungen mit Schönberg, die schließlich zur Berufung führten. Schönberg, der wie viele Künstler den Urlaub in Altaussee verbrachte, erhielt im September dorthin die Nachricht, daß der Preußische Minister für Kultus und Wissenschaft der Berufung zugestimmt und den Vertrag, der Schönberg auf die Dauer von 5 Jahren als Leiter der Kompositionsklasse an der Akademie der Künste bestätigte, genehmigt hatte. Am 24. September fragte er beim Präsidenten der Akademie, Max Liebermann, an, zu welchem Zeitpunkt seine persönliche Vorstellung erwünscht wäre und dankte mit den Worten: *Bei dieser Gelegenheit drängt es mich, zu erklären, daß es mich mit Stolz und Freude erfüllt, nunmehr als Mitglied der illustren Körperschaft anzugehören, deren Präsident Sie sind.* (Archiv der Akademie.)

382 Beglaubigte Abschrift der Vereinbarung zwischen Schönberg und Leo Kestenberg über Schönbergs Verpflichtung als Verwalter einer Meisterschule für musikalische Komposition an der Akademie der Künste in Berlin. Wien, am 28. August 1925.

Archiv der Akademie der Künste, Berlin

Die wichtigsten Punkte der Vereinbarung lauteten: *1. Herr Schönberg verpflichtet sich, vom 1. Oktober 1925 bis zum 30. September 1930 eine Meisterschule für musikalische Komposition bei der Akademie der Künste in Berlin zu verwalten . . . 2. Herr Schönberg erhält für seine Tätigkeit ein noch näher zu vereinbarendes, monatlich auszahlbares Gehalt, das aber nicht weniger als 1400 — 1500 Mark monatlich beträgt . . . 3. Herr Schönberg verpflichtet sich, während der Vertragsdauer jährlich 6 Monate in Berlin zu lehren. Es bleibt Herrn Schönberg überlassen, die Unterrichtszeit zu bestimmen. Ebenso steht die Form des Unterrichts Herrn Schönberg frei . . . 4. Während der Vertragsdauer führt Herr Schönberg die Amtsbezeichnung „Professor“ . . . 7. Sollte Herr Schönberg durch außereuropäische Konzert- oder Vortragsreisen in einem Vertragsjahre verhindert sein, seine Verpflichtungen zu erfüllen, so wird er nach Möglichkeit bestrebt sein, die versäumte Unterrichts-*

zeit in einem darauffolgenden Unterrichtsjahr nachzuholen. Schönbergs Auslegung der Punkte 3 und 7 führte 1931 und 1932 zu Unstimmigkeiten mit dem Präsidium der Akademie und wurde ihm letztlich als Vertragswidrigkeit angelastet. (Vgl. Kat. Nr. 426.)

383 „Arnold Schönberg. Der neue Meister der Hochschule für Musik". Karikatur. (Montag Morgen, Berlin, 21. September 1925.)

Archiv der Akademie der Künste, Berlin

Vereinbarungsgemäß sollte Schönberg seine Stelle am 1. Oktober 1925 antreten, doch geschah dies erst im Jänner 1926. Zuerst ließ er Liebermann wissen, daß er erst im Dezember nach Berlin kommen würde, da er *augenblicklich mit der Fertigstellung einer größeren Arbeit [Suite op. 29?] beschäftigt sei* (Brief vom 6. 11. 1925. Archiv der Akademie), dann aber mußte er sich einer Blinddarmoperation unterziehen. Mitte Jänner 1926 führte er dann Gespräche in der Akademie über seine Tätigkeit, bei denen er bereits einen von ihm verfaßten Entwurf vorlegte, welche Voraussetzungen für die Zulassung zu seiner Meisterklasse zu erfüllen wären. Darin heißt es u. a.: *Als Meisterschüler kann nur aufgenommen werden, wer 1. die Absicht und die Eignung hat, die Tätigkeit eines Komponisten als Hauptberuf auszuüben, und 2. alles Handwerkliche (Harmonielehre, Kontrapunkt, Formenlehre, Instrumentation) entweder an einer Schule, oder privat, oder durch Selbststudium vollkommen erlernt hat, und imstande ist, Proben seines Talents und seines Könnens in Form fertiger Werke vorzulegen . . .* Am 30. Jänner 1926 war er erstmals bei einer Sitzung der Akademie anwesend. Auf die Preußische Verfassung wurde er am 27. Mai vereidigt – durch seine Berufung hatte er auch die preußische Staatsbürgerschaft erhalten, die sich für ihn in der Folge als nutzlos erwies – und als eine seiner ersten offiziellen Arbeiten in der Sektion Musik wurde von ihm im Juni desselben Jahres ein Gutachten über die Einführung einer neuen Notenschrift verlangt, eine Sache, mit welcher er sich schon in früheren Jahren befaßt hatte.

384 Schönberg, eigenhändiger Brief an Anton Webern, (Berlin), 29. März 1926.

Wiener Stadtbibliothek - Handschriftensammlung

An Webern ließ Schönberg im März 1926 wissen, daß er bereits sieben Schüler hätte. Ferner schrieb er auch über Kompositionspläne, darunter die *Suite op. 29.* (Vgl. Kat. S. 45.)

385 Schönberg: Suite für Klavier, kleine Klarinette, Klarinette, Baßklarinette, Violine, Viola und Violoncello op. 29. Partitur. Eigene Handschrift.

Nachlaß, Los Angeles

Die *Suite op. 29* für 7 Instrumente, die Gertrud Schönberg gewidmet ist, wurde 1925 begonnen. Schönberg mußte die Arbeit mehrmals unterbrechen und konnte sie erst 1926 in Berlin beenden. Er sah in diesem Werk gleichsam den Schlüssel für seine spätere Entwicklung, da er die Zwölftontechnik hier erstmals in freier Gestaltung anwandte und die im mehrstimmigen Satz auftretenden Schwierigkeiten zu überwinden hatte. *Ich glaube, es ist ein sehr gutes Stück worden. Es zeigt sich immer mehr, daß die Kompositionstechnik mit 12 Tönen bereits imstande ist, alles zu leisten, was man früher konnte.* (Vgl. Kat. S. 47.)

386 **Festival Arnold Schoenberg avec le concours et sous la direction de l'auteur. Grande salle Pleyel, 15. Decembre 1927. Programmbuch mit Bild Schönbergs.**

Nachlaß, Los Angeles

Schönberg wurde im Dezember 1927 von der „Societé Musical Indépendente" zu zwei Konzerten eingeladen, in denen er u. a. *Pierrot lunaire* und die Uraufführung der *Suite op. 29* leitete. Marya Freund sang, von Steuermann begleitet, die *4 Lieder op. 6* und Steuermann spielte erstmals die *Suite op. 25.* Am Gelingen der Aufführung der *Suite op. 29* war der Schönberg-Schüler Winfried Zillig mitbeteiligt. *Besonders denke ich mit Vergnügen an unsere Reise nach Paris, wo Sie mir wirklich geholfen haben, die Suite einzustudieren. Sie erinnern sich, ich bin damals mit meinem lieben Adolf Loos fortwährend in Restaurants gewesen; er bestand darauf, mir alle Vergnügungs- und Eßlokale zu zeigen . . . Dadurch war ich so müd, daß ich nicht meine Partitur studieren konnte. Ohne Sie hätte ich diese Aufführung nicht zusammenbringen können . . .* (Briefe, a. a. O., Nr. 219.) Während seines Pariser Aufenthaltes hatte Schönberg überdies an der Sorbonne einen Vortrag über *Wissen und Erkenntnis* zu halten, der mit Widerspruch aufgenommen wurde. Im Pariser Musikleben hatte Schönberg schon in früheren Jahren für Aufregung gesorgt: 1922 war es bei der Aufführung der *Orchesterstücke op. 16* zu einem Skandal gekommen. Marya Freund, die *immer, auch bevor der große Ruhm kam, an Schönberg glaubte und dessen Musik sie faszinierte,* hatte darüber Schönberg berichtet: *eben komme ich aus dem Pardeloupconcert, welches gewagt, Ihre 5 Orchesterstücke aufzuführen. Leider konnte man nur wenig hören, so stark war der Lärm und die Aufregung. Nach dem 4ten schlugen sich sogar einige Herren (was hier nie vorkommt) und Florent Schmitt, Komponist der tragèdie de Salomé und s. w. verteidigte Ihre Musik mit Löwenmut und hatte am Schluß des Konzertes ein dickgeschwollenes Gesicht — Ravel, Poulenc, Roland Nanud, Prunières, Maurice Delage — alle waren da! Caplet dirigierte . . . Sie können sich nicht vorstellen, wie man sich für Ihre Musik interessiert . . .* (Nachlaß.)

387 **Diplom über Schönbergs Mitgliedschaft an der Preußischen Akademie der Künste. Berlin, 10. Februar 1927.**

Staatsbibliothek (Preußischer Kulturbesitz) - Musiksammlung, Berlin

Die Gesellschaft der ordentlichen Mitglieder der Preußischen Akademie der Künste, Sektion für Musik, hat in ihrer Sitzung vom 20. Januar 1927 den Komponisten Professor Arnold Schönberg, Berlin, zum ordentlichen Mitgliede der

Akademie der Künste erwählt. Nachdem diese Wahl die Bestätigung des Herrn Ministers für Wissenschaft, Kunst und Volksbildung erhalten hat, wird hierüber gegenwärtiges Diplom ausgefertigt. Das Diplom trägt die eigenhändige Unterschrift von Max Liebermann und A. Amersdorffer.

388 **Erwin Stein, Memorandum. Typoskript. Wien, im August 1927.**

Universal Edition, Wien

Die a. a. O. erwähnte Vereinbarung mit der Akademie (Kat. Nr. 381) gestattete Schönberg, daß er in zunehmendem Maße Zeit zur Komposition fand. Schönberg ging einer Periode besonderer künstlerischer Produktivität entgegen, die auch von Erwin Stein, „Schönbergs Abgesandten am Hofe der Universal Edition", erkannt wurde. *Voraussetzung des Folgenden ist meine Überzeugung, daß Schönbergs Werke . . . in Zukunft ein großes Geschäft sein werden, wenn die Hochflut vielleicht auch erst in ca. 20 Jahren beginnen sollte. Es handelt sich hier wirklich um größere Zeiträume und darum sind die Opfer, die die Universal Edition heute bringt, als Investitionen anzusehen . . . Es scheint ein Naturgesetz zu sein, daß es zwischen bedeutenden Komponisten und ihren Verlegern immer Reibereien gibt: dafür gibt es ja genug historische Beispiele . . . Man muß Schönberg „behandeln", wie dies ja in vorbildlicher Art Herr Direktor Hertzka die ganzen Jahre hindurch getan hat. Es wäre für die Universal Edition sehr bedauerlich, den Autor zu verlieren, nicht nur aus künstlerischen . . . Gründen. Schönberg scheint in einer Periode großer Produktivität zu sein. Die Werke, die er heute schreibt, werden einmal . . . zum eisernen Bestand des Verlages gehören . . .*

389 **Schönberg: III. Streichquartett op. 30. Partitur. Universal Edition, Wien, 1927. Stichplatte.**

Waldheim-Eberle, Wien

Im Frühjahr 1927 entstand im Auftrag der amerikanischen Mäzenin Elizabeth Sprague-Coolidge das *3. Streichquartett op. 30.* Interessanterweise arbeitete Schönberg an allen Sätzen gleichzeitig. Das Werk ist nach der 12-Ton-Methode gearbeitet, wenn auch nicht so streng wie die vorhergehenden. Gerade bei diesem Werk mußte sich Schönberg anläßlich der Aufführungen in Wien, Berlin und Prag sagen lassen, daß er nicht mehr intuitiv komponiere, sondern ohne Inspiration, folglich als Konstrukteur und Mathematiker an das Werk herangegangen wäre. In einem Brief an seinen Schwager Kolisch findet sich seine Rechtfertigung: *Obwohl ich mich einer gesunden konstruktiven Grundlage einer Komposition auch dort nicht schäme, wo ich sie bewußt hergestellt habe, wo sie also weniger gut ist, als wo sie instinktives Ergebnis und unbewußt erzeugt ist, mag ich doch nicht wegen des bißchen Reihenkomposition für einen Konstrukteur gelten, weil das zu wenig Gegenleistung meinerseits bedeutete. Ich glaube für diesen Titel mehr leisten zu sollen und bin allerdings der Meinung, daß ich weitgehende Ansprüche zu erfüllen vermag, die von Berechtigten an mich erhoben werden . . .* (Briefe, a. a. O., Nr. 178.)

390 **Schönberg: III. Streichquartett op. 30. Klavierauszug zu vier Händen, bearbeitet von Felix Greissle. Eigene Handschrift.**

Universal Edition, Wien

391 **Aufführungen der Quartette Schönbergs durch das Kolisch-Quartett vom September 1927 bis Oktober 1928. Statistik von der Hand Felix Khuners.**

Universal Edition, Wien

Dem Blatt sind die Aufführungsdaten zu entnehmen. Das erste *Quartett op. 7* wurde in Köln, London, Wien, Nizza, Hagen, das *Quartett op. 10* in Frankfurt, Mannheim, Marseille, London, Wien, Paris, Rom und Köln und das *3. Quartett op. 30* in Wien, Prag, Dessau, Berlin, Aachen, Köln, Mannheim, Stuttgart, Kopenhagen, Berlin, London, Brüssel, Paris und München gespielt.

392 **Roquebrune an der französischen Riviera. Photographie um 1928.**

Helene Berg, Wien

Die ihm von der Akademie vertraglich zugesicherte Urlaubszeit verbrachte Schönberg ab 1928 an der französischen Riviera, später am Luganer See, in Territet bei Montreux und 1931, 1932 in Barcelona, dessen Klima ihm sein Schüler Roberto Gerhard im September 1931 in einem sieben Punkte umfassenden Brief besonders empfohlen hatte. (Abschrift bei H. Berg, Wien.) In Roquebrune beendete Schönberg die *Variationen für Orchester op. 31,* die 1928 durch Wilhelm Furtwängler aufgeführt wurden.

393 **Wilhelm Furtwängler (1886 — 1954). Photographie mit eigenhändiger Unterschrift.**

Wiener Stadtbibliothek - Handschriftensammlung

Furtwängler hatte sich schon in früheren Jahren mit dem Schaffen Schönbergs befaßt. Im Jänner 1921 hatte er in Wien *Pelleas und Melisande* aufgeführt, und die Berichte aus dem Schülerkreis sprachen von einer „warmen" Interpretation. (Rufer an Schönberg, 6. Jänner 1921. Nachlaß.) Von Erwin Stein erfuhr Furtwängler von den *Orchestervariationen* und fragte im Mai 1928 bei Schönberg an. Schönberg, der das Werk erst im September 1928 fertigstellte, übertrug ihm die Uraufführung, obgleich er sich ihm gegenüber anfangs eher etwas abweisend verhalten und erst allmählich einen „guten Eindruck" von ihm erhalten hatte. (Vgl. Kat. S. 49 ff.)

394 **Schönberg: Variationen für Orchester op. 31. Partitur. Eigene Handschrift.**

Universal Edition, Wien

Die *Orchestervariationen,* von denen Schönberg in einem Vortrag (Kat. Nr. 395) über das Werk sagte, sie gehörten zur *Kategorie der sogenannten formalen oder Entwicklungsvariation, insofern nämlich, als sich alles folgende aus dem Thema und seinen Eigenschaften entwickelt und als auch weiters die Bewegung wie üblich im allgemeinen zunehmende Tendenz hat,* wurden 1926 begonnen und erst zwei Jahre später vollendet. Die Gründe, warum er sich zu einer Komposition für „normales Orchester" entschloß und warum er die Arbeit zwei Jahre unterbrechen mußte, hat er in einem Interview mit Erwin Stein über „Neue Aspekte der Orchestration" bekanntgegeben (Gespräche mit Komponisten, hrsg. von W. Reich, Zürich 1965, S. 208 ff.) Er wollte damit vor allem den *materiellen Schwierigkeiten für die Verbreitung seines musikalischen Denken* entgegentreten, da die Öffentlichkeit in der Regel nach Werken mit größerer Besetzung verlangte. — Daß Schönberg seine Werke mit Vorliebe in „einem Guß" arbeitete und bei Unterbrechung der Arbeit Mühe hatte, den verlorenen Faden wiederzufinden (vgl. den Beitrag von R. Stephan, Kat. S. 119 ff.), dafür ist die Entstehungsgeschichte der *Orchestervariationen* beispielhaft: *Ich habe die Variationen für Orchester im Mai 1926 begonnen und ich war in wenigen Wochen schon so weit, daß ich glaubte, sie in einigen Wochen vollenden zu können. Infolge einer Reise mußte ich die Arbeit unterbrechen. Als ich sie nach mehreren Wochen wieder aufnehmen wollte, war ich nicht imstande, den Plan einer angefangenen Variation wiederzufinden . . . Die Variation war ungefähr bis zur Hälfte fertig, aber es war mir unmöglich, das Prinzip wiederzufinden, das zur Ausführung des Restes nötig war . . .* Schönberg gab die Arbeit zwischendurch auf, entschloß sich dann aber zu einem neuen Versuch, indem er die Variationen nach einem anderen Prinzip aufbauen wollte. Zufällig fand er das Blatt mit der Lösung, die *mit derjenigen übereinstimmte, die sich nach dem neuaufgestellten Prinzip ergab.* Die Uraufführung am 2. Dezember 1928 endete mit einem Skandal. In Wien wurde Alban Berg vom Rezensenten des Neuen Wiener Journals (6. 12. 1928) befragt, wobei er mit den Worten schloß: *Übrigens hängt der Erfolg von Meisterwerken nicht vom Zischen der Mitwelt, dem Applaus oder der Nachwelt ab, er besteht darin, daß sie beides aushalten.*

395 **Schönberg: Analyse der Variationen für Orchester op. 31, (1931). Typoskript mit eigenhändigen Eintragungen (Notenzitate u. a.).**

Nachlaß, Los Angeles

Anläßlich der Aufführung der *Orchestervariationen* am 24. März 1931 in Frankfurt unter Hans Rosbaud arbeitete Schönberg an einer Analyse des Werkes. Einleitend gab er darin eine Darstellung seiner Situation als Komponist: *Ich befinde mich in einer Minderheit nicht nur gegenüber den Freunden leichter Musik, sondern auch gegenüber den Freunden ernster Musik . . . Neue Musik ist niemals von allem Anfang schön . . . Das liegt nur daran: gefallen kann nur, was man sich merkt, und das ist bei jeder neuen Musik sehr schwierig.*

Meister eines gefälligen Stils tragen dem durch den Aufbau ihrer Melodien Rechnung, in dem sie jede kleinste Phrase so oft wiederholen, bis sie sich einprägt . . . Ein strengerer Kompositionsstil aber muß es sich versagen, sich dieses bequemen Hilfsmittels zu bedienen. Er verlangt, daß nichts wiederholt werde, ohne die Entwicklung zu fördern und das kann nur durch weitgehende Variationen geschehen . . . In meinem Kompositionsstil ist häufig dieser Umstand eine der Hauptursachen, warum ich schwer zu verstehen bin: ich variiere ununterbrochen, wiederhole fast niemals unverändert, springe rasch auf ziemlich entlegene Entwicklungserscheinungen und setze voraus, daß ein gebildeter Hörer die dazwischen liegenden Übergänge selbst zu finden im Stande ist. Ich weiss, daß ich mir damit nur selbst Enttäuschungen bereite, aber es scheint, daß die Aufgabe, die mir gestellt ist, keine andere Darstellungsweise zulässt . . . Anhand von Notenbeispielen zeigt er dann ausführlich den Aufbau des Variationenwerkes (Thema mit neun Variationen und Finale).

396 Johann Sebastian Bach: Präludium und Fuge in Es-Dur für Orgel. Für großes Orchester gesetzt von Schönberg. Partitur. Eigene Handschrift.

Universal Edition, Wien

Ein weiteres Werk war im Sommer 1928 entstanden: Die Bearbeitung von *Präludium und Fuge* aus dem dritten Teil der *Clavierübung* von J. S. Bach. Welche Ziele Schönberg dabei verfolgte und in welcher Weise er an die Bearbeitung heranging, berichtete er Jahre später an Webern. (Vgl. Kat. S. 60.) Die Uraufführung des Werkes leitete Webern am 10. November 1929 in Wien in Rahmen der Arbeiter-Symphoniekonzerte.

397 Alexander Glasunow, eigenhändiger Brief an Schönberg, Paris, 19. Oktober 1928.

Nachlaß, Los Angeles

Glasunow empfiehlt Schönberg Natalie Prawossudowitsch, Absolventin des Konservatoriums in Leningrad, als Schülerin der Meisterklasse. Prawossudowitsch trat im April 1929 in Schönbergs Meisterklasse ein und studierte bis März 1932. Im Juni 1931 wurde sie bereits in einem von Schönberg veranstalteten Konzert mit Werken seiner Meisterschüler vorgestellt.

398 Konzert der Meisterschule für musikalische Komposition von Professor Arnold Schönberg am 2. Juni 1931. Programmzettel.

Nachlaß, Los Angeles

Die Konzerte seiner Meisterklasse wurden von der Akademie finanziell unterstützt. Das erste Konzert hatte bereits im Mai 1927 stattgefunden. Am 20. Mai 1930 gab es dann ein Orchesterkonzert, bei dem die Berliner Symphoniker mitwirkten. Zum Konzert vom 2. Juni 1931, in dem Werke von Erich Schmid, Natalie Prawossudowitsch, Norbert v. Hannenheim, Peter Schacht und Nikos Skalkottas gespielt wurden – Ausführende waren zum Teil die Meisterschüler – bemerkte F. Brust in der Berliner „Allgemeinen Musikzeitung" am 26. 6. 1931: *Die Arbei-*

ten, die die Meisterschule von Arnold Schönberg hören ließ... gehen unbekümmert ihre Wege und räumen mit dem Wohllaut in der Musik gründlich auf. Mit ihnen freuten sich auch einige Zuhörer, die Sprengungen, mit denen die alten Fundamente in die Luft flogen, zu vernehmen . . . Auf dem Programmzettel haben Schüler und Ausführende eigenhändige Grußworte an Schönberg hinterlassen.

399 Aufnahmebestätigung bzw. Ersuchen um Verlängerung zur Zulassung an Schönbergs Meisterschule für Komposition an der Akademie der Künste für Peter Schacht. Berlin, 18. April 1931.

Archiv der Akademie der Künste, Berlin

Zu Schönbergs Kompositionsschülern in Berlin zählten Winfried Zillig, Walter Goehr, Walter Gronostay, Adolphe Weiss, Robert Gerhard-Castells, Josef Zmigrod, Josef Rufer, Johannes Moenck, Max Walter, Leo Weiss, Charilaos Perpessa, Myroslaw Spiller, Marc Blitzstein, Alfred Keller, Peter Schacht, Hansjörg Dammert, Nikolaus Skalkottas, Natalie Prawossudowitsch, Helmuth Rothweiler, Norbert v. Hannenheim, Erich Schmid, Bernd Bargel, Fried Walter, Fritz Reich und als Hospitantin Gertrud Fuhrmann. Viele Schüler bezogen durch Schönbergs Vermittlung namhafte finanzielle Beihilfen von seiten der Akademie. So schrieb Schönberg u. a. am 1. Oktober 1932 an die Akademie: *Ich bin bezüglich der Honorarzahlungen meiner Schüler in großer Verlegenheit. Ich weiß nicht, was ich ihnen raten soll. Es ist heute kaum einer in der Lage, das Honorar zu bezahlen und ich muß aufrichtig sagen, daß es mir schwer fällt, jemanden aus diesem Grund vom Unterricht auszuschließen.* Nur wenige Schüler haben es später als Komponist in der Öffentlichkeit zu Ansehen gebracht. *Es ist halt das Unglück, daß ich die Fähigkeit habe, zeigen zu können, wie die großen Meister komponiert haben, und damit fast allen Schülern das Komponieren abgewöhnt habe. Die doch Komponisten geworden sind, haben aber etwas Solides gelernt von mir. Zumindest die Einsicht, daß sie alles Bach, Mozart, Beethoven verdanken . . .* (Eisler, a. a. O., S. 209.)

400 Protokoll einer Sitzung in der Akademie der Künste am 10. September 1929 mit eigenhändigen Stellungnahmen von Max v. Schillings, Georg Schumann, Franz Schreker und Schönberg.

Archiv der Akademie der Künste, Berlin

An Sitzungen der Akademie nahm Schönberg vorzugsweise dann teil, wenn es um Fragen von allgemeinem Interesse ging. In der Sitzung vom 10. September wurde die Verlängerung der Schutzfrist der Werke der Musik und Literatur von 30 auf 50 Jahre erörtert, für die der Senat mit dem Bemerken zustimmte, daß die Verlängerung *. . . im Interesse der deutschen Autoren und ihrer „Rechtsnachfolger" sein müsse.* Schönberg schloß sich dieser Meinung an und gab noch zusätzlich zu Protokoll: *Es haben sicherlich mehr Musikwirte ein großes Vermögen erworben, indem sie die Musik Animiermädchen-Dienste tun ließen, als Hinterbliebene nach Komponisten durch Tantiemenanteile.*

401 **Blick auf den Nürnberger Platz in Berlin. Luftaufnahme. (Um 1930.)**

Landesbildstelle, Berlin

Nach seiner Übersiedlung nach Berlin – die Mödlinger Wohnung verfiel der „Anforderung" – belastete Schönberg für lange Zeit die Wohnungsfrage. Anfangs wohnte er in der Pension Bavaria am Steinplatz 2, später in Untermiete am Kurfürstendamm 203 und in der Kantstraße 4. Noch im Februar 1928 beklagte er sich darüber in einem Schreiben an die Akademie, wo er bereits mehrfach um eine Wohnungsbeihilfe angesucht hatte. Gleichfalls nur als Zwischenlösung betrachtete er sein Logis in Charlottenburg, Nußbaumallee 17, bis er im Herbst 1930 eine geräumige Wohnung am Nürnberger Platz 3 beziehen konnte. Die Wohnungsfrage war für ihn von besonderer Bedeutung, da sich seine Meisterschüler zum Unterricht in der Regel nicht in der Akademie, sondern in seiner Privatwohnung – wie bereits seinerzeit in Mödling – versammelten. Eine anschauliche Schilderung der Wohnung am Nürnberger Platz gibt Hans Heinz Stuckenschmidt: *Sie war im Geist und Geschmack ihrer Bewohner eingerichtet. Schönberg hatte seinen Schreibtisch selbst entworfen und eine kleine Trittleiter, die spiralenhaft um die Vertikalachse lief, sogar selbst gezimmert. Klavier und Harmonium, daneben auch Gitarre und Mandoline gehörten zum Inventar des Musikzimmers und wurden zur Klangkontrolle häufig herangezogen. Ein großer Raum war fast nur mit einem Tennistisch möbliert; hier spielte Schönberg mit seiner Frau und allen anwesenden Freunden Ping-Pong, ein Spiel, in dem er es zu virtuoser Fertigkeit gebracht hatte. Alle technischen Erfindungen, neue Werkstoffe und dergleichen interessierten ihn lebhaft. Für seinen Eßtisch zog er Chromstahl dem Silber wegen der charakteristischen Farbe vor . . .* (H. H. Stuckenschmidt, Arnold Schönberg. Zürich 1951, S. 109 f.)

402 **Café Kranzler am Kurfürstendamm. Photographie um 1930.**

Landesbildstelle, Berlin

403 **Schönberg, Frau Schönberg und Loos in einem Berliner Café. Photographie.**

Nachlaß, Los Angeles

Schönberg, der Adolf Loos *unendlich viel verdankte* (aus einem Briefkonzept an den Wiener Bürgermeister, November 1930) setzte sich dank seiner Stellung an der Akademie der Künste für Loos ein. Nach eigenen Aussagen blieben seine Bemühungen erfolglos, Loos die Mitgliedschaft an der Akademie zu verschaffen (vgl. Kat. S. 54. In den im Archiv der Akademie verwahrten Akten war darüber nichts zu finden). Im November wandte Schönberg sich an den Bürgermeister in Wien, mit dem Ersuchen, Loos mit einem großzügigen Auftrag für einen städtischen Wohnhausbau die Gelegenheit zu geben, ein *monumentales Denkmal seiner epochalen Wirksamkeit zu hinterlassen. Er fand bis heute keinen Bauherrn. Und so lebt sein Werk in allen Ländern zwar und in Erzeugnissen seiner Schüler und Nachahmer, denen er die Wege gewiesen hat, jedoch nicht in von ihm gestalteter Form . . . Lassen Sie die Gemeinde Wien den Bauherrn sein, der Wien ein Baudenkmal von Adolf Loos verschafft, von dem Mann, der sein Jahrhundert mit neuen Fragen und Ideen beschenkt hat . . . Loos ist der erste Architekt, (der) wahrhaft im Raum denkt, in ihm lebt, aus ihm heraus frei gestaltet und ihn ohne auf Hilfsmittel angewiesen zu sein, rein, absolut, unmittelbar denkt . . .* (Nachlaß.) Zur selben Zeit erließ er einen Aufruf für Loos und für eine künftige Loos-Schule, den noch Heinrich Mann, James Joyce und Varely Larband unterzeichneten. Auch an der Loos-Festschrift beteiligte er sich. Heinrich Kulka, ein Schüler von Loos, urteilte in bewundernder Weise über Schönbergs Worte: *Sie sagen das Wesentlichste, das man überhaupt über Loos sagen kann und Sie sagen es vollkommen. Wie wenn Sie selbst ein Architekt wären, der das Raumerlebnis erlebt hat! Bisher kennt man doch Loos bloß als den Ornamentbezwinger. Über seine noch größere Gabe an die Menschheit, den Raum (Grundriss) schreiben Sie, zum erstenmal . . .* (Kulka an Schönberg, 3. 11. 1930. Nachlaß.)

404 Gedächtnisfeier für Adolf Loos. (Wien, im Herbst 1933.) Programmblatt.

Hans Swarowsky, Wien

Anläßlich des Todes von Adolf Loos am 23. August 1933 fand eine Gedächtnisfeier in Wien statt, bei der das Galimir-Quartett den 3. Satz aus Schönbergs *Quartett op. 10* spielte und Eduard Steuermann das 2. Klavierstück aus *op. 11.* Ferner umfaßte das Programm noch Webern *4 Stücke für Klavier und Violine,* und literarische Beiträge, u. a. von Oskar Kokoschka *Adolf Loos zum Gedächtnis* und Josef Frank *Adolf Loos und die Zukunft.* Schönberg war über den Tod seines Freundes tief erschüttert (vgl. Kat. S. 54.) Der Architekt Heinrich Kulka überbrachte ihm im Februar 1936 noch eine letzte Mitteilung von Loos, die dieser ihm anvertraut hatte: *Ich will . . . eine Pflicht erfüllen, die mir Loos 1 1/2 Jahre vor seinem Tode auferlegte. Von Todes-Ahnungen erfaßt, sagte er mir: „Wenn ich einmal tot bin, sagen Sie Arnold Schönberg, daß er mein bester Freund war!“* (Kulka an Schönberg, 9. 2. 1936. Nachlaß.)

405 Schönberg. Originalzeichnung von Fred Dolbin um 1930.

Dolbin-Nachlaß, New York

Am 15. Mai 1930 wurde Schönbergs Vertrag mit der Akademie laut einer mit Leo Kestenberg geschlossenen Vereinbarung auf weitere fünf Jahre verlängert. Am 30. Dezember desselben Jahres erreichte ihn jedoch die Kündigung des Ministeriums für Kultus und Wissenschaft: *Auf Grund der Verordnung des Herrn Reichspräsidenten zur Sicherung von Wirtschaft und Finanzen vom 1. Dezember 1930 kündige ich Ihnen im Auftrage des Herrn Ministers für Wissenschaft und Kunst und Volksbildung . . . zum 31. Januar 1931 den zwischen Ihnen und Herrn Ministerialrat Kestenberg abgeschlossenen Dienstvertrag vom 15. Mai 1930 . . .* Schönberg protestierte mit Erfolg gegen die Kündigung. – Im Herbst 1931 trat er an die Akademie mit dem Ersuchen heran, seine musikalischen Theorien einem größeren Kreis in der Art eines Kollegs vortragen zu dürfen, dem stattgegeben wurde.

406 **Schönberg: Von heute auf morgen. Oper in einem Akt op. 32. Klavierauszug. Berlin 1929. Autographie.**

Rudolf Stephan, Berlin

Von Ende Oktober 1928 bis zum Neujahrstag 1929 arbeitete Schönberg an der nach der Zwölftonmethode geschriebenen Oper *Von heute auf morgen,* die 1929 erschien. Die Charakteristik des Werkes, zu dem Gertrud Schönberg unter dem Pseudonym Max Blonda das Textbuch schrieb, hat Schönberg selbst gegeben: *Das Stück ist einaktig, dauert beiläufig 45 — 55 Minuten, alles spielt in einer einzigen Szene; Zimmer, keine Beleuchtungs- oder sonstige Materialschwierigkeiten, keine Kostüme, moderne Kleidung. Es ist eine heitere bis lustige, manchmal sogar (ich hoffe wenigstens) komische Oper; nicht grotesk, nicht anstößig, nicht politisch, nicht religiös. Die Musik ist so schlecht wie immer bei mir: nämlich meinem geistigen und künstlerischen Zustand angemessen. Aber sie ist auch dem Stoff angepaßt und zeigt deshalb fortlaufend geschlossene Formen, die durch deutliche (natürlich aber „non-tonale") Rezitative, die nicht melodisch tun, unterbrochen und verbunden sind . . . Aber es sind nur vier Personen . . .* (Briefe, a. a. O., Nr. 107). An anderer Stelle befaßt er sich mit der Frage des Textes zu diesem Werk: *Vielleicht darf man es doch wagen anständig zu bleiben. Vielleicht muß man nicht gemein werden, bloß weil die anderen es tun. Vielleicht tun sie auch bloß so! Solche Gedankengänge will das Textbuch der Oper „Von heute auf morgen" anregen. Trotz der absichtlich leichten und unscheinbaren Form, in die all das eingekleidet ist . . .* Und in der Inhaltsangabe zum Werk sagt er: *Mann und Frau setzen sich zum Frühstück und wissen, daß auch die Frage, was verblaßt ist und was als glänzend, was als heute noch strahlend fertig empfunden wird, im Leben wie in der Kunst und in den Anschauungen, doch nur Modesache ist. Von heute auf morgen?* (Zit. nach dem Original in der Staatsbibliothek, Berlin.)

407 **Schönberg: Von heute auf morgen. Korrekturblatt zum Klavierauszug. Eigene Handschrift.**

Hans Swarowsky, Wien

Mit der Korrektur des Klavierauszuges und mit der Herstellung der Lichtpause des Originals war der Schönberg-Schüler Karl Rankl, damals Kapellmeister an der Kroll-Oper in Berlin, betraut. Rankl, der unter Zeitdruck arbeitete, konnte bei der Korrektur nicht die nötige Sorgfalt walten lassen und der Auszug ging nach Schönbergs Worten „unrein" zum Druck. Die nachträglichen Korrekturen erhöhten die Kosten und Schönberg hatte 1931 noch einen Prozeß mit Waldheim-Eberle durchzufechten. — Das Korrekturblatt, das Schönberg im August 1929 an Karl Rankl sandte, trägt noch folgenden Vermerk: *Wir fahren heute nach Holland. Vorläufig: Kattwijk aan Zee, Pension Christina.*

408 **Schönberg: Von heute auf morgen. Bühnenbild der Uraufführung in Frankfurt/Main am 1. Februar 1930.**

Nachlaß, Los Angeles

Ende 1929 stand Schönberg noch mit Clemens Krauss in Unterhandlungen wegen einer Uraufführung der Oper in Wien. Krauss scheint sich die Sache überlegt zu haben, denn das Werk kam am 1. Februar 1930 in Frankfurt am Main unter der Leitung von Wilhelm Steinberg, dem Schönberg genaue Anweisung über die gesanglichen und instrumentalen Partien gegeben hat, zur Uraufführung. Die Frau sang Else Gentner-Fischer, Benno Ziegler den Mann, Anton Maria Topitz den Tenor und Elisabeth Friedrich die Freundin.

409 **Otto Klemperer, eigenhändiger Brief an Schönberg, Kampen auf Sylt, 7. August 1930.**

Nachlaß, Los Angeles

In den Jahren 1929 bis 1930 hatte Schönberg überdies *6 Stücke für Männerchor op. 35* über eigene Texte fertiggestellt, die er Klemperer zur Ansicht sandte. *Ich danke Ihnen herzlich für die Übersendung Ihrer Männerchöre . . . Obgleich ich nur kurze Zeit zur Einsicht hatte, glaubte ich doch, das ganz Außerordentliche Ihres neuen Werkes erkennen zu können. Leider habe ich gar keine Möglichkeit, so schwierige a capella Musik für Männerchor heraus zu bringen . . .* Klemperer zeigte dagegen Interesse an der *Begleitmusik für eine Lichtspielscene: Die Filmmusik haben wir angenommen. Ich glaube, daß sie auch als reines Concertstück ihre Wirkung tun wird. Hielten Sie es für möglich, daß ein Künstler . . . zu Ihrer Musik einen abstrakten Film erfände, den man vielleicht sogar im Concert zu Ihrer Musik laufen liesse? . . .*

410 **Otto Klemperer (1885 — 1973). Photographie um 1930.**

Landesbildstelle, Berlin

Klemperer hatte sich wohl schon um 1920 für Schönbergs Schaffen zu interessieren begonnen, aber erst in den Jahren zwischen 1929 und 1935 erwarb er sich für die Verbreitung des Schönbergschen Werkes besondere Verdienste. (Vgl. Kat. Nr. 436.) Er war der erste, der in Berlin die Bach-Bearbeitung *(Präludium und Fuge in Es-Dur)* und die *Begleitungsmusik zu einer Lichtspielscene* aufführte.

411 **Schönberg: Begleitungsmusik zu einer Lichtspielscene op. 34. Verlag Heinrichshofen, Leipzig, 1930. Partitur.**

Rudolf Stephan, Berlin

Die *Begleitungsmusik zu einer Lichtspielscene* entstand im Winter 1929/30. Mit den Mitteln der Zwölftonmusik gelang Schönberg hier eine ausdrucksvolle Gestaltung der von ihm beziehungsvoll genannten Teile *Drohende Gefahr — Angst — Katastrophe.* Die Uraufführung fand am 28. April 1930 in Frankfurt unter Hans Rosbaud statt. In der Berliner Rundfunkdiskussion von 1931 wurde Schönberg zum Problem „Lichtspiele“ befragt, worauf er die Notwendigkeit einer künstlerischen Einstellung unterstrich. *Soll ich nach einer Zeiterscheinung mich richten, wie es der amerikanische Kinobetrieb ist, der es zustandegebracht hat, eine gute Sache durch Raubbau in zwei Jahrzehnten umzubringen? Wenn ich an Lichtspiele denke, so denke ich an zukünftige, die notwendigerweise künstlerisch sein werden müssen, und zu denen wird meine Musik passen . . .* (Nachlaß.)

412 **Schönberg: Moses und Aron. Textblatt: „Ich sprach zu Einzelnen und zum Volk . . .". Eigene Handschrift.**

Staatsbibliothek (Preußischer Kulturbesitz) - Musiksammlung, Berlin

(Vgl. dazu den Beitrag von M. Lichtenfeld, Über Schönbergs Moses und Aron, Kat. S. 125 – 134.) Die größte schöpferische Arbeit in den Jahren 1930 bis 1932 war die Komposition von *Moses und Aron.* Die Anfänge der Dichtung, zu der sich Schönberg vom Zweiten Buch Moses anregen ließ, reichen bis 1926 zurück. Der Großteil der textlichen Niederschrift, die wie die Komposition unvollendet blieb, entstand 1928. Die Dichtung war von Anbeginn dreiteilig angelegt. Der erste Akt schildert die Berufung Moses. Gott spricht aus dem brennenden Dornbusch zu Moses und stellt ihm Aron als tatkräftigen Helfer zur Seite. Die Gegenüberstellung von Moses und Aron ist von entscheidender Bedeutung für die Entwicklung des Dramas. Im Mittelpunkt des zweiten Aktes steht die von Aron veranlaßte *Orgie der Trunkenheit und des Tanzes* und die Auseinandersetzung zwischen Moses und Aron. Moses zertrümmert die ihm auf dem Berg der Offenbarung anvertrauten Gesetzestafeln. Geführt von einer Wolkensäule tritt das Volk den Weg ins Gelobte Land an. Der dritte Akt ist nur Fragment geblieben. *Mein dritter Akt, den ich wenigstens zum viertenmal umarbeite . . . heißt derzeit noch immer: Arons Tod. Hier haben mir bisher einige fast unverständliche Widersprüche der Bibel die größten Schwierigkeiten bereitet . . . Bisher habe ich selbst eine Lösung gesucht. Und was mein Drama an sich betrifft, kann ich auch auskommen, ohne das zu lösen. Aber es läßt mich doch nicht in Ruhe.* (Briefe, a. a. O., Nr. 151.)

413 **Schönberg: Moses und Aron. Kleines Skizzenbuch. (Aufgeschlagen: „Tanz II. Akt"). Eigene Handschrift.**

Nachlaß, Los Angeles

Im Juli 1930 hat Schönberg mit der Komposition von *Moses und Aron* begonnen. Schon bei der Arbeit am Text hatte er die Komposition vorausgehört. *Ich habe große Lust zur Komposition. Aber es wird wohl noch einige Zeit dauern, bis ich anfangen kann. Ich glaube, daß in meiner gegenwärtigen Fassung schon viel für die kommende Musik vorgebaut ist. Ich höre das alles schon . . .* (Vgl. Kat. S. 49.) Am 31. August 1930 berichtete er Webern, daß er *mit der Arbeit langsam aber gut vorangekommen wäre und bereits 350 Takte direkt in die Partitur komponiert hätte, aber gewiß noch kein Fünftel des Ganzen.* (Wiener Stadtbibliothek.) Im März 1932 beendete Schönberg die Komposition des zweiten Aktes in Barcelona.

414 **Schönberg: Moses und Aron. Particell. Eigene Handschrift.**

Nachlaß, Los Angeles

In die Musik von *Moses und Aron* hat Schönberg alle Errungenschaften und Erkenntnisse, die er sich auf seinem langen und vielen Anfeindungen ausgesetzten Weg erworben hatte, verarbeitet. Das Werk basiert von der Struktur her auf einer einzigen Reihe, deren Anwendung in ihrer Vielfältigkeit beispiellos ist. Über die Probleme und Schwierigkeiten dieses Werkes war Schönberg sich stets völlig im Klaren. Dies bezeigen seine detaillierten Ausführungsanweisungen. (Näheres vgl. Kat. S. 125 ff.)

415 **Schönberg: Moses und Aron. Tanz um das goldene Kalb. Partitur. Ars viva, Zürich (um 1950.) Autographie.**

Rudolf Stephan, Berlin

Am 2. Juli 1951 fand in Darmstadt unter Scherchen die Uraufführung der Tanzszene aus *Moses und Aron* statt, obgleich Schönberg, als er von dem Plan einer Aufführung erfahren hatte, Bedenken äußerte: *Eine konzertmäßige Aufführung des Tanzes um das goldene Kalb halte ich für nahezu unmöglich, da ja die Musik durchaus illustrierend ist. Ich mag nicht den Fehler mitmachen, eine nichtsymphonische Musik — wie gut sie auch andererseits baulich organisiert ist — wie eine Symphonie aufzuführen, wie das so viele heutige Balletkomponisten tun. Sie müßten eine Lösung finden, wie man irgendwie den Zuhörer in einen Zuschauer verwandelt, wie man ihm also ein annäherndes Bild der Vorgänge wirklich sehen läßt. Vielleicht ist irgend eine Filmgesellschaft bereit, die wichtigsten Momente movie-mäßig aufzunehmen?* (Schönberg an Hermann Scherchen, 29. 4. 1950. Kopie im Nachlaß.) Scherchen hatte auch die Herstellung des Materials veranlaßt und dazu auf Anraten Schönbergs dessen Sohn Georg beigezogen: *Weil dieser einer der wenigen ist, auf den ich mich mit Genauigkeit und Transponieren der Klarinetten, Hörner etc. verlassen kann.*

416 **Hermann Scherchen (1891 — 1966) mit dem Orchester „Musica viva". Photographie mit eigenhändiger Unterschrift.**

Wiener Stadtbibliothek - Handschriftensammlung

Scherchen war seit den Tagen der Proben zu *Pierrot lunaire* (Kat. Nr. 214) ein Verfechter der Schönbergschen Kunst. Darüber hinaus galt er als einer der bedeutendste Förderer der Moderne. Die Pflege der zeitgenössischen Musik betrieb er mit einer beispiellosen Hingabe, als Dirigent, Organisator und Musikschriftsteller. In besonderem Ruf standen die Frankfurter Museumskonzerte, die er in den Jahren 1922 und 1923 leitete, die Konzerte des Musik-Kollegiums in Winterthur und des von ihm gegründeten Orchesters „Musica viva" in Wien. Während der Zeit seiner Lehrtätigkeit an der Hochschule für Musik in Berlin (1920/21), in der er die Zeitschrift „Melos" begründete, hat er auch Vorträge über das Schönbergsche Werk gehalten: . . . *[Julius] Toldi wird Ihnen wohl erzählt haben, daß ich seit Oktober an der Berliner Musikhochschule über Sie lese: d. h. ich spreche möglichst wenig, dringe aber mit meinen Schülern in den lebenden Körper Ihrer Werke selbst ein: es ist mehr eine Schule angewandter moderner Kompositionstechnik daraus geworden. Als Resultat hoffe ich endlich auch sichtbar meinen Dank für die Tatsache Schönberg durch ein Studienbuch über ihr Werk zu bezeigen.* (Scherchen an Schönberg, 20. 3. 1921. Nachlaß.)

417 **Schönberg: Moses und Aron. Skizzenbuch zum III. Akt. Eigene Handschrift.**

Staatsbibliothek (Preußischer Kulturbesitz) - Musiksammlung, Berlin

Die Frage, ob Schönberg tatsächlich die Komposition des 3. Aktes von *Moses und Aron* geplant hat, ist immer wieder aufgeworfen worden. R. Stephan führt in seinem Beitrag über die „Arbeitsweise" (Kat. S. 119 ff.) aus, daß Schönberg einmal unterbrochene Arbeiten in der Regel nicht mehr vollendete oder nach dem ursprünglichen Konzept nicht mehr vollenden konnte. Bei einem so riesenhaften Werk, wie *Moses und Aron,* das Schönberg 1932 wegen seiner Abreise aus Barcelona unterbrechen mußte, ist dies umso naheliegender. Daß er den Plan verfolgte, den dritten Akt zu komponieren, aber letztlich durch die äußeren Ereignisse in seinem Leben nicht mehr die Kraft dazu hatte, hat er mehrfach mit Aussagen belegt. Sieht man von dem Skizzenblatt zum 3. Akt ab, kann man auf sein Ansuchen an die Guggenheim-Stiftung hinweisen (Kat. Nr. 468) oder auch nur auf ein Schreiben an Hermann Scherchen vom 29. April 1950, worin er diesen wissen ließ, daß der den Gedanken an die Fertigstellung von *Moses und Aron* noch nicht aufgegeben hätte: *Möglicherweise könnte ich auch Moses und Aron fertig machen, wenn mir ein Mäcen so viel Geld zur Verfügung stellte, daß ich ein Jahr leben kann, ohne irgend etwas arbeiten zu müssen.* Es ist erschütternd genug, daß ihm vor allem die finanziellen Mittel fehlten, die ihm die Möglichkeit geboten hätten, Zeit und Ruhe zur Vollendung dieses Planes zu finden.

418 **Schönberg dirigiert im Rundfunk. Photographie um 1930.**

Nachlaß, Los Angeles

Im Jahr 1930 war Schönberg von deutschen und österreichischen Rundfunkstationen eingeladen worden, eigene Werke zu dirigieren. So hatte er im Februar 1930 im Berliner Rundfunk die Aufführung seiner Oper *Von heute auf morgen geleitet* und im Oktober desselben Jahres im Wiener Rundfunk mit eigenen (früheren) Werken. Dem Berliner Rundfunk gab er zudem die Anregung zur Sendung von „Musikerporträts" in Form von Diskussionen. Das erste diesbezügliche „Porträt", das ausgestrahlt wurde, war ihm selbst gewidmet. Auch in späteren Jahren kam es noch zu Kontakten mit verschiedenen Rundfunkanstalten. (Vgl. Kat. S. 58.)

419 **Schönberg, eigenhändiges Verzeichnis seiner Aufsätze über Musik (und anderes) aus den Jahren 1907 bis 1932.**

Nachlaß, Los Angeles

Im Herbst 1932 ordnete Schönberg sein schriftstellerisches Werk: Die Aufstellung umfaßt 53 Artikel, darunter in der Schönberg-Literatur wenig beachtete wie *Deutsche Musik* (Rundfrage im Getreuen Eckhart, Juni 1921), *Anerkennung*

(Mengelberg-Gedenkbuch), *Die Bohème* (Rundfrage des Berliner Tagblatts, Mai 1928), *Fehlt der Welt eine Friedenshymne* (Acht Uhr Abendblatt, Mai 1928), *Zu Kokoschka* (Städtische Kunsthalle, Mannheim, 1931), *Tonality and Form* (Christian Science Monitor, Boston 1925), *Kammermusik in großen Sälen* (Programbuch zum Konzert vom 3. Juni 1919, Wien), *Über Klavierauszüge* (erschienen?), *Über absolutes Gehör* (erschienen?).

420 Schönberg: Mein Publikum. (Der Querschnitt, Berlin 1930, 10. Jahrgang, Heft 4.)

Wiener Stadtbibliothek - Druckschriftensammlung

Ende April 1932 war in der Berliner Zeitschrift „Der Querschnitt" ein aktueller Beitrag aus der Feder Schönbergs erschienen: *Mein Publikum,* in dem er rückblickend das Verhalten des Publikums zu seiner Musik analysierte. *Daß das große Publikum wenig Beziehung zu mir hat, liegt an mancherlei Ursachen. Vor allem: die Generäle, die noch heute das Musikdirektorium innehaben, bewegen sich im allgemeinen in Richtungen, in die die meinige nicht hineinpaßt, oder fürchten, dem Publikum etwas vorzusetzen, das ihnen selbst unverständlich ist.* Schönberg schrieb die Schuld auch den sogenannten „Sachverständigen" zu und schloß mit der Frage, die auch heute noch Aktualität besitzt: *Ob ich dem Publikum wirklich gar so unangenehm bin, wie die Sachverständigen immer vorgeben, und ob es sich vor meiner Musik wirklich so sehr fürchtet, scheint mir manchmal recht zweifelhaft.*

421 Ärztliches Zeugnis für Schönberg von Don Ramon Sarro Burbano, Barcelona, 30. März 1932. (Original spanisch.)

Archiv der Akademie der Künste, Berlin

Vom frühen Herbst 1931 an weilte Schönberg aus gesundheitlichen Gründen in Spanien — zudem wollte er an *Moses und Aron* arbeiten — und kehrte erst im Mai auf wiederholtes Drängen seiner Freunde nach Berlin zurück. Der ihm wohlgesinnte Leo Kestenberg hatte ihn ersucht, als Begründung für seine lange Abwesenheit ein ärztliches Attest nach Berlin zu senden. Darin hieß es: *Ramon Sarró, Doktor der Medizin und Chirurgie . . . bestätigt, daß Herr Prof. Arnold Schönberg an Bronchialasthma leidet, das durch typische Anfälle charakterisiert ist und welche durch den Einfluß thermischer Temperaturabfälle und kleine grippale Erkältungen verursacht werden. Aus diesem Grunde muß Herrn Schönberg dringend davon abgeraten werden, sich während der kalten Monate in den nordischen Ländern aufzuhalten . . .* Der Akademie entstanden dadurch Schwierigkeiten, da die in Schönbergs Meisterklasse inskribierten Schüler vergeblich warteten. Im Herbst 1933 kam im Zuge seiner Beurlaubung von der Akademie (Kat. Nr. 426) auch dieser Vorfall zur Sprache und man warf ihm vor, daß er die Bestimmungen des mit ihm geschlossenen Vertrages *durchaus nicht immer genau* beachtet hätte. (Bericht des Präsidenten an den Minister, 21. Oktober 1933. Archiv der Akademie.)

422 **Schönberg: Konzert für Violoncello und Orchester nach einem Konzert für Cembalo von Georg Matthias Monn. G. Schirmer, New York 1935.**

Rudolf Stephan, Berlin

In den Jahren 1932/33 arbeitete Schönberg für Pablo Casals, mit dem er in Barcelona in künstlerischen Kontakt gekommen war, am Violoncello-Konzert nach G. M. Monns Cembalo-Konzert, zu dem er schon seinerzeit den Generalbaß ausgesetzt hatte (Kat. Nr. 259). Schönberg hielt seine Bearbeitung für sehr schwer. *Es ist ein sehr brillantes Stück worden. Jedenfalls habe Ich mir wegen des Klanges ganz besondere Mühe gegeben und bin sehr zufrieden damit. Das Stück ist in gewisser Hinsicht weniger solistisch, als ein Konzert von Monn wäre . . . Im übrigen war es meine Hauptsorge, die Mängel des Händelstils (dem das Werk im Original angehört) zu beseitigen. So wie Mozart es mit dem Messias von Händel getan hat, so habe auch ich hier ganze Hände voll Sequenzen entfernt und durch echte Substanz ergänzt . . . Ich glaube, daß es mir gelungen ist, das Ganze etwa dem Stil Haydns zu nähern. In harmonischer Hinsicht gehe ich manchmal ein wenig . . . über diesen Stil hinaus. Nirgends aber geht es wesentlich weiter als Brahms.* (Schönberg an Casals, zit. nach Brief, a. a. O., Nr. 150.) Roberto Gerhard äußerte sich begeistert, als Casals mit den Proben begann: *So vollzieht sich das Wunder, daß man in jedem Akkord wirklich die Persönlichkeit Schönbergs erkennen muß, und das Ganze zugleich mit größter Treue den Geist der Musik jener Zeit lebendig werden läßt.* (Gerhard an Schönberg, Sept. 1933. Library of Congress.)

423 **Pablo Casals. Photographie mit eigenhändiger Unterschrift um 1932.**

Wiener Stadtbibliothek - Handschriftensammlung

Casals, der *noch nie so geübt hatte* (Kat. S. 55), fand die Bearbeitung außerordentlich schwer. *Ich kann Ihnen nur sagen, daß ich unentwegt am Konzert von Monn arbeite — ich habe noch nie ein so schwieriges Werk studiert und — um Ihnen meine Bewunderung zu bezeugen — die Schwierigkeiten sind so vielfältig, daß es zuviel gesagt wäre, den Zeitpunkt festzulegen, wann das Werk der Öffentlichkeit vorgestellt werden kann . . .* (Casals an Schönberg, 22. 7. 1933. Original französisch. Library of Congress.)

424 **Ankündigung über den Vortrag „Stil und Gedanke, oder neue und veraltete Musik“ von Schönberg im Kulturbund in Wien am 15. Februar 1933.**

Universal Edition, Wien

Anfang Februar 1933 verließ Schönberg für kurze Zeit Berlin, um einerseits im Londoner Rundfunk ein Konzert in der Queen's Hall zu dirigieren, zum andern um Vorträge in Köln, Frankfurt und Wien zu halten. Schönberg hat den Wiener Vortrag später in umgearbeiteter Form in sein Sammelwerk

Style and Idea aufgenommen. Es ging ihm darum, die Bedeutung des Gedankens zu präzisieren. *Alle künstlerische Schöpfung ist geistiges Schauen, daher Gedankenbildung,* und Schönberg bekennt, *seine eigene Komposition immer gedanklich konzipiert zu haben . . . Der Gedanke kann warten, denn er hat Zeit. Neue Musik ist neuer musikalischer Gedanke in neuem Gewande.* (R. Ploderer zu Schönbergs Vortrag, in: „23". Eine Musikzeitschrift, Mai 1933, S 20.)

425 Max Liebermann im Gespräch mit Heinrich Mann in der Akademie der Künste in Berlin. Photographie.

Landesbildstelle, Berlin

Während Schönbergs Abwesenheit von Berlin hatte sich die politische Lage zugespitzt. Unter dem Eindruck der Ereignisse legten Heinrich Mann und Käthe Kollwitz im Februar 1933 die Mitgliedschaft der Akademie zurück. – Am 1. März sollen in Anwesenheit Schönbergs bei einer Sitzung in der Akademie die Worte Max v. Schillings gefallen sein, daß *der jüdische Einfluß an der Akademie gebrochen werden müßte.* Schönberg hat daraufhin die Sitzung verlassen. Über den Vorfall gibt es in den Akten der Akademie keinen Protokollvermerk. Schönberg war am 18. März nachweislich das letztemal bei einer Sitzung und entschuldigte sich dann schriftlich wegen seines Fernbleibens von der Sitzung am 30. März „wegen Grippe". Am 30. April stellte der Präsident der Akademie an den Minister das Ersuchen, Schönberg zu beurlauben.

426 Max v. Schillings, eigenhändig unterzeichnetes Schreiben an Schönberg. Berlin, 23. Mai 1933.

Nachlaß, Los Angeles

Sehr geehrter Herr Kollege! Der Herr Minister für Wissenschaft, Kunst und Volksbildung hat mich durch Erlaß vom 17. Mai d. Js. . . . ermächtigt, Sie als Verwalter einer Meisterschule für musikalische Komposition mit sofortiger Wirkung von Ihrer dienstlichen Tätigkeit zu beurlauben. Weitere Bestimmung behält sich der Herr Minister vor. Dem nächstfolgenden Antrag des Präsidenten an den Minister vom 4. August mit dem Wortlaut, daß *Schönberg auf Grund des § 3 der zweiten Verordnung zur Durchführung des Gesetzes der Wiederherstellung des Berufsbeamtentums entlassen werden muß,* wurde vom Minister am 15. September 1933 stattgegeben. Schönberg erhob Einspruch gegen die Kündigung und schaltete die tschechische Gesandschaft ein, die zu vermitteln versuchte und auch das tschechische Außenamt damit befaßte. Am 4. Oktober 1933 berichtete der Präsident dem Minister, daß Schönbergs Bezüge noch die Monate November, Dezember 1933 und Januar 1934 weitergezahlt würden. *Darüber hinaus müßten Schönberg dreiviertel der ihm bis 30. September zustehenden klagbaren Gehaltsbezüge gezahlt werden. Dies würde eine sehr große, kaum zu rechtfertigende Belastung der Staatsfinanzen bedeuten . . . Übermäßig hohe Übergangsgelder (können) auf einen angemessenen Betrag herabgesetzt und zeitlich beschränkt werden. Schönberg hält sich bereits seit Monaten in Frankreich auf und es ist wohl anzunehmen, daß er als international bekannter Musiker Einnahmen aus seiner künstlerischen Tätigkeit bezieht.* M. v. Schillings stellte den Antrag, von der Zahlung von Übergangsgeldern abzusehen. Als Schönberg am 11. Oktober der Akademie mitteilte, daß er *für einige Zeit nach Amerika ginge* und eine *derartige Unterbrechung in den Vorbesprechungen seines Engagements ausdrücklich erwogen worden wäre,* wurde er aufgefordert, *zuverlässige Unterlagen über sein Einkommen aus seiner neuen Tätigkeit* vorzulegen. Nach Einsicht in Schönbergs Vertrag mit dem Malkin-Konservatorium in Boston (Kat. Nr. 433) ließ der Minister Schönberg am 12. März 1934 wissen, daß *weitere Bezüge ... nicht gewährt werden können, da Sie an Ihrem neuen Wohnsitz ein wesentliches Arbeitseinkommen haben.* Damit ging das Kapitel Berlin für Schönberg zu Ende. (Im November 1945 wurde er wieder auf die Liste der Mitglieder der Akademie der Künste gesetzt.)

427 Schönberg, eigenhändiger Brief an Anton Webern, Paris, 18. Juni 1933.

Wiener Stadtbibliothek - Handschriftensammlung

Der Akademie berichtete Schönberg am 18. Mai 1933, daß er in einer Verlagsangelegenheit – am 17. Mai – nach Paris gereist sei. Den wahren Sachverhalt, über den er sich keine Illusionen machte, gab er jedoch seinem Freund Webern bekannt. (Vgl. Kat. S. 52 f.)

1933–1936: DIE ERSTEN JAHRE IN DER EMIGRATION

Wenn ich an Musik denke, stellt sich mir — willkürlich und unwillkürlich — niemals eine andere vor, als die deutsche ...

428 **Blick in die Rue de Rivoli, Paris. Photographie um 1933.**

Walter Obermaier, Wien

In Paris fand Schönberg eine kostspielige Unterkunft im Hotel Régina in der Rue de Rivoli, wo er die weitere Entwicklung abwartete. An seine Freunde sandte er Briefe voll von Pessimismus.

429 **Schönberg, eigenhändiger Brief an Josef Polnauer, Paris, 17. Juli 1933.**

Wiener Stadtbibliothek - Handschriftensammlung

... Wie lange wir noch in Paris bleiben, kann ich nicht sagen. Es hängt augenblicklich davon ab, wann ich Geld bekomme, um wegzufahren. Denn augenblicklich sendet mir meine Bank, ohne mich aufzuklären, kein Geld ... Über mich weiß Webern jedenfalls ziemlich genau Bescheid. Ich bin von der Akademie seit 23. V. „beurlaubt", habe bis jetzt meine Gage weitererhalten, wußte aber von Tag zu Tag nicht, wann das aufhören wird und jetzt, wie gesagt, schickt mir plötzlich meine Bank kein Geld. — In der letzten Zeit hätte ich gerne Ihr Gedächtnis zur Verfügung gehabt, da ich beim tschechoslowakischen Konsulat, wo ich meinen Pass (vgl. Kat. Nr. 445) erneuern ließ, genau die Vorgänge angeben mußte, die sich abspielten, als man mich in Wien zum Ehrenbürger ernennen wollte, in Prag aber nicht freigab. Schönberg hatte nach 1918 seine Entlassung aus der tschechischen Staatsangehörigkeit betreiben wollen. Daraus ist ebenso wie aus der österreichischen Einbürgerung nichts geworden. Im März 1929 schrieb er noch, daß er von der Gemeinde Wien die Zusicherung um Aufnahme erhalten hätte — der offizielle Briefwechsel reicht bis 1922 zurück — *welche ein- oder zweimal verlängert wurde* und daß er diese beiden Zusicherungen benötigte, um die Sache *einmal zu regeln.* (Kopie im Nachlaß.) *Im Jahre 1922 habe ich mich, da ich den Termin der Option versäumt hatte, um die österreichische Bundesbürgerschaft beworben. Ich erhielt damals einen Bescheid, in welchem es unter anderem hieß: ... wird Ihnen vom Wiener Magistrat ... die Wiener Landesbürgerschaft ... zugesichert. Wieder konnte ich diese Zusicherung damals nicht ausnützen, denn trotz zweijähriger Bemühung eines dortigen Advokaten, war die tschechoslowakische Regierung nicht zu bewegen, mich aus dem Staatsverband zu entlassen.* (Schönberg an den Magistrat der Stadt Wien, 25. 3. 1933. Kopie im Nachlaß.)

430 **Dokument über Schönbergs Rücktritt in die jüdische Religionsgemeinschaft, eigenhändig unterzeichnet von Schönberg und Marc Chagall. Paris 24. Juli 1933.**

Nachlaß, Los Angeles

Der Wortlaut des offiziellen Schriftstückes ist in französischer Sprache abgefaßt. *(Devant nous, Louis-Germain Lewy, Rabbin de l'Union Libérale Israélité . . . à Paris, s'est présenté le vingt-quatre juillet 1933 Monsieur Arnold Schoenberg . . . pour nous exprimer son désir formel de rentrer dans la Communauté d'Israel. Après avoir donné de la présente Déclaration à Mr. Arnold Schoenberg, celui-ci a declaré qu'elle ètait bien l'expression de sa pensée et la sa volunté . . .).* Kurz darauf reiste Schönberg nach Südfrankreich.

431 **Schönberg, Radiogramm an Josef Polnauer, Paris, 24. Juli 1933.**

Wiener Stadtbibliothek - Handschriftensammlung

. . . Reisen leider Dienstag wohnungssuchend Arcachon . . . Die Nachricht von seinem Rücktritt in die jüdische Religionsgemeinschaft war von seinem Freundeskreis mit Bestürzung aufgenommen worden. Schönberg rechtfertigte sich: *Ich habe dadurch keiner wie immer gearteten Entrüstung Ausdruck gegeben . . . Außerdem aber kennen Sie mein Drama „Der biblische Weg", geschrieben 1926, und wissen dadurch genau, daß ich längst auf dem Boden der Religion stehe, was ja auch mein Moses und Aron bezeugt.* (An Rufer, 24. 7. 1935. Staatsbibliothek, Berlin.) Ausführlicher darüber berichtete er Webern.

432 **Schönberg, Brief an Anton Webern mit eigenhändiger Unterschrift. Arcachon, 4. August 1933.**

Wiener Stadtbibliothek - Handschriftensammlung

. . . Es ist ein Glück, dass wir wenige damit rechnen dürfen, dass über den gegenwärtigen Trubel hinweg, solche echte Freundschaften sich erhalten werden . . . Ich bin seit „14 Jahren" vorbereitet auf das, was jetzt gekommen ist. Ich habe mich in dieser langen Zeit gründlich darauf vorbereiten können und mich, wenn auch schwer und mit vielen Schwankungen, schließlich definitiv von dem gelöst, was mich an den Okzident gebunden hat. Ich bin seit langem entschlossen, Jude zu sein und du wirst mich auch manchesmal von einem Stück sprechen haben hören, über welches ich noch nichts näheres sagen konnte, in welchem ich aber die Wege für eine Aktivität des nationalen Judentums gezeigt habe. Nunmehr bin ich vor einer Woche auch officiell wieder in die jüdische Religionsgemeinschaft zurückgekehrt, obwohl mich davon nicht die Religion trennt (wie ja mein Moses und Aron zeigen wird), wohl aber meine Auffassung über die Notwendigkeit der Anpassung der Kirche an die Forderungen der modernen Lebensführung. Es ist meine Absicht, mich aktiv an solchen Bestrebungen zu beteiligen. Ich halte das für mich wichtiger, als meine Kunst und ich bin entschlossen — wenn ich für solche Tätigkeit geeignet bin, nichts anderes mehr zu machen als für die nationale Sache des Judentum zu arbeiten . . . Aus diesen Gründen weiss ich nun nicht, wie lange ich hier

werde arbeiten können und ob ich Moses und Aron fertigbringen und mein Drama „Der biblische Weg" werde umarbeiten können ...

433 Telegramm des Malkin-Konservatoriums an Schönberg, Boston, 15. September 1933.

Nachlaß, Los Angeles

Noch in Paris hatte Schönberg eine Anfrage des Malkin-Konservatoriums in Boston erreicht und im September entschloß er sich nach einem Telegramm von Malkin *(Propons reunir Minimum douze eleves sommes totales quatremillehuitcent Dollars entirement pour vous pour trentedeux semaines commencant milieu octobre ... immense promise pour vous Amerique entiere ...)* zuzusagen. Noch im September wurde der Vertrag für das Schuljahr 1933/34 geschlossen, worin es u. a. hieß: *Schönberg verpflichtet sich, im Lehrjahr 1933/34 an der Schule des Konservatoriums Harmonie- und Kontrapunktlehre zu lehren, vorausgesetzt, daß das Konservatorium mindestens 12 Schüler von denen jeder als Unterrichtsgeld mindestens vierhundert Dollar für das Lehrjahr zu zahlen hätte, für den Unterricht bei besagtem Schönberg findet ... Schönberg verpflichtet sich, seine ganze Unterrichtstätigkeit als Lehrer für Harmonie- und Kompositionslehre ausschließlich der Schule des Konservatoriums zu widmen und an keiner anderen Schule, Universität, Konservatorium zu lehren ...* (Abschrift im Archiv der Akademie, Berlin.) Das erste Semester begann am 11. Oktober 1933 und das zweite am 8. Februar 1934. Am 15. November schrieb Schönberg an Nikolaus Slonimsky: *Ich bin gezwungen, ein neues Leben zu beginnen und mir in diesem Land eine neue Position im Musikleben zu schaffen.* (Kopie in der Staatsbibliothek, Berlin.)

434 Ansicht von New York. Photographie um 1930.

Walter Obermaier, Wien

Schönberg verließ am 25. Oktober 1933 Frankreich und kam am 31. Oktober in New York an. Über Schönbergs erstes amerikanisches Jahr und seine Tätigkeit in Boston und New York geben die an die Freunde, insbesondere an Webern gerichteten Briefe Aufschluß (vgl. Kat. S. 55 – 67). In einem weiteren Schreiben, das er im November 1934 verschickte, faßte er die Erlebnisse eines Jahres zusammen: *Ich kann nicht verschweigen, daß es an Enttäuschungen, Ärger und Krankheit manches übertroffen hat, was ich bisher mitgemacht habe ... Ich hatte ja von der Goldigkeit der Berge, die mir um diese Zeit geboten werden könnten, längst nicht mehr die Erwartung, die ein amerikanisches Engagement früher erweckt hätte. Aber immerhin: als mir das Malkin Konservatorium etwas weniger als ein Viertel von dem anbot, was ich als Entschädigung für meine Berliner Gage, als Minimum also, angesehen hatte, war ich doch bereits mürbe genug, um nach wenigen Stunden Bedenkzeit dieses einzige Angebot anzunehmen. Um nur wichtigeres zu erwähnen, war die nächste Enttäuschung, als ich entdeckte, daß ich aus Übersehen zugestimmt hatte, für den gleichen Betrag nicht nur in Boston, sondern auch in New York zu unterrichten ... Dann: Unterwegs von Washington nach Boston fragte ich Malkin, wie das Orchester des Konservatoriums sei und sah dann in Boston eine kleine Musikschule mit vielleicht 5 – 6 Klassenzimmern. Die*

Schule war in der Hoffnung auf mich gestellt, aber viel zu spät in der Öffentlichkeit angekündigt... sodaß ich insgesamt in Boston und New York zusammen 12 – 14 Schüler, darunter vollkommene Anfänger, hatte. Es gab auch Erfreuliches. Die League of Composers veranstaltete ein Konzert (allerdings nur Kammermusik) und einen sehr großen Empfang, bei welchem angeblich 2000 Personen anwesend waren, von denen ich sicher 500 Hände zu schütteln hatte und das Protektoren-Komité hat angeblich alles enthalten, was in New York an Kunst (irgendwie) interessiert ist... Der Unterricht selbst macht mir Freude. Die Vorbildung auch der reiferen Schüler war sehr dürftig, aber immerhin hatte ich zwei wirklich Begabte und einige ziemlich Begabte. Außerdem hatte sich in mir in den letzten Monaten soviel neuen Stoffes angehäuft, daß ich imstande war, den Schülern wirklich sehr viel sagen konnte, was ihnen gänzlich unbekannt war und sie aufs Höchste überraschte. (Zit. nach Original bei H. Swarowsky, Wien.) Schönberg wohnte anfangs in Brookline (Mass.), Beacon Street, und zog nach Ende des ersten Schulsemesters am 29. März 1934 nach New York.

435 Schönberg, eigenhändige Exposé für ein Musikinstitut. (1934.)

Nachlaß, Los Angeles

Unter dem Eindruck der amerikanischen Verhältnisse auf dem Sektor des Musikunterrichts entstand der Plan zu einem großen Musikinstitut, der jedoch unausgeführt blieb. *Ich schlage vor, ein großes Musik-Institut zu errichten, welches unter Benützung des Besten an überliefertem Können und Wissen, den Zweck hat, die Schüler nicht nur an die m o d e r n s t e Musik heranzuführen, sondern sie auch zu befähigen, mit positivem Können, mit Verstand und Mut sowohl als auch mit Maß und Charakter an der Weiterentwicklung der musikalischen Kunst zu arbeiten. Die Mittel, die diesem Institut zur Verfügung gestellt werden, sollten es befähigen, der Welt ein Vorbild zu geben und sollten es instand setzen, Schüler, Talente aus der ganzen Welt heranzuziehen. Zu diesem Zweck sollte dieses Institut fern vom Großstadtbetrieb, unabhängig von dessen Hast, von dessen immerwährenden modischen Wechsel... gelegen sein...* Schönbergs Idee war, das ganze Institut als „Quasi-Internat“ anzulegen, mit einer Disziplin, wie sie in Kadettenschulen üblich ist. *Unter allen Umständen müßten mindestens Übungsbühnen, Probensäle, Konzertsäle in genügender Zahl vorhanden sein... Es sollen nur wirklich Begabte aufgenommen werden, und diese nur auf Widerruf... Aber es wird Aufgabe der Lehrer sein, unschematisch, unorthodox, vorurteilsfrei und mit äußerster Sorgfalt die Begabung von allen Seiten zu prüfen und dabei zu bedenken, daß sich Begabungen oft anfangs unvollkommen äußern...*

436 Philharmonisches Konzert am 21./22. März 1934 im Philharmonic Auditorium in Los Angeles unter Otto Klemperer. Programmzettel.

Nachlaß, Los Angeles

Unter den Dirigenten war es vor allem Klemperer, der dem Schönbergschen Schaffen besondere Aufmerksamkeit schenkte, und er war einer der wenigen, die sich für Schönberg in Amerika eingesetzt haben. 1940 trat jedoch eine ernstliche Verstimmung zwischen den beiden ein, als Klemperer bekannt wurde, daß er zu einem Empfang zu Ehren Schönbergs in der Schirmer Hall in New York nicht eingeladen worden war. Klemperers vorwurfsvolles Schreiben an Schönberg vom 24. November 1940 ist auszugsweise insofern interessant, als er Schönberg eine Liste aller Schönberg-Aufführungen unter seiner Leitung überreichte.

... Bevor ich diesen Brief beende, will ich Ihnen eine Liste sämtlicher Werke Schönbergs überreichen, die ich in Deutschland, Rußland und Amerika aufgeführt habe. 1920 dirigierte ich Verklärte Nacht und Pelleas und Melisande in Köln. Ich wiederholte dasselbe Programm im Frühjahr 1921 in Berlin. 1922 leitete ich „Pierrot lunaire" mit Gutheil-Schoder in Berlin, 1924 „Verklärte Nacht" in Moskau. 1929 führte ich die Bach-Bearbeitung Präludium und Fuge in Es Dur und die „Filmmusik" in der Staatsoper Berlin auf, und im selben Jahr die „Glückliche Hand" (Zemlinsky leitete die Erwartung). Beide Opern wurden in Gegenwart des Komponisten Schönberg aufgeführt, der sich von der Interpretation der „Glücklichen Hand" sehr befriedigt zeigte. 1934 dirigierte ich in der Carnegie Hall in New York Bach-Schönberg, Präludium und Fuge in Es Dur und im selben Jahr „Verklärte Nacht" in Anwesenheit des Komponisten in Los Angeles. 1934 leitete ich die Aufführung der Suite für Streichorchester in Los Angeles. Dasselbe Werk dirigierte ich im Oktober 1935 in der Carnegie Hall in New York und im Dezember 1935 wiederum „Verklärte Nacht". Im Frühjahr 1936 führte ich Monn-Schönberg, Violoncellokonzert mit dem Solisten Emanuel Feuermann auf und 1937 gab ich ein Konzert mit der Händel-Schönberg-Bearbeitung, gespielt vom Kolisch Quartett. Gleichfalls im Frühjahr 1936 dirigierte ich die Bearbeitung des Brahmschen Quartetts in G-Moll ... Dasselbe Werk leitete ich auch in Mexico City und 1938/39 in Los Angeles im Philharmonic Auditorium und 1939 in Hollywood ... Ich riet Mr. Moore, Präsident der University of California at Los Angeles (U. C. L. A.) 1935, Schönberg zu engagieren und er folgte meinem Rat. Im November 1940 bat ich Mr. Alvin Johnson, Direktor der New School in New York, Schönberg an dieses Institut zu verpflichten. Miss Clara Meyer, ... sprach persönlich mit Schönberg, wann er in New York wäre und ob er zur Verfügung stünde ... (Original englisch, Nachlaß.) Auf dem Programm des eingangs erwähnten Konzerts standen *Verklärte Nacht* und die beiden Bach-Bearbeitungen: *Choräle* und *Präludium und Fuge in Es Dur.*

437 Schönberg, eigenhändiger Entwurf einer Antwort auf eine Rundfrage über „Jazz" der Daily News, Chicago 1934 (?).

Hans Swarowsky, Wien

Schon 1933 hatte Schönberg sich auf die Frage, wie er sich zum Jazz verhalte, ablehnend geäußert. *Ich habe bereits die Hoffnung aufgegeben, daß der Jazz spurlos aus der von ihm geplagten Welt verschwindet* (A. Rosenzweig, Arnold Schönberg ante portas ... Theoretisches Interview, in: Der Tag, Wien, 15. 2. 1933.) Und er blieb bei seinem Standpunkt: *Solange es deutsche Musik gibt und man mit Recht darunter dasselbe versteht wie früher, wird der Jazz auf sie nie größeren Einfluß ausüben, als seinerzeit die Zigeuner-Musik. Die gelegentliche Verwendung einzelner Themen und die Verleihung eines fremdländischen Kolorits in einzelnen Sätzen hat nie das Wesentliche: den Gedankenkreis und die Darstellungstechnik verändert. Solche exotische Anwandlungen sind einer Maskierung zu vergleichen: wer sich aber als Araber oder Tiroler verkleidet, will das doch nur äußerlich und vorübergehend, und sobald der Maskenscherz zu Ende ist, wieder der sein, der er vorher war . . .*

438 Schönberg. Originalzeichnung von Fred Dolbin. Um 1934.

Dolbin-Nachlaß, New York

Die Tätigkeit in Boston und New York hatte Schönberg gesundheitlich so sehr geschwächt, daß er sich im Sommer 1934 nach Chautauqua begeben mußte. Sein Vertrag mit dem Malkin-Konservatorium war im Mai 1934 abgelaufen. Von Chautauqua berichtete er Berg: *Wir sind seit 12. Juli hier und ich habe bis jetzt nichts gemacht, als mich von dieser furchtbaren New Yorker Saison erholt. Das ist hier ein ganz einzigartiger Ort. Professoren und Studenten (Schüler der verschiedensten Gebiete aus ganz Amerika kommen seit 60 Jahren hier für 5 — 10 Wochen zusammen, es gibt Vorträge, Unterricht, Kurse, Konzerte und Theater... Jetzt will ich arbeiten: „Moses und Aron" III. Akt und eventuell „Der musikalische Gedanke, die Logik, Technik und Kunst seiner Darstellung", wovon ich an Vorarbeiten allein im Juni nahezu 200 Oktavblätter und viele Analysen geschrieben habe. Für den Winter habe ich bis jetzt noch gar nichts und es ist deshalb nicht unmöglich, daß wir ihn in einem kleinen Ort des Südens zubringen werden, wo ich mich weiter erholen möchte.* (Brief vom 16. 8. 1934, H. Berg, Wien.) In Chautauqua war er auch mit Ernest Hutcheson, dem Direktor der Juillard School in New York zusammengetroffen, der ihm ein Angebot an dieses Institut machte. Schönberg lehnte aber vorerst aus gesundheitlichen Gründen ab und stellte eine Zusage für das kommende Jahr in Aussicht. Später sagte er aber endgültig ab.

439 Ansicht von Los Angeles. Photographie.

Österreichische Nationalbibliothek - Kartensammlung

Im Herbst ging Schönberg ohne Anstellung nach Los Angeles, wo er ein *nicht zu großes Häuschen, möbliert mit manchem, hier allgemein üblichen Komfort* mietete. *Los Angeles (Hollywood ist quasi ein Floridsdorf oder Mödling von Los Angeles, nur mit dem Unterschied, daß hier diese schönen Filme hervorgebracht werden, deren höchst ungewöhnliche Vorgänge und wundervollen Klang ich so sehr liebe — bekanntlich) ist, was meine Musik anbelangt, ein vollkommen unbeschriebenes Blatt. Hie und da hatte einer (Goossens, Rodzinsky, Slonimsky) einen Versuch mit meiner Musik gemacht, aber ohne anderen Erfolg, als dass das Publikum nur noch in seiner Abneigung gegen neue Musik befestigt wurde. Schuld sind, wie überall, die Kapellmeister...,* denen Schönberg Unwissenheit und Unfähigkeit vorwarf. (Rundschreiben vom November 1934, a. a. O.) *Ich habe aus diesem Grund auch abgelehnt, hier und in San Francisco zu dirigieren ... Dadurch habe ich mir viel Feindschaft zugezogen, aber ich glaube, sie nicht fürchten zu müsen, denn ich habe andererseits viele Freunde. Als Lehrer nämlich. Ich kann leider keine anständigen Honorare bekommen und bekomme bloss 1/3 bis 2/5 meines New Yorker Preises, aber ich habe bereits einen Kurs von 10 Schülern und einige Privatschüler, so daß ich sicher bin, wenn die Leute wissen werden, daß ich unterrichte, so werden auch die besser zahlenden kommen und ich werde hier ganz gut existieren können. Im Sommer werde ich an der hiesigen Southern Californian University durch sechs Wochen lang täglich (mit Ausnahme von Samstag und Sonntag) zwei Stunden geben ...*

440 Arnold Schönberg zum 60. Geburtstag. Universal Edition, Wien 1934.

Wiener Stadtbibliothek - Druckschriftensammlung

Zum 60. Geburtstag hatten ihn die Schüler und Freunde in Europa mit einer Festschrift überrascht. Hildegard Jone, Heinrich Jalowetz, Erhard Buschbeck, Willem Mengelberg, Webern, Berg, Franz Werfel, Egon Wellesz, Olga Novakovic, Erwin Stein, Steuermann, die Jugendfreunde Oskar Adler und David J. Bach, Zemlinsky u. a. ehrten ihn durch kleinere und größere Beiträge zu seiner Person und zu seinem Werk.

441 Schönberg: Suite für Streichorchester. Partitur. Autographie.

Rudolf Stephan, Berlin

Als erstes Werk in der amerikanischen Zeit vollendete Schönberg im Herbst 1934 die *Suite für Streichorchester.* Über die Entstehung dieser Komposition berichtete er im Rundschreiben vom November 1934 (a. a. O.): *Ich schreibe das infolge einer Anregung eines Musiker [Martin Bernstein], der an der New York University unterrichtet, dort ein Schülerorchester leitet und mir sehr viel und erfreuliches über diese amerikanischen Schülerorchester erzählt hat, deren es viele Hunderte gibt. Das hat mich davon überzeugt, daß der Kampf gegen diesen verruchten Konservatismus [!] hier zu beginnen hat. Und so wird dieses Stück geradezu ein Lehrbeispiel werden für jene Fortschritte, die innerhalb der Tonalität möglich werden, wenn man wirklich Musiker ist und sein Handwerk kann: eine wirkliche Vorbereitung nicht nur in harmonischer Sicht, sondern auch in melodischer, kontrapunktischer und technischer ...* Ähnliches sagte Schönberg auch in dem von J. Rufer mitgeteilten Vorwort zum Werk (Rufer, a. a. O., S. 64). Die Komposition der *Suite* brachte Schönberg in den Ruf, wieder zur Tonalität zurückgekehrt zu sein. *... Jedenfalls war diese Suite ... eine große Überraschung für alle. Gutgeformte, etwas unpersönliche Musik, traditionsgebunden, frisch, lebendig, ein erfreulicher Ausflug aus dem Dickicht unübersehbarer, satztechnischer Probleme in schöne Natur.* (Joseph Marx, in: Neues Wiener Journal, 17. 10. 1936.) Die zeitweise Rückkehr zur Tonalität rechtfertigte Schönberg später mit den Worten: *immer war in mir der Wunsch lebendig, zu den früheren Stilarten zurückzukehren; und von Zeit zu Zeit gebe ich diesem Verlangen nach. Dies ist der Grund, warum ich manchmal tonale Musik schreibe. Für mich haben stilistische Unterschiede dieser Art* *keine besondere Bedeutung. Ich weiß nicht, welche meiner Kompositionen besser sind. Sie gefallen mir alle, denn sie gefielen mir, als ich sie schrieb . . .* (On revient toujours, in Style and Idea, a. a. O.)

442 Empfang und Konzert der zionistischen Organisation zu Ehren Schönbergs am 29. März 1935 im Ebell Club in Los Angeles.

Nachlaß, Los Angeles

Schönberg war in den ersten Jahren der Emigration häufig in Versammlungen jüdischer Organisationen anzutreffen und sprach dort über die Judenfrage. Er hatte einmal sogar daran gedacht, sich unter dem Eindruck der Ereignisse in Deutschland ganz dieser Sache zu widmen (vgl. Kat. Nr. 432). In seinem Nachlaß haben sich viele Aufzeichnungen erhalten, die dieses Problem betreffen. Beim oben angeführten Empfang spielte nach einer Reihe von Begrüßungen das „Abas String Quartet“ Schönbergs *Streichquartett op. 30* und Calista Rogers sang die *Lieder op. 15.* Zuletzt hatte Schönberg das Wort zu ergreifen.

443 Schönberg: Karikatur.

Nachlaß, Los Angeles

In diesen Jahren, die ihm immer wieder neue Begegnungen brachten, hat er sich auch wieder zeichnerisch betätigt. Unter den Studien, die nur in seltenen Fällen ausgeführt wurden, befindet sich auch eine bemerkenswerte Mappe von Karikaturen: *Karikaturen von Menschen, die ich größtenteils in Hollywood kennengelernt. Von einigen der Karikaturen kann ich nicht einmal vermuten, wen sie darstellen... Merkwürdigerweise gehören dazu einige, die zeichnerisch sowohl, wie auch in der Idee zu den besten gehören . . .* (Karikaturen-Mappe, Nachlaß.)

444 Anzeige der University of Southern California über Kurse Schönbergs im Studienjahr 1935/36.

Nachlaß, Los Angeles

Im Herbst 1935 erhielt Schönberg den Alchin Lehrstuhl für Komposition an der Southern University *(The University of Southern California School of Music announces the addition to its faculty of Arnold Schoenberg, World-famous composer and teacher of composition. Professor Schoenberg, for more than a quarter of a century an outstanding leader in the field of musical composition, and probably the greatest of contemporary German composers, will occupy the Alchin Chair of Composition at the University of Southern California during the coming year, 1935 — 36).* An Kursen wurden *The Art of contrapuntal Composition,* and *Thematic construction* für solche Studenten angekündigt, die einen Befähigungsnachweis erbringen mußten, ferner aber auch allgemein zugängliche Kurse wie *The elements of musical forms as discovered by means of analysis* und *The evaluation of musical works.* Schönberg ließ seine Enttäuschung über den anfänglich geringen Besuch vor allem der allgemeinen Kurse in einem Schreiben vom 26. 11. 1935 — das Semester hatte am 23. September begonnen — mit recht bitteren Worten wissen: *Ich weiß aus fast vierzigjähriger Erfahrung, daß wahres Musikverständnis auf klarem Unterscheidungsvermögen zwischen Wert und Unwert beruhen muß. Und ich weiß auch, wie neu mein Versuch ist, nicht nur Musikfreunden, sondern auch Musikern ein Wissen von den elementaren Grundlagen künstlerischer Werturteile zu vermitteln ... (Ich) bin sehr enttäuscht. Ich hatte ein Kolleg von wenigstens 50 — 60 Hörern erwartet und gehofft, darunter viele Musikfreunde und Musiker von Los Angeles zu finden. Ich weiß, daß diese Stadt musikliebend ist. Aber ... überall in der Welt sind die Leute mehr geneigt, die Aufführungen zu würdigen als die aufgeführten Werke ... Aber was man wirklich braucht, ist eine große Zahl von Leuten, die nicht, wenn sie das Programm lesen, zuerst schauen: „Wer spielt, dirigiert oder singt?" sondern „was wird gespielt?" ... Was ich in meinen Vorlesungen anstrebe, ist: Konzentration auf das Werk; jeder, der mir zuhört, wird ein Hörer werden, der weiß, was er liebt und warum er es liebt ... Ich bin sehr enttäuscht, daß sich nicht die Kreise der Gesellschaft für mein Tun interessieren; daß nicht gewürdigt wird, was ich für das künftige musikalische Kulturniveau der Stadt leiste; daß ich nicht Unterstützung finde, die meine Tätigkeit verdient. Ich weiß nicht, wie lange ich bereit oder fähig sein werde, diese Arbeit fortzusetzen. Und plötzlich wird es vorbei sein, und nur ein kleiner Kreis wird die Gelegenheit wahrgenommen haben ...* (Briefe, a. a. O., Nr. 167.)

445 Schönbergs Reisepaß.

Nachlaß, Los Angeles

Zu den künstlerischen Schwierigkeiten kam noch, daß Schönbergs Aufenthaltsbewilligung am 31. Oktober 1935 ablief. Mit Hilfe von Freunden gelang es, die permanente Aufenthaltsbewilligung zu erreichen. Schönberg besaß einen tschechischen Reisepaß. Nachdem er 1916 die ungarische Staatsbürgerschaft verloren hatte, war er tschechischer Staatsbürger geworden. Die Bemühungen um die Erlangung der österreichischen Staatsbürgerschaft schlugen fehl (Kat. Nr. 429). Der Reisepaß, der im Juli 1933 in Berlin neu ausgestellt wurde, enthält sein am 12. Oktober ausgestelltes Visum für „Temporary visitor", das Datum der Einschiffung in Le Havre (25. Oktober 1933), den Nachweis über seine Zuständigkeit nach Mexiko und schließlich mit Datum vom 13. November 1935 die permanente Aufenthaltsbewilligung, die ihm vom amerikanischen Konsulat in Mexiko erteilt wurde. 1940 erwarb Schönberg die amerikanische Staatsangehörigkeit.

446 Orchesterkonzert des Philharmonic Orchestra am 27. Dezember 1935 im Bovard Auditorium in Los Angeles unter der Leitung von Schönberg. Programmzettel.

Nachlaß, Los Angeles

Am 27. Dezember 1935 leitete Schönberg sein erstes Konzert in Los Angeles, das ihm Otto Klemperer vermittelt hatte. Über die Schwierigkeiten, die es dabei zu überwinden galt, berichtete er seinem Freund Webern. (Vgl. Kat. S. 62 f.) Auf dem Programm standen nur eigene Werke: Die *Suite für Streichorchester im alten Stil,* die Klemperer erst am 18. Mai 1935 uraufgeführt hatte, ferner *Verklärte Nacht* und die Uraufführung der Orchesterfassung der *Kammersymphonie op. 9.*

447 Schönberg: Selbstporträt.

Nachlaß, Los Angeles

Zur Entspannung nach den Aufregungen des Konzertes am 27. Dezember 1935 arbeitete Schönberg an einem Selbstporträt.

448 University of Southern California, Schreiben an Schönberg, Los Angeles, 14. Dezember 1935.

Nachlaß, Los Angeles

Noch Ende 1935 schickte der Direktor der Southern University Schönberg ein Angebot über Abhaltung von Kompositionskursen für das kommende Studienjahr 1936/37. *(It is a pleasure to advise you of your appointment by... the University of Southern California for the academic year beginning September 1, 1936 and ending May 31, 1937 as Professor of Composition, at a salary rate of $ 3000.00 payable in monthly instalments. The work contemplated during the academic year is four class meetings per week. In addition to the above, the program calls for extracurricular lectures to a maximum of four lectures per week...)* Im Jänner 1936 führte Schönberg aber auf Empfehlung von Klemperer Gespräche mit den beiden Präsidenten der größeren Universität in Los Angeles, der University of California at Los Angeles (U. C. L. A.) über eine mögliche Anstellung an diesem staatlichen Institut. Eine Einigung wurde für das Studienjahr 1936/37 mit Beginn am 13. September erzielt.

1936 – 1944:
UNIVERSITY OF CALIFORNIA AT LOS ANGELES (UCLA)

Daß ich nichts geschrieben habe, dessen ich mich schämen müßte, bildet die Grundlage meiner künstlerischen Existenz. Was ich als Junger geschaffen habe, ist Vorstufe, und Mängel kann man hauptsächlich dadurch erkennen, weil ich es seither besser zu sagen verstehe.

449 Schönberg, eigenhändiger Brief an Anton Webern, Hollywood, 15. Jänner 1936.

Wiener Stadtbibliothek - Handschriftensammlung

Schönberg berichtete Webern von Gesprächen, die er mit dem Präsidenten der UCLA geführt hatte. Die in Aussicht gestellte Bezahlung war wiederum so gering, daß er sich auch weiterhin nach Nebenverdiensten (Privatunterricht) umzusehen hatte. (Vgl. Kat. S. 61 ff.)

450 University of California at Los Angeles. Ansicht um 1936.

University of California at Los Angeles

Hier an der University of California at Los Angeles hatte ich nicht zu oft die Möglichkeit, die Feinheiten unserer Kunst zu lehren. Der Großteil der Studenten richtete sich nach den Vorschriften und kam nur auf ein Jahr in die Kompositionsklasse. Nur wenige blieben für fortgeschrittene Studien. Trotz dieser kurzen Unterrichtszeit und obgleich die Studenten in der Regel keine schöpferische Begabung und keine ausreichende Kenntnis der Meisterwerke hatten, gelang es mir, von jedem von ihnen die Komposition eines Rondos zu ververlangen. Meine Anforderungen erschwerten diese Aufgabe beträchtlich. Ich drängte sie, in diese Komposition wenigstens sechs oder sieben Themen einzuführen, die sich in Charakter, Ausdruck, Aufbau, Harmonie, in der Länge und Entwicklung von einander unterschieden ... die begabtesten zwei oder drei Schüler waren fähig, ganz gute Gebrauchsmusik zu schreiben, die natürlich jeder Originalität entbehrte. Wenn man all dies in Betracht zieht, wird man vielleicht verstehen, warum ich bei meinem Bemühen, der Jugend alles handwerkliche unserer Kunst und alle technischen, ästhetischen und moralischen Grundlagen wahrer Künstlerschaft zu vermitteln, Klage über Lehrer führe, die ihre Studenten nur in Einzelheiten eines bestimmten Stils unterrichten. (Original englisch: *The task of the Teacher,* 1950. Nachlaß.) Schönberg selbst hatte zu den amerikanischen Studenten erst die richtige „Einstellung" zu finden.

451 **Schönberg: Lehrbeispiele zur Motivlehre („How build a motive"). Eigene Handschrift.**

Los Angeles, Nachlaß

Auf dem abgelegten Blatt hat Schönberg alle Variationsmöglichkeiten eines musikalischen Motivs ausgeführt. (Vgl. dazu Warren Langlie, Kat. S. 92 ff.) Das Beispiel ist einer Mappe von Entwürfen entnommen, die Schönberg für sein unvollendet gebliebenes Lehrbuch *Der musikalische Gedanke und die Logik, Technik und Kunst seiner Darstellung* oder auch für das Lehrbuch der musikalischen Komposition (vgl. Kat. Nr. 474) angelegt hat.

452 **Schönberg vor seinem Haus in Los Angeles. 2 Photographien um 1940.**

Nachlaß, Los Angeles

Um der Universität nahe zu sein, übersiedelte Schönberg 1936 von Hollywood nach Brenton Park, wo er ein Haus erwerben konnte. Damit fanden auch die für ihn schwierigen Verkehrsprobleme ihre Lösung. Gertrud Schönberg führte ein gastliches Haus und bald begegneten sich hier bedeutende Künstler, Literaten und Philosophen, die in Los Angeles in der Emigration lebten: Bertolt Brecht, Franz Werfel, Thomas Mann, Lion Feuchtwanger, Theodor Wiesengrund-Adorno, Bruno Walter, Hanns Eisler, Paul Dessau, Ernst Křenek u. a.

453 **Schönbergs Arbeitszimmer im Haus in Los Angeles. Photographie um 1940.**

Wiener Stadtbibliothek - Druckschriftensammlung

Neben der Unterrichtstätigkeit, die sehr viel Zeit forderte, fand Schönberg nun auch wieder Zeit zur Komposition. 1936 vollendete er das *Violinkonzert,* im selben Jahr entstand das *4. Streichquartett,* später *Kol Nidre, Ode an Napoleon* und das *Klavierkonzert.* Zur selben Zeit arbeitete er auch an mehreren theoretischen Werken. (Vgl. Kat. Nr. 474.)

454 **Schönberg: Reihentabelle zum 4. Streichquartett op. 37. Eigene Handschrift.**

Nachlaß, Los Angeles

Im Juli 1936 vollendete Schönberg das *4. Streichquartett,* das er Mrs. Coolidge — auf deren Veranlassung es auch entstanden war — und dem Kolisch-Quartett widmete. *. . . Jede freie Viertelstunde habe ich zur Fortarbeit an dem Streichquartett verwendet. Wenn Sie das Manuskript erhalten, werden Sie sehen, daß die ersten drei Sätze in ziemlich kurzer Zeit beendet wurden. Aber der vierte Satz, den ich am 18. Juni begann, brauchte mehr Zeit als die drei anderen. Allerdings nicht für die Komposition. Ich bin mit dem Werk sehr zufrieden und glaube, daß es gefälliger ist als das dritte. Aber — das glaube ich jedesmal.* (Briefe, a. a. O., Nr. 172.) Coolidge zeigte sich dankbar, daß es *ihr erlaubt war, an einer so wichtigen musikalischen Entwicklung mitgearbeitet zu haben.* (Library of Congress.)

455 **Schönberg: 4. Streichquartett op. 37. G. Schirmer, New York 1937.**

Wiener Stadtbibliothek - Musiksammlung

Die Uraufführung des 4. Streichquartetts fand am 8. Jänner 1937 in Los Angeles mit dem Kolisch-Quartett statt. Coolidge veranstaltete ein „Festival" für die Studenten der Universität. *Da bei diesem Anlaß keine offiziellen Reden gehalten wurden, konnte das Publikum vielleicht der Zusammenstellung des Programms entnehmen, daß Mrs. Coolidge mir eine Ehre erweisen wollte ...* (Nachlaß.) Coolidge ließ an vier Abenden jeweils ein Quartett von Schönberg in Verbindung mit Aufführungen von Quartetten von Beethoven spielen. Das Publikum, das zu diesem Ereignis – Kolisch sprach von einer „großen Überraschung" (auf dem Programm aus dem Besitz von J. Polnauer) – aus den benachbarten Städten angereist kam, verhielt sich respektvoll und war – wie es Schönberg schien – zum Teil auch wirklich ergriffen. (Nachlaß.)

456 **Rudolf Kolisch, eigenhändiger Brief an Schönberg, Paris, 15. März 1937.**

Nachlaß, Los Angeles

... endlich ist das Violinkonzert eingetroffen! Ich kann wirklich noch nicht sagen, ob ich es werde im nächsten Jahr schon spielen können; das hängt von den Programmen ab, die uns die Coolidge vorschreibt ... Ihr könnt euch nicht denken, wie ungeheuer viel mir daran liegt und daß ich mein Möglichstes tun werde ...

457 **Schönberg: Konzert für Violine und Orchester op. 36. Bearbeitet für Violine und Klavier. Eigene Handschrift.**

Nachlaß, Los Angeles

Das in den Jahren 1934 bis 1936 entstandene Violinkonzert op. 36 widmete Schönberg seinem Schüler und Freund Anton Webern. Das Konzert, das nach der Zwölftonmethode komponiert ist, zählt zu den schwierigsten Werken dieser Gattung. *Die Schwierigkeiten sind nicht reine Absicht, aber sie sind unvermeidlich ... Es ist eine nachweisbare Tatsache, daß die außergewöhnliche Virtuosität der heutigen Solisten sich durch die Anforderungen entwickelt hat, welche eine in die Zukunft weisende Musik gestellt hat.* (F. Greissle im Programmbuch zur Uraufführung, vgl. Kat. Nr. 459.) Da Kolisch aus Zeitgründen absagen mußte, begann Louis Krasner, der 1936 das Bergsche *Violinkonzert* aus der Taufe gehoben hatte, mit dem Studium des Soloparts. Die Aufführung war für den 31. März 1937 geplant, mußte aber wegen des Todes der Mutter von Krasner abgesagt werden.

458 **Leopold Stokowski, Brief an Schönberg mit eigenhändiger Unterschrift, Philadelphia, 18. April 1939.**

Nachlaß, Los Angeles

Zur Uraufführung kam es auch in den folgenden zwei Jahren nicht. *(... We were obliged to postpone the performance of your violin concerto as I am sure you already know, but we are hoping to do it next season.)* Erst Ende 1940 begann man mit den Proben, nachdem Krasner ein Jahr lang das Werk studiert hatte. – Krasner war spezialisiert auf zeitgenössische Violinmusik. 1903 in Rußland geboren, war er als Kind mit seinen Eltern nach Amerika gekommen. Dank der Förderung durch O. T. Howe hatte er bei Eugene Gruenberg in Boston und später bei Carl Flesch und Lucien Caplet in Europa studiert.

459 Louis Krasner, eigenhändiger Brief an Schönberg, Philadelphia, 4. Dezember 1940.

Nachlaß, Los Angeles

Erst jetzt – nachdem wir schon vier Proben hatten – will ich Ihnen darüber berichten. Es beginnt gut zu gehen – und die Musik ist ganz großartig und klingt fabelhaft. In der heutigen Probe war Stokowski sehr befriedigt und hat gesagt, wie stark „emotional" das Werk ist. Lieber Meister, – was Sie mit diesem Konzert den Geigern geboten haben – das ist wirklich kaum zu ermessen. – Das Studieren und Spielen dieses Werkes macht einen um zwanzig Jahre jünger. Die Orchestermusiker sind noch immer nicht leicht zu gewinnen – aber auch das geht unbedingt aufwärts. Einige Orchestermusiker waren anwesend, als ich vorgestern das Konzert bei Heifetz – zuhaus – mit Klavier vorgespielt habe. Die waren dann aufrichtig begeistert vom Werk. Meine Liebe zum Werk steigt mit jedem Male, wo ich es spiele und ich freue mich sehr auf die Aufführung . . . Die Uraufführung fand am 6. Dezember 1940 unter der Leitung von Stokowski in Philadelphia statt.

460 George Gershwin malt Schönberg. Photographie. (Merle Armitage, Arnold Schönberg, New York 1937.)

Nachlaß, Los Angeles

Eine herzliche Freundschaft verband Schönberg in diesen Jahren mit dem jungen Komponisten George Gershwin. *Schönbergs Freundschaft mit George Gershwin, die bis zu dessen frühzeitigem Tod . . . währte, umschloß starke Gegensätze, doch hatte jeder der beiden Komponisten den größten Respekt vor der Begabung und den Fähigkeiten des anderen.* (W. Rubsamen, zit. nach Reich, a. a. O., S. 259.) Schönberg war über Gershwins Tod am 11. Juli 1937 tief erschüttert. In einem Nachruf, den er im Rundfunk sprach, nannte er ihn einen „großen Komponisten". *George Gershwin war einer jener seltenen Musiker, für die Musik nicht ein Produkt mehr oder weniger großer Geschicklichkeit ist. Musik war für ihn die Luft, die er atmete, die Speise, die ihn nährte, der Trank, der ihn erfrischte. Musik war das, was sein Gefühl erweckte, und Musik war das Gefühl, das er ausdrückte. Unmittelbarkeit dieser Art ist nur großen Männern zu eigen, und es kann kein Zweifel darüber bestehen, daß er ein großer Komponist war. Was er vollbrachte, kam nicht nur der amerikanischen Musik zugute, sondern es war auch ein Beitrag zur Musik der ganzen Welt.* (Original englisch im Nachlaß; zit. nach Reich, a. a. O., S 260.)

461 **459 Merle Armitage, Arnold Schönberg. G. Schirmer, New York 1937.**

Nachlaß, Los Angeles

1937 legte Merle Armitage, der ein Jahr später auch ein Buch über Gershwin veröffentlichte, die erste in englischer Sprache verfaßte Publikation — eine Sammlung von Beiträgen — vor. Das dem Andenken Alban Bergs gewidmete Buch erschien in nur fünfzig numerierten und von Schönberg eigenhändig signierten Exemplaren. Das Vorwort schrieb Leopold Stokowski. Ferner beteiligten daran sich Roger Sessions *(Music in Crisis)*, Boris de Schloezer *(The Way of Understanding)*, Adolph Weiss *(The Twelve-Tone Series)*, Ernst Krenek *(Arnold Schoenberg)*, César Saerchinger *(The Truth about Schoenberg)*, Richard Buhlig *(Schoenberg and the Classical Tradition)*, Erwin Stein *(Schoenberg's Sound)*, Eduard Steuermann *(The Piano Music of Schoenberg)*, José Rodriguez *(Conversation with a Legend)*, Carl Engel *(Schoenberg and „Sentiment")*, Berthold Viertel *(Schoenberg's „Die Jakobsleiter")*, Otto Klemperer *(My Recollections of Schoenberg)*, Paul Amadeus Pisk *(Schoenberg's Twelve-Tone Operas)*, Paul Stefan *(Schoenberg's Operas)*, Franz Werfel *(Tribute)*, Louis Danz *(Schoenberg the inevitable)*, Nicholas Slonimsky *(A Schoenberg Chronology)*. Von Schönberg wurden die Aufsätze *Tonality and Form* und *Problems of Harmony* abgedruckt und überdies wurden wichtige Aussprüche aus Interviews aufgenommen. Armitage selbst wußte von der Bedeutung dieser Publikation:

... Ich habe allen Grund, noch immer zu glauben, daß mein Buch über Arnold Schönberg eine meiner wichtigsten Arbeiten war, die ich in meinem recht beschäftigten Leben geleistet habe. Als ich in dieser Woche nachts darin blätterte, war ich ergriffen von der Tatsache, daß von jetzt an keine Musik mehr geschrieben werden kann, die nicht Ihnen verpflichtet ist... und die Feststellung muß für Sie eine große Genugtuung sein, was für einen hervorragenden Beitrag Sie (für die Entwicklung der Musik) geleistet haben...
(M. Armitage an Schönberg, 14. 2. 1950. Nachlaß.)

462 **Schönberg. Büste von Louis Zack. Los Angeles 1937. (Kopie.)**

Wiener Stadtbibliothek - Musiksammlung

Über Schönbergs Aussehen gibt es ein seltsames Dokument von seiner Hand. Er selbst sah sich als Pierrot-Figur mit kurzen Beinen, kahlem Kopf mit einer schmalen Haarkrone, einer großen gebrochenen Nase und großen dunklen Augen. Am interessantesten fand er an sich den Ausdruck seines Mundes. (Im Skizzenbuch zum III. Akt von *Moses und Aron*, Kat. Nr. 417.)

463 **Schönberg: Kol Nidre für Sprecher, gemischten Chor und Orchester op. 39. Partitur. Autographie. (2. Ausgabe)**

Rudolf Stephan, Berlin

Kol Nidre entstand 1938 auf Anregung des Rabbiners Jakob Sonderling.

Schönberg war lange bemüht, die Frage des Textes zu klären. *Die Tradition von Kol Nidre ist keine sakrale. Sie reicht nicht zur Bibel oder zum Wort Gottes zurück, sondern nur bis in die Zeit der Judenverfolgungen in Spanien. Sie ist nur wenige Jahrhunderte alt. Warum soll man heute nicht mit einer neuen Tradition beginnen, wenn eine Tradition nur jüngeren Datums ist? Mein Plan für Kol Nidre ist zumindest ehrenvoller für das Judentum.* (Brief vom 28. 1. 1950 an E. Cohan.) Schönberg versuchte auch, auf die Frage der Melodie und des Verhältnisses von Text und Melodie eine Antwort zu finden und stieß auf Schwierigkeiten, die traditionelle Melodie zu benützen: *Nachdem ich ungefähr sieben verschiedene Versionen der traditionellen Weise zu Rate gezogen hatte, fand ich, daß diese nur wenig Gemeinsames im Hinblick auf ein modernes musikalisches Konzept hatten . . . Aber die auffallendste Tatsache ist, daß auch die Worte nicht zu denselben Melodien verwendet wurden. Außerdem ist deren Wirkung – wenn man vom Beginn absieht – monoton, da sie in fast allen Teilen in Moll stehen.* (Nachlaß.) Die Lösung, die Schönberg schließlich fand, war, aus einer Anzahl von Versionen die gemeinsamen Phrasen auszuwählen und in eine „vernünftige" Reihenfolge zu bringen. Die Uraufführung fand am 4. Oktober 1938 in Los Angeles unter Schönbergs Leitung statt.

464 Paul Dessau, eigenhändiger Brief an Schönberg, New York, 27. Dezember 1941.

Nachlaß, Los Angeles

Der Dirigent P. Dessau hatte sich anläßlich einer von ihm geplanten Aufführung von *Kol Nidre* von Schönberg Auskünfte über das Werk erbeten. Nach der Aufführung berichtete er Schönberg über den Verlauf des Abends. *Ich fand noch einige interessante historische Einzelheiten über „Kol Nidre", und verlegte den Hauptteil des Abends auf die Analyse des Werkes . . . So wurde allen Hörern das Material klargemacht, und da fast alle Musiker waren, trug diese Methode viel zum Verständnis Ihres Werkes bei. Den 4händigen Klavierpart spielten ausser Erich Iton Kahn noch Claude Frank, ein Klavierschüler Schnabel's . . . Der Chor wurde ad hoc zusammengestellt: Bruno Eisner, der Kantor des Eman-El-Tempels, Moshe Rudinow, der Kapellmeister Isidore Freed u. a. . . . Selbstverständlich spielten wir alle Teile zweimal . . . Das wesentlichste nun: wie erzielt man eine tatsächliche Aufführung des Werkes? Ich habe Herrn Binder . . . sehr nahegelegt, das eindrucksvolle Werk aufzuführen. Er könnte es; denn wer sonst in der Synagoge oder Tempel verfügt über ein Orchester . . . Damit aber mehreren Synagogen und damit Menschen Ihr Werk bekannt werde, hatte ich die Idee, eine Bearbeitung für Orgel (3 manualig) zu 2 Spielern anzufertigen. Ich könnte mit Joseph Yasser, einem Organisten und Musikologisten (ein tolles Wort!) alles orgeltechnische besprechen, wenn Ihnen dieser Vorschlag lieb sein sollte. Ich würde mich dann mit großer Freude und Begeisterung an die Arbeit machen.* Schönberg lehnte jedoch eine Bearbeitung für Orgel ab.

465 Schönberg. Photographie um 1940.

Nachlaß, Los Angeles

Meine Wünsche gehn, wenn auch spät, in Erfüllung: schon vor langer Zeit hab ich sehnlichst gewünscht, es mögen möglichst wenige Anfänger möglichst bald von mir abfallen. Das ist nun endlich geschehen, aber ich muss bemerken, dass es schon vorher mein Wunsch war, möglichst wenig Anfänger zu haben . . . (Nachlaß.) Dieser um 1926 ausgesprochene Wunsch ging Schönberg in der amerikanischen Zeit nicht in Erfüllung, da er dort in erster Linie Anfänger zu unterrichten hatte.

466 Schönberg, Prüfungsfragen zu „Advanced Analysis – Structural Functions of the harmony". University of California at Los Angeles, Juni 1940.

Nachlaß, Los Angeles

Schönberg führte Aufsicht über sämtliche musiktheoretischen Kurse an der U. C. L. A., auch wenn er im Herbst wegen Überfüllung der Klassen den Antrag gestellt hatte, Gerald Strang – und später Leonard Stein – als Assistenten anzustellen, damit er selbst die Gruppe der Begabteren übernehmen könnte. (Briefe, a. a. O., Nr. 173.) In welcher Weise Schönberg den gesamten Kompositionskurs aufbaute, hat er in einem Schreiben vom 2. 7. 1942 an den Vorsitzenden der Musikabteilung der U. C. L. A. niedergelegt . . . *Ich habe ein Verzeichnis der Kurse zusammengestellt, die ich im nächsten Jahr halten möchte. Dieser Lehrplan ist vor allem für Studierende der Komposition gedacht und für jene, die die Technik der Komposition gründlicher studieren wollen . . .* Das „Curriculum for students in composition" hat folgenden Wortlauf: *1. Harmonielehre: 3 Stunden. Die Studenten werden nach ihren Fähigkeiten am Instrument, Gehörbildung und Kenntnissen in Literatur und ihrer musikalischen Begabung ausgewählt. 2. „Structural function of Harmony": 2 Stunden. Vorbedingung: Harmonielehre und Genehmigung des Lehrers. 3. Anfänge im Kontrapunkt: 3 Stunden. Vorbedingung: Harmonielehre und Genehmigung des Lehrers. 4. Formelemente: 2 Stunden. Vorbedingung: Harmonielehre und Kontrapunkt. 5. Anfänge in der Komposition: 3 Stunden. Vorbedingung: 1, 2, 3, 4 und Genehmigung des Lehrers. 6. Fortgeschrittener Kontrapunkt: 3 Stunden . . . 7. Kontrapunkt im homophonen Satz: Vortrag und Analyse: 2 Stunden. Studierende mit Abschluß: Anwendung der Technik des Kontrapunkts und homophone Kompositionsbeispiele. 8. Seminar für Komposition für Fortgeschrittene: 6 Stunden (zu je 3 Stunden) . . .* (Original englisch. Nachlaß.)

467 Ankündigung der University of California über Schönbergs Vorträge über die „Komposition mit zwölf Tönen", Los Angeles, 26. März 1941.

Nachlaß, Los Angeles

Eine besondere Ehre wurde Schönberg im März 1941 zuteil, als ihn die University of California zu einem Vortrag über die *Zwölftonkomposition* einlud. *(The southern Section of the Academic Senate of the University of California is pleased to Present Arnold Schoenberg . . . as the Seventeeth Annual Faculty Research Lecturer „The Composition with Twelve Tones").* Seit 1925 trat mit ihm erstmals ein Komponist ans Vortragspult.

468 **Schönberg, eigenhändiger Entwurf eines Schreibens an die Guggenheim-Stiftung. (Los Angeles 1942.)**

Nachlaß, Los Angeles

Von der U. C. L. A. hatte Schönberg ausnahmsweise die Genehmigung erhalten, bis zu seinem 70. Lebensjahr an der Universität zu unterrichten. Da dieser Zeitpunkt näher rückte, war er in Sorge um seine weitere Zukunft. Zudem hoffte er, seine beiden großen Werke, die *Jakobsleiter* und *Moses und Aron* doch noch vollenden zu können. So fragte er bei der Guggenheim-Stiftung an, an die er schon mehrere Schüler empfohlen hatte, ob man nicht ihm selbst als Ausnahmefall eine finanzielle Unterstützung zur Realisierung dieser Vorhaben gewähren könnte. *(In September of this year I will be 68. In two years I have to retire from my position as Prof. o. M. at UCLA. I am in the position to ask now for a sabbatical leave of absence for UCLA. I think the time to finish my two largest works is now about to be there. I had to propone the finishing of both works for reasons outside of my influence. The one composing of the „Die Jakobsleiter" was started in 1917. When I had the first third composed I was called to the arms. Only 1920 I could recame the continuation, but in spite of many sketches I was unable to finish the work. Of the work, an opera in three act „Moses and Aron" two acts were almost perfectly finished in score for fine orchestra score when in March 1932 I received a letter from Minister für Kultus und Unterricht in Berlin. This letter asked me to return immidiately to my office as Prof. o. Mus. . . . I was sick at this time and with the aid of a certificate of my doctor I could postpone my return for about 12 months and finish the second act. Since this time I never found the necessary repose to finish these two works. I need not mention that I had to leave Germany and work hard to create a new position in Los Angeles. Accordingly I used the little free time I could spare to compose smaller works– a smaller number of them also. I need perhaps a year and a half to finish both works. I think it is necessary to start now . . . I have been told that the Guggenheim-Foundation in exceptional cases – grants also awards outside of its regular terms . . .)* Er sandte das Ansuchen in geänderter Form offensichtlich erst im Jänner 1945 ab. (Vgl. Briefe, a. a. O., Nr. 194.) Ein Stipendium wurde ihm nicht gewährt.

469 **Schönberg, eigenhändiger Entwurf eines Ansuchens an die Guggenheim-Stiftung um ein Stipendium für Fred Dolbin. (Los Angeles), 3. November 1937.**

Nachlaß, Los Angeles

An die Guggenheim-Stiftung hatte Schönberg auch seinen ehemaligen Schüler Fred Dolbin empfohlen, dessen Entwicklung er mit großem Interesse verfolgte. Dolbin zählte bereits zu seinen Schülern aus den frühen Wiener Jahren und war unentschlossen, welcher Begabung – er hatte gleichermaßen Talent als Musiker, Zeichner, Mathematiker u. a. – er folgen sollte. Schönberg bewunderte seine ungewöhnliche Fertigkeit, Porträts in kürzester Zeit zu skizzieren, die die wesentlichsten Charakterseiten des Modells in geradezu perfekter Weise beleuchteten. *(I know Mr. — — — Dolbin from his very start, as a boy of about 20, he did not know, whether he should become an engineer, a mathe-*

matician, a writer, a singer, a composer or a painter, because he seemed equally gifted for all of these fields. Than for a time he vocational studied with me very seriously in musical composition, but because of my own inclination to painting we talked very much on this subject. Meanwhile I left Vienna and moved to Berlin whereby his studying with me was ended and years later when I came back for a visit to Vienna, Mr. Dolbin had decided to be a painter. Since this time I have observed with great interest and admiration his development. He had acquired a technic to draw in a fraction of a minute a portrait which showed with a small number of lines a very characteristic side and expression of his model, and he had developed the habit to draw in an unbelievably short time an astonishing number of different views of his model, sketches, of course, but of such perfection and powerful in expression that every single-one we so [!] call a work of art. But he used these drawings as sketches only and later summed them up to a real portrait . . . I believe on the vision of an artist and by this reason I want to recommend Mr. Dolbins application most emphatically . . .)

470 **Schönberg. Original-Zeichnung von Fred Dolbin, datiert: 11. Oktober 1943.**

Dolbin-Nachlaß, New York

471 **Schönberg: Ode an Napoleon für Streichquartett, Klavier und Sprecher op. 41. Sprechstimme. Eigene Handschrift.**

Nachlaß, Los Angeles

Schönbergs Schaffenskraft war ungebrochen. Schon 1941 hatte er mit der *Ode an Napoleon* begonnen, die er im Juni 1942 beendete. Die Komposition entstand unter dem Eindruck des Hitler-Regimes. Als Vorlage diente ihm eine deutsche Übersetzung des Gedichtes von Lord Byron, in der die später hinzugefügten Huldigungsstrophen an George Washington fehlten. Als diese ihm nachträglich bekannt wurden, ergänzte er die Komposition und gab ihnen eine besondere musikalische Charakteristik. Das Werk ist original für Solostimme mit Streichquartett und Klavier geschrieben. Karl Rankl, der die Ode im Juni 1945 in Oxford dirigierte, stellte eine merkbare Erleichterung in der Behandlung des Streichersatzes beispielsweise gegenüber *Verklärte Nacht* fest, was Schönberg bestätigte und damit erklärte, daß er damals noch unter dem Einfluß der Wagnerischen „al-fresco"-Technik gestanden wäre . . . (Brief an Rankl vom 15. 7. 1945. H. Swarowsky, Wien.) Zur Frage des Vortrages der Sprechstimme schrieb er im Jänner 1948 an Stuckenschmidt: *Ich glaube, als Sprecher für die Ode kommt nur ein sehr musikalischer Sänger in Betracht. Die Deklamation ist nicht so schwierig, wie die des Pierrot. Aber doch ist es nötig, daß der Sprecher überall dort, wo es nicht „colla parte" ist, sehr genau im Takt bleibt. Vieles in der Musik, die ununterbrochen untermalt, unterstreicht und illustriert, bliebe unverständlich, ja sinnlos, wenn nicht Wort und Ton zur rechten Zeit aufträten . . .* (Zit. nach Rufer, a. a. O., S. 51.)

472 **Schönberg: Ode an Napoleon op. 41. Bearbeitet für zwei Klaviere von Heinrich Jalowetz.**

Nachlaß, Los Angeles

Die Bearbeitung von Jalowetz ist unveröffentlicht. Das Werk erschien dagegen in der Fassung für Streichorchester, in der Besetzung es auch die Uraufführung am 23. November 1944 in New York unter der Leitung von Rodzinsky erlebte.

473 **Schönberg: Konzert für Klavier und Orchester op. 42. Bearbeitet für zwei Klaviere von Eduard Steuermann. Eigene Handschrift.**

Clara Steuermann, Cleveland

In der zweiten Hälfte des Jahres 1942 entstand das Henry Clay Shriver gewidmete *Klavierkonzert.* Die Uraufführung spielte Eduard Steuermann, der auch die Fassung für zwei Klaviere herstellte, am 6. Februar 1944 unter der Leitung von Leopold Stokowski in New York. Das Werk, das ohne Zäsur abläuft, gliedert sich in vier Teile, die Schönberg selbst mit kurzen, beziehungsreichen Worten charakterisierte: *Das Leben war so leicht* (Andante) – *aber plötzlich brach Haß aus* (Molto allegro) – *es ergab sich eine ernste Lage* (Adagio) – *aber das Leben geht weiter* (Rondo giocoso). Voll Begeisterung schrieb Roberto Gerhard über das Werk: *. . . ein faszinierendes Erlebnis. Der Ausdruck der Heiterkeit, eine Goethische Serenität, im ersten Satze, die ergreifende Innigkeit des langsamen Satzes . . . die unwiderstehliche rhythmische Vitalität des letzten Satzes . . . das war einfach hinreißend.* (Brief vom 19. 12. 1949 an Schönberg. Nachlaß.)

474 **Schönberg: Models for Beginners in Composition. G. Schirmer, New York 1942.**

Hans Swarowsky, Wien

Während seiner Lehrtätigkeit an den Universitäten in Los Angeles – und auch in Boston und New York – hat Schönberg sich intensiv mit theoretischen Problemen befaßt, die zum Teil auf die amerikanischen Verhältnisse abgestimmt waren. Da er auch Unterricht an Universitätshörer erteilte, die Musik nur als Nebenfach betrachteten, hielt er eine Art „Laienkurse" ab und widmete diesen sein kleines Lehrbuch *Models for Beginners in Composition.* Ein anderes Lehrbuch: *Fundamentals of Musical Composition,* das er für seine eigene Unterrichtstätigkeit benötigte und an dem ihm besonders lag, fand zu seinen Lebzeiten nicht den Weg in die Öffentlichkeit. Über die letztgenannte Arbeit berichtete er schon 1938 und 1939 an Josef Polnauer: *Ich selbst bin sehr beschäftigt. Mit Arbeit, die nichts einträgt. Ich schreibe ein Lehrbuch der Komposition. Aber da es eines für den amerikanischen Durchschnittsschüler werden muss, denn ich brauche es selbst für meine eigene Unterrichtstätigkeit, so kann es natürlicherweise nicht werden, was man von mir erwartet. Immerhin werden manche Probleme gelöst sein, an die man noch nicht gegangen war . . .* (Brief vom 22. 4. 1938. Wiener Stadtbibliothek.) Und am 2. März 1939: *Mein Lehrbuch „Fundamentals of Musical Composition" kommt nur langsam vor-*

wärts. Ich habe soviele Beispiele selbst zu arbeiten und mein sogenannter Mitarbeiter hat mich gänzlich im Stich gelassen . . . Trotzdem trachte ich das Buch rasch fertig zu bringen, denn ich muss etwas Geld damit verdienen, das ich dringendst brauche . . . (Wiener Stadtbibliothek.)

475 Schönberg. Farbphotographie, 1943.

Staatsbibliothek (Preußischer Kulturbesitz) - Bildarchiv, Berlin

Die Lehrtätigkeit nahm in Schönbergs amerikanischer Zeit den größten Raum ein. Im Unterricht sah er sogar einen der Gründe, warum er der Berufung nach Amerika gefolgt war. *Ich bin hieher gekommen, um zu lehren. Denn lehren ist vielleicht die einzige meiner Leidenschaften, die ich vergebens an mir zu bekämpfen versucht habe . . . Aber wie gesagt: Lehrer bin ich aus Leidenschaft, und wenn ich mir 1000mal gesagt habe: „nun habe ich fast vierzig Jahre unterrichtet" und es kommt ein neuer Schüler, so vergesse ich sofort alle guten Vorsätze, stürze mich ins neue Abenteuer . . .* (Nachlaß.) Bei der Vielzahl der Schüler, die sein Name angezogen hat, sind aber doch nur wenige wirklich begabte Schüler gewesen. Was Schönberg schon 1928 gelegentlich einer Empfehlung von Karl Rankl sagte, war auch für seinen späteren Schülerkreis zutreffend: *Ich habe sehr viele Schüler gehabt, von denen aber nur sehr wenige noch zu meinem Kreise gehören . . . Ich kann sagen, daß sich alle anderen durch ihre Haltung ausgeschlossen haben, oder aber, daß ihr doch nicht ausreichendes Talent sie von mir weggewendet hat. Ich kann aber weiter sagen: diese Wenigen, die bei mir geblieben sind, das sind wirkliche und echte Talente. Und es scheint mir nicht im geringsten zweifelhaft, daß auch ihre Stunde kommen wird; sie kommt nur so schwer wie die meinige.* (Schönberg an Weissmann, 6. 5. 1928. H. Swarowsky, Wien.) Unterrichtet hat Schönberg bis an sein Lebensende. Nach der Pensionierung von der UCLA versammelte er seine Privatschüler um sich in seinem Heim in Brentwood Park.

1944 – 1951: DIE LETZTEN JAHRE

Ich bin überzeugt, daß die Werke meines letzten Stils ... gebührend Anerkennung finden werden, wenn die Hörer die Möglichkeiten hätten, den Werken meiner vorhergehenden Perioden gerecht zu werden (1950).

476 Schönberg unterrichtet in seinem Haus in Los Angeles. 2 Photographien. (Nach 1944.)

Mit Erreichung des 70. Lebensjahres mußte Schönberg von seiner Lehrtätigkeit an der U. C. L. A. zurücktreten. Da er nur auf wenige Lehrjahre an der Universität hinweisen konnte, waren seine Bezüge dementsprechend gering, so daß er sich gezwungen sah, weiterhin privat Unterricht zu geben.

477 Schönberg-Fest der University of California. Los Angeles 1945. Programmheft.

Nachlaß, Los Angeles

Im Frühjahr veranstaltete die Universität ein Musikfest zu Ehren Schönbergs, „In Appreciation of His Contributions as Teacher, Lecturer, and Composer at the University of California, Los Angeles". In drei Konzerten (am 27. März, 10. und 24. April) wurde ein Querschnitt durch Schönbergs Schaffen geboten, von *op. 1* begonnen bis zu den 1941 entstandenen und 1944 uraufgeführten *Variationen über ein Rezitativ für Orgel op. 40.* Unter den Mitwirkenden zeichnete sich vor allem Leonard Stein aus. Zu gleicher Zeit zeigte man in einer kleinen Ausstellung Handschriften von Schönberg. – Die in diesem Konzert zum zweitenmal aufgeführten *Variationen op. 40* sind Schönbergs einziger Beitrag als Komponist für die Orgel. *Ich betrachte die Orgel als ein Instrument mit Klaviatur, in erster Linie und schreibe für die Hände so wie man sie auf einer Klaviatur betätigen kann. Ich bin wenig interessiert in ihren Farben . . . Dieses Stück habe ich geschrieben auf Veranlassung der Gray Company, die eine Serie von modernen Orgelstücken veröffentlicht hat. Ich sollte eigentlich ein kurzes Stück schreiben, aber die Variationen haben mich sehr interessiert und es ist ein langes Stück geworden.* (Rufer, a. a. O., S. 49.)

478 Ankündigung der Universität von Chikago von „Public lectures by Arnold Schoenberg", (Mai 1946).

Nachlaß, Los Angeles

Auf Einladung der Universität reiste Schönberg im Mai 1946 zu Vorträgen nach Chicago. Er sprach dort über *Composition with Twelve Tones, Old [verbessert zu New] Music, Obsolete Music, Style and Idea* und *Criteria for the Evaluation,* Themen, die er später in seinem Sammelwerk „Style and Idea" aufnahm (Kat.

Nr. 488). Ferner unterbreitete er dem Kanzler der Universität Vorschläge zur Errichtung einer Musikabteilung. — Schönberg verlebte in Chicago angenehme Tage. Vor allem fühlte er sich auch künstlerisch gewürdigt. *Mit großer Freude möchte ich für den wunderschönen Empfang und das Konzert danken, das der Art Club von Chicago mir zu Ehren veranstaltet hat. Ich fühlte mich sehr geehrt und ich war über die Liebenswürdigkeit, die man mir während der ganzen Zeit, in der ich Ihr Gast war, bewiesen hat, sehr erfreut. Es waren wundervolle Tage, die ich in Chicago verlebte und ich werde diese für lange Zeit nicht vergessen.* (Schönberg an Gassmann, Entwurf undat. Nachlaß.) — Aber nicht nur zu Vorträgen wurde er von Universitäten eingeladen. Im Sommer 1948 gab er beispielsweise in Santa Barbara in der Music Academy of the West in Form von Seminaren Unterricht in musikalischer Analyse und Komposition.

479 Schönberg: Skizze und Entwurf der Reihe zum Streichtrio op. 45. Eigene Handschrift.

Nachlaß, Los Angeles

Im August 1946 erlitt Schönberg einen schweren Herzinfarkt, von dem er sich nur langsam erholte. In dem im Nachlaß verwahrten Schreiben vom 9. Mai 1949 hat er die Tatsache festgehalten, daß er mit der Komposition des *Streichtrios*, die er bald nach Überwindung dieses schweren körperlichen Zusammenbruchs begann, *eine humoristische Darstellung* dessen gegeben hat, was er durchlebt hatte. *Am 2. August dieses Jahres wird es drei Jahre her sein, seit — was ich scherzhaft, meinen Todesfall, nenne. Nicht, weil ich das für ein interessantes Kapitel in meiner Biographie halte, sondern, weil es den Ärzten etwas zu denken geben sollte, wünsche ich jetzt, die ganze Geschichte . . . darzustellen . . . Seit ich — im März 1944 — in „Pension“ (d. i. 29,60 Dollar per Monat) gegangen war, bin ich krank gewesen. Zuerst wurde ich zwei Jahre lang auf Zucker behandelt; dazu kamen bald (neben meinem Asthma) Ohnmachts- und Schwindelanfälle, und mit dem Herzen war scheinbar auch etwas los (Arhythmie). Aber in 1946, im März oder April haben wir aus eigenem die Insulininjektionen aufgegeben. In dieser Zeit litt ich am meisten von den Schwindelanfällen, deren ich viele jeden Tag in rascher Aufeinanderfolge hatte. Das war noch der Fall, wie wir für einen Monat (als „visiting professor“) nach Chicago giengen. Es war ein Wunder, dass ich mit diesem Leiden alle meine Vorträge und Klassen halten konnte. Das gieng so weiter. Ich war damals von mehreren Ärzten untersucht und behandelt: Dr. Bauer, Dr. Waitzfelder und Dr. Wolf. Keiner konnte eine eigentliche Ursache erkennen und so haben sie mich offenbar für hysterisch gefunden . . . Am 2. August (1946) war Dr. Waitzfelder hier. Ich hatte gerade Gerald Strang hier, (um am Kompositionsbuch zu arbeiten). Wir waren beim Lunch. Dr. Waitzfelder untersuchte mich und verschrieb mir eine Pille, etwas „Neues“, das eben erst herausgekommen war. Ich erinnere mich nicht. Ich nahm es sogleich; aber bald nachher, noch beim Lunch, wurde ich plötzlich außerordentlich müde und schläfrig, so daß ich den Kopf senken mußte. Trude brachte mich zu Bett . . . Ich erwachte mit einem höchst unangenehmen Gefühl, aber noch ohne einen bestimmten Schmerz, eilte aber trotzdem (!) zu meinem Krankensessel. Es wurde immer ärger. Wir riefen Ärzte an, keiner war erreichbar. Bis ich verlangte, Leonard*

Stein anzurufen, damit er einen Arzt versorge [sic]. Er kam bald selbst mit Dr. Lloyd Jones (der mich seither behandelt). Ich hatte geglaubt, dass ich einen Herzanfall, einen Herzkrampf, hatte. Dr. Jones aber stellte fest, dass das nicht der Fall war und gab mir, „in order to bring the patient at ease" eine Dilandid-Injektion. Die wirkte sehr rasch. Der Schmerz hörte auf. Dann aber muß ich das Bewußtsein verloren haben . . . Schönberg hat im *Streichtrio,* das im Auftrag der Harvard University entstand, seine Krankheit und Genesung wiedergegeben. *Die Darstellung ist so genau, daß sie sogar Erinnerungen an den Einstich der Injektionsnadel enthält. Das Werk ist eine außerordentlich komplizierte Zwölftonkomposition. Es besteht aus drei Hauptteilen, die durch zwei Episoden miteinander verbunden sind . . . Stellen wilden Aufruhrs wechseln mit ruhigen Partien; sie erinnern an die Qualen der Krankheit und an die schmerzhaften Perioden.* (W. Rubsamen, zit. nach Reich, a. a. O., S. 278.) Bei der Niederschrift benutzte Schönberg Notenpapier mit besonders großem Linienabstand. Ein Zeichen dafür, wie sehr sein Sehvermögen abgenommen hatte.

480 Schönberg: Ein Überlebender von Warschau op. 46 für Sprecher, Männerchor und Orchester. Kopie des Originalmanuskripts mit eigenhändigen Korrekturen und Änderungen.

Nachlaß, Los Angeles

Im Auftrag der Koussevitzky Foundation entstand im August 1947 die Komposition *Ein Überlebender von Warschau.* Die Anregungen zu diesem Werk erhielt Schönberg jedoch von den Ereignissen in Europa, unter deren Opfern sich auch Freunde befanden. *Ein Überlebender von Warschau* — in Zwölftontechnik geschrieben — folgt der Tragödie, die ein Überlebender aus dem Warschauer Ghetto Schönberg berichtete. Die Erzählung wird von einem Sprecher vorgetragen (Kat. Nr. 481). *Diese Sprechstimme darf niemals so musikalisch ausgeführt werden wie meine andern strengen Kompositionen, Niemals darf gesungen werden, niemals darf eine wirkliche Tonhöhe erkennbar sein. Das heißt, daß nur die Art der Akzentuierung gemeint ist . . .* (Briefe, a. a. O., Nr. 217.) Schönberg schrieb nur das Particell, die Partitur stellte René Leibowitz her. Die Uraufführung fand am 4. November 1948 unter Kurt Frederick in Albuquerque statt. Bei der europäischen Erstaufführung im November 1949 kam es nach Berichten von R. Leibowitz zu erschütternden Szenen.

481 Massaker im Warschauer Ghetto. Photographie, 1943.

Wiener Stadtbibliothek - Druckschriftensammlung

. . . Ich kann mich nicht an alles erinnern. Ich war wahrscheinlich lange Zeit vollständig bewußtlos. Ich entsinne mich nur des grandiosen Augenblicks, als plötzlich das alte Gebet gesungen wurde. — Der Tag fing an wie gewöhnlich. Wir wurden geweckt, als es noch dunkel war. Wir wurden versammelt und brutalisiert. Manche kamen dabei um. Der Feldwebel befahl, daß man die Toten zähle, damit er wisse, wieviel er zur Gaskammer abliefern könne. — Das Zählen fängt an, zuerst regelmäßig; aber der Feldwebel befiehlt, nochmals von vorn anzufangen. — Dann geht es wieder los: eins, zwei, drei — schneller und

schneller — so schnell, daß es klang wie ein Galopp von wilden Pferden, und — plötzlich — sangen sie das Schema Jisroel . . . (Aus den Erzählungen eines Überlebenden, die Schönberg wörtlich benützte.)

482 Schönberg beim Studium einer Partitur. Photographie um 1947.

Nachlaß, Los Angeles

Um seine finanzielle Lage aufzubessern und zugleich über das Medium der Presse ein breiteres Forum für seine musiktheoretischen Fragen zu finden, plante Schönberg, auch in amerikanischen Zeitschriften wie „New Magazin" darüber zu schreiben. In erster Linie dachte er an Beiträge, die aufführungspraktische Probleme beinhalten sollten. (Einen diesbezüglichen Vortrag mit dem Titel *On performance of Modern Music* hat er auch auf Tonband gesprochen.) *Als Komponist schreibe ich gewöhnlich viel über Musiktheorie, Technik, Ästhetik . . . So habe ich einen umfassenden Essay begonnen, den ich „Aufführungslehre" nennen will. Beinhaltet er auch viel Polemisches, so sind doch vorwiegend ästhetische und ethische Fragen angeschnitten . . . in einem Bereich, worüber meines Wissens noch zu wenig geschrieben wurde. Ich untersuche darin beispielsweise die Frage, wann und warum eine Komposition einen Ausführenden benötigt; ob eine Auffassung wünschenswert oder vermeidbar ist. Ich versuche, auf theoretischer Basis die Arten der Ausführung verschiedener musikalischer Charaktere zu erklären, schreibe über Tempo, Modifikationen und vieles andere, was in diesen Bereich fällt. Ich fürchte, es wird ein Buch daraus werden. Da ist noch ein kürzerer Essay, den ich begonnen habe und der „Form in Music serves for comprehensibility" . . . heißen soll. Außerdem plane ich so etwas ähnliches wie „Work of Performance", einen kleineren Artikel, in dem ich mich gegen die Überschätzung des Künstlers als Interpreten von seiten des Publikums und der Kritik wende . . .* (Original englisch. Nachlaß.)

483 Alma Mahler, eigenhändiger Brief an Schönberg, Beverly Hills, 16. November 1948. (Mit beiliegendem Scheckblatt von Eugene Ormandy.)

Nachlaß, Los Angeles

Wandte Schönberg sich auch gegen eine Überbewertung der Interpretation, sah er doch sein eigenes Werk in der amerikanischen Öffentlichkeit vernachlässigt. Verschiedenen Dirigenten warf er vor, daß sie sich zu wenig um Aufführungen seiner Werke bemühten. Darüber führte er auch seinen Freunden gegenüber Klage. *. . . ich glaube, Du beurtheilst Ormandy zu hart. Ich interpellierte ihn, dass er nicht genug Musik von Dir spiele — worauf der in aller Eile diesen Scheck hervorriss, um Dir zu beweisen, dass er in diesem Winter 8 Aufführungen von Thema und Variationen mache . . . Er sprach mit großer Ehrfurcht von Dir! Es war nicht zur Schau getragen . . .* An anderer Stelle (Nachlaß) heißt es: *CBS schließt meine Musik — als eine strittige Angelegenheit — aus ihren Programmen aus.* Schönberg befürchtete, daß Bruno Walter, der als „Prophet" der Werke Mahlers auftrat, dafür verantwortlich zu machen wäre.

484 **Thomas Mann, Doktor Faustus. Das Leben des deutschen Tönesetzers Adrian Leverkühn, erzählt von einem Freunde. Bermann-Fischer-Verlag, Wien 1948.**

Wiener Stadtbibliothek - Druckschriftensammlung

Für weitere Aufregung sorgte das Erscheinen des Romans *Doktor Faustus* von Thomas Mann, in dem die Hauptgestalt, Adrian Leverkühn, als Erfinder der Zwölftontheorie hingestellt wird. Die technischen Details hatte Thomas Mann von dem Berg-Schüler Wiesengrund-Adorno erhalten . . . *Dr. Faustus habe ich nicht selbst gelesen, wegen meines nervösen Augenleidens. Ich habe aber durch meine Frau und auch von anderer Seite erfahren, daß er meine 12 Ton Methode seinem Helden zuschreibt, ohne meinen Namen zu erwähnen. Ich habe ihn darauf aufmerksam gemacht, daß Historiker das benützen können, um mir Unrecht zu tun . . .* (Briefe, a. a. O., Nr. 214.) Einerseits fühlte Schönberg sich geehrt, daß er — Leverkühn trägt gewisse Züge Schönbergs — und seine Arbeiten im Roman aufscheinen, zum anderen war er verärgert, daß er namentlich nicht genannt wurde. Alma Mahler sollte in der Sache vermitteln und Thomas Mann zu einer diesbezüglichen Bemerkung bewegen.

485 **Thomas Mann, eigenhändiger Brief an Schönberg, Pacific Palisades, 17. Februar 1948.**

Nachlaß, Los Angeles

. . . Das ist freilich ein kurioses Dokument. Es hat mich ergriffen als Zeichen dafür, mit welchen heiligen Eifer Ihre Jünger Ruhm und Ehre des Meisters bewachen . . . Wer der Schöpfer der sogenannten Zwölf Ton-Technik ist, weiß heute wohl jedes Mohrenkind. Ganz bestimmt aber weiss es jeder, der ein Buch wie den „Dr. Faustus" überhaupt in die Hand nimmt . . . Ich habe in einem Roman, der ein Bild der Gesamt-Epoche zu geben sucht, ein ungeheuer charakteristisches Kultur-Phänomen dieser Epoche von seinem wirklichen Urheber und Märtyrer der Zeit übertragen . . . Hat (Triebsamen) nicht gemerkt, daß die ganze Musiktheorie des Buches von Ihren Ideen durchtränkt ist, ja, dass darin unter „Musik" eigentlich immer Schönberg'sche Musik verstanden ist?

486 **Schönberg, eigenhändiger Briefentwurf an Thomas Mann, (Los Angeles 1948?).**

Nachlaß, Los Angeles

Der Konflikt zwischen Schönberg und Thomas Mann wurde publik, als die Polemik öffentlich in der angesehenen amerikanischen Literaturzeitschrift „Saturday Review of Literature" geführt wurde. Thomas Mann erklärte sich zu einer nachträglichen Bemerkung bereit, die wiederum Schönbergs Mißfallen erregte. *. . . Diesen zweiten Brief habe ich nicht veröffentlicht, denn es ist mir immer mehr widerwärtig geworden, einen immerhin geachteten Schriftsteller würdelos eine unhaltbare Situation mittels Entstellung, Unwahrheit und Heuchelei zu verteidigen. Und dabei wäre es so einfach gewesen, mich zufrieden zu stellen. Eine kleine Fußnote hätte genügt: Diese Beschreibungen, oder Ableitungen* *beruhen auf Schoenbergs Methode des Komponierens mit Zwölf Tönen. Anfangs hat er stilistische Gründe vorgeschützt ... da er aber schließlich doch diesen Vorwand aufgeben und eine Erklärung abgeben mußte, will er nun glauben machen, daß er andere Gründe hatte. Man sollte annehmen, er werde endlich sein Unrecht einsehen ..., statt dessen gibt er diesen Roman eines Romans heraus, in der Absicht, die Größe seiner Idee gegen die Geringfügigkeit einer Leistung auszuspielen ...* Anfang 1950 fielen schließlich versöhnliche Worte, ohne daß die Öffentlichkeit darüber informiert wurde.

487 Schönberg am Diktaphon. Photographie um 1949.

Nachlaß, Los Angeles

Sein schlechter Gesundheitszustand — zum Teil verursacht durch Aufregungen und einen depressiven Zustand (vgl. Kat. Nr. 497) — hinderte ihn daran, seine Korrespondenz selbst zu schreiben. Briefe und literarische Arbeiten diktierte er direkt oder über Band seinem Schüler und Sekretär Richard Hoffmann. Seine handschriftlichen Konzepte lassen seine unsichere Hand erkennen. Da auch sein Sehvermögen nachgelassen hatte, schrieb er mit ungewöhnlich großer Schrift.

488 Schönberg: Style and Idea. Philosophical Library, New York 1950. Widmungsexemplar: „Meinem Freunde Prof. Hans Erich Apostel".

Herta Apostel, Wien

Einer seiner letzten großen und wichtigen Arbeiten war die Herausgabe einer Auswahl seiner Schriften, bei der ihm seine Schülerin Dika Newlin an die Hand ging und um eine Übersetzung bemüht war, die seine Zustimmung fand. (Über „Style and Idea" vgl. Kat. S. 112 — 117.) — Das Buch sollte folgende Widmung tragen: *Meinen toten und mir geistig verwandten Freunden Anton von Webern, Alban Berg, Heinrich Jalowetz, Alexander von Zemlinsky, Franz Schreker, Adolf Loos, Karl Kraus — jenen, zu denen ich in der Art sprechen konnte, in der ich an einigen Stellen dieses Buches spreche.* (Original englisch. Nachlaß.) Die Widmung wurde jedoch nicht abgedruckt.

489 Schönberg, eigenhändiger Briefentwurf an Dika Newlin, undatiert.

Nachlaß, Los Angeles

Schönberg wies Dika Newlin auf die Problematik einer guten Übersetzung hin (Teilabdruck im „Vorwort"); vor allem, daß sie ihre eigene Persönlichkeit vergessen müsse, ihre eigenen Ideen und ihren eigenen Stil. *(The taste to be editor of the article in my own English book is a self sacrifice: You must entirely forget your own personality, your own ideas, your own style of presenting them. Because I do not hide the fact, that I am not born in this language and I do not want to parade adorned by stilistic merits of another person. I think if my ideas are not strong enough to conquer my mispresentation of them, then the book should not be published at all ... I could be satisfied by that what I gave orally to my pupils ...)*

490 **Schönberg-Konzert der International Society for Contemporary Music am 13. September 1949 in Los Angeles. Programmzettel.**

Nachlaß, Los Angeles

Am 75. Geburtstag erreichten Schönberg Glückwünsche und Ehrungen aus aller Welt. Das Konzert, das man zu diesem Anlaß ihm zu Ehren in Los Angeles veranstaltete, brachte die Uraufführung der *Fantasie für Violine mit Klavierbegleitung op. 49,* gespielt von Adolph Koldofsky und Leonard Stein. Die weiteren Programmnummern waren *Ode an Napoleon, Streichtrio op. 45* und *Lieder* aus *op. 1* und *op. 12.* Von der neuen Violinfantasie berichtete Schönberg am 5. Februar 1951 an Rufer: *Um dieses Stück ganz entschieden zu einem Solostück für Geige zu gestalten, habe ich zuerst die ganze Geigenstimme komponiert und dann die Klavierbegleitung hinzugefügt. Als etwas Hinzugefügtes, als eine Begleitung, damit es nicht als ein Duett verstanden wird.* (Staatsbibliothek, Berlin.) — Das Konzert wurde am 22. Jänner 1950 im County Museum in Los Angeles wiederholt. Zu diesem Anlaß druckte man ein ausführliches Programm, in dem Schönberg selbst zu Wort kam (Schreiben an den Komponisten James Fassett über seine Einstellung zu den *Gurreliedern*). Der Veranstalter des Konzerts, Moron H. Levine, konnte auf einen großen Erfolg hinweisen: *Wir freuen uns, berichten zu können, daß das Konzert einen größeren Andrang hatte als unser Kammermusiksaal fassen konnte und daß die Aufnahme des Programms, das einige sehr frühe und einige der letzten Werke Schönbergs brachte, enthusiastisch war.* (Brief vom 8. 2. 1950 an L. C. Powell. Nachlaß.)

491 **Urkunde des Bürgerrechts der Stadt Wien für Schönberg. Wien, 14. (!) September 1949.**

Nachlaß, Los Angeles

Zu Schönbergs 75. Geburtstag übermittelte der Bürgermeister der Stadt Wien, Theodor Körner, in einem Radiogramm seine Glückwünsche. Aus den Händen des Generalkonsuls Friedrich Weller erhielt er die Ehrenbürger-Urkunde der Stadt Wien mit dem Wortlaut: *Die Stadt Wien ernennt Herrn Arnold Schönberg anläßlich der Vollendung des 75. Lebensjahres in Würdigung seiner hervorragenden künstlerischen Leistungen zum Bürger der Stadt Wien ...*

492 **Schönberg, eigenhändiger Entwurf des Dankschreibens an den Bürgermeister der Stadt Wien, (Oktober 1949).**

Nachlaß, Los Angeles

... Mit Stolz und Freude empfieng ich die Nachricht von der Verleihung des Bürgerrechts der Stadt Wien an mich. Es ist dies ein neues, oder eigentlich erneutes Band, das mich dem Platz, der Natur, dem Wesen wieder annähert, wo die Musik geschaffen wurde, die ich immer so geliebt habe, und an die anzuschließen — nach Massgabe meines Talents — mein größter Ehrgeiz immer war. Ich darf wohl die Hoffnung nähren, diese Ehrung, die mir Bürgermeister und

Senat der Stadt Wien erwiesen haben, beruhe auf der Anerkennnug solch heissen Wunsches, und der Intensität mit der ich gestrebt habe... immer mein Bestes zu geben...

493 **Schönberg, „Erst nach dem Tode anerkannt werden..." Faksimile der eigenen Handschrift (September 1949). Mit eigenhändigen Ergänzungen.**

Wiener Stadtbibliothek

Mit einem Dankschreiben antwortete Schönberg auf die vielen Briefe und Glückwünsche, die ihn zu seinem Jubiläum erreicht hatten. *Ich habe in diesen Tagen viel persönliche Anerkennung gefunden, worüber ich mich sehr gefreut habe . . . Andrerseits aber habe ich mich seit vielen Jahren damit abgefunden, dass ich auf volles und liebevolles Verständnis für mein Werk, für das also, was ich musikalisch zu sagen habe, bei meinen Lebzeiten nicht rechnen darf...* Schönberg hat auf diesem Schreiben, das er an Polnauer adressierte, noch persönliche Anmerkungen hinterlassen. Er fürchtete, daß seine Freunde seine Überarbeitung und Überlastung mit anderen Korrespondenzen nicht verstehn würden: *(Sie) vergessen dabei, welche ausserordentliche Beanspruchung meiner Zeit meine Korrespondenz mir auferlegt, wenn ich nur schreibe, was ich schreiben muss (MUSS: denn ich muss ja etwas dazutun, um meinen Lebensunterhalt zu verdienen... sie wissen aber nicht, daß ich über meine finanziellen Verhältnisse nicht gern schreibe, weil ich kein Raunzer sein will, weil es auch keine gute Empfehlung für mich ist, dass ich aber von der Universität mit einer Pension von $ 29^{60} per Monat Abschied zu nehmen hatte und die Differenz auf ungefähr das 15-fache... noch immer verdienen muss...*

494 **Schönberg-Konzert am 16. Mai 1950 in The Student Union in Los Angeles. Programmzettel.**

Nachlaß, Los Angeles

Mit einem Konzert ehrten die Schüler ihren Lehrer am 16. Mai 1950. Als Veranstalter zeichneten das „Los Angeles City College Music Department" und „Epsilon Alpha Gamma, Music Honorary Society". Ausführende waren „Students and Faculty Members of Los Angeles City College and Los Angeles State College". Neben Liedern aus *op. 2, 3* und *6* wurde die *Kammersymphonie op. 9* in der Bearbeitung für zwei Klaviere gespielt und erstmals die 1932 entstandenen und damals noch unveröffentlichten *Lieder op. 48* gesungen. Als Sänger ist Peter Page genannt. Am Flügel begleitete Leonard Stein.

495 **Schönberg, eigenhändiger Entwurf eines Schreibens an die Musikakademie in Jerusalem, Los Angeles, 23. April 1951.**

Nachlaß, Los Angeles

Große Freude bereitete Schönberg die Nachricht von seiner Ernennung zum Ehrenpräsidenten der Musikakademie in Jerusalem. Unter dem Eindruck dieser für ihn bedeutungsvollen Ehrung sprach er den Wunsch aus, alle seine Werke, Kompositionen, Gedichte, Dramen, schriftftellerische Arbeiten, die von der Idee her in irgendeiner Beziehung zum Judentum stehen, in der Nationalbibliothek in Jerusalem gesammelt zu wissen. Überdies bot er seine Hilfe für den Aufbau des neuen Musikinstituts an, an dessen Spitze er sich sehr gerne gesehen hätte. *(With pride and satisfaction I accept the nomination as Honorary President of the Israel Academy of Music. Yet I feel obliged to declare why it seems to me so important that just to me you have granted this distinction ... it was my deepest longing to see the erection of an independent Jewish State. And even more: how deeply I desired to become a citizen of this state, and to live there. I am not in the position to force, whether my health will admit fulfillment of this second desire. Still, however, I hope I can arrange that all the many compositions, poems, dramas and articles I have produced to present my plans, and serve as an artists propaganda for them will be collected for the Israel National Library. It is impossible for me to tell you in words how happy I would be to contribute to the development of the new Institution through my personal leadership and teaching. I was always a passionate teacher. I had always the inner urge, to discover how best to help beginners; how to make them familiar with the spiritual, technical and enthical demands of our art; how to convince them, that there is an artists moral and why it is indispensible to nurse it constantly ... I would have tried to procure for this academy universal significance. Only in this sense can it serve as a protest against humanity, which in so many respects has turned toward an amoralizing, commercially spirited materialism behind which gradually disappear all the ethical conditions of our art ... From such an institution should emerge true priest of art ...*

496 Schönberg: Moderne Psalmen. Faksimile der eigenen Handschrift. Herausgegeben von Rudolf Kolisch. Schott's Söhne, Mainz 1956.

Wiener Stadtbibliothek - Musiksammlung

Im März 1951 berichtete Schönberg seinem Jugendfreund Oskar Adler von einer Sammlung *Psalmen, Gebete und andere Gespräche mit und über Gott,* die die religiösen Probleme der Zeitgenossen beinhalte. Schönberg hat 15 Texte hinterlassen, einen sechzehnten nur im Fragment. Die erste Gruppe von zehn Psalmen entstand zwischen September 1950 und Februar 1951, mit der zweiten Gruppe hatte er im März begonnen. Zur Komposition gelangte — gleichfalls unvollständig — nur der erste Text der ersten Gruppe. Diese Texte, für Chorstücke gedacht, sind Schönbergs letztes Werk, an dem er während seiner letzten Krankheit fast bis zur letzten Stunde gearbeitet hat. Rudolf Kolisch legte gemeinsam mit Gertrud Schönberg dieses Werk in Faksimile vor. Einleitend schrieb Gertrud Schönberg: *Diese Psalmen gebe ich denen, die hassen und lieben, verzweifeln und hoffen, verfluchen und beten. Denen, die diese Seele verstehen werden, weil sie selbst eine besitzen.*

497 **Schönberg. Photographie um 1951.**

Nachlaß, Loß Angeles

Vier Wochen vor seinem Tod schrieb Schönberg an seinen ehemaligen Schüler Josef Rufer: *Ich bin seit vielen Wochen nicht nur wohlauf, sondern sehr wohlunter. Ich war monatelang nicht aus meinem Zimmer heraus* (Staatsbibliothek, Berlin). Sein Arzt Frederic Waitzfelder analysierte Schönbergs Leiden 4 Jahre nach dessen Tod wie folgt: *Durch die politischen Verhältnisse und den Verlust seiner Position litt er unter starken Depressionen, wodurch seine Arbeitsfähigkeit bedeutend herabgesetzt wurde. In zweiter Linie war es der Mangel an Verdienstmöglichkeiten, was auch an seiner Gesundheit zehrte. Seine Zuckerkrankheit wurde dadurch verschlimmert, so daß sich arteriosklerotische Veränderungen entwickelten und auch die Herzkranzgefäße in Mitleidenschaft zogen.* (Staatsbibliothek, Berlin.)

498 **Schönberg. Totenmaske von Anna Mahler. (Kopie.)**

Staatsbibliothek (Preußischer Kulturbesitz) - Musiksammlung, Berlin

Gestern ... erfuhr ich, daß Arnold Schönberg in der Nacht vom 13. zum 14. Juli im Alter von sechsundsiebzig [recte: siebenundsiebzig] Jahren verstorben ist. Ich war aufs tiefste bewegt ... Sein Tod bedeutet Ende ... (Eisler, a. a. O., S. 204.)

ANHANG: KURIOSA etc.

Ich halte mich für einen der schärfsten Köpfe, weil ich sogar bei mir den Druckfehler herausfinde, während andere nicht einmal die ihrigen entdecken.

499 Schönberg: eigenhändig gemalte Spielkarten, datiert: 21. März 1909.

Nachlaß, Los Angeles

Schönberg hat zwei Serien von Spielkarten gezeichnet und gemalt. Die Gebrauchsspuren deuten darauf hin, daß damit häufig gespielt wurde.

500 Schönberg. Tuschzeichnung von Alban Berg (?). Um 1909.

Erich Alban Berg, Wien

Das im Nachlaß Bergs aufgefundene Porträt dürfte von der Hand Bergs stammen (Berg hat bekanntlich auch gezeichnet) – oder es handelt sich um einen Entwurf Schönbergs. Berg könnte das Bild nach einem Selbstporträt Schönbergs entworfen haben, da Ähnlichkeiten mit gewissen Porträts – im besonderen mit jenem, das sich im Besitz des Historischen Museums der Stadt befindet (Kat. Nr. 144) – erkennbar sind.

501 Schönberg: eigenhändiger Entwurf zu einer Notenschreibmaschine.

Nachlaß, Los Angeles

Ich habe mich vor mehr als 20 Jahren um die Konstruktion einer [Noten]-Schreibmaschine bemüht, Ich glaube heute, daß mein naiver Versuch viel zu kompliziert war: es war fast eine Zeichenmaschine. Aber in der Zwischenzeit habe ich an vieles gedacht, das viel einfacher wäre... (Nachlaß.) Den einfacheren Weg sah Schönberg in der Stempel-Autographie, die heute vielfach verwendet wird.

502 Anmeldung der Notenschreib- bzw. Stechmaschine als Patent. (Österreichisches Patentblatt, Wien 1911, 13. Jahrgang, Seite 20.)

Wiener Stadtbibliothek - Druckschriftensammlung

Schönberg Arnold, Tonkünstler in Wien. Notenschreib- bzw. Stechmaschine: Ein Aufspanntisch ist durch verschiebbare und verdrehbare Anordnung mit allen Punkten der Schreibebene an die Abdruckstelle einstellbar und wird von dieser Stelle die Zeile und jedes Notenzeichen aus seinen einzelnen Bestand-

teilen durch Abdruck und Zusammenfügung entsprechender Typen zusammengestellt, welcher Abdruck durch Verschiebung, bzw. Verdrehung des Tisches unter der angedruckten Type in jeder Richtung der Tischebene verlängert werden kann ... Ang. 8. 4. 1909 ... Das Patent wurde 1911 *wegen nicht erfolgter Einzahlung* von 128 K, die am 10. 1. 1911 eingemahnt wurden, zurückgezogen. Ein vorhergehender amtlicher Bescheid enthielt eine Beanstandung unter Hinweis auf eine amerikanische Patentschrift.

503 Schönberg, eigenhändiger Brief an Emil Hertzka, Carlshagen, 4. August 1912.

Universal Edition, Wien

Über den Entwurf zur Notenschreibmaschine und eine mögliche Anwendung hatte Schönberg sich auch mit Hertzka, dem Direktor der Universal Edition, abgesprochen. Auf Veranlassung von Hertzka dürfte Schönberg von einer weiteren Ausarbeitung abgesehen haben. *... Beiliegende Zuschrift erhielt ich vom Patentamt. Sie betrifft meine Vervielfältigungsmaschine für autographenähnliche Noten- oder Zeichenherstellung. Bitte wollen Sie mir mitteilen, wie Sie über die Sache denken. Ob Sie sich noch dafür interessieren, und ob ich die Ausarbeitung fortsetzen soll. Das Verfahren kann Ihnen eventuell Herr Professor Josef Ondracek (mein Mitarbeiter) vorführen ...*

504 Ausweiskarte „zum Empfang von postlagernden Sendungen auf den Namen Herrn Arnold Schönberg“, München, 6. August 1914. (Mit Lichtbild.)

Nachlaß, Los Angeles

Die Ausweiskarte war für die Zeit vom 6. August bis einschließlich 31. August 1914 gültig. Schönberg war in München im Hotel National-Simmen abgestiegen.

505 Polizeilicher Meldezettel. Mödling, 7. Februar 1918. (Abschrift.)

Nachlaß, Los Angeles

Schönberg war offiziell vom 7. Februar 1918 bis 26. November 1926 in Mödling, Bernhardgasse 6, gemeldet. Die Angaben stimmen jedoch mit der tatsächlichen Aufenthaltszeit (April 1918 bis Sommer 1925?) nicht überein.

506 Waffenpaß, ausgestellt von der österreichischen Bezirkshauptmannschaft zu Mödling am 13. Mai 1924.

Nachlaß, Los Angeles

Schönberg wurde die Bewilligung zum *„Waffentragen, und zwar für einen Trommelrevolver unter und über 18 cm Länge für den Zeitraum von drei Jahren“* erteilt.

507 **Schönberg: Bündnis-Schach (Koalitionsschach.)**

Nachlaß, Los Angeles

... Seine Genialität auf dem Gebiet der Theorie muß als Fähigkeit beschrieben werden, eine jede gewöhnte Erscheinung ungewohnt neu zu sehen. Im praktischen Leben ist das etwa (denn Schönberg war auch ein großer Bastler, Buchbinder und hatte immer einen Kasten Werkzeug, mit dem er herumzimmerte), daß er zum Beispiel einen vertrauten Gegenstand, an den wir uns gewöhnt haben, nahm und sagte, warum macht man das eigentlich so und nicht besser... (Eisler, a. a. O., S. 207.) Das gewöhnliche Schachspiel mit 64 Feldern genügte Schönberg nicht. Er entwarf ein Spiel mit 100 Feldern und fertigte dazu Figuren nach eigener Vorstellung an: König, Tank, Geschütz (Artillerie), Radfahrer, Ingenieur, Unterseeboot, Flieger, Maschinengewehr, Schütze. Die stärkste Figur war der Flieger, der jedes Feld bedrohen konnte, das er durch zwei aufeinanderfolgende Rösselsprünge beliebiger Richtung erreichte.

508 **Schönberg, erste eigenhändige Niederschrift der Beschreibung und Spielregeln des Koalitionsschachs.**

Nachlaß, Los Angeles

Schönberg hat darin die Figuren und ihre Bedeutung – auch im Vergleich zum gewöhnlichen Schach – beschrieben, sogar in Zahlen deren Werte skizziert und die Art der Aufstellung erläutert.

509 **Schönberg, eigenhändiger (mehrfarbiger) Entwurf einer Netzkarte für die Berliner Straßenbahn-Betriebs-Gesellschaft. (Berlin 1927.)**

Nachlaß, Los Angeles

In seinen Berliner Jahren wohnte Schönberg zwischendurch vom Zentrum entfernt in Charlottenburg. Den Schwierigkeiten, die sich für ihn bei Benützung der öffentlichen Verkehrsmittel ergaben, versuchte er durch den Vorschlag einer Umsteigkarte abzuhelfen. Er wollte im Jänner 1927 ein Muster *einer Umsteigkarte für den Straßenbahn-, Autobus- und Hochbahnverkehr* an die Direktion Berliner Straßenbahn-Betriebs-Gesellschaft mit nachstehendem Begleitschreiben senden: *... anbei erlaube ich mir eine Anregung zu einem Umsteigefahrschein, dessen Gültigkeit nur eine gewisse Zeit beschränkt ist, einzusenden. Sollten Sie diese Anregung nicht verwerten können, bitte ich freundlichst um Diskretion. Falls Sie aber in irgendeiner Form brauchbar gefunden würde, so könnte ich mit Eventualvorschlägen dienen, die ich hier der Kürze wegen nicht erwähnt habe.* (Nachlaß.) Über die weitere Geschichte dieses Entwurfs ist nichts bekannt.

510 **Schönberg mit seinen Kindern Nuria, Lawrence und Ronald beim Tennisspiel in Los Angeles. Photographie um 1947.**

Nachlaß, Los Angeles

Schönberg war ein begeisterter Tennisspieler. Dieses Spiel war – wie auch Tischtennis – der einzige Sport, den er betrieb.

511 **Schönberg, eigenhändiges Notizbuch mit Eintragungen der Spielergebnisse der Tennis-Meisterschaften in Pasadena, 1. November 1947.**

Nachlaß, Los Angeles

Für die Aufzeichnungen hat Schönberg einen eigenen Schlüssel gefunden, den er sogar einem Copyright unterwarf. Auf diese Weise läßt sich die Partie, die Ronald am 1. November 1947 mit Steven Gottlieb im Finale der Tennismeisterschaften in Pasadena spielte, genau nachvollziehen.

512 **Schrankkoffer aus dem Besitz von Schönberg.**

Nuria Nono, Venedig

Schönbergs Schrankkoffer, den er auf seinen Reisen mitführte, trägt noch die Plaketten der verschiedenen Stationen, u. a. auch jene vom Hotel Régina in Paris.

Nachtrag siehe Pagina 384

REGISTER

In das Register wurden sämtliche Eigennamen aufgenommen, die in den Beiträgen, Katalognummern und in den Literaturhinweisen aufscheinen. Nicht einbezogen wurden die Vorworte und die in einem eigenen Verzeichnis zusammengefaßten Namen der Leihgeber. Auch Arnold Schönberg wurde nicht eigens ausgewiesen.

(A. = Anmerkung)

Nachtrag zu Kat. Nr. 85

Alban Berg kam im Oktober 1904 über ein Inserat in der „Neuen musikalischen Presse" zu Schönberg. In dem Inserat, das am 8. Oktober erschien, kündigte Schönberg gemeinsam mit Zemlinsky und Elsa Bienenfeld Theoriekurse in den Schwarzwaldschen Schulanstalten an: *In den Räumen des Mädchengymnasiums in Wien (I., Wallnerstraße 2) werden in der Zeit vom 15. Oktober bis 15. Mai in den Abendstunden (von 5 bis 9 Uhr) M u s i k t h e o r e t i s c h e K u r s e abgehalten werden, die Musiker von Beruf und ernsthafte Dilettanten über die Wandlungen und Bereicherungen auf musiktheoretischem Gebiete unterrichten sollen. Vortragende Arnold S c h ö n b e r g (Harmonielehre und Kontrapunkt), Alexander v. Z e m l i n s k y (Formenlehre und Instrumentation), Dr. Elsa B i e n e n f e l d (Musikgeschichte). Die Zahl der Teilnehmer ist sehr beschränkt. Anmeldungen bis 15. Oktober.* (Neue musikalische Presse, 13. Jg., Nr. 17, S. 290.) Elsa Bienenfeld, eine Schülerin Guido Adlers, wies übrigens erstmals öffentlich auf Schönbergs außerordentliche Befähigung zur Lehrtätigkeit hin. Gelegentlich der Konzerte der Schüler Schönbergs im November 1907 und 1908 (vgl. Kat. Nr. 117) berichtete sie im „Neuen Wiener Journal" über diese „interessanten Ereignisse" im Wiener Musikleben. So heißt es in ihrer Kritik vom 17. November 1908 über Schönberg: *Als Lehrer hat er eine Fähigkeit für sich, die nur große Persönlichkeiten besitzen: seinen eigenen künstlerischen Ernst zu übertragen, Schule zu machen. Er lehrt Musik nicht als trockener Harmonie-, Kontrapunkt- oder Kompositionsprofessor, sondern als schöpferischer Meister, der seine Schüler in den Geist der Werke aller großen Künstler einführt – seine ungeheure Literaturkenntnis ist imponierend – und sie an der Hand klassischer Vorbilder anleitet, ihre eigene Entwicklung zu suchen. Und kühne Versuche, wie dieses Kompositionskonzert, sind zum mindestens interessanter als faule Wiederholungen.*

Anton Swarowsky, Paris, stellte nach Redaktionsschluß des Katalogs der Ausstellung noch einige wertvolle Dokumente zur Verfügung, wofür ihm der Herausgeber an dieser Stelle dankt. Die nachstehend beschriebenen Originale wurden für die Ausstellung ausgewählt:

Canditatenliste für die Vorstandswahl 1901/1902 des Wiener Tonkünstler-Vereins. Mit verschiedenen eigenhändigen Unterschriften.

Schönberg war bekanntlich 1899 in den Vorstand des Wiener Tonkünstler-Vereins gewählt worden (Kat. Nr. 40). Bevor er im Dezember 1901 Wien verließ, fand für ihn eine Abschiedsfeier der Vostandsmitglider statt. Auf der Rückseite der „Canditatenliste", in der Schönberg nicht mehr aufscheint, heißt es in der Handschrift von Jakob Wolff, Ordner des Vereins: *Wir hier Unterfertigten verpflichten uns, heute in 3 Jahren — d. i. im Dezember 1904 gegen Weihnachten — in der kleinen Loge beim Hauswirth (II. Praterstraße), in welchem Locale wir heute anläßlich der Abschiedsfeier unseres Freundes Arnold Schönberg beisammen sind, wieder zusammen zu kommen . . . Wien, am 13. XII. 1901.* Unter den Unterfertigten sind Schönberg, Zemlinsky, Karl Weigl, Rudolf Hoffmann, Hugo Riesenfeld, Arthur Bodanzky, Otto Schick u. a.

Schönberg, eigenhändiger Brief an Karl Kraus, undatiert (Wien, Jänner 1909).

Die Folgen der Uraufführung des *2. Streichquartetts op. 10* von Schönberg wurden bereits an anderer Stelle erörtert (Kat. Nr. 106, 111). Schönberg sandte in diesem Zusammenhang einen Artikel über die Wiener Musikkritik an Karl Kraus, den Herausgeber der „Fackel". In einem Begleitbrief schrieb er darüber: *. . . Ich weiß nicht, ob ich es wagen soll — gestern hat's mir noch ganz gut gefallen; heute ist mir sehr katzenjämmerlich zumute . . . Also bitte, lesen Sie mein Manuskript und wenn es Ihnen nicht gefällt und Sie mir's nicht zurückschicken wollen, dann zerreissen Sie's. Vielleicht schreiben Sie mir ein paar Worte darüber. Wenn Sie's bringen könnten, wäre ich sehr froh. Es ist traurig für mich, der ich für meine „Werke" nicht um Nachsicht bitten muß, Ihnen zu sagen: ich schreibe zum erstenmal. Und ich schreibe aus Nothwehr; schreibe, um mich vorzubereiten, auf bessere Abwehr, denn ich fühle, ich hab's nöthig. Ich kann jetzt nicht mehr ruhig all den Groll hinunterschlucken. Bis jetzt bin ich lautlos dagestanden, jetzt wird mir's zu bunt . . . ich lege auch diesen unglücklichen „offenen Brief" bei.* Den *Offenen Brief* an Ludwig Karpath hat Kraus in die „Fackel" aufgenommen (vgl. Kat. Nr. 32). In einem anderen (undatierten) Schreiben Schönbergs an Kraus, das gleichfalls auf den Brief an Karpath Bezug nimmt — *wenn ich einmal einen offenen Brief schreibe, (hätte) ich ihn lieber geschlossen halten sollen. Er gefällt mir gar nicht —,* entschuldigte er sich für ein Interview, das er P. Wilhelm im „Neuen Wiener Journal" gewährt hatte (10. 1. 1909): *Ich muß mich Ihnen gegenüber noch wegen meines Inter-*

views im Neuen Wiener Journal entschuldigen! Wirklich entschuldigen – einigen wenigen Menschen in Wien gegenüber fühle ich mich verantwortlich. Ich habe diese Sache nur gemacht, wegen der zwei Schlußsätze, und die sind weggeblieben! Ich stelle Sie Ihnen zu baldigem Gebrauch vor: „Die Wiener Musikkritiker sind mit ganz wenigen Ausnahmen von einer derartigen Unfähigkeit und Unwissenheit, daß man sie nur mehr nach dem größeren und geringeren Schaden, den sie verursachen, beurteilen kann. Die meisten fassen ihr Gewerbe auch richtig in diesem Sinne auf, indem Sie Reklame für einen beliebten oder Stimmung gegen einen unbeliebten Künstler machen“. Außerdem ist aber auch fast alles, was ich gesagt habe, verstümmelt, entstellt, abgeschwächt! Durch Verbesserungen, Auslassungen, falsche Worte . . . Ich war ganz verzweifelt – soweit ich nicht durch das viele Mißgeschick etwas stumpf bin. Und dazu hatte ich noch die Angst, die Achtung der wenigen Menschen zu verlieren, auf die ich etwas gebe. Gewiß, ich könnte auch ohne diese Achtung leben. Es wird mir soviel an Achtung versagt und ich bin so sehr darauf angewiesen, selbst was von mir zu halten, daß es nicht leicht gienge. Und ich habe ja mein Bewußtsein: das meines Talents und das meiner absoluten Reinlichkeit Aber doch . . . , das verstehen Sie, der Sie wohl auch nicht muthwillig ein Einsamer geworden sind, sicher am besten . . .